FAMILIENUNTERNEHMEN SICHERN UND OPTIMIEREN

Cl

BRUN-HAGEN HENNERKES

FAMILIEN-UNTERNEHMEN SICHERN UND OPTIMIEREN

CAMPUS VERLAG
FRANKFURT/NEW YORK

Die Deutsche Bibliothek – CIP-Einheitsaufnahme

Hennerkes, Brun-Hagen:
Familienunternehmen sichern und optimieren /
Brun-Hagen Hennerkes. – Frankfurt/Main ; New York :
Campus Verlag, 1998
ISBN 3-593-35905-7

Umschlaggestaltung: Atelier Warminski, Büdingen
Umschlagmotiv: »Business-People/Bridge«, von Jerry Lofard, © The Image Bank
Satz: Satzstudio Rolfs, Dreis-Brück
Druck und Bindung: Druckhaus »Thomas Müntzer«, Bad Langensalza
Gedruckt auf säurefreiem und chlorfrei gebleichtem Papier.
Printed in Germany

Für Christa und Anja

INHALT

B. Sicherung und Optimierung des Familienunternehmens und Familienvermögens

C. DIE ZUKUNFT DES FAMILIENUNTERNEHMENS

DANKSAGUNG

Ein Buch wie das vorliegende neben der Bewältigung einer ausgefüllten beruflichen Tagesarbeit zu schreiben, ist nur demjenigen vergönnt, der die Unterstützung besonders qualifizierter und engagierter Mitarbeiter in Anspruch nehmen darf. Diese Voraussetzung war bei meinem Vorhaben in besonderem Maße gegeben. Deshalb möchte ich allen, die beteiligt waren, herzlich danken. Dies gilt besonders für meinen Juniorpartner, Herrn Rechtsanwalt Dr. Rainer Barth, dem ich für seine vielfältigen Anregungen, seinen wissenschaftlichen Weitblick und seinen hohen persönlichen Einsatz bei der Konzeption und Ausarbeitung des vorliegenden Buches danke. Gleiches gilt für Frau Katja Kögel M. A., die die Qualität des Manuskripts ebenfalls maßgebend mitgestaltet hat. Dank gebührt schließlich Frau Manuela Hurt für ihre technische Unterstützung bei der Schreibarbeit sowie allen meinen Gesprächspartnern aus den Familienunternehmen, aus der Politik und aus der Wissenschaft, die mir in fruchtbarem Dialog bereitwillig die »Sparringspartnerschaft« erwiesen haben, ohne die eine so breit angelegte Problematik nicht adäquat zu bewältigen ist.

Stuttgart, im Januar 1998
Brun-Hagen Hennerkes

VORWORT

Unser aller wirtschaftliches Wohlergehen beruht ganz maßgeblich auf der Kreativität, dem Fleiß, der Risikobereitschaft sowie dem hohen sozialen Verantwortungsbewußtsein der persönlichen Eigner von Familienunternehmen. Diese Einsicht ist inzwischen fast schon zu einer Binsenweisheit geworden. Es erfüllt mich mit Stolz und Genugtuung, diese Erkenntnis als einer der Ersten gegen die publizistische Dominanz der Großkonzerne in die Öffentlichkeit getragen zu haben. Martkwirtschaftliches Vorbild zu sein und gleichzeitig den sozialen Bedürfnissen aller am Wertschöpfungsprozeß Beteiligten Rechnung zu tragen, war nie vorrangig die Domäne angestellter Konzernmanager, deren Macht und Einfluß letztlich nicht auf persönlichem Eigentum, sondern auf einer Art befristetem »Lehnsverhältnis« zu ihren Aktionären beruht. Solches Verhalten war und ist vielmehr kennzeichnend für die herausragenden Persönlichkeiten der deutschen Familienunternehmer. Männer wie Bosch, Krupp, Mannesmann oder Thyssen haben davon Zeugnis abgelegt. In unserer heutigen Zeit sind es Persönlichkeiten wie Schickedanz, Leibinger, Stihl, Necker und Hundt, die diese Tradition fortsetzen.

Und dennoch befinden sich unsere Familienunternehmen derzeit nicht in guter Verfassung. Ihr unbestrittenes Potential leidet unter mangelnder Fürsorge seitens des Staates, auch wenn die zuständigen Politiker stets bemüht sind, verbal etwas anderes zu signalisieren. Eine Analyse aller maßgeblichen Gesetze und Gesetzesvorhaben des letzten Jahrzehnts – beginnend beim Steuerrecht über das Gesellschaftsrecht bis hin zum Kapitalmarktrecht – ergibt für den Fachmann eindeutig, daß vorrangig den Interessen des Großkonzerns gedient wird. Das beginnt schon im Begrifflichen: Wenn die maßgeblichen Wirtschaftspolitiker unsere Familienunternehmen als »Mittelstand« bezeichnen, dann beweisen sie damit schon ein mangelndes Verständnis für die angesprochene Zielgrupe. Denn die deutschen Familienunternehmen sind nicht nur »mittel«, sondern sie liegen in allen volkswirtschaftlichen Kennzahlen an der Spitze: in der Beschaffung neuer Lehrstellen und Arbeitsplätze, im Steueraufkommen, in der Innovationskraft und – weltweit besonders geschätzt – in ihrem Stellenwert für die deutsche Unternehmenskultur.

Allerdings sind die Eigner der Familienunternehmen an der mangelnden politischen Sensibilität für ihre Probleme nicht schuldlos. Ein zu geringes politisches Engagement, wenig Neigung zu aktiver Öffentlichkeitsarbeit und eine ausgeprägte Distanz zu einer aus heutiger Sicht unabdingbaren Transparenz haben maßgeblich hierzu beigetragen.

Dieses Buch soll den Blick für die Bedeutung der Familienunternehmen in unserer Gesellschaft schärfen. Es soll den Eignern souveräner Ratgeber sein und Augenmaß auch für die Interessenlage Dritter vermitteln, und es soll allen wirtschaftlich Interessierten einen Einblick in die faszinierende Welt des deutschen Familienunternehmen geben – einen Einblick in seine Nöte, seine Sorgen, aber auch in seine unermeßlichen Potentiale.

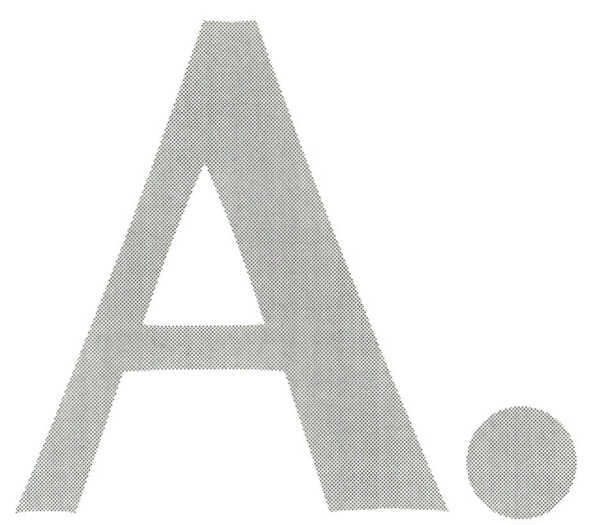

DAS FAMILIEN-UNTERNEHMEN

I.
DIE GRUNDSÄTZE FÜR DIE SICHERUNG UND OPTIMIERUNG DES FAMILIENUNTERNEHMENS

Ich ahnte nicht, welche Faszination die Welt der Familienunternehmen einmal auf mich ausüben würde, als ich im Jahre 1967 für eine Position in der Direktionsabteilung der Mannesmann AG ausgewählt wurde. Die Mannesmann AG war damals eines der ertragsstärksten deutschen Stahlunternehmen, das noch am Beginn einer erfolgreichen Diversifikation stand. Gleich zu Beginn meiner Berufstätigkeit in ein Machtzentrum der deutschen Großindustrie zu gelangen, war für mich eine nicht zu unterschätzende Erfahrung, die mir einen klaren Blick dafür verschaffte, daß Kapitalkraft, Umsatzstärke und Ressourcenreichtum nur in ganz besonders geprägten Strukturen effizient in unternehmerischen und damit wirtschaftlichen Erfolg umzusetzen sind. Solchen Erfolg hatte damals zwar auch die Mannesmann AG, aber mich faszinierte insbesondere die Effizienz bei vielen unserer damaligen Zulieferfirmen und Kunden, die überwiegend als Familienunternehmen geführt wurden: Ihre Kreativität, die Geschwindigkeit in der Umsetzung ihrer Ideen und ihre Anpassungsfähigkeit imponierten mir ebenso sehr wie die Persönlichkeiten, die diese Unternehmen führten. Denn diese Persönlichkeiten verkörperten einfache, aber inzwischen weitgehend aus der Mode gekommene Tugenden wie Einfallsreichtum, Beharrlichkeit, gesunde Skepsis vor Althergebrachtem, bodenständige Solidität und persönliche Bescheidenheit. Diese Eigenschaften führen – das ist auch heute noch meine Überzeugung – dazu, daß in Familienunternehmen die Motivation der Mitarbeiter, ihre Identifikation mit den Unternehmenszielen und ihre Bereitschaft, die vorgegebene Unternehmenskultur mitzutragen, weitaus größer ist als im Bereich der großen Konzerne und Publikumsgesellschaften, deren Anteile oft auf tausende von Personen verteilt sind (im folgenden auch nur »Konzerne« oder »Publikumsgesellschaften« genannt).

Nur durch diese Tugenden war es auch möglich gewesen, daß Persönlichkeiten wie Reinhard Mohn, Gustav Schickedanz, Käthe Dassler oder Wolfgang Adler eine so bedeutende unternehmerische Aufbauarbeit praktisch aus dem Nichts heraus leisten konnten. Kapitalressourcen allein wären nicht im Stande, diese überragenden Leistungen hervorzubringen; Zentralismus, der oft bei den großen Konzernen anzutreffen ist, vermag nicht den Freiraum für menschliche Kreativität zu schaffen, der das Erfolgsrezept jedes unternehmerischen Aufbruchs ist. Und je mehr ich die Schwächen dieser Konzernstrukturen erkannte, um so mehr wuchs mein Interesse an Familienunternehmen.

Es war dann ein Wink des Schicksals, als ich im Anschluß an einen Vortrag in Köln Conrad Böttcher kennenlernte. Dieser ungewöhnliche Mann wurde schon damals von Insidern als »Vater der Familienunternehmen« bezeichnet, weil er mehr als fünf Jahrzehnte lang mit einer bis ins hohe Alter ungebrochenen Schaffenskraft maßgeblich an der Entwicklung des Steuer- und Gesellschaftsrechts der deutschen Familienunternehmen beitrug. Conrad Böttcher, der mit dreiunddreißig Jahren Vorstand einer großen Papierfabrik wurde und die wirtschaftliche Praxis auf das Genaueste kannte, war ein wirklich großer Mann, der stets die Wahrung der persönlichen Unabhängigkeit in den Vordergrund stellte: Als die Nationalsozialisten in den dreißiger Jahren immer mehr Einfluß gewannen, wurde er – inzwischen von der Industrie in die freie Anwaltspraxis gewechselt – aufgrund seiner Integrität sowohl von jüdischen Familien zum Treuhänder ihrer zurückgelassenen Vermögen als auch von der Reichsregierung zum Verwalter des deutschen Auslandsvermögens in der Schweiz eingesetzt. Nach dem Kriege ernannten ihn die Amerikaner trotzdem zum Offizialverteidiger bei den Nürnberger Prozessen.

Seine wahre Liebe aber galt den Familienunternehmen. Anders als in der Anwaltspraxis üblich, sah er seine Aufgabe in der strukturellen Begleitung des Unternehmens und in der Gestaltung der Unternehmenskonzeption, an der er mit großem Ideenreichtum bei sehr vielen bedeutenden Familienunternehmen beteiligt war. Juristische und steuerrechtliche Tagesarbeit waren hingegen nicht sein Fall. Am meisten beeindruckte mich aber die Art und Weise seiner Beratung der Familienunternehmen. Getreu dem Grundsatz:»Aller Dinge Maß ist der Mensch« (Protagoras), begann er seine beratende Tätigkeit stets mit einer ausführlichen Analyse der im Gesellschafterkreis und in der Unternehmensführung maßgeblichen Persönlichkeiten. Anschließend erstellte er eine ganzheitliche Konzeption, die die persönlichen und beruflichen Belange der Beteiligten angemessen berücksichtigte und in der das Gesellschafts- und Steuerrecht keinesfalls eine zentrale, sondern stets eine Hilfsfunktion inne hatte. Ausgehend von dem Ziel, das Unternehmen für die Familie zu sichern und zu stärken, war diese Konzeption so angelegt, daß sie aufgrund der bei der Persönlichkeitsanalyse gewonnenen Erkenntnisse auch durchsetzbar war. Abstriche an der von ihm für richtig gehaltenen Gestaltung ließ er nur zu, wenn er dies vor sich selbst verantworten konnte. Honorarfragen und Aspekte des Mandatserhaltes spielten für ihn dabei keine Rolle. So erlebte ich einmal, wie er das Mandat eines berühmten Sportschuhfabrikanten »platzen« ließ, weil dessen betrieblich unerfahrene Ehefrau ein unternehmerisches Mitspracherecht forderte.

Leider ist eine derartige Beratung heute zur Seltenheit geworden: Heute stellen sich viele Berater ausschließlich und unreflektiert in den Dienst der persönlichen Interessen ihrer Mandanten und verfolgen – ohne den Blick auf das Ganze zu richten – nur das Ziel, ihrer Klientel zur Durchsetzung ihrer Interessen zu verhelfen. Sie sind nicht Berater, sondern Interessenvertreter. Wer beispielsweise ausscheidungswilligen Gesellschaftern mit allen Tricks zu Abfindungszahlungen verhilft, die den betrieblichen Organismus auf das Schwerste schädigen, der leistet für das Familienunternehmen in der Regel keine guten Dienste. Nur die von Conrad Böttcher vorgelebte und heute selten vorzufindende Unabhängigkeit, gepaart mit der Bereitschaft, verantwortlich mitzudenken, kann Basis für eine objektiv gute Beratung sein.

Nach dem Tode Conrad Böttchers im Jahre 1978 fiel die Aufgabe, sein Lebenswerk fortzuführen, auf meinen Partner Prof. Dr. Jörg Beinert und auf mich. Als Jörg Beinert, ebenfalls eine glänzend begabte, charakterlich vorbildliche Persönlichkeit, 1981 viel zu früh verstarb, habe ich mich der Aufgabe gestellt, die Ideen Conrad Böttchers fortzuführen. Inzwischen habe ich fast drei Jahrzehnte lang Familienunternehmen in ganz Deutschland konzeptionell betreut. Noch heute gehören dazu solche, die schon Ende der zwanziger Jahre von Conrad Böttcher beraten worden sind. Durch meine Tätigkeit als Vorsitzender oder auch Mitglied in einer Vielzahl von Aufsichtsräten und Beiräten von Familiengesellschaften – auf die Länge der Zeit waren es weit mehr als 200 Mandate – bin ich mit allen wichtigen betrieblichen Problemen von Unternehmen verschiedenartigster Branchen in Berührung gekommen und habe insbesondere viele namhafte Familienunternehmen bei Börsengängen betreut. So konnte ich über Jahrzehnte beobachten, wie sich einmal vollzogene Gestaltungen in der Praxis bewährten. Ich konnte aus gemachten Fehlern lernen und im Rahmen meiner Tätigkeit als Universitätsdozent meine Erkenntnisse wissenschaftlich fundieren und vertiefen. Aber trotz aller komplizierten Gestaltungen und aller Wissenschaft sind es letztlich zehn ganz einfache Grundsätze – zehn goldene Regeln –, die über Erfolg und Mißerfolg des Familienunternehmens entscheiden.

GOLDENE REGELN
für die Sicherung und Optimierung von Familienunternehmen

1. Nur wer die objektiv berechtigten Interessen aller am Unternehmensprozeß Beteiligten angemessen berücksichtigt, wird auf Dauer erfolgreich sein. Zu den Beteiligten zählen neben den Gesellschaftern, den Geschäftsführern und Führungskräften sowie den Mitarbeitern auch die Geschäftspartner, die Kunden und die Berater.

2. Komplizierte Lösungen führen stets zu erhöhten Reibungsverlusten an materiellen und menschlichen Ressourcen. Daher wird der gute oder gut beratene Unternehmer – auch und gerade bei diffizilen Strukturen – permanent nach Vereinfachung streben.

3. Nur derjenige kann seine Konkurrenten weit hinter sich lassen, der die ausgetretenen Pfade verläßt und – unter Inkaufnahme eines zwangsläufig erhöhten Risikos – neue Wege beschreitet.

4. »Ein Gramm Charakter ist mehr wert als ein Kilo Sachverstand«. Das gilt für Mitarbeiter, Geschäftspartner und persönliche Freunde. Wer glaubt, die intellektuellen Fähigkeiten charakterlich labiler Menschen für seine persönlichen Zwecke nutzen zu können, wird auf Dauer Schiffbruch erleiden. Die gefährlichste Kombination lautet: »hoch qualifiziert, aber illoyal«.

5. Die Gesundheit ist das höchste Gut des Menschen. Wer sie insbesondere als Unternehmer vernachlässigt oder unnötigerweise aufs Spiel setzt, handelt verantwortungslos gegenüber sich selbst, seiner Familie und seinen Mitarbeitern.

6. Persönliches Vorbild und Pflichtbewußtsein sind das wichtigste Kapital des Unternehmers. Wenn dieses Kapital fahrlässig ver-

nachlässigt wird, entfällt die Basis, die eine unternehmerische Führungspersönlichkeit benötigt.

7. Die strikte Trennung der privaten und der geschäftlichen Sphäre sollte stets beachtet werden. Eine Vermischung beider Bereiche führt zwangsläufig zu geschäftlicher Ineffektivität und ließ schon so manche Freundschaft zerbrechen.

8. Die *persönliche* Unabhängigkeit ist stets zu wahren. Dies setzt eine innere Distanz zu allen Personen voraus, mit denen geschäftliche Verbindungen bestehen, seien es Geschäftspartner, Mitarbeiter oder Berater. Sie sollten nie in den Kreis der persönlichen Freunde einbezogen werden.

9. Ebenso bedeutsam ist die Wahrung der *geschäftlichen* Unabhängigkeit. Die wichtigste Voraussetzung für ihre Erhaltung ist die Liquiditätssicherung im Bereich des privaten und des betrieblichen Vermögens. In einer Krise kann das Fehlen einer zuvor als marginal betrachteten Geldsumme ausreichen, um ein Lebenswerk zu zerstören.

10. Eine gelegentliche Mußestunde, um die persönlichen Ziele und die eigene Wertskala schriftlich festzuhalten und zu überprüfen, kann jeden vor großen Enttäuschungen bewahren.

II.
DIE STRUKTUR DER FAMILIENUNTERNEHMEN

1.
WAS UNTERSCHEIDET EIN FAMILIENUNTERNEHMEN VON ANDEREN UNTERNEHMEN?

Sie werden sich fragen, worin die besondere Faszination bei der Beratung von Familienunternehmen besteht. Die Antwort hat zwei Facetten: Das Familienunternehmen weist zum einen eine bestimmte Anzahl von Merkmalen auf, die ihre Beratung zu einer menschlich, persönlich und psychologisch äußerst reizvollen Aufgabe macht. Zum anderen verlangen die Stärken und Schwächen des Familienunternehmens eine fachlich übergreifende Beratung, die sich keineswegs in der Beantwortung juristischer Fragestellungen erschöpft, sondern insbesondere auch betriebswirtschaftliche und volkswirtschaftliche Aspekte einschließt. Ich möchte deshalb im folgenden zunächst auf die besonderen Merkmale der Familienunternehmen und der Familie eingehen und mich sodann mit den Stärken und Schwächen der Familienunternehmen auseinandersetzen.

DIE MERKMALE EINES FAMILIENUNTERNEHMENS

Die Beantwortung der Frage: »Was ist ein Familienunternehmen?« bereitet ungeahnte Schwierigkeiten und kann durch einen einfachen Blick in das Gesetz nicht gelöst werden. Zwar bestimmt der noch heute geltende § 76 Abs. 6

S. 2 des Betriebsverfassungsgesetzes von 1952:»Als Familiengesellschaften gelten solche Aktiengesellschaften, deren Aktionär eine einzelne natürliche Person ist oder deren Aktionäre untereinander im Sinne von § 15 Abs. 1 Nr. 2 bis 8, Abs. 2 Abgabenordnung verwandt oder verschwägert sind.« Diese gesetzgeberische Definition weist jedoch nur ein richtiges Merkmal auf: Von einer Familiengesellschaft oder einem Familienunternehmen kann – wie auch in der gesetzlichen Definition festgelegt ist – nur gesprochen werden, wenn sich die Mehrheit der Anteile in der Hand einer oder einer bestimmten Anzahl von Familien befindet. Die Rechtsform des Unternehmens ist aber – im Gegensatz zur soeben genannten gesetzlichen Definition – für den Begriff»Familienunternehmen« gleichgültig: Entgegen einer landläufigen Meinung kann sowohl eine Personengesellschaft (z. B. BGB-Gesellschaft, offene Handelsgesellschaft, Kommanditgesellschaft) als auch eine Kapitalgesellschaft (insbesondere GmbH oder Aktiengesellschaft) ein Familienunternehmen sein. Das gilt sogar für die börsennotierte Aktiengesellschaft, vorausgesetzt, daß die Familie ihren unternehmerischen Willen durchsetzen kann. Werden zum Beispiel beim Börsengang im höchstzulässigen Umfang stimmrechtslose Vorzugsaktien ausgegeben, so hat die Familie noch mit einem Anteilsbesitz von 25,1 Prozent das unternehmerische Sagen, da sie mit diesem Quorum regelmäßig in der Hauptversammlung Entscheidungen durchsetzen kann. Bedenkt man, daß in den Hauptversammlungen börsennotierter Gesellschaften selten mehr als 70 Prozent der Aktionäre vertreten sind, kann die Beteiligung der Familie auch bei Ausgabe voll stimmberechtigter Aktien sogar unter 50 Prozent liegen, ohne daß der Führungsanspruch gefährdet wird. Bei der soeben vom höchsten deutschen Zivilgericht, dem Bundesgerichtshof, bestätigten Rechtsform der sogenannten GmbH & Co. KGaA, über die auf S. 379f. noch berichtet wird, ist eine Beherrschung des Unternehmens durch die Familie noch leichter abzusichern. Inzwischen gibt es denn auch eine ganze Reihe von börsennotierten Aktiengesellschaften, die trotz einer beträchtlichen Zahl von Fremdaktionären noch Familiengesellschaften sind, zum Beispiel die Bijou Brigitte AG, die von ihrem Gründer Friedrich Werner dominiert wird, oder die Lösch Umweltschutz AG, in der die Gebrüder Löbbert das Sagen haben, oder früher – bis zum Verkauf der Anteile – die Hugo Boss AG, die von den Gebrüdern Uwe und Jochen Holy auch nach dem Börsengang als Familienunternehmen geführt wurde.

Gleichfalls nicht deutlich wird aus der gesetzlichen Definition, daß ein Familienunternehmen auch dann vorliegen kann, wenn ein Unternehmen mehreren Familien gehört, wie es zum Beispiel bei Wella, Miele oder (früher) bei Boss der Fall ist (war). Entscheidend ist, welchen Einfluß die Familien auf das Unternehmensgeschehen beanspruchen und über welchen Einfluß sie tatsächlich verfügen: Wird bei Vorhandensein mehrerer Familien über Poolverträge sichergestellt, daß die Familien stets mit einer Stimme sprechen, kann der eine Familiengesellschaft prägende Einfluß einer oder mehrerer Familien auch bei einer Vielzahl von Anteilseignern vorliegen.

Mit dem Merkmal des Einflusses einer Familie oder einer bestimmten Anzahl von Familien ist der Begriff »Familienunternehmen« jedoch nur unzureichend beschrieben; das eigentliche Charakteristikum eines Familienunternehmens bleibt unerwähnt. Um die Frage nach den charakteristischen Merkmalen eines Familienunternehmens zu beantworten, zitiere ich gern die Präambel eines Gesellschaftsvertrages, den sich ein in der dritten Generation geführter, mehr als 100 Jahre alter Verlag gegeben hat. Die Familiengesellschafter suchten mich auf, um den Gesellschaftsvertrag überarbeiten und modernisieren zu lassen. Sie waren der Meinung, daß der Vertrag nicht mehr dem heutigen Verständnis eines modernen Familienunternehmens entspräche und Wertvorstellungen enthielte, die in unserer Zeit keinen Bestand mehr haben. Nach der Lektüre des Vertrags konnte ich ihnen nur zum Teil Recht geben. Überarbeitungsbedürftig erschien mir der Vertrag zwar insoweit, als er dem betriebswirtschaftlichen Entwicklungsstand beispielsweise in Fragen der Gewinnermittlung, der Thesaurierung sowie der Auswahl und Kontrolle der Geschäftsführung angepaßt werden mußte. Auch rechtlich war eine Fortschreibung der Gedanken der Gründer in Anpassung an die zwischenzeitlich ergangenen Gesetze und die Entwicklung der höchstrichterlichen Rechtsprechung erforderlich. Von der in der Präambel kurz zusammengefaßten »Substanz des Vertrags« war ich jedoch fasziniert. Sie enthielt nach meiner Erfahrung alles, was den Begriff des Familienunternehmens ausmacht und was bei strikter Umsetzung und Befolgung durch die Familie einen Fortbestand des Unternehmens über viele Generationen absichern kann. Diese Präambel lautete:

»So wie es einst der Wille des Firmengründers war, daß sein Werk von seinen Söhnen und Enkeln fortgeführt werde, so ist es der Wille der Familienangehörigen, die dieses Vertragswerk erneuern, daß auch ihre Nachkommen das Familiengut, wie es in diesem Unternehmen manifestiert ist, zusammenhalten, pfleglich betreuen, es mit gesundem unternehmerischem Wagemut und in Anpassung an die jeweils gegebenen wirtschaftlichen Verhältnisse fortentwickeln.

Dabei sollen die Prinzipien, von denen die Firmengründer ausgegangen sind, nach wie vor ihre volle Gültigkeit behalten: sich mit allen Kräften, unter Zurückstellung persönlicher Interessen für das Unternehmen einzusetzen, sein erster Diener und Arbeiter zu sein; trotz der Vielfalt der Ideen nicht auseinanderstreben, sondern in gesunder Selbstbescheidung sich dem unterordnen, was in großer Schau und verständiger Würdigung dem Besten des Unternehmens dient, das war und ist das Gebot, das sich unsere Familie gegeben hat.«

Die würdige, heute vielleicht altmodisch klingende Sprache, die der zitierten Präambel zu eigen ist, darf nicht den Blick auf ihre inhaltliche Substanz verstellen. In ihr werden alle Elemente angesprochen, die für ein Familienunternehmen letztlich charakteristisch sind: Indem auf die Mitglieder der Familie, nämlich auf die Söhne, Töchter, Enkel und die weiteren Nachkommen hingewiesen wird, wird das schon erwähnte, auch gesetzlich festgelegte Merkmal der Anteilsmehrheit aufgenommen. Auch die zitierte Präambel geht davon aus, daß ein Familienunternehmen nur dann vorliegt, wenn an der Gesellschaft ausschließlich oder mehrheitlich durch Verwandtschaft oder Ehe untereinander verbundene Personen beteiligt sind, die entweder unmittelbar in der Geschäftsführung oder mittelbar über die Gesellschafterversammlung beziehungsweise den Aufsichtsrat die Unternehmenspolitik maßgeblich beeinflussen.

Die Präambel berücksichtigt aber darüber hinaus auch, daß der Begriff »Familiengesellschaft« zwingend voraussetzt, daß die beteiligten Familienmitglieder die familiäre Verbundenheit und die von der Familie aufgestellten Prinzipien als tragendes Element ihres unternehmerischen Engagements betrachten. Familienunternehmen sind demnach nicht nur Wirtschafts-, sondern – jedenfalls idealtypisch gesehen – auch Wertegemeinschaften. Da ein Familienunternehmen idealerweise immer in eine Tradition gestellt und in der Perspektive auf die nachfolgenden Generationen geführt wird, verfügt es auch stets über Prinzipien und Leitgedanken, über eine Philosophie oder über eine Vision, die nicht – wie meist in den Konzernen – dem Unternehmen übergestülpt und bei passender oder unpassender Gelegenheit umgekrempelt wird, sondern die ein besonders hohes Maß an Verbindlichkeit besitzt. So wäre zum Beispiel kaum denkbar, daß ein traditionell dem Haushalt verpflichtetes Unternehmen wie Miele bei der Bedienung neuer Zielgruppen seine Identität so ändern würde wie Daimler-Benz bei seinem Schwenk vom Automobilbauer zum »Integrierten Technologiekonzern«, der wenige Jahre später sogar wieder rückgängig gemacht wurde. Zu den Prinzipien, die für Familienunternehmen kennzeich-

nend sind, gehört beispielsweise auch, daß das Familienvermögen der lebenden Generation auf Zeit »verliehen« ist und deshalb in einer Art und Weise
angelegt und verwaltet werden soll, daß es an die nächste Generation weitergegeben werden kann. Was geschieht, wenn der Wertekonsens – wie ich es
leider oft habe erleben müssen – zwischen den am Unternehmen beteiligten
Familienmitgliedern wegfällt? Dann ist es häufig nur noch eine Frage der Zeit,
daß die Familienmitglieder in Streit und Auseinandersetzungen verfallen – häufig
mit Auswirkungen, die für das Unternehmen fatal sind. Zur Erhaltung des Wertekonsens bietet es sich deshalb geradezu an, auf eine alte, eindrucksvolle
Tradition des deutschen Hochadels zurückzugreifen und auch für Familienunternehmen die Familienwerte in »Hausgesetzen« schriftlich zu dokumentieren (vgl. dazu S. 55ff.).

Ein letztes Merkmal, durch das die Familienunternehmen gekennzeichnet
sind, möchte ich erwähnen: Das Eigentum und die Unternehmensführung
bilden bei Familienunternehmen eine zumindest mittelbare Einheit. Diese Einheit von Eigentum und Führung geht bei Familienunternehmen oft so weit,
daß die wirtschaftliche Existenz des Inhabers – unabhängig von der Möglichkeit rechtlicher Haftungsbegrenzung – mit der seines Unternehmens eng verknüpft ist. Der Unternehmer ist verantwortlich für die Leitung seines Betriebes
und trifft alle relevanten Entscheidungen entweder selbst oder mittelbar über
Personen seines Vertrauens. Diese enge persönliche Beziehung zwischen Eigner und Unternehmen ist Wesensbestandteil unserer Familienunternehmen.
Sie eröffnet außerordentliche Möglichkeiten und Chancen, sie kann aber auch
das Unternehmen mit speziellen Problemen und Nachteilen belasten.

Gerade die starken Persönlichkeiten, die in den Familienunternehmen anzutreffen sind, machen die Tätigkeit in einem Familienunternehmen und auch
seine Beratung schwierig und reizvoll zugleich. Standardlösungen sind hier
nicht gefragt. Die rechtliche und betriebswirtschaftliche Konzeption dieser
Unternehmen muß individuell auf den Unternehmer und seine Familie zugeschnitten sein. Ist sie es nicht, ist bereits die Grundlage für Probleme und Konflikte gelegt, deren Zutagetreten dann eigentlich nur eine Frage der Zeit ist.
»Aller Dinge Maß ist der Mensch«: Deshalb wäre beispielsweise ein Kollegial-
prinzip in der Geschäftsführung für Persönlichkeiten wie Grundig oder auch
Neckermann undenkbar gewesen, weil es der Mentalität dieser Patriarchen
eindeutig widersprochen hätte; die nachfolgende Generation legt demgegenüber in aller Regel höchsten Wert auf Teamarbeit an der Spitze des Unternehmens und besitzt entsprechende Führungsstrukturen.

FAMILIENUNTERNEHMEN UND MITTELSTAND

Die Begriffe »Familienunternehmen« und »Mittelstand« werden oft synonym verwendet, obwohl die Bezeichnung Mittelstand vorwiegend an die Größenmerkmale Umsatz und Beschäftigtenzahl anknüpft, also an Definitionsmerkmale, die für das Vorliegen eines Familienunternehmens irrelevant sind. Familienunternehmen definieren sich gerade nicht über die Größe, sondern durch eine meist traditionell gewachsene, enge Beziehung zwischen den Eigentümern, dem Unternehmen und dessen Mitarbeitern, so daß für Familienunternehmen gerade eine bestimmte Unternehmenskultur kennzeichnend ist, um die uns – nebenbei gesagt – die ganze Welt beneidet. Der Begriff »Mittelstand« führt außerdem zu Mißverständnissen, weil eine Vielzahl kleinerer Tochtergesellschaften der Konzerne die größenabhängigen Merkmale des Mittelstandsbegriffs erfüllen, und bekanntlich trotzdem nicht zum Mittelstand gerechnet werden.

Ich mag den Begriff »Mittelstand« auch deshalb nicht sonderlich und verwende ihn möglichst selten, weil er schon vom Wortlaut her den Eindruck von »Mittelmäßigkeit« suggeriert. Ein Hinweis auf Thomas Manns »Buddenbrooks« wird jeden Leser überzeugen: Der Senator Thomas Buddenbrook bemerkt über einen gewissen Herrn Lauritzen, der dem Senat der Stadt Lübeck zugewählt werden soll, folgendes: »Lauritzen ist ein ehrenwerter Mensch – ohne Frage; aber er ist Mittelstand: Sein Vater hat noch eigenhändig den Dienstmädchen die sauren Heringe aus der Tonne geholt und eingewickelt.«

Die Unzulänglichkeit der Gleichsetzung der Begriffe Familienunternehmen und Mittelstand wird auch durch die Einbeziehung des Handwerks und der freiberuflichen Tätigkeit in den Mittelstandsbegriff dokumentiert. Handwerker und – teilweise – freiberuflich Tätige können zwar zum Mittelstand gezählt werden, gehören jedoch nicht in die Kategorie Familienunternehmen, obgleich bei ihnen zum Teil anläßlich bestimmter Situationen, wie z. B. bei der Nachfolgeproblematik, ähnliche Schwierigkeiten wie bei Familienunternehmen auftreten können. Eine Gleichsetzung ist aber materiell nicht gerechtfertigt: Handwerk und freiberufliche Tätigkeit unterscheiden sich von Familienunternehmen durch das Fehlen der unternehmerischen Dimension, in der weniger umfangreichen Bindung des Vermögens im Unternehmen und letztlich durch eine – im Vergleich zum Familienunternehmen – andere wirtschaftspolitische Interessenlage. Nur am Rande sei erwähnt, daß der von den Organen der Europäischen Union verwendete Begriff »kleine und mittlere Unternehmen

(KMU)« ebenfalls keineswegs mit dem Begriff Familienunternehmen gleichgesetzt werden darf.

DER UNTERSCHIED ZWISCHEN FAMILIENUNTERNEHMEN UND GROSSEN PUBLIKUMSGESELLSCHAFTEN

Es war einmal ...

... die Firma A., ein seit mehr als 100 Jahren existierender renommierter Hersteller von elektrischen Geräten. Als das Unternehmen vor wenigen Jahren an den großen europäischen Konzern B. verkauft wurde, ahnten weder die Eigentümer noch die Geschäftsleitung, welche weitreichenden Konsequenzen mit diesem Schritt verbunden sein würden – für das Unternehmen, seine Mitarbeiter und letztlich auch für die Kommune, in der das Unternehmen seit der Gründung beheimatet war. Die Veränderungen begannen damit, daß unmittelbar nach Unterzeichnung des Kaufvertrages der ortsansässige Steuerberater und Wirtschaftsprüfer gegen eine international tätige Organisation ausgetauscht wurde. Die Veränderungen setzten sich mit der Einbeziehung des Unternehmens in das zentrale Cash-Management der Konzernmutter fort. Dann stellte das Unternehmen auf Weisung von oben den Verkehr mit den örtlichen Banken ein, der durch ein jahrzehntelanges Vertrauensverhältnis geprägt war. Die gesamte Finanzierung erfolgte jetzt über die Finanzzentrale des Konzerns. Das hatte zur Folge, daß vier Arbeitsplätze in der Finanzabteilung abgebaut wurden. Von dem wenige Wochen später aus der Konzernzentrale abgestellten neuen Finanzgeschäftsführer wurden dem Unternehmen sodann völlig neue Planungs-, Führungs- und Controllingsysteme übergestülpt.

Sowohl diese Instrumente als auch das neu eingeführte umfangreiche Reporting- und Berichtssystem wurden vom alten Management nur widerwillig angenommen. Die Neuerungen, aber auch die mit der unglücklich verlaufenden Einführung dieser neuen Ansätze verbundenen Widerstände und Reibungsverluste, führten dazu, daß das Unternehmen im gleichen Maße an Reaktionsgeschwindigkeit und Kundennähe verlor und Motivation und Entscheidungsfreude der Mitarbeiter nachließen.

Die schlechte Stimmung erreichte ihren Höhepunkt, als bekannt wurde, daß die Entwicklungs- und Designabteilung aus Kostengründen teilweise aufgelöst werden sollte. Das entsprechende Know-how sollte künftig – so hieß es – von der Zentrale zur Verfügung gestellt werden.

Die Veränderungsprozesse im Unternehmen blieben am Markt nicht unbemerkt. Liefertermine verzögerten sich, Reklamationen wurden unzureichend bearbeitet, notwendige Investitionen in der Produktion erst nach langwierigen konzerninternen Genehmigungsverfahren freigegeben. Weil die von oben angeordnete Abstimmung mit der Konzernzentrale nicht zustande kam, mußte man die bisherige Medienwerbung über Monate aussetzen. All dies wirkte sich natürlich auf die Ertragssituation fatal aus. Der Druck auf die Margen nahm zu, die Umsätze sanken rapide, die Marktanteile gingen zurück. Das Unternehmen geriet – erstmalig in seiner langen Geschichte – in die roten Zahlen. Aus denen ist es bis heute nicht mehr herausgekommen.

Ich gebe zu, daß dies ein besonders abschreckendes und trauriges Beispiel der Auswirkungen ist, die eine streng zentralistische Organisation einer großen, oft international operierenden und als Konzern strukturierten Gesellschaft haben kann. Es ist nicht Sinn dieses Buches, solche Großunternehmen zu kritisieren. Aber in letzter Zeit gibt es ausreichend Anlaß, über die Rolle derartig strukturierter Unternehmen nachzudenken und die Bevorzugung, die diese durch Politik und Öffentlichkeit erfahren, in Frage zu stellen. Denn Entwicklungen der eben beschriebenen Art sind bei Übernahme von Familienunternehmen durch Großunternehmen leider nicht untypisch. Auch beim Abbau von Arbeitsplätzen und bei der Reduzierung der Steuerlast durch Gewinnverlagerungen ins Ausland haben die Großunternehmen eine führende Rolle gespielt. Kennzeichen der Problematik von Großunternehmen mit Konzernstruktur sind:

• organisationsbedingte Inflexibilität und Schwerfälligkeit, die im gleichen Maße zunimmt, indem die Zahl der Kontrolleure gegenüber der Zahl der Kontrollierten steigt,
• eine unzureichende Kontrolle des Managements,
• Informationsbeschaffung nicht zum Zwecke der Entscheidungsfindung, sondern zum Zweck der Kontrolle und Machtausübung sowie
• sicht- und spürbare soziale Kälte.

Außerdem dient ein System diffizil ausgetüftelter Statussymbole oft einzig dem Zweck, den persönlichen und wirtschaftlichen Abstand zwischen Herrschenden und Beherrschten deutlich zu machen. Gesonderte Aufzüge für Vorstandsvorsitzende gehören ebenso dazu wie zum Beispiel das Kantinensystem eines

Ruhr-Konzerns mit drei Kantinen: eine für normale Mitarbeiter, eine für Direktoren und eine für Vorstandsmitglieder; in der Kantine für normale Mitarbeiter gab es Plastikbecher, in der für Direktoren Porzellantassen ohne Unterteller und in der für Vorstandsmitglieder Porzellantassen mit Unterteller. Von positiven Ausnahmen in diesem Bereich hört man selten; nur wenige Konzerne sind offenbar so wie General Electric organisiert und werden von einem Unternehmer vom Zuschnitt eines Jack Welch geführt. Öfter hört man in letzter Zeit von ausgeprägter Selbstbedienungsmentalität, die sich beispielsweise in den Fällen Löhr (SEL), Zimmermann (Thyssen), Otto (Coop) oder – last but not least – Weber (Südmilch) besonders deutlich zeigt. Auch in Konzernen ist der Mensch eben das Maß aller Dinge. Und wenn sich alles nur nach den Interessen des Spitzenmanagements zu richten hat und dieses unzureichend qualifiziert ist, verwundern die Negativbeispiele in letzter Zeit nicht besonders.

Nun aber zurück zu den Unterschieden zwischen diesen Großunternehmen und den typischen Familienunternehmen, die ich Ihnen auch wieder anhand einer kleinen Geschichte verdeutlichen möchte:

Es war einmal ...

... Christian N., der nach einem Wirtschaftsstudium eine glänzende Karriere in der Maschinenbauindustrie machte. Nach einigen Jahren erfolgreicher beruflicher Tätigkeit wurde ihm ein Angebot von einem Headhunter gemacht. Die Position, die ihm angeboten wurde, entsprach dem Ideal seiner Träume, so daß er diese ohne Zögern annahm. Als Vorstandsvorsitzender einer jeher umsatzstarken, aber ertragsschwachen Publikumsgesellschaft, deren Aktien breit gestreut waren, verstand er es, den Umsatz durch Unternehmenskäufe weiter zu steigern und durch zusätzliche Kreditaufnahmen die Bindung der Banken an sein Unternehmen unlösbar zu gestalten. Daß diese Investitionen weder den Unternehmenswert noch die Kurse steigen ließen, störte ihn nicht. Auch die jährliche Hauptversammlung, die er als außerordentlich lästig empfand, bestand er jeweils mit Bravour: Die Fragen der Schutzgemeinschaft und der Vereinigung der Kleinaktionäre beantwortete er stets korrekt und höflich, die Streubesitzer dagegen ließ er spüren, wie unpassend er ihre Wortmeldungen fand.

Persönlich war Christian N. ein glücklicher Mensch, denn aufgrund kluger Gestaltung seines Vorstandsvertrages hatte er sich nicht nur eine ansehnliche Pension, sondern auch eine reizvolle Tantieme gesichert. Diese war an den Cash Flow gekoppelt, der durch die von ihm klug erdachte Strategie einer beständigen Desinvestition im Sachanlagenbereich von Jahr zu Jahr wuchs.

Zum Glück herrschen solche Zustände nicht überall, aber es fehlt außerhalb des Familienunternehmens eben doch stets an der Kontrolle, die ein Eigentümer eines Unternehmens aus seiner persönlichen Interessenlage heraus permanent ausüben würde. Deshalb ist es nur zu verständlich, wenn etliche Publikumsgesellschaften zunehmend versuchen, die Stärke unserer Familienunternehmen – kontrollierbare Strukturen, Flexibilität und Marktnähe – zu kopieren, indem sie mit dezentralisierten Lösungen und Profit-Center-Konzepten arbeiten. Im Gegenzug sollten die Familienunternehmen versuchen, sich die Stärken der Publikumsgesellschaften anzueignen. Diese liegen vor allem im Einsatz modernster Planungs-, Führungs- und Controllinginstrumente. Darüber hinaus besitzen alle Publikumsgesellschaften eine klar definierte, schriftlich niedergelegte Unternehmensstrategie, wonach das Unternehmen auf die deckungsbeitragsstärksten Aktivitäten unter Ausgrenzung weniger profitabler Geschäftsfelder auszurichten ist. Sie betreiben damit ein Maß an vorbildlicher Unternehmenssicherung, das bei den meisten Familienunternehmen leider nicht zu finden ist. Die nachfolgende Gegenüberstellung von Familienunternehmen und Publikumsgesellschaften macht die Unterschiede deutlich (Abbildung 1 auf S. 32).

Wie das Schaubild zeigt, gehen bei der Publikumsgesellschaft der Vorstand und die Eigentümer »getrennte Wege«. Der Vorstand führt ein weitgehend abgesichertes Eigenleben, das lediglich bei der Eigentümerversammlung (= Hauptversammlung) gelegentlich durch »lästige« Fragen der Aktionäre gestört wird. Wie sehr sich aber auch hier die Manager durchsetzen, beweist die Tatsache, daß die Beschlußvorlagen der Unternehmensverwaltung in aller Regel mit großer Mehrheit abgesegnet werden. Selbst in Fällen, in denen jeder Familienunternehmer seine Geschäftsführung fristlos feuern würde, wird ihnen regelmäßig in der Hauptversammlung noch Entlastung erteilt. Dieser Zustand ist systemimmanent und wird sich nicht ändern, solange die Vorstände im wesentlichen selbst bestimmen, wer zu ihrer Kontrolle in den Aufsichtsrat berufen wird.

Dies führt dazu, daß das Risiko ausschließlich beim Aktionär liegt, während über das wirtschaftliche Schicksal seiner Anlage das Management entscheidet. Dieses trägt selbst kein wirtschaftliches und – wie die Skandalfälle der jüngsten Vergangenheit zeigen – auch nur ein äußerst minimales persönliches Risiko. Die Konsequenzen aus dieser Situation sind bei vielen großen Gesellschaften eindeutig zu erkennen: Macht- und Einflußdenken spielen – etwa im Bereich der Firmenkäufe – eine völlig andere Rolle als im Familien-

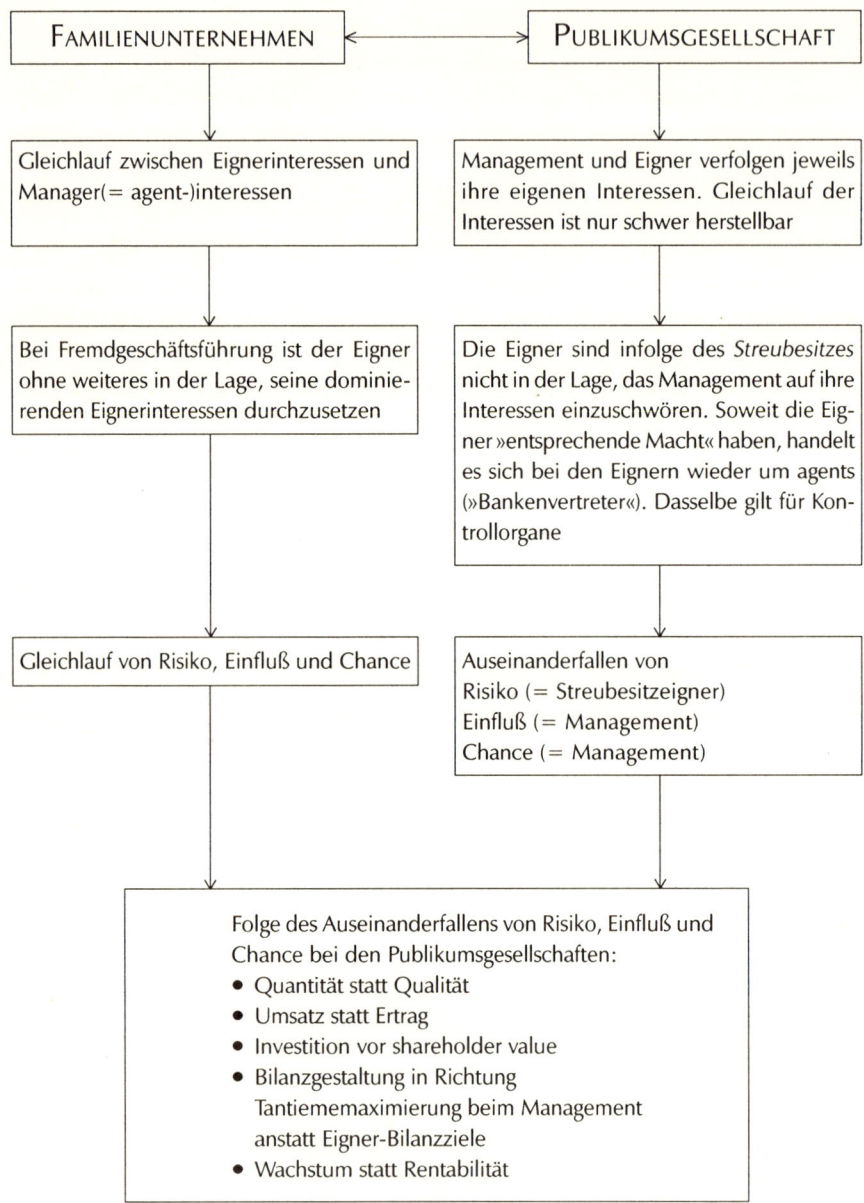

Abbildung 1: Gegenüberstellung von Familienunternehmen und Publikumsgesellschaften

unternehmen. Öffentlichkeitswirksame Schlagworte wie derzeit »Shareholder Value«, werden vermarktet, ohne daß sich substantiell irgend etwas ändert. Und die »Virtuosität« der Bilanzgestaltung nimmt unter den Augen einer unkritischen Öffentlichkeit Ausmaße an, die die Grenzen der Seriosität weit überschritten hat.

Demgegenüber ist das Familienunternehmen – soweit nicht in Ausnahmefällen ein Gesellschafterstreit den Betrieb blockiert – auf die Eignerinteressen hin ausgerichtet. Die Eigentümer korrigieren eigentumsschädliche Vorgänge schon deshalb, weil ihnen das Unternehmen gehört. Der Eigentümer kauft kein fremdes Unternehmen, nur weil es seinem Image guttut, er benötigt keinen Umsatzzuwachs ausschließlich aus Tantiemegründen und wird auch den Gewinn, um Steuern zu sparen, in aller Regel so niedrig wie möglich ausweisen. Aus alldem ergibt sich im Familienunternehmen ein Gleichlauf zwischen Eigner- und Managerinteressen. Dies führt zu einer völlig anderen, meist effizienteren Unternehmenskultur, als im Großunternehmen. Das gilt auch nach Berufung einer Fremdgeschäftsführung: Auch bei einer Fremdgeschäftsführung in einem Familienunternehmen ist der Eigner ohne weiteres in der Lage, seine Interessen durchzusetzen. Den Aktionären einer Publikumsgesellschaft gelingt es dagegen in aller Regel nicht, das Management auf ihre Belange einzuschwören. Bei einer Publikumsgesellschaft verfolgen Management und Eigner jeweils ihre eigenen Interessen. Ein Gleichlauf der Interessen ist nur schwer herstellbar.

2.
DIE FAMILIE

Stelle die rechte Ordnung in der Familie her, und
die Welt wird geordnet sein.

Konfuzius

Es war einmal

… Christian Müller, der Anfang 1965 in eine typische deutsche Unternehmerfamilie hineingeboren wurde. Der Vater besaß eine Maschinenfabrik, die einen Umsatz von 270 Millionen DM und eine überdurchschnittliche Rendite erzielte. Christian war von Geburt an zum Unternehmensnachfolger bestimmt wor-

den. *Seine beiden jüngeren Geschwister sollten ihm später im Betrieb zuarbeiten. Er war der erklärte Lieblingssohn seines Vaters und genoß wesentlich mehr Aufmerksamkeit von seiten des Vaters als seine Geschwister. Trotzdem sah Christian seine Eltern nur selten, sie waren meist geschäftlich unterwegs. Wenn die Familie einmal unter sich war, erging sich der Vater in betriebswirtschaftlichen Ausführungen, oder er quälte Christian mit Fragen des Allgemeinwissens – nicht ohne bei jeder Antwort anzumerken, wie schlimm es doch um die Jugend bestellt sei. Persönliche Probleme seiner Kinder, wie schulische Schwierigkeiten oder Christians erste große, aber unglückliche Liebe interessierten den Vater nicht. Unter den Geschwistern selbst kam es zu erheblichen Spannungen, weil Christian die anderen beiden in Streitfällen spüren ließ, daß er der potentielle Unternehmensnachfolger war. Ein weiteres Problem entstand, als Christian sich eine gebrauchte Honda kaufte und neue Freunde – angetan mit Ledergürteln, Ohrringen und großflächigen Tätowierungen – ins elterliche Haus einlud. Es kam zum Eklat: Der Vater, der die Auffassung vertrat, die heutige Jugend kenne keine Zucht und Ordnung mehr, teilte Christian am nächsten Morgen mit, daß er sofort als Internatsschüler ins Lyzeum Alpinum nach Zuoz gehen werde.*

Christian ging wie geheißen, arrangierte sich mit seinen Lehrern, fand neue Freunde, besuchte die Disco in St. Moritz und bestand das Abitur mehr schlecht als recht. Auch wenn ihn ein Architekturstudium mehr gereizt hätte, nahm Christian das Studium der Betriebswirtschaftslehre in St. Gallen auf. Während seiner Studienzeit verbrachte er mehrere Sprachaufenthalte in Spanien und England. Gelegentliche Besuche zu Hause führten stets zu Spannungen. Vom Unternehmen selbst hatte Christian bis zum Abschluß der Universität noch nichts kennengelernt. Er war, wie man ihm mitgeteilt hatte, inzwischen zwar stiller Gesellschafter geworden, aber ohne Stimmrechte, und die Entnahmerechte waren weitgehend eingeschränkt. Eine Bilanz hatte er noch nie gesehen. Wichtige Entscheidungen bekam er erst im nachhinein mitgeteilt.

Als Christian 27 Jahre alt war, kam der große Tag. Der Vater bat ihn ins Kaminzimmer. Neben seinem Vater saßen dort der Wirtschaftsprüfer Dr. I. und der Finanzprokurist Egon K. Man teilte ihm mit, daß nun die Vorbereitung auf die Unternehmensnachfolge beginnen sollte. Er würde ab sofort im Büro von Kleinkariert Platz nehmen und dort gewisse Zahlen einsehen dürfen. Der weitere Umfang der Einarbeitung werde vom neugebildeten Beirat bestimmt. Diesem Beirat, dem der Vater vorsitzen werde, sollten I., K. und der unternehmerisch allerdings unerfahrene Familienanwalt S. angehören. Nach vier Tagen der Zusammenarbeit erbat K. einen Termin beim Chef, um seine ersten Eindrücke zu schildern. Christian, so schmeichelte er, habe hervorragende unternehmerische Anlagen. Allerdings: Er müsse noch sehr, sehr viel lernen. Und: So gut wie sein Vater werde er nie. Müller war hoch erfreut. Für Christian aber war alles eine Tortur. Man war zwar nett zu ihm, aber niemand im Betrieb nahm ihn ernst. Jeder behandelte ihn nach dem Motto: »Vorsicht, eventueller zukünftiger Chef.« Er durfte nichts entscheiden, er war über nichts informiert, er trug keinerlei Verantwortung. Dann kam die große Wende: Christian durfte zu einem Kongreß in die USA reisen, um dort beim väterlichen Vortrag Folien aufzulegen. Der Flug war für Christian – wie Frau G., die Chefsekretärin ihm erklärt hatte – aus erzieherischen Gründen in der Economy-Klasse gebucht worden. Während der Vater und K. vorne in der »First« ein opulentes Dinner einnahmen, geschah es: Christian stürmte nach vorne, warf seinem Vater die Folien vor die Füße und erklärte ihm den sofortigen Austritt aus der Firma. Der Vater war sprachlos. Er hielt seinem Sohn grobe Undankbarkeit vor und kündigte die sofortige Enterbung sowie den Einzug des neuen Porsche an. Doch es war zu spät, Christian ließ sich nicht mehr umstimmen.

Die beiden Geschwister von Christian kamen für eine Führungsposition nicht mehr in Frage: Frustriert vom mangelnden Interesse des Vaters an seinen Fähigkeiten hatte der jüngere Bruder von Christian sich nach seinem BWL-Studium für die wissenschaftliche Laufbahn entschieden. Die Tochter kam für den sehr konservativ denkenden Vater für eine Führungsaufgabe sowieso nicht in Betracht. Für den Senior brach eine Welt zusammen. Er hatte keinen würdigen Nachfolger. Was hatte er falsch gemacht?

DIE UNTERNEHMERFAMILIE IM WANDEL DER ZEIT

Erfolgsgeschichten von Familienunternehmen, die es über viele Generationen hinweg verstanden haben, ihre Unternehmen den gesellschaftlichen und wirtschaftlichen Veränderungen der Zeit anzupassen (Miele, Oetker, Underberg, Melitta, Faber Castell, Kühne + Nagel, Brenninkmeyer), sind zugleich immer auch Geschichten über die besitzenden und leitenden Familien. Die Familien sind aber nicht nur für den Erfolg, sondern auch für den Mißerfolg ihrer Unternehmen verantwortlich. Denn viele Familienunternehmen sind nicht aus wirtschaftlichen Gründen gescheitert, sondern an familiären Konflikten, internen Auseinandersetzungen, Inkompetenz der leitenden Generation, persönlichen Schicksalsschlägen oder an der fehlenden Bereitschaft der nächsten Generation, die Unternehmertradition fortzuführen. Das Scheitern vieler Familienunternehmen, verursacht durch die »Umwandlung« zur fremdbeherrschten Publikumsgesellschaft oder durch Verkauf insbesondere im Rahmen des Generationenwechsels (beispielsweise bei Reemtsma, Salamander, Kienzle Apparatebau, Kaffee Haag, Böhringer und Knorr-Bremse), ist nach meinen Beobachtungen keineswegs zufällig, sondern entspringt eher einer gewissen Gesetzmäßigkeit, die aus dem entscheidenden Einfluß der Familie auf das Unternehmen resultiert. Man darf sich deshalb nicht auf die betriebswirtschaftliche Dimension beschränken, wenn man den Erfolg und das Scheitern von Familienunternehmen verstehen will. Wer die Funktionsweise und die Prozesse innerhalb einer Familiengesellschaft begreifen will, muß deshalb das »magische Dreieck« Unternehmen – Unternehmer – Unternehmerfamilie verstehen.

Der Unternehmer

Die Persönlichkeit des Unternehmers ist die entscheidende Stärke der Familienunternehmen. Unternehmer und Unternehmen stehen in einem Verhältnis gegenseitiger Abhängigkeit: Einerseits liegt das Wohl des Unternehmens oft allein in seiner Hand, so daß er wie in einer guten Ehe zu seinem Unternehmen »in guten und schlechten Tagen« stehen muß. Besonders deutlich wird diese Abhängigkeit beispielsweise im Fall von Grete Schickedanz, deren Talente sich als multifunktional erwiesen: Sie war für den Einkauf, die Kataloggestaltung und die kaufmännischen Abteilungen in Personalunion zuständig, und der Erfolg hat diesem »Organigramm« recht gegeben. Philipp Reemtsma betreute in seinem Zigarettenimperium nicht nur die Bereiche Finanzen, Organisation und Verkauf, sondern er entwickelte für die Zigarettenwerbung neuartige Konzepte und setzte neue Maßstäbe bei der Markenschöpfung. Auch die Erfolge von Adidas und Grundig sind ohne Käthe Dassler und Max Grundig nicht vorstellbar.

Andererseits ist die berufliche und wirtschaftliche Existenz des Familienunternehmers ebenso wie seine gesellschaftliche und soziale Stellung auf das engste mit dem Unternehmen verknüpft. Geht es dem Unternehmen gut, dann auch dem Unternehmer; gerät das Unternehmen aber unter Druck, geschieht dies gleichermaßen mit dem Unternehmer, betrieblich wie privat. Die Verbindung zwischen Unternehmer und Unternehmen geht so weit, daß der Unternehmer nicht nur seine Produkte oder Dienstleistungen anpreist, sondern für ihre Qualität sogar seine persönliche Glaubwürdigkeit in die Waagschale wirft. Das führt in einigen Fällen dazu, daß die Eigner von Trigema oder Hipp persönlich im Fernsehen für ihre Produkte werben.

Doch solche Persönlichkeiten sind nicht ohne weiteres ersetz- oder kopierbar, schon gar nicht aus dem vergleichsweise engen Kreise einer Familie. Zwar herrschen in Unternehmerfamilien oftmals die besten Wachstumsbedingungen für das »Heranzüchten« von Führungsnachwuchs – amerikanische Genforscher haben herausgefunden, daß Unternehmerkinder von vorneherein forscher und aggressiver sind als Beamtenkinder –, das Reifen echter Unternehmerpersönlichkeiten in jeder Generation ist jedoch eher Glücksfall als Selbstverständlichkeit. Dieser Erkenntnis verschließen sich mitunter manche Väter. So, wie sie Probleme im Betrieb bewältigen, so wollen sie häufig auch in der Familie Lösungen erzwingen. Werden ungeeignete Nachfolger trotzdem im elterlichen Unternehmen installiert, kann dies aufgrund der Abhängigkeit von der Persönlichkeit des Unternehmers für ein Familienunternehmen schnell zur entscheidenden Schwachstelle werden.

Der Unternehmer steht im Blickpunkt der öffentlichen Meinung, weil die Existenz vieler Menschen (Angestellte, Geschäftspartner usw.) von seiner Person abhängt und die Persönlichkeit des Unternehmers, die in der Regel für Erfolg, Leistung und materiellen Reichtum steht, auf die Allgemeinheit eine große Faszination ausübt. In den Wirtschaftswunderjahren, die der deutschen Öffentlichkeit immerwährendes Wachstum in Aussicht stellten, fanden unternehmerische Verantwortung und Fleiß große Anerkennung innerhalb der Bevölkerung, denn gerade den Unternehmern wurde der entscheidende Anteil am erfolgreichen Wiederaufbau Deutschlands zuerkannt. Auf der ganzen Welt sah man mit großer Bewunderung auf die Leistung des deutschen Unternehmertums, das mit Beharrlichkeit und bis an Selbstaufopferung grenzende Einsatzbereitschaft die darniederliegende Wirtschaft wieder in Fahrt brachte. Der Unternehmer galt als der gesellschaftliche Leistungsträger schlechthin.

Mit der Rezession und der stürmischen 68-iger Generation änderte sich in der öffentlichen Meinung aber das Bild des Unternehmers. Die Ideologisierung und Politisierung der Dikussion führte zwangsläufig zu einer erheblichen Verschlechterung seines gesellschaftlichen Ansehens. Die Bewertung seiner Leistung war nicht mehr geprägt von Anerkennung. Vielmehr bekam er den Stempel »repressiver Charakter« aufgedrückt. Von einigen politischen Gruppierungen wurde er mit Termini wie »Ausbeuter« und »Menschenschinder«

belegt, und seine Lebensweise mit dem negativ besetzten Begriff »kapitalistisch« abqualifiziert.

Auch wenn die Exzesse dieser Zeit heute verebbt sind, so müssen Unternehmer seither beständig gegen Sozialneid und Leistungsfeindlichkeit kämpfen. Der materielle Wohlstand und die gesellschaftliche Stellung, in der heute viele Familienunternehmer leben, wird ihnen von breiten Bevölkerungsschichten mißgönnt. Anders als in angelsächsischen Ländern wird unternehmerischer Erfolg nicht als das gewürdigt, was er tatsächlich ist: gerechter Lohn für harte Arbeit, für hohes persönliches Risiko sowie für Kreativität und Erfindergeist. Politisch kommt diese Mißstimmung durch die »stiefmütterliche« Behandlung von Familienunternehmen zum Ausdruck.

Doch was macht eigentlich eine Unternehmerpersönlichkeit aus? Vergleicht man die Biographien bedeutsamer Gründer- und Unternehmerpersönlichkeiten, so zeichnen sich fast alle durch dieselben Stärken und Schwächen aus.

Motivations- und Führungsstärke

Zu nennen ist hier an erster Stelle Führungsstärke sowie die Fähigkeit, Menschen zu leiten und zu motivieren. Unternehmer wie Heinz Nixdorf, Gert Moeller (Kloeckner Moeller), Theo Wormland, August Oetker oder Wilhelm Kraut (Bizerba) haben ihre Mitarbeiter durch ihr Vorbild motiviert und begeistert. Sie haben sich jederzeit für das persönliche Schicksal ihrer Mitarbeiter interessiert und deren Probleme zu ihrem eigenen Anliegen gemacht, ohne die nötige Distanz zu ihnen aufzugeben. Führungsstärke bedeutet, gerade in schwierigen Zeiten Zuversicht und Optimismus auszustrahlen. Vor allem durch das Vorbild des Chefs können Mitarbeiter motiviert werden, anstehende Probleme und Aufgaben mit großem Einsatz zu bewältigen. Keiner dieser Unternehmer hätte sich – unabhängig davon, ob dies finanziell ins Gewicht fiel oder nicht – in Zeiten des Personalabbaus einen neuen Dienstwagen der Luxusklasse geleistet, wie ich dies vor einiger Zeit in einem Ruhrkonzern bei dessen Vorstand erlebt habe.

Allerdings hat – was keineswegs verkannt werden soll – die Führungsstärke vieler Familienunternehmer auch Schattenseiten: Soweit ihr Führungsstil dazu führt, daß ihre Fähigkeit zur Teamarbeit verlorengeht, droht das Unternehmen ernsthaft Schaden zu nehmen.

Fleiß

Hinzu kommen muß Fleiß. Denn:»Ohne Fleiß kein Preis« sagt der Volksmund. Ich habe keinen Familienunternehmer erlebt, der nicht durch höchsten persönlichen Einsatz den Erfolg seines Unternehmens erkämpft hätte. Anders, als in der Öffentlichkeit immer wieder dargestellt wird, kann ein Unternehmen nicht vom Golfplatz oder von der Yacht aus geleitet werden. Der Familienunternehmer stellt sich immer und voll in den Dienst des Unternehmens. Dies geht häufig auf Kosten der eigenen Gesundheit und der Familie. Ein Zielkonflikt, der immer wieder anzutreffen ist und für den es keine überzeugende Lösung gibt.

Risikobereitschaft

Unternehmer zu sein, bedeutet mit wirtschaftlichem Risiko leben zu müssen. Wen Sicherheitsbedürfnis statt Risikobereitschaft kennzeichnet, der sollte nicht Unternehmer werden. In Zeiten wachsenden Konkurrenzdrucks ist das wirtschaftliche Risiko für Familienunternehmer enorm gestiegen. Angesichts einer dramatischen Veränderung der Märkte, immer kürzer werdender Produktzyklen bei geringer Eigenkapitalausstattung können sich nur wenige Familienunternehmen echte Fehlschläge leisten, ohne ihre wirtschaftliche Existenz zu gefährden.»Fortes fortuna adjuvat« (den Mutigen hilft das Glück), hat der karthagische Dichter Terenz einst gesagt. Daß es auch traurige Ausnahmen dieser Regel gibt, haben in den letzten Jahren die Fälle Kautt & Bux, Maho, Hertel und andere gezeigt. Verschärft wurde das Risikopotential durch immer neue Bestimmungen von der Gesetzgeberseite her, z.B. in den Bereichen Produkthaftung (Stichwort: Holzschutzmittelprozesse), Umwelthaftung, Kartell- oder Steuerrecht – häufig Bestimmungen, die jede Rücksichtnahme auf die Spezifika der Familienunternehmen vermissen lassen. Neben das unternehmerische Risiko tritt damit ein staatlich implementierter Hindernisparcours, in dessen Fangstricken sich viele redliche Unternehmer verfangen.

Bei allem Wagemut sollte der Familienunternehmer aber nicht vergessen, Vorsorge gegen bestimmte Risiken zu treffen. Dazu gehört eine weitestgehende Absicherung seiner Familie und des Privatvermögens. Letztendlich wird sich der Unternehmer nur allzu leicht von der Furcht vor dem Risiko in seinem unternehmerischen Handeln bestimmen lassen, zumal risikoscheue Mitarbeiter und Berater stets und reichlich zu finden sein werden.

Kreativität

Kreativität ist eine weitere Eigenschaft, die fast alle erfolgreichen Familienunternehmer aufweisen. Ihnen zu eigen ist der Mut, Althergebrachtes in Frage zu stellen und neue Wege zu beschreiten. »Panta rei« hat Heraklit gesagt, »alles fließt«, und kein Unternehmer wird sich auf aktuellen Erfolgen ausruhen, sondern stets Verbesserungen von Produkten und Prozessen anstreben, beständig auf der Suche nach den Märkten von morgen sein, deren Eroberung schon heute vorbereitet werden muß. Die Kreativität muß dabei nicht in technischem Erfindungsgeist ihren Ausdruck finden. Deutschland ist nicht Silicon Valley und wird es auch niemals werden. Kreativität kann sich vielmehr in allen Unternehmensbereichen äußern. Sei es, daß ein vorhandener Markenname nachhaltig gestärkt wird, wie es die Brüder Jochen und Uwe Holy bei der Marke »Hugo Boss« gezeigt haben. Sei es, daß neue Verpackungsmethoden durchgesetzt werden, wie die Einführung der Portionsflasche durch Emil Underberg, oder die Optimierung vorhandener Fertigungsmethoden, wie dies die Gebrüder Marquardt im Bereich der automatisierten Schalterfertigung getan haben. Entscheidend – aber sicherlich nicht immer einfach – ist dabei nur, durch originelle Ideen den Konkurrenten am Markt immer einen Schritt voraus zu sein.

Selbstbewußtsein und Selbstvertrauen

Um diese neuen Wege zu gehen und allen anderen voranschreiten zu können, braucht der Unternehmer Selbstbewußtsein und Selbstvertrauen. Das haben Unternehmer wie die Gebrüder Albrecht, Dr. Lamy, Hans Riegel (Haribo) oder Xaver Haas aus dem kleinen Falkenberg in Niederbayern (Haas + Hoco), um nur einige zu nennen, nachhaltig bewiesen. Damit einher geht eine gewisse Respektlosigkeit vor gewachsenen Strukturen. Dies sollte sich der Familienunternehmer auch in späteren Unternehmerjahren im Umgang mit der jüngeren Generation immer wieder in Erinnerung rufen.

Verantwortungsbewußtsein

Schließlich kennzeichnet den Familienunternehmer Verantwortungsbewußtsein gegenüber seinen Mitarbeitern, dem Unternehmen und seiner Familie. Ich habe es immer wieder erlebt, daß der Zwang zu Personalkürzungen Familienunternehmer in einen schweren persönlichen Gewissenskonflikt gestürzt hat. Das alte Schreckensbild des kalten Kapitalisten ist für niemanden so falsch wie für den Familienunternehmer. Starke Unternehmerpersönlichkeiten sind sich bei all ihren Handlungen ihrer sozialen Verantwortung stets bewußt gewesen. Dabei geht der Vorwurf, Eignerunternehmer seien aus rein egoistischen Motiven allein an der Gewinnmaximierung interessiert und handelten damit »unethisch«, vollkommen ins Leere: In einer anonymen, arbeitsteiligen Gesellschaft äußert sich die soziale Verantwortung des Familienunternehmers darin, daß er die ihm zugewiesene Aufgabe wahrnimmt. Diese besteht darin, sein Eigentum, seine Fähigkeiten und seine Kreativität einzusetzen, um seinen Kunden ein optimales Produkt oder eine bestmögliche Dienstleistung anzubieten. Indem er die nachgefragten Güter und Dienstleistungen anbietet, schafft er Arbeitsplätze für Mitarbeiter und Angestellte und maximiert seinen Gewinn. Die Ethik des unternehmerischen Handelns läßt sich deshalb auch nicht mit dem Gegensatzpaar Egoismus und Altruismus beschreiben. Denn indem der Unternehmer sich selbst nützt, mehrt er den Vorteil anderer. Selbstverständlich ist dabei, daß er bei seinem unternehmerischen Handeln allgemeine Grundsätze der Sitte und Moral, Rechte Dritter sowie »Recht und Gesetz« zu achten und einen menschlichen Umgang mit seinen Mitarbeitern zu pflegen hat.

Die unternehmerische Verantwortung kann aber in Krisenzeiten auch bedeuten, daß Personal abgebaut werden muß, um das Unternehmen als ganzes auch in Zukunft zu erhalten. Wo verschiedene Pflichten dergestalt kollidieren, ist der höherrangigen Pflicht nachzukommen: der Sicherung des Fortbestands des Unternehmens. Sogar beim Schlußakt des Familienunternehmens, dem Verkauf, habe ich viele Unternehmer erlebt, die erhebliche wirtschaftliche Nachteile akzeptiert haben, um die Mitarbeiter zu schützen und die Betriebsstätten an den Ort der Gründung zu binden.

Die unternehmerische Ethik steht auch nicht im Widerspruch zur christlichen Nächstenliebe, die ein Teilen von Besitz und Gut mit den Bedürftigen verlangt. Ein Unternehmer kann seinen Aufgaben nicht dadurch gerecht werden, daß er wie der Heilige Martin seinen Mantel zerschneidet und unter den Armen verteilt. Bevor Sankt Martin seinen Mantel verteilen kann, muß er hergestellt werden. Beispiele wie Photo Porst haben gezeigt, daß die Beteiligung von Mitarbeitern dem Erfolg des Unternehmens nicht unbedingt förderlich ist. Teilen kann und soll der Unternehmer jedoch als Privatmann. Unternehmer haben dies zu allen Zeiten reichlich getan, wie allein die wachsende Beliebtheit von Stiftungslösungen im Bereich der Familienunternehmen zeigt. So haben Unternehmer wie Robert Bosch und Carl Zeiss oder in jüngerer Zeit Kurt A. Körber und Theo Wormland die Erträge ihrer Unternehmen dem Gemeinwohl zur Verfügung gestellt. Aber auch schon während ihrer »aktiven Phase« haben sich viele Unternehmer einen Namen als bedeutende Mäzene gemacht.

Die Unternehmerfamilie

Das Fundament eines jeden »Familienunternehmens« und auch des Unternehmers selbst ist die Familie. Es steht außer Zweifel, daß der Erfolg im Unternehmen durch eine gute Partnerschaft und eine intakte Familie des Unternehmers gefördert wird. Hierfür sei ein schlichtes Zitat von Fritz Henkel zum fünfzigjährigen Firmenjubiläum der Henkel-Gruppe angeführt: »Wenn man eine große Sache beginnt, ist es nicht gut, wenn man mit dem Schornstein und dem Dach anfängt, sondern erst muß das Fundament da sein. Das Fundament aber ist das Elternhaus, die Kinderstube, die Familie.« Dieser Satz verdient umso nachhaltiger Zustimmung, als die Unternehmerfamilie nicht nur die Basis für die Gegenwart, sondern auch für die Zukunft darstellt.

Die Familienkultur

Kennzeichnend für die Unternehmerfamilie ist in erster Linie ihre Einbindung in das Unternehmen. Der Familienunternehmer neigt dazu, seine Familie zu funktionalisieren. In gewisser Weise ist die »Familie« selbst ein wirtschaftlicher Faktor im Unternehmen. Denn die Familie stellt sich meist ganz in den Dienst des Unternehmens und setzt die eigenen Bedürfnisse hintan. Häufig sind die Bereiche Unternehmen und Familie gar nicht mehr zu trennen. Der Unternehmer begeistert sich beispielsweise für die Unternehmensziele und erwartet selbstverständlich von seiner Familie, daß sie seine Begeisterung teilt. Konkret bedeutet das beispielsweise, daß unter anderem Entnahmebeschränkungen, Ausscheidungs- und Abfindungsvereinbarungen sowie Kontrollzugeständnisse nicht an der eigenen Interessenlage, sondern vorrangig am Unternehmensinteresse ausgerichtet werden. Diese gemeinsame Verantwortung für das Unternehmen bewirkt darüber hinaus eine besondere Bindung innerhalb der Familienmitglieder, die auf Kontinuität und Bewahrung der Familientradition hin angelegt ist. Es besteht in Unternehmerfamilien ein weitaus größeres Zusammengehörigkeitsgefühl als in anderen Familien. Auch heutige Unternehmerfamilien sind eher vom traditionellen Begriffsverständnis der »Großfamilie« geprägt. Vielfach werden langjährige Angestellte im Unternehmen bzw. Haushalt ebenso wie stetige Weggefährten des Unternehmers gefühlsmäßig zum Familienverband dazugezählt. Zusammenfassend kann man sagen, daß sich die Familienkultur einer Unternehmerfamilie aus drei Dimensionen zusammensetzt, die aufs engste miteinander verwoben sind: die zeitliche, d.h. die gemeinsamen Wurzeln und gleichzeitig der in die Zukunft gerichtete Blick, die sachliche, d.h. die ökonomische Sicherung des Unternehmens, und die soziale, d.h. die familiären Abhängigkeiten und zwischenmenschlichen Bindungen.

Die Ehefrau des Unternehmers

In der klassischen Unternehmerfamilie spielt die Ehefrau eine wichtige Rolle. Ich hatte das Glück, viele Unternehmerehepaare kennenzulernen, die sich auf einzigartige Weise ergänzt haben. Die Ehefrauen sind nämlich in den Unternehmen oft eine unersetzliche Stütze. Sie zeichnen sich häufig durch überlegene Menschenkenntnis und ein untrügliches Gespür für herannahende Interessengegensätze aus. Dabei mußten sie mit der Tatsache fertig werden, daß eine Unternehmerehe nicht nur eine emotionale Angelegenheit ist, sondern auch von rein funktionalen Vorgaben bestimmt wird: Von der Ehefrau des Unternehmers wird traditionell erwartet, daß sie zum einen ihrem Mann den Rücken frei hält, die potentiellen Nachfolger erzieht und die Familie gesellschaftlich repräsentiert, zum anderen gleichzeitig noch zusätzlich im Unternehmen selbst tätig ist. Es ist wie eine »Ehe zu dritt«. Diese Konstellation zwischen dem Unternehmerehepaar entspricht noch am ehesten dem traditionellen, jahrhundertealten Muster des Zusammenlebens: Eine Ehe wurde auch früher von der Tatsache dominiert, daß sie gleichzeitig eine Wirtschafts- und Produktionsgemeinschaft war, in der Pflichterfüllung einen wesentlichen Bestandteil darstellte. Dies gilt in der Unternehmerehe noch heute. Lebensglück heißt bei einer Unternehmerehe eben nicht nur Eheglück.

Von ihrer Umwelt wird die Ehefrau des Unternehmers vor allem an ihrer Fähigkeit zum »Zupacken« gemessen. Die Sorge um die gemeinsame Existenzgrundlage, das Unternehmen, bildet eine wichtige Klammer in der Beziehung. Dadurch, daß das Fortbestehen des Unternehmens permanent gesichert werden muß, ist ein Rückzug ins Private, die Reduzierung einer Unternehmerehe auf die rein familiären Bande und Gefühle nicht realisierbar. Private, persönliche Spielräume existieren kaum. Dies ist aber nicht nur negativ zu sehen: Das gemeinsame Unternehmen, seine Erhaltung und sein Ausbau kann das Zusammenhalten und Zusammenbleiben verstärken. Die Identifikation der Ehefrau mit dem Unternehmen ist normalerweise sehr stark. Nicht selten haben Ehefrauen auch das Erbe ihrer Ehemänner nach deren Tod erfolgreich fortgeführt und optimiert. Man denke nur an Frauen wie Käthe Dassler, Liselotte Fink, Grete Schickedanz, Erna Lindner und viele andere. Unabhängig davon, welche Funktionen die Ehefrau im Unternehmen wahrnimmt, sollte als oberstes Gebot gelten, daß diese im vorhinein fest verankert sind. Um Unruhe zu vermeiden, müssen im Unternehmen diese Kompetenzbereiche bekannt sein und die Eingriffsrechte der Ehefrau genau bestimmt sein.

Die vier Revolutionen – Veränderungen des Mythos der Unternehmerfamilie

Der Mythos der Unternehmerfamilie in Deutschland wurde vor allem in der deutschen Nachkriegsgeschichte begründet. In den langen Jahren als Berater von Familienunternehmen habe ich vier wesentliche strukturell relevante Entwicklungsschritte festgestellt, die man von Ursache und Wirkung her mit Fug und Recht als »Revolutionen im Familienunternehmen« bezeichnen kann.

Die erste Revolution ereignete sich Ende der fünfziger/Anfang der sechziger Jahre. Bis zu diesem Zeitpunkt war es ehernes Gesetz im Familienunternehmen, daß die Töchter als Nachfolgegesellschafter nur bis zur Erreichung eines bestimmten Lebensalters, in der Regel bis zu ihrem 25. oder 27. Geburtstag, als Gesellschafter in das Familienunternehmen aufgenommen wurden. Zu diesem Zeitpunkt mußten sie dann zum Buchwert, in wenigen Fällen auch zum Vermögenssteuerwert – d.h. also in aller Regel zu einem weit unter dem wirklichen Wert des Anteils liegenden Betrag – das Unternehmen verlassen. Der Sinn dieser Regelung lag auf der Hand. Die Ausbildung konnte hierdurch steuergünstig finanziert werden. Die Töchter zahlten aus dem ihnen zufließenden Gewinnanteil, der naturgemäß einer weit geringeren Steuerprogression unterlag als das Einkommen der Väter, ihr Studium und ihren Lebensunterhalt selbst. Die beim Ausscheiden aus der Gesellschaft fällige »Abschlußzahlung« – in aller Regel als Buchwertabfindung ebenfalls ertrags- und schenkungssteuerfrei – stellte die Aussteuer dar. Diese entwürdigende Behandlung, die ich insbesondere in den ländlich strukturierten Gebieten Ostwestfalens, Schleswig-Holsteins und in Bayern festgestellt habe, änderte sich schlagartig, als Frauen wie Erna Lindner in Berlin-Frohau in der weltweit bekannten Werkzeugmaschinenfabrik ihr unternehmerisches Können nachhaltig unter Beweis stellten. Gottlob lernte man, daß es töricht war, wenn im Familienunternehmen die ohnehin schon engen menschlichen Ressourcen durch Ausschluß des weiblichen Geschlechts zusätzlich verknappt wurden.

Die zweite Revolution vollzog sich etwa gegen Ende der sechziger Jahre. Waren bis zu diesem Zeitpunkt die deutschen Familienunternehmen dadurch geprägt, daß stets einer der Gesellschafter auch als Chef des Unternehmens die operativen Geschäfte führte, so setzte sich ab diesem Zeitpunkt langsam die Erkenntnis durch, daß die Wahrnehmung der Eigentümerrechte und die Führung des Unternehmens keinesfalls immer in einer Hand liegen müssen. Die Anforderungen, die an diese beiden Aufgabenbereiche zu stellen sind, sind so verschieden, daß viele Familien auch heute noch gut beraten sind, diese Funktionen zu trennen. Dabei geht es nicht allein um die potentiellen unternehmerischen Fähigkeiten der Nachfolger. Selbst wenn diese vorhanden sind, kann es – insbesondere bei größeren Familienunternehmen – schon zur Vermeidung möglicher Interessenkollisionen und optimaler Ausnutzung des unternehmerischen Gestaltungsspielraums besser sein, wenn Eignerkontrolle und operative Verantwortung sich in getrennten Händen befinden, wie dies z. B. bei Haniel und heute auch bei Henkel und Bertelsmann der Fall ist.

Die siebziger und achtziger Jahre bescherten den Familienunternehmen die dritte Revolution. Sie ergab sich konsequenterweise aus der zweiten. Besaßen nämlich die Unternehmenseigner nicht mehr automatisch die Führung im operativen Tagesgeschäft, so mußte aus Sicht der Familie eine wirksame Kontrolle des ganz oder teilweise aus Fremden bestehenden Managements institutionell verankert werden. Daraus resultierte der Schritt zur dreistufigen Unternehmensverfassung, die man heute bei den meisten größeren Familienunternehmen vorfindet, d.h. die Aufteilung der Macht zwischen Gesellschafterversammlung, Kontrollorgan und Exekutive. Diese Unternehmensverfassung ist letztlich dem deutschen Aktienrecht entlehnt, das die Zuständigkeiten auf Hauptversammlung, Aufsichtsrat und Vorstand verteilt. Über die Stärken und Schwächen einer solchen Gestaltung wird nachfolgend noch ausführlich zu sprechen sein. Eines jedoch steht fest: Eine solche Verfassung hat sich letztlich für unsere Familienunternehmen als Maßnahme der Zukunftssicherung bewährt; Unternehmenskrisen, ausgelöst durch Generationenstreitigkeiten wie z.B. bei Bahlsen und Pott Racke, oder durch Halsstarrigkeit des Seniors wie beim Gelddrucker Giesecke und Devrient, oder Orientierungslosigkeit wie bei

Krups oder Müllers Mühle/Schneekoppe, wären ohne eine solche Unternehmensverfassung nicht gemeistert worden. Heute ist das Stand der gesellschaftsrechtlichen »Technik«. Seinerzeit jedoch war die Durchsetzung oft äußerst schwierig. Ich erinnere mich noch sehr genau daran, wie ich als junger Berater vor den Thron eines der mächtigsten deutschen Familienfürsten zitiert wurde und dieser meinen Vorschlag als Kastration der Eigentümerfamilie abqualifizierte. Erst mein Hinweis, daß es ein Zeichen der Schwäche sei, wenn sich ein kluger und mächtiger Unternehmer vor einem Kontrollorgan fürchte, verfehlte seine psychologische Wirkung nicht.

Die vierte Revolution wurde aus dem anglo-amerikanischen Denken »importiert« und wird – wie ich glaube – wohl die umfassendsten Konsequenzen für unsere Eignerfamilien, für den deutschen Kapitalmarkt und für unsere gesamte Wirtschaftsstruktur nach sich ziehen. Diese Revolution entwickelte sich erst in den neunziger Jahren und ist vielen noch gar nicht so recht bewußt geworden. Bisher galt bei allen deutschen Familienunternehmen, die etwas auf sich hielten, das Prinzip: »Unternehmen geht vor Familie«. Damit war insbesondere der Verzicht auf persönliche Vorteile und eine Rangfolge bei Interessenkollisionen zwischen privaten und Firmeninteressen gemeint. Hierzu ein Beispiel: Die Familien Kienzle und Furtwängler, ehemals Eigentümer der Firma Kienzle Apparatebau in Villingen/Schwenningen, hatten sich Anfang der sechziger Jahre auf der Grundlage ihres äußerst ertragsstarken KFZ-Zuliefergeschäfts entschlossen, in die Computerbranche zu diversifizieren. An diesem Entschluß hielt die Familie über zweieinhalb Jahrzehnte eisern fest, und zwar auch noch dann, als längst feststand, daß eine solche Aktivität die Kapitalkraft der Familie weit überstieg. Der Gedanke einer Desinvestition oder schon zuvor die Frage, ob es im Sinne einer Optimierung des Gesamtvermögens der Familie nicht richtiger sei, die überschüssigen Erträge im Bereich des Privatvermögens zu investieren, kam von der Einstellung der Familie her nicht in Betracht. Die Treue zu den neu aufgebauten Unternehmenseinheiten, die Verpflichtungen gegenüber den Mitarbeitern und gegenüber den strukturellen Bedürfnissen der Region standen im Vordergrund. So löblich eine solche Haltung auch sein mag – das traurige Ende im Falle Kienzle ist bekannt: Anfang der achtziger Jahre war die finanzielle Kraft der Familie erschöpft. Das einst so stolze Imperium mußte zu relativ ungünstigen Bedingungen an Mannesmann verkauft werden.

Das Prinzip der deutschen Familienunternehmen, ihr betriebliches Vermögen isoliert zu betrachten und an dessen Bedürfnissen alles andere auszurichten, gilt zwar auch heute noch. Unter dem Einfluß des angloamerikanischen

Shareholder Value-Denkens beginnt sich jedoch die Rangfolge zu verschieben: An die Stelle des bloßen Firmeninteresses ist der Aspekt einer Optimierung des Gesamtvermögens der Familie getreten. Zwar bildet in aller Regel das im Unternehmen gebundene Vermögen den Löwenanteil des Familienvermögens, aber es ist eben nur ein Teil hiervon. Und beide Teile unterliegen verschiedenen Zielsetzungen. Typische Unternehmensziele sind Wachstum, Marktanteil und Innovation. Beim Unternehmen stehen Konzentration auf Stärken und Risikoinvestitionen im Vordergrund. Die Vermögensziele aus der Sicht des Gesamtvermögens der Familie sind demgegenüber andere: Realer Vermögenserhalt, angemessene Rendite, Liquidität und Diversifikation heißt die Maxime. Bei der Vermögensbetrachtung ist somit Ausgewogenheit oberstes Gebot. Vermögenserhalt geht vor riskanter Renditemaximierung. Es ist ein Verdienst dieser neuen Entwicklung, daß auch in der Denkweise der Eignerfamilien mehr Flexibilität eingekehrt ist. Der Verkauf unrentabler Töchter (siehe dazu S. 421ff.), strategische Allianzen (siehe S. 286ff.), richtig verstandene Shareholder Value-Konzepte und letztlich die Hereinnahme von Partnern über den Kapitalmarkt (siehe S. 318ff.) oder über Kapitalbeteiligungsgesellschaften sind heute kein Tabu mehr. Hierdurch hat sich die unternehmerische Bewegungsfreiheit des Familienunternehmens bei gleichzeitiger Optimierung der Vermögenssicherung erhöht.

Der Generationenkonflikt – Tradition und Wertewandel

Ebenso wie andere Vertreter ihrer Generation sind Unternehmerkinder Kinder ihrer Zeit. Der Einfluß der Gesellschaft auf die Jugend hat sich in den letzten Jahrzehnten beträchtlich verstärkt. Die Familie hat als werteprägende Institution an Einfluß verloren und wird selbst als Lebensform in Frage gestellt. Der moderne Sozialstaat hat einen Großteil der herkömmlichen Familienaufgaben in den Bereichen Altersversorgung, Erziehung und Ausbildung übernommen. Technologische Entwicklung, Globalisierung und gesellschaftlicher Wandel übersteigen häufig den Erfahrungshorizont der alten Generation. Erfahrungen und Wissen, das von Eltern an Kinder weitergegeben werden kann, verliert damit relativ an Bedeutung. Statt dessen bringen Kinder immer häufiger extern gewonnene Erfahrungen und Wertvorstellungen in die Familien ein. Als junge Unternehmer versuchen sie die daraus abgeleiteten Handlungsregeln auch in den Familienunternehmen durchzusetzen. Ein extremes Beispiel für die Umsetzung der gesellschaftlichen Strömungen der späten sechziger Jahre ist die Entwicklung von Photo Porst, wo der Unternehmenserbe ein radikales Modell der Mitarbeiterbeteiligung für sein elterliches Unternehmen umsetzte. Ein Beispiel aus neuerer Zeit ist Britta Steilmann: Geprägt von der Umweltdiskussion der achtziger Jahre versucht sie in ihrem Bekleidungsunternehmen, ökologische Ideen umzusetzen. Fälschlicherweise wird von vielen erfolgreichen Vätern die Tatsache, daß die Kinder eine andere Lebenseinstellung als das Familienoberhaupt haben, als offene Abwendung verstanden.

Häufig entscheiden sich Unternehmerkinder aber auch ganz gegen die Übernahme des elterlichen Unternehmens (siehe dazu S. 386ff.). Verantwortlich ist hierfür eine in den letzten Jahren unter Jüngeren sehr populär gewordene Denkweise, die mit dem Begriff »Hedonismus« umschrieben wird. Darunter versteht man eine ichbezogene Ausrichtung auf Lebensgenuß und -freude. Luxus wird offen ausgekostet und zur Schau gestellt. Sparen gilt nicht mehr als Tugend, sondern als Spießertum. Man wird jedoch nicht verhehlen können, daß diese Jugendbewegung Teil einer gesamtgesellschaftlichen Entwicklung ist. Die Bedeutung der Arbeit hat generell ab-, die der Freizeit zugenommen.

Damit einher geht ein Schwinden des Pflichtethos, die Rückläufigkeit altruistischer und die Verstärkung egoistischer Verhaltensweisen. Vorbildcharakter wird dem amerikanischen Modell zugebilligt, in dem das »pursuit of happiness«, das individuelle Streben nach Glück, eine wichtige Rolle einnimmt und vor allem auf Erfolgserlebnisse und den Genuß materiellen Wohlstands ausgerichtet ist.

Bei der Veränderung gesellschaftlicher Werte kommt den Medien eine dominierende Rolle zu. Die dabei vermittelten Werte sind indes meist collagenartig, oberflächlich und gewaltorientiert. Die Religion als geschlossenes und Halt gebendes Weltbild verliert an Bedeutung. Christliche Verhaltensmuster, die das Unternehmermilieu entscheidend mitgeprägt haben, wie beispielsweise der Pietismus, kommen aus der Mode.

In dem von mir eben gezeichneten Gesellschaftsbild muß einem der familien- und traditionsbewußte Unternehmer wie ein Auslaufmodell vorkommen. Man sollte sich jedoch vor Übertreibungen hüten. In der Vergangenheit hat jede Bewegung immer wieder eine starke Gegenbewegung ausgelöst. Auch gehören Klagen über den Werteverfall der Jugend seit Jahrtausenden zum festen Argumentationsmuster im Generationenkonflikt. Immer noch greifen viele bei ihrem individuellen Streben nach privatem Glück auf tradierte Werte wie Friede, Freiheit, Glaube, Heimat und Familie zurück. Gerade im heutigen gesellschaftlichen Umfeld erscheint laut Umfragen die sinnstiftende Funktion von Familie wichtiger denn je. Insoweit kommt der Unternehmerfamilie mehr denn je die entscheidende Bedeutung bei der Erziehung der Kinder zu verantwortungsbewußten Unternehmern zu.

Die Erziehung

Um die Kinder als Nachfolger aufzubauen und sie langsam an das Unternehmen und die damit verbundene Verantwortung heranzuführen, muß vor allem von seiten der Eltern die Bereitschaft vorhanden sein, diese Entwicklung prägend zu begleiten. Nach meiner langjährigen Erfahrung mit Unternehmerfamilien ist dies ein sehr langer Prozeß, der schon früh beginnen muß. Idealtypisch kann man die Unternehmensübergabe in drei »Erziehungsphasen« einteilen:

Die erste Phase geht bis ungefähr zum fünfzehnten Lebensjahr. Dieser Lebensabschnitt ist für die Entscheidung, später im Unternehmen tätig zu werden, keineswegs unwichtig. Hier wird der Grundstein für elementare Lebens- und Wertevorstellungen gelegt, hier machen Kinder prägende Erfahrungen. Kinder lernen in ihrer alltäglichen Erfahrungswelt die Einstellung ihrer Eltern zum Unternehmen und die Auswirkungen des unternehmerischen Umfelds auf das familiäre Zusammenleben kennen. Eltern sollten den Kindern eine positive Grundstimmung gegenüber dem Unternehmen vermitteln. Dies ist dann nicht möglich, wenn Eltern ihren Kinder täglich das Spannungsfeld zwischen Familie und Unternehmen spür- und erlebbar machen. Entscheidend ist der Vorbildcharakter der Eltern und die Vermittlung von Familienwerten. Werden Werte nicht überzeugend vorgelebt, sondern nur aus Gewohnheit weitergegeben, so ist die Entstehung innerfamiliären Konfliktpotentials vorprogrammiert. Der Idealfall ist eine Identifikation der gesamten Familie mit dem Unternehmen. Empfinden Kinder die Bürde der Verantwortung bei den Eltern nicht als Belastung und Beschwernis, vielmehr als Herausforderung, die bei entsprechendem Einsatz zu meistern ist, antizipiert der potentielle Nachfolger keine Ängste, sondern fühlt sich einer Unternehmensübergabe gewachsen. Versagensängste und eine innere Ablehnung des Unternehmens entstehen erst gar nicht.

Das von mir gezeichnete Bild ist sicherlich idealisiert. Ich habe oft genug erfahren müssen, daß die Realität anders aussieht. Viele Unternehmerkinder müssen zu häufig zugunsten der Firma auf ein Elternteil, häufig sogar auf beide »verzichten«. Ein normales Familienleben, in dem Eltern ausreichend Zeit für ihre Kinder und deren Probleme haben, ist in vielen Unternehmerfamilien aufgrund der beruflichen Belastung der Eltern nicht möglich.

Um Konflikte und Spannungen unter Geschwistern von Anfang an zu vermeiden, dürfen Eltern ihren Kindern keine Rollen zuschreiben, wie beispielsweise »Lieblingssohn«, »Faulpelz« oder »Schwarzes Schaf«. Diese Rollenverteilung führt dazu, daß sich einzelne Kinder zurückgesetzt fühlen, sich von vornherein ausgebootet vorkommen, unter den Geschwistern Ungleichheit erzeugt wird und Neidgefühle entstehen. Nicht nur die Geschwisterbeziehung wird durch Bevorzugung und frühzeitige Festlegung auf mehr oder weniger gerechtfertigte Rollen stark belastet, sondern die ganze Familie und mitunter auch das Unternehmen werden in Mitleidenschaft gezogen.

Zwischen dem fünfzehnten und zwanzigstem Lebensjahr setzt dann die zweite Phase ein, in der der Nachfolger in das Unternehmen schrittweise aktiv eingeführt wird. Die Teilnahme an Besprechungen der Geschäftsführung und Gespräche mit den Eltern über einzelne Angelegenheiten im Unternehmen sind nach meiner Erfahrung geeignet, das Interesse des Heranwachsenden an unternehmerischen Gesamtzusammenhängen zu wecken. Schritt für Schritt sollte eine grobe Einführung in die wichtigsten betriebswirtschaftlichen Felder erfolgen, die für das Unternehmen von Interesse sind, wie beispielsweise die Bilanzierung oder die Gewinnermittlung. Die Heranwachsenden sollten frühzeitig in Diskussionen um Problemkonstellationen und anstehende Entscheidungen im Unternehmen einbezogen werden. Dabei können sie auch von ihrem Vater erwarten, vertrauliche bzw. Hintergrundinformationen zu erhalten. Um Spannungen unter Geschwistern Einhalt zu gebieten, ist eine offene Aussprache über testamentarische Vorkehrungen angezeigt. Diese zweite Phase dient dazu, zwischen den Übergebenden und den Übernehmenden eine Vertrauensbasis zu schaffen, um in der Übergangsphase ein konstruktives Miteinander zu gewährleisten.

In die dritte Phase fallen die Ausbildung und der Beginn der Tätigkeit im elterlichen Betrieb. Von vornherein sollten Kinder, deren Zukunft nicht im Unternehmen liegt, sei es aufgrund anderer Interessen, sei es aufgrund mangelnder Eignung, die Möglichkeit erhalten, andere berufliche Ziele zu verfolgen. Bei denjenigen, die es sich vorstellen könnten, die elterliche Nachfolge anzutreten, empfiehlt es sich, die Ausbildung bereits danach auszurichten, welche Fertigkeiten und welcher Ausbildungshintergrund für die Unternehmensführung erforderlich sind. Eine anderweitig orientierte Ausbildung muß aber kein Hinderungsgrund für den Einstieg ins elterliche Unternehmen sein. So ist ein Wirtschaftsstudium eine hierfür zwar wünschenswerte, aber nicht zwingende Voraussetzung. In der Familie Haub (Tengelmann) hat beispielsweise einer der drei Söhne Architektur studiert und ist heute im Hause Tengelmann als Architekt tätig. Demgegenüber arbeitet der ältere Bruder nach seinem Betriebswirtschaftsstudium in der Geschäftsführung. Nicht immer läßt sich die Nachfolge den beruflichen Neigungen der Kinder entsprechend so optimal lösen. Aber es gibt auch viele Beispiele von Unternehmerkindern, die als Quereinsteiger in der Geschäftsleitung des elterlichen Unternehmens großen Erfolg haben.

Parallel zur Ausbildung bietet es sich an, die potentiellen Nachfolger an Beiratssitzungen teilnehmen zu lassen und in andere Abläufe des Betriebs miteinzubeziehen. Die ersten »Sporen« sollte der Junior oder die Juniorin sich aber in jedem Fall außerhalb des Familienunternehmens verdienen, auch nicht in dessen Tochtergesellschaften, sondern in einem Betrieb, der möglichst branchenspezifische Ähnlichkeiten mit dem der Eltern aufweist. Angesichts wachsender Globalisierung ist es unbedingt von Vorteil, in dieser Zeit Auslandserfahrungen zu sammeln. Es geht dabei nicht darum, die ersten Fehler, die jedem Anfänger notwendigerweise unterlaufen, auf Kosten anderer zu machen; es handelt sich vielmehr darum, daß der potentielle Nachfolger im eigenen Unternehmen »Treibhausbedingungen« vorfindet, die ihm nur ein verzerrtes Bild der Realität vermitteln. Außerdem kann die Autorität des zukünftigen Chefs von vornherein untergraben werden, wenn sich Mitarbeiter hinter vorgehaltener Hand über Anfängerfehler des Juniors amüsieren.

Mit einer soliden Ausbildung und eigener Berufspraxis gewappnet, steht dem Einstieg in das elterliche Unternehmen nichts mehr entgegen. Aus den vorgenannten Gründen vertrete ich dabei nachdrücklich die Auffassung, den Junior beim Eintritt ins Familienunternehmen auf oberster Hierarchieebene anzusiedeln. In vielen Familienunternehmen wird dieses Eintrittsrecht der Junioren gesellschaftsvertraglich abgesichert, häufig für bestimmte Familienstämme und an kaum faßbare Eintrittskriterien geknüpft. Vor derartigen Regelungen kann ich nur warnen. Sind unterschiedliche Familienstämme vorhanden, führen sie zu Stagnation und Lähmung bei der Besetzung der Führungsspitze. Oftmals erzwingen sie eine Besetzung, die den Neigungen und Talenten der Junioren widerspricht. Da alle Familienunternehmen auf qualifizierten Nachwuchs angewiesen sind, kann man getrost auf solche Klauseln verzichten und die Berufung der Junioren in die Geschäftsführung – insbesondere bei mehreren Stämmen – einem mehrheitlich fremdbestimmten Gremium überlassen.

STREITVERMEIDUNG UND STREITBESEITIGUNG IN DER FAMILIE

Streitereien kommen in den »besten Familien« vor. Auch Eignerfamilien sind davor nicht gefeit, wobei ein Streit in ihrem Fall, insbesondere wenn er auf das Unternehmen übergreift, wesentlich weitreichendere Folgen und Konsequenzen hat. Vielen Eignerfamilien mangelt es aber in zunehmendem Maße an einer angemessenen Streitkultur. Dabei können sich die verschiedensten Streitsituationen und Konfliktpotentiale herausbilden: da wird zwischen Vater und Sohn, zwischen Geschwistern oder noch häufiger zwischen verschiedenen Familienstämmen aufeinander losgeschlagen, als ob es sich um Todfeinde handelt. Freilich führt Streit in der Familie nicht nur zu schweren persönlichen Belastungen aller Beteiligten, sondern auch zur Wertevernichtung und zu Vermögensverlusten. Derartige Negativbeispiele gibt es zahlreich: Man denke nur an Voith, 4711, Bahlsen oder auch an den Röhrenproduzenten Benteler, bei dem ein solcher Streit sogar besonders tragisch mit dem Freitod eines Familienangehörigen endete; oder an den Fall zweier Geschwister, die sich nach jahrzehntelanger, vertrauensvoller Zusammenarbeit in meiner Gegenwart plötzlich mit »Sie« und mit Hausnamen anredeten.

Ursachen, Ablauf und Folgen der Konflikte

Was sind die Ursachen solcher Entwicklungen, und wie kann man mit ihnen am besten umgehen? Wenn man sich, wie es leider oft meine Pflicht ist, mit den einzelnen »Streithähnen« auseinandersetzt, ist man immer wieder erstaunt: Es handelt sich in der Regel fast immer um Menschen, die sich im Einzelgespräch als einsichtig, klug und keineswegs bösartig oder aggressiv erweisen, also um Personen, die durchaus sinnvollen Lösungen und Überlegungen zugänglich sind. Die Streitigkeiten haben jedoch in aller Regel bereits eine solche Eigendynamik entwickelt, daß jeder in seiner Position verharrt und ohne fremde Hilfe keine Brücke mehr zueinander gefunden werden kann. Man spricht nicht mehr direkt miteinander, sondern nur über Anwälte oder über ein vertraglich vorgesehenes Schiedsgericht.

Beide Wege erweisen sich in der Praxis indes meist als falsch. Die Einschaltung mehrerer Anwälte führt fast immer zur Verschärfung und Manifestierung des Streits. Zum einen neigen Anwälte schon von ihrer Ausbildung her eher zur streitorientierten Auseinandersetzung als zum Nachgeben, obwohl ohne gegenseitiges Nachgeben die Problematik niemals zu lösen ist. Zum anderen vertreten Anwälte stets nur die Interessen einer Seite, und sie tragen in vielen Fällen ihre Konkurrenzkämpfe mit den Kollegen der Gegenseite aus, was letztendlich auf dem Rücken der Beteiligten geschieht. Schließlich entspricht eine jahrelange offensive Auseinandersetzung im Gegensatz zu einer schnellen Schlichtung nur allzuoft den finanziellen Interessen der häufig nur mäßig verdienenden Anwälte. Aus zwei »Streithähnen« werden so plötzlich vier oder mehr, die man nur noch selten unter einen Hut bringen kann.

Ich habe demgegenüber mit Steuerberatern und Wirtschaftsprüfern, die in der Regel einen viel besseren Überblick über die Streitfolge haben, weitaus bessere Erfahrung bei Familienstreitigkeiten gemacht als mit Anwälten. Selbst wenn Letzteren eine Schlichtung gelingt, so sind es oft nur zeitlich eng begrenzte Kompromisse, die sich allzu bald als brüchig erweisen. Dasselbe gilt für Schiedsgerichte. Sie sind zum einen extrem teuer – bei größeren Unternehmen übersteigen die Kosten meist die Millionengrenze –, zum anderen führen sie nur dann zum endgültigen Frieden, wenn es zwischen sachlich denkenden Parteien allein um wirtschaftliche oder rechtliche Zweifelsfragen geht. Bei Streit in Familienunternehmen ist aber in den seltensten Fällen eine solche rationale Einstellung vorhanden: In aller Regel sind es persönliche Rechnungen, die beglichen werden und die auf Wunden beruhen, die entweder vor langer Zeit entstanden sind oder die von außenstehenden Dritten dauerhaft und ständig genährt werden. So habe ich erlebt, wie Zwillingsbrüder, deren Aufgabenteilung im Unternehmen über Jahrzehnte glänzend funktionierte, mit einer zweiten Eheschließung eines der beiden Brüder zu »Todfeinden« wurden. Der Anlaß lag allein darin, daß die neue Ehefrau ihrem Mann jeden Abend klarmachte, daß er der Tüchtigere der beiden sei und er aufhören müsse, für seinen Bruder und dessen Familie das Geld heranzuschaffen. In einem anderen Fall war ein Stammesrepräsentant der anderen Seite zu Recht wegen Unfähigkeit abgelehnt worden. Hier brach der Streit bei der Benennung des eigenen, äußerst tüchtigen Stammesvertreters aus, weil sich die beteiligten Mütter der jeweiligen Kandidaten in die Haare gerieten. In beiden Fällen wurde durch die Auseinandersetzung mehr verloren als gewonnen: Im ersten Fall litt das Unternehmen erheblich, weil der Streit schnell im Betrieb bekannt wurde und sich verschiedene Parteien unter den Mitarbeitern bildeten. Gerade die Schwächsten unter ihnen wußten ihre Position durch »Liebedienerei« bei jeweils einem der Streithähne auszubauen. Im anderen Fall wurde dem zuerst abgelehnten Stammesvertreter das Leben von der eigenen Familie schwer gemacht, obwohl er selbst die offene Position gar nicht angestrebt hatte, da er viel lieber Künstler werden wollte.

Streit in der Familie beruht in fast allen Fällen auf persönlichen und emotionalen Motiven. Wirtschaftliche oder gesellschaftsrechtliche Positionen mögen zwar in der Regel der Anlaß sein, sind aber nicht die Ursache der Meinungsverschiedenheiten. Der wahre Grund liegt zumeist auf der Gefühlsebene, was dazu führt, daß irrationales Verhalten alles andere überlagert. Daher muß die Streitvermeidung auch bei den beteiligten Menschen und nicht bei den Sachfragen ansetzen. Der beste Weg, den Frieden wieder herzustellen, ist nach meiner Erfahrung das persönliche Gespräch. Hier sollte jede Eitelkeit und jedes Prestige, wer denn als erster auf den anderen zugeht, zurückgestellt werden. Es ist kein Zeichen von Schwäche, sondern im Gegenteil ein Zeichen persönlicher Stärke, den ersten Schritt zu tun. Wenn jedoch die Situation bereits so verfahren ist, daß der unmittelbare Weg zueinander verschlossen ist, sollte man sich auf eine unternehmerisch erfahrene, starke und unabhängige Persönlichkeit einigen, die das Vertrauen beider Seiten genießt. Ein solcher Vermittler hat die besten Chancen, das gegenseitige Verständnis, das in aller Regel im Laufe der Zeit nur verschüttet worden ist und früher einmal vorhanden war, in angemessenem Maße wieder herzustellen.

Streitvermeidungsmaßnahmen

Was kann vorbeugend getan werden, damit solche Streitigkeiten erst gar nicht entstehen? Ein sorgfältig ausformulierter Gesellschaftsvertrag, der die potentiellen Interessenkonflikte vorbeugend regelt, kann sicherlich Hilfestellung leisten; ausreichend ist dies jedoch nicht. Am sinnvollsten ist ein regelmäßiger, wenn auch distanzierter Kontakt der beteiligten Familien untereinander, sei es bei persönlichen Festen, bei Familientagen oder auch bei Firmenfeiern. Dabei sind insbesondere die Junioren einzubinden, denn: Streiten sich die Väter, so streiten sich später auch die Söhne.

Eine besondere Verantwortung bei der Streitvermeidung obliegt den jeweiligen Ehefrauen. In der Rollenverteilung einer Unternehmerfamilie haben sie häufig eine vermittelnde Funktion. Sie sollten in jedem Fall versuchen, Distanz zu unternehmensbezogenen Streitigkeiten zu wahren und mäßigend auf ihre oft gestreßten und überarbeiteten Männer einzuwirken. Im Idealfall haben sie mehr Gespür für die emotionalen Komponenten und eignen sich damit am ehesten, die »Krisenfeuerwehr« zu spielen: Da sie in der Regel den nötigen Abstand zu den unternehmensinternen Konfliktkonstellationen haben, können sie auch am besten eine zerbrochene menschliche Basis, sei es zwischen Vater und Sohn, sei es unter Geschwistern, wieder reparieren und, weil sie intuitiv spüren, wie gravierend sich die Streitfolgen auf Familie und Geschäft auswirken können, sich für eine friedliche und alle Seiten zufriedenstellende Lösung einsetzen. Ist die (neue) Ehefrau wie im obigen Beispielfall dagegen nur auf Streit aus, so sind Probleme für die Zukunft ziemlich genau vorgezeichnet.

An dieser Stelle möchte ich Ihnen einen neuen Gedankenansatz vorstellen. Auf diesen meiner Ansicht nach vielversprechenden Ansatz zur Streitvermeidung hat mich die Beratung von Familien des Hochadels gebracht. Diese leben seit Jahrhunderten mit der Erkenntnis, daß die Kette der Familie nur so stark ist wie ihr schwächstes Glied. Mit großer Disziplin – gestützt auf Tradition und Erziehung sowie auf die sogenannten Hausgesetze – haben sie in aller Regel und trotz aller auch bei ihnen vorhandenen Streitigkeiten den Zusammenhalt ihrer oft weit verzweigten Familie durch lange Zeit gewahrt. Ihnen ist es beispielsweise bisher gelungen, die in der Regel substanzstarken, aber liquiditätsschwachen Familienvermögen vor einem Zerfall zu bewahren. Dieses war nur möglich, weil die Nachfolgegeneration freiwillig auf die Geltendmachung der gesetzlich nicht abdingbaren Pflichtteilsrechte verzichtete. Wie groß ein solches Opfer ist, habe ich selbst einmal erfahren: Ich war an einer Erbregelung beteiligt, in der dem Chef des Hauses ein Milliardenvermögen in Form von Ländereien, Gebäuden und Kunstgegenständen zufloß, während die weichenden Erben mit einer schmalen Rente und der Zusage, ihr Privatauto auf dem Holzhof frei betanken zu dürfen, abgefunden wurden. Daß ein solcher Geist in relativ großen Familien heute noch vorherrscht, verdient Bewunderung und ist nur möglich auf der Basis einer langen Tradition sowie einer Erziehung, die auf einem in der Familie allseits akzeptierten Wertesystem beruht. Diese Tradition und solch ein Wertesystem sind über Jahrhunderte durch die sogenannten Hausgesetze gefestigt worden.

Der Begriff der »Hausgesetze« findet in der Brockhaus Enzyklopädie folgende Beschreibung:

»Auf autonomer Rechtsetzung beruhende Normen, die etwa seit Anfang des 14. Jahrhunderts in den einzelnen Familien des hohen Adels vor allem die Erbfolge, die Ehe und die Unveräußerlichkeit des Familiengutes regeln.«

Der Hochadel bemühte sich teilweise seit Mitte des 13. Jahrhunderts, durch Erbeinigungen, Hausverträge und Familiengesetze das ererbte Stammvermögen gegen Verfall und Zerteilung zu sichern. Dahinter steckte der Wunsch, das Vermögen des Hauses für die Gesamtfamilie zu erhalten und hinter diesem vorrangigen Ziel auch die Interessen der einzelnen Mitglieder zurücktreten zu lassen. Die Hausgesetze des hohen Adels waren bis 1919 geltendes Recht und wurden erst durch die Weimarer Reichsverfassung 1919 außer Kraft gesetzt. Sie hatten selbst das am 1. Januar 1900 in Kraft getretene Bürgerliche Gesetzbuch (BGB) überdauert. Obwohl die Hausgesetze durch Rechtsnormen, die auf der Weimarer Reichsverfassung basierten, aufgehoben wurden, werden sie doch in den Familien des Hochadels weiterhin nicht weniger erfolgreich praktiziert.

Nun existiert heute in vielen Unternehmerfamilien ebenfalls ein Wertekatalog. Dieser ist in der Regel in der Präambel des Gesellschaftsvertrages oder aber in den Testamenten der Gründerunternehmer niedergelegt. Wozu also – so lautet die berechtigte Frage – ist dann noch ein Familienvertrag vonnöten, wenn entsprechende Wertvorstellungen bereits niedergelegt sind? Nun, ein im Testament enthaltener Kodex beruht naturgemäß auf den Vorstellungen des Erblassers als Einzelpersönlichkeit. Er stellt daher gerade keinen Wertekonsens der Gesamtfamilie dar. Und hierauf kommt es an: Wenn Verhaltensweisen vom Senior vorgegeben werden und diese den Vorstellungen einzelner Familienmitglieder nicht entsprechen, so ist nicht zu erwarten, daß ihre Leitfunktion längere Zeit vorhält. Ähnliches gilt für entsprechende Präambeln in Gesellschaftsverträgen: Zum einen sind solche Präambeln nur bei Personengesellschaften üblich. Zum anderen geben sie lediglich Vorstellungen derjenigen Familienmitglieder wieder, die zum entsprechenden Zeitpunkt gerade Gesellschafter sind, so daß die Junioren außen vor bleiben.

Gegen den Vorschlag, einen familiären Wertekatalog zu fixieren, kann eingewandt werden, daß dieser ohnehin nicht rechtsverbindlich sein kann. Das ist richtig. Allerdings darf die Wirkung eines Familienvertrages trotz seines rechtlich unverbindlichen Charakters nicht unterschätzt werden. Ein solches Dokument kann bei Zweifelsfragen Wegweiser sein. Insbesondere für Testamente können die in Form eines Familienvertrages gefaßten Prinzipien eine wichtige Auslegungshilfe sein. Er kann aber durchaus auch ordnende und streitschlichtende Wirkung auf der zwischenmenschlichen Ebene haben: Niemand stellt sich gerne gegen den niedergelegten Willen der Familie und niemand setzt sich gerne der Mißbilligung durch den Rest der anderen Familienmitglieder aus, weil er gegen die Grundsätze des Familienvertrages verstoßen hat.

GOLDENE REGELN
zur Streitvermeidung und Streitbeseitigung

1. Am Anfang jeder Streitbeseitigung steht das Bemühen, die berechtigten Interessen der anderen Seite angemessen zu würdigen und ihr nicht a priori Böswilligkeit zu unterstellen.

2. Permanente offene Aussprachen innerhalb der engeren und weiteren Familie unter Offenlegung der bestehenden Interessenkonflikte sowie häufiges persönliches Zusammensein unter Einbeziehung der Junioren sind das beste Mittel zur Streitvermeidung.

3. Alle am Unternehmen beteiligten Familien sollten sich in der Form eines Familienvertrages – auch wenn dieser rechtlich nicht durchsetzbar ist – auf ein gemeinsames Wertesystem für ihre persönlichen und geschäftlichen Beziehungen festlegen. Dies fördert die grundsätzliche Orientierung bei Meinungsverschiedenheiten.

4. Ein klug konzipierter Gesellschaftsvertrag ist eines, aber nie das alleinige Mittel zur Streitvermeidung. Er muß den geschäftlichen und vermögensrechtlichen Interessen aller Beteiligten in angemessener Weise Rechnung tragen und alle typisch potentiellen Konfliktsituationen (z.B. Wiederverheiratung eines Gesellschafters, Beschränkung der Entnahme, Rechte der Ehefrauen, Rechte der Kinder aus 1. und 2. Ehe, Höhe des Abfindungsguthabens ausscheidender Gesellschafter, Modalitäten von Geschäftsführungsverträgen etc.) vorbeugend regeln. Ein Gesellschaftsvertrag, der die Gesellschaft zu einer Zwangsgemeinschaft degradiert, aus der es kein wirtschaftlich sinnvolles »Entrinnen« gibt, hält auf Dauer dem Druck unzufriedener Gesellschafter nicht stand.

5. Die Einschaltung mehrerer Parteianwälte führt unweigerlich zur Streiterweiterung, da diese schon nach ihrem Berufsbild Interessenvertreter ihrer jeweiligen Partei sind und somit einer Verständigung auf einer niedrigen Vergleichsbasis nicht zustimmen. Zudem sind sie schon durch ihre Ausbildung eher auf Konflikt als auf Verständigung ausgerichtet, eine Vorgehensweise, die in der Regel auch ihren Honorarinteressen entspricht.

6. Schiedsgerichte eignen sich nur vordergründig zur Streitbeseitigung. Sobald persönliche Emotionen eine Rolle spielen – und das ist bei Streit im Familienunternehmen regelmäßig der Fall – sind sie überfordert. Zudem sind sie extrem teuer. Die Praxis lehrt außerdem, daß ein Schiedsverfahren stets andere nach sich zieht.

7. Der beste Weg zur Streitbeseitigung ist das persönliche Gespräch miteinander. Ist dies nicht mehr möglich, so ist die Einigung auf eine von allen Parteien akzeptierte Vertrauensperson der richtige Weg. Diese Vertrauensperson muß eine unabhängige, ausgleichende, wirtschaftlich sachverständige und starke Persönlichkeit sein. Dabei ist ihre berufliche Ausbildung und Tätigkeit nebensächlich. Es kann sich also durchaus um einen Anwalt, Wirtschaftsprüfer, Steuerberater oder Banker handeln, sofern er nicht in ständiger Geschäftsbeziehung zum Unternehmen steht und sofern etwaige sonstige Interessenskonflikte ausgeschaltet sind. Enge persönliche Beziehungen zu nur einem Familienmitglied bzw. zu nur einem Teil der Familie schließen eine Berufung zur Vertrauensperson aus, weil deren Objektivität dann nicht gewährleistet ist.

8. Familienstreitigkeiten dürfen im Unternehmen nicht bekannt werden. Die Parteien müssen alles tun, um im Unternehmen Frieden zu demonstrieren. Ansonsten erhält der Streit durch Parteienbildung unter den Mitarbeitern eine nicht mehr beherrschbare Eigendynamik.

9. Sollten die Streitigkeiten trotz allem im Unternehmen »die Runde machen«, so ist es notwendig, daß die streitenden Parteien die leitenden Mitarbeiter des Unternehmens gemeinsam und objektiv

über die bestehenden Meinungsunterschiede informieren – jedenfalls soweit diese geschäftlich bedingt sind oder sich geschäftlich auswirken können. Es gilt eine gemeinsame Sprachregelung zu vereinbaren. Dies demonstriert Einigungswillen und schützt vor einer Abwanderung der »Schlüsselpersonen«.

10. Sollte eine Einigung nicht möglich sein, so gilt das Motto »Der Klügere gibt nach«. Um wirtschaftlichen Schaden vom Familienvermögen abzuwenden, ist ein Ausscheiden aus dem Unternehmen oder ein Verkauf die ultima ratio. Diese Lösung ist jedoch immer noch besser als eine Fortsetzung der Streitigkeiten auf Dauer.

III.
FAMILIENUNTERNEHMEN
IN BEDRÄNGNIS

Die bisherigen Ausführungen könnten die Vermutung nahelegen, daß unsere Familienunternehmen – abgesehen von der Problematik des Generationswechsels – mit keinen Problemen zu kämpfen hätten. Das Gegenteil ist der Fall: Die Familienunternehmen haben zwar vielfältige Stärken, sie sind aber durch »hausgemachte« Schwächen, Nachteile des Standortes Deutschland und die zunehmende Globalisierung und Internationalisierung der Wirtschaft in Bedrängnis geraten.

1.
DIE STÄRKEN DES FAMILIENUNTERNEHMENS

Die Stärken des Familienunternehmens und damit ihre (partielle) Überlegenheit gegenüber den Großunternehmen liegen auf der Hand und dürften durch die vorhergehenden Ausführungen schon deutlich geworden sein: Die enge Verbindung zwischen dem bzw. den Eigentümern und ihren Mitarbeitern schafft eine menschliche Beziehung, die auf seiten der Beschäftigten eine besondere Motivation, auf seiten der Eigentümer ein verstärktes soziales Engagement mit sich bringt. Die Auswirkungen sind ganz konkret zu spüren: So habe ich immer wieder die Erfahrung gemacht, daß beispielsweise die Quote der Krankheitsmeldungen bei Familienunternehmen nur halb so hoch gewesen ist als in anonym geführten Betrieben am gleichen Ort. Dasselbe habe ich, um nur einige Beispiele zu nennen, bei der Effizienz des betrieblichen Vorschlagswesens, bei der Bereitschaft des Betriebsrates zur Durchsetzung unpopulärer Sparmaßnahmen, bei Aktionen zur Hebung des Qualitätsstandards sowie bei Kürzungen der innerbetrieblichen Spesen und Reiseetats erlebt.

Ausschlaggebend dafür ist meiner Überzeugung nach die persönliche Ansprache und das Vorbild des Eigentümers. Nicht von ungefähr haben daher auch Gewerkschaftsvertreter, die auf der Betriebsversammlung eines Familienunternehmens auftauchen, nicht selten einen besonders schweren Stand. Denn die Arbeitnehmer im Familienunternehmen sind stärker an ihrem konkreten Arbeitsplatz und weniger an gewerkschaftlichen Streitthemen interessiert. Ihre Loyalität gegenüber dem Unternehmen ist wesentlich ausgeprägter, weil die Verbundenheit mit diesem nicht nur die materielle Ebene, sondern auch die emotionale mit einschließt.

Die Eigentümer ihrerseits zeigen, schon weil sie in dem Unternehmen ihr Lebenswerk sehen oder sich einer langen Familientradition verpflichtet fühlen, ein besonderes soziales Engagement. Familienunternehmen haben beispielsweise – statistisch gesehen – in den letzten Jahren keine Arbeitsplätze abgebaut, sondern – wie eine Studie des Instituts der Deutschen Wirtschaft aus dem Sommer des Jahres 1996 nachweist – neue Arbeitsplätze geschaffen. Schließungen von Betrieben und Verlagerungen ins Ausland sind bei ihnen wegen des engen lokalen Bezugs die ultima ratio. Allerdings ist die Epoche der großen Sozialleistungen der Familienunternehmer, wie sie vormals Persönlichkeiten vom Schlage eines Robert Bosch, der Gebrüder Mannesmann, der Familie Siemens oder der Familie Krupp erbracht haben, heute vorbei. Dafür läßt die wirtschaftliche Situation der meisten Familienunternehmen und auch unser Steuerrecht, das jede Sonderleistung an die Mitarbeiter von Jubiläumsgeschenken bis hin zum Kantinenessen bestraft, keinen Raum. Moderne Mäzene, die noch in der Lage sind, wirtschaftliche Sonderleistungen zu gewähren wie Reinhard Mohn, Kurt A. Kürber oder auch Rudolf Augstein, sind bedauerlicherweise selten geworden.

Ein weiterer großer Vorteil der Familienunternehmen folgt aus ihrer Eignerstruktur. Die starke Stellung des Unternehmers bringt es mit sich, daß die Entscheidungswege kürzer sind als in Konzernen. Da die Konsequenzen betrieblicher Maßnahmen letztlich wirtschaftlich vom Unternehmer zu tragen sind, hat er naturgemäß das letzte Wort, wenn es um unternehmerische Weichenstellungen geht. Dies ist übrigens auch der Grund dafür, daß der Gesetzgeber im Mitbestimmungsgesetz der Mitwirkung der Arbeitnehmer dort eine Schranke setzt, wo der Unternehmer persönlich mit seinem Vermögen für betriebliche Maßnahmen einzustehen hat. Deshalb ist z. B. ein Aufsichtsrat unter Beteiligung der Arbeitnehmer nur bei Kapitalgesellschaften und bei der GmbH & Co. gesetzlich vorgeschrieben, nicht jedoch bei einer Kommanditgesellschaft, bei der der Unternehmer selbst haftet.

Die sich aus der hohen Entscheidungsgeschwindigkeit für das Familienunternehmen ergebene Chance zeigt sich ganz besonders bei Unternehmenskäufen. Während diese bei Publikumsgesellschaften von großen Stäben monatelang und allzu häufig ohne Berücksichtigung der persönlichen Sensibilität des Veräußerers bearbeitet werden, kann der Familienunternehmer blitzschnell handeln. So habe ich miterlebt, wie ein ertragsstarkes Pharma-Unternehmen, um das sich eine Vielzahl von großen Konzernen in langwierigen Verhandlungen intensiv bemühte, innerhalb weniger Stunden auf einen Familienunternehmer überging. Wie hatte der Familienunternehmer diesen Erfolg erreicht? Nach einem kurzen Blick auf die letzten Jahresabschlüsse hatte er sich mit der fast achtzigjährigen Inhaberin zu einem persönlichen Gespräch zurückgezogen und hierbei festgestellt, daß Vertrauen und nicht eine detaillierte Hinterfragung einzelner betrieblicher Strukturen am Platze sei. Ein solches intuitiv gesteuertes Verhalten bringt in aller Regel mehr als das betriebswirtschaftlich diffizile Ausleuchten von Detailzahlen durch die Controllingexperten der Konzerne; das zeigen schon deren häufige Fehlakquisitionen – Stichwort Mannesmann/Kienzle, Siemens/Nixdorf oder Daimler-Benz/AEG bzw. Fokker.

Der letzte wesentliche Vorteil der Familienunternehmen, der hier aufgezeigt werden soll, ist mit dem vorgenannten eng verzahnt: Aus der Stellung der Eigner ergeben sich flache Hierarchiestrukturen, die eine besonders starke Ausprägung eines verbindlichen Unternehmensleitbildes ermöglichen. Der Fachmann spürt dies schon, wenn er die Firma betritt. Ausstattung, Empfang, persönliche Ansprache durch die Sekretärin oder die Telefonzentrale vermitteln sofort einen besonderen Eindruck. Das gilt für alle Bereiche und Branchen, sei es in der Produktion, im Handel oder in der Dienstleistung. Wie hoch dieser Vorteil zu veranschlagen ist, zeigt kaum ein Beispiel besser als das der Firma Franz Schneider Brakel (FSB). Diesem im mittleren Westfalen gelegenen, relativ kleinen Hersteller von Türklinken ist es in einem hart umkämpften Umfeld ehemals viel größerer und kapitalstärkerer Wettbewerber gelungen, sich in seinem Marktsegment eine Spitzenposition aufzubauen. Und wie lautete das Erfolgsrezept? Ganz einfach: Man verwandele nur ein profanes Gebrauchsgut wie die Türklinke durch jahrelange Bemühungen um internationale Designqualität in ein Kunstwerk. Der Kunde dankt es über Akzeptanz und Preis. Ähnliche Höchstleistungen im Designbereich haben die Inhaber von Lamy und Erco Leuchten erbracht, die ihrer Konkurrenz bereits das Fürchten gelehrt haben; Beispiele, die meiner Überzeugung nach ohne flache Hierarchiestufen kaum hätten gelingen können.

2.
DIE SCHWÄCHEN DER FAMILIENUNTERNEHMEN

KAPITAL- UND LIQUIDITÄTSAUSSTATTUNG

Die Familienunternehmen gelten gemeinhin als kapitalschwach. Die Statistik der Deutschen Bundesbank und internationale Vergleichszahlen scheinen dies zu bestätigen. Aber wie immer bei Pauschalurteilen ist auch hier Vorsicht geboten: Zum einen hinkt der Vergleich schon deshalb, weil das deutsche Bilanzrecht auf Grund seiner starken Betonung des Vorsichtsprinzips zu geringerem Eigenkapital führt als die Bilanzierung nach internationalen Standards, so daß ein ausländischer Unternehmer zwangsläufig eine höhere Eigenkapitalquote besitzt. Zum anderen werden bei diesem Vergleich Äpfel und Birnen in einen Korb geworfen. Denn: Daß die Eigenkapitalquote bei Handels-, Produktions- und Dienstleistungsunternehmen völlig verschieden zu beurteilen ist, ist eine Binsenweisheit, der der statistische Vergleich in besonderer Weise Rechnung tragen muß. Aber noch aus einem anderen Grunde ist die Bedeutung der Eigenkapitalquote stark zu relativieren. Die Eigenkapitalquote ist nämlich weitgehend manipulierbar. Wandelt z. B. ein Unternehmer seine GmbH & Co. KG in eine Aktiengesellschaft um, so kann er – wenn er dies will – alle stillen Reserven auflösen und damit seine Eigenkapitalquote vervielfachen. Er kann sogar auf Grund unseres (ohnehin nicht mehr nachvollziehbaren) Steuerrechts eine solche Aufstockung des Eigenkapitals, die in der Handelsbilanz mit Außenwirkung stolz präsentiert wird, in der Steuerbilanz wieder rückgängig machen. Diesen Weg sind z. B. bei einem Börsengang Unternehmen wie der Gabelstaplerhersteller Jungheinrich und der Anlagenbauer GEA in Herne sehr geschickt auf der Grundlage eines von mir veröffentlichten wissenschaftlichen Aufsatzes gegangen. Ein anderer Weg zur Erhöhung des Eigenkapitals ist das »outsourcing«. So habe ich beispielsweise erlebt, daß ein bayerisches Produktionsunternehmen durch »outsourcing« des Fuhrparks, der Handwerksbetriebe und durch gleichzeitige »sale and lease back« der Firmenzentrale sein Eigenkapital verfünffacht hat.

Durch solche bilanzstrategischen Gestaltungen ändert sich am Wert des Unternehmens, an seiner Ertragskraft und an seiner Solidität nichts. Dies zeigt, daß das Denken in Eigenkapitalquoten und Eigenkapitalrenditen heute überholt ist. Es rührt noch von einem Unternehmensverständnis her, in dem die Substanz die entscheidende Rolle spielte. Das war am Anfang unseres Jahrhunderts durchaus berechtigt. Damals gab es bei der Liquidation oder Stillegung eines Betriebes noch keinen Sozialplan, der alle stillen Reserven wegfraß, und die Substanzwerte spielten auch unter Verwertungsgesichtspunkten die entscheidende Rolle. Daß dies heute anders ist, haben insbesondere die Banken im Firmenkreditgeschäft leidvoll erfahren müssen: Ein Büroturm in einer ostwestfälischen Kleinstadt bedeutet eben heute kreditmäßig keinerlei Sicherheit mehr, wenn vor Ort keine andere gewerbliche Nutzung mehr möglich ist. Im schlimmsten Falle müssen noch die Abrißkosten zusätzlich aufgebracht werden.

Was für das »Substanzdenken« gilt, gilt auch für die Eigenkapitalrendite: Mir berichtete kürzlich ein befreundeter Unternehmer stolz, sein Eigenkapital verzinse sich mit 42 Prozent. Er war überrascht, daß ich diese Erfolgsmeldung völlig neutral aufnahm, und ließ sich auch von mir nicht überzeugen, daß diese keinerlei Gradmesser für Erfolg darstelle. Das wurde ihm erst klar, als er sein Unternehmen zwei Jahre später verkaufte und der verbleibende Nettoerlös von 250 Millionen DM bei konservativer Anlage eine Rendite von 10 Prozent erbrachte. Das war, in absoluten Zahlen gesehen, fast doppelt so viel wie sein zuvor erzielter Gewinn. Mit diesem Beispiel will ich keineswegs sagen, daß der Unternehmer mit dem Verkauf das einzig Richtige getan hat. Eine solche Entscheidung sollte nicht allein von der Kapitalrendite abhängig gemacht werden. Ich will lediglich darauf hinweisen, daß bei derartigen Überlegungen von den richtigen Prämissen ausgegangen werden muß.

Entscheidend für die Sicherung des Familienunternehmens ist also nicht die Eigenkapitalquote, sondern die Liquidität. Das ergibt sich bereits aus dem deutschen Konkursrecht: Zahlungsunfähigkeit führt stets zum Kollaps, Überschuldung nur dann, wenn keine natürliche Person für die Verbindlichkeiten des Unternehmens unbeschränkt haftet. Und selbst für die Frage der Überschuldung spielt das Eigenkapital nicht die alleinige Rolle. Ein Unternehmen kann im Extremfall selbst mit negativem Eigenkapital leben, wenn die Liquidität gesichert ist und eine positive Fortbestehungsprognose getroffen werden kann. Beispiele hierfür sind die Metallgesellschaft und die Babcock, die in der Krise bei entsprechender Ausübung von Bilanzierungsspielräumen das Kapital durchaus auf der falschen Seite hätten haben können. Das Erfolgskonzept der großen deutschen Einzelhandelsketten im Lebensmittelhandel beruht sogar geradezu auf einer Minimierung des Eigenkapitals zu dem Zweck, die Expansion voranzutreiben. Daß hierbei auch noch die überwiegend mittelständischen Lieferanten über lange Zahlungsziele die Liquidität im Handel sicherstellen sollen, steht auf einem anderen Blatt.

Das betriebswirtschaftliche »Bermuda Dreieck« des Familienunternehmens besteht aus den drei Begriffen Kapital, Gewinn und Liquidität. Über diese Begriffe sind ganze betriebswirtschaftliche Bibliotheken verfaßt worden. Aber wie immer sind schwierige Sachverhalte am besten einfach zu erklären, nämlich in diesem Fall anhand eines Vergleiches mit Körperfunktionen des Menschen: Das Kapital entspricht der Konstitution des menschlichen Körpers. Wer eine gute Konstitution besitzt, ist gegen Krankheiten aller Art besonders gut gefeit. Der Gewinn entspricht der menschlichen Nahrung. Auf sie kann man über lange Zeit hin ganz oder teilweise verzichten, ohne daß es zu nachhaltigen Schädigungen des Organismus kommt. Die Liquidität jedoch ist am ehesten mit der menschlichen Atmung vergleichbar; wenn diese aussetzt, tritt in Sekundenschnelle der Tod ein. Wie gefährlich fehlende Liquidität ist, zeigt kein Beispiel in unserer Nachkriegsgeschichte deutlicher als der Untergang der Firma Borgward. Der durch Liquiditätsnot ausgelöste Konkurs dieses Unternehmens führte zu einer praktisch hundertprozentigen Abdeckung aller Verbindlichkeiten; nur existierte das Unternehmen leider zu diesem Zeitpunkt schon nicht mehr.

Die Liquidität des Familienunternehmens ist in vielfacher Weise gefährdet: Abfindungsansprüche ausscheidender Gesellschafter, Entnahmen zur Zahlung von Erbschaftssteuern, Entnahmen von Gesellschaftern in gewinnlosen Jahren zur Sicherung des Lebensunterhaltes, Zahlungen von Renten an Gesellschafter ohne steuerliche Rückstellungsmöglichkeit, Ausgleichszahlungen an geschiedene Ehefrauen – dies alles sind Liquiditätsabflüsse, die es in einer anonymen Kapitalgesellschaft nicht gibt. Verschärft wird diese Problematik durch die höchstrichterliche Rechtsprechung, die die Tendenz aufweist, die Abfindung ausscheidender Gesellschafter immer stärker am Verkehrswert ihrer Beteiligung anzulehnen, und auch durch die Tatsache, daß unsere vorwiegend national tätigen Familienunternehmen im Gegensatz zu den global tätigen Konzernen das internationale Steuergefälle zu wenig nutzen können. Denn während die international tätigen Konzerne immer stärker ihre Ertragsquellen in das steuergünstigere Ausland verlagern – bei BMW und Siemens liegt die gesamte Ertragssteuerbelastung z. B. bei weniger als 30 Prozent – müssen die ertragreicheren Familienunternehmen stets den Spitzensteuersatz zahlen, zu dem dann noch die Kirchensteuerbelastung hinzutritt. Schon aus diesem Grunde ist eine nachhaltige Senkung der Spitzensteuersätze – zumindest für die im Unternehmen verbleibenden Gewinne – volkswirtschaftlich dringend angesagt. Dasselbe gilt für eine zinslose Stundung der Erbschaftsteuer auf Unternehmensbeteiligungen bis zum etwaigen Zeitpunkt einer späteren Anteilsveräußerung.

Gegen die vorgenannten Gefahren für die Liquidität der Familienunternehmen gibt es kein Patentrezept. Immerhin gibt es mehrere häufig nicht genügend genutzte Ansatzpunkte, auf die hier später noch detailliert eingegangen werden wird. Der eine ist eine liquiditätsschonende Ausgestaltung des Gesellschaftsvertrags (dazu S. 125ff.), ein anderer die Optimierung der Innenfinanzierung durch strategische Gestaltungsmaßnahmen sowie durch effizientes Controlling (dazu S. 78ff.). Der dritte Ansatzpunkt liegt im Bereich der Außenfinanzierung, die nicht zuletzt durch den in Bewegung gekommenen Kapitalmarkt bisher unbekannten Spielraum bietet (zum Börsengang vgl. S. 318ff.).

ENGPASS PERSONALARBEIT

Es war einmal …

… der Familienunternehmer K., der in der dritten Generation einen Produktionsbetrieb der Lack- und Farbenbranche führte und mit der Ertragsentwicklung sehr unzufrieden war. Da er bereits das Rentenalter erreicht hatte und ein Nachfolger aus der Familie nicht in Sicht war, entschied er sich für die Einstellung eines dynamischen, jungen Fremdgeschäftsführers. Dieser hatte im Vertriebsbereich eines der großen Konzernunternehmen Beachtliches geleistet und brannte nun darauf, seine Fähigkeiten auch als Kostenminimierer unter Beweis zu stellen. Eine seiner ersten Maßnahmen bestand nun darin, die Entwicklungsabteilung, die an einem Programm umweltfreundlicher Farb- und Lösungsmittel arbeitete, zu »outsourcen« und deren Tätigkeit auf ein unabhängiges Universitätsinstitut zu verlagern. Der Erfolg: Es wurden zwar über Jahre hinweg viele Millio-

nen an Personalkosten eingespart, so daß sich Ertrag- und Bilanzrelationen nachhaltig besserten. Die Konsequenz war aber auch die, daß – als die erwarteten Forschungsergebnisse ausblieben – der Markt über das Unternehmen hinweg ging und dieses schließlich an einen mit modernen, umweltfreundlichen Produkten ausgestatteten Konkurrenten verkauft werden mußte.

Das Beispiel zeigt, daß ein Unternehmer, der seine Personalkosten durch einen flüchtigen Blick in seine Gewinn- und Verlustrechnung ermitteln kann und in der Regel über deren Höhe erschrocken sein wird, zum Zwecke der Kostensenkung einem Personalabbau grundsätzlich positiv gegenüberstehen wird. Sparsamkeit darf aber nicht dazu führen, daß die grundlegenden Aspekte der Zukunftssicherung außer acht gelassen werden und im Personalbereich Einsparungen durchgesetzt werden, die die Struktur des Unternehmens nachhaltig beeinträchtigen und damit seinen Erfolg in Zukunft gefährden. Dieser Problematik ist man sich im Bereich der Familienunternehmen – so ist mein Eindruck – aber stärker bewußt als im Bereich der Großunternehmen: Die Familienunternehmen haben auch während der jetzt noch andauernden Rezession nicht den Arbeitsplatzabbau in den Vordergrund gestellt und brauchten das auch nicht zu tun; »outsourcing« haben Familienunternehmen schon ihrer Größe wegen schon immer betrieben.

Im Bereich der Familienunternehmen fehlt es jedoch gewöhnlich an einer organisatorisch konsequenten Ausnutzung der vorhandenen Personalressourcen. Der Engpaß ist häufig die Personalabteilung, die noch immer als reine Personalverwaltung verstanden wird und nicht – wie es dringend geboten ist – als die Stabsstelle im Unternehmen, die sich mit Personalentwicklung, Personalbeurteilung, Personalmotivation, Weiterbildung, leistungsorientierten Vergütungssystemen etc. befaßt. Dabei ist klar: Wer die besten Mitarbeiter hat, hat auch wirtschaftlich stets die Nase vorn. Ein Produktionsbetrieb beispielsweise mit einem Personalkostenblock von 40 Prozent, dem es gelingt, die Effizienz der Mitarbeiter um 10 Prozent zu steigern – und das ist bei Einsatz der richtigen Mittel durchaus erreichbar –, wird den Verzicht auf notwendige durchsetzbare Preiserhöhungen ohne weiteres verkraften können. Hier wäre es sicherlich kein Fehler, sich bei einem Wechsel des Personalleiters aus dem in dem Großunternehmen vorhandenen Potential an Personalmanagern und Know-how zu bedienen. Das sich eine gute Personalarbeit auf lange Sicht gesehen in der Gewinn- und Verlustrechnung positiv niederschlägt, wird spätestens dem klar, der sich vor Augen hält, wie teuer eine Fehlbesetzung im

Unternehmen wirklich ist. Kostspielig wird eine Fehlbesetzung nämlich nicht in erster Linie durch die Fehlinvestition der an einen Headhunter gezahlten Vergütung oder durch die an den schnell wieder ausscheidenden Mitarbeiter vergebens gezahlten Bezüge. Viel teurer kommt dem Unternehmen die Tatsache zu stehen, daß erhebliche Zeit verstreicht, bis die offene Position wieder angemessen besetzt werden kann. Personelle Fehlbesetzungen sind selbst bei Anwendung größter Sorgfalt naturgemäß viel häufiger, wenn nicht auf die im Unternehmen aufgebaute und vorhandene Mannschaft zurückgegriffen werden kann.

Wie sehr Familienunternehmen durch intensive Personalarbeit wirtschaftlich erfolgreich sein können, zeigt beispielhaft das Unternehmen Würth, das sich in relativ kurzer Zeit vom wirtschaftlich bedeutungslosen Einzelhändler zu einem Milliardenunternehmen mit hoher Ertragsstärke entwickelt hat. Wer dieses Unternehmen näher kennt, der weiß, welch hohen Stellenwert der Unternehmer persönlich der Personalarbeit zugemessen hat und wie sich dieser Einsatz für das Unternehmen auszahlte. Eine vergleichbare Einstellung habe ich bei Jochen und Uwe Holy, den früheren Inhabern der Firma Boss, miterlebt: Der hohe Leistungsdruck, der in allen kreativen Unternehmen besonders stark auf den Mitarbeitern lastet, wird bei guter Personalführung nicht als Bürde, sondern als Herausforderung empfunden. So habe ich häufiger erlebt, wie diese Mitarbeiter ohne zusätzliche Vergütung einfach aus Freude an der Arbeit die Nacht zum Tage gemacht haben. Die geschäftliche Entwicklung hat den Eigentümern beider vorgenannten Unternehmen Recht gegeben. Nur nebenbei sei angemerkt, daß die sinnvolle Investition in die eigenen Mitarbeiter eine der wenigen »Investitionen« darstellt, die steuerlich voll über den Aufwand gebucht werden können. Was liegt in Anbetracht dieses Befundes näher, als im Unternehmen einen Pool von qualifizierten Hochschulabgängern, z. B. aus den anerkannten staatlichen Universitäten oder aber aus St. Gallen, Koblenz, der European Business School oder Witten-Herdecke aufzubauen, und diesen Menschen die Möglichkeit zu geben, sich für spätere Leistungsaufgaben zu qualifizieren. Man kauft sich damit Motivation, Internationalität und neuestes betriebswirtschaftliches Know-how ein und kann zugleich testen, ob die persönliche und charakterliche Eignung vorhanden ist. Später kann der Unternehmer dann aus diesem Reservoir ohne die übliche hohe Fehlbesetzungsquote – sie liegt nach meiner Erfahrung bei über 50 Prozent – schöpfen.

DEFIZITE IM BEREICH DER
STRATEGISCHEN UNTERNEHMENSPLANUNG

Das Fehlen einer strategischen Unternehmensplanung

Es war einmal ...

... die Firma Holder, am Fuße der Schwäbischen Alb gelegen, die Knickgelenk-traktoren fertigte. Diese werden überall dort benötigt, wo Traktoren auf engem Raum arbeiten und deshalb ein enger Wenderadius notwendig ist, wie z. B. im Weinbau, in der Forstwirtschaft, bei der Pflege und Anlage von Baumschonungen und in den Gewächshäusern der großen Gärtnereibetriebe. Der Holder-Traktor war nach Meinung der Experten technologisch allen Konkurrenzprodukten weit überlegen. Aber er war sehr teuer, weil Konstrukteure und Unternehmensführung die Kosten/Nutzen-Relation außer Acht gelassen hatten. Dieses Defizit rächte sich: Ein japanischer Hersteller brachte für die Hälfte des Holder-Preises einen Traktor auf den Markt, der die Bedürfnisse der Benutzer voll erfüllte. Zudem war er technisch einfacher konstruiert und wies deshalb zwangsläufig eine viel geringere Reparaturanfälligkeit auf. Diese Vorteile wogen bei den Bauern mehr als die Skepsis gegenüber japanischen Maschinen, und die Firma Holder wurde innerhalb von drei Jahren in ihrer einstigen Domäne vom Markt verdrängt.

In meiner langjährigen Praxis habe ich viele solcher Beispiele kennengelernt, in denen oftmals bedeutende Familienunternehmen in kürzester Zeit ganz vom Markt verschwanden oder nur mit erheblichen Blessuren überleben konnten. Eine mögliche Ursache dieser Entwicklung kann das Fehlen einer strategischen Unternehmensplanung sein, die im Fall der Firma Holder ein Handlungsprogramm für den unerwarteten Eintritt eines Wettbewerbers in den Markt hätte vorsehen müssen. Aber die Firma Holder befindet sich »in guter Gesellschaft«: Über 60 Prozent der deutschen Familienunternehmen – so das Ergebnis einer kürzlich von der »Deutschen Bank« durchgeführten Befragung – weisen erhebliche Defizite im Bereich der strategischen Planung auf. Langfristige Unternehmenspolitik und zukunftsorientierte Planung werden von vielen Familienunternehmen insbesondere aus Zeitmangel oder Unkenntnis vernachlässigt. Familienunternehmer fühlen sich häufig durch die schriftliche Fixierung ihrer Planung in ihrer zukünftigen Entscheidungsfreiheit eingeschränkt. Planung wurde in der Vergangenheit und wird auch noch heute eher als eine Sache von Großunternehmen angesehen. Das bedeutet aber nicht – wie viele Unternehmensberater Glauben machen wollen –, daß die Familienunternehmen keine strategische Unternehmensplanung besitzen. Denn dann wären sie längst vom Markt verschwunden. Geplant wird aber meistens nur in den Gedanken des Unternehmers, der diese Gedanken nicht schriftlich niederlegt und die Mitarbeiter nur ungenügend in den Prozeß einbezieht, mit dem Ergebnis, daß beispielsweise Kundenbedürfnisse und Konkurrenzsituationen nicht angemessen berücksichtigt werden. Die daraus resultierenden Folgen sind nicht nur der Traktorenfirma Holder bekannt.

Die wirtschaftliche Krise und der verschärfte Wettbewerb haben aber in den letzten Jahren auch im Bereich der Familienunternehmen die Unternehmensplanung zu einem unersetzlichen Bestandteil der Unternehmensführung gemacht. Planung bedeutet zielgerichtete und systematische Auseinandersetzung mit der Zukunft. Deshalb ist in einem ersten – oft besonders schwierigen Schritt das Ziel des Unternehmens festzulegen, das häufig von der Interessenlage der Eigentümerfamilie maßgeblich geprägt sein wird. Die strategische Unternehmensplanung beschreibt den Weg, den das Unternehmen zur Zielerreichung beschreiten will; sie enthält Entscheidungen und legt Handlungsprioritäten fest. Sie muß aber durch Detailpläne ergänzt werden. Gerade in Familienunternehmen fehlt es häufig an dem schriftlichen »Herunterbrechen« auf die jeweiligen Detailpläne; Marketing-, Diversifikations-, Vertriebs-, Umsatz-, Personal-, Liquiditäts- und Unternehmenspläne sind in den meisten Familienunternehmen nicht vorhanden. Letztlich ist es auch Aufgabe strategischer Unternehmensplanung, angestammte Produkte und Vertriebswege kritisch zu hinterfragen, die Markt- und Konkurrenzsituation zu beobachten und Alternativentwicklungsmöglichkeiten, beispielsweise Kooperationen und strategische Allianzen (vgl. dazu S. 286ff.), für das Familienunternehmen aufzuzeigen.

Strategische Unternehmensplanung soll in der Regel langfristig ausgerichtet sein. Sie muß sich aber in Zeiten des globalen Wettbewerbs und des raschen technologischen Wandels ständig der neuen Situation anpassen. Konventionelle und sehr langfristig ausgelegte Unternehmensplanungen können sogar zu einer Gefahr für das Familienunternehmen werden, wenn sie das Innovationspotential des Unternehmens behindern. Die Planung des Unternehmens muß deshalb so gestaltet sein, daß die wichtigsten Wettbewerbsfaktoren der Familienunternehmen (dezentrale Organisation, weniger Hierarchiestufen, schnellere Reaktionsfähigkeit, größere Flexibilität) nicht in Mitleidenschaft gezogen werden. Deshalb muß die strategische Unternehmensplanung regelmäßig überprüft und gegebenenfalls revidiert werden. Um die oft vorhandenen Defizite im Bereich der strategischen Unternehmensplanung zu beseitigen, bedarf es im Regelfall keiner der teuren Unternehmensberatungen wie McKinsey oder Boston Consulting, die von Familienunternehmern oft als »Rettungsanker« eingesetzt werden, obwohl der Problembereich im Unternehmen schon bekannt ist. Das Know-how, das zur Aufstellung einer strategischen Unternehmensplanung erforderlich ist, ist in aller Regel im Hause vorhanden und braucht nicht teuer von »Outsidern« hinzugekauft werden, die häufig die »neuen« strategischen Ansätze lediglich von den langgedienten Mitarbeitern des Unternehmens ablauschen und deren Verdienst oft allein darin besteht, diese Überlegungen in eine – zugegebenermaßen – redaktionell anspruchsvolle Form zu bringen. Der Einsatz von renommierten und international tätigen Unternehmensberatungen ist außerdem kein Garant für erfolgreiche strategische Unternehmensentscheidungen. Das Beispiel der Firma Daimler Benz, bei der die Berater von McKinsey mit Millionenhonoraren den Weg vom einträglichen Automobilunternehmen in einen ertraglosen »integrierten Technologiekonzern« maßgeblich begleitet und mitgestaltet haben, wird als die größte Vernichtung von Kapital in die deutsche Unternehmensgeschichte eingehen.

Die Einschaltung einer Unternehmensberatung kann aber besonders in Krisensituationen sinnvoll sein. Auch besteht häufig Beratungsbedarf bei Umsetzung und »Herunterbrechung« der strategischen Unternehmensplanung auf die Einzelplanungen. Hier schlägt die Stunde für qualifizierte und auf Familienunternehmen spezialisierte Unternehmensberatungen. Nicht selten ist es auch sinnvoll, den schon mit Detailkenntnissen über Unternehmen und Unternehmer ausgestatteten Wirtschaftsprüfer und Steuerberater punktuell in strategische Problemstellungen und das Herunterbrechen auf Einzelpläne miteinzubeziehen. Die häufig von Unternehmensberatungen gepriesenen Verkaufsschlager der Managementlehre wie »Lean Production«, »Lean Management«, »Asset & Liability Management«, »Profit Center System« und andere sind für ein Familienunternehmen lediglich neue und äußerst unschöne Anglizismen für betriebliche Verhaltensweisen, die seit Jahrzehnten Allgemeingut sind – »alter Wein in neuen Schläuchen«. Man wundert sich immer wieder, wie sich selbst gestandene Unternehmer von solchen Schlagworten beeindrucken lassen.

Das größte Problem im Bereich der strategischen Planung ist bei Familienunternehmen, daß die Unternehmensinhaber im Tagesgeschäft die strategischen Überlegungen, Entscheidungen und Kontrollen vergessen. Dies ist eine Situation, in der die Einschaltung einer Unternehmensberatungsgesellschaft angezeigt sein kann. Auch wenn die Erstellung und Beachtung einer strategischen Unternehmensplanung mit Problemen verbunden ist, ist das Fehlen einer solchen Planung und ihre mangelnde Verwirklichung für die Familienunternehmen gegenüber den Großunternehmen ein wichtiger Wettbewerbsnachteil. Die Praxis liefert viele Beispiele von familiengeführten Unternehmen, welche sich durch Defizite im Bereich der strategischen Planung in bedrohliche Situationen manövriert haben: Für den Sportschuhhersteller Adidas endete beispielsweise in den siebziger Jahren die Expansion in dem Sportbekleidungsbereich mit einem Verlust der Familienherrschaft, weil man zu spät bemerkte, daß die im eigenen Hause vorhandenen modisch-kreativen Ressourcen für dieses neue Geschäftsfeld nicht ausreichend waren. Hier drängt sich der Verdacht auf, daß bei einer konsequenten Potentialanalyse sowie einer unternehmensinternen Abstimmung und Ressourcenplanung frühzeitig das Defizit hätte erkannt werden können. Eine auf Einzelpläne heruntergebrochene Unternehmensplanung hätte auch der Familie Kienzle signalisieren müssen, daß die eigenen finanziellen Mittel, die für einen erfolgreichen Einstieg in die äußerst kapitalintensive Computerfertigung erforderlich sind, ungenügend waren und der richtige Weg deshalb die Weiterentwicklung des ergebnisstarken Stammgeschäftes als Zulieferer der Automobilindustrie gewesen wäre. Mit angemessener strategischer Planung wäre auch »Eckes« vor dem Erwerb von »Schneekoppe« aufgefallen, wie wenig dieser Kauf geeignet war, den anvisierten Markt der diätischen Lebensmittel konkurrenzwirksam zu besetzen. Dies sind Beispiele, die Sie davon überzeugen sollten, daß auch für Ihr Unternehmen eine strategische Unternehmensplanung und die entsprechenden Detailpläne unbedingt notwendig sind!

Das Fehlen einer strategischen Planung auf Ebene der Firmeneigner

Es war einmal …

… die in den fünfziger Jahren von Hans Sager gegründete Firma Nautik. Sie spezialisierte sich schon frühzeitig auf eine Marktnische mit großem Wachstumspotential im Bereich der elektronischen Chipausrüstung. Die Strategie war

einfach und klar. Es ging darum, mit einem relativ engen, stets den neuesten technologischen Entwicklungen angepaßten und qualitativ überlegenen Sortiment die Marktführerschaft konsequent auszubauen. Nachdem diese Strategie in Deutschland erfolgreich umgesetzt wurde, wandte die Firma das gleiche Vorgehen mit Erfolg in Europa und später in Übersee an. Zu Beginn der neunziger Jahre beschäftigte das Unternehmen mehrere 100 Mitarbeiter.

Die erfolgreiche Unternehmensentwicklung erlaubte es Hans Sager, sich als Chef einerseits ein gutes »Salär« auszubezahlen, andererseits aber auch sich als Firmeninhaber beachtliche Dividenden auszuschütten. Die ihm auf diese Weise üppig zufließenden Mittel verwendete Sager auf recht unterschiedliche Art und Weise: Schon in den siebziger Jahren beteiligte er sich an einer von einem Freund gegründeten Kunststoff-Firma. Später wurde ihm von einem Bekannten ein Mehrheitspaket an einer Handelsfirma im Ausland angeboten. Da dieses Geschäft interessante Zukunftsperspektiven versprach, erwarb Hans Sager kurzerhand die Aktien.

Auf ähnliche Weise erwarb er noch zwei Minderheitsbeteiligungen an anderen Firmen im norddeutschen Raum. Nur einen relativ geringen Teil seines Vermögens übergab er zur Verwaltung einer namhaften Privatbank.

Rückblickend zeigt sich, daß das Stammgeschäft nach wie vor floriert. Hier fühlt sich Hans Sager in seinem Element und setzt den größten Teil seiner Zeit für diese Geschäftsaktivität ein. Ganz anders haben sich seine übrigen Investments entwickelt: Die Beteiligung an der Kunststoff-Firma mußte weitgehend abgeschrieben werden, die Handelsfirma stagnierte seit der Übernahme und auch die Minderheitsbeteiligungen warfen nur eine bescheidene Rendite ab. Einzig der von der Privatbank verwaltete Vermögensteil, der weitgehend in festverzinslichen Wertpapieren angelegt wurde, erzielte eine akzeptable Verzinsung. Was hatte Hans Sager falsch gemacht?

Die Defizite strategischer Konzeption im Bereich der Eigner

Dieses Beispiel zeigt eine Situation, die im Bereich der Familienunternehmen auch heute noch oft anzutreffen ist: Ein Unternehmen verfügt über eine klare Strategie und ist mit dieser auch sehr erfolgreich. Jedoch werden insbesondere außerhalb der betrieblichen Kernkompetenzen – aber auch innerhalb derselben – durch den Firmeneigner Grundsatzentscheidungen eher zufällig und spontan getroffen. Häufig spielen »günstige Gelegenheiten« und persönliche

Beziehungen eine dominierende Rolle. Auch wenn es der Unternehmer gewohnt sein sollte, seine unternehmerische Tätigkeit nach strategischen Konzepten auszurichten, kommt eine strategische Konzeption auf Ebene der Eigner – also eine Eignerstrategie – häufig viel zu kurz. Es fehlt eine strategische Unterstützung, ein Orientierungsrahmen jener Instanz, die die Entscheidungen letztlich fällt, nämlich der Firmeneigentümer. Die Abbildung 2 zeigt, welchen Inhalt die strategische Unternehmensplanung haben kann.

Persönliche Fragen	Vermögens- und Nachfolgefragen
– Erhöhung der Lern-/Leistungsfähigkeit – Gesundheitsfragen/Lebensqualität – Karriereplanung – Kommunikationsprobleme – Persönlichkeitsstärkung – Verbesserung der Entscheidungsfreudigkeit – Weiterbildung (Europäischer Binnenmarkt, Steuerrecht, Vermögensanlageformen)	– Altersvorsorge – Erb- und Schenkungsfragen – Fehlende Strategien für das Lebenswerk des Unternehmers – Finanzprobleme – Interne/externe Investmentprobleme – Nachfolgeprobleme – Sorgen mit der Vermögenserhaltung – Steuer- und Rechtsfragen – Versicherungspolitik

Familiäre Fragen	Geschäftliche Fragen
– Absicherung der Familie – Eheverträge/Unternehmerehe – Harmonisierung des Familienlebens – Öffentlichkeitspolitik der Familie – Probleme mit der Regelung der Rechtsverhältnisse zwischen den Besitzerfamilien – Streitschlichtung – Testamentarische Fragen	– Arbeitsplatzerhaltung für die Angestellten – Dividendenpolitik/Gewinn- und Verlustpolitik – Fachliche Unterstützung bei Ausbau, Rationalisierung und Reorganisation – Innovationsprobleme – Managementprobleme, Führungsverhalten – Probleme bei Organisationsverbesserungen – Probleme mit der Planung zukünftiger Strategien – Unternehmensbewertung, Akquisitions- und Verkaufsfragen

Abbildung 2: Mögliche Inhalte einer strategischen Unternehmensplanung

Fehlende Eignerstrategien sind beileibe kein Einzelfall. Dies belegen die im Rahmen einer Umfrage gesammelten Stimmen aus Unternehmen aller Größenordnungen. Beispielsweise sagte ein Eigentümer einer Investitionsgüterfirma mit 400 Millionen Franken Umsatz:»Ich habe 95 Prozent meines Vermögens in meine Firma investiert und frage mich, ob ich nicht eine bessere Diversifikation meiner Beteiligungen anstreben sollte.« Ein Finanzier führte aus, er suche nach innovativen Möglichkeiten zur Strukturierung seiner Beteiligungen und wolle vor allen Dingen von Banken unabhängiger werden.»Wie kann der Unternehmenswert derart gesteigert werden, daß meine Beteiligung nachhaltig an Wert gewinnt und mir damit mehr Spielraum für meine zukünftigen Aktivitäten offen läßt?«, fragt ein Konzernleiter und Besitzer eines wichtigen Minderheitspaketes. Ein Eigentümer eines mittelständischen Industriebetriebes möchte wissen:»Neben meiner Firmenbeteiligung besitze ich ein Vermögen in zweistelliger Millionenhöhe. Wie muß ich dieses Vermögen anlegen, damit ich einerseits eine angemessene Verzinsung, andererseits aber auch einen optimalen Risikoausgleich erziele?« Typisch ist ebenfalls das Bekenntnis eines Eigentümers einer Elektronikfirma mit 300 Millionen D-Mark Umsatz:»Ich werde sieben Tage in der Woche durch mein Geschäft absorbiert. Es fehlt mir die Zeit, mich mit grundsätzlichen Fragen meiner persönlichen Zukunftsgestaltung zu befassen.« Und ein Eigentümer von drei Firmen in völlig unterschiedlichen Branchen fragt:»Wie kann ich die oberste Leitungsstruktur zweckmäßig gestalten, so daß ich einerseits die strategische Kontrolle über die Firmen ausüben, mich jedoch andererseits vom operativen Geschäft vermehrt loslösen kann.« Letztlich beklagte sich ein Präsident des Verwaltungsrates eines Familienunternehmens:»Unsere drei Familienstämme sollten dringend eine Entscheidung über eine Kapitalerhöhung treffen. Unterschiedliche Interessen blockieren dies auf Kosten der Prosperität des Unternehmens.« Und ein achtundsechzigjähriger Inhaber eines Dienstleistungsunternehmens mit 1,5 Milliarden D-Mark Umsatz sagt:»Ich habe versucht, meine zwei Söhne als Nachfolger aufzubauen. Heute sind beide aus der Firma ausgeschieden und gehen eigene Wege. Wie kann ich das Nachfolgeproblem lösen?« In die gleiche Richtung geht die Frage eines Mehrheitsaktionärs eines Konzerns:»Meine Kinder sind noch im Primaner-Schulalter. Wie kann ich ein Leitungsgremium aufbauen, welches dafür sorgt, daß die Firmenkontinuität sichergestellt ist, bis die Kinder die Leitung übernehmen können?«

Eignerstrategie und Optimierung des Gesamtvermögens

Alle diese Stimmen belegen die Defizite im Bereich Eignerstrategie. Sicherung und Optimierung des Vermögens wird nur gelingen, wenn gerade diese individuelle Eignerstrategie ermittelt wird. Bitte erwarten Sie von mir an dieser Stelle keine allgemeingültige Antwort auf die gestellten Fragen. Denn es ist unsinnig und zwecklos, bei der Entwicklung einer Eignerstrategie von externen Zielvorstellungen auszugehen, die keinen oder nur einen künstlich konstruierten Bezug zum Eigner oder zur Gruppe der Eigner eines Familienunternehmens haben. Nur eins möchte ich anmerken: Klassischerweise ist der deutsche Familienunternehmer »privat ein armer Mann«. Ich selbst habe in den letzten beiden Jahren zwei Liquidationen von großen Familienunternehmen miterleben müssen, bei welchen die Eigentümerfamilien letztendlich völlig verarmt aus dem Konkurs hervorgingen. Nicht selten sind weit über 90 Prozent des Vermögens der Familie im Unternehmen investiert und wenn einmal nicht, so haftet häufig das Privatvermögen der Familie mit. Eine auf die Optimierung des Familienvermögens hin ausgerichtete Beratung gab es in den letzten Jahrzehnten nicht. Die Banken fühlten sich hierzu zwar teilweise berufen, deren Beratung ging jedoch teilweise nicht genügend in die Tiefe, teilweise wurde sie von den Unternehmen nicht angenommen. Die Unternehmensberatungen endeten im wahrsten Sinne des Wortes auf Unternehmensebene. Chancen zur Wertsteigerung des Gesamtvermögens auf der Ebene der Unternehmenseigner wurden demgegenüber kaum genutzt.

Dies wäre noch hinnehmbar, wenn man die Frage, ob eine betriebswirtschaftlich optimale Führung des Familienunternehmens zwangsläufig auch zu einer optimalen Situation auf der Ebene des Firmeninhabers führt, mit einem klaren »JA« beantworten könnte. Diese Annahme ist jedoch falsch, da Unternehmen und Eigner unterschiedliche Ziele verfolgen können: Sind die Hauptelemente des betriebswirtschaftlichen Zielsystems auf Unternehmensebene die Gewinnmaximierung, die Stärkung der Marktstellung und der Erzielung eines angemessenen Wachstums, stehen für den Eigentümer Ziele wie die Erhaltung des Familienvermögens, harmonische Familienverhältnisse, Erhaltung des Unternehmens im Familienbesitz und damit Sicherung der Nachfolge, soziales Ansehen usw. im Vordergrund. Somit müssen auf Firmenebene einerseits und auf eigener Ebene andererseits unterschiedliche strategische Grundsätze zur Anwendung gelangen.

Eine ganzheitliche Betrachtungsweise (Eignerstrategie) setzt daher auch bei den Nutzungspotentialen des Unternehmers an, in dem sie individuelle Ziele und Prioritäten des Eigners festlegt und für eine Optimierung der Assets und des Cash-Flow im Privat- und Unternehmensbereich sorgt. Dabei spielen Wertsteigerungen und Risikogesichtspunkte eine wichtige Rolle. Die Vorteile eines solchen Vorgehens für den Unternehmenseigner sind eindeutig. Er erhält eine klare Ausrichtung im Hinblick auf seine Wertstellungen und Ziele, eine systematische Darstellung verfügbarer Handlungsalternativen, die ohne Tabus auch das Desinvestment von einst geheiligten Tätigkeitsbereichen vorsehen kann, sowie insgesamt eine nachhaltige Steigerung der Vermögenswerte, und zwar des Unternehmens- und des Gesamtvermögens auf der Grundlage von Shareholder-Value-Konzepten.

Die Eignerstrategie darf sich also keineswegs auf Sicherung und Optimierung der unternehmerischen (Haupt-)Beteiligung beschränken. Sie muß vielmehr eine Optimierung des Gesamtvermögens beinhalten. Die vom Eigner angestrebten Ziele müssen sich deshalb auch nicht unbedingt ausschließlich auf das Unternehmen konzentrieren. Ziele wie der Erhalt des Familienvermögens, harmonische Familienverhältnisse und soziales Ansehen können durchaus eine größere Bedeutung haben als nur der Erhalt des Unternehmens und die Sicherung der Nachfolge innerhalb desselben. Es ist Aufgabe des Beraters, mit dem Unternehmer zusammen eine Vision zu entwickeln, die die Grundlage aller weiteren Entscheidungen und Schritte darstellt. Im folgenden möchte ich Ihnen zur Verdeutlichung des Gesagten einige der möglichen Zielvorstellungen eines Eigners nennen, die die Sicherung und Optimierung des Gesamtvermögens zu leiten imstande sind:

- *Marktprofilierung:* Der Eigner konzentriert sich auf einen ihm vertrauten Markt.
- *Technologieprofilierung:* Der Eigner fühlt sich aufgrund von Ausbildung oder Werdegang einer bestimmten Basistechnologie so stark verbunden, daß er seine Geschäftsaktivitäten ganz darauf ausrichtet.
- *Branchentreue:* Einer Branche fühlt sich der Eigner gewöhnlich besonders verpflichtet, wenn er dabei eine Tradition fortsetzt oder wenn er sich selbst längerfristig etablieren konnte.
- *Familiensinn:* Der Eigner bemüht sich mit einer festen Familientradition im Rücken, das ererbte Unternehmen zu erhalten und an seine eigenen Nachkommen zu übergeben. Sicherheitsdenken und Werterhaltung haben dabei Vorrang.
- *Machtstreben:* Für diesen Eigner steht ausschließlich das Erlangen von Macht

im Vordergrund. Durch expansive Geschäftsaktivitäten sollen Ansehen und Einfluß gemehrt werden.

- *Profilierung als Finanzier:* Für diesen Eignertyp ist das primäre Ziel, sein Vermögen zu mehren. Bei seinen Finanztransaktionen kommt es ihm auf Branche oder Technologie wenig an. An einer Managementbeteiligung und produkt- oder marktspezifischen Details der Unternehmen, die er kauft und verkauft, ist der Finanzier kaum interessiert.
- *Altersversorgung:* Nichts bewegt diese Art von Eigner stärker, als das Verlangen, sich ein Finanzpolster zu schaffen, mit dem er im Alter gut leben kann. So bringt er beispielsweise ein Unternehmen hoch, um es zu einem passenden Zeitpunkt möglichst gewinnbringend zu verkaufen.

RECHNUNGSWESEN UND CONTROLLING

Es war einmal ...

... der Unternehmer Fritz G., der von seinem Vater eine Textilfabrik übernommen hatte, welche Bodenbeläge im mittleren Preissegment fertigte. Anfangs der sechziger Jahre betrug sein Unternehmensumsatz lediglich 32 Millionen D-Mark, wobei aber eine zweistellige Umsatzrendite erwirtschaftet wurde. Fritz G. baute sein Unternehmen konsequent aus und konnte seinen Umsatz Mitte der achtziger Jahre auf 250 Millionen D-Mark steigern. Am Ende des Jahrzehnts stieg er zusätzlich in die Ausstattung von neu gebauten Großobjekten ein. Die Beschäftigungslage seines Unternehmens war gut. Ausgelöst durch verschärften Wettbewerb mit neuen Konkurrenten und eine sich wandelnde Kundenstruktur verschlechterte sich aber seine Ertragslage. Der Unternehmer hatte stets kostenbewußt auf ein schmales Management und wenig Verwaltung Wert gelegt und dabei den Aufbau einer aussagefähigen Kostenrechnung versäumt. Nun aber geriet Fritz G. in Schwierigkeiten, weil er den Überblick in seinem Unternehmen verlor und nicht einmal mehr wußte, mit welchem Produkt er wieviel Geld verdiente. Ohne richtige Informationen konnte Fritz G. aber weder seine Produktion, den Vertrieb noch sein ganzes Unternehmen steuern.

Controller genießen keinen guten Ruf. Ihre Funktion wird von anderen Mitarbeitern des Betriebes auch heute noch öfters im Sinne von »Kontrolleur« beschrieben. Daß dies immer noch so ist, daran haben die Controller der ersten Stunde, denen es häufig an dem notwendigen psychologischen Feingefühl zum Abbau der Ängste der Mitarbeiter fehlte, maßgeblich beigetragen: Mitarbeiter, die unter Controlling so etwas wie Kontrolle oder Revision verstehen, werden sich kaum diesem heute unverzichtbaren Instrument öffnen. Es muß deshalb unbedingt aufgeräumt werden mit diesem Irrglauben: Modernes Controlling meint etwas ganz anderes, nämlich ein integriertes Führungs- und Informationssystem, welches die zielorientierte Koordination von Planung, Informationsversorgung, Steuerung und Überwachung umfaßt. Es ist ein weitverbreiteter, für das Unternehmen und seine Ziele gefährlicher Irrglaube, ein solches Informationssystem sei nur für Großunternehmen interessant. Controlling ist in der heutigen Zeit zu einem Instrument geworden, das für die Führung eines Familienunternehmens unverzichtbar ist: Erst ein auf die Größe und die Gegebenheiten des Familienunternehmens abgestimmtes und konsequent eingesetztes Controlling ermöglicht die aktive Unternehmenssteuerung, das frühzeitige Erkennen von Krisen und das Vermeiden von Fehlentwicklungen. Es hilft, gegebenenfalls Unternehmensziele neu zu definieren, und sichert den Fortbestand unternehmerischer Lebenswerke.

Mittlerweile ist eine grundsätzliche Einsicht in die Notwendigkeit dieses Instruments festzustellen, auch wenn die Akzeptanz innerhalb der Familienunternehmen noch immer zu wünschen übrig läßt. Notwendig erscheint es insbesondere, die Sensibilität im Familienunternehmen dafür zu erhöhen, daß Markterfolg und Unternehmenssicherung ein auf das Controlling abgestimmtes betriebliches Rechnungswesen voraussetzen. Controlling stellt aber nicht, wie teilweise noch immer geglaubt wird, das betriebliche Rechnungswesen dar. Vielmehr baut es als Führungs- und Informationssystem darauf auf und ist somit zwingend auf dieses angewiesen. Dabei muß das Rechnungswesen die stetig detaillierteren und voluminöser werdenden Informationen liefern, welche das Controlling zur Unternehmenssteuerung benötigt. Auch hieran fehlt es in vielen Familienunternehmen. Der Unternehmer sei aber davor gewarnt, aus begreiflicher Scheu vor zuviel »Computerei« und Buchhalterwesen sein schlechtes Gewissen durch den Einsatz von teurer Software zu beruhigen, deren Möglichkeiten von keinem Mitarbeiter auch nur annähernd ausgeschöpft werden können. Erfahrungsgemäß wird sich das Controllingsystem nur durchsetzen, wenn der »Chef« selbst hinter ihm steht und seine Vorgaben beachtet, was in Familienunternehmen ein nicht zu unterschätzendes Problem darstellt.

Mit der zunehmend schwieriger werdenden Absatz- und Konkurrenzsituation werden sich die Anforderungen an ein modernes Controlling in Zukunft meiner Einschätzung nach noch erheblich erhöhen. Die Zeiten, in denen Produktionsprozesse die Unternehmen dominierten und Produkte ohne größere Schwierigkeiten am Markt abgesetzt werden konnten, sind vorbei. Damals war es nicht selten, daß ein Unternehmen sein geplantes Umsatzwachstum mit leicht modifizierten Stammprodukten, den gleichen Abnehmern und in festen Regionen erzielen konnte. In Zeiten der Globalisierung der Märkte, die mit einer Verschärfung des Wettbewerbs verbunden ist, und geänderter Kundenbedürfnisse kann ein allein am Soll-Ist-Vergleich ausgerichtetes Controlling die Bedürfnisse des Unternehmens immer weniger befriedigen. Vielmehr wird die strategische Positionierung des Markenamens bei fortlaufender Kostenminimierung stärker in den Vordergrund treten. Außerdem werden die Anforderungen des produktspezifisch ausgerichteten Käufermarktes mit immer kürzer werdenden Produktlebenszyklen es mit sich bringen, daß der Blickwinkel des Controlling aus der vergangenheitsorientierten und innerbetrieblichen Sichtweise in die Zukunft und auf die externe Marktentwicklung gelenkt werden wird, um hieraus schon im vorhinein die notwendigen Schlüsse für die Gestaltung von Warensortiment und Preispolitik zu ziehen. Dementsprechend haben sich die Aufgaben und Funktionen des Controllers im Laufe der Zeit vom »Registrator« immer stärker zu denen eines »Navigators« hin gewandelt, dessen Aufgaben insbesondere in der Vernetzung der betrieblichen Funktionen Planung, Information, Analyse, Kontrolle und Steuerung besteht.

Noch ein kurzes Wort zur Organisation eines Controlling: Die notwendigen Aufgaben können häufig durch das Management der verschiedenen Ressorts und von der Unternehmensleitung übernommen werden, so daß meistens keine spezielle Controlling-Abteilungen nötig ist. Probleme treten aber auf, wenn der Unternehmer oder die Führungsmannschaft selbst so überlastet sind, daß sie die wichtigen Führungs- und Controllingfunktionen nicht ausüben können. In diesem Fall sollten Sie über die Einstellung eines Controllers nachdenken. Dieser darf in einem Familienunternehmen aber nicht als Garant für ein funktionierendes Controlling verstanden werden; die Controllingfunktionen müssen unter Mitwirkung der Führungsspitze des Unternehmens wahrgenommen werden. Denn wie heißt es so schön in der Bibel: »Nur unter den Augen des Herrn werden die Schafe fett.« Keinesfalls darf der Controller die Aufgabe haben, nur die persönlichen Weisungen des Unternehmers auszuführen, da in diesem Fall nur unnötige Kosten entstehen, das Betriebsklima leidet, die Akzeptanz sinkt und im Endeffekt dem Unternehmen geschadet wird.

3.
STANDORT DEUTSCHLAND:
ZWISCHEN RESIGNATION UND HOFFNUNG

Das World Economic Forum (WEF) hat in seinem jüngsten Report zur Wettbewerbsfähigkeit der Volkswirtschaften Deutschland auf den 25. Rang abgewertet, während Deutschland im Jahre 1995 noch Platz 10 einnahm. Auch die Lausanner Manager Schule IMD hat Deutschland in ihrem »World Competitveness Yearbook« vom März 1997 auf den vierzehnten Platz zurückgestuft. Die Studien belegen, was Familienunternehmer in Deutschland schon seit langem feststellen: Die Attraktivität des Standortes Deutschland hat stark nachgelassen, insbesondere weil die Spielräume für unternehmerisches Handeln fortlaufend eingeengt werden. Seit Ende der Wiedervereinigungseuphorie findet in Deutschland zwar eine intensive Standortdebatte statt, aber im Rahmen dieser Diskussion wird auch von allen Seiten gebetsmühlenhaft das Zurückfallen Deutschlands im internationalen Standortwettbewerb beklagt. Es fehlt – vor allem seitens »der Politik« – die Bereitschaft, eigene, teils ideologisch gefärbte Ansprüche zurückzustecken und die notwendigen Reformschritte auch wirklich in Gang zu setzen. Statt dessen wird um Besitzstände und Pfründe gestritten und von den Parteien um die Wählergunst gebuhlt. Es ist die Crux des bundesdeutschen Gesellschaftsmodells, daß Reformen nur im Konsens von Politik und Wirtschaft, von Koalition und Opposition, von Bundestag und Bundesrat, von Bund, Ländern und Kommunen, von Arbeitnehmer- und Wirtschaftsvertretern innerhalb der Parteien, von Arbeitgeberverbänden und Gewerkschaften sowie von Unternehmensleitung und Betriebsrat verwirklicht werden können, obwohl schon der Volksmund weiß, daß zu viele Köche den Brei verderben. Anders als in den angelsächsischen Ländern erlaubt das deutsche Konsensmodell nicht die konsequente und rasche Umsetzung dringend erforderlicher Reformschritte. Deutschland sitzt deshalb in einer »Konsensfalle«.

STANDORTNACHTEILE FÜR FAMILIENUNTERNEHMEN

Erst seitdem staatliche Arbeitsförderungsmaßnahmen das Fehlen von 5,5 Millionen Arbeitsplätzen nicht mehr kaschieren können, die Konkurszahlen auf den Rekordwert von 33 000 gestiegen sind und das Aus-dem-Ruder-Laufen der Staatsfinanzen unter dem Druck der Maastrichter Konvergenzkriterien immer offensichtlicher wird, ist Bewegung in das Kartell der Zögerer und Besitzstandswahrer gekommen. Das von der Bundesregierung Ende 1996 angekündigte Aktionsprogramm zur Stärkung des Wirtschaftsstandortes Deutschland enthält zaghafte Ansätze zu einer Liberalisierung und Deregulierung der Kapital- und Arbeitsmärkte. Die Diskussion um die längst überfällige Steuerreform und ihr vorläufiges Scheitern zeigt aber, daß Familienunternehmen nicht mit einer raschen und nachhaltigen Verbesserung der Investitions- und Standortbedingungen in Deutschland rechnen können. Vielmehr ist zu erwarten, daß die Abschaffung der Gewerbekapitalsteuer und die Absenkung des Solidaritätszuschlages, die als einzige Maßnahmen »konsensfähig« waren, von Familienunternehmen teuer bezahlt werden müssen. So sollen die Sonderabschreibungen für kleine und mittlere Betriebe wegfallen, die Möglichkeiten der steuerfreien Reinvestition von Gewinnen beschränkt, sowie die Höchstsätze der degressiven Abschreibung für bewegliche Wirtschaftsgüter von 30 auf 25 Prozent gesenkt werden. Die geplante Abschaffung der Steuerprivilegierung für Veräußerungs- und Aufgabegewinne kommt einem Anschlag auf das Lebenswerk des Familienunternehmers gleich (vgl. dazu S. 222f.). Die deutsche Politik hat es den Familienunternehmern nicht gedankt, daß sie trotz aller Schwierigkeiten am Standort Deutschland festgehalten haben, während die Großkonzerne schon frühzeitig Wertschöpfungen ins Ausland verlagert und das internationale Steuergefälle zu Lasten des deutschen Fiskus ausgenutzt haben. Auch bei den Reformvorhaben im Arbeits-, Wirtschafts-, Steuer- und Sozialrecht orientiert sich der Gesetzgeber unverändert an den Problemen und Bedürfnissen der Großkonzerne.

Dies zeigt, daß Familienunternehmen auch in Zukunft mit erheblich erschwerten Standortbedingungen rechnen müssen. Kein Familienunternehmer kann in seinen Planungen darauf vertrauen, daß diese Politik für eine rasche Strukturverbesserung sorgen wird. Sie sind gezwungen, sich mit den volkswirtschaftlichen Rahmenbedingungen abzufinden und eigene Gegenkonzepte zu entwickeln. In Anbetracht dieser Situation muß es verwundern, daß nach einer jüngeren Umfrage des Bundesverbandes Deutscher Unternehmensberater (BDU) immerhin noch 22,5 Prozent der befragten Unternehmer in erster Linie aus Verantwortung gegenüber dem Inland am Standort Deutschland verbleiben. Die Politik kann aber nicht länger darauf vertrauen, daß deutsche Familienunternehmen aus Nibelungentreue im Land bleiben. Von den Unternehmen, die im Ausland noch keine Produktionsstätten haben, erwägen über zwei Drittel, einen ausländischen Produktionsstandort aufzubauen. Für viele Familienunternehmer ist die Verlagerung von Produktionskapazitäten ins Ausland zum scheinbar einzigen Ausweg aus der Strukturkrise geworden. Für einen derartigen Schritt gibt es mindestens zehn Gründe, die für sich sprechen:

Staatsanteil am Bruttosozialprodukt: Allen Beteuerungen der Bundesregierung zum Trotz beträgt die Staatsquote heute immer noch über 50 Prozent des Bruttosozialprodukts. Im Gegensatz dazu beläuft sich der Staatsanteil in den wichtigsten Konkurrenzländern USA und Japan gerade einmal auf 36 bzw. 32 Prozent. Dadurch wird den Familienunternehmen der Handlungsspielraum genommen, den sie zur Bewältigung der Zukunftsaufgaben dringend benötigen. Staatswirtschaft, staatliche Lenkung und Fürsorge sind nicht in der Lage, für die notwendigen Zukunftsinvestitionen und für wettbewerbsfähige Arbeitsplätze zu sorgen.

Abgaben- und Steuerlast: Im Jahre 1996 erreichte die deutsche Steuer- und Abgabenquote annähernd 45 Prozent. Im internationalen Vergleich ist Deutschland damit ein Höchststeuerland. Mit Einführung des Solidaritätszuschlages hat die Grenzsteuerbelastung deutscher Kapitalgesellschaften einen Spitzenwert von 65 Prozent erreicht. Dieser Wert ist im internationalen Vergleich beispiellos hoch. Die Abgaben- und Steuerlast stranguliert in besonderem Maße Familienunternehmen, die nicht über die steuerlichen Gestaltungsspielräume der Großkonzerne verfügen.

Steuerliche Privilegierung des Konsums: Das deutsche Steuer- und Abgabensystem privilegiert unverändert Konsum und Verbrauch zulasten der investitionshemmenden Einkommens- und Substanzbesteuerung. Folge davon ist, daß die durchschnittliche Eigenkapitalquote deutscher Unternehmen seit 1993 auf einem Tiefstwert von 18 Prozent verharrt, was trotz der geringen Aussagekraft der Eigenkapitalquote bedenklich ist. Die Investitionsquote in Deutschland ist im Langzeitvergleich stetig auf 22 Prozent des Bruttoinlandsproduktes gesunken. Ausländische Direktinvestitionen in Deutschland haben im Jahre 1996 mit 1,1 Milliarden DM einen historischen Tiefstand erreicht. In den meisten Bereichen ist es zu einem tatsächlichen Abfluß von Investitionsmitteln ausländischer Unternehmen gekommen. Keine andere Kennziffer signalisiert mit solcher Deutlichkeit den Attraktivitätsverlust des Standorts Deutschland im internationalen Wettbewerb.

Überhöhte Subventionsgewährung: Ungeachtet der Finanzkrise der öffentlichen Haushalte werden in Deutschland jährlich Subventionen in dreistelliger Milliardenhöhe vergeben. Diese kommen zumeist Großkonzernen und staatsnahen Unternehmen zugute. Subventioniert werden überkommene Sektoren, wie der Bergbau und die Landwirtschaft. Folge ist die Behinderung des notwendigen Strukturwandels. Familienunternehmen kommen nur selten in den Genuß staatlicher Förderung, zumeist sind sie Opfer hierdurch verursachter Wettbewerbsverzerrungen.

Überhöhte Lohnzusatzkosten: Die Arbeitskosten einschließlich Lohnzusatzkosten in der westdeutschen Industrie betrugen 1996 pro Stunde mehr als 45 D-Mark. Damit weist Westdeutschland international die höchsten Arbeitskosten aller Industriestaaten auf. Schuld an dieser Entwicklung sind realitätsferne Gewerkschaften und zaghafte Arbeitgeberverbände. Das bestehende Tarifkartell hat dazu geführt, daß in Deutschland nicht mehr genügend Arbeitsplätze zu marktgerechten Bedingungen und Preisen angeboten werden können. Die Folge ist der Export von Arbeitsplätzen ins Ausland.

Investitionshemmnis Arbeitsrecht: Auch wenn seriöse Zahlen hierzu fehlen, ist die investitionshemmende Wirkung des deutschen Arbeitsrechts kaum mehr zu leugnen. Dennoch wird in Deutschland judiziert und normiert, als lebten wir noch in Zeiten der Vollbeschäftigung. Die Kündigungsschutz- und Sozialplanregelungen stellen heute echte Einstellungsbarrieren dar und erlauben nicht, auf konjunkturelle Schwankungen angemessen zu reagieren. Betriebsstillegungen und Entlassungen sind in der Regel mit unkalkulierbar hohen Kosten verbunden, so daß ausländische Unternehmen oftmals schon deshalb von einer Betriebsgründung in Deutschland absehen. Aberwitzig sind fünfjährige Kündigungsschutzprozesse, die der Arbeitgeber mangels betrieblichen Schadens verliert, obwohl ein Mitarbeiter 104 mal zu spät zur Arbeit gekommen ist.

Überholtes Tarifvertragsrecht: Dieselbe Wirkung kommt dem deutschen Tarifvertragsrecht zu. Branchentarifverträge sind zumeist auf die Leistungsfähigkeit von Großkonzernen ausgerichtet und ignorieren die Bedürfnisse von Familienunternehmen. Betriebliche Öffnungsklauseln sind bisher fast immer am Starrsinn der Gewerkschaften gescheitert. Der Abschluß von Haustarifverträgen ist keine wirkliche Alternative, da diese im Falle eines isoliert geführten Arbeitskampfes ein Familienunternehmen in eine schwerwiegende Existenzkrise stürzen können.

Übertriebene Arbeitszeitverkürzung: Deutschland hat im internationalen Vergleich mit circa 1 500 Arbeitsstunden die niedrigste Jahresarbeitszeit. Darüber hinaus belegt Deutschland mit einer durchschnittlichen Maschinenlaufzeit von 60 Stunden pro Woche in Europa den letzten Platz. Von absoluter Realitätsferne zeugt der Vorschlag aus Reihen der Gewerkschaften, die Wochenarbeitszeit auf 30 Stunden weiter zu verkürzen.

Übertriebene staatliche Auflagen und überlange staatliche Genehmigungsverfahren: Eine zusätzliche Belastung für Familienunternehmen in Deutschland resultiert aus staatlichen Auflagen und aufwendigen Genehmigungsverfahren. Das Institut für Mittelstandsforschung hat in einer Studie aus dem Jahre 1995 ermittelt, daß den deutschen Unternehmen jährlich administrationsbedingte Kosten in Höhe von 58 Milliarden D-Mark entstehen. Hinzu kommen Belastungen durch überlange Verfahren, die eine Umsetzung dringend notwendiger Bauvorhaben verzögern.

Keine ausreichende Beachtung der Familienunternehmen: In der deutschen Öffentlichkeit wird die gesellschaftliche Leistung von Familienunternehmern nicht ausreichend gewürdigt. Statt dessen dominiert Sozialneid. Übersehen wird, daß alle Familienunternehmer unter höchstem persönlichen Einsatz oftmals ihr gesamtes Familienvermögen für den Erhalt der Firma aufs Spiel setzen. Dies ist einer der Gründe dafür, daß die Selbständigenquote in Deutschland sehr niedrig ist. Im europäischen Vergleich fehlen in Deutschland 800 000 Unternehmer. Es gilt unverändert, was Johann Philipp von Bethmann schon vor zwanzig Jahren in der F.A.Z. schrieb: »Wer Arbeitsplätze will, muß Arbeitgeber wollen«.

ÜBERWINDUNG DER STANDORTNACHTEILE

Was die Standortdiskussion der letzten zehn Jahre schon gezeigt hat, bestätigt sich also: Es ist um die internationale Wettbewerbsfähigkeit des Standorts Deutschland nicht gut bestellt. Bei allen berechtigten Klagen über den Standort Deutschland darf zwar nicht übersehen werden, daß es auch heute noch eine Reihe von positiven Standortfaktoren gibt. Zu nennen sind hier ein hohes Ausbildungsniveau der Mitarbeiter, die Existenz einer leistungsfähigen heimischen Zulieferindustrie und – abgesehen von den immer noch zu stark staatlich regulierten Energie-, Transport- und Telekommunikationsmärkten – ein intensiver heimischer Wettbewerb, also Faktoren, die der Harvard-Ökonomieprofessor Michael E. Porter in einer umfangreichen Studie zur Wettbewerbsfähigkeit von Volkswirtschaften aus den achtziger Jahren als wesentlich für die internationale Wettbewerbsfähigkeit genannt hat. Viel entscheidender ist aber, daß aus Sicht des einzelnen Familienunternehmens nicht der Wettbewerb zwischen den Volkswirtschaften, sondern die Konkurrenz zwischen den Anbietern einzelner Produkte primäre Bedeutung zukommt, und daß in diesem Bereich besondes viele Standortvorteile vorhanden sind. Trotzdem ist es vielen Familienunternehmen in der Vergangenheit gelungen, die bestehenden Standortnachteile zu kompensieren und in heimischer Produktion international wettbewerbsfähige Produkte herzustellen. Einige besonders markante Beispiele solcher Unternehmen verdienen es, auch hier erwähnt zu werden.

Die Schmitz-Anhänger Fahrzeugbau GmbH & Co. und die Kögel AG

Die Schmitz-Anhänger Fahrzeugbau-GmbH & Co. aus Altenberge in Westfalen ist zusammen mit der Kögel AG in Ulm Marktführer bei der Herstellung von LKW-Anhängern und -Aufbauten. Infolge der schon viele Jahre andauernden Krise auf dem LKW-Markt schrumpfte das Volumen des Marktes, auf dem die beiden Familienunternehmen tätig sind, auf die Hälfte, das Preisniveau brach um 30 Prozent ein. Zur Sicherung der Existenz gingen beide Unternehmen höchst unterschiedliche Wege. Die Kögel AG verlagerte einen Teil der Produktion ins benachbarte Polen und bezieht heute die meisten ihrer Fahrzeuggestelle von dort. Mitinhaber Peter Schmitz entschied sich für einen anderen Weg. Statt einer Produktionsverlagerung nach Bulgarien wurden in das heimische Werk über 5 Millionen D-Mark investiert, und durch Fokkusierungs-strategien konzentrierte sich das Familienunternehmen auf einige wenige, lukrative Produktbereiche. Außerdem wurde innerhalb dieser Bereiche die Produktpalette reduziert. Anstelle von ehemals 15 unterschiedlichen Bremsluft-behältern wird heute beispielsweise nur noch ein Typ montiert. Es gelang, die auf Lager vorrätigen Teile um die Hälfte zu reduzieren. Die Lieferzeit wurde auf unter 30 Prozent der früheren Werte gesenkt. Von ehemals über 2 000 Arbeitsplätzen konnten immerhin 1 800 gesichert werden.

Die C. Josef Lamy GmbH

Das Familienunternehmen C. Josef Lamy GmbH konnte in den vergangenen Jahren Umsatzsteigerungen von jeweils rund fünf Prozent verbuchen. Allerdings sah sich der Kugelschreiber- und Füllfederhalterhersteller noch vor einigen Jahren mit einer Lohnkostensumme von 70 Prozent konfrontiert. Statt die Produktion ins Ausland zu verlegen, gelang es ihm, den Lohnkostenanteil auf 28 Prozent zu senken. Das Unternehmenskonzept war es, auf hochwertiges Schreibgerät zu setzen, auf Qualitätsarbeit und damit auf Produkte der oberen Preisklasse. Mit dieser Strategie konnten sogar Marktanteile hinzugewonnen werden. Heute ist das Familienunternehmen Marktführer in Deutschland und rangiert in Europa ebenfalls auf den vordersten Rängen unter den Wettbewerbern. Vor Steuern verzeichnet das Unternehmen laut Inhaber eine zweistellige Umsatzrendite.

Die Jo. Vaillant GmbH & Co. KG

Auch Karl-Ernst Vaillant, Chef der gleichnamigen Jo. Vaillant GmbH & Co KG (1,3 Milliarden D-Mark Umsatz, 7 500 Mitarbeiter), die als Gasboilerprodu-zent Branchenführer in Deutschland ist, nahm von einer Verlagerung der Produktion nach Tschechien Anfang der neunziger Jahre Abstand. Durch Neuorganisation und Umstrukturierungsmaßnahmen in der Produktion in sämtlichen deutschen Werken und simplere Konstruktionen konnten 25 Prozent der Kosten eingespart werden. Dem Unternehmenschef war die Nähe zu seinen Zulieferern und letztendlich auch zum Endverbraucher wichtiger als die billigeren Personalkosten im benachbarten Ausland. Nur durch den Verbleib der

Produktion in Deutschland wurde die neue Wettbewerbsstrategie, jedes Ersatzteil binnen 24 Stunden liefern zu können, möglich. Durch die Bereitschaft von seiten der Unternehmensführung, neue betriebswirtschaftliche Konzepte zu implementieren und einfachere Gerätekonstruktionen zu entwickeln, wurde der Standort Deutschland trotz einiger Nachteile wieder attraktiv.

Die Trigema

Der Freizeitbekleidungshersteller Trigema feiert im Textilbereich sensationelle Erfolge. Dem allgemeinen negativen Trend dieser Branche zum Trotz steigert das Burladinger Unternehmen sogar noch seine Umsätze. Es konnte sich in den vergangenen Jahren sogar leisten, statt Stellen abzubauen, weitere Mitarbeiter einzustellen. Das Erfolgsrezept des schwäbischen Unternehmers Wolfgang Grupp liegt zum Teil in seiner extrem patriarchalischen Unternehmensführung. Er spricht von seinen Angestellten als »einer großen Trigemabetriebsfamilie«. Zugleich profitiert er davon, daß er aufgrund der schlechten Situation der Textilindustrie keine Tarifverträge mehr einhalten muß. Aber es wurden auch neue Absatzstrategien konzipiert und umgesetzt. Die Firma entzog sich dem Preisdruck der großen Handelskonzerne, indem sie viel über eigene Läden direkt absetzt. Kurze Lieferfristen und geringe Lagerungskosten (im Schnitt liegt lediglich eine Monatsproduktion auf Lager) runden das Bild der erfolgreichen Unternehmensstrategie ab.

Hoesch – *Der* Hersteller von Badewannen

Seit dem 17. Jahrhundert war die Familie Hoesch in der Eisenindustrie tätig. In Schneidhausen bei Düren wurde 1743 eine Eisenschneidmühle als weiterer unternehmerischer Standort errichtet. Die Eisenindustrie expandierte durch Akquisitionen und den Übergang zur Stahlherstellung. 1847 diversifizierte die Hoesch-Familie durch die Errichtung eines Zinkwalzwerkes am Standort Schneidhausen. In den sechziger Jahren dieses Jahrhunderts gab es in Deutschland sieben Zinkwalzwerke, wovon sich drei unter der Führung der Metallgesellschaft zusammenschlossen, um ein modernes Bandwalzwerk in Datteln zu errichten. Mit einem Investitionsvolumen von rund 30 Millionen D-Mark ging dieses Werk 1970 in Betrieb und zwar mit einer Kapazität, die allen bisher bestehenden sieben alten Walzwerken entsprach. Daher war vorhersehbar, daß der wirtschaftliche Fortbestand des Hoesch-Zinkwalzwerkes limitiert war. Nach dem vorzeitigen Tod des Vaters des heutigen Inhabers setzte dieser dem Management und sich selbst das Ziel, neue Aktivitäten zu suchen, um den Unternehmensstandort Schneidhausen auch nach Ende der Metallära zu sichern. Eine in den sechziger Jahren erfolgte Ergänzung durch eine kleine Produktion von Kunststoff-Dachrinnen war hierfür nicht ausreichend. Viele verschiedene Produktideen wurden geprüft, die meisten verworfen. Da alle Mitarbeiter in die Suche nach neuen Produkten eingebunden waren, brachte ein Versandmitarbeiter aus dem Jugoslawienurlaub den Prospekt einer Kunststoffwanne mit. Die ersten Kunststoffwannen – noch in Österreich von Hoesch-Leuten hergestellt – wurden in gemieteten VW-Bussen dem sanitären Großhandel als Neuheit vorgestellt, wobei das Unternehmen den Vorteil hatte, daß Hoesch durch die langjährigen Zinklieferungen für die Dachentwässerung beim sanitären Großhandel eingeführt war.

Grundsätzlich war der Handel aus Imagegründen Neuigkeiten gegenüber sehr aufgeschlossen. Für einen besonderen Push sorgte aber der damalige Marktführer stahlemaillierter Badewannen. Dies kam so: Im ersten Badewannenprospekt der Firma Hoesch wurde das Acrylmaterial als »Acrylglas« bezeichnet. Der damalige Marktführer schickte Hoesch eine Abmahnung, die auf ein Urteil aus der Lampenindustrie gestützt wurde, wonach die Bezeichnung »Acrylglas« wegen der Verwechslungsgefahr zu Echtglas unzulässig sei. Hoesch hat dann die Geschäftsführungen aller Handelskunden mit namentlichen Hinweis auf den Konkurrenten per Einschreiben angeschrieben und diese aufgefordert, die Verteilung der Prospekte zu unterlassen. Dies bewirkte dort ein besonderes Interesse an den neuen Kunststoffwannen von Hoesch, denn, wenn der Marktführer dagegen vorgeht, mußte ja wohl etwas Gutes daran sein.

Ein wesentlicher Erfolgsfaktor war die Preispositionierung der neuen Produkte. Da neue Formen im Acryl-Tiefziehverfahren wesentlich kostengünstiger sind als bei den herkömmlichen Wannen aus Stahl oder Gußeisen, wurden viele neue Wannendesigns kreiert, die alle im Hochpreissegment positioniert werden konnten, getreu dem alten Marketingmotto: »Was nichts kostet, ist auch nichts«. Diese Preispolitik motivierte den Großhandel, bevorzugt Hoesch-Wannen zu verkaufen, da die Handelsspanne in absoluten Beträgen viel größer war.

Nach der erfolgreichen Einführung der Kunststoffwanne im Handel bewirkte eine wohl nur in Familienunternehmen mögliche Entscheidung weiteres Wachstum. Vier Jahre nach dem Start wurde zum erstenmal durch ein Unternehmen dieser Branche beschlossen, Endverbraucherwerbung durchzuführen. Werbung ist zwar teuer, wenig schalten bringt aber keinen Erinnerungswert. So wurde die risikobehaftete unternehmerische Entscheidung getroffen, den gesamten Jahresüberschuß der Unternehmensgruppe (also einschließlich der Erträge aus anderen Geschäftstätigkeiten) für eine Werbekampagne unter anderem im Stern, Spiegel, Schöner Wohnen und mit Prominenten wie Heinz Eckner, Margot Werner, Siegfried Lowitz (»Der Alte«), Marlene Charrell einzusetzen. Das waren damals (1976) 2 Millionen D-Mark und fast 25 Prozent vom Badewannenumsatz. Die Entscheidung war richtig. Denn starkes Umsatz- und Ertragswachstum waren die Folge. Das Unternehmen ist heute Marktführer in der Sanitärbranche – trotz des inzwischen starken Wettbewerbs. Der Werbeetat beträgt heute rund 10 Millionen D-Mark, was jedoch heute den üblichen 5 Prozent des Umsatzes entspricht.

KONZEPTE, DIE DER STRUKTURKRISE TROTZEN

Die Beispiele zeigen, daß die Produktionsverlagerung ins Ausland für Familienunternehmer nicht immer der Königsweg ist. Was allen aufgezeigten Beispielen gemeinsam ist, ist das Vorhandensein eines innovativen Unternehmenskonzeptes, die konsequente Umsetzung durch eine mutige Unternehmensführung und ein motivierter Mitarbeiterstab. Darüber hinaus möchte ich folgende Themenkreise ansprechen, die meiner Erfahrung nach für die Überwindung der Strukturkrise entscheidende Bedeutung haben:

Radikales Kostenmanagement

Ausgangspunkt für die Überlegung, ob in heimische Betriebe investiert oder ob im Ausland neue Produktionsstätten errichtet werden sollen, ist die Frage, welche Kostennachteile standortbedingt und welche unternehmerisch beeinflußbar sind. Im wesentlichen standortdeterminiert sind die Lohnkosten, Infrastrukturaufwendungen, Steuern und Abgaben, Arbeitszeitregelungen sowie Wechselkursveränderungen. Demgegenüber sind die Maschinenleistung, die Gestaltung von Arbeitsprozessen und der Einsatz von Mitarbeitern vom jeweiligen Unternehmen steuerbar. Der Kölner Betriebswirtschaftler Horst Wildermann schätzt den Kostennachteil in Deutschland, der auf unternehmerische Versäumnisse zurückzuführen ist, auf durchschnittlich 12 bis 15 Prozent. Durch radikale Automatisierung, Vereinfachung der Produkte sowie Reduzierung der Einzelkomponenten eines Produkts lassen sich auch heute noch in vielen Familienunternehmen Kostennachteile vermindern. Zusammen mit geringeren Logistikkosten, niedrigeren Anlaufzeiten und Investitionskosten im Inland kann sich dadurch häufig der Gang ins Ausland erübrigen.

Konzentration statt Diversifikation

Tiefe statt Breite ist einer der entscheidenden Pfeiler für den Erfolg von Familienunternehmen. Die ertragsstärksten Familienunternehmen haben in den achtziger Jahren dem Trend der Großkonzerne zur Diversifikation erfolgreich widerstanden. Heute überzeugen sie durch das Angebot von Komplettlösungen auf engen Märkten. Von der Öffentlichkeit weitgehend unbeachtet und nur vom Bundeskartellamt kritisch beäugt sind zahlreiche Familienunternehmen in ihren Marktnischen Monopolisten, die aber durch internationale Konkurrenz zunehmend unter Druck geraten (vgl. dazu S. 93ff.). Das Verfolgen einer konsequenten Nischenstrategie kann auch für breiter diversifizierte Unternehmen ein Ansatz sein, um die Ertragsstärke zu verbessern und den internationalen Wettbewerbsdruck zu reduzieren.

Nutzung der Markt- und Kundennähe

Eine weitere Stärke von Familienunternehmen, die konsequent genutzt werden kann, ist die gegenüber Großkonzernen engere Markt- und Kundennähe. Kundenbeziehungen werden hier nicht an Vertriebspartner und außenstehende Händler delegiert, sondern vom Unternehmen selbst wahrgenommen. Es wird geschätzt, daß der Prozentsatz von Mitarbeitern mit regelmäßigen Kundenbeziehungen bei kleineren und mittleren Familienunternehmen bis zu fünfmal höher ist. Hieraus erwachsen erhebliche Wettbewerbsvorteile, die unter Umständen mögliche Kostennachteile überkompensieren können. Eine Ausrichtung auf wenige, klar definierte Kundengruppen ermöglicht es beispielsweise, das Unternehmen schon bei der Produktentwicklung konsequent auf

Kundenbedürfnisse auszurichten. Die IBM-Studie »Made in Germany II« kam zu dem Ergebnis, daß Spitzenunternehmen im Bereich Forschung und Entwicklung ihre Abnehmer in den Innovationsprozeß einbeziehen. Auf diese Weise können bereits im Entwicklungsprozeß alle Vorgaben von Kunden, Produktion, Konstruktion und Einkauf koordiniert werden. Neben Vorteilen im Bereich Innovation ermöglicht eine engere Markt- und Kundennähe auch im Bereich Produktion und Vertrieb eine schnellere Belieferung sowie unter Umständen eine Anfertigung auf Wunsch des Kunden.

Innovation in Technik und Design

Innovationen bei den Produkten und in der Fertigung sind unerläßlich, um konkurrenzfähig zu bleiben. Der Standort Deutschland verfügt zweifelsohne über hochqualifiziertes Personal, das im Forschungsbereich unstreitig internationalen Standards gerecht wird. Für die hiesigen Unternehmer ist es daher unerläßlich, in Forschung und Technik zu investieren. Durch wichtige Neuentwicklungen und ausgereifte Technologien wird es deutschen Produkten möglich sein, auf dem Weltmarkt wettbewerbsfähig und der Konkurrenz gewachsen zu bleiben. Für den Verbleib der Produktion am Standort Deutschland spricht, daß der Know-how-Transfer sicherlich einfacher ist, wenn Entwicklungs- und Produktionsbereich geographisch nicht getrennt liegen, da vor allem die schnelle Umsetzung der Produktinnovationen von entscheidender Bedeutung ist.

Mitarbeitermotivation und -weiterbildung

Um eine stärkere Identifikation von Arbeitnehmer und Arbeitgeber in inländischen Traditionsbetrieben zu erreichen, müssen entsprechende Maßnahmen ergriffen werden. Die sogenannte »corporate identity« sollte nicht nur Unternehmensziel von Großkonzernen sein, sondern wirkt sich auch in der kleineren Einheit eines Familienunternehmens auf die Arbeitseinstellung und Motivation der Mitarbeiter positiv aus. Ebenso können »incentives« als Belohnung für besonderen Arbeitseinsatz oder, um Mitarbeiter an einem erfolgreichen Geschäftsjahr teilhaben zu lassen, vergeben werden. Ziel dieses Konzepts ist es, die Mitarbeiter so zu motivieren, daß Arbeit Spaß macht und nicht nur zum bloßen Broterwerb dient. Auch Krankheitsfälle reduzieren sich bei einer positiven Mitarbeitermotivation, wie zahlreiche Statistiken zeigen, drastisch. Auch durch Mitarbeiterfortbildung können Produktivitätsforschritte erzielt werden.

GRENZEN DER ÜBERWINDUNG VON STANDORTNACHTEILEN

Mögen viele Familienunternehmen die hier nachgezeichneten Konzepte in der Vergangenheit auch erfolgreich angewandt haben, so kann dies dennoch nicht darüber hinwegtäuschen, daß diese Konzepte nicht in allen Branchen und Märkten Standortnachteile ausgleichen können. Insbesondere in den personalintensiven Branchen, in denen der Personalkostenanteil über 30 Prozent liegt, wird es zumeist keine Alternative zur Produktionsverlagerung ins Ausland geben, solange nicht die politischen Rahmenbedingungen geändert werden. Die Familienunternehmer bleiben deshalb aufgefordert, sich politisch zu engagieren (vgl. dazu auch S. 218ff.), denn die Politik setzt die entscheidenden Rahmenbedingungen für unternehmerisches Handeln. Kein Familienunternehmer kann sich heute noch politischen Attentismus leisten. Der Politik müssen ständig die Bedürfnisse und Nöte, aber auch das volkswirtschaftliche Gewicht der Familienunternehmen vor Augen geführt werden. Wie Thomas Bentz, Präsident der Arbeitsgemeinschaft Selbständiger Unternehmer, jüngst formuliert hat, gehört politisches Engagement daher mit zur unternehmerischen Verantwortung.

4.
GLOBALISIERUNG UND INTERNATIONALISIERUNG DER DEUTSCHEN WIRTSCHAFT

Einen weiteren Grund für die Bedrängnis, in die die Familienunternehmen geraten sind, sehe ich in der Globalisierung und Internationalisierung der deutschen Wirtschaft, in dessen Folge deutsche Familienunternehmen heute in fast allen Branchen und auf allen Märkten mit starken internationalen Wettbewerbern konkurrieren. Gemütliche Marktnischen, in denen man während konjunktureller Krisen überwintern kann, existieren kaum noch. Wer auf die Intensivierung des internationalen Wettbewerbs nicht reagiert und den Strukturwandel ignoriert, wird vom Markt verdrängt. Als warnendes Beispiel hierfür kann die deutsche Textilindustrie dienen: Von einstmals über 5 500 Betrieben der Textil- und Bekleidungsindustrie in Deutschland mußten seit 1980 mehr als 60 Prozent aufgeben.

Aber es gibt auch positive Beispiele von Unternehmen, die die Globalisierung und Internationalisierung als Chance begriffen und Erfolg gehabt haben. Dazu gehört die Firmengruppe der Familie Faber-Castell, die insbesondere für die Herstellung von Schreibgeräten bekannt ist. Für sie ist die »Globalisierung« nichts Neues.

Das Unternehmen aus Stein/ Nürnberg, bereits seit weit über 200 Jahren als mittelständisches Familienunternehmen geführt, plaziert sich seit Jahren zielstrebig auf dem Weltmarkt. Schon sechzig Jahre produziert das fränkische Traditionshaus erfolgreich Bleistifte in Brasilien, inzwischen mit drei Werken. Am Zuckerhut befindet sich sogar die gesamte Wertschöpfungskette von der Holzproduktion bis zum fertigen Bleistift in der Hand des Unternehmenspatriarchen Anton Graf von Faber-Castell. Das in Brasilien erworbene Know-how wird konsequent für die weitere Expansion der Gruppe genutzt. Neben den drei Niederlassungen in Brasilien – eine davon laut Graf Faber-Castell das größte Werk für Holzstifte weltweit – und dem Stammhaus in Deutschland gibt es noch sieben weitere Produktionsstätten rund um den Globus: Gefertigt wird in Irland, Australien, Österreich, Peru, Malaysia, Kolumbien und Indonesien. Hinzu kommen neun eigene Vertriebsfirmen, unter anderem in Südafrika, Hongkong und Neuseeland. Diese sollen in wichtigen Absatzregionen den Verkauf unterstützen und neue Wachstumsmärkte erschließen.

Rund 80 Prozent des Umsatzes der Faber-Castell-Gruppe werden mittlerweile im Ausland erzielt. Das Unternehmen beliefert mehr als 60 Länder und verfügt über einen Weltmarktanteil von circa 10 Prozent. Dabei hält man in Südamerika, z. B. in Bolivien, Marktanteile von bis zu 90 Prozent. Um Rußland und andere osteuropäische Regionen marktnah bedienen zu können, wird demnächst in Tschechien ein Verpackungszentrum in Betrieb genommen. Der Globalisierungsgrad dieses Familienunternehmens wird also stetig gesteigert. In Anbetracht des schrumpfenden deutschen Marktes und der Billigprodukte aus China und den USA kann der Gewinn nur über Fixkostendegression durch Expansion im Ausland oder über Innovationen nachhaltig gesteigert werden. Auch wenn dieses Beispiel zeigt, daß die »Globalisierung« für einige Familienunternehmen nichts Neues ist, möchte ich im folgenden einige Anmerkungen zum »Modewort« Globalisierung sagen.

DAS »MODEWORT« GLOBALISIERUNG

Mit dem Schlagwort »Globalisierung« wird die zunehmende, weltumspannende Vernetzung der Güter- und Kapitalströme und der damit einhergehende weltweite Austausch von Informationen, Wissen und Fertigkeiten gekennzeichnet. Die Globalisierung und der internationale Wettbewerb beziehen praktisch alle wirtschaftlichen und gesellschaftlichen Ebenen ein. Nicht nur Unternehmen werden davon tangiert, sondern auch die Staaten können sich dem Konkurrenzkampf um Arbeitsplätze und Investitionen, der vor allem durch das Steuer- und Subventionssystem beeinflußt wird, nicht mehr entziehen. Die Globalisierung bringt aber nicht nur eine Verstärkung des internationalen Wettbewerbsdrucks mit sich. Sie führt auch zu einer Ausdehnung der weltweiten Wirtschaftsleistung und des Welthandels, der in den letzten Jahren doppelt so schnell gewachsen ist wie die Wirtschaftsleistung insgesamt.

Zu dem sich ausweitenden Welthandel kommt seit Anfang der achtziger Jahre eine geradezu explosionsartige Zunahme der internationalen Kapitalströme, die es ermöglicht hat, Anlageentscheidungen allein nach Rendite- und Risikogesichtspunkten und unabhängig von der räumlichen Nähe zu treffen. Die mit der Globalisierung verbundene Verschärfung des Wettbewerbs ist für viele Bereiche nicht neu. Globaler Wettbewerb ist für einige Branchen, wie beispielsweise für den Maschinenbau, schon seit Jahrzehnten wirtschaftliche Realität. Spätestens seit Ende der achtziger Jahre hat der globale Wettbewerb aber, von wenigen Ausnahmen abgesehen, alle Industriebereiche und -märkte erfaßt. Die Zeiten sind vorbei, in denen die Länder der Dritten Welt allein Rohstoffe und Agrarerzeugnisse anzubieten hatten. Immer stärker drängen Industrieprodukte aus diesen Ländern auf den Weltmarkt. Allein im Dienstleistungssektor ist auch weiterhin eine stärker nationale Prägung der Märkte erkennbar.

Globalisierungsfalle oder Chance?

Aus volkswirtschaftlicher Sicht wird die Globalisierung des Wettbewerbs sehr unterschiedlich bewertet. Die einen sprechen von einer »Globalisierungsfalle« oder einer »Abwärtsspirale«. Sie warnen vor einer Verarmung Europas und insbesondere Deutschlands, befürchten geringeren sozialen Schutz, sinkende Umweltstandards und einen erheblichen Funktionsverlust staatlicher Ordnungspolitik. Diese Gruppe empfiehlt staatliche Abwehrstrategien zur Sicherung des wirtschaftlichen Status quo. Andere Stimmen betrachten demgegenüber die Globalisierung, den freien Welthandel, den freien Kapitalverkehr und den internationalen Technologietransfer als Chance, die dazu beitragen wird, den Reformstau in Deutschland abzubauen. Aus dieser Perspektive erscheint die Vertiefung der internationalen Arbeitsteilung als ein wichtiger Beitrag zur Beschleunigung des überfälligen Strukturwandels.

Auch ich betrachte die Globalisierung eher als Chance, zumal eine Abschottung gegen den internationalen Wettbewerb von vornherein ausscheidet. Für eine stark exportabhängige Volkswirtschaft wie die der Bundesrepublik verbietet es sich von selbst, auf die Herausforderungen der Globalisierung mit einer defensiven Abschottungsstrategie zu reagieren. Aus betriebswirtschaftlicher Perspektive darf sich kein Unternehmen darauf verlassen, daß von der Politik initiierte Abschottungsstrategien oder Regulierungsabkommen zu einer Reduzierung des internationalen Wettbewerbsdrucks führen werden. Die Globalisierung ist als ökonomisches Faktum hinzunehmen. Barrieren und die Verbarrikadierung hinter Schutzzöllen und Handelshemmnissen können langfristig nur zu einer Verzögerung von Anpassungsprozessen führen, diese aber nicht aufhalten.

Die Globalisierung aus betriebswirtschaftlicher Perspektive

Vom Standpunkt der Unternehmen weist die Globalisierung unterschiedliche Dimensionen auf. Die Globalisierung führt zunächst zu einem verstärkten Wettbewerb von Unternehmen aus den industrialisierten Ländern untereinander. Zu nennen ist hier an erster Stelle der Wettbewerb innerhalb der Unternehmen aus der Europäischen Union: Trotz der in Teilbereichen noch ausstehenden Angleichung der Rahmenbedingungen und den daraus resultierenden Wettbewerbsverzerrungen ist der Binnenmarkt mittlerweile zu großen Teilen verwirklicht, so daß deutsche Familienunternehmen sowohl auf europäischen Auslandsmärkten als auch auf dem heimischen Markt heute sehr starke europäische Konkurrenz aus anderen EU-Staaten vorfinden. In den meisten Branchen war es deshalb trotz gestiegener Rohstoffpreise in den letzten Jahren praktisch unmöglich, Preiserhöhungen am Markt durchzusetzen. Die Einführung des Euros wird eine weitere Verstärkung des Wettbewerbsdrucks zur Folge haben. Die bessere Vergleichbarkeit der Preise wird insbesondere zu einer Zunahme des Preiswettbewerbs führen. Hingegen wird die Belastung deutscher Unternehmen durch eine fortwährende Aufwertung der Deutschen Mark, die vor allem in Südeuropa beheimateten Unternehmen einen erheblichen Wettbewerbsvorteil gebracht hat, entfallen. Durch den EU-internen Wettbewerbsdruck getrimmt, haben sich aber zugleich die Chancen vergrößert, der amerikanischen und der japanischen Konkurrenz Paroli zu bieten.

Die zweite Dimension der Globalisierung des Wettbewerbs ist das Auftreten neuer Wettbewerber aus den Entwicklungs- und Schwellenländern. Anders als in der Vergangenheit sind diese Unternehmen heute in der Lage, nicht nur im Preis-, sondern auch im Qualitätswettbewerb mit deutschen Unternehmen zu bestehen. Die neuen Konkurrenten aus den Schwellen- und Entwicklungsländern haben mittlerweile einen Qualitäts- und Leistungsstandard erreicht, der dem traditioneller Industrieländer kaum noch nachsteht – und das zu einem Bruchteil der Produktions- und Lohnkosten. Beispielsweise haben sich im Bereich der Softwareentwicklung mittlerweile indische Unternehmen einen beträchtlichen Marktanteil gesichert. Außerdem nimmt die Bedeutung der Marktnähe – früher ein wichtiger Standortfaktor – immer mehr ab. Dank moderner Kommunikationstechnologien spielen Infrastrukturnachteile eine deutlich geringere Rolle bei der Standortentscheidung als früher. Globaler Datentransfer und Informationsfluß sind heute zumindest in den Metropolen der Schwellenländer ohne weiteres verfügbar.

Dieser Umstand ist aber für mittelständische Familienunternehmen ambivalent: Für deutsche Unternehmen hat das wachsende Angebot an qualitativ hochwertigen Waren aus den Billiglohnländern nämlich auch Vorteile. Die inzwischen vorhandene technische Reife der Produkte dieser Zulieferländer machen den internationalen Einkauf bzw. eine ausgelagerte Produktion zu einem Mittel der Kosteneinsparung. Schließlich bietet die Globalisierung die Chance, neue Absatzmärkte in den Schwellen- und Entwicklungsländern zu erschließen. In diesen Ländern entstehen neue Schichten kaufkräftiger Konsumenten. Dies eröffnet der Konsumgüterindustrie Wachstumspotentiale, die sie auf den gesättigten Märkten der Industriestaaten schon seit langem nicht mehr hat. Zweistellige Wachstumsraten in diesen Regionen erfordern daneben enorme Investitionen in Anlagen und Infrastruktur, die dem Maschinen- und Anlagenbau glänzende Absatzchancen vermitteln.

DAS FAMILIENUNTERNEHMEN IM GLOBALEN WETTBEWERB

Welche Auswirkungen hat nun diese stürmische Entwicklung für die Stellung deutscher Familienunternehmen im weltumspannenden Handel und auf den internationalen Kapitalmärkten? Einerseits haben sich viele Branchen, die von Familienunternehmen dominiert werden, schon seit jeher dem internationalen Wettbewerb gestellt. Andererseits haben wesentliche Teile des industriellen Mittelstands, gerade auch viele Familienunternehmen, ihren Schwerpunkt nach wie vor im »home-market«. Mit der fortschreitenden Europäisierung wird dieser »home-market« aber nicht mehr nur das deutsche Staatsgebiet, sondern immer häufiger den europäischen Binnenmarkt umfassen. Die Ausrichtung auf den europäischen Binnenmarkt ist dabei nur der Beginn der notwendigen Internationalisierung, die für sich allein aber nicht ausreichen wird. Das größere Wachstumspotential liegt heute in Asien, in Nord- und Südamerika und – wenn die politischen Reformprozesse abgeschlossen sind – in Osteuropa und in Rußland. Wenn die Familienunternehmen auch in Zukunft nicht an Bedeutung verlieren wollen, muß es Aufgabe der Zukunft sein, diese Märkte zu erschließen oder die vorhandene Marktpräsenz zu verbessern.

In diesem Konkurrenzkampf wird nur bestehen, wer schnell und flexibel auf die Anforderungen des Marktes reagiert. Insofern mache ich mir über die Zukunft der Familienunternehmen auf dem Weltmarkt keine Sorgen, weil Flexibilität, Kosteneffizienz und Innovationskraft die Familienunternehmen schon in der Vergangenheit erfolgreich gemacht haben. Nicht zu übersehen ist allerdings, daß die globale Präsenz viele Familienunternehmen oftmals vor nur schwer überwindbare logistische Probleme stellt. Überleben werden deshalb nur diejenigen Familienunternehmen, die ihre Unternehmenspolitik und -philosophie konsequent und permanent weiterentwickeln und verändern. Dreierlei ist vonnöten:

Effizienzsteigerung durch Kostenminimierung und Qualitätssicherung. Um vorhandene Marktanteile im In- und Ausland zu sichern, müssen alle vorhandenen Möglichkeiten der Kostensenkung genutzt werden. Dies gilt nicht nur für die Absatzkosten, sondern auch für die Bereiche Beschaffung und Produktion. Effizienzsteigerungen durch Kostenreduzierungen dürfen allerdings nicht zu Lasten der Produktqualität gehen. Denn nur diese kann die in der Regel höheren Preise für Produkte deutscher Unternehmen am Weltmarkt rechtfertigen.

Innovation und Zukunftsorientierung. Um im internationalen Wettbewerb bestehen zu können, ist eine zukunftsorientierte Unternehmenskultur notwendig. Dabei spielt die Wandlungs- und Innovationsfähigkeit eines Unternehmens eine zentrale Rolle. Jedes Unternehmen muß auf die Innovationskraft seiner Mitarbeiter setzen. Sie dürfen es nicht versäumen, die Kreativität ihrer Mitarbeiter zu fördern und das vorhandene Wissenspotential unternehmensübergreifend unter Ausnutzung moderner Kommunikationsmittel zu vernetzen. Wenn das Humankapital eines Unternehmens richtig eingesetzt wird, ist der Mensch Erfolgs- und Leistungsfaktor, nicht aber Kostenfaktor.

Internationalisierung der Unternehmenspolitik. Die Unternehmenspolitik deutscher Familienunternehmen muß internationalisiert werden. Viele Familienunternehmen folgen mit ihrer Produktion schon heute den Kunden und Märkten. Aber die firmeninternen Strukturen müssen ebenfalls einem Internationalisierungsprozeß unterworfen werden. Insgesamt sollte folgenden Aspekten besonderes Gewicht beigemessen werden:

- Die Mitarbeiter müssen neben Grundfertigkeiten selbstverständlich auch Fremdsprachen beherrschen und eine gewisse Aufgeschlossenheit gegenüber fremden Kulturen mitbringen; erforderlich ist auch deren geistige und physische Mobilität. Eine erfolgreiche Bewältigung des Globalisierungsprozesses ist nur dann gewährleistet, wenn nicht nur die Unternehmensführung und die Strategen an der Spitze, sondern die gesamte Mitarbeiterschaft auf allen Ebenen global denkt.
- Der gesamte Herstellungs- und Vertriebsprozeß muß auf die lokalen und regionalen Bedürfnisse des Kunden ausgerichtet werden. Die Stichworte sind Kundennähe und Flexibilität.
- Um regionalen und nationalen Besonderheiten gerecht zu werden, müssen dezentrale Entscheidungsstrukturen geschaffen werden. Dies ist nur bei einer gewissen Eigenständigkeit des ausländischen Managements in den Toch-

terunternehmen und durch die Delegation von Entscheidungsbefugnissen zu erreichen, was oft über eine Netzwerkorganisation der Niederlassungen untereinander erfolgreich bewerkstelligt wird.

- Soweit wie möglich sollte bei der wirtschaftlichen Betätigung in Wachstumsmärkten der Dritten Welt und der Schwellenländer die ökologische Dimension des unternehmerischen Handelns mit in die Überlegungen einbezogen werden, selbst wenn die juristischen Rahmenbedingungen in dieser Hinsicht eine größere Nachlässigkeit zulassen. Die deutsche Öffentlichkeit und auch die anderen Industriestaaten haben in den letzten Jahren eine hohe Sensibilität für ausländische Umweltprobleme entwickelt. Versäumnisse in diesem Bereich können das Ansehen des Unternehmens im Inland schwer schädigen.
- Um langfristig im internationalen Wettbewerb bestehen zu können, ist die Präsenz in Schlüsselmärkten unverzichtbar. Zu diesen Schlüsselmärkten der Zukunft gehören zweifelsohne Nord- und Südamerika, Osteuropa und die Märkte Südostasiens.
- Erforderlich ist – wie gesagt – nicht nur eine Internationalisierung der Absatz-, sondern auch der Beschaffungspolitik. Die äußerst knappen Margen in Deutschland sowie die wachsende technische Reife mancher ausländischer Zulieferbetriebe machen – wie gesagt – eine international ausgerichtete Beschaffungspolitik nicht nur möglich, sondern regelrecht erforderlich.

ERSCHLIESSUNG NEUER MÄRKTE

Hier können keine allgemeingültigen Rezepte angeboten werden. Die Wahl des richtigen Weges hängt von unterschiedlichen Faktoren ab. Grundsätzlich bieten sich folgende Wege der Markterschließung an:

- Aufbau eines ausländischen Produktionsstandortes;
- Aufbau eines eigenen Vertriebs- und Servicenetzes durch die Gründung eigener Vertriebstöchter oder durch Kooperation mit lokalen bzw. anderen ausländischen Partnern;
- Gründung von Gemeinschaftsunternehmen mit lokalen oder anderen ausländischen Unternehmen.

Die Erfahrungen der Familienunternehmen haben eines deutlich gemacht: Für eine erfolgreiche Markterschließung ist die Präsenz vor Ort unumgänglich; insbesondere dem Ausbau des Vertriebs- und Servicenetzes muß die besondere Aufmerksamkeit des Unternehmers gelten. Denn der Käufer auf ausländischen Märkten, der hochwertige und teure deutsche Erzeugnisse erwirbt, erwartet direkte Verfügbarkeit von Beratung und Service.

Aufbau eines ausländischen Produktionsstandortes

Die weitestgehende Form der wirtschaftlichen Betätigung im Ausland ist sicherlich die Errichtung eines eigenen Produktionsstandortes im Ausland, entweder mit oder ohne Partner. Dies bringt eine Reihe von Vorteilen: Markttrends, technologische Entwicklungen und Veränderungen bei lokalen Normen und Vorschriften können schnell in den Produktionsprozeß umgesetzt werden. Weiterhin verlieren Wechselkursschwankungen an Bedeutung. Mögliche Marktabschottungen können außerdem leichter umgangen werden.

Mit der Errichtung eines eigenen ausländischen Produktionsstandortes ist jedoch auch ein großer Aufwand und ein hohes Risiko verbunden: Es werden oft immense Investitionsmittel benötigt, die die Eigenkapital- und Liquiditätsbasis des Unternehmens schwächen.

Außerdem werden für einen langen Zeitraum die Kapazitäten des Managements gebunden. Denn die Entwicklung neuer Konzepte und Strategien für eine Produktion im Ausland und deren Umsetzung erfordert eine langwierige und personalintensive Vorbereitung.

Es kommt Weiteres hinzu: Da Familienunternehmen häufig »straff« vom Eigner geführt werden, kann eine Internationalisierungsstrategie problematisch sein. Die häufig in Familienunternehmen vorherrschenden patriarchalischen, auf eine Person ausgerichteten Entscheidungsmechanismen sind nämlich nicht ohne weiteres auf ausländische Töchter zu übertragen. Um im Ausland erfolgreich wirtschaften und die notwendige Flexibilität gewährleisten zu können, sind vielmehr dezentrale Entscheidungsbefugnisse vor Ort notwendig – etwas, an das sich viele Familienunternehmer nur schwer gewöhnen werden.

Kooperationen

Die Vorteile einer strategischen Allianz oder Kooperation (vgl. dazu ausführlich S. 286ff.) liegen darin, daß die Wettbewerbsfähigkeit beider beteiligten Unternehmen gestärkt wird, die Risiken verkleinert bzw. auf mehrere Schultern verteilt werden und das Investitionsvolumen dadurch geringer wird. Eine solche Kooperation oder Allianz zwischen Unternehmen ist in allen Bereichen möglich: Entwicklung, Produktion, Beschaffung und Vertrieb. Nachteilig auswirken kann sich aber das mögliche Auftreten von Reibungsverlusten zwischen den Partnern.

Meiner Erfahrung nach ist besonders wichtig, daß Familienunternehmen nicht die Konzepte der Großkonzerne einfach kopieren. Diese sind oftmals mit der besonderen Struktur eines Familienunternehmens nicht in Einklang zu bringen. Beispielsweise vertreiben internationale Konzerne wie Coca-Cola oder McDonalds weltweit ein absolut einheitliches Produkt, so daß deren Strategien und Lösungen im globalen Wettbewerb nur sehr begrenzt auf die Vorgehensweise von Familienunternehmen, in der Regel Nischenanbieter, übertragbar sind.

GOLDENE REGELN
für Familienunternehmen im globalen Wettbewerb

1. Da mit einer Expansion ins Ausland auch Risiken verbunden sind, sollte die Finanzierung der Expansion im Regelfall nicht über die »Mutter« erfolgen.

2. Auch wenn Sie im Ausland einen Partner gefunden haben, sollten Sie diesen nicht an der Muttergesellschaft beteiligen. Zu groß sind die Risiken, daß es in Zukunft zu Interessenkonflikten kommt und Ihre Firma dadurch Schaden erleidet.

3. Das internationale Steuerrecht bietet Chancen, aber auch Gefahren. Ob Sie beispielsweise das internationale Schachtelprivileg nutzen können, hängt ganz wesentlich von der rechtlichen Ausgestaltung der Expansion ab. Dies sollte Anlaß genug sein, eine international tätige Wirtschaftsprüfungsgesellschaft einzuschalten, auch wenn Ihnen in der Regel Ihre »Hausberater« mitteilen werden, daß dies nicht notwendig ist.

4. Markenrechte und Lizenzen sollten dem Mutterunternehmen vorbehalten werden.

5. Die Einschaltung von Unternehmensberatungsgesellschaften kann sinnvoll sein. Sie sollten dann aber eine solche auswählen, die auf dem jeweiligen ausländischen Markt Erfahrung hat und Sie auch vor Ort betreuen kann.

6. Sie als Unternehmer sollten in der ausländischen Gesellschaft keine Geschäftsführerposition übernehmen. Die Haftungsrisiken, die sich häufig vom Inland aus nicht überblicken lassen, können zu einer ernsten Gefahr für Ihr einheimisches Unternehmen werden. Außerdem hat es sich bewährt, eine Person als Geschäftsführer zu installieren, die die heimische Kultur und Gewohnheiten besser kennt.

7. Auch wenn die Aussichten, beispielsweise auf dem chinesischen Markt, im Moment sehr gut erscheinen, sollten Sie mit dem »worst case« rechnen. Anlaufverluste sind bei einer Expansion im Ausland normal.

8. Sofern Sie im Ausland ein Unternehmen erwerben wollen, sollten Sie sich von einer international tätigen M & A -Gesellschaft, beispielsweise von so bekannten Gesellschaften wie »Goldman Sachs« oder »Merill Lynch« beraten lassen. Die hierfür aufzuwendenden Kosten stehen in keinem Verhältnis zu dem Risiko, das Sie andernfalls eingehen.

B.

Sicherung und Optimierung des Familienunternehmens und Familienvermögens

Das Familienvermögen ist das Ergebnis mindestens eines, häufiger aber einer Vielzahl von unternehmerischen Lebenswerken. Es besteht oft ausnahmslos aus den Beteiligungen an einem oder mehreren Unternehmen; seltener sind auch nicht unternehmerisch genutzte Vermögensgegenstände Bestandteil des Familienvermögens. Dieses spätestens in den Nachfolgegenerationen regelmäßig auf mehrere Personen verteilte Vermögen der Familienmitglieder ist nicht frei veräußerlich und teilbar. Es unterliegt vielmehr dem »Fideikommiß-Gedanken«: Bei dem Familienvermögen handelt es sich nämlich um gebundenes Vermögen, das in der Regel gegen ein Eindringen Fremder, nicht zu der Familie gehörender Dritter geschützt ist und dessen Veräußerung nicht vorgesehen ist. Eine Veräußerung kann deshalb regelmäßig nur unter erschwerten Bedingungen, das heißt konkret unter Ansatz von Bewertungskriterien, die weit unter dem Verkehrswert liegen, vorgenommen werden. Beabsichtigt ist dementsprechend, das Vermögen in der Hand der Familie zu erhalten, es zum Wohle der Familie und der nachfolgenden Generation zu mehren und zu optimieren. Die Sicherung und Optimierung dieses Familienvermögens ist aber eine schwierige Aufgabe, die sich in jeder Generation neu stellt und mit Hinblick auf die jeweils herrschenden gesellschaftlichen, finanziellen, wirtschaftlichen, sozialen und persönlichen Situationen überdacht werden muß.

I.
DIE RECHTSFORMWAHL
DES FAMILIENUNTERNEHMENS

Es war einmal ...

... Peter F. , der im Anschluß an ein Maschinenbaustudium ein Unternehmen aufgebaut hatte, das sich mit physikalischer Wasserbehandlung befaßte. Das von ihm entwickelte Verfahren arbeitete ohne Chemie. Durch magnetische Felder oder Stromimpulse wurde eine Kristallkeimbildung im Wasser ausgelöst. Hierdurch verbinden sich Kalkionen untereinander, ohne daß sie sich an dem Rohr verändern oder an Geräten ablagern. Der Steuerberater S. hatte ihm die Rechtsform der GmbH mit dem Argument empfohlen, nur so könne er sein Geschäftsführergehalt von der Gewerbesteuer absetzen.

Als Peter F. sein Programm um voll- und halbautomatische Rückspülfilter mit Druckminderer ergänzte, geriet die GmbH infolge hoher Anlaufverluste in die roten Zahlen. Peter F. war entsetzt, als er feststellte, daß er die GmbH-Verluste nicht mit seinen privaten Einkünften aus der Vermietung mehrerer von seinen Eltern ererbter Wohnblocks verrechnen konnte.

Hinzu kam folgendes: Seit einigen Jahren hatte Peter F. seinen Mitarbeiter K. mit 5 Prozent an der GmbH beteiligt, da er dessen Motivation steigern wollte. Nach einem Zerwürfnis kündigte F. jedoch das Anstellungsverhältnis des K. Dieser »rächte« sich über seinen Anwalt, indem er die Geschäftsführer mit Fragen zum Geschäftsgang dermaßen überhäufte, daß die gesamte Verwaltung daran zu ersticken drohte.

Die langfristige Sicherung der wirtschaftlichen Zukunft von Familienunternehmen ist angesichts der gesamtwirtschaftlichen Bedeutung der Familienunternehmen für den Standort Deutschland eine der zentralen Herausforderungen für Wirtschaft und Gesellschaft. Eigentlich ist die zukunftssichernde Gestaltung der Unternehmen, insbesondere der Abbau erkennbarer Schwachstellen und die optimale Nutzung der im Unternehmen vorhandenen Stärken eine der wichtigsten Gegenwartsaufgaben der Betriebswirtschaft. Mit den Mitteln der Betriebswirtschaft allein kann diese Aufgabe allerdings nicht bewältigt werden. Ohne geeignete rechtliche Rahmenbedingungen ist dauerhaftes erfolgreiches Wirtschaften nicht möglich. Die juristische Beratung muß deshalb von dem Bestreben getragen sein, dem Unternehmen eine rechtliche Struktur zu verschaffen, welche der Unternehmensführung unabhängig von Unternehmensalter, Unternehmensgröße und Gesellschaftersituation die notwendigen Freiräume für erfolgreiches Wirtschaften eröffnet.

Zur Erreichung dieses Ziels stehen zwei Instrumente zur Verfügung, nämlich die Rechtsformwahl und die Gestaltung des Gesellschaftsvertrages. Beide Entscheidungen müssen in regelmäßigen Abständen überprüft, gegebenenfalls optimiert und geänderten Verhältnissen angepaßt werden. Während dies für den Gesellschaftsvertrag seit langem anerkannt ist, werden Überlegungen zur Rechtsform häufig lediglich bei der Gründung des Unternehmens oder bei einer massiven Veränderung der Betriebsstruktur angestellt. Ein Unternehmen ist aber ein lebendiges Gebilde, das im Laufe der Jahre vielfältigen Veränderungen unterliegt. Da die Rechtsform nichts anderes als das juristische Kleid ist, in dem das betreffende Unternehmen seine Ziele zu verwirklichen sucht, muß sie diesen Veränderungen angepaßt werden, wenn sie sich nicht als Hemmnis für den wirtschaftlichen Erfolg des Unternehmens erweisen soll. Nicht nur äußerlich erkennbare Veränderungen, sondern jede Neubestimmung der Unternehmensstrategie sollte daher Anlaß zu einer Überprüfung der Rechtsformentscheidung sein, so daß die Rechtsformentscheidung Bestandteil der strategischen Unternehmensplanung sein muß.

Dies soll natürlich nicht heißen, daß jede Strategieveränderung eine Änderung der Rechtsform nach sich ziehen soll. Die Umwandlung in eine andere Rechtsform ist in der Regel mit einem hohen Kosten- und Personalaufwand verbunden. Der Wechsel der Rechtsform will daher in jedem Fall gut überlegt sein. Nur wenn feststeht, daß die mit der neuen Rechtsform verbundenen Vorteile langfristiger Natur sind und die mit der Umwandlung verbundenen Nachteile überwiegen, sollte eine Umwandlung tatsächlich durchgeführt werden.

1.
BESTANDSAUFNAHME

Bei der Suche nach der geeigneten Rechtsform empfiehlt sich ein dreistufiges Vorgehen. Zunächst ist im Wege einer Ist-Aufnahme die augenblickliche Situation des Unternehmens zu ermitteln. Diese Bestandsaufnahme muß die folgenden Gegebenheiten umfassen:

a. Zusammensetzung des Gesellschafterkreises

- Sind es viele oder wenige Gesellschafter?
- Gibt es Gesellschafterstämme?
- Wie ist deren Verhältnis zueinander?
- Wie stark ist die Bindung innerhalb eines Gesellschafterstammes?
- Gibt es im Unternehmen tätige Gesellschafter?
- Sind qualifizierte Nachfolger aus der Familie vorhanden?
- Wie ist die Interessenlage der nichttätigen Gesellschafter?

b. Größe des Unternehmens

Bekanntlich macht unsere Rechtsordnung verschiedene Rechtsfolgen von der Erfüllung bestimmter Größenkriterien abhängig. So ist beispielsweise die unternehmerische Mitbestimmung teilweise davon abhängig, wieviele Arbeitnehmer das Unternehmen in der Regel beschäftigt. Publizität und Rechnungslegung richten sich nach den Kriterien Bilanzsumme, Umsatzerlöse und Arbeitnehmerzahl, wobei zwischen Kapital- und Personengesellschaften deutliche Unterschiede bestehen.

c. Strategische Situation und wirtschaftliches Umfeld des Unternehmens

- Handelt es sich um ein Dienstleistungsunternehmen oder um einen Industriebetrieb?
- Ist viel oder wenig Substanz vorhanden?
- Welche Bedeutung und welchen Preis hat die Tätigkeit der Geschäftsführer?
- Bestehen Expansionspläne oder befindet sich das Unternehmen in einer Konsolidierungsphase?

- In welchem Markt ist das Unternehmen tätig?
- Wie wird der Markt beurteilt und wie ist die Stellung des Unternehmens im Markt?
- Besteht eine unternehmerische Nachfolgeplanung?

Die Rechtsformfrage kann beispielsweise zumindest unter steuerlichen Aspekten in einem substanzstarken Industriebetrieb anders zu beurteilen sein als in einem Dienstleistungsbetrieb mit hochdotierten Gesellschafter-Geschäftsführern. Expansionspläne können die Frage nach einer günstigen Eigen- oder Fremdfinanzierungsmöglichkeit aufwerfen. Auch die Attraktivität eines Unternehmens für Fremdgeschäftsführer ist rechtsformabhängig, was insbesondere dann zu beachten ist, wenn eine geeignete Unternehmerpersönlichkeit in der Nachfolgegeneration nicht vorhanden ist.

2.
BEURTEILUNG DER RECHTSFORM
IN DER VERGLEICHENDEN BETRACHTUNGSWEISE

Im Anschluß an die Ermittlung des Ist-Zustandes muß festgestellt werden, inwieweit die verschiedenen Rechtsformen den aktuellen und zukünftigen Bedürfnissen des Unternehmens Rechnung tragen. Dabei spielen für das Familienunternehmen erfahrungsgemäß die folgenden Faktoren die dominierende Rolle.

HAFTUNGSBESCHRÄNKUNG

Wichtig ist zunächst der Aspekt der Haftungsbeschränkung. Auch bei Familienunternehmen läßt der immer härtere Wettbewerb inzwischen das Bedürfnis nach einer Begrenzung des unternehmerischen Risikos auf das dem Unternehmen gewidmete Vermögen wachsen. Während die Personengesellschaften diesem Interesse nicht (OHG) oder nur teilweise (KG) Rechnung tragen, erlauben die Kapitalgesellschaften eine nahezu perfekte Haftungsbeschränkung. Eine Sonderstellung nimmt die Kapitalgesellschaft & Co. KG ein, die durch die

Einschaltung einer Kapitalgesellschaft als alleinige persönlich haftende Person (das Gesetz spricht von »Komplementärin«) im Ergebnis ebenfalls eine Haftungsbeschränkung ermöglicht, obwohl sie eine Personengesellschaft ist.

SICHERUNG DES FAMILIENEINFLUSSES

Große Bedeutung messen Familienunternehmer desweiteren der Frage zu, in welchem Ausmaß die verschiedenen Rechtsformen die Aufrechterhaltung des Familieneinflusses über das Unternehmen ermöglichen. Dabei geht es nicht nur darum, das ungehinderte Eindringen Familienfremder in die Gesellschaft zu verhindern. Besondere Relevanz gewinnt dieser Aspekt auch dann, wenn die Familie – beispielsweise im Rahmen der Verbreiterung der Kapitalbasis – gezwungen ist, fremde Dritte in die Gesellschaft aufzunehmen: Läßt sich die dominierende Stellung der Familie auch bei reduzierter Kapitalbeteiligung sichern? Inwieweit können Sonderrechte für die Familie oder einzelne Familienmitglieder statuiert werden? Während das Personengesellschaftsrecht und mit Abstrichen auch das GmbH-Recht den Gesellschaftern eine weitgehende Gestaltungsfreiheit einräumen, gilt das überwiegend zwingende Aktienrecht gemeinhin als weniger flexibel, obwohl auch hier verschiedenen Gestaltungen denkbar sind.

GESCHÄFTSFÜHRUNG

Ein Unternehmen, insbesondere ein Familienunternehmen, ist bekanntlich nur so gut wie seine Führungskräfte. Besondere Aufmerksamkeit muß daher auch der Auswahl qualifizierter Geschäftsführer gewidmet werden. Bei Personengesellschaften ist die organschaftliche Geschäftsführungs- und Vertretungsbefugnis untrennbar mit der Stellung des persönlich haftenden Gesellschafters verbunden. Gesellschafterfremden Managern oder Kommanditisten kann lediglich rechtsgeschäftliche Vertretungsmacht (Prokura, General- oder Handlungsvollmacht) neben einem persönlich haftenden Gesellschafter eingeräumt werden. Für Kapitalgesellschaften gilt dieser Grundsatz der Selbstorganschaft nicht, so daß bei der Besetzung der Geschäftsführungsposition zwischen Gesellschaftern und fremden Managern gewählt werden kann. Außerdem sind Kapitalgesellschaften für hochqualifizierte Führungskräfte regelmäßig attraktiver. Dieser Vorteil der Kapitalgesellschaften wird besonders dann deutlich, wenn geeignete Führungspersönlichkeiten aus der Familie nicht vorhanden sind. Eine Sonderstellung nimmt allerdings auch hier wieder die Kapitalgesellschaft & Co. KG ein, bei der dem personengesellschaftsrechtlichen Grundsatz der Selbstorganschaft bereits durch die Übertragung der Geschäftsführungs- und Vertretungsbefugnis auf die Komplementär-GmbH (bzw. AG) Genüge getan wird und deshalb auch hier im Ergebnis zwischen Gesellschafter und Fremdmanager gewählt werden kann.

SCHAFFUNG EINES KONTROLLORGANS

Beinahe ebenso wichtig wie eine gute Geschäftsführung ist deren qualifizierte Kontrolle. Während das Aktienrecht zwingend ein unabhängiges Aufsichtsorgan mit weitreichenden Überwachungsfunktionen – nämlich den Aufsichtsrat – vorsieht, liegt die Kontrollkompetenz bei den Personengesellschaften und der GmbH grundsätzlich in der Hand der Gesellschafterversammlung. Ihnen ist es aber keineswegs verwehrt, auch bei diesen Rechtsformen gesellschaftsvertraglich ein Aufsichtsorgan mit mehr oder minder weitgehenden Überwachungsaufgaben zu konstituieren. Sie können dabei sogar wesentlich stärker den individuellen Bedürfnissen des Unternehmens Rechnung tragen, weil das Personengesellschaftsrecht weitgehend dispositiv ist. Lediglich bei der mitbestimmten GmbH bzw. Kapitalgesellschaft & Co. KG muß zwingend ein Aufsichtsrat nach aktienrechtlichem Vorbild gebildet werden.

MITBESTIMMUNG

Damit ist ein weiterer wichtiger Gesichtspunkt angesprochen. Wenig wird von mittelständischen Familienunternehmen mehr gefürchtet als die unternehmerische Mitbestimmung der Arbeitnehmer. In dieser Hinsicht erweisen sich die Personengesellschaften als die attraktivere Rechtsform, jedenfalls dann, wenn eine natürliche Person unbeschränkt persönlich haftet. Als Ausgleich für die persönliche Haftung findet bei ihnen eine unternehmerische Mitbestimmung nämlich nicht statt. Lediglich die Kapitalgesellschaft & Co. KG, bei der die Haftung im Ergebnis ebenso wie bei der Kapitalgesellschaft beschränkt ist, unterliegt der Mitbestimmung. Allerdings setzt diese erst ein, wenn die Kapitalgesellschaft & Co. KG regelmäßig mehr als 2000 Arbeitnehmer beschäftigt und auch dann nur unter der Voraussetzung, daß in KG und Komplementär-Kapitalgesellschaft weitgehend identische Mehrheitsverhältnisse bestehen. Demgegenüber setzt die – zunächst allerdings nur drittelparitätische – Mitbestimmung bei Kapitalgesellschaften bereits bei der Beschäftigung von mehr als 500 Arbeitnehmern ein. Dies gilt auch für eine Komplementär-Kapitalgesellschaft, sofern diese selbst – also nicht die Kommanditgesellschaft – mehr als 500 Arbeitnehmer beschäftigt.

PUBLIZITÄT

Familienunternehmen sind traditionell publizitätsscheu. Da Kapitalgesellschaften einer nach bestimmten Größenmerkmalen gestaffelten Offenlegungspflicht unterliegen, erscheinen diese Rechtsformen für viele Unternehmer weniger attraktiv. Personengesellschaften unterliegen dagegen nach dem Publizitätsgesetz nur dann der Pflicht zur Veröffentlichung des Jahresabschlusses, wenn sie von den Kriterien

- Bilanzsumme über 125 Millionen D-Mark,
- Umsatzerlöse über 250 Millionen D-Mark,
- über 5000 Arbeitnehmer,

mindestens zwei Merkmale erfüllen. Es sei jedoch davor gewarnt, nur wegen der Vermeidung von Prüfungs- und Publizitätspflichten eine GmbH in eine GmbH & Co. KG umzuwandeln. Nach der GmbH & Co. KG-Richtlinie der Europäischen Union hätte nämlich der nationale Gesetzgeber bereits vor Jahren die GmbH & Co. KG in die Prüfungs- und Offenlegungspflichten einbeziehen müssen. Dieser sich aus dem EU-Recht ergebenden Pflicht ist er bisher nicht nachgekommen. Es besteht deshalb die Gefahr, daß die Prüfungs- und Publizitätspflichten der GmbH & Co. KG denen der GmbH angeglichen werden.

FINANZIERUNG

Als Folge der vielfach kritisierten Eigenkapitalschwäche der Familienunternehmen hat der Aspekt der Finanzierung ein größeres Gewicht erlangt. Dabei geht es indes nicht nur um die Frage, in welchem Umfang die betreffende Rechtsform dem Familienunternehmen den Zugang zum Markt für Eigenkapital eröffnet. Im Familienunternehmen spielt traditionell auch die Innenfinanzierung durch zielorientierte Ausnutzung bilanzpolitischer Spielräume eine große Rolle. Während die Personengesellschaften gewisse Bilanzierungsspielräume besitzen, insbesondere leichter stille Reserven bilden können, hat das Bilanzrichtliniengesetz die Bilanzierungs- und Bewertungswahlrechte für die GmbH durch deren weitgehende Gleichschaltung mit der Aktiengesellschaft nicht unerheblich eingeschränkt.

Die Auswirkungen der Rechtsformwahl auf die Fremdfinanzierung dürfen ebenfalls nicht unterschätzt werden. Es läßt sich nicht leugnen, daß die verschiedenen Rechtsformen in der Praxis ein unterschiedliches finanzwirtschaftliches Ansehen genießen. Diese Unterschiede können sich sowohl beim Umfang der Fremdfinanzierung als auch bei der Attraktivität für Beteiligungsfinanzierung und bei den Zinskonditionen niederschlagen.

BESTEUERUNG

Auch wenn steuerliche Überlegungen bei der Rechtsformwahl keinesfalls alleinbestimmend sein dürfen, spielen sie doch eine wichtige Rolle. Das Fehlen einer einheitlichen Unternehmensbesteuerung – einer der größten Nachteile des Wirtschaftsstandortes Deutschland schlechthin – führt nämlich bei der steuerlichen Belastung der Unternehmen zu rechtsformbedingten Unterschieden. Dies gilt zunächst für die laufende Belastung des Unternehmens bzw. seiner Gesellschafter mit Ertrag-, Substanz- und Verkehrssteuern. Die Steuersubjektivität der Kapitalgesellschaft führt darüber hinaus zwangsläufig zur Problematik der steuerlichen Doppelbelastung, die durch die Einführung des körperschaftsteuerlichen Anrechnungsverfahrens allerdings wesentlich entschärft wurde. Auch das Anrechnungsverfahren hat indes nicht alle ertragsteuerlichen Nachteile der Kapitalgesellschaften eliminiert.

Vor Pauschalurteilen ist aber zu warnen: Welche Rechtsform unter Einschluß der Mischformen die steuergünstigste ist, kann keinesfalls pauschal gesagt werden, sondern muß durch einen an den individuellen Gegebenheiten ausgerichteten Steuerbelastungsvergleich ermittelt werden. Zudem darf sich die steuerliche Betrachtung nicht auf die laufende Steuerbelastung beschränken. Auch bei außerordentlichen Vorgängen wie z.B. Betriebs- oder Anteilsveräußerung, Liquidation und Erbfall ergeben sich teilweise gravierende Unterschiede. Im folgenden möchte ich Ihnen deshalb die wichtigsten steuerlichen Vor- und Nachteile der Personen- und Kapitalgesellschaft in vergleichender Darstellung aufzeigen, im Anschluß daran einige mögliche Gestaltungsmaßnahmen nennen und zum Abschluß auf einige Sonderprobleme im Zusammenhang mit der GmbH & Co. KG und der Betriebsaufspaltung zu sprechen kommen. Das Ergebnis dieses hier nur in groben Zügen dargestellten Vergleichs, das aber meiner Überzeugung nach auch einer vertiefenden Überprüfung standhalten würde, möchte ich aber schon jetzt vorwegnehmen: *Die* steuerlich vorteilhafte Rechtsform gibt es nicht. Die steuerlichen Nachteile, die beispielsweise mit der Wahl einer Kapitalgesellschaft verbunden sind, können durch steuerliche Gestaltungsmaßnahmen beseitigt werden. Sie sind deshalb im Regelfall gut beraten, nicht die steuerlichen Überlegungen in den Vordergrund der Erörterungen zu stellen, sondern auch den anderen Gesichtspunkten ausreichend Beachtung zukommen zu lassen.

Belastungsvergleich zwischen einer Personengesellschaft und einer Kapitalgesellschaft

Unternehmensgründung

Die Steuerfolgen einer Unternehmensgründung sind weitgehend rechtsformunabhängig. So ist die Zufuhr von Eigenkapital bei allen Rechtsformen ein ertrag- und umsatzsteuerneutraler Vorgang. Gründungskosten gehören bei allen Rechtsformen zu den abzugsfähigen Betriebsausgaben im Gründungsjahr des Unternehmens. Die Ausgabe von Gesellschaftsrechten sowohl an einer Personen- als auch an einer Kapitalgesellschaft führt zwar grundsätzlich zu umsatzsteuerpflichtigen sonstigen Leistungen, doch sind diese nach dem Umsatzsteuergesetz steuerbefreit.

Unterschiede bei der Gewerbeertragsteuer

Ohne Gestaltungsmaßnahmen dürfte die Rechtsform des Personenunternehmens gewerbeertragsteuerlich regelmäßig vorteilhafter sein als die der Kapitalgesellschaft. Der Vorteil ergibt sich aus dem derzeit bestehenden Freibetrag nach dem Gewerbesteuergesetz und dem sich hieran anschließenden Staffeltarif.

Belastung thesaurierter Gewinne

Bei geringen Einkommen und bei Thesaurierung des Gewinns bietet die Rechtsform der Personengesellschaft im Vergleich zur Kapitalgesellschaft Vorteile. Diese entstehen dadurch, daß im unteren Einkommensbereich der Einkommensteuersatz niedriger ist als der Thesaurierungssteuersatz der Körperschaftsteuer, der 45 Prozent beträgt. Bei einer Personengesellschaft wächst der mögliche Vorteil außerdem mit steigender Gesellschafterzahl, da jeder Gesellschafter das steuerfreie Existenzminimum und den Progressionsvorteil für sich in Anspruch nehmen kann. Dieser Vorteil der Personengesellschaft schlägt bei steigendem zu versteuerndem Einkommen in einen Nachteil um: Zwar werden gewerbliche Einkünfte mit einem um 6 Prozent geringeren Steuersatz belastet, so daß der Spitzensteuersatz 47 Prozent beträgt, dieser liegt aber immer noch über dem Körperschaftsteuersatz für thesaurierte Gewinne. Außerdem ist regelmäßig noch die Kirchensteuer hinzuzurechnen.

Ausschüttungen und Entnahmen

Gewinnausschüttungen unterliegen bei Personengesellschaften als Einkünfte aus Gewerbebetrieb der jeweiligen Einkommensteuer des Unternehmers. Bei Kapitalgesellschaften sind die ausgeschütteten Gewinne zwar zunächst nur mit der körperschaftsteuerlichen Ausschüttungsbelastung von 30 Prozent belastet, jedoch werden die Ausschüttungen letztlich ebenfalls mit der jeweiligen Einkommensteuer der Gesellschafter belastet, da es sich um steuerpflichtige Einkünfte aus Kapitalvermögen handelt und die geleistete Körperschaftsteuer nur auf die Einkommensteuer angerechnet wird. Wegen des Entlastungsbetrags von 6 Prozent, der nur für gewerbliche Einkünfte und damit nur für die Gewinne aus Personengesellschaften gilt, entsteht mit steigendem zu versteuernden Einkommen jedoch ein einkommensteuerlicher Vorteil der Personengesellschaft.

Steuerfreie Einnahmen

Als die wichtigsten steuerfreien Einnahmen sind (steuerfreie) ausländische Einnahmen und Investitionszulagen zu nennen. Derartige Einnahmen führen zu unterschiedlichen Steuerfolgen bei Personen- und Kapitalgesellschaften: Die Unterschiede entstehen allerdings erst dann, wenn diese steuerfreien Einnahmen entnommen oder ausgeschüttet werden, weil diese bei Personenunternehmen steuerfrei bleiben, unabhängig davon, ob die ihnen entsprechenden Beträge thesauriert oder zu irgendeinem Zeitpunkt entnommen werden. Anders verhält es sich hingegen bei Kapitalgesellschaften: Dort wird die ursprüngliche Steuerfreiheit bei Ausschüttung durch die Kapitalgesellschaft praktisch aufgehoben, indem die steuerfreien Einkünfte im Fall ihrer Ausschüttung mit dem individuellen Einkommensteuersatz des jeweiligen Gesellschafters belastet werden.

Steuerliche Belastung durch Vermögen-, Erbschaft- und Schenkungssteuer

Durch den Wegfall der Vermögensteuer ist ein substanzsteuerlicher Nachteil für Kapitalunternehmen weggefallen. Unterschiede können sich derzeit aber noch aus der Schenkungs- und Erbschaftsteuer ergeben. Der Grund hierfür liegt in der unterschiedlichen Bewertung des steuerpflichtigen Erwerbs- und Betriebsvermögens bei Personengesellschaften einerseits und von Anteilen an Kapitalgesellschaften andererseits. Betriebsvermögen des Personengesellschafters wird nach den Grundsätzen bewertet, die für die Ermittlung des Einheitswerts des Betriebsvermögens gelten. Bei Anteilen an Kapitalgesellschaften wird der gemeine Wert nach dem Stuttgarter Verfahren ermittelt, so daß der Steuerwert von GmbH-Anteilen und Aktien häufig erheblich höher ist als der eines Personenunternehmens.

Veräußerungs- und Erwerbsbesteuerung

Bei der Personengesellschaft ist die Veräußerung des gesamten Gewerbebetriebes, eines Teilbetriebes, eines Mitunternehmeranteils und die Betriebsaufgabe steuerbegünstigt, da – bei Vorliegen der sonstigen Voraussetzungen – bis zu einem Veräußerungsgewinn von 30 Millionen D-Mark nur der halbe durchschnittliche Steuersatz zur Anwendung kommt. Sofern die Veräußerung des Betriebes als mehrmalige Veräußerung eines Teilbetriebes gestaltet werden kann, kann dieser Vorteil noch weiter ausgebaut werden. Allerdings wird momentan über die Abschaffung bzw. Einschränkung dieser Regelung diskutiert, so daß sich hier in Zukunft andere Regelungen ergeben könnten.

Bei einer Kapitalgesellschaft ist zwischen der Betriebsveräußerung durch die Gesellschaft selbst und der Veräußerung von Anteilen an der Kapitalgesellschaft zu unterscheiden. Bei einer Betriebsveräußerung durch die Kapitalgesellschaft kommt es zur Liquidationsbesteuerung. Der Liquidationsgewinn der Gesellschaft unterliegt dabei – ohne Steuerbegünstigung – den normalen Ertragssteuern inklusive der Gewerbeertragsteuer. Dagegen ist die Veräußerung von Anteilen an einer Kapitalgesellschaft steuerbegünstigt. Denn die Veräußerung eines hundertprozentigen Anteils an einer Kapitalgesellschaft sowie die Veräußerung von Anteilen an einer Kapitalgesellschaft bei wesentlicher Beteiligung, d.h. bei einer Beteiligung am Grund- oder Stammkapital von mehr als 25 Prozent, kommt bis zu einem Veräußerungsgewinn von 30 Millionen D-Mark ebenfalls nur der halbe durchschnittliche Steuersatz zur Anwendung. Dagegen ist die Veräußerung einer Beteiligung unterhalb dieser 25 Prozent-Grenze regelmäßig steuerfrei, sofern der daraus entstehende Gewinn nicht als Spekulationsgewinn versteuert werden muß. Festgehalten werden kann deshalb, daß die Veräußerung eines Betriebes durch die Gesellschaft selbst bei der Personengesellschaft vorteilhafter ist. Hingegen gibt es bei der Veräußerung von Anteilen durchaus Fälle, in denen die Kapitalgesellschaft Vorteile bietet.

Die steuerliche Behandlung des Erwerbs von Anteilen an einer Kapitalgesellschaft weicht ebenfalls erheblich von derjenigen des Erwerbs von Anteilen an Personengesellschaften ab. Während im Falle der Kapitalgesellschaft das Wirtschaftsgut »GmbH-Anteil« oder »Aktie« erworben wird, wird im Falle der Personengesellschaft so verfahren, als würden anteilig die einzelnen zum Betriebsvermögen der Personengesellschaft gehörenden Wirtschaftsgüter erworben. Diese steuerrechtliche Unterscheidung kann für den Erwerber weitreichende Folgen haben. Im ersten Fall erwirbt er ein nicht abschreibungsfähiges Wirtschaftsgut, während er im zweiten Fall eine Vielzahl von abschreibungsfähigen Wirtschaftsgütern des Anlage- und Umlaufvermögens (anteilig) erwirbt. Der Erwerb von Gesellschaftsanteilen an einer Personengesellschaft ist damit regelmäßig steuerlich vorteilhafter als der Erwerb von Anteilen an einer Kapitalgesellschaft. Allerdings gibt es Gestaltungsmöglichkeiten wie das »Kombinationsmodell«, auch »internal-asset-deal-Modell« genannt, mit dessen Hilfe auch der Erwerb von Kapitalgesellschaftsanteilen steuergünstig gestaltet werden kann.

Verrechenbarkeit von Verlusten

Verluste eines Gesellschafters einer Personengesellschaft sind bei der Einkommensteuer sowohl ausgleichs- als auch abzugsfähig, so daß diese mit anderen positiven Einkünften des Unternehmers und Verlusten verschiedener Wirtschaftsjahre verrechnet und dadurch saldiert werden können. Die Möglichkeit des Verlustausgleichs besteht bei Verlusten, die bei einer Kapitalgesellschaft entstanden sind, nicht. Derartige Verluste können vielmehr lediglich innerhalb der Kapitalgesellschaft und nicht auf Ebene der Gesellschafter verrechnet werden.

Mögliche Gestaltungsmaßnahmen

Durch Gestaltungsmaßnahmen können Steuernachteile einzelner Rechtsformen teilweise ausgeglichen werden. Ich nenne an dieser Stelle nur zwei mögliche Optionen, nämlich den Abschluß von schuldrechtlichen Verträgen zwischen den Gesellschaftern oder diesen nahestehenden Dritten einerseits und der Gesellschaft andererseits sowie die Gestaltung der Gewinnausschüttung. Schuldrechtliche Verträge sind ein beliebtes und weit verbreitetes Mittel, die Steuerlast zu reduzieren. Durch Abschluß solcher Verträge kann das Einkommen beispielsweise auf mehrere Personen verteilt werden und damit die Progression des Steuertarifs genutzt werden. Auch können durch solche Verträge Vorteile bei der Gewerbesteuer erreicht werden.

Steuerliche Gestaltungsmaßnahmen mit Hilfe schuldrechtlicher Verträge, an denen ausschließlich die Gesellschafter und nicht Dritte (z.B. Angehörige) beteiligt sind, führen grundsätzlich nur bei Kapitalgesellschaften, nicht bei Personengesellschaften, zu positiven Steuereffekten. Bei Personengesellschaften sind die sich aus diesen Verträgen ergebenden Leistungsvergütungen als »Vorabvergütungen« der Gesellschafter anzusehen und als solche nicht als Betriebsausgaben abzugsfähig. Die Kapitalgesellschaft dagegen kann ohne diese Nachteile nicht nur mit ihren Gesellschaftern (Arbeits-)Verträge abschließen, sofern sich die vereinbarten (Gehalts-)Zahlungen in einem angemessenen Rahmen bewegen, sind sie abzugsfähige Betriebsausgaben und mindern damit in vollem Umfang den Gewerbeertrag der Kapitalgesellschaft. Zu achten ist aber immer darauf, daß die (Gehalts-)Zahlung sich nicht wegen einer unangemessenen (Gehalts-)Höhe als verdeckte Gewinnausschüttung darstellt. Auch bei Pensionszusagen, Gesellschafterdarlehen und ähnlichen schuldrechtlichen

Verträgen lassen sich steuerliche Vorteile nur bei der Kapitalgesellschaft erzielen. Bei Personengesellschaften bedarf es hingegen – wie gesagt – der Einschaltung von dritten Personen.

Gestaltungsmaßnahmen sind auch im Bereich der Gewinnausschüttung denkbar. Bei Personengesellschaften haben Höhe und Zeitpunkt einer Ausschüttung aber grundsätzlich keinen Einfluß auf Höhe und Fälligkeitszeitpunkt der Steuerbelastung. Sowohl bei der Einkommen- als auch der Gewerbeertragsteuer hängt die Steuerbelastung grundsätzlich nur von der Höhe des Gewinnes, nicht auch von der Gewinnverwendung ab. Völlig anders verhält es sich hingegen im Falle der Kapitalgesellschaften. Hier kann der Ausschüttungszeitpunkt in den Dienst der Steuerpolitik gestellt werden, indem insbesondere Ausschüttungen in solche Jahre verlagert werden, in denen ein oder mehrere Gesellschafter ohne die Ausschüttungen nur ein geringes oder sogar ein negatives zu versteuerndes Einkommen erzielen. Auch viele weitere Gestaltungsmaßnahmen sind denkbar.

Sonderformen

In der gebotenen Kürze soll im folgenden noch der Frage nachgegangen werden, ob es möglich ist, durch die Wahl von Mischformen die Vorteile eines Personenunternehmens mit denjenigen einer Kapitalgesellschaft zu verknüpfen, ohne die Nachteile der jeweils anderen Rechtsform in Kauf nehmen zu müssen. Dafür wird in vielen Fällen die GmbH & Co. KG empfohlen. Meiner Erfahrung nach ist die Rechtsform der GmbH & Co. KG aber kein »Allheilmittel«. Insbesondere können mit Hilfe der GmbH & Co. KG nicht die Vorteile eines Personenunternehmens mit denen einer Kapitalgesellschaft kombiniert werden. Vielmehr kann jede Rechtsform – je nach Konstellation des Einzelfalls- die vorteilhafteste, die zweitvorteilhafteste oder auch die nachteiligste Rechtsform sein.

Viele Unternehmer sind auch dem Ratschlag ihrer Berater gefolgt und haben eine Betriebsaufspaltung installiert. Unter einer Betriebsaufspaltung wird die Aufspaltung eines bisher einheitlichen Unternehmens in zwei oder mehrere rechtlich selbständige Betriebe verstanden. Die Arten der Betriebsaufspaltung sind vielfältig. Hier soll nur auf die in der Praxis am weitesten verbreitete Form der Betriebsaufspaltung, nämlich die Aufspaltung eines einheitlichen Unternehmens in ein Besitzpersonenunternehmen und in eine Betriebskapitalgesellschaft (Betriebs-GmbH) eingegangen werden. Diese Betriebsaufspaltung kann hinsichtlich der laufenden Besteuerung deutlich vorteilhafter sein als die Fortführung der bisher einheitlichen Personengesellschaft. So können die Gesellschafter mit steuerlicher Wirkung Gehälter von der Betriebskapitalgesellschaft beziehen, wodurch oft in erheblichem Maße Gewerbeertragsteuer gespart wird. Gleiches gilt für Pensionszusagen und die zeitliche Verteilung von Gewinnausschüttungen. Nachteile der Betriebsaufspaltung können im wesentlichen nur bei Gewinnausschüttungen der Betriebskapitalgesellschaft eintreten. Auch gegenüber der einfachen Kapitalgesellschaft hat die Betriebsaufspaltung steuerliche Vorteile. So ist die Gewerbeertragsteuer geringer, Investitionszulagen und steuerfreie ausländische Einkünfte können steuerfrei entnommen werden und auch die Gewerbekapitalsteuer kann im Fall einer Betriebsaufspaltung geringer sein als in dem einer einfachen Kapitalgesellschaft.

Diesen Vorteilen stehen in vielen Fällen aber auch erhebliche Nachteile gegenüber. Diese beruhen letztlich alle auf der Kompliziertheit der Gebilde. Der Beratungsbedarf und die Anforderungen an die Beratungsfähigkeit sind hier deshalb besonders hoch. Sie sind nicht nur höher als bei einem einfachen Personenunternehmen, sondern auch höher als bei einer einfachen GmbH einzustufen.

3.
GEWICHTUNG

Die Problematik der Rechtsformentscheidung besteht darin, daß es *die* ideale Rechtsform für Familienunternehmen nicht gibt. Vorteile bei einem Kriterium werden regelmäßig durch Nachteile in anderer Hinsicht erkauft. Die Rechtsformentscheidung im Familienunternehmen ist daher eine betriebswirtschaftlich-juristische Optimierungsaufgabe. Ihr Ziel ist es herauszufinden, welche Rechtsform die für das Unternehmen augenblicklich relevantesten Vorteile mit den geringstmöglichen Nachteilen verbindet. Zu diesem Zweck müssen die genannten Vergleichskriterien entsprechend den bei der Ist-Aufnahme gewonnenen Erkenntnissen gewichtet werden. Sie haben nämlich keinesfalls stets und für alle Unternehmen die gleiche Bedeutung. Anschließend müssen die rechtsformbedingten Unterschiede bei den einzelnen Vergleichskriterien quantifiziert und zu ihrer individuellen Bedeutung in Beziehung gesetzt werden.

Gelegentlich wird versucht, diesen Entscheidungsprozeß mit Hilfe sogenannter Scoring-Modelle zu mathematisieren. In der einfachsten Ausprägung
sieht das so aus: Zunächst werden die einzelnen Vergleichskriterien mit individuellen Gewichtungsfaktoren versehen. Sodann gibt man den in Betracht kommenden Rechtsformen dem Grad ihrer Eignung entsprechende Wertungszif-
fern, die mit den Gewichtungsfaktoren multipliziert werden und – schlußend-
lich addiert – die »nach Punkten« geeignetste Rechtsform ausweisen sollen.
Derartige Modelle sind als verbindliche Entscheidungsgrundlage wohl nicht
geeignet. Sie spiegeln eine Genauigkeit vor, die bei Entscheidungsprozessen,
deren Schwergewicht im wertenden Bereich liegt, kaum gefunden werden
kann. Als Entscheidungs*hilfe* dagegen sind die Scoring-Modelle von nicht zu
unterschätzender Bedeutung. Sie zwingen die Entscheidungsträger, das Problem mehr als nur unverbindlich anzugehen und sich dabei intensiv mit der
tatsächlichen Bedeutung ihrer Ziele und dem Ausmaß der rechtsformbedingten Unterschiede auseinanderzusetzen.

GOLDENE REGELN
zur Rechtsformwahl

1. Wählen Sie die Rechtsform Ihres Unternehmens sorgfältig aus.
   Die Rechtsform hat nicht nur Einfluß auf die Besteuerung, sondern
   auch auf die Kapitalbeschaffungsseite, auf die Frage der Veräußer-
   barkeit von Anteilen, die Kompetenzen der verschiedenen Organe, die Auskunftsrechte der Gesellschafter, die Möglichkeiten zum
   Einsatz eines Fremdmanagements und die Haftung. Die Rechtsform setzt Signale am Markt – mit der Gründung einer Aktiengesellschaft setzt man andere Signale als mit der Gründung einer
   offenen Handelsgesellschaft.

2. Während früher der Grundsatz galt, rein kommt man in die
   Kapitalgesellschaft immer, aus ihr raus kommt man nimmer, haben
   wir seit wenigen Jahren die Möglichkeit eines Rechtsformwechsels
   ohne große Steuerbelastung auch von den Kapitalgesellschaften zu
   Personengesellschaften.

3. Es gibt Fallsituationen, bei denen ein vorübergehender Rechts-
   formwechsel empfehlenswert ist. So kann man unter Umständen

durch die Umwandlung einer Kapitalgesellschaft in eine Personengesellschaft und die spätere »Zurückumwandlung« in die Kapitalgesellschaft Schenkungssteuer sparen.

4. Die Rechtsform bildet das Kleid der unternehmerischen Aktionen.
   Genau wie ein Kleid gut sitzen muß, muß die Rechtsform auf die
   Unternehmerpersönlichkeit zugeschnitten sein. Ein Unternehmer,
   dem es zutiefst zuwider ist, sich kontrollieren zu lassen, sollte nicht
   die Rechtsform einer Aktiengesellschaft wählen, die ihm zwingend
   einen Aufsichtsrat auferlegt.

5. Schrecken Sie nicht vor unüblichen Rechtsformen zurück. In
   einigen Fällen kann die Stiftung & Co. KG oder die Kommanditgesellschaft auf Aktien die optimale Rechtsform für Ihr Unternehmen sein.

II.
DER GESELLSCHAFTS-
UND DER EHEVERTRAG

1.
DER GESELLSCHAFTSVERTRAG

DIE BESONDERHEITEN DES GESELLSCHAFTSVERTRAGES
EINES FAMILIENUNTERNEHMENS

Ein Unternehmer ist deswegen erfolgreich, weil er Dinge unternimmt und Formalien das sein läßt, was sie sind, in vielen Fällen nämlich überflüssig. Gleichwohl müssen bestimmte Rahmenbedingungen geschaffen werden, sonst läßt
es sich in einer Unternehmung nicht vernünftig zusammenwirtschaften. Wie
jede moderne Gesellschaft eine geschriebene Staatsverfassung braucht, so muß
sich auch eine Familie, die ein Familienunternehmen betreibt, ihren Gesellschaftsvertrag geben. Der Gesellschaftsvertrag eines Familienunternehmens ist
daher auch nicht »richtig« oder »falsch«, er ist vielmehr dann gut, wenn er die
besonderen Verhältnisse der individuellen Familie, ihre Tradition, ihre Probleme und ihre Geheimnisse ebenso wie ihre persönlichen Schwächen verarbeitet und nach Art der erwähnten Staatsverfassung einer konservativ-dynami-
schen Entwicklung in der Zukunft Raum läßt.

Es war einmal …

…ein Unternehmer, der glaubte, man brauche keine geschriebenen Verträge.
Wenn ihn seine unternehmerischen Partner baten, er möge doch einen Gesell-
schaftsvertrag entwerfen, so gab er stets zur Antwort: »Ein geschriebener Ver-
trag ist nur solange gut, wie ihn niemand liest« oder aber er meinte: »Was ge-

schrieben ist und nicht gelebt wird, ist nicht das Papier wert, auf dem es steht«. So recht dieser Unternehmer hat, so verhängnisvoll kann es doch werden, wenn es dereinst zum Streit zwischen den Gesellschaftern kommt.

Die Verknüpfung von Familie und Unternehmen, was das Wesen eines Familienunternehmens ausmacht, erweist sich sicherlich für das Unternehmen in vielerlei Hinsicht als unschätzbarer Vorteil. Das Unternehmen steht beim Familienunternehmer alter Prägung stets an erster Stelle und das mit dem Begriff Familienunternehmen einhergehende besondere »Identifikationsangebot« an die Mitarbeiter, die bei Familienunternehmen häufig anzutreffende Schnelligkeit und Flexibilität der Entscheidungsprozesse und die besondere Kreativität der Familiengesellschafter sind Kennzeichen einer Unternehmenskultur, die untrennbar mit dem deutschen Wirtschaftswunder verbunden ist.

Andererseits hat die personale Ausrichtung eines Familienunternehmens auch eine negative Seite. Persönliche und familiäre Differenzen wirken sich auf die Gesellschaft und damit auf die Unternehmensführung aus. Leibliche Abkömmlinge halten sich für geborene Nachfolger (oder werden dafür gehalten), egal ob sie eine entsprechende Qualifikation besitzen oder nicht, und der Senior-Unternehmer kann in vielen Fällen sein eigenes »Fleisch und Blut« nicht beurteilen: Ebenso häufig wie Senior-Unternehmer in ihren (objektiv) ungeeigneten Kindern einen Vollblutunternehmer erkennen, betrachten wiederum andere Unternehmer ihren biologischen Nachwuchs viel zu kritisch.

Den Vorrang des Unternehmensinteresses zu wahren und störende Einflüsse durch eine vorbeugende Vertragsgestaltung frühzeitig zu neutralisieren und damit das Unternehmen vor (querulatorischen) Familienmitgliedern zu schützen, ist die vornehmste Aufgabe eines gut gestalteten Gesellschaftsvertrages einer Familiengesellschaft. Es gilt die wirtschaftlich relevanten Fragen einer vernünftigen Lösung zuzuführen.

Nachfolgefragen, Patt-Situationen bei Gesellschafterstreitigkeiten, gerechte Ausschüttungsregelungen und vernünftige Abfindungsregelungen sind Stichworte, auf die in jedem guten Gesellschaftsvertrag eine Antwort gefunden werden muß. Der Gesellschaftsvertrag eines Familienunternehmens muß daher Vorsorge treffen, daß

- eine qualifizierte Unternehmensleitung gesichert ist,
- die Kontrolle der Unternehmensführung gewährleistet ist,

- die Kapital- und Liquiditätsbasis des Unternehmens geschützt wird,
- der Charakter des Unternehmens als Familienunternehmen erhalten bleiben kann und daß
- das Unternehmen sich bei unabdingbarer Notwendigkeit auch Dritten gegenüber öffnen kann.

DIE UNTERNEHMENSLEITUNG

Eine der wichtigsten Aufgaben eines Gesellschaftsvertrages der Familiengesellschaft liegt in der Sicherung einer qualifizierten Unternehmensleitung. Es kann nicht sein, daß die Familienangehörigkeit als solche schon ausreichendes Qualifikationsmerkmal zur Berufung in die Geschäftsführung ist. Auch die häufig anzutreffende Unsitte, Geschäftsführerpositionen nach Paritätsgesichtspunkten zwischen mehreren Gesellschafterstämmen aufzuteilen, führt zu solch unsinnigen Behauptungen von Familiengesellschaftern, wie etwa: »Ein kaufmännischer Geschäftsführer muß nichts vom Rechnungswesen oder von Controlling verstehen, es genügt, wenn er aufgrund seines Techniker-Diploms gezeigt hat, daß er intelligent ist.«

Bei schlechten oder fehlenden gesellschaftsvertraglichen Regelungen zur Berufung der Geschäftsführer-Nachfolger werden dann Betriebswirte zu Geschäftsführern und wird ein Cellist zum Vertriebs-Geschäftsführer gemacht. Erfahrene aber im Verkauf nur einseitig ausgebildete Unternehmensnachfolger werden – weil eben der Stamm einen Geschäftsführer benennen darf aber kein anderes Ressort frei ist – zu kaufmännischen Geschäftsführern vorgeschlagen.

Auch die in Gesellschaftsverträgen teilweise anzutreffenden »Mindestbedingungen« für Geschäftsführer aus der Familie führen nur zu einer Negativauslese, sichern dem Familienunternehmen jedoch in aller Regel noch kein qualifiziertes Management. In vielen Familiengesellschaften ist deswegen die Auswahl der Geschäftsführer auf ein unabhängiges Gremium neutraler erfahrener Personen, einen Beirat, einen Verwaltungsrat bzw. einen fakultativen Aufsichtsrat, übertragen worden. Die Etablierung eines solchen neutralen – nach Möglichkeit gesellschafterfremden – Beirates hat sich bewährt.

DIE KONTROLLE DER UNTERNEHMENSFÜHRUNG

Dies führt schon zum nächsten Regelungsgegenstand eines guten Gesellschaftsvertrages, nämlich dem der Kontrolle der Unternehmensführung. Abgesehen
von den Gesellschaften, in welchen die mitbestimmungsrechtlichen Vorschriften einen Aufsichtsrat zwingend erfordern, und abgesehen von der Verfassung
der Aktiengesellschaft, ist das vom Gesellschaftsrecht regelmäßig vorgesehene
Kontrollorgan die Gesellschafterversammlung selbst. In vielen Familiengesellschaften kann die Gesellschafterversammlung jedoch ihrer Aufgabe nicht gerecht werden, weil den Gesellschaftern die notwendige Ausbildung fehlt oder
aber weil sich verschiedene Gesellschafter gegenseitig blockieren und damit
die Qualität der Kontrolle durch eigene private Interessen überlagert wird.
Viele Gesellschafterversammlungen sind zur ordentlichen Aufsicht teilweise
ungeeignet. Das kann man sowohl auf fachliche, wie auch auf persönliche
Gesichtspunkte zurückführen. Es hat sich in der Praxis bewährt, neben der
Auswahl der Geschäftsleitung auch die Kontrolle und Beratung derselben auf
ein unabhängiges Kontrollorgan, den Beirat, zu übertragen. Empirische Untersuchungen belegen, daß die Mehrzahl der Unternehmen, die noch in der
dritten und in weiteren Generationen im Familienbesitz sind, einen solchen
Beirat mit umfassenden Kompetenzen besitzt.

ENTNAHMEREGELUNGEN

Eine nächste wichtige Regelungsgruppe in Gesellschaftsverträgen verbindet sich
mit dem Stichwort Entnahmeregelungen. Da hier natürliche Interessendiver-
genzen zwischen dem Unternehmensinteresse und dem persönlichen Interesse der Gesellschafter bestehen, müssen die Entnahmeregelungen bzw. die
Gewinnausschüttungsquoten exakt definiert sein. Das Interesse des Unternehmens wird – jedenfalls in der Regel – in einem Höchstmaß an Selbstfinanzierung bestehen, während der Wunsch jedenfalls einzelner Gesellschafter in
Richtung hohe Ausschüttungsquoten bzw. Entnahmemöglichkeiten gehen
wird. Ein vernünftiger Gesellschaftsvertrag regelt daher die Selbstfinanzierungsquote und die Ausschüttungsquote im Gesellschaftsvertrag verbindlich vor-
weg. Man überläßt beispielsweise die Beschlußfassung darüber, ob und welcher Anteil des Gewinns ausgeschüttet wird, nicht der von Gesetzes wegen

vorgesehenen jährlichen Beschlußfassung der Gesellschafterversammlung, sondern regelt im Gesellschaftsvertrag, daß beispielsweise 50 Prozent des Jahresüberschusses den Gewinnrücklagen zuzuführen sind und die andere Hälfte auszuschütten ist. Auf der anderen Seite ist auch die für die Personenhandelsgesellschaften geltende Regelung des Handelsgesetzbuches, die grundsätzlich von einer freien Gewinnentnahmemöglichkeit ausgeht, in der Praxis unbrauchbar. Die Geschäftsführung muß im Rahmen ihrer kurz- und mittelfristigen Finanzplanung wissen, mit welchen Thesaurierungs- und Ausschüttungsquoten zu rechnen ist.

Zur Verhinderung von ständigen Querelen um die »richtige« Ausschüttungsquote hat es sich bei vielen Familiengesellschaften bewährt, einen prozentualen Sockelbetrag für die Rücklagenzuführung im Gesellschaftsvertrag verbindlich vorzuschreiben und die Entscheidung über Abweichungen in bestimmtem Rahmen (z.B. plus/minus 10 Prozent) dem Beirat oder, sofern ein solcher nicht gebildet ist, der Gesellschafterversammlung zu überlassen. Da die Personenhandelsgesellschaft nicht selbst Einkommensteuersubjekt ist, vielmehr die Gesellschafter die Einkommensteuer auf den betrieblichen Gewinn persönlich zu tragen haben, und zwar unabhängig davon, ob der Gewinn ausgeschüttet oder einer Rücklage zugeführt wird, muß die Ausschüttungsquote bei Personengesellschaften naturgemäß deutlich höher sein, als bei Kapitalgesellschaften. Bei Letzteren ist nämlich bekanntlich vor Ermittlung des ausschüttungsfähigen Jahresüberschusses die Ertragsteuer bereits abgezogen.

GESELLSCHAFTSVERTRÄGE UND TOCHTERGESELLSCHAFTEN

Es war einmal…

…ein Unternehmen, an welchem ein Familienstamm A mit 30 Prozent und ein Familienstamm B mit 70 Prozent beteiligt war. Das Unternehmen schrieb einen jährlichen Jahresüberschuß in Höhe von 10 Millionen D-Mark und war in der Rechtsform einer GmbH organisiert. Im Gesellschaftsvertrag der GmbH war vorgesehen, daß jährlich 80 Prozent des Jahresüberschusses an die Gesellschafter auszuschütten sind. Der schlaue Senior des 70-prozentigen Familienstammes machte sich nun Gedanken darüber, wie diese »gesellschaftsschädigende Ausschüttungsquote von 80 Prozent« jedenfalls im Ergebnis reduziert werden könnte.

Da Gesellschaftsvertragsänderungen einer einer 75-prozentigen Mehrheit bedurften, war es dem »thesaurierungsfreundlichen Gesellschafter« nicht möglich, eine höhere Selbstfinanzierungsquote qua Satzungsänderung herbeizuführen. Unser Unternehmer entschied sich daher dafür, die Gewinne künftig in den drei Tochtergesellschaften des Unternehmens anfallen zu lassen und sie dort in großem Umfang den Rücklagen zuzuführen. Da er selbst einziger Geschäftsführer der Muttergesellschaft war, ein »Vertreter« des 30-prozentigen Gesellschafterstammes also nicht im Management vertreten war, bildete unser thesaurierungsfreundlicher Unternehmer »in seiner Person« die Gesellschafterversammlungen der Tochtergesellschaften, und es fiel ihm nicht schwer, dort entsprechende Thesaurierungsbeschlüsse zu fassen.

Das Beispiel zeigt, daß sich besondere Probleme ergeben, wenn Familiengesellschaften tiefer gestaffelt sind, Gewinne also vorwiegend oder in erheblichem Umfang in Tochtergesellschaften anfallen und die Entscheidung über die Verwendung des Gewinns der Tochtergesellschaften nur den Geschäftsführern der Muttergesellschaft obliegt. Hier können Tochtergesellschaften zu Spardosen des Familienunternehmens werden. Gesellschaftsverträge von Familiengesellschaften, die tiefer gestaffelt sind, oder Gesellschaftsverträge von Familien-Holdinggesellschaften müssen daher in besonderer Weise berücksichtigen, daß viele Entscheidungen ausschließlich in den Tochter- oder Enkelgesellschaften getroffen werden, die Auswirkungen der Entscheidungen aber in der Muttergesellschaft spürbar werden.

AUFSTELLUNG UND FESTSTELLUNG
DES JAHRESABSCHLUSSES

In den großen Bereich der Sicherung der Kapital- und Liquiditätsbasis des Familienunternehmens gehören auch die gesellschaftsvertraglichen Regelungen zur Aufstellung und Feststellung des Jahresabschlusses.

Es war einmal…

…eine Gesellschafterversammlung, auf welcher eine Bilanz besprochen wurde, an deren Ende rote Zahlen in der Größenordnung von »100« standen. Auf der

Gesellschafterversammlung erläuterte der geschäftsführende Mehrheitsgesellschafter, man habe aus einem bestimmten Projekt für drohende Verluste Rückstellungen in Höhe von »70« gebildet, man habe Sonderabschreibungsmöglichkeiten in vollem Umfang, d.h. in Höhe von »80« über der Normalabschreibung, ausgenutzt und man habe in der Handelsbilanz eine Teilwertabschreibung auf den Beteiligungsansatz einer Tochtergesellschaft gemacht. Im übrigen habe man auch die Pensionsrückstellungen deutlich erhöht. Die Minderheitsgesellschafterin hatte wegen des Verlustausweises Tränen in den Augen. Auf Bitten des Mehrheitsgesellschafters war sie zu einem Nachschuß in die Gesellschaft aus ihrem Privatvermögen bereit.

Der Fall mag übertrieben sein, viele Fälle zeigen jedoch, daß Gesellschafter ohne nähere Erläuterungen überhaupt nicht in der Lage sind, die von den Geschäftsführern erstellte Bilanz auf die Zweckmäßigkeit der Bilanzierung zu überprüfen und sachverhaltsgestaltende bilanzpolitische Maßnahmen zu erkennen. Man könnte daher daran denken, daß der Gesellschaftsvertrag detaillierte Regelungen zur Bilanzpolitik vorgibt und damit – wie hier vorgeschlagen – auch die Prüfungskompetenz des Abschlußprüfers erweitert. Die Alternative ist, ein fachkundiges Gremium, etwa den bereits mehrfach erwähnten Beirat, in die Auf- bzw. Feststellung des Jahresabschlusses – also in die Bilanzpolitik – einzubeziehen. Darüber hinaus hat es sich als positiv erwiesen, eine Abschlußprüfung im Gesellschaftsvertrag auch dann vorzusehen, wenn diese gesetzlich nicht zwingend vorgeschrieben ist, und den Abschlußprüfer auch zu der Gesellschafterversammlung einzuladen, auf welcher der Jahresabschluß festgestellt oder vorgelegt wird. In den Gesellschaftsvertrag könnte dann eine Regelung aufgenommen werden, wonach der Abschlußprüfer im einzelnen wahrheitsgemäß zu erläutern hat, welche bilanzpolitischen Maßnahmen getroffen wurden.

ABFINDUNGEN

Ein letzter im Rahmen der Sicherung der Kapital- und Liquiditätsbasis eines Familienunternehmens anzusprechender Gesichtspunkt ist der der Abfindungszahlungen. Abfindungen werden häufig fällig, wenn ein Gesellschafter verstirbt und er oder seine Abkömmlinge aus der Gesellschaft ausscheiden. Daneben werden Abfindungen fällig, wenn ein Gesellschafter infolge Eigenkündigung oder – soweit solches überhaupt zulässig ist – infolge einer Hinauskündigung aus der Gesellschaft ausscheidet. In all den Sachverhalten des Ausscheidens eines Gesellschafters aus der Gesellschaft kann und wird das Unternehmen mit Abfindungsverpflichtungen gegenüber dem ausgeschiedenen Gesellschafter bzw. dessen Gläubigern oder Erben belastet. Um den unerwünschten Liquiditätsentzug zu mildern, wird in praktisch allen Familiengesellschaftsverträgen eine Beschränkung des Abfindungsanspruches der Höhe nach vorgesehen. Ohne auf die Einzelheiten eingehen zu können, sind insoweit vor allem Buchwertabfindungsklauseln problematisch. Auch die Abfindung auf der Grundlage steuerlicher Wertansätze, etwa auf der Basis der Einheitswerte einer Personengesellschaft oder der Stuttgarter Verfahrenswerte bei Kapitalgesellschaften, stößt auf Probleme.

Gute Abfindungsregeln dürfen nicht zu zufälligen Ergebnissen führen und ihre Resultate dürfen nicht willkürlich beeinflußbar sein. Sie müssen die zwischen Berater und Gesellschaftern konkret identifizierten und letztendlich von den Gesellschaftern vorgegebenen Interessen in sich aufnehmen. Obwohl eine der wichtigsten Aufgaben einer vernünftigen Abfindungsregel darin besteht, einen betriebswirtschaftlich unvertretbaren Liquiditätsentzug bei der Unternehmung zu verhindern, bedeutet dies nicht zwingend, daß der ausscheidende Gesellschafter (weit) unter Verkehrswert abgefunden werden müßte. Erforderlich ist vielmehr, daß der Liquiditätsentzug in das richtige Verhältnis zur Liquiditätssituation der Gesellschaft gebracht wird. Und dies wird in den meisten Familienunternehmen am ehesten dadurch erreicht, daß eine gewinnorientierte Abfindungsregel (Ertragswertverfahren) mit einer Ratenzahlungsregelung kombiniert wird.

GOLDENE REGELN
zum Gesellschaftsvertrag

1. Ein geschriebener und sorgfältig ausgearbeiteter Gesellschaftsvertrag ist unverzichtbar.

2. Im Gesellschaftsvertrag ist der Schwerpunkt auf die Regelungsgegenstände zu legen, die wirtschaftlich von besonderer Bedeutung sind.

3. Es gibt keinen »richtigen« oder »falschen« Gesellschaftsvertrag, ein Gesellschaftsvertrag ist vielmehr dann gut, wenn er auf die individuelle Familie zugeschnitten ist.

4. Ein guter Gesellschaftsvertrag trifft Vorsorge dafür, daß eine qualifizierte Unternehmensleitung gesichert ist, daß die Kontrolle der Unternehmensführung gewährleistet wird, daß die Kapital- und Liquiditätsbasis des Unternehmens geschützt wird und daß der Charakter des Unternehmens als Familienunternehmen erhalten bleiben kann, jedoch bei unabdingbarer Notwendigkeit auch dritte Gesellschafter »erleichtert« aufgenommen werden können.

5. Eine wichtige Aufgabe eines gut gestalteten Gesellschaftsvertrages einer Familiengesellschaft ist der Schutz der Gesellschaft vor (querulatorischen) Familienmitgliedern. Gleichwohl sollte auch den (finanziellen) Interessen einzelner Gesellschafter, insbesondere bei den Fragen der Ausschüttung und den Abfindungsregeln angemessen Rechnung getragen werden.

2.
DER EHEVERTRAG

Nach Abschluß seines Ingenieurstudiums gründete Peter Malzahn im Jahre 1966 zusammen mit seinem Bruder Stefan, der nach einer kaufmännischen Lehre als Buchhalter tätig war, die Gebrüder Malzahn GmbH. Dank des Erfindergeistes von Peter, der einige erfolgreiche Patente anmelden konnte, wurde das Unternehmen bald zu einem ertragsstarken Hersteller von Spezialwerkzeugmaschinen. Nachdem die Brüder einige Jahre ihre ganze Energie in das Unternehmen gesteckt hatten, heiratete Peter im Jahre 1971 seine langjährige Verlobte Sabine. In den Folgejahren entwickelte sich das Unternehmen prächtig und hatte Ende der siebziger Jahre über 500 Beschäftigte. Im Jahre 1980 heiratete Stefan die 10 Jahre jüngere Nicole. Da sein Gesellschaftsanteil in der Zwischenzeit einen beträchtlichen Wert hatte und seine Frau vermögenslos war, vereinbarte Stefan mit seiner Ehefrau Gütertrennung. Die Ehe von Peter und Sabine blieb kinderlos, während Stefan und Nicole 1982 Zwillinge geboren wurden. Dem Unter-

nehmen ging es auch weiterhin sehr gut. Um weiterhin hohe Wachstumsraten erzielen zu können, wurde der Großteil des erwirtschafteten Gewinns wieder in das Unternehmen investiert.

Anfang der neunziger Jahre geriet das Unternehmen infolge wachsender Konkurrenz aus Fernost jedoch in die Krise. Die Gebrüder Malzahn verbrachten nun noch mehr Zeit in der Firma als gewohnt. Mit der Firma kam auch die Ehe von Peter und Sabine in die Krise. Das ständige Alleinsein satt, trennte sich Sabine von Peter im Jahre 1993 und zog aus der gemeinsamen ehelichen Wohnung aus. Von den Enttäuschungen der zurückliegenden Jahre gezeichnet, beschloß Peter, sich aus der Firma zurückzuziehen. Der Gesellschaftsanteil von Peter sollte an seinen Bruder Stefan verkauft werden. Um seinem Bruder den Kauf zu ermöglichen und die Firma im Familienbesitz zu halten, vereinbarten die beiden einen Kaufpreis, der deutlich unter dem tatsächlichen Wert des Gesellschaftsanteils lag. Weil Peter keine Kinder hatte, war er mit einem geringeren Kaufpreis einverstanden, nicht aber seine Frau Sabine. Sie wollte nicht auf den während ihrer Ehe mit Peter erwirtschafteten Zugewinn verzichten. Im Dezember 1997 reichte Sabine schließlich die Scheidung ein. Um das Unglück für die Familie und die Gebrüder Malzahn GmbH komplett zu machen, starb Stefan Anfang 1997 plötzlich und vollkommen unerwartet an einem Herzinfarkt.

Eheverträge sind in Familienunternehmen ein sehr heikles und deshalb oftmals vernachlässigtes Thema. Charakteristisch für die hier bestehenden Defizite ist die Familiengeschichte der Gebrüder Peter und Stefan Malzahn, in der aus vermeintlicher Rücksichtnahme auf den Ehepartner notwendige Regelungen entweder ganz unterblieben sind oder vollkommen unzureichend waren. Vergessen wird dabei zu häufig, daß Ehen zwar »im Himmel geschlossen, aber auf Erden vollzogen werden«. Was haben die Gebrüder Malzahn falsch gemacht?

LEITLINIEN BEI DER ABFASSUNG VON EHEVERTRÄGEN

Diese Frage läßt sich beantworten, ohne daß zunächst auf die vom Gesetzgeber zur Verfügung gestellten Rahmenbedingungen eingegangen werden muß. Peter und Stefan haben gegen die beiden zentralen Leitlinien für die Regelung der ehelichen Lebensverhältnisse verstoßen: erstens gegen den Grundsatz, daß

die Beendigung einer Ehe durch Tod oder Scheidung nicht zu einem Kapital-
und Liquiditätsabfluß aus dem Unternehmen führen darf und Ansprüche eines Partners im Falle der Scheidung, die nur aus dem Betriebsvermögen be-
friedigt werden können, unbedingt vermieden werden müssen. Auch gegen
den zweiten Grundsatz, nach dem die private oder unternehmerische »Aufbauleistung« des Ehepartners durch finanzielle Unabhängigkeit zu honorieren
ist, haben die Brüder Malzahn verstoßen. Zumeist ist der Ehepartner nicht nur
die entscheidende private Stütze des Familienunternehmers, der die Familie
zusammenhält und die Kindererziehung übernimmt, sondern auch der unver-
zichtbarer Ratgeber in unternehmerischen Fragen. Bei der Regelung der ehelichen Lebensverhältnisse ist deshalb darauf zu achten, daß eine faire und
ausgewogene Gesamtregelung getroffen wird, die einen Ausgleich zwischen
den unternehmerischen Interessen und den privaten Belangen des Ehepartners darstellt.

DIE GESETZLICHEN RAHMENBEDINGUNGEN

Wenden wir uns nun den gesetzlichen Rahmenbedingungen zu. Der Gesetzgeber geht bei der Ausgestaltung der ehelichen Lebensverhältnisse von drei
unterschiedlichen Leitbildern aus: der Zugewinngemeinschaft, der Gütergemeinschaft und der Gütertrennung.

Die Zugewinngemeinschaft

Wird, wie im Falle des Ehepaares Peter und Sabine Malzahn, keine vertragliche
Vereinbarung getroffen, so tritt automatisch der gesetzliche Güterstand der
Zugewinngemeinschaft ein. Anders als vielfach angenommen, ist diese eine
Form der Gütertrennung. Die Eheschließung führt zu keiner Vermögensüber-
tragung, sondern jeder Ehepartner bleibt Alleineigentümer seines Vermögens.
Mit der Eheschließung erwarb Sabine Malzahn deshalb weder eine Beteiligung
noch Mitwirkungsrechte an der Gebrüder Malzahn GmbH. Andererseits muß
sie auch nicht befürchten, für mögliche Verbindlichkeiten ihres Ehemannes
oder des Unternehmens in Anspruch genommen zu werden. Grundsätzlich ist
Peter Malzahn durch die Zugewinngemeinschaft in seiner unternehmerischen

Handlungsfreiheit nicht beschränkt. Hierbei ist jedoch eine bedeutsame Ausnahme zu machen: Er kann über sein Vermögen im ganzen nur mit Zustimmung seiner Ehefrau Sabine verfügen. Dabei genügt es, wenn Einzelteile des
Vermögens veräußert werden, die über 90 Prozent des Gesamtvermögens
ausmachen. Dies gilt selbst dann, wenn hierfür eine Gegenleistung in Form
einer Kaufpreiszahlung erfolgt. Dies hat für Peter Malzahn in unserer Geschichte
drastische Konsequenzen. Da hier die Beteiligung von Peter an der Gebrüder
Malzahn GmbH nahezu sein gesamtes Vermögen darstellt, war er nicht befugt,
seine Gesellschaftsanteile ohne Zustimmung seiner Ehefrau Sabine zu veräußern.
Für einen Familienunternehmer ist dies eine untragbare Beschränkung, die
selbst nach Trennung der Ehepartner bis zur rechtskräftigen Ehescheidung fort-
dauert und deshalb unbedingt ausgeschlossen werden sollte.

Weitaus bedeutsamer in der Praxis sind jedoch die vermögensrechtlichen
Folgen der durch Tod oder Scheidung ausgelösten Beendigung des gesetzlichen Güterstandes. Der während der Ehedauer erzielte Zugewinn ist in diesem Fall nämlich zwischen den Ehegatten auszugleichen. Hiermit verbinden
sich in der Praxis eine Fülle schwieriger Rechtsfragen, die zu lang andauernden Rechtsstreitigkeiten führen können. Der Ausgleichsanspruch ist ein Geld-
zahlungsanspruch. Er beläuft sich auf die Hälfte des während der Ehe erwirtschafteten Vermögenszuwachses des anderen Ehegatten, soweit dieser den
eigenen Zugewinn übersteigt. Kommt es während der Ehezeit zu einem starken Unternehmenswachstum, wie bei der Gebrüder Malzahn GmbH so steigt
der auszugleichende Zugewinn schnell in schwindelerregende Höhen und kann
nicht mehr aus dem Privatvermögen beglichen werden. Nicht selten wird dadurch der betroffene Gesellschafter gezwungen, Anteile zum Zwecke der Geld-
beschaffung zu veräußern oder zumindest private Darlehen aufzunehmen und
das Betriebsvermögen als Sicherungsgegenstand zu belasten oder einzelne
Wirtschaftsgüter oder Immobilien aus dem Betriebsvermögen zu veräußern.
Dies wird im Regelfall einkommensteuerrechtlich als Gewinnrealisierung durch
die Aufdeckung stiller Reserven und umsatzsteuerrechtlich als Eigenverbrauch
des übergebenden Ehepartners bewertet. Die Auseinandersetzung wird dadurch zusätzlich erschwert. Verschärft wird die Liquiditätsbelastung für das
Familienunternehmen dadurch, daß die Ausgleichsforderung mit Rechtskraft
des Scheidungsverbundurteils fällig ist. Eine Stundung der Ausgleichsforderung ist zwar möglich, steht aber im Ermessen des erkennenden Richters. Das
Schicksal des Familienunternehmens wird damit in die Hände eines Familien-
richters am Amtsgericht gelegt.

Konfliktpotential zwischen den Ehegatten birgt insbesondere die Bewertung des Familienunternehmens zu Beginn der Ehe (Anfangsvermögen) und im Zeitpunkt der Rechtshängigkeit des Scheidungsantrags (Endvermögen). Mit Hilfe erfahrener Anwälte kann so jedes Scheidungsverfahren in qualvolle Länge gezogen werden. Besondere Probleme bereitet hierbei die Unternehmensbewertung. Im streitigen Scheidungsverfahren, das immerhin bei 30 Prozent der Scheidungen durchgestanden werden muß, ist der Unternehmenswert mit Hilfe eines Sachverständigengutachtens zu ermitteln. Der Gutachter ist vom Gericht zu ernennen. Welche Bewertungsmethoden dabei angewandt werden, entscheidet der Richter. Einigkeit scheint hier nur insoweit zu bestehen, daß sich die Bewertung am Verkehrs- und nicht am Substanzwert des Familienunternehmens zu orientieren hat. Der Buchwert des Unternehmens ist dabei ebensowenig von Bedeutung wie gesellschaftsvertragliche Abfindungsregelungen. Die Berechnung des Zugewinns wird außerdem dadurch verkompliziert, daß die zu vergleichenden Anfangs- und Endvermögen von Inflationseinflüssen bereinigt werden müssen sowie unentgeltliche Zuwendungen an Dritte und an Ehegatten nach unterschiedlichen Berechnungsverfahren auszugleichen sind.

Wird die Ehe nicht durch Scheidung, sondern durch den Tod eines Ehepartners beendet, so gilt eine andere Regelung für den Ausgleich des Zugewinns. Liegt kein Unternehmertestament vor, so wird der Zugewinn pauschal mit 25 Prozent der Erbschaft angesetzt und steht dem überlebenden Ehegatten zusätzlich neben seinem gesetzlichen Erbteil zu (erbrechtliche Lösung). Etwas anderes gilt jedoch, wenn der überlebende Ehegatte enterbt wurde. In diesem Falle erhält er zusätzlich zu seinem Pflichtteil den tatsächlich erzielten und nicht den pauschalierten Zugewinn (güterrechtliche Lösung).

Besondere Bedeutung erhält die Zugewinngemeinschaft durch ihre steuerliche Behandlung. Einkommensteuerrechtlich zählen Leistungen im Rahmen des Zugewinnausgleichs nicht als steuerpflichtige Einkünfte des ausgleichsberechtigten Partners. Auf der anderen Seite kann der ausgleichspflichtige Ehepartner die Zugewinnausgleichszahlung auch nicht als Sonderausgabe oder außergewöhnliche Belastung steuermindernd geltend machen. Steuerneutral ist der Zugewinnausgleich auch im Falle der Beendigung der Ehe durch den Tod eines Ehepartners. Dies gilt jedenfalls für die güterrechtliche Lösung. Wird der Zugewinn pauschal berechnet (erbrechtliche Lösung), ist dieser nur steuerfrei, wenn tatsächlich ein Zugewinn erzielt wurde. Steuerrechtlich ist insoweit der tatsächliche und nicht der pauschalierte Zugewinn maßgebend. Grundsätzlich bleiben ehevertragliche Gestaltungsmöglichkeiten zur Berechnung des Zugewinnausgleichs, die vom gesetzlichen Berechnungsverfahren abweichen, bei der Berechnung der Erbschaftsteuer außer Betracht. Hierdurch wollte der Gesetzgeber Mißbrauchsmöglichkeiten eindämmen.

Die vom Gesetz vorgegebenen vertraglichen Güterstände

Die Nachteile der Zugewinngemeinschaft haben viele Familienunternehmer zu einer Abkehr von ihr veranlaßt. Das Gesetz stellt hierfür als Alternativen die Güterstände der Gütergemeinschaft und der Gütertrennung zur Verfügung. Der gesetzlich sehr detailliert geregelte Güterstand der Gütergemeinschaft scheidet als Alternative für Familienunternehmer regelmäßig aus. Die Gütergemeinschaft ist sehr unübersichtlich und enthält eine komplizierte Aufteilung des Vermögens in Gesamt-, Sonder- und Vorbehaltsgut sowie weitreichende Verfügungsbeschränkungen. Insgesamt hat dieser Güterstand beträchtliche steuerliche Auswirkungen und ist in jeder Hinsicht für Unternehmerehen nachteilig.

Vielen Familienunternehmern – wie Stefan Malzahn – scheint daher die Flucht in die Gütertrennung einzige Alternative zu sein. In der Praxis schreiben viele Gesellschaftsverträge ihren Gesellschaftern vor, den Güterstand der Gütertrennung zu wählen. Dieser Güterstand negiert schlichtweg jegliche güterrechtliche Folge der Eheschließung. Der Unternehmer bleibt in seiner Entscheidungsgewalt vollkommen unbeeinträchtigt. Bei Beendigung des Güterstandes kommt es zu keinem Ausgleich des erwirtschafteten Zugewinns. Der Vorteil zivilrechtlicher Klarheit wird jedoch beim frühen Tod des Unternehmers mit erheblichen steuerlichen Nachteilen bezahlt. Der steuerliche Nachteil liegt in erster Linie darin, daß im Falle des Vorversterbens des Unternehmers der erbschaftsteuerliche Freibetrag in Höhe des fiktiven Zugewinnbetrags verschenkt wird, der im Falle der Zugewinngemeinschaft bestanden hätte. Hierbei kann es sich zum Teil um sehr hohe Beträge handeln. Geht man in unserer Geschichte davon aus, daß die Ehefrau Nicole beim Tode von Stefan Malzahn ein Vermögen von 26 Millionen D-Mark erbt, so fallen 6,76 Millionen D-Mark Erbschaftsteuer an. Bei einem vererbten Vermögen von 51 Millionen D-Mark erhöht sich dieser Betrag sogar auf 15,3 Millionen D-Mark Unterstellt man weiterhin, daß dieses Vermögen ausschließlich während der Ehe von Stefan und Nicole erwirtschaftet wurde, so verschenkt Sabine den erbschaftsteuerlichen Freibetrag in Höhe des Zugewinnausgleichs von 13 Millionen D-Mark bzw. 25,5 Millionen D-Mark. Aufgrund des vereinbarten Güterstandes der Gütertrennung entsteht auf diese Weise in unserem Fall eine zusätzliche Erbschaftsteuerbelastung von 4,03 Millionen D-Mark (bei 26 Millionen D-Mark Gesamterbschaft) bzw. 8,67 Millionen D-Mark (bei Erbschaft in Höhe von 51 Millionen D-Mark), die im Güterstand der Zugewinngemeinschaft vermieden worden wären.

Ein weiterer Nachteil der Gütertrennung kann in der Erhöhung der Pflichtanteile der Kinder liegen. Anders als im gesetzlichen Güterstand der Zugewinngemeinschaft wird bei der Gütertrennung für die Berechnung der Pflichtteilansprüche kein Vorabzug des eherechtlichen Zugewinnausgleichsanspruchs vorgenommen. Schließlich widerspricht das Leitbild der Gütertrennung vielfach dem heutigen modernen Rollenverständnis in einer Unternehmerehe. Der Ehepartner wird nicht nur von der Beteiligung am steigenden Betriebsvermögen, sondern auch des Privatvermögens ausgeschlossen.

Modifikationen der gesetzlichen Güterstandsmodelle

Der Gesetzgeber zwingt die Ehepartner jedoch nicht, an den gesetzlich vorgesehenen Leitbildern festzuhalten. Dem Grundsatz der Vertragsfreiheit folgend, erlaubt er ihnen vielfältige Variationen und Modifikationen der gesetzlichen Güterstände. Auf diese Weise können die Vorteile der jeweiligen Güterstände mit einander verknüpft und bestehende Nachteile minimiert werden. In den allermeisten Fällen wird der Güterstand der modifizierten Zugewinngemeinschaft die sachgerechteste Lösung darstellen. Die hierfür erforderlichen Einzelregelungen im Ehevertrag sollten jedoch immer auf die individuelle Situation des Unternehmers abgestellt und mit kompetenten Beratern abgestimmt werden.

Selbstverständlich sollten derartige Vereinbarungen grundsätzlich schon am Beginn einer Ehe getroffen werden. Aber auch während der Ehedauer sollten bestehende Vereinbarungen alle 4 – 5 Jahre überprüft werden. Dies gilt insbesondere dann, wenn markante private (Geburt von Kindern, Aufgabe von beruflicher Tätigkeit der Ehefrau) oder unternehmerische Veränderungen stattgefunden haben. Aber selbst wenn dieser Zeitpunkt versäumt wurde, ist getreu dem Grundsatz »besser spät als nie« eine Modifikation des Güterstandes jederzeit möglich. Allerdings ist erbschaftsteuerrechtlich eine »Rückwirkung« hinsichtlich der angesprochenen Freibeträge nicht mehr möglich, so daß als

Bemessungszeitpunkt für das Anfangvermögen in diesem Fall nicht mehr der Zeitpunkt der Eheschließung festgesetzt werden kann.

Im einzelnen empfiehlt es sich, zu folgenden Problemkreisen eine modifizierende ehevertragliche Regelung zu treffen:

- Regelungsbedürftig ist zumeist der lebzeitige Zugewinnausgleich. So kann der Zugewinnausgleich im Scheidungsfall etwa ganz ausgeschlossen werden. Hiervon unberührt bleibt der Zugewinnausgleich im Todesfall inklusive der aufgezeigten Vorteile, insbesondere der erbschaftsteuerlichen Freibeträge. Statt eines vollständigen Ausschlusses des lebzeitigen Zugewinnausgleichs kann dieser auch umfassend modifiziert werden. So kann der Ausgleichsanspruch an bestimmte Bedingungen geknüpft werden (z.B. Geburt gemeinsamer Kinder), zeitlich befristet ausgeschlossen werden, seiner Höhe nach von der Ehedauer abhängig gemacht werden oder auf eine niedrigere Quote als die gesetzlich vorgesehenen 50 Prozent festgesetzt werden. Denkbar ist auch, statt des lebzeitigen Zugewinnausgleichs bestimmte Kompensationszahlungen zu vereinbaren.

- Soweit auf einen vollständigen Ausschluß des Zugewinnausgleichs verzichtet wird, ist dringend zu empfehlen, Regelungen zur Bemessungsgrundlage zu treffen. So kann etwa das unternehmensgebundene Vermögen vom Zugewinnausgleich ausgenommen werden, unabhängig davon, ob es schon im Anfangsvermögen enthalten war oder nicht. Dies ist vor allem dann ratsam, wenn andernfalls schwerwiegende Liquiditätsbelastungen für das Familienunternehmen drohen. Problematisch ist diese Regelung allerdings dann, wenn der andere Ehegatte unmittelbar am Aufbau des Unternehmens mitgewirkt und dafür keine besondere Entlohnung erhalten hat. Zu beachten ist auch, daß das Betriebsvermögen genau vertraglich definiert wird. Erfaßt werden sollte insbesondere Nicht-Betriebsvermögen, das dem Unternehmen zu dienen bestimmt ist, und das steuerliche Sonderbetriebsvermögen. Um Streitigkeiten über die Höhe des Anfangsvermögens zu vermeiden, empfiehlt es sich, bereits bei Abschluß der Ehe ein Verzeichnis über das Anfangsvermögen zu errichten. Besteht kein solches Verzeichnis, so gilt bis zum Beweis des Gegenteils die gesetzliche Vermutung, daß kein Anfangsvermögen vorhanden war.

- Unverzichtbar sind auch Regelungen zur Bewertung einzubeziehender Vermögensgegenstände, da hierin im Scheidungsfall beträchtliches Konfliktpotential liegt. Denkbar ist die Festschreibung eines bestimmten Bewertungsverfahrens und/oder die einvernehmliche und verbindliche Einschaltung eines Sachverständigen als Schiedsgutachter.

- Schließlich können die Ehepartner einen abweichenden Tilgungsmodus vereinbaren. In Betracht kommen hier in erster Linie bestimmte Fälligkeitsregelungen oder Ratenzahlungen, aber auch das Recht, die Ausgleichsforderung statt mit Geld durch die Übertragung bestimmter, genau bezeichneter Vermögensgegenstände zu erfüllen.
- Um Liquiditätsbelastungen im Todesfall zu vermeiden, kann auch hier die gesetzliche Ausgleichsregelung modifiziert werden. Hier muß jedoch im besonderen Maße darauf geachtet werden, eine auf den Einzelfall abgestimmte, die familiären und unternehmerischen Besonderheiten berücksichtigende erbrechtliche Gesamtlösung zu finden.
- Zu empfehlen ist daneben die Aufhebung der hinderlichen Verfügungsbeschränkung nach § 1365 BGB, die unter Umständen die Unternehmensveräußerung von der Zustimmung des Ehepartners abhängig macht.
- Modifizierbar ist ebenso der nacheheliche Versorgungsausgleich. Durch die Übertragung erworbener Versorgungsanwartschaften auf den Ehepartner können für einen Unternehmer erhebliche Kapitalbelastungen entstehen. Um dies zu verhindern, kann etwa der Versorgungsausgleich zugunsten einer Kapitallebensversicherung des Ehepartners ausgeschlossen werden. Hier ist jedoch in besonderem Maße darauf zu achten, daß ein fairer Interessenausgleich zwischen den Ehepartnern gewährleistet wird. Keinesfalls sollte der Ehepartner, der über keine eigenen Versorgungsanwartschaften oder nicht über ausreichendes Privatvermögen verfügt, gänzlich vom Versorgungsausgleich ausgeschlossen werden. Derartige Regelungen sind im höchsten Maße dazu geeignet, Mißtrauen beim Ehepartner hervorzurufen und dessen Bereitschaft zum Abschluß des gesamten Ehevertrages zu untergraben.
- Schließlich können in Eheverträge auch Regelungen zum nachehelichen Unterhalt aufgenommen werden. Grundsätzlich bestimmt sich dessen Höhe nach den ehelichen Lebensverhältnissen. Im Ehevertrag kann dieser Anspruch abhängig von der Ehedauer nach oben begrenzt oder auf den angemessenen Lebensbedarf reduziert werden. Gerade in Unternehmerehen empfiehlt es sich häufig, den Unterhaltsanspruch durch die Übertragung eigenständiger Einkommensquellen (Immobilien, Kapitalvermögen etc.) auf den Ehepartner abzugelten. Dadurch können spätere Streitigkeiten über Unterhaltsanpassungen vermieden werden.

ZUSAMMENFASSUNG

Festzuhalten bleibt, daß das Leitbild der Zugewinngemeinschaft aufgrund der vielfältigen Modifikationsmöglichkeiten und der steuerlichen Vorteile im Regelfall das geeignete Modell für die Gestaltung der ehelichen Lebensverhältnisse darstellt. Insgesamt muß aber im Auge behalten werden, daß das größte Problem in der Praxis zumeist nicht in der Abfassung eines Ehevertrages liegt, sondern darin, den Ehepartner von der Notwendigkeit einzelner Regelungen zu überzeugen. In meiner langjährigen Beratungspraxis habe ich schon unzählige Abende mit derartiger Überzeugungsarbeit verbracht. Dabei hat sich immer wieder gezeigt, daß der Ehevertrag unbedingt vor oder am Beginn einer Ehe abgeschlossen werden sollte.

GOLDENE REGELN
zum Ehevertrag

1. Die Güterstände der Gütergemeinschaft und der Gütertrennung sind zumeist ungeeignet zur Regelung der ehelichen Lebensverhältnisse in der Unternehmerehe.

2. In den allermeisten Fällen stellt der Güterstand der modifizierten Zugewinngemeinschaft bei Ausnutzung des bestehenden Gestaltungsspielraums den geeigneten Güterstand für eine Unternehmerehe dar.

3. Eheverträge sollten so ausgestaltet sein, daß sie im Falle der Ehekrise, Scheidung oder der Beendigung einer Ehe durch Todesfall zu keinen Liquiditätsbelastungen für das Unternehmen führen.

4. Eheverträge sollten einen fairen Interessenausgleich zwischen den Ehepartnern enthalten und sowohl unternehmerische Interessen als auch Belange des Ehepartners berücksichtigen.

5. Es darf keine »Vogel-Strauß-Politik« betrieben werden. Eheverträge sollen Vorsorge für zukünftige Probleme und auftretende Konflikte leisten sowie heikle Themen regeln statt zu umgehen.

6. Getroffene ehevertragliche Regelungen sind periodisch zu überprüfen und eingetretenen privaten oder unternehmerischen
Veränderungen anzupassen.

7. Eheverträge müssen den Erhalt der unternehmerischen Entscheidungsfreiheit sicherstellen.

8. Die eherechtliche Verfügungsbeschränkung des § 1365 BGB, die
das Verfügungsrecht über das Vermögen als ganzes an die Zustimmung des Ehepartners bindet, sollte unbedingt ausgeschlossen
werden.

9. Eheverträge sollten an die individuellen unternehmerischen und
privaten Verhältnisse angepaßt sein und sich nicht in der Übernahme von Musterverträgen erschöpfen.

10. Eheverträge müssen die Unternehmenssphäre von der Familien-
sphäre trennen. Der »Konkurs der Familie« darf nicht zum Zusammenbruch des Unternehmens führen.

III.
FAMILIENUNTERNEHMEN
UND BERATUNG

Das Familienunternehmen ist – nicht zuletzt um den genannten Problemen Rechnung zu tragen – heute mehr denn je auf qualifizierte Beratung angewiesen. Die Zeiten, in der der »Fabrikant« alter Schule neben dem Rechtsanwalt und dem Notar gerade noch den Steuerberater oder – wie es früher hieß – den Buchprüfer akzeptierte und ab und zu seine Überlegungen zu weiteren Unternehmensentwicklungen mit dem Hausbankier besprach, sind gottlob vorbei. In einer Situation, in der die Unternehmen sich einem immer stärkeren und globaleren Wettbewerb gegenübersehen, muß naturgemäß die Professionalisierung in alle betrieblichen Bereiche Einzug halten. Es ist wie bei der ärztlichen Kunst: Wer heute noch allein mit den Mitteln der Hausmedizin ernste Krankheiten bekämpfen will, der ist verloren. Die notwendige Qualitätsoptimierung aller betrieblichen Funktionen kann das Familienunternehmen aus sich heraus naturgemäß nicht leisten. Das Familienunternehmen verfügt stets nur über enge personelle Ressourcen und muß daher notwendiges Know-how für Detailbereiche extern hinzukaufen. Diese Erkenntnis fällt den klassischen Familienunternehmern bisweilen schwer, obwohl auch hier ein Umdenken eingesetzt hat. Die Problematik der Beratung von Familienunternehmen liegt heute denn auch in einem anderen Bereich: Der Unternehmer – insbesondere der älteren Generation – hat ein zwiespältiges Verhältnis zu Beratung und Beratern. Er ist es kaum gewohnt, mit einem unabhängigen »Sparringspartner« zusammenzuarbeiten und neigt daher dazu, sich solchen Beratern zuzuwenden, die ihm an Persönlichkeit oder Intellektualität unterlegen sind. Wer ihm Paroli bietet, wird entweder ausgetauscht oder er bekommt die Macht des Unternehmers z. B. bei der Honorarabsprache zu spüren, mit dem Ergebnis, daß der wirklich gute Berater, der in aller Regel finanziell unabhängig ist, sich von selbst zurückzieht.

Fatal wirkt sich bei der Auswahl eines neuen Beraters auch allzu häufig der Einfluß der bisherigen »Haus- und Hofberater« aus. Diese befürchten zum einen, ihren Einfluß zu verlieren; zum anderen möchten sie verhindern, daß im Zuge einer kritischen Bestandsaufnahme die von ihnen entworfene Gestaltungen in Frage gestellt werden. Eine solche »Defensiveinstellung«, die jeder Außenstehende und Mitarbeiter sofort durchschaut, ist weder verantwortungsvoll noch klug. Zudem ist die Furcht um das eigene Mandat in aller Regel unbegründet: Ein qualifizierter Spezialberater wird es niemals darauf anlegen, die Tagesberater zu verdrängen, sondern gerade auf eine gute Zusammenarbeit mit ihnen Wert legen. Wird er jedoch von ihnen abgeblockt, so hat er keinen Anlaß, größere Rücksicht zu nehmen. Er wird dann, da er in aller Regel in seinem Bereich auf ein überlegenes Wissen verweisen kann, seine Überlegenheit voll ausspielen. Der Unternehmer jedenfalls tut gut daran, sich des psychologischen Hintergrunds dieser Abwehrmechanismen, die im übrigen nicht nur von den Tagesberatern, sondern ebenso oft auch von engen Mitarbeitern seiner persönlichen Umgebung ausgehen, bewußt zu werden. Der Eigner sollte auf jeden Fall bei Aussagen aus seiner Umgebung, wie »Das können wir genauso gut« oder »Der ist viel zu teuer« oder »Für den sind wir doch eigentlich zu klein« die jeweilige Interessenlage der Kritiker genau berücksichtigen. Besonders problematisch, aber in der Praxis nicht selten, ist es, wenn der Unternehmer in seiner Handlungsfreiheit durch enge persönliche Beziehung oder gar Freundschaften zu Mitarbeiten und/oder Beratern eingeschränkt ist. Dankbarkeit für Aufbauhilfe in der Vergangenheit und verständliche, aus jahrzehntelangen Beziehungen gewachsene Loyalität dürfen nicht dazu führen, das unternehmerische Bedürfnis nach »Spitzen-Know-how« hinten anzustellen. Meine eigenen Erfahrungen zeigen jedoch, daß so manche notwendige Beratung im Unternehmen durch gezielte und keinesfalls stets uneigennützige »Abwehrmaßnahmen« aus der Umgebung des Unternehmers unterbleiben.

Andererseits läßt das heutige Beratungsangebot nur allzu häufig die notwendige besondere Sensibilität für die Bedürfnisse eines eignergeführten Unternehmens vermissen. Das Familienunternehmen bedarf einer völlig anderen Beratung als der Konzern. Geht es im Konzern oft darum, eine vom Vorstand längst als notwendig und richtig erkannte Strategie mittels einer renommierten Beratungsgesellschaft gegenüber dem Aufsichtsrat durchzusetzen, so entfällt dieser Gesichtspunkt im Familienunternehmen. Ebenso entfällt das, was ich stets als »Verantwortungsabschiebungsmechanismus« bezeichne: Im Konzern mag der Vorstand besser dastehen, wenn von ihm getroffene Maßnahmen, die sich später als fehlerhaft erweisen, zuvor von einer Beratungsgesellschaft untermauert worden sind. Im Familienunternehmen gilt das nicht. Hier entscheidet der Eigner stets in eigener Verantwortung und auf eigenes Risiko. Seine Situation wird bei Fehlmaßnahmen nicht dadurch verbessert, daß er hierzu durch einen Berater animiert worden ist. Hieraus resultiert ein völlig anderes »Beraterbild« bei Familienunternehmen als bei Konzernen. Im Familienunternehmen sind nicht Stäbe von Universitätsabsolventen mit Hochschulwissen, sondern individuelle Beraterpersönlichkeiten gefragt, die sich zwar durchaus solcher Stäbe bedienen dürfen, die aber letztlich in persona dem Unternehmer Rede und Antwort stehen müssen. Hieraus resultieren Chancen und Risiken zugleich. Der Auswahl, der Führung und der Kontrolle des Beraters kommt eine entscheidende Bedeutung zu. Ein Fehlgriff bei der Auswahl kostet den Unternehmer wesentlich mehr Geld als eine verunglückte Honorarvereinbarung. Der entscheidende Grundsatz jedoch, den man im Familienunternehmen niemals ohne Schaden außer Acht lassen darf, lautet: »Beratung ist Chefsache«. Der Unternehmer muß sich selbst bei der Auswahl, bei der Vertragsgestaltung, bei der Führung und der Kontrolle des Beraters davon überzeugen, daß das mögliche Optimum erreicht wird.

1.
DER STEUERBERATER

Es war einmal ...

... der Firmeneigner A., der sich stets geärgert hatte, wenn Unternehmerkollegen ihm berichteten, sie hätten durch kluge Ausnutzung des internationalen Steuergefälles Steuern in Millionenhöhe eingespart. Dies führte zu einer wachsenden Unzufriedenheit mit seinem Steuerberater Dr. E., dem er vorwarf, er sei lediglich Erfüllungsgehilfe der Finanzverwaltung, ihm falle jedoch in Sachen Steuervermeidung niemals etwas Gescheites ein. Dr. E., der seit Jahren eine solide, aber wenig spektakuläre Arbeit geleistet und dem Unternehmen hierdurch bei der Finanzverwaltung den Ruf großer Solidität verschafft hatte, war verzweifelt. In seiner Not begab er sich auf das ihm wenig bekannte Terrain des deutschen Außensteuerrechts und machte A. den Vorschlag, er solle im Hinblick auf eine

spätere Veräußerung seine GmbH-Anteile in eine Liechtensteiner Holding einbringen. Das führe zur Steuerfreiheit bei einem späteren Anteilsverkauf. Gesagt – getan. Der Unternehmer war glücklich, endlich einmal dem Fiskus ein Schnippchen geschlagen zu haben. Um so größer war dann viele Jahre später seine Empörung, als er gerade auf Grund dieser Empfehlung statt des ansonsten fälligen halben Steuersatzes seinen Veräußerungsgewinn voll versteuern mußte, weil inzwischen – unbemerkt von seinem Berater – das deutsche Außensteuerrecht geändert worden war.

Die Eigenkapital- und Liquiditätsenge zwingt jedes Familienunternehmen dazu, Geldabflüsse für Steuern exakt zu planen und, soweit dies im Rahmen der Gesetze möglich ist, Steuerzahlungen generell zu vermeiden. Während es an der betrieblichen Steuerplanung häufig mangelt, ist der Wunsch und Wille zur Steuervermeidung den meisten Unternehmern geradezu eine Lust, der sie sich mit großem Eifer und großer Kreativität hingeben. Häufig zu Recht beschweren sie sich darüber, daß viele Steuerberater und Wirtschaftsprüfer lediglich die tatsächlich angefallenen Steuern erklären, ohne genügend zu überlegen, wie die Steuern vermieden oder reduziert werden können. Dies ist ein bekannter Mißstand, der daran liegen kann, daß der Steuerberater der ersten Stunde mit dem Unternehmen nicht mitgewachsen ist, oder aber auch daran, daß er aus Sorge, den Unternehmer nicht »bremsen« zu können, gleich ganz auf Überlegungen in Richtung Steuervermeidung verzichtet. Häufig wird der Steuerberater aber auch durch die Furcht beeinflußt, er könne es sich bei zu forschem Vorgehen mit der Finanzverwaltung endgültig verderben und dadurch seine Berufsposition generell verschlechtern. Wie dem auch sei: Der Wunsch des Unternehmers zur Steueroptimierung kann nur mit einem kompetenten Berater als Partner realisiert werden. Der Abschlußprüfer des Unternehmens kann meines Erachtens in Zukunft immer weniger dieser Partner sein. Er entwickelt sich aufgrund der Gesetzeslage und des damit verbundenen persönlichen Haftungsrisikos immer stärker zu einem im öffentlichen Auftrag stehenden Unternehmenskontrolleur. Der Unternehmer tut daher gut daran, künftig Prüfung und Beratung zu trennen. Der Unternehmer sollte darüber hinaus bei schwierigen Gestaltungsfragen nicht im Tagesgeschäft tätige Spezialisten heranziehen. Hierbei muß er diesen natürlich den Rücken freihalten, da jeder Veränderungsvorschlag in der Regel auf erheblichen Widerstand stößt. Ebenso sollte der Unternehmer in Rechnung stellen, daß zwischen Finanzchef und Steuerberater/Wirtschaftsprüfer über das notwendige

Vertrauensverhältnis hinaus oft eine Allianz entstehen kann, die den eigenen Interessen nicht immer dienlich ist.

Was eine steuerlich optimale Gestaltung dem Unternehmen und seinen Gesellschaftern bringen kann, zeigt eindrucksvoll das Beispiel Horten: Helmut Horten verlegte vor der Veräußerung seines Unternehmens – dieses firmierte damals als GmbH – seinen Wohnsitz in die Schweiz. Nach der damaligen Regelung hätte er einen Veräußerungsgewinn bezüglich seiner GmbH-Anteile in Deutschland versteuern müssen; bei der Veräußerung von Aktien hatte dagegen allein die Schweiz das Besteuerungsrecht, welches sie jedoch aufgrund ihres innerstaatlichen Rechts nicht wahrnahm. Was tat Helmut Horten? Er wandelte die GmbH in eine AG um, ein Vorgang, der in Deutschland steuerfrei war. Anschließend verkaufte er seine Aktien und realisierte auf Grund seines Schweizer Wohnsitzes eine Steuerersparnis von mehr als 70 Millionen D-Mark. Ein anderer Fall: Im Zuge des »Going Public« löste die Firma X alle stillen Reserven auf und versteuerte den hierbei anfallenden Gewinn ordnungsgemäß nach den Regeln des Umwandlungssteuergesetzes zum halben Steuersatz. Anschließend konnten alle Abschreibungen von den aufgestockten Buchwerten vorgenommen und vom voll steuerpflichtigen Gewinn abgezogen werden. Da das Unternehmen keinen eigenen Grundbesitz hatte und das Anlagevermögen zum überwiegenden Teil aus Maschinen bestand, die kurzfristig abgeschrieben werden konnten, war der Vorteil groß. Allerdings setzte dies voraus, daß die Firma liquide war. Die Steuern auf den Veräußerungsgewinn mußten nämlich sofort gezahlt werden, während die Steuerersparnis über die erhöhten Abschreibungen erst nach und nach zu Buche schlug. Spektakuläre Steuerersparnisse wie in den vorstehend geschilderten Fällen sind natürlich nicht an der Tagesordnung. Die Beispiele sollen jedoch darauf hinweisen, daß das Steuerrecht ein Bereich ist, dem unternehmerische Aufmerksamkeit geschenkt werden sollte. Bei den immer geringer werdenden Margen und der hohen Steuerbelastung unserer Unternehmen ist Steueroptimierung angesagt. Dem Unternehmer ist insbesondere zu empfehlen, persönlich an der Schlußbesprechung der Betriebsprüfung teilzunehmen: Zum einen gibt das den Argumenten seitens des Unternehmens ein besonderes Gewicht, zum anderen kann der Unternehmer sich selbst davon überzeugen, ob und in welchem Umfang die steuerlichen Potentiale in seinem Unternehmen ausgeschöpft werden.

Auch wenn eine steuerliche Optimierung nicht vernachlässigt werden darf, muß davor gewarnt werden, den steuerlichen Überlegungen einen falschen Stellenwert einzuräumen. Erste Priorität muß immer die gesellschaftsrechtliche

Absicherung des Unternehmens und die betriebswirtschaftliche Konzeption haben. Wer diese Rangfolge nicht akzeptiert, wird ein Vielfaches dessen, was er an steuerlichen Vorteilen erzielen konnte, an anderer Stelle wieder einbüßen. Hierfür gibt es aus jüngster Zeit eindrucksvolle Beispiele. Sei es, daß die Benteler AG durch eine allein steuerlich motivierte vorweggenommene Erbfolge in eine existentielle Führungskrise geriet, sei es, daß Kurt Engelhorn nach Einbringung aller Anteile in steuerlich günstig gelegene Trusts bei Boehringer ausgebootet werden konnte, weil die gesellschaftsrechtlichen Machtstrukturen und Entscheidungsabläufe infolge dieser Konstruktion von ihm nicht mehr zu lenken waren.

Steuerliche Gestaltungen müssen darüber hinaus stets mit den betriebswirtschaftlichen Bedürfnissen in Einklang stehen. Wird z. B. aus steuerlichen Überlegungen heraus in profit-center-gesteuerten Unternehmensbereichen das tatsächliche wirtschaftliche Ergebnis verfälscht, so wirkt sich dies nachhaltig negativ für das gesamte Unternehmen aus. Auch hierzu ein Beispiel: Ein Unternehmen aus der Investitionsgüterindustrie hatte in einem niedrig besteuerten Billiglohnland eine Tochtergesellschaft errichtet, bei der die lohnintensiven Komponenten des Endproduktes hergestellt wurden. Der Firmenchef erreichte bei der Finanzverwaltung aufgrund einer geschickten Verhandlungsführung die Anerkennung von Verrechnungspreisen, die der Tochtergesellschaft eine sehr hohe Rendite sicherten und naturgemäß den Gewinn der deutschen Muttergesellschaft nachhaltig belasteten. Nach geraumer Zeit traten bei der Muttergesellschaft zwei Probleme auf, mit denen zuvor niemand gerechnet hatte: Zum einen regte sich Widerstand bei den Mitarbeitern, denen intern und extern stets die Zahlen der wichtigsten Konkurrenten vorgehalten wurden. Diese Zahlen waren für sie jedoch wegen der hohen Einkaufspreise, die sie für die zugekauften Komponenten bei der eigenen Tochtergesellschaft zahlen mußten, trotz aller Anstrengungen nicht mehr erreichbar. Zum anderen begannen die Banken Schwierigkeiten zu machen, da die Eigenkapitalbildung nur noch bei der Tochtergesellschaft stattfand, so daß schließlich die Geschäftsführung auf den aberwitzigen Vorschlag verfiel, die Tochtergesellschaft solle sich mit den thesaurierten Gewinnen an ihrer eigenen Muttergesellschaft beteiligen. Die Lehre solcher Erfahrungen aus der täglichen Praxis ist einfach: Das Steuerrecht hat stets nur eine Hilfsfunktion. Erst dann, wenn gesellschaftsrechtlich, betriebswirtschaftlich und organisatorisch die optimale Gestaltung gefunden ist, kann die steuerliche Optimierung einsetzen. Wer jedoch der steuerlichen Gestaltung vor den betrieblichen Bedürfnissen den Vorrang einräumt, erreicht häufig – wie z. B. bei vielen Betriebsaufspaltungen – einen Grad der Kompliziertheit betrieblicher Strukturen, den niemand mehr beherrschen kann. Dies führt dann zu Reibungsverlusten, die oftmals ein Vielfaches der erzielten Steuervorteile kosten.

In aller Regel ist die Qualität der deutschen Steuerberater über jeden Zweifel erhaben. Sie haben eine tägliche Kärnerarbeit zu leisten, die bei der ständig wachsenden Flut von Verordnungen, Richtlinien, Verwaltungsanweisungen und Urteilen immer schwieriger wird. Über diese Arbeit wird in der Regel auch die Steuergestaltung nicht zu kurz kommen, wenn der Unternehmer sie einfordert und hierzu angemessene Impulse gibt. Bei allerdings schwierigen Steuerfragen, die außerhalb der Tagespraxis entstehen, wie z.b. bei Umwandlungen, Unternehmensveräußerungen, internationalen Gestaltungen, etc. ist der Unternehmer gut beraten, wenn er sich davon überzeugt, daß das hierfür erforderliche spezielle Know-how bei seinem Tagesberater vorhanden ist. In Zweifelsfragen ist es immer besser, einen Spezialisten hinzuzuziehen.

GOLDENE REGELN
zur Steuerberatung

1. Steuerberatung und Wirtschaftsprüfung sind in getrennte Hände zu legen. Es ist nicht sinnvoll, daß derjenige, der eine Gestaltung empfohlen hat, letztendlich in eigener Person über ihren Erfolg urteilt.

2. Die Steuerberater der ersten Stunde sind häufig nicht mit dem Unternehmen »mitgewachsen«. Insbesondere fehlt es oft an der notwendigen Kenntnis des internationalen Steuerrechts. In solchen Fällen geht Qualität vor Kontinuität. Die Loyalität zum Altberater kann durch die Zuteilung beschränkter Aufgabengebiete (z. B. Abgabe der persönlichen Steuererklärungen, Mithilfe bei der Vermögensverwaltung etc.), gewahrt werden.

3. Bei der Vermittlung von Vermögensanlagen und Versicherungsverträgen seitens des Steuerberaters ist darauf zu achten, daß dieser keinerlei persönliche Vermögensinteressen (Provisionen, Abschlußgebühren, etc.) verfolgt. Notfalls ist diesbezüglich eine ausdrückliche Nachfrage beim Berater angebracht.

4. Mehr noch als der Wirtschaftsprüfer muß der Steuerberater einen individuellen Beratungsservice leisten, der an den jeweiligen sachlichen und auch zeitlichen Bedürfnissen des konkreten Unternehmens und seiner Eigner orientiert ist. Am Anfang jeder Beauftragung muß deshalb in einem ausführlichen Gespräch geprüft werden, ob die Erwartungen des Mandanten im konkreten Fall erfüllt werden können.

5. Spätestens dann, wenn die Interessen mehrerer Gesellschafter voneinander abweichen, sollte jede Gesellschafterfamilie einen eigenen, vom Unternehmen und von den Mitgesellschaftern unabhängigen Steuerberater einschalten.

6. Der Steuerberater muß den Mandanten vorbeugend auf Problemstellungen und Lösungsmöglichkeiten hinweisen. Das gilt insbesondere bei Änderungen der Gesetze und der höchstrichterlichen Rechtsprechung. Beispiel: Änderung der Erbschaftsbesteuerung, Wegfall des hälftigen Steuersatzes bei Unternehmenveräußerungen, Erleichterungen beim Wechsel der Unternehmensform, Zulässigkeit der Rechtsform der GmbH & Co. KGaA etc.

7. Wie jeder Berater so muß auch der Steuerberater einer laufenden Qualitätskontrolle unterzogen werden. Dies geschieht unter anderem durch Teilnahme des Eigners an der Schlußbesprechung der Betriebsprüfung. Aber: Auch der Steuerberater ist ein Mensch und muß einmal einen Fehler machen dürfen.

8. Die Qualität der Beratung und nicht die Höhe des Honorars sollte für das Beratungsverhältnis den Ausschlag geben.

9. Der Unternehmer sollte sich nie von »Stammtischinformationen« über angeblich sichere Wege einer totalen Steuervermeidung beeindrucken lassen. Diese Wege gibt es nicht.

10. Steuerhinterziehung lohnt sich nicht. Der intelligente Unternehmer findet gemeinsam mit einem guten Berater genügend Möglichkeiten einer legalen Steuerminderung.

2.
DER WIRTSCHAFTSPRÜFER

Es war einmal …

… der Wirtschaftsprüfer Dr. L., der mit dem Unternehmen groß geworden war. Er beriet den Unternehmer und das Unternehmen in steuerlichen Gestaltungsfragen, er prüfte den Jahresabschluß und war in früheren Jahren auch in die Erstellung des Abschlusses mit »eingebunden«, bis er diesen Zustand im Hinblick auf die berufsrechtlichen Regelungen beendet hatte. An seinem Aufgabenkreis hatte sich nichts geändert, als der Unternehmensgründer zu seiner Entlastung einen Finanzchef einstellte, der nunmehr für den Wirtschaftsprüfer zuständig war.

Im Zuge einer von dem neuen Finanzchef initiierten Unternehmensakquisition war der Wirtschaftsprüfer mit der Unternehmensbewertung beauftragt worden. Sein Gutachten hatte die maßgebliche Basis für den im Zuge des Erwerbs zu zahlenden Kaufpreis gebildet. Als sich der Neuerwerb einige Jahre später als gravierende Fehlentscheidung herausstellte und der Prüfer sich verpflichtet sah, den Kaufpreis abzuschreiben, kam es zu Meinungsverschiedenheiten: Der Finanzchef, der nicht unerheblich am Gewinn beteiligt war, setzte sich gegen die erforderliche Teilwertabschreibung zur Wehr; sie hätte nicht nur seine Bezüge, sondern auch seinen Nimbus als Unternehmensstratege dauerhaft herabgesetzt. Als der Prüfer sich vertrauensvoll an den Senior wandte und dieser seinen Finanzchef befragte, wurde von letzterem die Qualifikation des Prüfers nachhaltig in Frage gestellt. Kurze Zeit später wurde dem Prüfer das Mandat entzogen.

Der Berufsstand der Wirtschaftsprüfer ist ins Gerede gekommen. Dies zeigen nicht erst die Skandale der jüngsten Zeit. Schon in früheren Jahren haben Fälle wie Beton- und Monierbau, Helaba und Esch und schon 1976 der Fall Bieberhaus, der für die renommierte Wirtschaftsprüfungsgesellschaft Peat Marwick mit einer Schadensersatzverpflichtung in Höhe von 5 Millionen D-Mark endete, die ersten Risse an der bisher makellosen Erscheinung dieses einst so stolzen Berufsbildes entstehen lassen. Seitdem ging es Schlag auf Schlag: KPMG mußte in Sachen IFC Leasinggesellschaft 5,5 Millionen Dollar Schadensersatz hinblättern, und zittert nun in Sachen Banco Popular, wo es um 75 Millionen Dollar Wiedergutmachung geht. Price Waterhouse wurde in der Angelegenheit Ferfin mit einer 100 Millionen Dollar-Klage wegen grober Nachlässigkeit und mangelnder Professionalität bei der Bilanzierung überzogen. Ernst & Young mußte wegen groben Fehlverhaltens bei der Prüfung einer irischen Versicherung (Insurance Corp. of Ireland) 110 Millionen Dollar überweisen. Die irischen Partner selbst kamen allerdings mit dem Schrecken davon, weil die Versicherungspolice noch einmal den Weg in den persönlichen Konkurs abbremste, während ihre amerikanischen Partner wegen groben Fehlverhaltens bei Bankbilanzierungen 400 Millionen D-Mark berappen mußten und dabei »Haus und Hof« verloren.

Es wird für die Wirtschaftsprüfer nur ein geringer Trost sein, daß gleichzeitig mit ihnen die Aufsichtsräte, denen sie ja eigentlich zuarbeiten sollen, in die Krise geraten sind. Im Gegenteil: Nun wird aufeinander eingedroschen zum Schaden beider Berufsgruppen und zum Schaden der gesamten deutschen Wirtschaft. Dabei haben die Wirtschaftsprüfer wie auch die Aufsichtsräte diese Misere nur zum geringen Teil selbst verschuldet. Der notwendige Umfang einer Richtigstellung oder einer Teilwertabschreibung auf eine Beteiligung sowie die Auswirkung plötzlich auftretender Liquiditätsengpässe läßt sich nun einmal nicht exakt vorhersagen – auch nicht von gut ausgebildeten Wirtschaftsprüfern. Auch die in Abschwungphasen zunehmenden Täuschungsmanöver durch die in den Unternehmen verantwortlichen Personen lassen sich im nachhinein immer, im vorhinein nur selten erkennen.

Verantwortlich für das Dilemma sind die Wirtschaftsprüfer allerdings insoweit, als sie selbst dafür gesorgt haben, daß die früher so lupenreine Interessenabgrenzung angetastet wurde. Denn heute, da die Verdienstchancen stärker im Beratungs- als im Prüfungsgeschäft gestiegen sind, wird die Grenze zwischen beiden nicht mehr deutlich gezogen. Unternehmensberatung sollte jedoch niemals mit der Wirtschaftsprüfung gekoppelt werden, auch wenn dies mittels formalrechtlicher Abgrenzung über selbständige Tochtergesellschaften geschieht. Jedermann weiß, daß hier schwerwiegende Interessenkonflikte vorprogrammiert sind. Zumindest kann die Öffentlichkeit von den Wirtschaftsprüfern erwarten, daß diese Fragen offen diskutiert und nicht durch berufsständische Mitteilungen in ihrer Problematik verharmlost werden. Auch die im Rahmen der anstehenden Aktienrechtsreform vorgesehene Regelung, wonach der Wirtschaftsprüfer nicht mehr vom Vorstand, sondern vom Aufsichtsrat seinen Prüfungsauftrag erhält, ist nur eine Scheinlösung zur Sicherung der Unabhängigkeit der Wirtschaftsprüfer. Das Geld wird heute im Beratungsgeschäft verdient. Und solange der Vorstand, nicht der Aufsichtsrat, die Beratungsmandate an den Wirtschaftsprüfer erteilt, bleibt eine erhebliche Abhängigkeit der Wirtschaftsprüfer bestehen. Konsequent wäre es dabei gewesen, die Erteilung von Beratungsmandaten an den Prüfer oder eine abhängige Gesellschaft – ebenso wie Beratungsvereinbarungen mit einzelnen Aufsichtsratsmitgliedern – von der Zustimmung des Gesamtaufsichtsrats abhängig zu machen. Ebensowenig offen wird seitens der Interessenvertretung der Wirtschaftsprüfer über den Vorschlag, alle fünf Jahre den Prüfer zu wechseln, diskutiert. Es wird darauf hingewiesen, ein solcher Wechsel sei für das Unternehmen zu kostspielig und gefährde zudem die Prüfungsqualität. Ich empfehle zwar keinesfalls den automatischen Prüferwechsel. Ich bin aber in den Fällen, in denen ich Prüferwechsel erlebt oder bewirkt habe, immer mit einer wesentlich geringeren Honorarsumme des neuen Anschlußprüfers ausgekommen; insofern war der Wechsel jedesmal ein Beitrag zur Kostenreduzierung unter gleichzeitiger Erhöhung bzw. Absicherung der Prüfungsqualität.

Das größte Problem des Wirtschaftsprüfers im Familienunternehmen ergibt sich aus einer »Erwartungslücke« der Familiengesellschafter. Diese ist von den Wirtschaftsprüfern zum großen Teil selbst verschuldet worden, indem sie nicht für die notwendige Aufklärung gesorgt haben. Noch immer ist die große Mehrzahl der Gesellschafter im Familienunternehmen der Meinung, der vom Wirtschaftsprüfer testierte Jahresabschluß weise den einzig möglichen Gewinn aus. Sie wissen nicht, daß es eine unübersehbar große Vielzahl von möglichen Gewinnfeststellungen gibt, die alle im Sinne des Handelsrechts als korrekt zu bezeichnen sind. Aufgabe des Wirtschaftsprüfers ist es nicht, unter diesen vielen Möglichkeiten diejenige auszuwählen, die für die Kontinuität und finanzielle Absicherung des Unternehmens am besten geeignet ist. Die Aufgabe des Wirtschaftsprüfers liegt vielmehr darin, den von der Geschäftsführung erstellten Jahresabschluß in der vorgelegten Form auf seine handelsrechtliche Zulässigkeit hin zu überprüfen. Dabei kann die Geschäftsführung sowohl durch Sachverhaltsgestaltungen vor dem Bilanzstichtag als auch durch Bilanzpolitik nach dem Abschlußstichtag die Höhe des festgestellten Gewinns und damit in aller Regel auch die Höhe der Ausschüttungen bzw. Entnahmen ganz maßgeblich beeinflussen. Das ist ihr gutes Recht und hiergegen ist auch nichts zu sagen. Die Gesellschafter müssen nur wissen, daß bei der Bilanzerstellung persönliche Interessen durchaus eine große Rolle spielen können. So wird z. B. ein Pension gehender Geschäftsführer sich in der Regel mit einem besonders guten Ergebnis verabschieden wollen und hierbei gegebenenfalls (stille) Reserven zu Lasten der Folgejahre auflösen. Umgekehrt wird ein neu eintretender

Geschäftsführer versucht sein, seinen Start dadurch zu begünstigen, daß er bei der ersten Bilanzierung unter seiner Federführung die Vergangenheit möglichst schlecht darstellt und hierfür übermäßig hohe Rückstellungen bildet. Diese kann er dann in den Folgejahren zum Beweis der eigenen unternehmerischen Leistung wieder in Gewinn »verwandeln«. Ein privat vermögender Gesellschafter kann versucht sein, den Gewinn niedrig zu halten, um Mitgesellschafter, die auf Ausschüttungen angewiesen sind, auszuhungern.

Ich möchte nicht mißverstanden werden: Die Verfolgung persönlicher Interessen bei der Bilanzierung ist in der Regel weder ungewöhnlich noch unmoralisch. Die verschiedenen Interessenlagen müssen jedoch allen Gesellschaftern gegenüber offengelegt werden, damit diese aus ihrer Eigentümerposition heraus entscheiden können, ob ihre eigenen Interessen, die Eignerinteressen, mit den der Bilanzierung zugrundegelegten Interessen übereinstimmen. Wie oft habe ich bei Gesellschafterversammlungen, in denen es um die Feststellung der Jahresabschlüsse ging, den hilfesuchenden Blick des Wirtschaftsprüfers verspürt, der sehnsüchtig darauf wartete, daß ihm die Gesellschafter endlich die richtigen Fragen stellten. Diese Fragen – weg von der Rechtmäßigkeit und hin zu der Zweckmäßigkeit der Bilanzierung – hätten ihn von einem schwierigen Konflikt befreien können. Denn: Soweit er den von der Geschäftsführung vorgelegten Jahresabschluß lediglich zu testieren hat, kann es nur zu leicht das Ende seines Mandats bedeuten, wenn er die Gesellschafter ungefragt auf andere mögliche Bilanzierungsvarianten expressis verbis hinweist.

Ich bin, um diesen in der Praxis häufigen, in seiner Relevanz schwerwiegenden Konflikt zu beseitigen, dazu übergegangen, im Gesellschaftsvertrag oder in einem gesonderten Gesellschafterbeschluß eine Verpflichtung des Wirtschaftsprüfers zu einer weitergehenden Berichterstattung festzulegen: Danach muß der Wirtschaftsprüfer automatisch – ohne daß die jeweilige Geschäftsführung diese Berichtspflicht beeinflussen kann – jährlich über konkret aufgeführte bilanzsensible Maßnahmen die Gesellschafterversammlung schriftlich (!) benachrichtigen. Erst aufgrund eines solchen Berichts können die bilanziell meist unerfahrenen Gesellschafter feststellen, ob ihre individuellen Interessen im Jahresabschluß angemessen berücksichtigt worden sind.

Ein solcher Katalog, der naturgemäß auf die gesellschaftlichen Besonderheiten des jeweiligen Unternehmens abgestellt sein muß, könnte z. B. im Bereich der Sachverhaltsgestaltung zu folgenden Punkten Aufklärung verlangen:

a. Maßnahmen vor dem Abschlußstichtag

Wahl des Bilanzstichtags: Die Wahl des Bilanzstichtags kann ein Instrument der Bilanzpolitik sein, wenn z. B. als Bilanzstichtag ein Zeitpunkt mit geringer finanzieller Anspannung oder hoher oder niedriger Lagerbestände gewählt wird.

Stichtagsproblematik: Bilanzpolitik kann z. B. erfolgen durch die Beschleunigung oder Verzögerung des Absatzes bzw. der Produktion vor dem Bilanzstichtag, beschleunigte oder verzögerte Anschaffung von (geringwertigen) Wirtschaftsgütern vor dem Bilanzstichtag, Beschleunigung oder Verzögerung von Reparaturen vor dem Bilanzstichtag.

Umstrukturierungen gesellschaftsrechtlicher Natur: Ein Beispiel stellt die Einbringung eines selbstentwickelten Patents in eine eigens dafür gegründete Kapitalgesellschaft dar (Sachgründung). Auch Teilbereiche des Unternehmens können auf eigenständige Tochtergesellschaften ausgelagert werden, was mit einem gewinnrealisierenden Vorgang verbunden werden kann.

Window-Dressing: Das Bilanzbild soll durch Umschichtung bestimmter Bilanzpositionen noch vor dem Stichtag bewußt verbessert werden. So werden beispielsweise Devisen vor dem Stichtag veräußert, Wertpapiere in Pension gegeben, etc.

Leasing statt Kauf: Hierdurch kann die Bilanzstruktur und die Aufwandsstruktur beeinflußt werden.

Factoring: Auch durch Factoring kann die Bilanzstruktur beeinflußt werden.

Sale-and-lease-back: Das Unternehmen veräußert beispielsweise Immobilienwerte an eine Leasinggesellschaft unter Aufdeckung stiller Reserven und mietet diese zurück.

Veränderungen betrieblicher Prozesse: Auch die Veränderung betrieblicher Arbeitsprozesse, beispielsweise durch Lean-Production, Qualitätsmanagement, Umweltmanagement und Outsourcing kann erhebliche Auswirkungen auf die Bilanzpolitik des Unternehmens haben. So können beispielsweise Herstellungskosten oder aber Risikopositionen (Gewährleistungsrisiken, Umweltrisiken) einer strukturellen Veränderung unterliegen.

b. Maßnahmen nach dem Abschlußstichtag

Trennung von Handelsbilanz und Steuerbilanz: Durch eine Trennung von Handelsbilanz und Steuerbilanz werden im Unternehmen eine Vielzahl zusätzlicher bilanzpolititscher Möglichkeiten eröffnet, da vom Grundsatz her handelsrechtliche Aktivierungswahlrechte in der Steuerbilanz zu einer Aktivierungspflicht führen und umgekehrt handelsrechtliche Passivierungswahlrechte steuerlich in der Regel mit einem Passivierungsverbot verbunden sind. Die Gesellschafter sollten deshalb entweder über die Abweichungen zwischen Handels- und Steuerbilanz detailliert informiert werden oder aber gar ihre Zustimmung zu einer von der Steuerbilanz abweichenden Handelsbilanz erklären.

c. Bilanzierungswahlrechte (Ansatzwahlrechte)

Beispiele für praxisrelevante Aktivierungswahlrechte

- Nach § 250 Abs. 3 HGB darf in der Handelsbilanz ein Disagio bzw. Damnum aktiviert werden. In der Steuerbilanz gilt Aktivierungspflicht.
- Nach § 255 Abs. 4 HGB darf ein entgeltlich erworbener (derevativer) Firmenwert aktiviert werden. Er kann somit auch in der Handelsbilanz unmittelbar als Aufwand erfaßt werden. In der Steuerbilanz gilt hingegen Aktivierungspflicht. Bei Unternehmensübernahmen kann dies in der Handelsbilanz zu deutlichen Ergebnisbelastungen führen.
- Nach § 269 HGB können Aufwendungen für die Ingangsetzung und Erweiterung des Geschäftsbetriebs als Bilanzierungshilfe aktiviert werden. Steuerlich gilt hier ein Aktivierungsverbot.
- Nach § 274 Abs. 2 HGB dürfen sogenannte aktivische latente Steuern in der Handelsbilanz als Bilanzierungshilfe berücksichtigt werden.
- Hinsichtlich der Behandlung investitionsbezogener Zuschüsse besteht ein Wahlrecht, diese erfolgswirksam zu vereinaren oder aber die Anschaffungskosten des begünstigten Wirtschaftsgutes entsprechend zu mindern.

Beispiele für praxisrelevante Passivierungswahlrechte

- Nach § 249 Abs. 1 HGB gilt bei Rückstellungen für unterlassene Instandhaltungen, die ab dem 4. Monat bis zum Ende des folgenden Geschäftsjahrs nachgeholt werden, ein Passivierungswahlrecht. In der Steuerbilanz besteht hier wiederum ein Passivierungsverbot.

- Nach § 249 Abs. 2 HGB dürfen sogenannte Aufwandsrückstellungen gebildet werden, z. B. für zu erwartende Großreparaturen. Auch hier besteht steuerlich ein Passivierungsverbot.
- Für sogenannte steuerfreie Rücklagen, die nach steuerrechtlichen Vorschriften gebildet werden können, wie z. B. die Rücklage nach § 6b EStG oder aber nach § 7g EStG, ist handelsrechtlich ein sogenannter Sonderposten mit Rücklagenanteil zu bilden (vgl. § 247 Abs. 3, 273 HGB).

Bewertungswahlrechte

Ermessensspielräume

- Aus der Auslegung sogenannter unbestimmter Rechtsbegriffe ergeben sich nicht unerhebliche Ermessensspielräume. Beispiele für solche unbestimmten Rechtsbegriffe sind: vernünftige kaufmännische Beurteilung (§ 253 Abs. 1 S. 2, Abs. 3 S. 3, Abs. 4 HGB), voraussichtliche Nutzungsdauer (§ 253 Abs. 2 S. 2 HGB), am Abschlußstichtag beizulegender Wert (§ 253 Abs. 3 S. 2 HGB). Konkret drückt sich dieser Ermessensspielraum z. B. in der Einschätzung der betrieblichen Nutzungsdauer für Gegenstände des Anlagevermögens, in der Verwendung eines Zinssatzes bei erforderlichen Abzinsungen (z. B. Abzinsung unverzinslicher Forderungen), in der Bewertung von Rückstellungen und in der Beurteilung der Dauerhaftigkeit von Wertminderungen. Auch die Abgrenzung von Herstellungskosten bzw. Erhaltungsaufwendungen kann im weitesten Sinne als Ermessensspielraum gewertet werden.

Wahlrechte beim Bewertungsmaßstab

- Als wesentliche Wahlrechte sind diejenigen bei der Ermittlung der Herstellungskosten bzw. Anschaffungskosten anzuführen. Es liegt auf der Hand, welche Ergebnisveränderungen z. B. durch die Einbeziehung von allgemeinen Verwaltungskosten oder aber Fremdkapitalzinsen, soweit sie zur Finanzierung der Herstellung oder Anschaffung dienen, erzielt werden können.
- Nach § 254 HGB können Vermögensgegenstände des Anlage- und Umlaufvermögens auf den niedrigeren steuerlich zulässigen Wert abgeschrieben werden. Solche Abschreibungen können sich beispielsweise daraus erge-

ben, daß steuerrechtlich motivierte Sonderabschreibungen in Anspruch genommen worden sind, wie sie beispielsweise das Fördergebietsgesetz beinhaltet.

- Damit in Verbindung steht das Zuschreibungswahlrecht nach § 253 Abs. 5 HGB bzw. § 280 Abs. 1 und Abs. 2 HGB. Folgendes Beispiel kann die Tragweise dieser Vorschrift verdeutlichen: Im Konzernabschluß der Strabag wurden im Jahre 1995 Forderungsaufwertungen in Höhe von 110 Millionen D-Mark durchgeführt. Die Forderungsbewertung betraf eine auf den Erinnerungswert abgeschriebene Forderung für zwei irakische Großprojekte, die aufgrund veränderter politischer Situation zugeschrieben wurden (vgl. hierzu die Ausführungen von Küting, Blick durch die Wirtschaft, vom 29.05.1996).

Bei langfristiger Auftragsfertigung ist desweiteren unter bestimmten, auch sehr engen Voraussetzungen, eine Teilgewinnrealisierung möglich.

Bewertungsmethoden

- Für die Abschreibung beweglicher Vermögensgegenstände des Anlagevermögens (AfA) sowie von Gebäuden kommen verschiedene Abschreibungsverfahren in Betracht, z. B. die lineare AfA oder aber die geometrisch-degressive AfA. Steuerlich ergeben sich diesbezüglich aber Einschränkungen.
- Erheblicher bilanzpolitischer Spielraum ergibt sich auch aus der Wahl der Methode der Bewertung im Vorratsvermögen. Die Bildung von Festwerten kann zu erheblichen stillen Reserven führen. Auch eine Gruppenbewertung zur Ermittlung des gewogenen Durchschnitts kann die Bildung oder Auflösung stiller Reserven begünstigen.
- Bei der Auflösung von Rückstellungen für Pensionen besteht ein Wahlrecht zwischen der sog. versicherungsmathematischen und der buchhalterischen Methode. Auch die Ausübung dieses Wahlrechts kann zu erheblichen Ergebnisverschiebungen führen.

Wahlrechte und Spielräume in der Bilanzgliederung

Auch die Nutzung der Wahlrechte und Spielräume bei der Bilanzgliederung ist eine Form der Bilanzpolitik. Spielräume bestehen beispielsweise bezüglich einer Zuordnung eines Vermögensgegenstandes zum Anlagevermögen oder

zum Umlaufvermögen (z. B. Vorführgeräte, Grundstücke, wenn neben eigenem Immobilienbesitz auch Grundstücke gehandelt werden). Desweiteren
bestehen Abgrenzungsfragen bei der Zuordnung zur Position »Beteiligungen«
bzw. »verbundene Unternehmen«. Solche Ausweisfragen können Bedeutung
haben für die Vermögensstruktur, die Kapitalstruktur bzw. auch bilanzielle Li-
quiditätsrelationen.

Was muß also der Gesellschafter tun, um sein Interesse bei der Bilanzierung zu
wahren? Meines Erachtens sollte er darauf bestehen, daß der folgende Zehn-
Punkte-Katalog strikt beachtet wird.

GOLDENE REGELN
zur Bilanzierung

1. Der Wirtschaftsprüfer sollte ausschließlich den im Unternehmen
    selbst – also ohne seine Mitwirkung – erstellten Jahresabschluß
    prüfen. Steuerliche Beratungstätigkeit sollte allein Sache des
    Steuerberaters oder eines mit dem Prüfer nicht verbundenen
    dritten Wirtschaftsprüfers sein. Damit ist zugleich ausgeschlossen,
    daß der Wirtschaftsprüfer an der Bilanzstrategie mitwirkt. Er
    braucht dann auch etwaige von ihm veranlaßte bilanzstrategische
    Maßnahmen nicht zu verteidigen. Die Bilanzstrategie muß allein
    den Eigentümern, repräsentiert durch die Gesellschafterversamm-
    lung beziehungsweise dem Aufsichtsrat, überlassen bleiben und
    der Geschäftsführung vorgegeben werden.

2. Der Auftrag an den Wirtschaftsprüfer sollte von der Gesellschaf-
    terversammlung oder vom Beirat, nicht aber von der Geschäfts-
    führung erteilt werden. Damit ist der Wirtschaftsprüfer von der
    Geschäftsführung und deren Wohlwollen weitgehend unabhän-
    gig. Ist der Wirtschaftsprüfer – gegen meine Empfehlung – auch
    beratend tätig, so muß das Beratungsverhältnis von der Zustim-
    mung der Gesellschafterversammlung oder dem Beirat abhängig
    gemacht werden.

3. Der Wirtschaftsprüfer hat während der Prüfung ständig Kontakt zu
    der Gesellschafterversammlung beziehungsweise zum Beirat zu

halten. Ist die Gesellschafterversammlung hierfür zu groß, so sollte sinnvoll ein von den Gesellschaftern bestimmter Sprecher oder ein Ausschuß der Gesellschafterversammlung den Kontakt zwischen Eigner und Prüfer halten.

4. Ein Austausch des Wirtschaftsprüfers von Zeit zu Zeit kann durchaus sinnvoll sein. Dabei sollte der bisherige Prüfer jedoch keinesfalls ein Vorschlagsrecht für den neuen Prüfer erhalten. Ein solches Verfahren hat zwei Vorteile. Zum einen wird der Prüfer im Hinblick auf den Folgeprüfer besonders sorgfältig arbeiten. Zum anderen wird die Prüfungsobjektivität erhöht, da das konkrete Prüfungsverhalten und das Prüfungsergebnis keine Auswirkung auf eine künftige Beauftragung hat.

5. Der Prüfungsbericht ist an alle Gesellschafter auszuhändigen und vom Wirtschaftsprüfer persönlich zu erläutern. Die Gesellschafter sollten sich bei der Hinterfragung der Prüfungsergebnisse keinesfalls vor »dummen« Fragen fürchten; diese Fragen sind oft die wichtigsten und die besten.

6. Die Prüfungsberichte müssen für jeden Gesellschafter verständlich sein. Ein unverständlicher Bericht zeugt nicht – wie viele meinen – von hoher Intelligenz des Prüfers, sondern eher vom Gegenteil. Intelligente Leute können auch schwierige Sachverhalte einfach und verständlich ausdrücken.

7. Ein Sprecher der Gesellschafterversammlung oder der Beiratsvorsitzende sollten an Besprechungen zwischen Geschäftsführer und dem Prüfer teilnehmen.

8. Der sogenannte »management letter« sollte allen Gesellschaftern und/oder den Beiratsmitgliedern zugesandt werden. Dieser Bericht, dessen Existenz den meisten Gesellschaftern völlig unbekannt ist, enthält Verbesserungsvorschläge des Wirtschaftsprüfers gegenüber der Geschäftsführung. Die Gesellschafter können an ihm erkennen, ob trotz der durch das Testat ausgedrückten Ordnungsmäßigkeit der Bilanz Handlungsbedarf des Unternehmens mit dem Ziel einer Verbesserung des betrieblichen Zahlenwerkes besteht.

9. Durch den Gesellschaftsvertrag sollte der Wirtschaftsprüfer verpflichtet werden, unmittelbar an die Gesellschafter oder den Beirat über einen im Gesellschaftsvertrag vorgesehenen Katalog bilanzsensibler Maßnahmen schriftlich Bericht zu erstatten. Dieser Katalog muß die entscheidenden Bewertungswahlrechte, Bilanzspielräume und bilanzgestaltenden Geschäftsvorgänge, die in dem betreffenden Unternehmen relevant werden können, konkret bezeichnen.

10. Beim Auftreten von wichtigen Zweifelsfragen sollte sich die Gesellschafterversammlung oder der Beirat, falls die Auskünfte des Wirtschaftsprüfers nicht befriedigend sind, mit einem eigens hierzu engagierten unabhängigen dritten Wirtschaftsprüfer beraten.

3.
DER BEIRAT

Der Familienunternehmer ist ein einsamer Mann. Geschäftliche Sorgen muß er mit sich allein austragen. Mit leitenden Mitarbeitern kann und will er solche Dinge nicht erörtern, da sie häufig eine andere Interessenlage haben. Das zeigt sich zum Beispiel bei der Frage, ob das Unternehmen im Besitz der Familie bleiben oder verkauft werden soll. Aber auch bei einer notwendigen Personalreduzierung im Führungsbereich wird der Unternehmer kaum Gesprächspartner haben. Im Kreise seiner Familie schweigt der Unternehmer ebenfalls über geschäftliche Sorgen. Dasselbe gilt für das Gespräch mit Unternehmerkollegen getreu dem Motto: »Nur keine Schwäche zeigen«. Mit wem also kann der notwendige Meinungsaustausch stattfinden?

In den Familienunternehmen hat sich die Erkenntnis durchgesetzt, daß die Aufteilung unternehmerischer Macht auf operative Geschäftsführung und begleitende Kontrolle durch einen Beirat noch immer die beste Lösung darstellt. Dieses von unserem Aktienrecht vorgegebene dualistische Konzept hat nicht zuletzt gegenüber dem angloamerikanischen Boardsystem, das auch in der Schweiz praktiziert wird, Vorteile. Denn im Boardsystem sind Exekutive und Legislative in einem Gremium vereint. Nach den jüngsten Aufsichtsratsskandalen sind jedoch bei den Familienunternehmen grundsätzlich Zweifel daran aufgekommen, ob die Institutionalisierung eines Beirates nicht doch weniger bringt als bis dato angenommen. Die Vorgänge der vergangenen Jahre und Monate haben den Eindruck hervorgerufen, daß in den Aufsichtsräten unserer Konzerne überwiegend Schlafmützen und Versager sitzen. Unwidersprochen bleibt denn auch die Feststellung von Experten, daß mehr als 90 Prozent dieser Aufsichtsräte nicht effektiv genug arbeiten. Diesen Vorwurf zu widerlegen, ist Sache der einzelnen Aufsichtsräte: Wenn zum Beispiel der Vorstand der Daimler-Benz AG, dessen Stabsabteilungen mit hochbezahlten Controlling-Spezialisten bestückt sind, noch im Mai 1995 einen Gewinn avisiert, der dann wenige Wochen später zum Milliardenverlust wird, dann macht sich der Aufsichtsrat lächerlich, sofern er aus einem solchen Vorgang keine strukturellen und personellen Konsequenzen zieht. Die richtige Reaktion hierauf kann jedenfalls nicht die freiwillige Einräumung oder Erhöhung der Vorstandstantieme und erst recht nicht die Einräumung von Aktienoptionen zu einem Zeitpunkt sein, in dem die Aktienkurse durch Schuld des Vorstandes auf einem Tiefststand liegen. Das ist schlicht gesagt unanständig. Man stellt sich die Frage, wie der Vorstand wohl agiert hätte, wenn die Geschäftsführung einer ihm unterstellten Tochtergesellschaft eine vergleichbare Fehlaussage getroffen hätte. Mit Sicherheit wären Köpfe gerollt. Wenn – um ein weiteres unrühmliches Beispiel der jüngsten Vergangenheit zu nennen – ein Wirtschaftsmagazin mit seinen durchaus beschränkten Erkenntnismöglichkeiten bei KHD bereits 1994 genau den Finger in die Wunde legt, und diesem Hinweis folgt ein offizielles Dementi des Aufsichtsrats, dann ist dies ein an Peinlichkeit kaum noch zu überbietender Vorgang. Wenn schließlich bei Balsam – um ein letztes Beispiel aus einer schier unendlichen Kette aufzuführen – jahrelang Luftaufträge gebucht werden, dann hätte trotz hoher krimineller Energie ein qualifizierter Aufsichtsrat schon bei einer flüchtigen Liquiditätsprüfung feststellen müssen, daß etwas nicht stimmt.

Dennoch: Die zahlreichen schweren Flops sind nicht mit einem Versagen des Systems gleichzusetzen. Überwiegend leisten die deutschen Aufsichtsräte korrekte und gute Arbeit. Allerdings müssen Verständnis und Organisation des Aufsichtsrates den veränderten Rahmenbedingungen Rechnung tragen. Denn unsere Unternehmen haben sich gerade im vergangenen Jahrzehnt von Grund auf geändert. Von statisch geprägten Gebilden haben sie sich zu dynamischen Prozeßeinheiten mit hoher Durchsetzungsgeschwindigkeit gewandelt. Der Zwang zur Globalisierung, zu kürzeren Produktlebenszyklen und zu exakter

Einstellung auf ständig wachsende Kundenwünsche hat die betrieblichen Abläufe – angefangen bei der Logistik, über die Arbeitsvorbereitung und Produktion bis hin zu Nachkalkulation, Marketing und Vertrieb – revolutioniert. Dem muß auch ein gewandeltes Aufsichtsratsverständnis Rechnung tragen: Die Zeit der Kontrolleure, die sich vorwiegend auf antiquierte Zustimmungskataloge und auf die Analyse von Zahlen aus der Vergangenheit stützen, ist vorbei. Gesucht sind die Macher, die neben der notwendigen Ordnungskontrolle die Geschäftsführung auf dem Weg in die unternehmerische Zukunft konstruktiv begleiten. Die derzeit noch vorherrschende Typologie unserer Aufsichtsräte, die sich in drei Gruppen einteilen läßt, wird diesen Anforderungen indes nicht gerecht:

- Der erste Typus ist am ehesten als »Cosy Club« zu charakterisieren. Der »Cosy club« ist durch ein tiefes – meist unkritisches – Harmoniebestreben in Aufsichtsrat und Vorstand gekennzeichnet. Die wahren Probleme werden aus Furcht vor Klimaverschlechterung unter den Teppich gekehrt. Durch engen gesellschaftlichen Kontakt aller Beteiligten unter Einschluß ihrer Ehefrauen wird vom Vorstand im eigenen Interesse dafür Sorge getragen, daß die dringend empfehlenswerte persönliche Distanz schnellstmöglich beseitigt wird. Gemeinsame Vergnügungsreisen, wie zum Beispiel vom Vorstandsvorsitzenden eines großen Konzerns mit seinem Aufsichtsrat in eine diesem ansonsten »verschlossene Welt«, verpflichten nun einmal zu Wohlverhalten. Sie widersprechen dem korrekten Rollenverständnis des Aufsichtsrates ebenso wie die von Zeitungen dokumentierten Männerfreundschaften zwischen Kontrolleuren und Kontrollierten, die auf der Geburtstagsparty eines berühmten deutschen Medienstars ans Licht kamen.
- Der zweite Typus des Aufsichtsrates ist das »All-star-team«: Typisch ist seine Zusammensetzung aus – der unternehmerischen Tagespraxis bereits weitgehend entrückten – Managern, die neuerdings auch noch von der grassierenden Sucht nach Aktienoptionen infiziert sind. Die Aufsichtsratssitzungen werden durch umfangreiche Telefonate, durch pausenlos einlaufende Faxe und vorzeitige Abreisen der Stars in von Bodyguards bewachten Privatjets ihrer eigentlichen Funktion entfremdet. Die Sachaufgabe ist zur Selbstdarstellung degeneriert. Der Hang zu Statussymbolen, der Mangel an Zeit sowie die praktizierte Eitelkeit im Aufsichtsrat bieten jedem cleveren Vorstand ein reiches Instrumentarium, die eigene Unabhängigkeit zu sichern.
- Der dritte Typus schließlich ist die »Vereinigung der Oberbuchhalter«. Die Mitglieder dieses Aufsichtsratstypus tragen das Signum buchhalterischer

Korrektheit auf der Stirn. Sie konzentrieren sich auf Details und übersehen dabei das Wesentliche. Auf die im Zustimmungskatalog vorgeschriebene Genehmigung einer Handlungsvollmacht, einer Dachreparatur oder eines Dienstwagenkaufs verwenden sie weitaus mehr Energie als auf die Frage, ob der Aufbau einer Zweitmarke, der Übergang zur Leasingfinanzierung oder die Einführung einer externen Revision angezeigt ist. Nichts erfreut diesen Aufsichtsrat mehr als eine Selbstbestätigung etwa durch die Auffindung von Zahlendrehern oder unkorrekten Firmenbezeichnungen im Wirtschaftsprüfungsbericht.

Mit solchen Aufsichtsräten kann man heute nichts mehr anfangen. Der angesagte Wandel kann allerdings nicht – wie derzeit in Bonn vorgesehen – mit der »Keule des Aktienrechts« erzwungen werden. Jedenfalls belegen die öffentlichen Äußerungen vieler Politiker zu diesem Thema – beispielsweise die Vorstellung einer Reduzierung von Managementgehältern bei Massenentlassungen – einen geradezu peinlichen Grad volkswirtschaftlicher Unkenntnis. Hier sollten sich die Politiker, die weitgehend die Strukturproblematik unserer Familiengesellschaften zu verantworten haben, an die eigene Nase fassen. Vorschlag: Kürzung der steuerfreien Diäten im prozentualen Verhältnis zum Anstieg der Insolvenzfälle!

Der richtige Weg ist ein anderer: Ändern muß sich unsere Aufsichtsratskultur, und hier ist derzeit ein gesunder Selbstreinigungsprozeß im Gang. Dessen Verlauf sollte man abwarten. Am ehesten wünschenswert ist die Verständigung auf einen Ehrenkodex für Aufsichtsräte, wie dies früher für Insidergeschäfte erfolgreich akzeptiert wurde.

Für Familienunternehmen haben die jüngsten Vorgänge um die gesetzlichen Aufsichtsräte eine abschreckende Wirkung. Dies sollte jedoch keinesfalls dazu führen, die Institution des Beirates generell in Frage zu stellen. Wie wichtig diese Institution gerade in unseren Familienunternehmen ist, zeigen die bekannten Vorgänge bei Bahlsen, 4711 oder auch bei Voith. Die wichtigsten Gründe für die Berufung eines Beirates sind die Folgenden:

- Die Gesellschafter erhalten ein Gremium, das die Zukunft des Unternehmens und damit das Vermögen der Familie aufgrund seiner Kompetenz besser absichern kann als die Gesellschafterversammlung.
- Bei anhaltenden Meinungsverschiedenheiten unter den Gesellschaftern kann der Beirat die Handlungsfähigkeit des Unternehmens sichern.

- Temporäre Problemfelder aus dem Gesellschafterkreis können durch den Beirat aufgelöst werden, zum Beispiel bei Pattsituationen, Testamentsvollstreckungen oder Problemen mit minderjährigen und/oder kranken Gesellschaftern.
- Die Geschäftsführung erhält ein kritisches Resonanzgremium, das zugleich die notwendige Leistungskontrolle über das Management im Sinne von Zielvorgabe und Zielkontrolle sicherstellt.
- Der Beirat bildet die neutrale Brückenfunktion zwischen Fremdmanagement und Gesellschaftern. Fremde Manager meiden Familienunternehmen, weil sie fürchten, daß Emotionen anstelle eines objektiven Leistungsnachweises ihren unternehmerischen Stellenwert bestimmen.

Wer einen Beirat beruft und dabei die nachfolgenden goldenen Regeln beachtet, wird sich manche Enttäuschung ersparen.

GOLDENE REGELN
zum Beirat

1. Für Beiratsmitglieder gilt der Grundsatz: »Ein Gramm Charakter ist mehr wert als ein Kilo Sachverstand.« Gerade fachlich hochqualifizierte Beiratsmitglieder sind gefährlich, wenn sie im Ernstfall die erforderliche Loyalität vermissen lassen.

2. In den Beirat gehören unabhängige unternehmerische Persönlichkeiten. Die Gefahr von Interessenskonflikten muß ausgeschlossen sein. Deshalb scheiden der Hausanwalt, der tägliche Steuerberater und Vertreter der kreditgewährenden Banken – sofern bei diesen ein Interessenkonflikt eintreten kann – als Beiräte aus. Besonders letztere geraten in Konflikt, wenn ihr Kreditengagement gefährdet ist. Die Teilnahme des Wirtschaftsprüfers an den Beiratssitzungen ist standesrechtlich unzulässig und verbietet sich damit von selbst. Auch persönliche Freunde des Unternehmers gehören wegen möglicher Befangenheit nicht in den Beirat.

3. Notwendig ist die Vereinbarung einer festen Altersgrenze, zum Beispiel von 65 Jahren. Der ausscheidende Chef sollte erst nach Ablauf einer Übergangszeit den Vorsitz im Beirat übernehmen. Andernfalls läuft er Gefahr, sich selbst zu demontieren.

4. Die Zusammensetzung des Beirates muß auf die speziellen Bedürfnisse des Unternehmens ausgerichtet sein. So benötigt beispielsweise ein Unternehmen in der Modebranche einen kreativen Hochleister, ein Leasingunternehmen einen Finanzierungsfachmann und ein Anlagenbauer einen Ingenieur mit Auslandserfahrung. Die überwiegend anzutreffende Zusammensetzung der Beiräte mit Kaufleuten, Rechtsanwälten und Steuerberatern ist ineffektiv.

5. Die von Personalberatern propagierte Suche von Beiratsmitgliedern gegen Entgelt ist strikt abzulehnen. Das Motiv ist klar: Ein Headhunter, der den Beiratsvorsitzenden engagiert hat, erwartet Anschlußaufträge. Diese sollten vermieden werden, indem der Beirat sich einen Überblick über die Qualität der zweiten Ebene macht, am ehesten durch Kurzvorträge über das jeweilige Sachgebiet. Hierbei lernt man die Leistungsträger kennen und motiviert sie zugleich.

6. Der Beiratsvorsitzende benötigt Leitungserfahrung. Mal ist der Vorsitzende zu höflich, um Vielrednern das Wort abzuschneiden, mal ist er zu autoritär, um abweichenden Meinungen den notwendigen Spielraum zu lassen. Es darf nicht stundenlang über Belanglosigkeiten diskutiert werden.

7. Von entscheidender Bedeutung ist die Information des Beirates. Diese darf sich nie in den üblichen Monats- und Quartalszahlen erschöpfen. Sie muß an die speziellen Erfolgs- bzw. Mißerfolgskriterien des jeweiligen Unternehmens anknüpfen. Das entsprechende Info-Paket sollte durch eine externe Unternehmensberatung erstellt werden. Das hilft dem Beirat und dem Management in gleicher Weise.

8. Zur Beiratsvergütung: Der Beirat muß mehr bringen, als er kostet. Am gerechtesten ist eine Beteiligung an der unter seiner Ägide erreichten Steigerung des Unternehmenserfolges, zum Beispiel des Deckungsbeitrages oder des Cash-flow. Der häufig hierzu verwendete Bilanzgewinn ist allerdings als Bemessungsgrundlage absolut ungeeignet. Dasselbe gilt für eine dividendenabhängige Vergütung.

9. Eine radikale Überarbeitung und Vereinfachung der Zustimmungskataloge ist angesagt. Der Zustimmungspflicht sollte insbesondere die kurz- und mittelfristige Planung sowie jedweder Beratungsauftrag unterliegen. Für die Beauftragung des Wirtschaftsprüfers und die Honorarvereinbarung mit ihm sollte ausschließlich der Beirat zuständig sein. Eine Interessenkollision mit erfolgsabhängig bezahlten Geschäftsführern ist ansonsten nicht zu vermeiden.

10. Eine jahrzehntelange Verweildauer der Beiratsmitglieder ist nicht erstrebenswert. Ein gesunder Mix aus unternehmerischem Wagemut der Jugend und bewahrender Vorsicht des Alters muß erhalten bleiben. Im übrigen: Neue Besen kehren gut.

Fazit: Die Einrichtung eines Beirates hilft, Ertragskraft und Fortbestand unserer Familienunternehmen zu sichern. Die Skandale um die gesetzlichen Aufsichtsräte ändern an dieser Aussage nichts. Aus diesen Skandalen können jedoch wertvolle Lehren zur Steigerung der Effektivität des Beirates im Familienunternehmen gewonnen werden.

4.
DER RECHTSANWALT

Es waren einmal ...

... die L-Werke GmbH & Co. KG. Deren Gesellschaftsvertrag litt unter einem schweren Geburtsfehler. Die Brüder L, der eine ein begabter Kaufmann, der andere ein exzellenter Techniker, hatten das Unternehmen nach dem zweiten Weltkrieg aus dem Stand heraus zu einem weltbekannten Markenartikler ausgebaut. Dies war nur dadurch möglich gewesen, daß beide Brüder gelegentlich auftauchende, zum Teil gravierende Meinungsunterschiede stets in persönlicher Harmonie einer gemeinsamen Lösung zugeführt hatten. Dieses Erfolgsmodell wollten sie für die Nachfolgegeneration festschreiben. Sie vereinbarten daher im Gesellschaftsvertrag ein Stammesprinzip: Jede Familie sollte stets hälftig beteiligt bleiben und jeweils einen Stammesvertreter in die zweigliedrige Geschäfts-

führung entsenden. Die Senioren waren der Meinung, daß die hierdurch festgelegte gegenseitige Abhängigkeit der beste Garant für den Fortbestand des Unternehmens sei. Aber bereits in der nächsten Generation traten Probleme auf, als sich zeigte, daß nur einer der beiden Senioren einen überzeugenden Nachfolgekandidaten präsentieren konnte. Für diesen keineswegs untypischen Fall hatte der Vertrag keine Lösung parat. Der Senior, dessen Sohn ungeeignet war, wollte im Interesse des Unternehmens zwar auf sein Recht zur Entsendung verzichten. Er hatte jedoch seine eigene Familie, insbesondere seine Ehefrau gegen sich. Diese vertrat die Meinung, ein so gutgehendes Unternehmen müsse auch mit einem weniger qualifizierten Geschäftsführer zurechtkommen. Das Unglück nahm seinen Verlauf, als der Senior einen jungen, wenig lebenserfahrenen, fachlich jedoch äußerst versierten Rechtsanwalt zuzog. Dieser erkannte offensichtlich die Gefahr für das Familienvermögen nicht. In »Wadenbeißermanier« und ohne Augenmaß setzte dieser die vorgeschriebene Stammesregelung mit der Folge durch, daß das Unternehmen nach wenigen Jahren ins Trudeln geriet und – wiederum einige Jahre später – verkauft werden mußte.

Der vorstehend geschilderte Fall ist kein Einzelfall. Ich habe ihn in unzähligen Varianten immer wieder neu erlebt und lange gebraucht, um eine Antwort darauf zu finden, warum das Auftauchen von Rechtsanwälten in Familienunternehmen in aller Regel keine Lösungen bringt, sondern zusätzliche Probleme aufwirft. Meine Antwort: Die Ausbildung der jungen Juristen an der Universität ist für eine Aufgabe im Familienunternehmen denkbar ungeeignet. Zum einen fehlt das notwendige Verständnis für betriebswirtschaftliche und unternehmerische Zusammenhänge fast völlig. Getreu dem Grundsatz: »Judex non calculat« (Ein Jurist rechnet nicht) ist die Ausbildung auf die Analyse und die Beurteilung abgeschlossener Sachverhalte gerichtet. Das Unternehmen ist für sie eine statische Ansammlung von Wirtschaftsgütern, die unter Substanzwertaspekten in juristische Kategorien einzuordnen sind. Eine Beratung im unternehmerischen Bereich erfordert jedoch ein dynamisches, zukunftsgerichtetes Denken, das Führungs- und Persönlichkeitsqualitäten auch beim Berater voraussetzt. Man mag auf solche Qualität in einem Konzern noch eher verzichten können, da die strategische Linie fest vorgegeben ist. Bei einem Familienunternehmen ist dies anders: Ein »Schwierigkeitsjurist«, wie man ihn heute allenthalben findet, ist vorwiegend hindernisorientiert und stellt die Warnfunktion in den Vordergrund. Beim Unternehmenskauf malt er beispielsweise dem Unternehmer in den schlimmsten Farben aus, was alles passieren kann, während er aber die Chancen aufgrund seiner Ausbildung nicht bewerten kann und deshalb auch nicht erwähnt. Bei der Nachfolgekonzeption sieht er nur die rechtlichen und steuerrechtlichen Gefahren, nicht jedoch die Menschen, die ein solches Konzept maßgeblich werden tragen müssen.

Daß meine Kritik berechtigt ist, zeigt meines Erachtens schon ein Blick in unsere Gesellschaftsverträge. Da werden lange Ausführungen über den Firmennamen, über die Einberufung der Gesellschafterversammlung, über den Modus der Abstimmung, über Vertretungsrechte etc. gemacht, obwohl diese in der Praxis nur selten eine Rolle spielen. Die Gesellschafterversammlungen, die ich führe, beginnen fast alle mit dem Satz »Unter Verzicht auf alle Formen und Fristvorschriften...«. Damit sind aber 80 Prozent der Vorschriften unserer Verträge Makulatur. Unzulänglich sind dagegen in aller Regel die Tatbestände in unseren Gesellschaftsverträgen geregelt, in denen es um den Kernpunkt jedes unternehmerischen Handelns, nämlich um den Gewinn geht. Auf diesem Terrain fühlen sich die meisten jungen Rechtsanwälte unsicher, weil die bilanzrechtlichen und betriebswirtschaftlichen Kenntnisse sowie die Erfahrungen in der Praxis fehlen. Es verwundert deshalb nicht, daß die Regelungen über die Gewinnfeststellung, die Gewinnverteilung und -entnahme sowie über das Auseinandersetzungsguthaben beim Ausscheiden von Gesellschaftern häufig fehlerhaft oder unzureichend sind. Noch immer gibt es viele Anwälte, die glauben, rigide und unangemessene Abfindungsguthaben könnten den Fortbestand des Unternehmens sichern, weil die Gesellschafter zu diesen Bedingungen zum Verbleib im Unternehmen gezwungen seien. Sie übersehen dabei aber, welche tödliche Gefahr von unzufriedenen Gesellschaftern für das Unternehmen ausgeht. Etwas anderes kommt hinzu: Die Beratung des Familienunternehmens bringt es mit sich, daß sowohl unternehmens- wie auch familienbezogene Fragen beantwortet werden müssen. Hierzu bedarf es nicht nur vielfältiger rechtstechnischer Kenntnisse, sondern vor allem einer ausgeprägten Persönlichkeit, die auf der Basis reichhaltiger Erfahrung Trennendes wieder vereinen kann. Nicht derjenige hat gut beraten, der rechtliche Positionen durchsetzt, sondern derjenige, der in wohlverstandenem Interesse der Eigner das Seine dazu beiträgt das Unternehmen für die Zukunft zu sichern. Hierzu gehört ein Berufsverständnis, das mit der Arbeit beim eigenen Mandanten beginnt. Ihn von dem zu überzeugen, was für ihn und für seine Familie das Beste ist, ist oft keine leichte Aufgabe. An ihr erweist sich jedoch, ob der Rechtsanwalt seiner Verantwortung gerecht wird. Für die Bewältigung dieser Aufgabe muß er seine ganze Kraft und notfalls auch sein Mandat einsetzen.

Wenn ich heute bei Streitigkeiten im Familienunternehmen häufig lieber mit einem erfahrenen Steuerberater oder Wirtschaftsprüfer zusammenarbeite als mit Anwälten, so liegt das daran, daß erstere die Auswirkungen eines Gesellschafterstreits auf das Unternehmen in der Regel besser einzuschätzen wissen. Hieraus resultiert eine größere Einigungsbereitschaft als sie bei den meist formal argumentierenden Anwälten anzutreffen ist. In diesem Zusammenhang sehe ich auch die gemischte Tätigkeit von Anwälten, die teilweise beratend, teilweise prozessual tätig sind, kritisch. Leider viel zu oft neigt der prozessual tätige Berater dazu, Problemlösungen gerichtlich auszutragen. Das jedoch ist – dessen bin ich mir sicher – in aller Regel der teuerste und ineffizienteste Weg für das Familienunternehmen. Aus dieser Erkenntnis heraus habe ich es mir zur Gewohnheit gemacht, Mandate niederzulegen, sobald ein Rechtsstreit beginnt. Zugleich habe ich dafür Sorge getragen, daß auch meine Partner und Mitarbeiter keinerlei prozessuale Tätigkeit ausüben, um so eine Kultur zu erzeugen, in der der Einigungswille im Vordergrund steht. Ich glaube, der Erfolg hat mir auch insofern recht gegeben, als es in vielen aussichtslos erscheinenden Fällen letztlich doch noch zu einer einvernehmlichen Lösung gekommen ist. In den seltensten Fällen waren es rechtliche Argumente, die diese Lösungen ermöglicht haben. Zu solchen Lösungen kann letztlich auch die Honorargestaltung beitragen. Ich vertrete hierzu noch die konservative Auffassung, daß – anders als in den Großkanzleien üblich –, feste Stundensätze nicht das richtige Signal für die Beratung der Familienunternehmen und ihrer Anteilseigner darstellen. Zeitaufwand kann Erfahrung niemals ersetzen. Im Familienunternehmen ist Persönlichkeit gefragt. »Wadenbeißer« führen ins Unglück. Der gute Anwalt muß jederzeit bereit sein, auch ein großes Mandat in die Waagschale zu werfen, wenn anders eine wirtschaftlich sinnvolle Konzeption nicht durchgesetzt werden kann.

GOLDENE REGELN
für den Umgang mit dem Familienanwalt

1. Streit ist in der Regel die uneffizienteste und teuerste Lösung für das Familienunternehmen.

2. Auch bei den härtesten Auseinandersetzungen unter Gesellschaftern sollte man stets eine Lösung anstreben, bei der sich alle Beteiligten auch nachher noch in die Augen sehen können.

3. Ein Anwalt, der seinem Mandanten nach dem Munde redet, ist ein schlechter Anwalt. Der gute Anwalt beginnt seine Überzeugungsarbeit beim eigenen Mandanten.

4. Die größte Chance zur Einigung besteht dann, wenn sich alle streitenden Gesellschafter, unter Ausschaltung ihrer persönlichen Anwälte, auf einen Koordinator einigen. Die Tätigkeit mehrerer Anwälte führt im Familienunternehmen in der Regel zu einer Dynamik in der Streitentwicklung.

5. Die Honorare sollten für die Auswahl des Anwalts nur eine untergeordnete Rolle spielen. Stundensätze passen nicht zum renommierten Familienanwalt. Er hat in erster Linie nicht Zeit, sondern Erfahrung zu bieten.

6. Der gute Familienanwalt muß von der fachlichen Seite neben dem Gesellschaftsrecht und dem Steuerrecht alle Facetten der Betriebswirtschaft beherrschen. Er muß die Sprache des Unternehmers sprechen.

7. Der gute Familienanwalt ist bereit und in der Lage, sein Mandat – und sei es auch noch so lukrativ – jederzeit in die Waagschale zu werfen, um das von ihm für richtig erkannte Konzept auch gegenüber dem eigenen Mandanten durchzusetzen.

8. Der Unternehmer benötigt einen Anwalt, der von allen Beteiligten in seiner Fachkompetenz und in seiner Persönlichkeit akzeptiert wird. Andernfalls sind die Chancen auf eine Einigung bei Meinungsverschiedenheiten gering.

9. Der Familienanwalt sollte nur dann in den Beirat bzw. Aufsichtsrat oder Verwaltungsrat des Unternehmens bestellt werden, wenn er nicht im Tagesgeschäft für das Unternehmen tätig ist.

10. Der gute Familienanwalt ist in jeder Weise unabhängig. Er ist zwar mit der Eignerfamilie – und insbesondere auch mit der jungen Generation – in ständigem persönlichen Kontakt. Er ist jedoch stets kritischer Sparringspartner für den oft »übermächtigen« Unternehmer. Er muß den Mut haben, diesem auch unangenehme Wahrheiten zu vermitteln.

5.
DER UNTERNEHMENSBERATER

Es war einmal ...

... Herr R., Vorstandsmitglied einer deutschen Großbank und Aufsichtsratsvorsitzender der X-AG. Er befand sich in höchsten Nöten. Soeben hatten ihm seine Mitarbeiter eine bankinterne Unternehmensanalyse der X-AG vorgelegt, die ein Desaster offenlegte. Der Vorstand der im Anlagenbau tätigen AG hatte über Jahre hinweg Kundenanzahlungen entgegengenommen und aktiviert, ohne jedoch die bei der Mehrzahl der im Bau befindlichen Projekte aufgelaufenen Verluste zu passivieren. Darüber hinaus hatte sich ein vor einigen Jahren mit dreistelligem Millionenaufwand durchgeführter Unternehmenserwerb als völlige Fehlmaßnahme erwiesen, und gerade in dieser ohnehin kritischen Situation bestand der Wirtschaftsprüfer auf einer vollständigen Abschreibung dieses Engagements. Herr R. fürchtete nun um sein Renommee, und um das bei der X-AG investierte Geld seiner Bank. In seiner Not besann er sich des in der Öffentlichkeit hochgelobten Sanierers Dr. S., von dem er sich selbst als Kenner der Materie zwar keine Wunder, wohl aber Zeitgewinn erhoffte. Telefonisch klärte er Dr. S. über die Lage auf, machte ihm ein hervorragendes finanzielles Angebot und benachrichtigte nach der Zusage von Dr. S. die Presse.

Mit der Bekanntgabe des Namens von Dr. S. und des von diesem skizzierten Sanierungskonzepts wich zunächst der größte Druck von R. Gerade als er sich entspannt in seinem Bürosessel zurücklehnte, wurde ihm ein Telefongespräch von Dr. S. durchgestellt. Dieser teilte dem völlig überraschten R. mit, daß er sein Amt mit sofortiger Wirkung niederlege, da er sich aufs Äußerste getäuscht fühle: Die Schieflage der X-AG betrage nach seinen ersten Berechnungen nicht, wie Herr R. es ihm geschildert habe, 400 Millionen D-Mark, sondern circa 840 Millionen D-Mark. Nach einem langen für R. äußerst unerfreulichen Gespräch akzeptierte R. die neuen Zahlen, sagte aber über seine Bank eine angemessene Liquiditätssicherung zu und bewegte – bei nochmaliger Verbesserungen der Vertragsbedingungen – Dr. S. zum Bleiben.

Nunmehr begann Dr. S. sofort mit der Umsetzung seiner bereits mehrfach – und zwar stets mit durchschlagendem Erfolg – angewandten »Sanierungsstrategie«. Die Personalkosten wurden mittels des mit dem Betriebsrat ausgehandelten Sozialplanes um 22 Prozent reduziert. Die Werkswohnungen, das Bürogebäude und die beiden ertragsstärksten Tochtergesellschaften wurden ebenso wie drei wichtige Patente an Dritte veräußert. Nach diesen ersten Maßnahmen begann das »Feintuning«. Alles was sich hierzu eignete, nämlich Fuhrpark, Betriebshandwerker, Versand und sogar die EDV, wurden »outgesourct«. Für eine weitere Verbesserung der Finanzstruktur sorgten »klug« angesetzte Bilanzoperationen. So wurde z. B. eine nicht konsolidierungsfähige Beteiligung aufgestockt, mit der Folge, daß nun die mögliche Konsolidierung erheblich bilanzielle Entlastung brachte. Kurze Zeit später konnte Dr. S. der Presse stolz verkünden, daß der »turn around« nun geschafft sei. Das Unternehmen sei – wie Bilanz und Ergebnisrechnung unter Beweis stellten – wieder gesund, so daß man nun einen Fachmann seines Kalibers nicht mehr benötige und er seine Aufgabe einem Nachfolger übergeben werde. Dieser allerdings wurde seines Lebens nicht mehr froh.

Die X-AG – inzwischen natürlich von allen ihren am Markt nachgefragten Leistungsträgern verlassen – war zu einem Unternehmenstorso und durch die Sanierung für alle Zukunft zum endgültigen Sanierungsfall geworden.

Der Markt für Unternehmensberatung boomt. Schätzungen gehen davon aus, daß das jährliche Wachstum bei circa 15 Prozent liegt. Für den Familienunternehmer, der einen Berater sucht, ist die Situation indes äußerst unübersichtlich. Annähernd 10 000 Beratungsgesellschaften mit mehr als 45 000 Beratern kämpfen um die Mandate. Dabei haben die »Top 20« der Beratungsgesellschaften lediglich einen Marktanteil von 14 Prozent. Etwa 55 Prozent des Marktes werden von mittleren Gesellschaften, der Rest von haupt- oder nebenberuflich tätigen Einzelberatern abgedeckt. Leider fehlt es an Zahlen darüber, wie stark und in welchem Umfang gerade die Familienunternehmen Beratungsleistungen in Anspruch nehmen. Es steht jedoch fest, daß sie bei weitem die größten Abnehmer sind und auch den größten Nachfragezuwachs aufweisen.

Im einzelnen sind die praktizierten Beratungsansätze äußerst unterschiedlich. Zudem entstehen – am ehesten vergleichbar mit der Situation bei den Finanzdienstleistungen – fast täglich neue Beratungsprodukte, die dem Kundenbedürfnis häufig erfreulich nah »auf den Fersen« folgen. Die wichtigsten etablierten Beratungsangebote befassen sich mit der Unternehmensführung (z. B. Steigerung der Effizienz und Effektivität in Verwaltung, Produktion, Marketing, Vertrieb usw.), Strategie- und Unternehmensentwicklung, Informationsmanagement, Logistik und Personal; Restrukturierung/Reengineering; Restrukturierung des Vertriebsapparats (Innen- und Außendienst); Restrukturierung von Fertigungen (Verbesserung der Materialströme, Effizienzsteigerungen, Reduzierung von Reaktionszeiten in der Neuproduktentwicklung); Verbesserung des Dienstes am Kunden (Erhöhung der Kundenzufriedenheit); Einkaufsoptimierung/Fremdvergabe; Konzeptionen zur Systemverbesserung des Finanz- und Rechnungswesens; EDV-Konzeptionen; Marketing und Vertrieb; Logistikberatung; Projektmanagement; Umweltberatung; ISO 9000; Firmenakquisitionen/-veräußerungen; Vergütungsberatung im Personalwesen; Outplacement; Management auf Zeit; Weiterbildung und Training.

In der Praxis ist jedoch festzustellen, daß die Erfolgsquote von Unternehmensberatungen seitens der Eigner kritisch gesehen werden muß. Interessant sind in diesem Zusammenhang die Ergebnisse, die Gaby Roselius – als Enkelin des Begründers von Café Hag selbst aus einem Familienunternehmen stammend – bei einer Eignerbefragung im Rahmen ihrer Dissertation festgestellt hat. Die Umfrage ergab, daß

- 17 Prozent der befragten Unternehmer den Berater zu einseitig finden und behaupten, dies schlage sich in der Qualität der erarbeiteten Lösung nieder. Die vorgeschlagenen Konzepte werden deshalb nur teilweise oder gar nicht realisiert oder entpuppen sich partiell sogar tatsächlich als fachlich inkorrekt oder als in der Praxis gar nicht umsetzbar.
- 54 Prozent mit ihrem Berater regelrecht unzufrieden waren.
- 41 Prozent der befragten Eigner den Beratungsstil zu akademisch fanden.
- 14 Prozent den Berater gar als zu überheblich und arrogant einstuften.
- 17 Prozent beanstandeten, daß der Berater die Notlage der entscheidungsunfähigen Ratsuchenden ausnützte, indem er ihnen eine unerwünschte Lösung aufschwatzte, ohne daß er die Unternehmer innerlich von der Richtigkeit der ihnen nahegelegten Entscheidung überzeugen konnte.
- Von fast allen Befragten wurde bemängelt, daß die Berater die Komplexität zwischen betrieblichen Problemen und Fragen aus dem familiären und privaten Bereich nicht genügend berücksichtigten oder sich auf diesem Gebiet nicht auskannten.

Diese traurige Bilanz ist zwar auch – aber keinesfalls allein – darauf zurückzuführen, daß die meisten Unternehmensberater zu wenig mit den Besonderheiten im Familienunternehmen vertraut sind. Zu einem nicht geringen Teil sind die Unternehmer selbst für den Mißerfolg mitverantwortlich, weil sie bei Auswahl und Führung der Berater gravierende Fehler machen. Denn bei der Auswahl des Personalberaters sind sich die meisten Unternehmer nicht im klaren, ob sie eine »Beratungsmaschine«, wie z. B. die amerikanisch geprägten Unternehmen McKinsey, A.T. Kearney oder Boston Consulting, wählen oder lieber kleinere Gesellschaften wie die DGM, Management Partner oder Einzelberater beauftragen sollen. Dabei sind die Stärken und Schwächen der Großberatung leicht auszumachen: Ihre Stärke liegt sicher in der Gründlichkeit ihres Ansatzes, in ihrer hohen, durch große Beratungsteams gestützten Durchsetzungskraft sowie in der Tatsache, daß ihre Aussagen für Banken, Aufsichtsräte und Kreditversicherer quasi ein Gütesiegel besitzen. Ihre Nachteile liegen – neben den hohen Kosten und dem Einsatz oft unerfahrener Universitätsabgänger – vor allem darin, daß die Berater mental keinen Zugang zum Familienunternehmen haben. Ich habe es mehrfach erlebt, daß diese Beratungsunternehmen zwar Honorare in Millionenhöhe in Rechnung stellen, aber letztlich nichts bewirken konnten, weil die Dimension des Unternehmens, Psyche und Denkweise des Beratungsunternehmens mit der der Eigner und ihrer Mitarbeiter nicht in Einklang standen. Der Familienunternehmer ist deshalb in der Regel besser mit kleineren Unternehmen oder mit Einzelberatern bedient. Hier findet er ältere, lebenserfahrene Persönlichkeiten, die auf ihrem Gebiet Koryphäen sind. Hinzu kommt bei diesen eine größere zeitliche Verfügbarkeit. Sie stehen fast rund um die Uhr zur Verfügung, wenn der Unternehmer sie braucht. Sie können darüber hinaus auch die oft erforderliche »Beichtvater«- oder »coach«-Funktion wahrnehmen, abgesehen davon, daß sich eine solche Beratung kostenmäßig in für Familienunternehmen angemessenen Grenzen hält. Als Fazit sei den Eignern, die eine Unternehmensberatung in Anspruch nehmen wollen, der nachfolgende Verhaltenskodex empfohlen.

GOLDENE REGELN
zum Umgang mit Unternehmensberatern

1. Die Auswahl, die Führung und die Kontrolle des Beraters ist, wie häufig, wenn es um Beratung geht, Chefsache.

2. Der richtige Zeitpunkt für die Hinzuziehung des Beraters ist ein wichtiges Erfolgselement. Der Berater sollte bereits dann eingesetzt werden, wenn der Beratungsbedarf im Ansatz erkennbar ist. Das mindert den Aufwand und erhöht die Effizienz des Beratereinsatzes.

3. Die Vorarbeiten für eine Beratung muß der Unternehmer selbst verrichten. Der Unternehmer muß seine Gedanken zur Problemlage sowie seine Bedürfnisse und Zielvorstellungen klar artikulieren und dem Berater mitteilen.

4. Höchste Bedeutung kommt naturgemäß der Auswahl des Beraters zu. Hierbei ist auf folgendes zu achten: Die Großberatung ist in der Regel für Familienunternehmen ungeeignet. Wichtige Auswahlkriterien sind die Persönlichkeit des Beraters und seiner Teamkollegen. Hierbei sind Fachkompetenz, Argumentationsstärke, Industrieerfahrung und Persönlichkeitsreife gefragt. Nur wer einen überzeugenden Auftritt hat, wird von den Mitarbeitern ernst genommen.

5. Vor Auftragserteilung sollte der Berater eine angemessene Relation zwischen Honorar und Beratungserfolg überzeugend darlegen können.

6. Der Berater muß Projekt- und Persönlichkeitsreferenzen aus der Zielgruppe der Familienunternehmen benennen. Diese müssen in persönlichem Gespräch von Unternehmer zu Unternehmer nachgeprüft werden.

7. Nachgewiesen werden muß vom Berater, daß er das von ihm vorgeschlagene Konzept vollständig, zeitnah und kostengünstig implementieren kann. Gerade die Umsetzung ist in Familienunternehmen – angesichts der knappen Personalressourcen – oft das entscheidende Problem.

8. Größte Sorgfalt ist auf die vertraglichen Vereinbarungen mit dem Berater zu legen. Diese müssen insbesondere folgende Punkte umfassen:
   - schriftlich definierte, kontrollierbare Erfolgsziele,
   - einzelne Beratungsschritte mit Ausstiegsmöglichkeiten bei Unzufriedenheit mit der Beratung,
   - verbindliche Festlegung auf einzelne, dem Unternehmer persönlich vorgestellte Teammitarbeiter und deren Rollenverteilung,
   - verbindliche Vereinbarung der Zeitachse,

- Regelung eines Wettbewerbverbotes bzw. einer Honorarreduzierung bei Weiterverwendung des Beratungsergebnisses. So ist es mir z. B. unverständlich, warum häufig gerade Großberatungen alle maßgeblichen Wettbewerber beraten. Welche individuelle Lösung soll dabei herauskommen?

9. Ein fairer und offener Umgang mit dem Berater sollte selbstverständlich sein. Es bringt nichts, Berater gegeneinander auszuspielen, z. B. indem vorhandene Informationen nur gezielt weitergegeben werden, um die jeweiligen Berater auf den Prüfstand zu stellen. Ohne Vertrauen zu dem Berater läuft nichts.

10. Vor dem Beratereinsatz sind die maßgeblichen Mitarbeiter vollständig und wahrheitsgemäß über Zweck und Ziel der Beratung zu informieren. Ansonsten wird der Berater blockiert, und ohne aktive Unterstützung seitens der Mitarbeiter ist der Berater verloren.

11. Eigenes Engagement des Unternehmers bei Projektcontrolling und Leistungskontrolle des Beraters sind unverzichtbar. Sie fördern den berechtigten Anspruch auf höchste Qualität und gewährleisten den erforderlichen Druck auf den Berater.

12. Bei der Leistungskontrolle ist primär und fortlaufend die angemessene Relation zwischen Aufwand und Erfolg der Beratung zu prüfen. Ist diese nicht mehr gegeben, ist der Ausstieg aus der Beratung besser als die Inkaufnahme eines Desasters bei der Fortführung.

IV.
DIE FÜHRUNG
DES FAMILIENUNTERNEHMENS

1.
DIE ETABLIERUNG
EINER FREMDGESCHÄFTSFÜHRUNG

Die Unternehmerfamilie Z. führte in der zweiten Generation ein ertragsstarkes Filialunternehmen, das in mehr als 50 Ladengeschäften Gebrauchstextilien verkaufte. Der Unternehmer Z. hatte nach dem Tode seiner Ehefrau wieder geheiratet. Während die erste Ehe kinderlos geblieben war, wurden in der zweiten Ehe eine Tochter und ein Sohn geboren. Ihm war jedoch klar, daß er wegen des großen Altersunterschieds sein Geschäft nicht unmittelbar an seine Kinder übergeben konnte. Folgerichtig hielt er frühzeitig nach einem Fremdgeschäftsführer Ausschau, der das »Bindeglied« zu seinen Kindern darstellen sollte. Da im Unternehmen selbst kein geeigneter Kandidat zu finden war, wurde über einen Headhunter Dr. K. aufgespürt, der in einem großen Kaufhauskonzern den gesamten Einkauf der Herrenkonfektion leitete.

Dr. K. war ein erfolgsgewohnter junger Mann mit guten Manieren, der Vertrauen und Sympathie ausstrahlte. Dazu verfügte er ganz ohne Zweifel über hervorragende Branchenkenntnisse. Die Psychologie eines Familienunternehmens war ihm jedoch unbekannt und dies sollte sich bald rächen. Der erste schwerwiegende Fehler, nämlich die aus Kostengründen durchaus vertretbare Entlassung eines altgedienten Prokuristen ohne vorherige Rücksprache mit Z. wurde ihm noch »verziehen«. Auch die Tatsache, daß er entgegen den Usancen von Z. eine Spende an eine politische Partei veranlaßt hatte, um ein Bauverbot für ein neues Geschäftslokal zu Fall zu bringen, wurde zwar mit Mühe – aber immerhin noch einmal akzeptiert. Als aber die attraktive Ehefrau von Dr. K. in dem selben Tennisclub, in dem Frau Z. als schlichtes Mitglied eingetragen war, für den Vorstand kandidierte, war seine Position ernsthaft gefährdet. Den Ausschlag gab schließlich ein Interview mit Dr. K., das in einem bekannten Wirtschaftsmagazin abgedruckt wurde. War hierbei der Umstand, daß Dr. K. die allseits bekannte Pressescheu von Z. außer acht gelassen hatte vielleicht noch verzeihlich, so brach ihm eine Passage des Interviews endgültig das Genick. Dr. K. hatte sich nämlich generell kritisch zu familiengeführten Unternehmen geäußert und die generellen Vorzüge einer Fremdgeschäftsführung ohne Familienbeteiligung als in jedem Fall beste Lösung angepriesen. Die Folge: Dr. K. wurde abgefunden und sofort freigestellt, bevor er überhaupt seine Fähigkeiten hatte beweisen können.

Wir alle wissen, daß Erfahrungen prägen und daß Erkenntnisse hauptsächlich aus eigenen Erfahrungen reifen. Auch meine eigenen Anschauungen zu Fremdgeschäftsführern in Familienunternehmen sind deshalb Ausdruck meines Erfahrungsschatzes, den ich in meiner 30-jährigen Beratungstätigkeit im Bereich der Familienunternehmen gewonnen habe. Für mich lautet der Grundsatz: Die Familie sollte sich glücklich schätzen, wenn sie über ausreichend qualifizierte Nachfolger aus der Familie verfügt. Solange für Familienunternehmen genügend qualifizierte Geschäftsführer aus der Familie rekrutiert werden können und zur Übernahme der Geschäftsführung ebenso befähigt wie bereit sind, sollte diesen Familienmitgliedern auch die Unternehmensführung anvertraut werden. Denn Familienunternehmen sind börsennotierten Großunternehmen mit vielen Aktionären gerade deswegen überlegen, weil alle Unternehmerfunktionen, nämlich die Funktion als Kapitalgeber, als strategischer Unternehmer und als operativer Manager in einer Hand liegen. Es gibt aber auch eine ganze Reihe von Gründen, die den Einsatz von Fremdgeschäftsführern erforderlich machen oder wenigstens sinnvoll erscheinen lassen. Statistisch ist sogar jeder zweite Geschäftsführer in Familienunternehmen mit über 100 Mitarbeitern ein Fremdgeschäftsführer. Übrigens halten auch 5 Prozent dieser Fremdgeschäftsführer Anteile an der jeweiligen Gesellschaft.

Die Etablierung einer Fremdgeschäftsführung wird in unseren großen Familienunternehmen immer häufiger erforderlich, da immer seltener das erforderliche Know-how durch Nachfolger aus der Familie gänzlich abgedeckt werden kann. Nach einer von der Bertelsmann-Stiftung in Auftrag gegebenen Untersuchung bei Mittel- und Großunternehmen des produzierenden Gewerbes zwischen 100 und 5 000 Beschäftigten kann man nur in jedem zweiten Familienunternehmen bei der Nachfolge auf Familiennachwuchs zurückgreifen, der zu der späteren Übernahme der Geschäftsführung fähig bzw. an ihr interessiert ist. Der Frage, ob die fachlichen oder persönlichen Qualitäten des potentiellen Familiennachfolgers zur Führung des Unternehmens ausreichen, kommt eine kaum zu überschätzende Bedeutung zu: Eine schwache Geschäftsführung ist – neben dem Streit der Gesellschafter – eine der größten Gefahren für das Familienunternehmen.

Eine Fremdgeschäftsführung wird aber auch dann erforderlich, wenn die Familienphilosophie darauf aufbaut, daß in der Geschäftsführung überhaupt keine Familienmitglieder tätig sein dürfen, wie dies beispielsweise bei der Familie Haniel bekanntlich mit Erfolg der Fall ist. Man sollte allerdings Familienmitgliedern, wie es bei Haniel geschehen ist, nur dann dezidiert aus der Geschäftsführung fernhalten, wenn die Gesellschaft sehr groß ist *und* hinzukommt, daß die Gesellschafter so zahlreich sind, daß die Wahl von Familienmitgliedern praktisch immer zu Problemen führt. Konflikte treten erfahrungsgemäß insbesondere dann auf, wenn stets so viele Bewerber aus dem Familienkreis vorhanden sind, daß jede Auswahl willkürlich erscheinen muß. Außerdem kann der Einsatz eines Fremdgeschäftsführers auch dann angezeigt sein, wenn der Nachfolger aus der Familie das entsprechende Alter noch nicht erreicht hat oder der bereits vorhandene und ausgewählte Nachfolger aus der Familie im Unternehmen noch eingearbeitet werden muß. Hier muß ein Fremdgeschäftsführer die Brückenfunktion zwischen »alt« und »jung« wahrnehmen. Dabei ist allerdings darauf zu achten, daß weder vom Alter noch von der Funktion her der Anspruch des Fremdgeschäftsführers mit den potentiellen Ansprüchen der Junioren kollidiert.

Eine gemischte Geschäftsführung ist dann sinnvoll, wenn entweder zu wenig geeignete Geschäftsführer aus der Familie vorhanden sind oder wenn die in der Geschäftsführung gesuchte und benötigte Kompetenz im Rahmen der Familie nicht bereitgestellt werden kann oder aber wenn der Fremdgeschäftsführer eine Ausgleichsrolle beziehungsweise Koordinationsfunktion zwischen den Familien-Geschäftsführern einnehmen soll. Es liegt auf der Hand, daß der Fremdgeschäftsführer im letzten Fall ganz besondere persönliche Eigenschaften benötigt, um seiner Aufgabe gerecht werden zu können.

DIE MÄNGEL BEI DER AUSWAHL EINES AUS DER FAMILIE STAMMENDEN UNTERNEHMERNACHFOLGERS

Mit den folgenden Bemerkungen werde ich mir bei vielen Unternehmern keine Freunde machen. Ich glaube trotzdem – zum Wohle unserer Familienunternehmen und ihrer Mitarbeiter – zur Auswahl des aus der Familie stammenden Unternehmernachfolgers einige deutliche Worte sagen zu müssen: Ich behaupte, daß mindestens 50 Prozent der Unternehmer – könnten sie ihren eigenen Sohn oder ihre eigene Tochter tatsächlich objektiv beurteilen – diese(n) nicht als Geschäftsführer für ihr Unternehmen einstellen würden, wenn er nicht aus der Familie käme. Wir alle wissen es, aber niemand will es wahrhaben. Die Familie ist schlechterdings immer überfordert, wenn sie über Eignung von Nachfolgern aus der Familie entscheiden muß; kaum ein Vater kann zugeben, daß er einen ungeeigneten Sohn hat, und welcher Vater wird dies seinem Sohn schon sagen wollen. Ihr Selbstverständnis führt in der Regel zu dem Irrglauben, sie hätten alle unternehmerischen Fähigkeiten im Erbgut weitergegeben. Die unternehmerische Befähigung des eigenen Nachwuchses in Frage zu stellen, bedeutet für sie, sich selbst zu kritisieren. Es liegt einfach in ihnen, daß sie es nicht verkraften können, keine tauglichen Unternehmer gezeugt oder zumindest erzogen zu haben. Keine andere Fähigkeit unseres Nachwuchses zählt für sie subjektiv so viel wie »unternehmerisches Gespür«. Leider verschließen die Väter auch die Augen, wenn alle Anzeichen, beispielsweise die Folgenden, auf die mangelnde Qualifikation unseres biologischen Nachwuchses hindeuten:

- Der Junior hatte nie großes Interesse am Unternehmen gezeigt, aber um so größeres an der Gewinnausschüttung.
- Der Junior hat größtes Interesse am Unternehmen, weil er dort – aber eben nur dort, als der »Sohn des Chefs« – akzeptiert wird.
- Der Junior spricht nicht davon, daß er die Verantwortung für das Unternehmen übernehmen möchte, sondern daß er das »Sagen« im Unternehmen haben will; er versteht sich von seinem Selbstverständnis her als »Unternehmer qua Geburt«, und trägt dies auch nach außen.
- Der Junior hat keine Visionen, oder er hat nur Visionen.
- Der Junior hat nicht die richtige Ausbildung.
- Der Junior hat keine externe Führungserfahrung.

- Der Junior hat bisher nie einen breiten Verantwortungsbereich selbständig ausgefüllt.
- Der Junior hat sich nie extern unter Wettbewerbsbedingungen gegenüber Konkurrenten durchsetzen müssen und bislang keine nachweisbaren Erfolge erzielt.
- Der Junior hat nicht das notwendige Fingerspitzengefühl für den Umgang mit Mitarbeitern, für das unternehmerische Risiko und für die notwendige Liquiditätssicherung des Unternehmens.
- Das private Umfeld des Juniors paßt nicht. Hier kommen Kriterien wie Ehefrau und Freunde, aber auch persönliche Überzeugungen ins Spiel. Der Junior kann ein noch so qualifizierter Unternehmer sein, wenn er ein Scientologie-Anhänger ist, scheidet er als Unternehmensnachfolger aus.

Die Liste der Unternehmen mit Managementproblemen des Nachwuchses aus der eigenen Familie, die sich oft durch die genannten Umstände andeuteten, ist beliebig lang: Ob Adidas, Asbach, Birkel, Dornier, Flick, Grundig, Hakle, Jacobs, Krups, Nixdorf oder VDO, alle haben ihre eigene Geschichte ihrer Nachfolgeprobleme zu schreiben. Und die Aufzählung ließe sich beliebig verlängern. Deshalb ist es ein »Muß« für jedes größere Familienunternehmen, die Auswahl des nachfolgenden Geschäftsführers einem familienunabhängigen oder zumindest teilweise familienunabhängigen Gremium zu überlassen bzw. ein solches zumindest in die Auswahl einzubinden. Dies verhindert nicht nur die immer vorhandene Verblendung bei der Einschätzung des eigenen Nachwuchses, es verhindert in Familienunternehmen mit mehreren Familienstämmen auch die Dominanz von Eigeninteressen einzelner Familien. Das Letztentscheidungsrecht über den Unternehmensnachfolger aus der Familie sollte also bei erfahrenen Beiräten, Verwaltungsräten oder Aufsichtsräten liegen. Das muß nicht unbedingt bedeuten, daß jeder potentielle Nachfolger aus der Familie exakt dieselben Qualitätskriterien aufweisen muß, wie ein familienfremder Bewerber. Jeder Beirat wird – gleich was in dem Gesellschaftsvertrag steht – einen gewissen »Familienbonus« in die Waagschale legen. Ein solches Verfahren wirkt aber immerhin präventiv: Jeder Junior weiß von vornherein, daß er eine entsprechende fachliche und persönliche Qualifikation benötigt, um die Geschäftsführungs-Nachfolge antreten zu können, und daß er die Qualifikation nicht schon qua Geburt erfüllt. Warnen möchte ich den Unternehmer vor dem Irrglauben, seinen leitenden Mitarbeitern könne das Urteil über die Qualifikation des Juniors überlassen bleiben. Zum einen vergißt er hierbei, daß entsprechende Fragestellungen an Untergebene von vornherein die Autorität eines potentiellen Nachfolgers, auf die dieser zwingend angewiesen ist, untergraben. Zum anderen bringt er seine Mitarbeiter in einen unüberbrückbaren Interessenkonflikt: Diese werden nämlich niemals sagen, was Sache ist, sie werden das sagen, was der Unternehmer hören will. So habe ich einmal erlebt, wie ein besonders schlauer Prokurist auf eine entsprechende Frage des Unternehmers den hoffnungslos unterqualifizierten Junior wie folgt beurteilte: »Er hat zwar noch einige Schwächen, aber das bekomme ich schon hin. Allerdings – zu einem so qualifizierten Unternehmer wie Sie wird er nie«. Der Chef war zufrieden. Genau das hatte er hören wollen.

Die Anforderungen an einen Fremdgeschäftsführer

Es gibt also guten Anlaß, über die Frage nachzudenken, ob die Geschäftsführung tatsächlich in der Hand der Familie bleiben muß. Wenn Sie sich dafür entscheiden sollten, eine Fremdgeschäftsführung zu installieren, sind die Probleme leider noch keineswegs gelöst. Denn einen Fremdgeschäftsführer zu gewinnen, der persönlich und fachlich zu dem Unternehmen und seiner Eignerfamilie paßt, ist meiner Erfahrung nach außerordentlich schwierig. Hinzu kommt folgendes: Die wirklich qualifizierten Personen meiden oft Familienunternehmen, weil sie sich nicht der Gefahr aussetzen wollen, bei Streitigkeiten zwischen »die Mühlensteine« der Gesellschafterstämme zu geraten. Außerdem fürchten die Top-Kandidaten, die über Persönlichkeit und Charakter verfügen, die Dominanz der in der Geschäftsführung tätigen Familienunternehmer und den damit oft verbundenen Mangel an Gestaltungsmöglichkeiten. Und seien wir ehrlich: Auch wenn die Familienunternehmer das Beste für das Unternehmen und ihre Mitarbeiter wollen, der tagtägliche Umgang mit ihnen muß nicht, kann aber zum »Dornenweg« werden.

Dies alles belegt nachdrücklich, daß an einen Fremdgeschäftsführer eines Familienunternehmens besondere Anforderungen zu stellen sind. Auf der einen Seite muß man sich darüber im klaren sein, daß die Statistik ein gestörtes Verhältnis zwischen Fremdmanager und Eigentümer belegt. Umfragen haben ergeben, daß Eigentümer-Unternehmer dezidiert der Auffassung sind, daß

Familienmitglieder im Grundsatz besser geeignet sind als Fremdgeschäftsführer. Auf der anderen Seite sehen 55 Prozent der Fremdgeschäftsführer, die seit Jahren in gemischten Geschäftsführungen tätig sind, das Image des Eigentümer-Geschäftsführers kritisch bis ablehnend. Dies hat vielfältige Gründe, die sicherlich im Verhalten des Eigentümers wie des Fremdgeschäftsführers zu suchen sind:

Eigentümer-Unternehmer stellen häufig widersprüchliche Anforderungen an einen Fremdgeschäftsführer. Sie verlangen von ihm geradezu einen gespaltenen Charakter. Sie erwarten nämlich von ihm gegenüber der Eigentümerfamilie Takt, größte Kompromißfähigkeit, ja Nachgiebigkeit, andererseits jedoch höchstes Durchsetzungsvermögen und Rückgrat gegenüber den Mitarbeitern und der Außenwelt. Der Fremdgeschäftsführer soll sich mit den Kapitalgebern völlig identifizieren; unternehmerische Qualitäten sind zwar Voraussetzung, sie sind jedoch nur nach Genehmigung durch die Eigentümer umzusetzen. Die Eigner definieren als Anforderungsprofil regelmäßig fachspezifisches Wissen, fragen aber selten nach Eigeninitiative, nach Kreativität und nach Führungsqualifikation. Sie halten dem Fremdgeschäftsführer stets ihr eigenes Kapitalrisiko vor Augen, vernachlässigen aber dessen Einkommens- und Karriererisiko. Anderseits betrachtet der Fremdgeschäftsführer häufig seine Management-Qualifikation als den wichtigsten Faktor und mißt dem eingebrachten Kapital allenfalls eine marginale Bedeutung für den Unternehmenserfolg bei. Dies führt selbstverständlich zu Spannungen zwischen Management und Eigentümer. Es kommt hinzu, daß der Fremdmanager häufig ein nur unterentwickeltes Einfühlungsvermögen für die speziellen Belange des Familienunternehmens und der dahinter stehenden Familienmitglieder hat. Nicht selten mangelt es dem Fremdgeschäftsführer z. B. an Sensibilität und an dem Verständnis für den berechtigten Stolz der Familie auf die in der Vergangenheit erbrachte Leistung.

Ausgangspunkt der an den Fremdgeschäftsführer zu stellenden Anforderungen ist meines Erachtens daher ein alter Leitsatz des Bankiers Abs: »Ein Gramm Charakter wiegt mehr als ein Kilo Sachverstand.« Gerade bei Familienunternehmen sind die Charaktereigenschaften und die Persönlichkeit des Fremdgeschäftsführers die wichtigsten Garanten für die erfolgreiche Zusammenarbeit zwischen Familie und Geschäftsführung. Dem Fremdgeschäftsführer muß es insbesondere gelingen, das Vertrauen der Gesellschafter in seine Person zu gewinnen und zu erhalten. Dieser Prozeß wird sicherlich viele Monate und Jahre benötigen. Außerdem muß ein Fremdgeschäftsführer ein einmal erarbeitetes Vertrauen durch Verläßlichkeit im Handeln und Loyalität gegenüber den Gesellschaftern stets aufs Neue unter Beweis stellen. Dies darf aber nicht bedeuten, daß der Fremdgeschäftsführer sich vor der Familie stets beugt: Wenn der Fremdgeschäftsführer wie ein Inhaber denken und handeln soll, so muß er dies bei Meinungsverschiedenheiten auch in harten sachlichen Diskussionen mit dem Inhaber oder den Inhabern unter Beweis stellen dürfen. Das erwartete starke Durchsetzungsvermögen und Rückgrat darf sich also ruhig in kontroversen sachlichen Diskussionen mit dem Inhaber nach innen zeigen. Nur nach außen, gegenüber Dritten, ist die notwendige Loyalität stets unter Beweis zu stellen.

Einige weitere besondere Anforderungen, die an einen Fremdgeschäftsführer eines Familienunternehmens zu stellen sind, möchte ich erwähnen: Selbstverständlich muß der Fremdgeschäftsführer peinlichste Korrektheit im Umgang mit Geld an den Tag legen. Wer etwa in einem mittelständischen Familienunternehmen, wie dies ein mir bekannter Fremdgeschäftsführer tat, mehrere 100 000 D-Mark für ein Gutachten von einem ihm gut bekannten Fachmann ohne Rücksprache mit den Eignern ausgibt, der wird selbst dann das Vertrauen der Gesellschafter verlieren, wenn das Gutachten letztendlich sinnvoll und der Preis angemessen ist. Der Geschäftsführer muß gegenüber den Gesellschaftern weiterhin stets offen sein und für eine gewisse Transparenz in den Entscheidungsabläufen sorgen. Er muß den Gesellschaftern das Gefühl vermitteln, über alle wichtigen Dinge im Unternehmen zu jeder Zeit informiert zu sein. Erfährt ein Gesellschafter etwa von dritter Seite, daß gerade ein großer Gewährleistungsfall in dem Unternehmen anfiel, so zerstört dies naturgemäß das Vertrauen der Gesellschafter in ihren Geschäftsführer. Der Stachel des Mißtrauens ist dann schnell Gesetz.

Auch wenn der Fremdgeschäftsführer sich in seiner praktischen Arbeit in der Rolle des Eigentümers sehen muß, so muß er dabei doch stets akzeptieren, daß das Unternehmen der Eigentümerfamilie gehört. Der Fremdgeschäftsführer darf also – so eine weitere Anforderung an einen Fremdgeschäftsführer einer Familiengesellschaft – keinen Neid auf die Eigentümer entwickeln, weshalb es den Eigentümern andererseits gut ansteht, den Fremdgeschäftsführer auch großzügig an allen Leistungen und Erfolgen zu beteiligen. Der notwendige Respekt des Fremdgeschäftsführers vor der Eigentümerstellung der Unternehmerfamilie erfordert ein Höchstmaß an Loyalität. Kann ein Fremdgeschäftsführer im Laufe der Zeit nicht mehr verstehen, warum er als der eigentliche »Erfolgsmacher« nur ein Zehntel dessen als Gehalt aus dem Unternehmen bezieht, was der Eigentümer an Gewinn erhält, dann ist die Zeit reif für eine zeitlich begrenzte Beteiligung des Fremdgeschäftsführers am Unternehmen *oder* für eine Trennung von dem Fremdgeschäftsführer. Meine Erfahrungen bei der vertraglich ausreichend abgesicherten Beteiligung von Fremdgeschäftsführern insbesondere am Gewinn von Tochtergesellschaften – allerdings nie auf Dauer, sondern nur für die Zeit der Tätigkeit im Unternehmen – sind durchaus positiv. Ist der Fremdgeschäftsführer wirklich überragend qualifiziert, so motiviert eine Beteiligung nach meinen Erfahrungen in besonderer Weise. Sind die Forderungen des Fremdgeschäftsführers allerdings überzogen und stehen sie in keinem Verhältnis zu seiner Leistung, so empfehle ich schnellstmögliche Trennung.

Mein Idealtypus eines Fremdgeschäftsführers benötigt ebenfalls ein ganz besonderes Fingerspitzengefühl für Geld und Risiko. Die in der Regel beschränkten finanziellen Ressourcen des Familienunternehmens und die sicherlich gegebene Notwendigkeit des Eingehens auf unternehmerische Risiken erfordert eine Qualifikation, die nur wenige Geschäftsführer überhaupt haben. Diese besondere Qualifikation ist aber deswegen von Bedeutung, weil die Eigentümer stets das Gefühl haben, der Fremdgeschäftsführer gibt ihr privates Geld aus und entscheidet über ihr persönliches Vermögensrisiko. Der Fremdgeschäftsführer muß weiterhin Distanz und gleichmäßigen Abstand zu allen Familienmitgliedern pflegen. Freundschaftliche Kontakte zu einzelnen Familienmitgliedern sind oft problematisch. Der Fremdgeschäftsführer muß auch die Familienkultur – selbst wenn sie noch so antiquiert erscheint – akzeptieren und diese verinnerlichen. Er sollte deshalb von seiner gesamten Persönlichkeit zur Unternehmensphilosophie passen. Auch der fachlich hochqualifizierte Fremdgeschäftsführer muß scheitern, wenn er politisch, sozial oder kulturell in stetem Gegensatz zur Eigentümerfamilie steht. Last not least muß der Fremdgeschäftsführer akzeptieren können, daß er nie völligen Gleichrang mit dem Eigentümer-Unternehmer erreichen wird.

DIE AUSWAHL DES FREMDGESCHÄFTSFÜHRERS

Ist die Entscheidung gefallen, daß ein Nachfolger aus der Familie als Geschäftsführer nicht in Frage kommt, und haben sich die Eigner über die fachlichen und persönlichen Anforderungen an den Fremdgeschäftsführer verständigt, so muß die Auswahlentscheidung hinsichtlich des Fremdgeschäftsführers auf breitester Basis getroffen werden. In der Praxis wird leider die Entscheidung über die Einstellung eines Fremdgeschäftsführers häufig wie bei einem Lehrling auf der Basis von Zeugnissen und einem persönlichen Einstellungsgespräch von zwei Stunden Dauer, vielleicht auch noch auf der Basis gewisser Referenzen, getroffen. Dies ist angesichts der Zeitprobleme verständlich, wegen der weittragenden Bedeutung der Entscheidung aber nicht entschuldbar. Der Geschäftsführer ist in solchen Fällen zwar häufig »objektiv« als Geschäftsführer geeignet. Dies genügt aber bei weitem nicht, wie die vielen Fälle späterer kostspieliger Trennungen aufgrund unterschiedlicher Auffassungen in Wertefragen, im Führungsstil, in der Arbeits- und Lebensauffassung sowie in den Charakter- und Persönlichkeitseigenschaften belegen. Ein Geschäftsführer aus einem der Mitbestimmung unterliegenden Konzern, der es gelernt hat, von den Arbeitnehmern im Aufsichtsrat einen positiven Input zu erhalten und diesen auch wie selbstverständlich befürwortet, wird beispielsweise kaum je mit einem Eigner-Unternehmer auskommen, für den die Mitbestimmung der Arbeitnehmer bereits im Betriebsrat seit jeher ein Dorn im Auge war. Ein Fremdgeschäftsführer, der eine besondere Vorliebe für exklusive Sportfahrzeuge besitzt, wird in einem auf besondere Zurückhaltung nach außen bedachten Familienunternehmen in einer kleineren Gemeinde Schwierigkeiten haben.

Es ist für das Unternehmen immer noch besser, den fachlich zweitbesten Kandidaten zu wählen, wenn der erste nicht die notwendige »Passform« besitzt. Aber nicht nur eine einheitliche Linie zwischen Eigner-Unternehmer und Geschäftsführern ist notwendig, auch eine einheitliche Linie innerhalb der Geschäftsführungsmitglieder ist unerläßlich. Ein neuer Geschäftsführer kann noch so qualifiziert sein, er wird immer ein schwarzes Schaf in der weißen Herde bleiben, wenn seine Persönlichkeit nicht auf die seiner Mitgeschäftsführer und insbesondere auch auf die der Eigentümer abgestimmt ist. Notwendig ist also auch eine Abstimmung des potentiellen Fremdgeschäftsführers mit eventuell bereits vorhandenen Geschäftsführern.

Im folgenden möchte ich kurz beschreiben, auf welchem Wege Sie einen Fremdgeschäftsführer, der die geschilderten besonderen Anforderungen aufweist, finden können. Häufig ist es möglich, den Nachfolger aus dem Nachwuchs des eigenen Unternehmens zu gewinnen. Nach neueren Untersuchungen werden nur die Hälfte der Fremdgeschäftsführer von außen geholt, die andere Hälfte aber aus dem Unternehmen rekrutiert: Dies ist, falls hierbei keine Kompromisse bei der Qualifikation gemacht werden, stets die risikoärmste Lösung, da der Unternehmer fachliche und persönliche Eigenschaften des Kandidaten seit langem kennt. Bei der Rekrutierung des Geschäftsführers aus dem Unternehmen selbst fällt die Fehlerquote – die nach meinen persönlichen Erfahrungen bei circa 50 Prozent liegt – auf einen Wert unter 25 Prozent ab. Läßt sich im Unternehmen selbst niemand finden, so ist es vorteilhaft, wenn der Eigner einen Fremdgeschäftsführer aus dem Umfeld seiner Branche und seiner Kunden- oder Lieferantenkontakte, aber auch seiner Wettbewerber rekrutieren kann. Man kennt sich und häufig auch die Familie des Kandidaten; man weiß, wie sich der potentielle Geschäftsführer in bestimmten Situationen verhält, und hat häufig schon mit ihm verhandelt. Die Stärken und Schwächen haben sich gezeigt, und man erlebt weniger böse Überraschungen. Wer als Familienunternehmer insoweit seine Augen über Jahre offenhält, dem wird sich in seinem beruflichen Umfeld sicherlich auch der geeignete Nachfolger offenbaren.

Ist man gezwungen, einen Fremdgeschäftsführer zu suchen, den man nicht schon lange Zeit kennt, so liegt ein häufiger Fehler bei der Auswahl eines Fremdgeschäftsführers darin, daß man sich viel zu wenig Zeit nimmt und jeden Aufwand an Zeit und Kosten scheut. Insbesondere dann, wenn ein Geschäftsführer aus dem beruflichen Umfeld des Familienunternehmers nicht in Sicht ist, kann die Einschaltung eines Headhunters sinnvoll sein. Dies gilt übrigens unabhängig davon, ob die Familie oder der Beirat letztendlich die Entscheidung trifft. Der potentielle, von einem auf die Gewinnung von Führungskräften spezialisierten Personalberater vorgeschlagene Fremdgeschäftsführer muß dann in mehreren Gesprächen – auch im privaten Umfeld – »besehen« werden. Seine Führungsphilosophie, seine Lebensziele, sein persönliches Umfeld sollten ebenso offen besprochen werden wie die der Unternehmerfamilie und der künftigen Mitgeschäftsführer. Erlauben Sie mir hier auch ein offenes Wort zur Ehefrau des Geschäftsführers: Kaum einem Eigner ist die Ehefrau des Geschäftsführers vor der Einstellung näher bekannt. Und doch spielt sie eine ganz wichtige Rolle. Haben Sie einmal erlebt, was es bedeutet, wenn sich die Ehefrau eines Fremdgeschäftsführers öffentlich mit der Ehefrau des Eigners nicht versteht? Haben Sie einmal gesehen, was passiert, wenn die Ehefrau des Fremdgeschäftsführers bei einem gemeinsamen Abendessen mit der Eignerfamilie und mit Geschäftspartnern die Ehefrau des Eigentümers in den Schatten stellt? Um derart prekäre Situationen zu vermeiden, muß die Ehefrau des Fremdgeschäftsführers stets in die Auswahlentscheidung einbezogen werden. Dies geschieht am besten durch eine oder mehrere gemeinsame Einladungen in den häuslichen Kreis des Unternehmers. An einem geselligen Abend wird schnell deutlich, ob die Familien zueinander passen.

Es gibt seit einigen Jahren übrigens auch Personalberatungsbüros, welche der Einstellungsentscheidung ein »Verhaltens- und Persönlichkeitsassessment«, kurz VPA, vorschalten. Darin eingeschlossen sind etwa ein gemeinsames Essen, Diskussionsrunden, Spaziergänge und Meinungsaustausch zur Lebensphilosophie etc. Am Ende steht dann die Aussage, ob der ins Auge gefaßte Geschäftsführer und sein Verhaltens- und Persönlichkeitsprofil zur Führung des Unternehmens paßt und ob die Familien miteinander harmonieren. Dies ist sicher eine gute Ergänzung. Aber meines Erachtens sind und bleiben zahlreiche persönliche Gesprächsrunden zwischen dem Familienunternehmer, dem Beirat und dem Fremdgeschäftsführer sowie dessen Ehefrau die wichtigste Einstellungsgrundlage.

VON DER HARMONIE ZUM POTENTIELLEN INTERESSENGEGENSATZ

Solange der Familienunternehmer sowohl auf Ebene der Gesellschafter als auch in der Geschäftsführung eines Familienunternehmens »das Sagen hat«, kann ein Familienunternehmen eine »Stätte der Harmonie« sein. Denn die langfristigen Interessen der Gesellschafter und der Unternehmen werden in diesem Fall durch eine Person bestimmt, so daß ein Auseinanderfallen ausgeschlossen ist. Diese Identität der Interessen kann indes enden, wenn ein Fremdgeschäftsführer in die Gesellschaft eintritt. So kann zum Beispiel der Fremdgeschäftsführer in der Frage, ob Neubau eines Fabrikgebäudes oder bloße Reparatur, ob vorsichtige oder aggressive Bilanzpolitik, ob Verkauf oder Nichtverkauf einer Tochtergesellschaft, durchaus anderer Meinung sein als der Eigentümer. Für solche Entscheidungen ist möglicherweise auch das Tantiemeninteresse des Fremdgeschäftsführers zu berücksichtigen. Und der dann mögliche Interessengegensatz kann für das Unternehmen gefährlich sein. Daher sind die Interessen der Familie und die von dem Fremdgeschäftsführer zu verfolgenden Konzepte frühzeitig zu besprechen. Es sind klare Kompetenz- und Verantwortungsbereiche im Vorfeld der Einstellung abzugrenzen, und zwischen Familie und Geschäftsführung müssen die Interessen der Familie, die Umsetzung durch den Geschäftsführer und etwaige unterschiedliche Auffassungen zwischen ihm und der Familie besprochen werden. Der Fremdgeschäftsführer muß wissen, ob die Familie etwa den gesamten Gewinn im Unternehmen belassen will oder ob sie – Eignerstrategien folgend – ihr Privatvermögen mehren und regelmäßige Geldströme vom Unternehmen in die persönliche Schatulle erwartet. Durch solche Kompetenzabgrenzung kann eine Vielzahl von Problemen bereits im Vorfeld geklärt und abgefangen werden. Denn typischerweise stellt der Fremdgeschäftsführer die von ihm definierten Interessen des Unternehmens in den Vordergrund und hält die von der Familie festgelegten Zielsetzungen für nachrangig. Der Fremdgeschäftsführer muß bei entsprechender Vorverständigung aber akzeptieren, daß das Unternehmen ein Teil des Familienvermögens ist und damit der Familie dient. Die Aufgabe des Fremdgeschäftsführers besteht eben nicht nur darin, die unternehmerischen Erfolge zu mehren, sondern auch die Wünsche der Familie durchzusetzen. Gibt die Familie ihm vor, daß an erster Stelle der Familienphilosophie die Mehrung des Familienvermögens steht, so muß er dies akzeptieren und zu seinem eigenen Prinzip erheben. In diesem Punkt haben meiner Erfahrung nach viele Fremdgeschäftsführer Schwierigkeiten. Sie ziehen die Grenzlinie der zu fördernden Interessen beim Unternehmen. Alles was dem Unternehmen nach ihrer Ansicht dienlich ist, ist gut, alles was das Familienvermögen insgesamt betrifft, wird nicht mehr ausreichend gefördert. Hier blockieren Fremdgeschäftsführer, mit denen diese Fragen nicht im einzelnen vorher besprochen wurden, etwa Desinvestitionsentscheidungen und Vermögensumschichtungsentscheidungen der Familie. Wenn ein Fremdgeschäftsführer bereits an dieser Stelle im Einstellungsgespräch nicht derselben Ansicht ist wie die Familie, so werden sich hier angelegte Konflikte im Laufe der Zeit immer mehr verstärken und zu einer Gefahr für die erfolgreiche Führung des Unternehmens werden.

Interessengegensätze können aber auch auftreten, weil der Fremdgeschäftsführer seine eigenen persönlichen Belange stark in den Vordergrund rückt. Die hierin liegende Problematik, die in jedem homo oeconomicus angelegt ist, ist seit vielen Jahren bekannt und wird in der Wissenschaft als »Agent-Problem« bezeichnet. Der Fremdgeschäftsführer ist nach diesem Verständnis »Agent« über ein fremdes Vermögen und muß in dieser Eigenschaft dieses Vermögen vermehren. Der Fremdgeschäftsführer tendiert aber bewußt oder unbewußt dazu, sein eigenes Vermögen und nicht fremdes Vermögen zu vermehren. Es gilt daher, durch vertragliche Regelungen möglichst einen Gleichlauf zwischen Familieninteressen und persönlichen Zielsetzungen des Geschäftsführers zu erreichen. Dabei darf nicht vernachlässigt werden, daß persönliche

Anerkennung durch den Familienunternehmer häufig wichtiger ist als rein finanzielle Anreize. Es ist eine besondere Stärke des Familienunternehmers, daß
unglaubliche Motivationsschübe möglich sind, wenn es dem Eigner gelingt,
seine besondere Stellung im Unternehmen zur Motivation der Belegschaft einzusetzen. Auch gegenüber dem Geschäftsführer gilt, daß der Ausdruck des
persönlichen Dankes häufig stärker den Ehrgeiz und persönlichen Einsatz aktiviert als jeder Geldbetrag. In diesem Zusammenhang möchte ich nochmals
betonen, daß die zeitweise Beteiligung eines tüchtigen Fremdgeschäftsführers
von diesem als ein Zeichen persönlichen Dankes und Vertrauens des Unternehmers empfunden werden kann – abgesehen von der gesellschaftlichen Aufwertung, die er erfährt, wenn der Aufdruck »Geschäftsführer« auf der Visiten-
karte durch den gewichtigeren Titel »Gesellschafter-Geschäftsführer« ersetzt
wird.

FIXIERUNG EINER KOMPETENZORDNUNG

Wenn nun der »optimale« Fremdgeschäftsführer gefunden ist und die möglichen »Konfliktfronten« schon zu Beginn geklärt sind, müssen die Kompetenzen beispielsweise in einer Geschäftsordnung oder im Anstellungsvertrag schriftlich fixiert werden. Geschieht dies nicht, so werden Familienunternehmer und
Fremdgeschäftsführer in der Zukunft stets das Gefühl haben, es würde absprachewidrig in zugeordnete Aufgabengebiete eingegriffen. Denn Familienunternehmer, die über Jahre an der Spitze der Geschäftsführung gestanden
haben, neigen dazu, allzuschnell in den operativen Bereich einzugreifen, den
sie eigentlich dem Fremdmanager überlassen wollten. Aus meiner Sicht ist es
der Anfang vom Ende, wenn ein Fremdgeschäftsführer einen Eingriff in den
operativen Bereich duldet. Er darf ein solches Vorgehen des Eigners nicht hinnehmen; unterläßt der Eigner dann das Hineinregieren nicht, so muß der Fremdgeschäftsführer daraus sofort die Konsequenzen ziehen. Das Unternehmen ist
dann nicht oder noch nicht reif für eine Fremdgeschäftsführung. Duldet der
Geschäftsführer hingegen Eingriffe in sein operatives Geschäft, so verliert er
binnen kürzester Zeit seine Autorität sowohl nach innen wie auch nach
außen. Außerdem werden Verantwortlichkeiten verwischt mit der Folge, daß
das Unternehmen führungslos zu werden droht. Es ist allerdings zuzugeben,
daß es Fälle gibt, in denen dem Eigentümer eine Eingriffsberechtigung in das

laufende Geschäft nicht abgesprochen werden kann. So habe ich einmal erlebt, daß ein Freund, Geschäftsführer eines lebensmittelproduzierenden Betriebes, das deckungsbeitragsstärkste Markenprodukt des Unternehmens unter einer Zweitmarke in großen Mengen zu reduzierten Preisen an eine Filialkette des Einzelhandels verkaufen wollte, um die Produktion besser auslasten zu können. Der Unternehmer befürchtete hierdurch eine Kannibalisierung seiner Marke und griff mit einem Veto ein. Ich meine, er hatte ein Recht dazu. Zwar ist die Einräumung eines genügenden Freiraums gerade für kreative Fremdgeschäftsführer, die das Unternehmen neu strukturieren sollen und wollen, unabdingbar. Dieser Freiraum muß aber dort seine Grenze haben, wo der Eigner – und sei es auch nur aus seiner subjektiven Sicht – das im Unternehmen angelegte Vermögen der Familie insgesamt gefährdet sieht. Eine schwierige Grenzfrage für die es – wie zwischen Skylla und Charybdis – keine allgemeingültige Antwort gibt.

In einem Eingriff in den operativen Bereich durch den Eigner liegen nach meiner Erfahrung gleichwohl nicht die größten Reibungspunkte. Der Fremdgeschäftsführer akzeptiert in der Regel den Vorrang der Eigner infolge des eingesetzten Kapitals und des damit verbundenen Risikos. Umgekehrt akzeptiert der Eigner – wenn er den richtigen Fremdgeschäftsführer gefunden hat – in der Regel auch die professionellen Fähigkeiten des angestellten Managers im operativen Bereich. Zentrales Thema der Divergenzen ist aber häufig die Frage, wer die strategische Unternehmerfunktion wahrnimmt. Hier gilt es, durch die schriftliche Fixierung der Aufgaben und Kompetenzen in einer Geschäftsordnung für beide Seiten eine klare Leitlinie vorzugeben. Dabei kann auch der Beirat, dem die strategische Unternehmensplanung überantwortet werden sollte, eine wichtige Rolle spielen. Dies wird von »beiden Seiten« dann erfahrungsgemäß auch völlig problemlos akzeptiert. Wenn sich der Eigentümer-Unternehmer stark genug fühlt, alle unternehmerischen strategischen Entscheidungen allein zu treffen und insbesondere auch allein zu verantworten, so gehört dies in die schriftliche Geschäftsordnung der Geschäftsführung, und zwar gleichgültig, ob der Fremdgeschäftsführer neben dem Eigentümer in der Geschäftsführung sitzt oder aber die Geschäftsführung ausschließlich aus Fremdgeschäftsführern besteht. Auch wenn man eine solche detaillierte Geschäftsordnung in der Folgezeit, was natürlich ein gutes Zeichen wäre, nie braucht, so zwingt die Ausarbeitung der Geschäftsordnung beide Parteien doch zur Festlegung und Abgrenzung ihrer jeweils in Anspruch genommenen Kompetenzen und dokumentiert diese auch gegenüber den Mitarbeitern. Es wird nicht selten Fälle geben, in denen gerade bei der schriftlichen Fixierung der Geschäftsordnung Konflikte bereits zu einem früheren Zeitpunkt zutage treten, die ansonsten erst sehr viel später und mit ernsteren Folgen offenkundig geworden wären.

Auch in diesem Zusammenhang sollte der Beirat eine wichtige Rolle spielen. Ist ein solcher eingerichtet oder wird er im Zusammenhang mit der Einsetzung des Fremdgeschäftsführers eingerichtet, so kann der Eigentümer-Unternehmer in den Vorsitz des Beirates wechseln und in dieser Position gemeinsam mit fremden Dritten die Festlegung der Unternehmenspolitik und der strategischen Ziele übernehmen. Dabei ist es gleichgültig, ob die Geschäftsführung an Familienmitglieder oder an Fremdgeschäftsführer übergeben wird. Die Reihenfolge lautet: Erst wird der Beirat eingesetzt, dann die neue Geschäftsführung. Einen Beirat akzeptiert der gewünschte starke Fremdgeschäftsführer außerdem eher, als die Einzeldiskussion mit vielen qualifizierten und weniger qualifizierten Gesellschaftern der zweiten und dritten Generation. Im übrigen haben sämtliche Untersuchungen gezeigt, daß es Familiengesellschaften, in denen ein kompetenter Beirat existiert, sehr viel leichter fällt, qualifizierten Führungsnachwuchs von außen zu gewinnen, als wenn das Management ständig im Kampf gegen »Tanten, Onkel und Neffen« aufgezehrt wird. Es hat sich auch bewährt, die Beziehung zwischen Fremdgeschäftsführer, Beirat und Gesellschafterversammlung auf einer eher formalen Basis abzuwickeln. Wenn es feste Sitzungstage und Beiratssitzungen gibt, so kann sich der Geschäftsführer einerseits darauf einstellen und sich entsprechend vorbereiten, andererseits kann er sich nicht mit mangelnder Vorbereitung entschuldigen und – was ganz wichtig ist – der Familienunternehmer bringt dem Fremdgeschäftsführer nicht jeden Tag dessen Terminkalender durcheinander, weil dem Eigner immer neue Fragen und »Tips« einfallen.

Die schriftliche Geschäftsordnung sollte folgende Grundsätze enthalten: Zunächst meine ich, daß das operative Tagesgeschäft – entweder insgesamt oder ressortbezogen – auf jeden Fall immer in die ausschließliche Kompetenz des Geschäftsführers gehört. Der Familienunternehmer darf hier, wenn er selbst nicht auch Mitgeschäftsführer ist, nicht hineinreden. Sehr wichtig ist es auch, daß in der Geschäftsordnung schriftlich fixiert wird, daß der Gesellschafter direkte Kontakte zu Mitarbeitern des Unternehmens unterhalb der Geschäftsführungsebene zu unterlassen hat. Dies fällt Familienunternehmern erfahrungsgemäß besonders schwer, aber hieran müssen sie sich gewöhnen. Auch Herr Kopper, als Aufsichtsratsvorsitzender von Daimler-Benz, könnte sich nicht erlauben, an Herrn Schrempp vorbei einen Abteilungsdirektor zu zitieren, um diesem die Meinung zu sagen.

In die Geschäftsordnung gehören auch die Modalitäten und Formalien der Zusammenarbeit zwischen Eignerseite, Beiratsseite und Geschäftsführungsebene, zum Beispiel feste Termine, Informationspflichten etc., und ebenso all die Punkte, in denen sich von vornherein Interessengegensätze zwischen Geschäftsführung und Gesellschafter oder einzelnen Mitgliedern aus dem Gesellschafterkreis ergeben können:

- Wie ist zu verfahren, wenn der Senior-Gesellschafter stetig Mitarbeiter aus dem Unternehmen für private Zwecke, zum Beispiel zum Autowaschen, zu Gärtnerarbeiten oder als Handwerker im Privathaus, einsetzen will?
- Wie ist zu verfahren, wenn ein Geschäftsführer einem ihm bekannten Berater einen lukrativen Beratungsauftrag erteilen will?
- Wie ist zu verfahren, wenn die beabsichtigte Bilanzpolitik der Gesellschafter mit der Bilanzpolitik der Geschäftsführer nicht in Einklang steht? Häufig hängt die Tantieme der Geschäftsführer unmittelbar mit bilanzpolitischen Maßnahmen zusammen!
- Wer bestimmt die Bilanzpolitik? Nehmen die Gesellschafter am Gespräch über die Ausübung des vielfältigen bilanzpolitischen Gestaltungsinstrumentariums teil? Sollten die Gesellschafter mit den Wirtschaftsprüfern sprechen? (Vgl. hierzu ausführlicher S. 155f.)

EINIGE GEDANKEN ZUR AUSGESTALTUNG DES GESCHÄFTSFÜHRERVERTRAGES UND DER BETRIEBLICHEN ALTERSVERSORGUNG

Der Geschäftsführervertrag stellt für den Fremdmanager ein bedeutendes Regelwerk dar. Er ist die Grundlage seiner materiellen Existenz; durch ihn wird seine Familie in einem Unglücksfall abgesichert und im Regelfall enthält er auch die Vereinbarungen, aus denen sich die Höhe der Versorgung im Alter entnehmen läßt. Der Unternehmer muß deshalb Verständnis dafür aufbringen, daß der Abschluß und die Änderung eines Anstellungsvertrages für den Fremdgeschäftsführer ein Ereignis mit äußerster Wichtigkeit darstellt und der Fremdmanager hier besonders empfindlich reagieren wird. Komplizierte Vertragswerke, angereichert mit etlichen Philosophien und Lebensweisheiten des Familienunternehmens, eine Auflistung der Dinge, die der Fremdgeschäftsführer vor allem im privaten Bereich zu tun oder zu lassen hat, z.B. Verbot der Ausübung gefährlicher Sportarten, Vorschriften zur Ehemoral etc., oder Regelungen, die dem Fremdgeschäftsführer jede Unabhängigkeit von der Eignerfamilie nehmen, werden auch den schwächsten Geschäftsführer »widerspenstig« machen. Ich habe es beispielsweise oft erlebt, daß Geschäftsführungsmitglieder zwar bei jeder operativen Entscheidung der Auffassung des Familienunternehmers schweigend und opportunistisch gefolgt sind, bei Eingriffen in die persönliche Sphäre dagegen massiv gegen den Familienunternehmer aufbegehrt haben – und das zu Recht. Top-Kandidaten werden sich auf einen solchen Vertrag ohnehin nicht einlassen, sondern zu einem anderen Unternehmen gehen. Der Unternehmer und die Eigner sind deshalb gut beraten, einen den üblichen Usancen entsprechenden Geschäftsführervertrag abzuschließen und ihre persönliche Philosophie in einem anderen Dokument – beispielsweise, wie hier vorgeschlagen, in den »Hausgesetzen« – niederzulegen. Dafür spricht auch, daß die Beachtung der Firmenphilosophie in einem Anstellungsvertrag zumeist ohnehin nicht rechtlich verbindlich festgelegt werden kann.

Der Abschluß des Anstellungsvertrages setzt naturgemäß die Klärung der »materiellen Ausstattung«, also des laufenden Gehalts und der Altersversorgung voraus. Das laufende Gehalt wird regelmäßig in einen variablen gewinnabhängigen Teil und einem fixen Teil aufgeteilt werden, wobei vielfach in einem »normalen Jahr« 60 Prozent der Bezüge fix und 40 Prozent der Bezüge gewinnabhängig gezahlt werden. Die genaue Höhe der Vergütung ist in Familienunternehmen indes von so vielen Faktoren abhängig, daß ich an dieser Stelle nicht der Versuchung erliegen möchte, bestimmte Beträge zu nennen, die ohnehin nur in Anbetracht der konkreten Situation und der Persönlichkeit der Kandidaten festgelegt werden könnten. Ich möchte vielmehr in einigen wenigen Worten zur angemessenen Altersversorgung eines Fremdgeschäftsführers Stellung nehmen:

So wenig ich für Familienunternehmen eine generelle betriebliche Altersversorgung aller Mitarbeiter für adäquat halte, so sehr befürworte ich dies für das Spitzenmanagement. Ein Fremdgeschäftsführer sollte nach Abschluß seiner aktiven Tätigkeit als angemessene Gesamtversorgung über ein Einkommen von etwa 60 Prozent der letzten Brutto-Bezüge/Festbezüge zuzüglich einer regelmäßig wiederkehrenden, erfolgsabhängigen Vergütung verfügen. Die Ansprüche aus der gesetzlichen Rentenversicherung reichen dafür indes bei weitem nicht aus. Es ist deshalb erforderlich, die Anwartschaften aus der gesetzlichen Rentenversicherung durch private Versorgungsmaßnahmen und auch eine betriebliche Altersversorgung zu ergänzen. Der Nachteil einer privaten Altersversorgung besteht in der sogenannten vorgelagerten Besteuerung. Das bedeutet, daß die erforderlichen Maßnahmen aus Einkommensbestandteilen bezahlt werden müssen, die während der aktiven Tätigkeit zuvor versteuert werden mußten. Bei einem Geschäftsführer einer Kapitalgesellschaft kann aber durch Gestaltungen wie die »Direktversicherung durch Gehaltsumwandlung« Abhilfe geschaffen werden: Die Gesellschaft und der Geschäftsführer vereinbaren, daß der Geschäftsführer auf die Barauszahlung von Gehalt verzichtet. Das Unternehmen zahlt diesen Betrag (zur Zeit begrenzt auf 3 409 D-Mark p.a. bzw. 4 200 D-Mark p.a. bei Durchschnittsbildung über mehrere Arbeitnehmerverträge) in eine auf das Leben des Geschäftsführers abgeschlossene Lebensversicherung. Aus dieser Lebensversicherung ist der Geschäftsführer unwiderruflich bezugsberechtigt. Dabei werden Gehaltsteile aus der individuellen Versteuerung herausgenommen und nur mit einem pauschalen Steuersatz von derzeit 20 Prozent versteuert. Die Leistungen aus der Lebensversicherung sind als Kapitalleistungen steuerfrei und als Rentenleistungen mit dem Ertragsanteil zu versteuern.

Die bestehenden Möglichkeiten des Fremdgeschäftsführers, durch private Leistungen zur Verbesserung seiner Altersversorgung beizutragen, sollten aber nicht darüber hinwegtäuschen, daß erst die arbeitgeberfinanzierte betriebliche Altersversorgung einen angemessenen Lebensstandard im Alter sichert, so daß bei einem nichtbeteiligten Geschäftsführer die Versorgungslücke üblicherweise durch die Erteilung einer betrieblichen Pensionszusage geschlossen wird. Die Vorteile liegen auf der Hand: Die betriebliche Altersversorgung in Form der Pensionszusage führt nicht zu einer sofortigen, sondern zu einer nachgelagerten Besteuerung. Die Versorgungsleistungen sind demnach erst in der Rentenbezugsphase steuerpflichtig.

Zusammengefaßt läßt sich sagen, daß die Gewährung einer Pensionszusage durchaus mit etlichen Folgelasten verbunden ist. Dies ist auch der Grund, aus dem heraus ich bei mittelständischen Familienunternehmen die Bewilligung einer Pensionszusage nur für einen eng begrenzten Personenkreis, nämlich den des Spitzenmanagements, befürworte. Hier aber meine ich, daß eine betriebliche Altersversorgung zur angemessenen Ausstattung eines Fremdgeschäftsführervertrages gehört. Das gilt jedenfalls für Top-Kandidaten, die andernfalls – wie ich es schon oft erlebt habe – von anderen Unternehmen leichter abgeworben werden können. Sollte sich der Eigner diesem Risiko aussetzen?

GOLDENE REGELN
für Eigner im Umgang mit Fremdgeschäftsführern

1. Legen Sie die Entscheidung über die unternehmerische Qualifikation Ihrer Kinder stets in die Hände eines neutralen Gremiums. Dies wahrt die Objektivität und sichert bei einer Ablehnung den Familienfrieden.

2. Sollten Sie in Ihrem geschäftlichen Umfeld einen geeigneten potentiellen Geschäftsführer kennen, so ist dies häufig die sicherste Alternative, einen Fremdgeschäftsführer zu gewinnen. Es wird Ihnen leichter fallen, die Führung an eine Ihnen seit langer Zeit bekannte Person abzugeben. Jeder Familienunternehmer sollte daher die Augen stets nicht nur für Geschäfte, sondern auch für potentielle Geschäftsführer offenhalten.

3. Binden Sie in die Suche nach Fremdgeschäftsführern einen guten Headhunter ein, erwarten Sie aber von ihm nicht zuviel. Obwohl mir die Headhunter widersprechen werden: Ihre Aufgabe besteht lediglich darin, aus ihrer »Aktionskartei« potentielle Kandidaten zu benennen und das »Vorsortieren« zu besorgen. Die Frage der fachlichen Eignung und der persönlichen Integrationsfähigkeit kann nur der Unternehmer selbst, nicht aber der Headhunter beantworten.

4. Vernachlässigen Sie nie den Charakter des Geschäftsführers; dieser wiegt mehr als Fachwissen. Es gilt der in diesem Buch immer wiederkehrende Satz: »Ein Gramm Charakter wiegt mehr als ein Kilo Sachverstand.«

5. Beleuchten Sie das persönliche Umfeld des künftigen Fremdgeschäftsführers in subjektiver und objektiver Hinsicht. Diskutieren Sie mit ihm Wertevorstellungen, Zukunftserwartungen und sprechen Sie auch mit der Ehefrau des Fremdgeschäftsführers. Dies geschieht am besten durch eine Einladung in die Familie des Unternehmers.

6. Besprechen Sie mit dem potentiellen Fremdgeschäftsführer von vornherein klar und eindeutig die Familienkultur und die Vermögensphilosophie der Eignerseite.

7. Legen Sie von vornherein offen dar, welche Freiräume der Geschäftsführer haben soll und welche Kompetenzen die Familie für sich in Anspruch nimmt und wie die Familie mitzuregieren beabsichtigt.

8. Gestalten Sie den Geschäftsführervertrag so, daß die konkret definierten Familieninteressen im Gleichlauf mit den objektiv angemessenen Vorstellungen des Geschäftsführers stehen. Zeigen Sie sich bei Gehalt, Tantieme und Gewährung von Invaliditäts- und Altersrente großzügig.

GOLDENE REGELN
für Fremdmanager

1. Bevor Sie in einem Familienunternehmen tätig werden, sollten Sie unbedingt die Firmenkultur, die informellen Regeln und die wichtigsten Mitarbeiter, die das Unternehmen seit Jahren geprägt und getragen haben, kennenlernen.

2. Seien Sie sparsam und genau mit den Firmengeldern und reduzieren Sie den Repräsentationsaufwand auf das Nötigste. Legen Sie besonderen Wert auf ein persönliches »Spesengebaren«, das demjenigen des Eigentümers entspricht.

3. Sie sollten gegenüber den Gesellschaftern eine Informationspolitik betreiben, die es diesen erlaubt, von möglichst vielen Vorgängen im Unternehmen Kenntnis zu nehmen. Denn alles was Sie gegenüber den Gesellschaftern nicht erläutern, erfahren diese später – möglicherweise mit falscher Betonung.

4. Nehmen Sie auf die Empfindsamkeiten der Familie Rücksicht. Halten Sie aber zu den Familienunternehmern nicht zu ausgeprägte freundschaftliche Kontakte. Das gilt insbesondere für stammesgeprägte Unternehmen; hier müssen die Kontakte stets zu allen Stämmen »gleichwertig« gehandhabt werden.

5. Sie müssen sich daran gewöhnen: Die Öffentlichkeit und die Mitarbeiter werden nach ihrem Eintritt noch eine ganze Weile den Gründer und Familienunternehmer als ihren Vorgesetzten

betrachten. Die Tätigkeit in einem Familienunternehmen ist deshalb nicht das Richtige für Sie, wenn Sie öffentliche Auftritte in der Presse oder im Firmenjournal besonders schätzen.

6. Getreu dem Motto »Wehret den Anfängen« dürfen Sie es nicht hinnehmen, wenn der Familienunternehmer absprachewidrig in das operative Geschäft hinein regiert.

7. Gelassenheit, Geduld und Verständnis mit den Familienunternehmern und ihren Angehörigen werden Ihnen nicht zum Nachteil, sondern zum Vorteil gereichen.

8. Bei notwendigen Kosteneinsparungen und Entlassungen (z. B. Gärtner, Chauffeur, altgediente Mitarbeiter) stets zuvor die Zustimmung des Eigners einholen, falls diese Maßnahmen die Familie berühren.

9. Wenn die Harmonie zum Eigner gestört ist, sollten Sie sofort das persönliche Gespräch mit ihm suchen.

10. Zu guter Letzt: Auch wenn es profan klingt: meiden Sie die gemeinsame Mitgliedschaft in Clubs (z. B. Tennis, Reiten, Golf).

2.
SCHWIEGERSÖHNE AN DER UNTERNEHMENSSPITZE

»Das Gut rinnt wie das Blut!« sagt ein alter germanischer Rechtsgrundsatz und ich meine, daß dieser im besonderen Maße für Familienunternehmen Geltung haben sollte. Das bedeutet, daß die Beteiligung am Familienunternehmen als Gesellschafter grundsätzlich den Kindern und Enkeln vorbehalten bleiben sollte. Eine gesellschaftsrechtliche Beteiligung des Schwiegersohns sollte nur ausnahmsweise – beispielsweise bei tüchtigen Geschäftsführern – und dann nur auf Zeit in Betracht kommen. Für den Platz an der Spitze bzw. für einen Platz in der Geschäftsführung gilt die Beschränkung des Schwiegersohnes generell indes nicht. Im Gegenteil: Das Vorhandensein eines Familienmitgliedes – und dazu zählen auch Schwiegersöhne –, der seiner Fähigkeit nach eine Führungsposition übernehmen kann und dies auch will, ist ein Glücksfall. Es gibt viele Beispiele für die erfolgreiche Führung von Familienunternehmen durch Schwiegersöhne. Ich nenne nur Namen wie Dr. Schleicher (Schwenk-Zement), Dr. Wolfgang Eckenkamp (Vogel Verlag), Dr. Zinkahn (Miele), Dr. Lose (Dyckerhoff), Dr. Schmidt (Kömerling) oder auch Hella, wo der Schwiegersohn nach dem tragischen Tod des Eigners und seiner nächsten Angehörigen bei einem Flugzeugabsturz in Neuseeland die Unternehmensführung übernommen hat. Es gibt aber auch viele Negativbeispiele. So war ich kürzlich mit einem Fall befaßt, in dem ein unfähiger Schwiegersohn kraft der Gesellschafterrechte seiner geschäftlich unerfahrenen Frau seine Bestellung zum Chef eines bedeutenden Maschinenbauunternehmens durchsetzte, obwohl der im Unternehmen gebildete Beirat dies ablehnte und deshalb geschlossenen seinen Rücktritt ankündigte.

Die Problematik der »Schwiegersöhne an der Unternehmensspitze« kann nur dann sinnvoll gelöst werden, wenn vor deren Eintritt in die Geschäftsführung die möglicherweise auftretenden Interessenkonflikte von vornherein offen angesprochen und klar geregelt werden. Derartige Regelungen sind insbesondere unabdingbar, wenn dem Schwiegersohn aufgrund der Gesellschafterrechte seiner Frau eine besonders starke, oft dominierende Stellung innerhalb der Geschäftsführung zukommt. Regelungsbedarf besteht vor allem für den Fall der Scheidung oder Trennung der Ehepartner, beim Vorversterben der Ehefrau oder wenn sich herausstellt, daß der Schwiegersohn die in ihn gesetzten Erwartungen nicht erfüllt.

- Es muß sichergestellt sein, daß diese starke Stellung sich nicht vorwiegend zum eigenen Vorteil und damit zu Lasten des Unternehmens auswirken kann. Ein klärendes Gespräch setzt naturgemäß Zivilcourage voraus, und es geht nicht an, daß der Senior dieses Gespräch seiner Tochter überläßt.
- Für den Fall der Scheidung und des Getrenntlebens muß geregelt sein, was dies für das Anstellungsverhältnis des Schwiegersohns bedeutet.
- Falls der Schwiegersohn ausnahmsweise Gesellschaftsanteile erhalten hat, die ihn an der durch die Geschäftsführung erzielten Steigerung des Unternehmenswertes angemessen beteiligen, muß gesichert sein, daß er diese mit der Beendigung des Anstellungsvertrages oder der Ehe zurückzugeben hat.
- Für den Fall des Todes der Ehefrau müssen auch die Interessenskonflikte bei der Verwaltung der auf die oft noch minderjährigen Kinder übergehenden Gesellschaftsanteile ausgeschlossen werden. Diese tauchen insbesondere häufig auf, wenn der überlebende Ehemann eine neue Ehe eingeht: Es muß

verhindert werden, daß der überlebende Ehemann den gesellschaftsrechtlichen Einfluß seiner Kinder für persönliche Interessen sowie für eine neue
Ehe einsetzt.
* Regelungsbedarf besteht weiter für alle Fragen, die mit dem Abschluß und
der Änderung des Anstellungsvertrages zusammenhängen.

In allen vorgenannten Fällen und ebenso für alle Fragen des Geschäftsführer-
vertrages des Ehemannes ist es empfehlenswert, fremde Dritte in die Interes-
senwahrung für die ursprüngliche Unternehmerfamilie einzubinden. Dies geschieht am besten über einen im Unternehmen tätigen Beirat bzw. Verwaltungsrat, der die anstehenden Fragen ohne Emotionen lösen kann. Dabei muß
allerdings sichergestellt sein, daß dieses Gremium unabhängig ist und nicht
z.B. über Beratungsverträge, die der Schwiegersohn als Geschäftsführer vergeben kann, beeinflußt werden kann. Als Fazit ist folgendes festzuhalten: Jeder
tüchtige Schwiegersohn ist in der Geschäftsführung des Familienunternehmens willkommen. Notwendig ist jedoch, vorhersehbare Konfliktfälle, die sich
bei einer Änderung der persönlichen Situation erfahrungsgemäß ergeben, von
vornherein zu regeln. Die Beachtung der folgenden »goldenen Regeln« wird
Sie vor den am häufigsten auftretenden Problemen bewahren.

GOLDENE REGELN
zu Schwiegersöhnen in der Unternehmensleitung

1. Wird der Schwiegersohn in der Unternehmensleitung tätig, so ist
er bezüglich der Eignungsvoraussetzungen und des Anstellungsvertrages (Vergütung, Pensionsregelung, Zustimmungsvorbehalte,
Informationspflichten etc.) wie ein Fremdgeschäftsführer zu
behandeln.

2. Der Anstellungsvertrag sollte zeitlich entsprechend der aktien-
rechtlichen Regelung jeweils auf 5 Jahre befristet sein. Über die
Verlängerung sollte ein unabhängiges Kontrollgremium entscheiden.

3. Falls der Schwiegersohn eine Beteiligung erhält, dann nur im
Rahmen einer generell für die Geschäftsführung geltenden Regelung und dann auch nur für die Dauer seiner Tätigkeit im Unter-

nehmen. Einstiegs- und Ausstiegsbedingungen (Kaufpreis, Ratenzahlung, Zinssatz, Steuerfragen usw.) müssen klar definiert sein.
Zweckmäßig ist es in diesen Fällen, daß der Schwiegersohn an der
in seine Ägide erarbeiteten Steigerung des Unternehmenswertes
partizipiert.

4. Die Geschäftsführertätigkeit sollte automatisch bei Scheidung der
   Ehe oder dauerndem Getrenntleben enden. Das Kontrollgremium
   muß jedoch die Möglichkeit haben, eine andere Regelung zu
   vereinbaren, wenn dies im Interesse des Unternehmens liegt.

5. Für den Fall des Todes der Ehefrau muß sichergestellt sein, daß die
   Interessen des im Unternehmen tätigen Vaters und die Interessen
   der Junior-Erben nicht kollidieren, d.h. die Überwachung der
   Geschäftsführertätigkeit muß weiterhin gewährleistet sein.

V.
DIE PRESSEARBEIT UND
DIE INTERESSENVERTRETUNG DER
FAMILIENUNTERNEHMEN

1.
DIE ZUSAMMENARBEIT
DES FAMILIENUNTERNEHMENS MIT DER PRESSE

Es waren einmal ...

... die zwei Brüder Peter und Erwin K., beide geschäftsführende Gesellschafter eines norddeutschen Chemieunternehmens, das die Öffentlichkeitsarbeit in einem für Familienunternehmen typischen Stil betrieb: Der Kontakt zur Fachpresse verlief in geregelten Bahnen; die verantwortlichen Produktmanager sorgten dafür, daß die Produkte und Innovationen des Unternehmens in den wenigen und in kleiner Auflagenzahl erscheinenden Fachpublikationen Erwähnung fanden. Diese Mitteilungen an die Fachpresse wurden zwar der Firmenspitze vorgelegt, dort aber ohne nähere Kontrolle »abgenickt«. Auch zu den Redakteuren der lokalen, kleineren Zeitungen gab es gute Verbindungen; aus Meldungen über Firmenjubiläen oder den Bau einer neuen Halle resultierten schließlich auch keine Reibungspunkte. Nur zu der überregionalen Wirtschaftspresse bestand keinerlei Kontakt – ein Umstand, den man ändern wollte, denn Anlässe boten sich im Prinzip genug: In den vergangenen drei Jahren hatte das Unternehmen zweistellige Umsatzsteigerungen verzeichnen können und – anders als größere Unternehmen – in der Region zusätzliche Arbeitsplätze geschaffen und nicht etwa Personal abgebaut. Außerdem war das Unternehmen seit acht Generationen im Familienbesitz und hatte sich mit starken Persönlichkeiten an der Unternehmensspitze über alle wirtschaftlichen Höhen und Tiefen hinweg behauptet.

Mit großem Interesse hatten die beiden Brüder eine Rubrik in einer großen, überregional erscheinenden deutschen Tageszeitung verfolgt, in der Unternehmerpersönlichkeiten vorgestellt wurden. Die Profile waren meist wohlwollend, die vorgestellten Personen mit ihrem dahinterstehenden Unternehmen sympathisch beschrieben.

Ausgestattet mit einem – auf die positiven Fakten rund ums Unternehmen gestützten – gesunden Selbstbewußtsein vereinbarten die beiden Brüder einen Termin mit dem zuständigen Korrespondenten. Dieser signalisierte Interesse, und so standen sie an einem Montagmorgen um 10.00 Uhr in den Redaktionsräumen, um ein Interview zu geben. Das Interview nahm allerdings einen alles andere als zufriedenstellenden Verlauf. Worauf sich die beiden Familienunternehmer nämlich nicht vorbereitet hatten, waren kritische Fragen. Bei all ihrem Enthusiasmus hatten sie nicht einmal im Traum daran gedacht, daß sie der Redakteur mit kritischen und unangenehmen Fragen konfrontieren könnte. Dieser hatte sich nämlich ausgezeichnet auf das Gespräch vorbereitet, in den hervorragend ausgestatteten Archiven der Zeitung nachgeschaut, sich mit den Produkten des Unternehmens beschäftigt und wollte nun im Interview alles ganz genau wissen.

Der Redakteur wagte es sogar, die Brüder auf einen zehn Jahre zurückliegenden Umweltskandal anzusprechen, den man schon fast vergessen hatte. Seinerzeit war die betriebliche Filteranlage ausgefallen und ein fetthaltiges Rußmaterial hatte sich über die ganze Ortschaft verbreitet. Auch das ungeklärte Nachfolgeproblem interessierte den Redakteur. Es war nämlich bekannt, daß der einzige männliche Nachkömmling sich nur für Autostyling, nicht aber für das Unternehmen interessierte. Die beiden Brüder wußten sich schließlich nicht anders zu helfen, als mit der lapidaren Antwort: »Also, diese Dinge sind nicht für die Öffentlichkeit bestimmt.«

Diese Reaktion der beiden Familienunternehmer führte nach circa 20 Minuten zum Abbruch des Gespräches durch den Redakteur der überregionalen Zeitung: »Geschönte Beiträge brauchen Sie von mir nicht zu erwarten. Sie müssen schon eine gewisse Offenheit mitbringen, wenn Sie das Gespräch suchen.« Verärgert, enttäuscht, aber auch ratlos zogen die beiden Unternehmer wieder von dannen, sicher, daß man einen derartigen Vorstoß so schnell nicht wieder unternehmen würde.

UNTERBEWERTUNG »PROFESSIONELLER« PRESSEARBEIT DURCH FAMILIENUNTERNEHMEN

Wer es nicht glauben mag, der probiere es selbst: Informationen über Tätig-keitsfelder, Struktur oder gar Ertragszahlen eines Familienunternehmens wer-den Sie von diesem kaum erhalten. Selbst in meiner langjährigen Praxis als wirtschaftsberatender Rechtsanwalt habe ich es häufig erlebt, daß Familienunter-nehmer mit der Übergabe von Jahresabschlüssen an ihre eigenen Berater ge-zögert haben. Familienunternehmer haben es nicht gerne, wenn man ihnen in die Karten schaut; erst recht halten sie wenig von »professioneller Öffentlich-keitsarbeit«. Auch das vorangestellte Beispiel zeigt, daß Familienunternehmen in aller Regel ein relativ gutes Verhältnis zur Fach- und Lokalpresse unterhal-ten, zu den Wirtschaftsredaktionen insbesondere der überregionalen Tages-zeitungen, der Wochenmagazine, des Hörfunks und des Fernsehens dagegen nur selten Kontakte bestehen. Eine strategisch angelegte, geplante und kon-zeptionelle Öffentlichkeitsarbeit besteht meistens nicht. Es mangelt an Vorstel-lungen über die richtige Zielsetzung, ihre Umsetzungsmöglichkeiten und über die dabei einzuhaltenden zeitlichen und inhaltlichen Vorgaben.

Als Begründung für diesen Zustand werden häufig die vermeintlich hohen Kosten angegeben. Die wahren Ursachen für die Ablehnung einer professio-nellen und aktiven Öffentlichkeitsarbeit dürften eher im mentalen Bereich lie-gen. Dabei gibt es mindestens vier gute Argumente, die »public relations« des Familienunternehmens zu intensivieren:

1. Durch professionelle Öffentlichkeitsarbeit läßt sich das Image eines Unter-nehmens steigern, was nachgewiesenermaßen zu höheren Umsätzen und Gewinnen führt.
2. Positive Berichterstattung über ein Unternehmen in den Medien motiviert die Mitarbeiter des Betriebes und dient auch dem Zweck, das Unterneh-men für kompetente Führungskräfte attraktiver zu machen.
3. Gute Kontakte zur regionalen (Wirtschafts-)Presse und eine entsprechende Berichterstattung erhöhen den Einfluß des Unternehmens vor Ort und in der Region.
4. Mit kontinuierlicher Öffentlichkeitsarbeit und vertrauensvollen Kontakten zur Presse kann sich ein Familienunternehmer eine Art »Sicherheit« für Krisenfälle schaffen.

Fehlende Öffentlichkeitsarbeit führt hingegen dazu, daß das (Familien-)Unternehmen nur dann in den Medien Erwähnung findet, wenn es Tatsachen von öffentlichem Interesse zu berichten gibt. Diese sind in der Regel mit für das Unternehmen wenig schmeichelhaften und nicht mehr zu verheimlichenden Ereignissen verbunden. Das Familienunternehmen findet sich deshalb meist nur mit negativen Schlagzeilen in der Presse wieder. Auch über den Unternehmer selbst wird häufig nur berichtet, wenn eine »Skandalgeschichte« genug Leser verspricht: Der Inhaber einer Brauerei soll Mitglied der Scientology-Sekte sein, der Chef einer Drogeriekette seine Angestellten unter geltendem Tarif bezahlen und ein Sandalenfabrikant zu Psychoterrormethoden greifen, um den Betriebsrat loszuwerden.

Die »schlechte Presse«, die Familienunternehmen häufig in den Medien haben, kann den (Wirtschafts-)Redakteuren nicht einmal zum Vorwurf gemacht werden. Auch sie sind, wenn sie ihren Beruf ernst nehmen, in erster Linie darauf aus, Tatsachen von öffentlichem Interesse zu berichten. Nimmt das Unternehmen nicht in der Öffentlichkeit Stellung oder versucht es sogar, bestimmte Tatsachen geheimzuhalten, so kann es sicher sein, daß unnachgiebig recherchiert und das Ergebnis – mangels anders lautender Informationserteilung durch das Unternehmen – eher zu Lasten des Betriebes ausfallen wird. Gleiches gilt für betriebliche Krisenfälle, wie Umweltkatastrophen oder Arbeitsunfälle, die der Unternehmer nicht planen und verhindern kann.

OFFENE REAKTION ALS GRUNDLAGE »GUTER PRESSE«

Gegen Krisenfälle ist kein Unternehmen gefeit. Es können allerdings durchaus Vorkehrungen getroffen werden, wie die Öffentlichkeitsarbeit in einem solchen Fall aussehen soll. Allein die Umweltskandale, die vor einiger Zeit einen der größten deutschen Chemiekonzerne erschüttert haben, zeigen, daß sich nur durch eine offensive, schnelle und ehrliche Reaktion der Unternehmensspitze Image- und Vertrauensverluste auf ein erträgliches Maß reduzieren lassen. Genauso verhält es sich mit Situationen, die vom Unternehmen weniger als Krise, sondern der Allgemeinheit als notwendige unternehmerische Maßnahme präsentiert werden können. Für Entlassungen, Kurzarbeit, Lohnkürzungen und Verlagerungen von Standorten wird die Unternehmensleitung verantwortlich gemacht werden, wenn das Unternehmen seine Politik nicht in der Öffentlichkeit erläutert. Eine professionelle und aktive Öffentlichkeitsarbeit schafft erst die Voraussetzung dafür, daß die Handlungen und die Situation eines Unternehmens »fair« beurteilt werden können.

Diese Erfahrung mußte auch ein hessisches Familienunternehmen machen, das seine Bekleidungsproduktion aus Kostengründen und um mit Konkurrenten mithalten zu können zunehmend nach Osteuropa verlagerte. Aus Furcht vor »negativer Presse« wurde diese Entscheidung nicht publik gemacht. Die Streichung von Arbeitsplätzen führte zu erheblicher Unruhe innerhalb der Belegschaft, die über Gründe und Ausmaß nicht informiert wurde. Entsprechend reagierte die Presse: Auf einmal war der Unternehmensname in aller Munde und es folgte Bericht auf Bericht – sowohl in den lokalen Medien als auch in der überregionalen Wirtschaftspresse. Hauptlieferant der Informationen war – da das Familienunternehmen nach außen keine Stellung bezog – der Betriebsrat.

Die Folgen einer solchen restriktiven Informationspolitik – und zwar nach außen und nach innen – sind mittlerweile hinlänglich bekannt: Mitarbeiter werden demotiviert, Kunden verunsichert. Man muß kein Psychologe sein, um zu wissen, daß demotivierte Mitarbeiter Fehler machen und verunsicherte Kunden sich anderen Herstellern zuwenden. Es läßt sich zwar bisher nicht nachweisen, daß Kunden und Verbraucher aufgrund der negativen Berichterstattung verhaltener auf die Produkte des Unternehmens reagieren. Sicher dürfte jedoch sein, daß sich ein »Skandal« nicht unbedingt förderlich auf den Umsatz und auf keinen Fall positiv auf die Zufriedenheit der Mitarbeiter auswirkt.

Derartige Folgen lassen sich verhindern. Dies zeigt das Beispiel eines namhaften niedersächsischen Unternehmens aus der Bekleidungsbranche, das ebenfalls weite Teile der Produktion nach Rumänien verlagerte. Dieses Familienunternehmen begleitete die selbstverständlich gesellschaftspolitisch unerfreulichen Maßnahmen von Anfang an mit Verlautbarungen gegenüber Betriebsrat und Pressevertretern. Die Verlagerung der Produktion war darüber hinaus eingebunden in eine Unternehmensstrategie, die zwar den Wegfall von Arbeitsplätzen in der Produktion konstatierte, jedoch bei Eintritt der vorausgesagten Umsatzsteigerungen die Schaffung neuer Arbeitsplätze in den Bereichen kaufmännische Verwaltung und Vertrieb versprach. Das Unternehmen verstand es, diesen strategischen Aspekt bei seiner Öffentlichkeitsarbeit in den Vordergrund zu stellen. Über die Streichung von Arbeitsplätzen in traditionellen, produktionsorientierten Bereichen wurde nur unter Bezug auf die existenznotwendige Globalisierung der Produktion berichtet. Hervorgehoben wurde von der Presse statt dessen die Innovationstätigkeit und das visionäre Denken der Unternehmensleitung.

GRUNDZÜGE STRATEGISCHER UND KONZEPTIONELLER ÖFFENTLICHKEITSARBEIT

Der Umgang des niedersächsischen Bekleidungsherstellers mit der öffentlichen Meinung ist ein gutes Beispiel dafür, daß Pressearbeit nicht nur den Krisenfall vor Augen haben sollte. Völlig unterschätzt wird von den Familienunternehmern heute immer noch, daß sie auch im täglichen operativen Geschäft etwas zu sagen haben, das die Wirtschaftspresse interessiert. Aus Sicht der Medien sind nicht nur Bilanzen, Zahlen und deren Interpretation, sondern gerade die in der heutigen Zeit seltenen Innovationen, die strategischen Konzeptionen und die unternehmerischen Motivationen von herausragendem Interesse. Hier verfügen insbesondere Familienunternehmer über einen ungenutzten und brach liegenden Fundus, den es nur auszuschöpfen gilt.

Dazu ist es allerdings notwendig, sich mit Öffentlichkeitsarbeit, ihren Maßnahmen und Mitteln professioneller als bisher auseinanderzusetzen. Familienunternehmer müssen sich vertraut machen mit der Arbeitsweise der Wirtschaftsredaktionen, mit den berufsspezifischen Eigenheiten von Redakteuren und vor allem mit aktuellen Themen. Vielfach vorgetragene Bedenken, insbesondere der Hinweis auf die hohen Kosten für eine professionelle Agentur, einen Berater oder die Einrichtung einer eigenen Stabstelle »Öffentlichkeitsarbeit«, sollten der Erkenntnis weichen, daß professionelle Öffentlichkeitsarbeit ein Faktor ist, der den Bilanzgewinn positiv beeinflussen kann. Nicht ausreichend bedacht wird von vielen Familienunternehmern auch, daß ein gutes Firmenimage nicht bedeuten muß, in ständigem harmonischen Einvernehmen mit Mitarbeitern und Presse zu stehen, keinerlei Konflikte auszutragen und von Krisenfällen verschont zu bleiben.

Im Grunde genommen geht es nur um ein »gesundes« Image, das unter anderem auch mit den Attributen »offene Streitkultur« und »ehrliche Auseinandersetzung mit den am Entstehungsprozeß öffentlicher Meinung Beteiligten« besetzt sein kann. Außerdem sollte unbedingt beachtet werden, daß derjenige, der einen kontinuierlichen Kontakt zur (Wirtschafts-)Presse pflegt und dadurch ein vertrauensvolles Verhältnis aufzubauen versucht, der offen informiert, sei es durch Pressemitteilungen oder durch Pressekonferenzen, sei es durch das persönliche Gespräch, von Seiten der Redaktionen sicher mit mehr Wohlwollen und – was noch viel wichtiger ist – häufig auch mit mehr Fairneß behandelt werden wird.

Ist Öffentlichkeitsarbeit nur etwas für große Unternehmen?

Im Familienunternehmen ist in aller Regel »der Chef« selbst Ansprechpartner für Journalisten und in den allerwenigsten Fällen existiert eine mit Öffentlichkeitsarbeit beschäftigte Stabsstelle. Das erstere ist zwar eine ausgezeichnete Voraussetzung, um gute Kontakte zur (Wirtschafts-)Presse herzustellen. Das persönliche Gespräch zwischen Unternehmer und Redakteur ist unbestritten eine wesentliche Kommunikationsgrundlage für den Austausch von Nachrichten, Themen und Tatsachen. Dennoch bedarf es zumindest eines zuständigen Mitarbeiters für das Thema Öffentlichkeitsarbeit, der bestimmte Qualifikationen aufweisen sollte: Öffentlichkeitsarbeit bedeutet nicht nur Umgang mit der Presse, sondern auch mit anderen gesellschaftlich relevanten Gruppen. Eine gute Allgemeinbildung, wirtschaftliche und politische Kenntnisse, Kontaktfreudigkeit und Kreativität, psychologisches Gespür und die Fähigkeit zuzuhören, organisatorisches Talent und Teamfähigkeit werden von Personal- und Medienexperten als die wesentlichen Attribute eines guten Öffentlichkeitsarbeiters genannt.

Es ist sicher richtig, daß beispielsweise ein kleines Unternehmen, das Fensterbeschläge für den europäischen Markt herstellt, keine mit mehreren Mitarbeitern besetzte Pressestelle oder Agentur braucht. Trotzdem ist Öffentlichkeitsarbeit nicht nur etwas für große Unternehmen – und zwar vor allem deshalb, weil sich Öffentlichkeitsarbeit unter anderem auch an Mitarbeiter, Kunden, Lieferanten, Kreditgeber, an die Nachbarschaft, die örtlichen Verbände und Vereine, Institutionen, Behörden richtet. Hier ein positives Meinungsklima für unternehmerische Tätigkeiten zu schaffen, ist deshalb eine wichtige Aufgabe der Unternehmenspolitik – unabhängig von Größe und Produktpalette.

Effiziente Öffentlichkeitsarbeit mit optimalem Kosten-/Nutzeneffekt

Wer die Kosten scheut, die die Anstellung eines eigenen für Öffentlichkeitsarbeit zuständigen Mitarbeiters mit sich bringt, braucht nicht gleich an die Verpflichtung einer großen Agentur zu denken, sondern ist gut beraten, projektgebunden mit einem externen PR-Fachmann zusammenzuarbeiten. Dabei muß es sich nicht zwingend um eine ständige Zusammenarbeit handeln. Es empfiehlt sich folgendes Vorgehen: In einem ersten, unverbindlichen Gespräch sollten die inhaltlichen Vorgaben für die Öffentlichkeitsarbeit, die möglicherweise zu transportierenden Inhalte und die Formen der Zusammenarbeit besprochen werden. Will man regelmäßig Pressemitteilungen herausgeben? Soll es einmal jährlich eine allgemeine Pressekonferenz geben? Kann der Berater Kontakte zu relevanten Medien herstellen? Wie sollte ein Presseverteiler zusammengesetzt sein? Sollen über die Presse hinausgehende Zielgruppen, etwa Mitarbeiter, Kunden, Lieferanten, angesprochen werden? Und natürlich am Ende die für die Dienstleistung anfallenden Kosten. Erst wenn Sie den Eindruck gewonnen haben, der externe PR-Fachmann könnte Ihnen ein Hilfe sein, sollten Sie den Auftrag für konkrete Projekte vergeben. Aber Vorsicht: Unternehmer neigen zu der Annahme, die von einem PR-Fachmann angebotenen Dienstleistungen könnten von ihnen oder ihren – ungeschulten – Mitarbeitern ebenso gut erbracht werden. Die Erfahrung lehrt aber nicht nur, daß die Öffentlichkeitsarbeit ohne Personen, die speziell dafür abgestellt sind, in der Hektik des täglichen Geschäfts vernachlässigt wird, sondern auch, daß die Abfassung von werbewirksamen und imageverbessernden Texten, die Organisation von Veranstaltungen sowie der Aufbau von Pressekontakten Aufgaben sind, die ein sehr spezielles Know-how und einen gewissen Erfahrungsschatz erfordern. Im Zweifel sollten Sie deshalb zunächst für ein konkretes Projekt die Dienste eines PR-Fachmannes als »Testlauf« in Anspruch nehmen und diesem eine Chance geben, denn zahlreiche Unternehmer haben bereits gute Erfahrungen mit freien Beratern im Bereich der Öffentlichkeitsarbeit gemacht.

Sofern eine ständige Zusammenarbeit angestrebt wird, erarbeitet man zu Beginn gemeinsam einen Fahrplan, in dem Ziel und Maßnahmen der Öffentlichkeitsarbeit festgelegt werden. Dies kann eine stärkere Präsenz der unternehmensrelevanten Themen in der Wirtschaftspresse sein, aber auch die Versorgung der lokalen Medien mit regelmäßigen Pressemitteilungen, die Herausgabe einer Mitarbeiterzeitung oder die Vermittlung von Gesprächen mit Journalisten. Bei dieser Form der Zusammenarbeit ist allerdings auch viel mehr Engagement von Seiten des Unternehmers notwendig – was häufig zu einem noch besseren Ergebnis führt. Externe PR-Berater verlangen Tageshonorare von rund 1000 D-Mark; vereinbart man im Vorfeld den genauen Leistungsumfang, hat man einen guten Überblick über die im Jahr anfallenden Kosten. Häufig reicht es für den Anfang schon aus, sich regelmäßig mit Verlautbarungen an die Presse zu wenden. Auch wenn eine Vielzahl der Pressemeldungen von den Redaktionen nicht verwendet werden kann, kommt ein Unternehmen so stärker ins »öffentliche Bewußtsein« und muß dann nur noch zum richtigen Zeitpunkt mit dem aktuellen Thema präsent sein, um zu »ernten«.

Agenturen arbeiten gerne mit verbindlichen Verträgen, die auf ein oder zwei Jahre befristet sind. In der Regel wird im Vorfeld ein Konzept erarbeitet, das den Dienstleistungen der Agentur in Zukunft zugrundegelegt wird. Solche Konzepte können je nach Umfang zwischen 10 000 D-Mark und 30 000 D-Mark kosten. Wer mehr ausgibt, sollte den finanziellen Aufwand kritisch hinterfragen. Die Agentur unterbreitet darin Ideen, Themen und stellt einen Fahrplan auf, aus dem die zeitliche und inhaltliche Realisierung der geplanten Aktionen abzulesen ist. Diese Dienstleistung sollte in jedem Fall vor Vertragsabschluß erbracht werden. Im Verlauf der Zusammenarbeit rechnen die Agenturen entweder nach Agenturtagen ab – die Kosten hierfür sollten 1 200 D-Mark pro Tag nicht übersteigen – oder es wird ein Pauschalbetrag in Abhängigkeit von den zuvor verhandelten Leistungen ausgehandelt. Die Ausrichtung und Organisation einer Pressekonferenz kann zwischen 3 000 D-Mark und 20 000 D-Mark kosten. In jedem Fall ist es sinnvoll, vergleichende Angebote einzuholen.

Der Vorteil der Verpflichtung einer Agentur liegt darin, daß sämtliche Dienstleistungen von einem externen Dienstleister erbracht werden. Als Nachteil gilt allerdings, daß diese Form der Öffentlichkeitsarbeit zum Teil weniger dem Unternehmen zugute gehalten wird, da die PR-Agentur von den Medien als Mittler der Information angesehen wird. Qualität und Erfolg dieser Form der Öffentlichkeitsarbeit sind davon abhängig, wie angesehen die Agentur in der Medienlandschaft ist und über welche Kontakte sie verfügt. Es ist deshalb auf jeden Fall empfehlenswert, Kundenlisten einzusehen und sich Dokumentationen erfolgreicher Kampagnen zeigen zu lassen.

Wer sich völlig ohne externe Unterstützung dem Thema Öffentlichkeitsarbeit annehmen möchte, dem seien zur Hilfestellung die regionalen Industrie- und Handelskammern angeraten, die häufig Wegweiser für kleinere Unternehmen ohne Pressestelle durch die Medienlandschaft herausgeben. Sie enthalten Adressen regionaler und überregionaler Medien sowie deren Ansprechpartner.

Der Informationsgehalt entscheidet über die Akzeptanz bei den Medien

Die Gesamtzahl aller deutschen Unternehmen, die professionelle Pressearbeit betreiben, wird von Experten auf nur 5 000 geschätzt. Das Instrument, dem sie sich in den meisten Fällen bedienen, ist nicht etwa – wie man vermuten könnte – die Pressekonferenz oder das Gespräch vor Ort oder am Telefon, sondern die schriftliche Pressemitteilung, die an die Redaktionen versandt oder gefaxt wird. Die Inhalte konzentrieren sich auf neue oder verbesserte Produkte sowie auf personelle Veränderungen. Auch ein Großauftrag, eine Kooperation oder eine strategische Allianz halten Unternehmen für berichtenswert. An der Börse notierte Firmen informieren selbstverständlich über den Verlauf des Geschäftsjahres.

Doch was erwartet die Presse von einem Unternehmen? Nach Angaben eines renommierten Wirtschaftsjournalisten einer großen Tageszeitung werden 5 Prozent der Mitteilungen tagesaktuell verwertet und 10 Prozent vom zuständigen Redakteur für spätere Veröffentlichungen verwahrt. Der Rest wandert tatsächlich in den Papierkorb. Wirtschaftsredakteure interessieren sich nicht nur für nackte Zahlen, sondern vor allem für das Warum. Will ein Unternehmen lediglich Kapazitäten erweitern oder auch gleichzeitig Abläufe rationalisieren? Warum findet ein Wechsel im Management statt? Wie soll das Nachfolgeproblem gelöst werden? Welche Konsequenzen werden neue Beteiligungsverhältnisse haben? Gerade für das Unternehmen unangenehme Tatsachen wie Betriebsstillegungen oder Entlassungen wecken die journalistische Neugier. Und gerade in solchen Situationen sollte sich Öffentlichkeitsarbeit bewähren. PR-Strategen raten zu Mut gegenüber gesellschaftspolitischen Themen, zu Meldungen über Führungsstil oder Personalpolitik oder über betriebliche Innovationen.

Einige Beispiele aus der neueren Zeit mögen diese Nachrichtenstruktur verdeutlichen: Ein Familienunternehmen mit 300 zumeist weiblichen Mitarbeiterinnen richtet flexible Arbeitszeiten ein, damit berufliche Tätigkeit und Familieninteressen besser koordiniert werden können; ein bayerischer Konservenhersteller nimmt einen ostdeutschen Olympiasportler unter Vertrag, um ihn für Werbemaßnahmen für einen neuen Produktionsstandort in den neuen Bundesländern einzusetzen; ein Zulieferer für die Automobilindustrie unterstützt ein örtliches Jugendprojekt durch Geldspenden und Sachmittel; die Mitarbeiter eines Keramikfliesenherstellers beteiligen sich an einem Ideen-Wettbewerb, um Produktionsabläufe effizienter zu gestalten. Diese wenigen Beispiele aus der Praxis sollen zeigen, daß eine an die Wirtschaftspresse adressierte Öffentlichkeitsarbeit nicht mit Produktwerbung oder Produkt-PR gleichgesetzt werden sollte, sondern durch aktives »Issue-Management«, wie die Amerikaner inzwischen das Aufbereiten von gesellschaftlich relevanten Themen nennen, angereichert werden kann und sollte.

Verabschieden sollte man sich in diesem Zusammenhang jedoch von der Vorstellung, daß eine abgesandte Presseerklärung wortgetreu übernommen und abgedruckt wird oder daß man gar einen Artikel vor Erscheinen gegenlesen könnte. Die Kontaktaufnahme mit der Presse sollte man eher als einen Dialog sehen, dessen Inhalte »ins Blatt« kommen, wenn es eine gesellschaftliche Relevanz gibt.

Das Unternehmen als unverzichtbare Quelle authentischer Information

Pressearbeit sollte Chefsache sein, d.h. entsprechende Mitarbeiter oder Abteilungen sollten nicht in der Marketingabteilung angesiedelt, sondern der Geschäftsführung unterstellt sein. Ein Journalist merkt sofort, ob ein Pressesprecher das Vertrauen der Geschäftsleitung genießt oder nicht. Informiert er umfassend und stellt großzügig Kontakte zu geeigneten Gesprächspartnern her? Oder versucht er Informationen mit irgendwelchen Stellen langwierig abzustimmen, bevor er sich überhaupt zu einem Vorgang äußern will? Bei der Recherche muß sich ein Journalist darauf verlassen können, daß der übermittelte Informationsgehalt auch stimmt. Aller Erfahrung nach hat es überhaupt keinen Zweck, ihn bei Anfragen hinzuhalten oder gar umzustimmen. Zu Stoppen sind unangenehme Nachrichten meistens sowieso nur für kurze Zeit. Es ist immer besser, etwas klarzustellen und unter Umständen etwas zuzugeben, als Nachrichten zu unterdrücken. Sinnlos, ja geradezu gefährlich ist es, eine Tatsache gegenüber fragenden Journalisten einfach zu leugnen oder zu verdrehen. In aller Regel kommt die Wahrheit ohnehin an den Tag, und dann ist es schwer, verlorenes Vertrauen zurückzugewinnen. Als Firmenchef sollte man jedoch auch darauf bauen, daß (fast) jeder Journalist weiß, daß auch er sein Vertrauenskapital verspielen kann, wenn er unter dem Siegel der Verschwiegenheit gegebene Informationen veröffentlicht. Er weiß, daß diese Informationsquelle damit für immer versiegt. Auf der anderen Seite verlangt es der Beruf des Journalisten sogar, manchmal indiskret zu sein. Für den Unternehmer ist dies eine schwierige Gratwanderung, bei der man am sinnvollsten einen Ratschlag des Militärstrategen Helmuth von Moltke beherzigen sollte: »Alles was man sagt, sollte wahr sein – man muß aber nicht alles sagen, was wahr ist.«

Für die Arbeitsweise von Redaktionen von Hörfunk und Fernsehen gilt im Prinzip das gleiche – außer, daß dort häufig sehr viel aktueller und schneller gearbeitet wird. Ein Anruf aus einer Hörfunk-Redaktion kann bedeuten, daß man um ein »Live-Statement« gebeten wird. Teams vom Fernsehen können auch schon mal ohne Vorankündigung auf dem Betriebsgelände stehen, insbesondere dann, wenn Konfliktfälle wie Massenentlassungen bekannt werden. Am ungünstigsten für ein Unternehmen wirkt sich dann die häufig gebrauchte Redewendung aus: »Der Inhaber war bei diesem Thema zu keiner Stellungnahme bereit.« In jedem Fall kann man damit rechnen, daß Betriebsrat oder Mitarbeiter befragt werden, und vor allem in Krisenfällen kein Blatt vor den Mund nehmen. Redakteure von Hörfunk und Fernsehen bauen häufig auf »Überraschungsangriffe«, weil sie dadurch eine authentische Form der Berichterstattung realisieren können. Für das Image und das Ansehen der Firmenleitung ist es in einem solchen Falle angeraten, sich dieser Form der Recherche zu stellen. Einer geplanten kritischen Berichterstattung wird man immer die Spitze nehmen können, wenn man verbindlich und sympathisch auf Fragen eingeht.

Als Beispiel kann noch einmal der niedersächsische Bekleidungshersteller dienen: Wenn ein Familienunternehmen Personal abbauen und dies dem Betriebsrat mitteilen muß, darf eine entsprechende Pressemitteilung auf keinen Fall zuerst vom Betriebsrat an die Presse gehen. Der Abbau von Arbeitsplätzen hat heutzutage in der Regel den Hintergrund, die verbleibenden Arbeitsplätze zu sichern. Dies sind die wesentlichen Argumente, die offen mitgeteilt werden sollten – und zwar von der Geschäftsleitung. Auch für das lokale Fernsehen und die Rundfunksender sind Entlassungen ein Thema, das sie sofort aufgreifen werden. In der Telefonzentrale eines Unternehmens muß deshalb klar sein, daß entsprechende Anfragen an die Geschäftsführung weitergeleitet werden – auch wenn der Betriebsrat verlangt wird.

Noch ein Wort zum Thema Gleichbehandlung: Ein Unternehmen kann sich eine Menge Sympathien verscherzen, wenn es Informationen nicht zeitgleich an verschiedene Redaktionen herausgibt. Einen guten persönlichen Kontakt mit einer Nachricht zu bedienen und andere Redaktionen erst Tage später zu informieren, hat zur Folge, daß einem zwar der gute Kontakt erhalten bleibt, die anderen jedoch verärgert sind. Eine solche Verärgerung wird sich immer auf die Berichterstattung auswirken. Für die Öffentlichkeitsarbeit eines Unternehmens sollte der Grundsatz gelten, alle Redaktionen zur gleichen Zeit mit denselben Informationen zu bedienen.

GOLDENE REGELN
für den Umgang mit den Medien

1. Öffentlichkeitsarbeit ist Chefsache. Alle Maßnahmen müssen vom Unternehmer kontrolliert werden. Journalisten haben ein viel größeres Interesse am Firmenchef als am Marketing- oder Personalleiter, und dies sollte genutzt werden.

2. Der persönliche Kontakt zu Redakteuren ist eine wesentliche Voraussetzung für eine erfolgreiche Kommunikation. Als ständiger und vertrauenswürdiger Ansprechpartner zur Verfügung zu stehen, zahlt sich aus. Viele Journalisten recherchieren ihre Themen über gute Kontakte; wer hier behilflich ist, schafft sich eine gute Grundlage für eine positive Berichterstattung.

3. Die vermittelten Inhalte müssen glaubwürdig und wahr sein. Es geht nicht darum, Papier mit geschönten Zahlen, die nicht aussagekräftig sind, oder Nachrichten ohne Relevanz zu produzieren, sondern darum, sachliche Informationen weiterzugeben, die den Absender als kompetent und attraktiv ausweisen.

4. Pressemitteilungen sollten lesefreundlich sein und nur Wesentliches beinhalten. Fachtermini sind nur dort angebracht, wo man sich nicht anders ausdrücken kann. Gehen Sie nicht davon aus, daß ein Redakteur auch ein Fachmann ist, sondern daß er sich seine Themen erarbeitet.

5. Pressekonferenzen und Pressegespräche sollten im Vorfeld mit den Redaktionen abgestimmt werden. Journalisten haben einen straffen Terminkalender und nehmen in aller Regel nur solche Termine wahr, die redaktionell auch verwertet werden können. Vor Pressegesprächen nachzufragen, ob das angebotene Thema auch auf Resonanz und Interesse stößt, nutzt dem Unternehmer und dem Redakteur.

6. Unternehmens-, Finanz- und Produkt-PR sollten sorgsam voneinander abgegrenzt sein. Unternehmens-PR hat zum Ziel, das Image des Unternehmens zu erhöhen. Finanz-PR hat den Anleger im Visier. Produkt-PR soll helfen, ein Produkt zu verkaufen. Werden diese Formen vermischt, ist dies ein Ärgernis für den Wirtschaftsredakteur und auch der Fachredakteur ist nicht erfreut.

7. Professionelle Pressearbeit unterscheidet Medientypen und schneidet Informationen auf deren Bedürfnisse zu. Lokalblätter berichten mit anderen Schwerpunkten als Wirtschaftsmagazine. Hörfunk- und TV-Redaktionen arbeiten extrem aktuell. Eine gute Öffentlichkeitsarbeit berücksichtigt dies in der Auswahl ihrer Themen. Noch gar nicht abzusehen sind die Auswirkungen, die sich aus der sich fortsetzenden elektronischen Revolution (Stichwort Internet) ergeben. Hier sollte der mittelständische Familienunternehmer den sich wandelnden Markt genau beobachten, andernfalls könnten hier große Chancen verpaßt werden.

8. Öffentlichkeitsarbeit sollte an das gesamte sozio-kulturelle Umfeld gerichtet sein. Auch kommunale Behörden, Verbände oder Interessengruppen interessieren sich für die Aktivitäten eines Unternehmens. Maßnahmen der Öffentlichkeitsarbeit müssen – je nach Thema – diese Adressaten berücksichtigen.

9. Pressearbeit sollte als Grundversorgung der Medien mit Informationen und nicht als Krisenprävention begriffen werden. Wer erst in einem Konfliktfall Instrumente der Öffentlichkeitsarbeit einsetzt, hat wesentlich schlechtere Vorbedingungen, als derjenige, der kontinuierliche Pressekontakte pflegt. Mit bekannten Redakteuren lassen sich Standpunkte in einem solchen Fall einfacher erörtern, als wenn man im Krisenfall erst Vertrauen aufbauen will.

10. Für den Fall einer Krise: Wer die Wahrheit sagen will, muß sie auch kennen. Viele Mißverständnisse lassen sich vermeiden, wenn der Firmenchef im Falle eines Konflikts über alle Aspekte und Standpunkte Bescheid weiß und sich Anfragen der Medien stellt. Vielleicht hat der »Gegner« hervorragende Argumente; denen kann man nur etwas entgegensetzen, wenn man mit ihnen vertraut ist.

11. Besonders wichtig: Kontinuität. Dazu ein bis zwei feste Termine im Jahr schaffen, beispielsweise Geschäftsabschluß-Pressekonferenzen und Herbst-Pressekonferenzen; verwertbare Information in kontinuierlicher Form zu festen Terminen. Bei diesen Terminen immer über die gleichen Daten berichten, etwa über Umsatz, Mitarbeiter und Investitionen. Zur Vorbereitung dieser Termine ist es unerläßlich, die Informationsmedien, die der Unternehmer für wichtig hält, mindestens eine Woche vorher genau zu beobachten.

12. Der Unternehmer sollte unbedingt beachten, daß Unhöflichkeit, z.B. eine kurzfristige Absage eines fest vereinbarten Termins durch das Sekretariat, fatale Auswirkungen haben wird. Außerdem sind die schlimmsten »Todsünden« im Umgang mit der Presse Inkompetenz und Verstoß gegen die Gleichbehandlung zwischen verschiedenen Medien. Geschenke an Pressevertreter sollten Sie unter keinen Umständen machen.

2.
DIE INTERESSENVERTRETUNG DER FAMILIENUNTERNEHMEN IN DER POLITIK

Es war einmal ...

... ein Hersteller von Rauchwarenprodukten, der Blättchen zum »selbst Drehen« von Hülsen und zum »selbst Stopfen« von Zigaretten produzierte. Diese Produkte lebten allein von dem Steuerunterschied zwischen Fabrikzigaretten

einerseits und dem Feinschnitt-Tabak, der für selbst gefertigte Zigaretten verwendet wird, andererseits. Da das Familienunternehmen im Bereich Hülsen seine gute Marktstellung weiter ausbauen wollte, suchte es schon länger nach neuen, innovativen Ansätzen. Im Jahre 1984 schien das Ziel erreicht: Die Geschäftsführung erfand ein äußerst innovatives Produkt, das es den Rauchern ermöglichte, Zigaretten unter Verwendung von vorgeformtem Tabak und speziellen Zigarettenhülsen ohne Stopfgerät herzustellen, die sogenannte »Steckzigarette« oder »Tabacco-Rolls«.

Die Reaktion ließ nicht lange auf sich warten. Die Staaten, in denen das Produkt eingeführt worden war, fürchteten um ihre Steuereinnahmen aus der Tabaksteuer, und die Zigarettenhersteller fürchteten um ihre Marktposition. Die Konkurrenten beschritten deshalb zunächst den Weg, die inzwischen weltweit abgesicherten Patentrechte des Unternehmens anzufechten. Aber zunächst hatte dieses Vorgehen keinen Erfolg. Alle Ansprüche wurden vom europäischen Patentamt abgewiesen.

Der Weg schien also frei. Das Unternehmen setzte auf Expansion, stellte neue Mitarbeiter ein, erweiterte seinen Maschinenpark und verschaffte sich in diesem speziellen Markt innerhalb kürzester Zeit eine Position, die von potentiellen Konkurrenten kaum noch gefährdet werden konnte. Das Unternehmen steuerte – so schien es – einer glänzenden und ertragreichen Zukunft entgegen.

1992 kam die Wende. Zunächst waren die Wettbewerber gegen die Entscheidungen des Europäischen Patentamtes im Klagewege vorgegangen. Mit dem Argument, die Innovation könne wegen mangelnder Erfindungshöhe nicht als Erfindung angesehen werden, hob die Beschwerdekammer des Europäischen Patentamtes alle vorangehenden Entscheidungen über die Erteilung des Patentes auf. Darüber hinaus nahm die Zigarettenindustrie Einfluß auf die Kommission der Europäischen Gemeinschaften, mit dem Ziel, die Steuervorteile für die Tabacco-Rolls zu beseitigen. Und siehe da, die EG-Kommission nahm sich diesem Thema unter holländischer Präsidentschaft im zweiten Halbjahr 1992 an und verabschiedete eine Richtlinie, nach der die Tabacco-Rolls ab dem 01.01.1993 wie Zigaretten zu versteuern sein sollten. Begründet wurde dies mit gesundheitspolitischen Erwägungen.

Die Bundesrepublik Deutschland widersprach der Richtlinie nicht, sondern beantragte eine Übergangsfrist für Deutschland bis zum Jahr 2006. Da dieser Sonderweg von den anderen Mitgliedsstaaten rigoros abgelehnt wurde, einigte man sich auf eine Übergangsfrist bis zum 31.12.1998.

Damit aber nicht genug. Die deutsche Zigarettenindustrie intervenierte bei der Bundesregierung und fordert die Übergangsfrist bereits zum 31.12.1993 auslaufen zu lassen. Andernfalls werde die Zigarettenindustrie – so drohte man gegenüber der Bundesregierung – ebenfalls Tabacco-Rolls am Markt einführen und auf diese Weise dafür sorgen, daß die Tabaksteuereinnahmen noch geringer ausfallen werden. Der Bundestag beschloß dann eine Änderung des Tabaksteuergesetzes, durch die die Übergangsfrist auf den 31.12.1993 verkürzt und ein Zwischensteuersatz eingeführt wurde, von dem abzusehen war, daß er die Vermarktung der Tabacco-Rolls letztlich erdrosseln würde.

Wie wirkte sich diese Änderung des Tabaksteuergesetzes auf das Unternehmen aus? Die nach Ablauf der Übergangsfrist zu erwartenden Umsätze waren mit Verabschiedung des Gesetzes nicht mehr sicher zu prognostizieren, so daß sich das Familienunternehmen zunächst einer völligen Planungsunsicherheit ausgesetzt sah. Es war aber abzusehen, daß nicht mehr so viele Hülsen absetzbar waren, wie es das Unternehmen – im Vertrauen auf die damals bestehende Gesetzeslage – geplant hatte. Das Unternehmen sah sich deshalb gezwungen, Kurzarbeit anzumelden und letztlich eine beträchtliche Zahl von Mitarbeitern zu entlassen. Die Ertragschancen waren nachhaltig geschmälert.

SCHWERWIEGENDE NACHTEILE FÜR DIE FAMILIENUNTERNEHMEN

Kleinere und mittlere Familienunternehmen sind der eigentliche Beschäftigungsmotor der deutschen Wirtschaft. Allein zwischen 1990 und 1994 haben diese Unternehmen eine Million neue Arbeitsplätze geschaffen, während die Anzahl der Arbeitsplätze im Bereich der Großunternehmen allenfalls stagnierte. Selbst in einer Zeit, in der die Beschäftigungsschwäche der deutschen Wirtschaft immer deutlicher wurde, nämlich zwischen März 1994 und März 1996, konnten die Familienunternehmen einen leichten Beschäftigungszuwachs vermelden. Der unbefangene Beobachter würde deshalb vermuten, daß ihnen das besondere Augenmerk des Gesetzgebers, der Verwaltung und der Rechtsprechung gilt, zumal – wie der Bundespräsident Roman Herzog vor kurzem anläßlich der Jahresversammlung der Arbeitsgemeinschaft Selbständiger Unternehmer (ASU) festgestellt hat – die Familienunternehmen in besonderer Weise von der Qualität des Standortes Deutschland und seiner Institutionen abhängig sind. Unstete und einseitige Wirtschafts-, Finanz- und Sozialpolitik gefährdet nämlich die Existenzbedingungen kleiner und mittlerer Familienunternehmen viel stärker als die anonymer Großunternehmen, die ganz andere Möglichkeiten der Standortverlagerung ins Ausland haben.

Die Realität sieht indes gänzlich anders aus. Langjährige Forderungen, deren Erfüllung besonders den Familienunternehmen am Herzen liegt, sind nicht umgesetzt worden: Die Senkung der im internationalen Vergleich viel zu hohen Lohnnebenkosten, der Rückzug des Staates aus der Wirtschaft und die Verringerung des Staatsanteils am Bruttosozialprodukt, die Verbesserung der Bedingungen für die Beschaffung von Wagniskapital (venture capital) und die Forderung nach Rückbesinnung der Tarifpolitik auf die Interessen des Gemeinwohls sind nur einige Forderungen, die seit Jahren – vielleicht Jahrzehnten – in der politischen Diskussion sind, deren Erfüllung jedoch nicht absehbar ist. Dazu kommt, daß neuere Gesetzesvorhaben sich nicht der speziellen Problematik der Familienunternehmen annehmen, sondern die Probleme häufig durch die Brille der Großunternehmen gesehen werden. Letztlich werden Familienunternehmen in bestimmten konkreten Situationen von Politik und Verwaltung benachteiligt, insbesondere wenn die Interessen der Großindustrie gefährdet erscheinen. Das zu Anfang dieses Kapitels wiedergegebene Beispiel belegt dies nachdrücklich. Die Benachteiligung von Familienunternehmen durch die Politik, durch den Gesetzgeber, die Verwaltung und teilweise auch durch die Rechtsprechung läßt sich anhand beliebig vieler Fälle beweisen, von denen ich nur wenige spektakuläre Bereiche ausgesucht habe.

Reimporte von Arzneimitteln

Es gab z.B. ein Unternehmen, das in Deutschland hergestellte und ins Ausland exportierte Arzneimittel reimportierte. Diese Präparate konnten in Deutschland zu einem besonders günstigen Preis angeboten werden. Da die Ärzte nach einer Vorschrift des Sozialgesetzbuches verpflichtet waren, stets das billigste Medikament zu verschreiben, war dem Reimporteur ein grandioser Markterfolg beschieden. Die Arzneimittelhersteller, die um ihre Erträge fürchteten, liefen gegen die Reimporte Sturm. Ein Verbot der Reimporte hätte jedoch gegen das Europäische Recht verstoßen. Deshalb besannen sich die Arzneimittelhersteller darauf, die einschlägige Vorschrift des Sozialgesetzbuches abzuschaffen. Mittlerweile ist diese Vorschrift tatsächlich trotz weiter steigender

Kosten im Gesundheitsbereich aus dem Gesetz gestrichen worden. Der Absatz der reimportierten Produkte ist zwar nicht zusammengebrochen, aber naturgemäß durch diese allein im Interesse der Großpharmaindustrie liegende Maßnahme beeinträchtigt worden.

Fiskalische Angriffe auf die Familienunternehmen

Daß die Liebeserklärungen der Bundesregierung an Familienbetriebe und Gründerunternehmer aus der Vergangenheit offensichtlich mehr von taktischen Überlegungen als von wirklicher Zuneigung getragen waren, zeigt sich auch daran, daß die Bundesregierung nach wie vor plant, die Steuervergünstigungen für betriebliche Veräußerungsgewinne zu beseitigen. Dabei erscheint der Vorschlag des Finanzministers angesichts des neu entflammten Verteilungskampfes auf den ersten Blick sozialpolitisch adäquat und rechtsdogmatisch konsequent. Aber eben nur auf den ersten Blick: Der Wegfall der Steuervergünstigung erweist sich bei genauerem Hinsehen als ordnungspolitisch verfehlt. Für die Familieneigner war und ist ihr Unternehmen in aller Regel die wichtigste und einzige »Spardose« für Alter und Krankheit. Die Eigner haben wegen des hohen Kapitalbedarfs ihrer Betriebe nicht die Möglichkeit, Wertzuwächse steuerfrei zu vereinnahmen, wie zum Beispiel bei der Anlage in Grundbesitz und in Aktien. Wenn diese Unternehmer zukünftig bei einer Realisierung ihrer »Sparkasse« erheblich mehr Steuern zahlen müssen als bisher, stellt sich die Frage, ob sich der hohe persönliche Einsatz für Unternehmen und Mitarbeiter aus ihrer Sicht überhaupt noch lohnt. Denn der nach Veräußerung des Lebenswerkes verbleibende Nettobetrag wird in Zukunft in vielen Fällen zu gering sein, um sich und den Ehepartner aus der Anlagerendite versorgen zu können. Zugegeben: Dies gilt sicherlich nur für kleinere Familienunternehmen. Für die Großen stellt sich jedoch eine ganz andere, volkswirtschaftlich noch viel brisantere Frage: Ist jetzt der Zeitpunkt gekommen, um das Familienunternehmen noch schnell an einen Konzern zu verkaufen und anschließend Deutschland den Rücken zu kehren? Hinzu kommt folgendes: War es bisher für den Unternehmer noch wirtschaftlich reizvoll, seinen Betrieb durch die Bildung stiller Reserven zu stärken und damit krisenunanfällig zu machen, so ist künftig die Devise eine andere. Nach Beseitigung der Möglichkeit, stille Reserven bei Beendigung der Unternehmertätigkeit steuergünstig zu realisieren, ist es künftig ein Gebot kaufmännischer Klugheit, bilanziell stets den höchstmöglichen Gewinn auszuweisen und ihn sofort aus dem Unternehmen heraus in das Privatvermögen zu transferieren. Durch einen solchen Transfer kann der Eigner nämlich künftig viele Fliegen mit einer Klappe schlagen. Er kann hiermit am wirkungsvollsten sein unternehmerisches Risiko reduzieren, dem gewerbesteuerlichen Zugriff auf thesaurierte Gewinne entgehen und durch einen Transfer in entsprechende Kapitalanlagen künftige Vermögenszuwächse steuerfrei vereinnahmen. Stellt sich die Bundesregierung so die Existenzsicherung kleinerer und mittlerer Familienunternehmen vor?

Die Erbschaftsteuer auf Betriebsvermögen muß fallen

Es gibt keinen vernünftigen Grund, die Familienunternehmen, die ohnehin viele den Konzernen unbekannte Lasten zu tragen haben, bei der Unternehmensnachfolge mit Erbschaftsteuer zu belegen. Ich schlage vor, die Erbschaftsteuer in diesen Fällen bis zu einer etwaigen späteren Anteilsveräußerung zinslos zu stunden.

Als Beispiel für die Bedeutung der hier angesprochenen Problematik möchte ich auf die Modellrechnung hinweisen, die der Präsident des Deutschen Industrie- und Handelstages, Hans Peter Stihl, für sein eigenes Unternehmen aufgestellt hat. Demnach könnten die Gesellschafter der Firma Stihl selbst dann, wenn sie alle gesellschaftsvertraglich zugelassenen Privatentnahmen seit 1989 rückwirkend ansparen würden, bei einem angenommenen Erbfall im Jahre 2000 gerade die Hälfte der Mehrsteuerbelastung tragen, die sich aus der zwischenzeitlichen Erhöhung des Betriebsvermögens ergibt.

Der Familienunternehmer sollte sich auch nicht darauf verlassen, daß sich der Gesetzgeber der Problematik der Erbschaftsteuer auf unternehmerische Vermögenswerte in Zukunft verstärkt annehmen wird. Zwar ist in der abgelaufenen Legislaturperiode ein neuer Freibetrag von 500 000 D-Mark bei der Übertragung von Betriebsvermögen eingeführt worden. Auch die im Jahressteuergesetz 1996 vorgenommenen weiteren Steuererleichterungen, wie der zusätzliche Bewertungsabschlag von 40 Prozent beim Betriebsvermögen, reichen jedoch nicht aus. Außerdem: Äußerungen wie die des ehemaligen Hamburger Bürgermeisters Voscherau, wonach die Erbschaftsteuer kräftig angehoben werden müsse, weil das deutsche Gemeinwesen wegen der Kosten der Einheit darauf angewiesen sei, »an der auf uns zukommenden Erbschaftslawine stärker zu partizipieren«, zeigt, was wir im Anschluß an einen etwaigen Regierungswechsel in Bonn zu erwarten haben. Die Entwicklung von Strategien zur Erbschaftsteuervermeidung obliegt also auch hier primär der unternehmerischen Selbsthilfe.

Schwerwiegende Nachteile für die Familien-AG durch das Wertpapierhandelsgesetz

Der Gesetzgeber gibt vor, die Nutzung des Kapitalmarktes durch mittelständische Familienbetriebe nach Kräften zu fördern. Die Wahrheit sieht jedoch anders aus. Mit dem neugeschaffenen Wertpapierhandelsgesetz hat der Gesetzgeber gerade die Familien-AG gegenüber der anonymen Publikums-AG erheblich benachteiligt, vor allem im Bereich der Pflichten zur Veröffentlichung wesentlicher kursbeeinflussender Tatsachen, der sogenannten ad-hoc-Publizität. Dies wird durch die Entwicklungen der Aktienkurse der Weru-AG sowie der Krones-AG, zweier besonders renommierter Familienunternehmen, verdeutlicht. Der Kurs der Weru-AG ist aufgrund der Veröffentlichung kursrelevanter Tatsachen innerhalb eines kurzen Zeitraums um mehr als 40 Prozent abgestürzt. Auch der Kurs der Krones-AG hat sich innerhalb weniger Tage nahezu halbiert. Mit der Ertragskraft dieser Unternehmen hatte der Börsensturz wenig zu tun. Diese war zwar in beiden Fällen für die Zukunft eingeschränkt, kann allerdings das Ausmaß des Kurssturzes nicht erklären.

Was war geschehen? – In ihrem Halbjahresbericht 1994 gab die Weru-AG bekannt, daß das Ergebnis vor Steuern im ersten Halbjahr 1994 gegenüber dem Vergleichszeitraum um 2 Prozent gefallen sei. In einer n-tv Sendung am 6. Oktober 1994 riet ein Experte allerdings unverändert zum Kauf der Aktien. Das Ergebnis je Aktie steige nach 71 D-Mark im Jahr 1993 auf 80 D-Mark in 1994. Hierbei stützte sich der Bankexperte auf die herrschende Meinung der Analysten. Vorstand und Aufsichtsrat lagen zu diesem Zeitpunkt jedoch offensichtlich Kenntnisse vor, die dieser Beurteilung widersprachen. Die Handlungsnotwendigkeiten für Vorstand und Aufsichtsrat sind in einem solchen Fall vorgegeben: Der Vorstand mußte nach den Regelungen des Wertpapierhandelsgesetzes die Tatsache des Ergebniseinbruchs sofort publizieren und durfte nicht das sachliche Analystengespräch bei der Präsentation der Jahres- oder Halbjahresbilanz abwarten.

Besonders nachteilig sind diese viel zu weit formulierten Veröffentlichungspflichten für Familienunternehmen. Anstatt eine ausgewogene Regelung zu schaffen, legt der Gesetzgeber der Praxis eine mit heißer Nadel gestrickte, sachlich und in den Rechtsfolgen überzogene Regelung vor, die zudem gebündelt ist mit einem hohen Maß an Rechtsunsicherheit in der Auslegung der vielen unbestimmten Begriffe des Gesetzes. Hinzu kommt, daß gerade bei Familienunternehmen häufig ein enger Markt besteht, so daß schon ein geringer Umsatz an Aktien eine erhebliche Kursbeeinflussung nach sich ziehen kann. Die Familienaktiengesellschaft kommt dadurch leicht in einen Argumentationszirkel: Eine Tatsache von nicht besonderer Wichtigkeit muß gleichwohl publiziert werden, weil damit zu rechnen ist, daß eine nicht unerhebliche Anzahl von Aktionären verkaufen könnte und dies wiederum in Anbetracht des engen Marktes zu einer erheblichen Kursauswirkung führt. Sind an dem Familienunternehmen noch institutionelle Anleger in größerem Umfang beteiligt, so offensichtlich im Fall Weru, so schaden Veröffentlichungen noch mehr. Alle institutionellen Anleger verhalten sich konform: Fällt der Kurs, so steigen alle aus. Letztlich ist die Schwelle von der »einfachen Tatsache« zur »kursrelevanten Tatsache« bei Familienaktiengesellschaften viel niedriger als bei großen Publikumsgesellschaften. Zusammengefaßt: Das gesamte Wertpapierhandelsgesetz ist auf große Publikumsgesellschaften zugeschnitten und für diese sicherlich im wesentlichen auch angemessen, für Familienaktiengesellschaften fehlt jedes Gespür. Warum gibt es kein Wertpapierhandelsgesetz für die kleine Aktiengesellschaft oder zumindest ein solches für das Börsensegment des Geregelten Marktes?

URSACHEN UND ABHILFEMÖGLICHKEITEN

Die Beispiele für eine Benachteiligung der Familienunternehmen ließen sich beliebig verlängern. Sie belegen, daß die Interessen speziell der Familienunternehmen nicht ausreichend berücksichtigt werden. Die »Stärkung des Wirtschaftsstandortes Deutschland« ist aber eine Aufgabe, die ohne Sicherung der Familienunternehmen nicht realisierbar ist. Beispielsweise sollten unsere Politiker endlich das größte Hemmnis für aktienrechtlich effiziente Strukturen, nämlich die gesellschaftspolitisch völlig verfehlte Mitbestimmung beseitigen. Es ist ein nicht zu überbietender Akt von Scheinheiligkeit, die Interessenkonflikte insbesondere der Bankenvertreter in den Aufsichtsräten lauthals öffentlichkeitswirksam zu beklagen, obwohl diese nur ein ganz schwacher Abklatsch der Konflikte sind, denen die Arbeitnehmervertreter im Aufsichtsrat tagtäglich zu unserer aller Schaden ausgesetzt sind.

Aber die Aussichten auf grundlegende Reformen sind nicht gut. Zu einseitig ist die personelle Besetzung der gesetzgebenden Körperschaften: Beispielsweise sind 45 Prozent der Mitglieder des Deutschen Bundestages Beamte, Richter, Pfarrer und Angestellte des öffentlichen Dienstes. Nur 4,8 Prozent gehören zur Gruppe der »Fabrikanten und Unternehmer, selbständigen Kaufleute sowie der quasi unabhängigen Wirtschaftsvertreter«. Bei der Struktur des Deutschen Bundestages sind kaum Änderungen in Sicht. Die Zahlen spiegeln das schon fast sprichwörtliche Stimmungstief im Verhältnis zwischen Wirtschaft und Politik eindrucksvoll wider. Gegenseitige Vorwürfe – z. B. anläßlich der Umsetzung der gesetzlichen Lockerung der Lohnfortzahlung – bestimmen im Moment die Diskussion.

In Deutschland kanzeln derzeit mehr als 80 Prozent der Unternehmer die Steuer- und Abgabenpolitik der Bundesregierung als innovationsfeindlich und orientierungslos ab und weniger als die Hälfte der westdeutschen Wirtschaftselite hält die »Sicherung des Sozialstaates« noch für ein erstrebenswertes Ziel.

Daß Produktionsverlagerungen oder gar der komplette Wegzug ins Ausland die notwendige Folge einer solchen Einstellung sind, kann nicht verwundern. Ich habe für diese Haltung, die aus einer jahrzehntelangen Benachteiligung der Familienunternehmen entstanden ist, viel Verständnis. Aber wenn wir uns entscheiden, weiter in Deutschland leben zu wollen, dann sollten wir nicht den Andersdenkenden das Feld überlassen, sondern selbst die Initiative ergreifen, auch wenn die Unternehmer einwenden werden, daß sie Ihr Unternehmen führen müssen und keine Zeit haben, »tagelang in irgendwelchen Parlamenten, Ausschüssen oder Verbänden rumzusitzen«. Es braucht aber ja nicht gleich eine Position als Bundestagsabgeordneter, Verbandspräsident oder eine andere herausgehobene Position zu sein. Die Familienunternehmen sollten sich jedoch gegen unsinnige Vorschriften und die Gängelei durch Behörden und Ratspolitiker zur Wehr setzen, sie sollten Petitionsausschüsse einschalten, Interessengemeinschaften gründen oder Manifeste – wie jüngst das »Berliner Manifest« gegen »Behörden-Irrsinn und gegen die Reformunfähigkeit des Staates« – verabschieden und, was ich für besonders wirksam halte, sie sollten die Abgeordneten, Behördenvertreter und Politiker in ihre Betriebe einladen und diesen ihre Probleme schildern und die erforderliche Unterstützung bei diesem Personenkreis einfordern.

Aber nicht nur die Betriebe sind aufgerufen, ihre Interessen öffentlich und gegenüber den Politikern wirksam zu vertreten, auch die Politik muß ihren Anteil leisten. Das Beispiel des britischen Premierministers Tony Blair, der Manager aus der Privatwirtschaft in seine Regierungsmannschaft geholt hat, könnte ein Weg sein, die Interessen der Wirtschaft stärker in die Willensbildung einzubeziehen. Beispielsweise steht der Vorstandsvorsitzende der größten privaten Lebens- und Rentenversicherung in Großbritannien – auf Teilzeitbasis – einer Arbeitsgruppe zum Umbau des Sozialsystems vor, deren wichtigstes Ziel es ist, Sozialhilfeempfänger wieder in die Arbeitswelt zu integrieren. Auch der Chef der Barclays Bank, Martin Taylor, der Gründer des Computer- und Konsumgüterherstellers Mastrad Alan Sogar, der frühere Chef des Öl-Konzerns BP Sir David Simon und weitere Top-Manager haben sich dazu bewegen lassen, in der Regierung oder in Arbeitsgruppen mitzuarbeiten – ein begrüßenswerter Trend, auch wenn man nach den Erfahrungen der Vergangenheit in Deutschland mit Fug und Recht bezweifeln darf, daß die Erfahrungen solcher Personen und die Ergebnisse von Arbeitsgruppen bei unseren Politikern letztlich Berücksichtigung finden werden.

Im Rahmen der Recherchen für dieses Buch habe ich die demokratischen Parteien Deutschlands aufgefordert, mir mitzuteilen, auf welche Art und Weise Unternehmer bei der Meinungsbildung und Vorbereitung politischer Entscheidungen mitwirken können: Die Sozialdemokratische Partei Deutschlands teilte mit, daß es in ihrer Bundestagsfraktion einen Arbeitskreis »Kleine und mittelständische Unternehmen« gebe, dem 30 Abgeordnete angehören. Außerdem gebe es beim Parteivorstand und in allen Bezirken und Unterbezirken Arbeitsgemeinschaften der Selbständigen.

Im Umfeld der CDU gibt es mit dem »Wirtschaftsrat« eine Organisationsplattform, durch die diese Partei die Gespräche zwischen Unternehmern und Politikern seit vielen Jahren institutionalisiert hat. Der Wirtschaftsrat versteht sich als Bindeglied zwischen Wirtschaft und Politik, betreibt Öffentlichkeitsarbeit, Arbeitskreise, Kommissionen und Veranstaltungen. Außerdem gibt es die Mittelstands- und Wirtschaftsvereinigung der CDU/CSU, der angeblich 40 000 Mitglieder angehören. Diese Mittelstands- und Wirtschaftsvereinigung hat es sich zur Aufgabe gemacht, die Interessen der Wirtschaft innerhalb der Partei und Öffentlichkeit zu vertreten. Weiterhin gibt es einen »Parlamentskreis« Mittelstand, der aus 130 Mitgliedern besteht und dem zahlreiche Abgeordnete der CDU/CSU-Fraktion angehören. Dieser versucht, die Interessen des Mittelstandes innerhalb der CDU-Fraktion durchzusetzen. Letztlich gibt es die Bundesfachausschüsse der CDU, die sich auch mit Fragen der Wirtschafts- und Gesellschaftspolitik beschäftigen.

Die FDP teilte mit, die Einbeziehung von Unternehmern in die Vorbereitung und Meinungsbildung erfolge über die zu speziellen Reformvorhaben institutionalisierten »liberalen Foren«, z. B. über die Foren zur Steuerreform, zur Zukunft der sozialen Sicherheit und zur Informationsgesellschaft. Außerdem gebe es das »Mittelstandsforum«. Dieses ermögliche es, daß beispielsweise der Beauftragte der Bundesregierung für den Mittelstand zusammen mit anderen Parteimitgliedern vor Ort in die Betriebe geht, um dort das Gespräch mit den Unternehmern zu suchen. Letztlich gebe es eine Zusammenarbeit in der »Liberalen Initiative Mittelstand«, einer Organisation, die außerhalb der FDP das Gespräch zwischen Unternehmern und Politikern fördere, die »Liberalen Freundeskreise« und die Bundesfachausschüsse, der nur Mitglieder der FDP angehören, die aber zu speziellen Themen auch den Rat von Experten einholen.

Im Umfeld der Partei »Die Grünen« gibt es die Organisation »UnternehmensGrün-Verband zur Förderung umweltgerechten Wirtschaftens e.V.«, der nach Mitteilung der Partei gegründet wurde, »weil es wichtig ist, daß endlich in der Öffentlichkeit deutlich gemacht wird, daß es auch UnternehmerInnen gibt (und zwar immer mehr), die in einem Engagement für den Umweltschutz nicht das Ende des Wirtschaftsstandortes, sondern im Gegenteil, dessen Zukunft sehen«. Dazu nur soviel: Ob derartige Ziele tatsächlich geeignet sind, die Produktionsverlagerung und die Abwanderung ins Ausland zu verhindern und dazu beitragen können, den Dialog zwischen Politik und Wirtschaft zu fördern, wird man wohl mit Recht bezweifeln dürfen.

Im Anhang zu diesem Kapitel habe ich Ihnen noch einige Verbände genannt, die die Interessen der Wirtschaft gegenüber der Politik vertreten und mit deren Hilfe auch Sie Ihre Anliegen öffentlich machen können. Die Anzahl der Verbände, die genannt werden könnten, ist zu groß, um sie hier wiederzugeben. Ich habe deshalb beim Deutschen Bundestag eine Liste von Verbänden angefordert, die regelmäßig Stellungnahmen zu Gesetzesvorhaben abgeben. Die Anlage enthält – ohne daß über die Qualität in positiver oder negativer Hinsicht etwas gesagt werden soll – die in der Liste des Deutschen Bundestags aufgeführten Verbände.

FAMILIENUNTERNEHMEN, DIE IHRE CHANCE GENUTZT HABEN

Selbstverständlich gibt es aber auch Beispiele von Unternehmen, die durch Gesetzesänderungen entstandenen Chancen für die Belebung ihres Geschäfts genutzt haben. Beispielsweise wurde Ende der sechziger Jahre gesetzlich vorgeschrieben, daß jedes Fußkreuz eines Bürostuhles mit mindestens 5 Strahlen – bis dahin waren es 4 Strahlen – ausgestattet sein muß. Bei einem Volumen an Bürostühlen in Deutschland, das zwischen 30 bis 35 Millionen Stühlen jährlich geschätzt wird, ergab sich dadurch für 3 bis 4 Jahre ein Mehrumsatz aller Stuhlfabriken zwischen 30 Prozent und 50 Prozent. Da ein Stuhl im Durchschnitt circa 200 D-Mark kostet, ergab sich insgesamt ein Mehrumsatz von mehreren Milliarden D-Mark, an dem auch Familienunternehmen maßgeblich teil hatten.

Ein weiteres Beispiel: Anfang der neunziger Jahre wurde in einem Gesetz für alle deutschen Aufschnittmaschinen, durch die Fleisch und Wurst verarbeitet werden konnten, eine besondere Konstruktion zur Unfallverhütung vorgesehen. Die Frist lief im April 1995 aus. Bei einem geschätzten Bestand von 1 Millionen Aufschnittmaschinen und den durchschnittlichen Kosten eines Umbausatzes von 8 000 D-Mark ergab sich hier ein zusätzlicher Umsatz von mehreren Milliarden D-Mark. Beispielsweise hat die Firma Bizerba über Jahre in diesem Produktsegment ihren Umsatz fast verdoppelt und hierfür Tag und Nacht Sonderschichten fahren müssen. Es handelt sich jedoch bei diesen Beispielsfällen um keine gezielte Bevorzugung der Familienunternehmen. Vielmehr haben sich diese neuen gesetzlichen Regelungen eher zufällig positiv auf die Familienunternehmen ausgewirkt und ändern deshalb nichts an der oben genannten Diagnose. Nicht den Familienunternehmern, sondern den anonymen Großkonzernen gilt das besondere Augenmerk des Gesetzgebers, der Verwaltung und der Rechtsprechung.

GOLDENE REGELN
zur Öffentlichkeitsarbeit

1. Der Familienunternehmer muß sich stets bewußt sein, daß ohne eine breite gesellschaftliche Akzeptanz in der Öffentlichkeit der Bestand des Familienunternehmens als besonderer Typus in Deutschland gefährdet ist.

2. Eine solche Akzeptanz ist auf Dauer nur bei entsprechendem persönlichen Engagement in Politik und Verbänden erreichbar. Ein Blick auf die relevante Gesetzgebung zeigt, daß die bisher praktizierte Mitwirkung der Unternehmer am politischen und gesellschaftlichen Meinungsbildungsprozeß nicht ausreichend ist.

3. Gesellschaftliche Akzeptanz setzt den Mut und den Willen zur Transparenz voraus. Die Familienunternehmer müssen im Unternehmen und nach außen ihre gesellschaftspolitischen Forderungen häufiger und deutlicher artikulieren.

4. Größere Familienunternehmen sollten sich einzeln oder im Zusammenschluß einen bezahlten Lobbyisten leisten, falls das persönliche Engagement des Unternehmers im Hinblick auf die unternehmerische Tagesarbeit nicht möglich ist. Nur wer die diversen Gesetzesvorhaben bereits in ihrer Entstehung begleitet, hat eine Chance, die besonderen Interessen des Privatunternehmens durchzusetzen.

5. Die Junioren und potentiellen Unternehmensnachfolger sind auf Grund ihrer meist akademischen Ausbildung im In- und Ausland in besonderem Maße geeignet, die unternehmenspolitischen Forderungen in der Öffentlichkeit zur Geltung zu bringen.

6. Die Familienunternehmer müssen in den Spitzenverbänden (BDI, BDA, DIHT) ihren Einfluß gegenüber den Konzernen und der Großindustrie stärker durchsetzen. Dies ist nur durch Bündelung ihrer Interessen möglich. Diese kann durchaus auch auf privater Interessengemeinschaft beruhen und – wenn nötig – durch Rücktrittsdrohungen gegenüber den Spitzenverbänden unterstrichen werden.

7. Ein unverzichtbares Mittel zur Durchsetzung der Interessen, besteht im fortwährenden persönlichen Kontakt des Unternehmers mit den für ihn zuständigen Kommunal-, Landes- und Bundespolitikern. Laden Sie diese mindestens einmal jährlich in ihr Unternehmen ein und informieren Sie hierbei über ihre besonderen Probleme.

8. Nutzen Sie die – wenn auch steuerlich beschränkte – Möglichkeit zu Spenden an politische Parteien zur Einflußnahme.

9. Pflegen Sie den Umgang mit der regionalen und überregionalen Presse um die Öffentlichkeit vor Ort für Ihre Probleme zu sensibilisieren. Nichts fürchten die meisten öffentlichkeitsbegierigen Politiker mehr als Presseschelte.

10. Die seitens der Familienunternehmern nicht selten erhobene Drohung mit Sitzverlegung des Unternehmens und persönliche Abwanderung ins Ausland sollte unterbleiben. Sie signalisiert Resignation und paßt nicht in das Persönlichkeitsbild eines verantwortungsbewußten Unternehmers. Kampf und nicht Flucht ist angesagt.

ANLAGE: EINE LISTE VON INTERESSENVERBÄNDEN

Bundesverband der Deutschen Industrie e.V. (BDI)
Postfach 51 05 48
50941 Köln

BUS – Betreuungsverbund für Unternehmer und Selbständige e.V.
Rosenheimer Straße 139
81671 München

Arbeitsgemeinschaft Selbständiger Unternehmer e.V. (ASU)
– Geschäftsstelle –
Mainzer Straße 238
53179 Bonn

Bund Katholischer Unternehmer e.V.
– Geschäftsführung –
Georgstraße 18
50676 Köln

Union mittelständischer Unternehmen e.V. (UMU)
Edelsbergstraße 8
80686 München

Verband der Bergungs- und Abschleppunternehmen e.V. (VBA)
Wittener Straße 237
42279 Wuppertal

Verband deutscher Unternehmerinnen e.V. (VdU)
Mitglied des Les Femmes Chefs d'Entreprises Mondiales
Postfach 51 10 30
50946 Köln

Interessenverband Arbeitgeber, Selbständiger und Unternehmer e.V. (IASU)
Postfach 20 28
87410 Kempten

FORUM für Automatenunternehmer in
Europa e.V.
Welckerstraße 20
53113 Bonn

Verband der Straßenfräsunternehmungen
e.V. (VDSF)
– Geschäftsstelle Köln –
Dattenfelder Straße 13
51109 Köln

Verband Deutscher Verkehrsunternehmen
e.V. (VDV)
Kamekestraße 37-39
50672 Köln

Verband Deutscher Bestattungsunter-
nehmen e.V.
Belziger Straße 35
10823 Berlin

Arbeitsgemeinschaft Europäische
Cooperation e.V. (AGEUCO)
Pflegerbauerstraße 7
81952 München

Arbeitskreis mittelständischer Pharma-
unternehmen e.V. (AMP)
Postfach 20 63
58634 Iserlohn

Unternehmerverband Berlin e.V.
Genslerstraße 13
13055 Berlin

Wirtschaftsverband Industrieller Unternehmen Baden e.V. (WVIB)
Postfach 17 48
79017 Freiburg

Europaverband mittelständischer Unternehmen und Verbände e.V (EMU)
Postfach 11 04 40
86029 Augsburg

Interessengemeinschaft Nordbayerischer
Zeitarbeitunternehmen e.V. (INZ)
Gleißbühlstraße 7
90402 Nürnberg

Unternehmerverband mittelständische
Wirtschaft e.V. (UMW)
Rizzerstraße 41
56068 Koblenz

Unternehmerverband Brandenburg e.V.
– Hauptgeschäftsstelle –
Berliner Straße 118
03046 Cottbus

Verband innovativer Unternehmen und
Einrichtungen zur Förderung der wirt-
schaftsnahen Forschung in den neuen
Bundesländern und Berlin e.V.
Postfach 80 01 44
01101 Dresden

Verband Deutscher Friseurunternehmen
e.V.
– Geschäftsstelle –
Marketinggemeinschaft des Handwerks
Charlottenstraße 34-36
14467 Potsdam

Wirtschaftsjunioren Deutschland e.V.
(WJD)
– Bundesgeschäftsstelle –
Postfach 14 46
53004 Bonn

UnternehmensGrün
Verband zur Förderung umweltgerechten
Wirtschaftens
Rieckestraße 26
70190 Stuttgart

VI.

FAMILIENUNTERNEHMEN UND STEUERN

Es gibt wohl kaum ein Rechtsgebiet, das für das Familienunternehmen eine größere Bedeutung hat als das Steuerrecht, dabei aber gleichzeitig so unübersichtlich, unklar und widersprüchlich ist. Das geltende Steuerrecht läßt sich nicht unmittelbar aus dem Gesetz ablesen, sondern ist das Produkt eines nicht mehr durchschaubaren Geflechts vorangegangener Entscheidungen des Gesetzgebers und der Justiz. Selbst Fachleute sprechen von einem »Steuerchaos«, dessen Ausmaß immer bedrohlicher wird und das ein echtes Investitionshemmnis darstellt. Diese Komplizierung des Steuerrechts, die Hektik der Steuerrechtsänderungen, die Flut von Gesetzen, Verordnungen, Richtlinien und anderen Verwaltungsanweisungen führt zu immer größeren Problemen vor allem im Bereich der mittelständischen Familienunternehmen. Allein der Umfang der 11 wichtigsten Steuergesetze beläuft sich auf 2.500 Paragraphen und 2.900 Druckseiten. Hinzu kommt, daß immer häufiger Steuerrechtsänderungen korrigiert werden müssen und der Zeitraum zwischen Verkündung und Inkrafttreten der Neuregelungen stets kürzer wird.

Aber nicht nur die zunehmende Kompliziertheit, Unübersichtlichkeit und Widersprüchlichkeit des Steuerrechts, sondern auch die Höhe der Gesamtbelastung als solche hat das Ausmaß des Erträglichen überschritten. Nach Berechnungen des Karl-Bräuer-Instituts des Bundes der Steuerzahler liegt die Gesamtbelastung eines Durchschnittsverdieners mit Steuern und Sozialabgaben bei circa 47 Prozent. Das ist neuer Rekord und – was besonders bedenklich ist – diese Marke wird in Zukunft noch überschritten werden. Die steuerliche Belastung der sogenannten Besserverdienenden, die das Bundesverfassungsgericht als Limit der steuerlichen Belastung in seinen Beschlüssen zur Vermögen- und Erbschaftsteuer aufgestellt hat, liegt ohnehin deutlich oberhalb der Halbteilungsgrenze. Daß diese unzumutbare Belastung die Leistungs- und Investitionsbereitschaft mindert und dies wiederum nachteilige Auswirkungen auf Beschäftigung und Wachstum hat, liegt auf der Hand.

Es ist aus diesen Gründen nicht verwunderlich, daß die steuerliche Gestaltungsberatung seit jeher einen Schwerpunkt meiner Beratungstätigkeit gebildet hat. Dabei habe ich es aber nie geduldet, daß sich wirtschaftliche und unternehmerische Entscheidungen nur an rechtlichen und steuerrechtlichen Konzepten ausgerichtet haben. Viele Unternehmenszusammenbrüche und -krisen hängen damit zusammen, daß der Unternehmer die rechtlichen und steuerlichen Konzepte zu Unrecht in den Mittelpunkt der Betrachtungen rückt. Richtigerweise haben sich aber die rechtlichen und steuerlichen Konzepte an den unternehmerischen und wirtschaftlichen Entscheidungen zu orientieren; die steuerlichen Gestaltungsmöglichkeiten sind in der Regel ohnehin groß genug, um für diese unternehmerisch und wirtschaftlich (zwingenden) Entscheidungen eine Minimierung der Steuerlast zu erreichen. Aus diesem Grunde gehe ich auch in diesem Kapitel nicht auf die Minimierung der Steuerlast ein. Diese läßt sich nur im Zusammenhang mit den jeweiligen individuellen unternehmerischen Problemstellungen sinnvoll behandeln. Die vorangegangenen und die folgenden Kapitel dieses Buches behandeln deshalb immer wieder steuerliche Fragestellungen, mit denen der Familienunternehmer bei bestimmten Fallgestaltungen konfrontiert sein wird. An dieser Stelle möchte ich nur auf zwei Situationen eingehen, die für die Familienunternehmen außerordentliche große Bedeutung haben, nämlich auf die Betriebsprüfung und die Steuerfahndung.

1.
BETRIEBSPRÜFUNG

Alle (paar) Jahre wieder ...

... erreicht unseren Familienunternehmer U., der Alleingesellschafter und Geschäftsführer eines Unternehmens in der Rechtsform der GmbH ist, die Mitteilung, daß in seinem Unternehmen eine Betriebsprüfung durchgeführt werden soll. Dieses Mal hat die Finanzverwaltung einen neuen, im Unternehmen bisher nicht bekannten Prüfer benannt. Wie es sich gehört, hat Herr U. seinen Leiter

der Finanzbuchhaltung sowie seine Steuerberater über die angekündigte Betriebsprüfung informiert. Wegen des allgemeinen Termindrucks ist es aber nicht mehr zu einer Vorbesprechung über mögliche Problembereiche bei der anstehenden Betriebsprüfung, insbesondere über das bekannte Problem der Geschäftsführervergütung, gekommen. Leider konnte unserem Unternehmer U. auch nicht mehr die Information übermittelt werden, daß der nun angekündigte Betriebsprüfer in Fachkreisen als sehr spitzfindig und kleinlich gilt.

Als der Prüfer dann im Unternehmen seine Arbeit aufnahm, legte er seinen Finger sofort an den wunden Punkt und begann die Vergütungen der Geschäftsführer einschließlich der Tantiemezahlungen auf ihre Angemessenheit hin zu überprüfen. Nach kurzer Prüfung beanstandete der Betriebsprüfer neben der Höhe der Gesamtvergütung vor allem auch die sehr hohen gewinnabhängigen Bezüge. Mit seiner Feststellung konfrontierte der Betriebsprüfer bei nächster Gelegenheit auch unmittelbar den Unternehmer U. Dieser hatte gerade wieder einige anstrengende Wochen hinter sich, in denen er auch samstags und sonntags voll im Dienste seiner Firma gearbeitet hatte. Er konnte daher keinerlei Verständnis für den vom Betriebsprüfer aufgebrachten Gedanken eines »Fremdvergleichs« und einer daraus abgeleiteten Notwendigkeit einer angemessenen Vergütung aufbringen, zumal unser Unternehmer zunehmend dazu übergegangen war, seine leitenden Mitarbeiter in verstärktem Maße erfolgsorientiert zu vergüten. Die aus der Sicht unseres Unternehmers realitätsfremden Feststellungen versetzten unseren U. so sehr in Rage, daß er es sich nicht verkneifen konnte, den Betriebsprüfer einmal richtig seine Meinung über dieses kleinliche Verhalten kundzutun. Dabei machte er ihm auch klar, wer in diesem Staate die Steuern bezahlt und von wem auch die Gehälter der Beamten entrichtet werden.

Der Betriebsprüfer reagierte auf dieses Zwiegespräch sichtlich verärgert. Von nun an wurde seinerseits davon abgesehen, das Gespräch mit dem Firmeninhaber zu suchen. In der anstehenden Schlußbesprechung war die Kompromißbereitschaft des Betriebsprüfers entsprechend gering; auch die Konzessionsbereitschaft der übrigen Vertreter des Finanzamtes war im Ergebnis erheblich geringer als in den vorausgegangenen Betriebsprüfungen. Dies wiederum führte zu abfälligen Meinungsäußerungen durch Herrn U., die das gesamte Verhandlungsklima erheblich belasteten. Auch den bei der Schlußbesprechung anwesenden Steuerberatern gelang es nur mit Mühe, die stark von Emotionen geprägte Auseinandersetzung auf eine sachliche Diskussion zurückzuführen. Eine Einigung kam selbstverständlich nicht zustande. Da auch der Einspruch und die Klage *erfolglos blieben, mußte das Unternehmen in erheblichem Umfang Steuern nachzahlen. Was hat der Unternehmer U. falsch gemacht?*

Das Gesetz (§§ 193 ff. Abgabenordnung – AO) spricht von »Außenprüfung«, die Praxis von Betriebsprüfung. Gemeint ist dasselbe, nämlich die Ermittlung der steuerlichen Verhältnisse des Steuerpflichtigen durch einen Angehörigen der Finanzverwaltung, der als Außenprüfer bezeichnet wird und seine Ermittlungs- und Prüfungshandlungen in der Regel in dem Betrieb des zu prüfenden Unternehmens durchführt. Solche Betriebsprüfungen stellen einerseits einen schwerwiegenden Eingriff in die betrieblichen und privaten Verhältnisse des Steuerpflichtigen dar und werden von diesem auch so empfunden. Andererseits sind solche Prüfungen für den Staat besonders interessant, weil sich in 95 Prozent aller Prüfungen nicht unerhebliche Steuernachzahlungen ergeben. Die Betriebsprüfung ist deshalb eine Situation, bei der – auch grundrechtlich geschützte – Interessen des Bürgers und die des Staates in besonderer Weise aneinander geraten. Konflikte, Einsprüche und gerichtliche Verfahren sind hier vorprogrammiert. Ein gutes Ergebnis wird nach meiner Erfahrung nur dann erreicht, wenn nicht von vornherein auf Konfrontation gesetzt wird, sondern wenn man dem Prüfer in den einzelnen Phasen gut vorbereitet, ruhig und sachlich gegenübertritt.

DIE VORBEREITUNG DER BETRIEBSPRÜFUNG

Unternehmen werden in unterschiedlichen Abständen geprüft. Der Betriebsprüfungsturnus ist abhängig von der Betriebsgröße. Die Unternehmen, die der Betriebsprüfung unterliegen, werden von der Finanzverwaltung in Großbetriebe, Mittelbetriebe, Kleinbetriebe und Kleinstbetriebe eingeteilt. Großbetriebe werden häufig lückenlos, Mittelbetriebe häufiger als Klein- und Kleinstbetriebe geprüft. Bei den Mittelbetrieben und den Klein- und Kleinstbetrieben läßt sich eine drohende Betriebsprüfung aber schon frühzeitig erkennen, weil zwei bis drei Jahre vor einer Betriebsprüfung die Steuerbescheide unter dem »Vorbehalt der Nachprüfung« (§ 164 AO) erlassen werden. Kündigt sich dadurch eine Betriebsprüfung an, sollte man in den folgenden Jahren große Sorgfalt auf die Erstellung der Steuererklärung verwenden, um dem Prüfer wenig Angriffsfläche zu bieten und dadurch die Prüfungsfolgen zu minimieren. Oft kann aber auch ein Gespräch mit dem Steuerberater Problemfelder zu Tage fördern, die schon im Vorfeld der Prüfung bereinigt werden können. Die Betriebsprüfung wird durch eine schriftliche Prüfungsanordnung bekanntgegeben. Darin bestimmt die Finanzverwaltung auch den Umfang der Prüfung. Diese Prüfungsanordnung muß formal ordnungsgemäß sein; anderenfalls kann gegen diesen Verwaltungsakt mit einem Rechtsbehelf vorgegangen werden. Die Anordnung muß etwa richtig adressiert sein, den Namen der oder des Prüfers und den voraussichtlichen Prüfungsbeginn enthalten. Wenn es um die steuerlichen Verhältnisse der Ehegatten geht, so ist häufig fraglich, ob die formellen Anforderungen an eine Prüfungsanordnung erfüllt sind. Hier gilt folgendes: Da die Eheleute auch bei Zusammenveranlagung selbständige Steuersubjekte und deshalb auch selbständige Prüfungssubjekte sind, muß gegen jeden Ehegatten, dessen steuerliche Verhältnisse geprüft werden sollen, grundsätzlich jeweils eine Prüfungsanordnung erlassen werden. Nach ständiger Rechtsprechung der Finanzgerichte ist es jedoch zulässig, die beiden Prüfungsanordnungen in einer Verfügung zusammenzufassen und nur einem Ehegatten bekanntzugeben.

Der zeitliche Umfang der Prüfung kann sich auf mehrere Jahre erstrecken. Allerdings darf der Steueranspruch nicht bereits verjährt sein; nur dann, wenn die Frage, ob Verjährung bereits eingetreten ist, erst aufgrund einer Außenprüfung sicher beurteilt werden kann, ist eine Prüfung auch solcher Jahre zulässig. Einschränkungen können sich auch ergeben, wenn sich die Prüfung auf bereits geprüfte oder ohne Vorbehalt der Nachprüfung veranlagte Zeiträume erstreckt.

Eines ist klar: Das Verfahrensrecht ist nicht ganz einfach, so daß es eigentlich zwingend ist, einen Rechts- oder Steuerberater hinzuzuziehen. Dafür spricht auch folgender Umstand: Der Unternehmer ist mit seinem Unternehmen häufig emotional verbunden. Es besteht deshalb die Gefahr, daß der Unternehmer als Chef des Betriebs oder – soweit sich die Prüfung auf ihn als Steuersubjekt erstreckt – als Privatperson die gegebenen Gefahren nicht objektiv einzuschätzen vermag, der Finanzverwaltung gegenüber unsachlich auftritt und damit das Verhandlungsklima unnötig verschlechtert wird. Dieser Gefahr kann nur durch die Einschaltung von Personen, die Erfahrung im Umgang mit Finanzbehörden und Betriebsprüfern haben und durch ihre psychologisch kluge Verhaltensweise zu einem guten Ausgang der Prüfung beitragen, begegnet werden.

Liegt eine formell ordnungsgemäße Prüfungsanordnung vor, sollte man die Zeit zwischen Bekanntgabe und Beginn der Prüfung intensiv zur Vorbereitung nutzen. Insbesondere sollte versucht werden, in Erfahrung zu bringen, ob es bestimmte steuerliche Sachverhaltsgestaltungen gibt, die die Finanzverwaltung bewogen haben, eine Prüfung durchzuführen. Dazu können Gespräche mit dem in der Prüfungsanordnung namentlich benannten Betriebsprüfer nützlich sein. In der Regel reicht es aber aus, mit dem Steuerberater oder Wirtschaftsprüfer die problematischen Punkte und Schwachstellen der letzten Jahre durchzugehen. Für solche Problempunkte sollten Argumente und Antworten vorbedacht, die Rechtslage geprüft und strafrechtliche Konsequenzen erörtert werden. Leider habe ich es aber auch schon erlebt, daß Steuerberater oder Wirtschaftsprüfer, die an der Abgabe der Steuererklärungen und der Aufstellung der Bilanzen beteiligt waren, darauf vertraut haben, daß die Betriebsprüfer nicht auf die kritischen Punkte in der Steuererklärung stoßen. Diese Verhaltensweise ist grob fahrlässig. Sobald der Unternehmer einen solchen Verdacht gegenüber seinem Berater hegt, sollte er unbedingt einen weiteren Berater einschalten, schon deshalb, weil bei strafrechtlich relevanten Fehlern Straffreiheit nur durch eine Selbstanzeige (§ 371 AO) erreicht werden kann und diese vor Beginn der Betriebsprüfung erstattet werden muß. Letztlich ist es empfehlenswert, bereits im Vorfeld der Außenprüfung die Prüfermentalität und die Eigenarten des Prüfers beim Steuerberater zu erfragen.

DER RICHTIGE UMGANG MIT DEM PRÜFER WÄHREND DER PRÜFUNG

Betriebsprüfer gehören nicht gerade zu den beliebtesten Berufsgruppen. Es hat aber keinen Zweck, die Abneigung noch zu steigern, in dem der »Haß gegen des Fiskus« im allgemeinen auf den Prüfer im konkreten projiziert wird. Im Regelfall sind die Betriebsprüfer normale Menschen mit normalen Stärken und Schwächen. Verständnis für seine Sorgen im dienstlichen und im außerdienstlichen Bereich verbessern deshalb im Regelfall das Verhandlungsklima. Grundsätzlich sollte man dem Betriebsprüfer deshalb die gleiche Behandlung zukommen lassen, die die Angestellten des Wirtschaftsprüfers oder der Wirtschaftsprüfer selbst während der Prüfungsdauer erfahren: Bei Durchführung der Betriebsprüfung in den Geschäftsräumen sollte ein ruhiger Raum bereitgestellt werden, wo der Prüfer allein sitzt, die Steuerakten vor den Akten der Mitarbeiter sicher sind und die Gespräche nicht mitgehört werden können. Auf eine gute Versorgung des Prüfers während seiner Tätigkeit im Unternehmen sollte man achten; auch wird er es bei längeren Prüfungen schätzen, wenn er einmal von der Geschäftsleitung zum Mittagessen eingeladen wird. Man sollte dabei aber unbedingt den Eindruck vermeiden, daß der Prüfer »gnädig gestimmt werden soll«.

Grundsätzlich ist es empfehlenswert, eine Person des Vertrauens zur Auskunftsperson zu bestimmen. Mit dieser Auskunftsperson muß das eigene Verhalten klar abgesprochen sein. Dem Prüfer muß mitgeteilt werden, an wen er sich mit seinen Fragen wenden kann. Denn Prüfer sind von Beruf aus neugierig. Ohne Widerstand des Steuerpflichtigen kommt es deshalb gelegentlich schon zu einer Überschreitung ihrer Rechte. Wichtig ist es sicherzustellen, daß nicht autorisierte Personen nicht ohne weiteres befragt werden können. Dies gilt auch für die Ehefrau, wenn die Prüfungsanordnung nicht auch an sie gerichtet und sie nicht als Auskunftsperson benannt wurde. Es gilt der Grundsatz: Der Betriebsprüfer darf nur mit einer ihm benannten Person innerhalb des Unternehmens kommunizieren.

Diese Person und auch der Unternehmer selbst sollten aber unbedingt versuchen, mit dem Prüfer sachlich zu sprechen. Ist dies bei all dem Steuerärger nicht möglich, sollte man einen anderen Mitarbeiter oder den Steuerberater oder einen seiner Angestellten als Ansprechpartner des Betriebsprüfers benennen. Wird der Prüfer seinerseits unsachlich oder erhebt er überzogene Forderungen, so darf man sich nicht einschüchtern lassen. Solche Vorkommnisse sind unbedingt in einer Aktennotiz festzuhalten; sie kann in Zukunft gute Dienste erweisen. Im Rahmen der Schlußbesprechung mit dem Sachgebietsleiter können solche Vorkommnisse dann an geeigneter Stelle zur Sprache kommen und die Verhandlungsposition des Betriebsprüfers damit deutlich schwächen. In sehr krassen Fällen sollte man nicht zögern, eine Dienstaufsichtsbeschwerde zu erheben, mit der gleichzeitigen Bitte, den Prüfer abzulösen.

Die Fragen des Prüfers sollten stets sorgfältig beantwortet werden. Im Zweifel bitte die Fragen unbeantwortet lassen und sich zunächst mit dem Berater oder mit verantwortlichen Mitarbeitern abstimmen. Angeforderte Unterlagen sollten unbedingt zügig ausgehändigt werden. Allerdings hat der Prüfer auf die Arbeitsbelastung des Unternehmens Rücksicht zu nehmen. Insbesondere in Zeiten, in denen die Auskunftspersonen in der Finanzabteilung durch die Arbeiten am Jahresabschluß belastet sind, muß der Prüfer für Verzögerungen Verständnis aufbringen. Man muß ihm diesen Umstand aber unbedingt erklären, damit er nicht den Eindruck gewinnt, man wolle seine Arbeit willkürlich verzögern.

Regelmäßige Besprechungen zwischen der autorisierten Person oder dem

Unternehmer einerseits und dem Betriebsprüfer andererseits über den Stand der Prüfungsfeststellungen sind auf jeden Fall sinnvoll. Der Unternehmer hat einen Anspruch darauf, daß der Betriebsprüfer regelmäßig über seine Prüfungsfeststellungen informiert. Bei derartigen Gesprächen wird der Prüfer häufig darauf drängen, einzelne Prüfungsfeststellungen isoliert abzuhandeln und sich über das Vorliegen bestimmter Umstände zu verständigen. Diesem Verlangen sollte nicht ohne weiteres nachgegeben werden. Zwar können insbesondere bei Betriebsprüfungen von Großbetrieben eine Vielzahl kleinerer Prüfungsfeststellungen streitig sein, so daß es sich hier tatsächlich anbietet, Zwischenbesprechungen abzuhalten, in denen über diese Prüfungsfeststellungen diskutiert wird. Es kann im Einzelfall auch sinnvoll sein, bei Mittel- und Kleinstbetrieben eine Zwischenbesprechung abzuhalten. Möglicherweise kann man sich hier bereits in einigen strittigen Fragen einigen und auf diesem Wege die Schlußbesprechung entlasten. Im Regelfall wird man aber in einer umfassenden Schlußbesprechung die besseren Ergebnisse erzielen. Dringend zu warnen ist vor frühzeitigen Kompromissen. Denn nicht der Prüfer, sondern das Finanzamt hat das letzte Wort. Herr des Verfahrens ist bei jeder Betriebsprüfung das Finanzamt, das für den Steuerpflichtigen oder die Gesellschaft zuständig ist. Dieses entscheidet letztlich, ob es die Meinung des Prüfers akzeptiert oder seine Ansicht modifiziert wird. Insbesondere wenn im Vorfeld der Schlußbesprechung deutlich wird, daß der Sachgebietsleiter des Finanzamtes bereit ist, Entscheidungen seiner Prüfer zu korrigieren, sollte man zuvor keine Kompromisse eingehen, sondern die Schlußbesprechung abwarten.

DIE SCHLUSSBESPRECHUNG

Das Gesetz schreibt vor, daß über das Ergebnis der Betriebsprüfung eine Schlußbesprechung abzuhalten ist. Dies gilt nur dann nicht, wenn sich nach dem Ergebnis der Außenprüfung keine Änderung der Besteuerungsgrundlagen ergibt oder wenn der Steuerpflichtige auf die Schlußbesprechung verzichtet. Die Schlußbesprechung dient insbesondere dazu, strittige Sachverhalte und auch strittige Verfahrensfragen sowie die rechtliche Beurteilung der tatsächlichen Prüfungsfeststellungen und ihre zahlenmäßigen steuerlichen Auswirkungen zu diskutieren. Dazu gehört auch das Rechtsgespräch. Die Erörterungen sollen dazu dienen, kontrovers gebliebene Punkte tatsächlicher und rechtlicher Art,

Mißverständnisse und Meinungsverschiedenheiten möglichst zu überwinden und auszuräumen, um zu einer wenn möglich weitgehenden Übereinstimmung oder wenigstens zu einer Annäherung zu kommen. Dieses Ziel kann allerdings nur erreicht werden, wenn beide Seiten für Argumente der anderen Seite offen bleiben und nicht mit starren Standpunkten in die Erörterung gehen. Auch der Unternehmer sollte deshalb nur in Ausnahmefällen eine Frage zum Prinzip erklären. Es kommt nämlich regelmäßig nicht auf die Entscheidung der Einzelfrage, sondern auf das Gesamtergebnis an.

Die Erfahrung lehrt, daß die Schlußbesprechung der entscheidende Abschnitt der Außenprüfung ist. Da der Steuerpflichtige und sein Berater in dieser Besprechung nicht mit »Neuigkeiten« des Außenprüfers überrascht und überrannt werden dürfen, sondern diese Personen vorher wissen müssen, worum es in der Schlußbesprechung geht, bestimmt § 11 Abs. 1 der Betriebsprüferordnung 1987, daß die Besprechungspunkte und der Termin der Schlußbesprechung dem Steuerpflichtigen zu einer angemessenen Zeit vor der Besprechung bekanntzugeben ist. Dies geschieht in der Regel durch Übersendung oder Überreichung einer Übersicht über die Prüfungsfeststellungen und eines Exposés der Berechnungspunkte. Diese Übersicht ermöglicht es, die Betriebsprüfung zusammen mit dem Steuerberater sehr gründlich vorzubereiten. Insbesondere sollte gemeinsam mit dem Berater die Verhandlungslinie im Vorfeld der Besprechung festgelegt werden. Zur Vorbereitung gehört es auch, peinlich genau darauf zu achten, ob die übermittelte Sachverhaltsdarstellung des Betriebsprüfers richtig ist. Gelingt es, den Sachverhalt in der Schlußbesprechung richtig zu stellen, bestehen gute Chancen, mit den Vertretern des Finanzamtes eine Einigung zu eigenen Gunsten zu erzielen.

Eine Schlußbesprechung ist keine Urteilsverkündung »der Verwaltung«, sondern eine ernste Verhandlung mit »kaufmännischen Akzenten«. Im Regelfall wird von beiden Seiten nach einer Paketlösung gesucht, die den aufgerollten Prüfungsfall in seiner Gesamtheit möglichst endgültig abschließt. Man sollte deshalb keineswegs die Prüferstandpunkte sofort akzeptieren. Dies führt dazu, daß man im Laufe der Schlußbesprechung einzelne Punkte zwar soweit wie möglich diskutiert, die Entscheidung aber dann – wie es so schön heißt – erst einmal ausklammert. Gegen Ende der Beratung ziehen sich die Parteien dann nicht selten zu internen Gesprächen zurück und schnüren die angesprochenen Paketlösungen, die eine Gesamteinigung herbeiführen sollen. Dabei erwartet jede Partei von der anderen ein gegenseitiges Nachgeben. Wenn strafrechtlich relevante Sachverhalte vorliegen, wird durch die Finanzverwaltung häufig mit Vorlage des Prüfungsberichtes an die Strafsachenstelle gedroht. In diesem Fall kann es sinnvoll sein, Kompromißbereitschaft bei der Steuerfestsetzung zu signalisieren, um einen strafrechtlichen Vorbehalt zu vermeiden. Auch hier sollte sich der Unternehmer aber nicht erpressen lassen: Die Finanzverwaltung weiß genau, wann das Ende der Kompromißbereitschaft erreicht ist. Auch in diesem Fall sollten Schärfe, Polemik, Drohungen und persönliche Angriffe vermieden werden.

VERFAHREN NACH ABSCHLUSS DER SCHLUSSBESPRECHUNG

Nach der Schlußbesprechung wird das Ergebnis der Betriebsprüfung in einem schriftlichen Bericht (dem sogenannten Prüfungsbericht) zusammengefaßt. Ich empfehle immer dringend, den Bericht sehr sorgfältig durchzusehen, denn auch Betriebsprüfer sind Menschen, denen Rechen- oder Erinnerungsfehler unterlaufen können. Es empfiehlt sich daher auch, die Ergebnisse der Schlußbesprechung entweder selbst oder durch einen Berater sehr sorgfältig zu dokumentieren, damit eine Kontrolle des Prüfungsberichtes, der häufig längere Zeit auf sich warten läßt, noch möglich ist.

Sind keine Einwände gegen den Prüfungsbericht zu erheben oder weist der Prüfungsbericht keine Unstimmigkeiten auf, wird das Finanzamt den Bericht auswerten und entsprechende Steuerbescheide erlassen. Nach Bekanntgabe der Steuerbescheide hat der Steuerpflichtige die Möglichkeit, durch seinen Einspruch gegen die Auffassung des Finanzamtes vorzugehen. Diesen Weg wird der Steuerpflichtige vor allem wählen, wenn man sich bei der Schlußbesprechung nicht einig geworden ist. Hatte man sich jedoch mit der Finanzverwaltung in der Schlußbesprechung oder im Vorfeld derselben über eine Angelegenheit verständigt und hat diese Verständigung ihren Niederschlag in den geänderten Steuerbescheiden gefunden, sollte der gefundene Kompromiß keinesfalls mit dem Rechtsbehelf des Einspruchs angefochten werden. Ein derartiges Verhalten muß auf absolute Ausnahmefälle beschränkt werden, da anderenfalls das Gesprächsklima mit der Finanzverwaltung für alle Zukunft in erheblichem Maße und häufig zu Lasten des Steuerpflichtigen gestört wird. Niemand kann vom Betriebsprüfer oder Sachgebietsleiter noch einmal Kompromisse erwarten, wenn eine in der Betriebsprüfung mit dem Steuerpflichtigen getroffene Vereinbarung nicht eingehalten wird.

Die in der Betriebsprüfung aufgetretenen Problemfälle werden sich häufig in den darauffolgenden Jahren wiederholen. Dies wirft die Frage auf, wie der Steuerpflichtige diese Sachverhaltsgestaltungen in Zukunft behandeln soll. Die Anwesenheit des Betriebsprüfers kann zunächst dazu genutzt werden, um von ihm Auskünfte über diese steuerlichen Problemstellungen zu erhalten. Häufig wird auch anläßlich der Schlußbesprechung die Finanzverwaltung erklären, ob sie mit einer bestimmten Verfahrensweise, beispielsweise mit den Modalitäten bei der Errechnung von Rückstellungen oder bei der Bemessung der Bewertungsabschläge, einverstanden ist. Rechtlich bindend ist dies aber natürlich nicht. Hingewiesen sei deshalb noch auf die Möglichkeit, im Anschluß an eine Außenprüfung einen Antrag auf eine verbindliche Zusage zu stellen, die klarstellt, wie ein in der Vergangenheit geprüfter Sachverhalt in Zukunft steuerrechtlich behandelt werden wird.

GOLDENE REGELN
zur Betriebsprüfung

1. Bitte keine Emotionen. Der Betriebsprüfer vertritt zwar den Staat, aber er ist für unsere steuerliche Fehlentwicklung persönlich nicht verantwortlich. Deshalb sind allgemeine politische Diskussionen ebenso zu vermeiden wie Drohungen, insbesondere die Drohung mit einer möglichen Sitzverlegung ins Ausland.

2. Eine gründliche und systematische Vorbereitung der Betriebsprüfung ist von großer Bedeutung. Sie darf nicht dem Berater allein überlassen bleiben, muß aber in Kooperation mit ihm erfolgen. Der Unternehmer kennt die zugrundeliegenden Tatsachen am besten. So läßt sich z.B. über die Dauer einer Gebäudeabschreibung oder über die Höhe einer Rückstellung für Garantieverpflichtungen stets dann am erfolgreichsten diskutieren, wenn der Unternehmer seinen persönlichen Sachverstand einbringt.

3. Achten Sie auf Formalien: Häufig ist die Prüfungsanordnung nicht ordnungsgemäß adressiert oder sie bezieht sich auf verjährte, bereits geprüfte oder ohne Vorbehalt veranlagte Zeiträume. Selbst wenn die Beanstandung keine Verbesserung der sachlichen Position ergibt, der Prüfer verliert an Autorität.

4. Eine Ablehnung des Prüfers wie auch eine Dienstaufsichtsbeschwerde will gut überlegt sein. Beides kommt nur in Betracht, wenn der Prüfer eindeutig befangen ist oder nachweisbar unkorrekt gehandelt hat.

5. Der Prüfer ist höflich und korrekt zu behandeln. Verständnis für die Sorgen des Prüfers im dienstlichen oder außerdienstlichen Bereich verbessern im Regelfall das Verhandlungsklima. Es ist kontraproduktiv, die Abneigung gegen den Fiskus im allgemeinen auf den Prüfer zu übertragen.

6. Wird der Prüfer seinerseits unsachlich oder erhebt er überzogene Forderungen, so ist ihm höflich aber standfest entgegenzutreten. Vorkommnisse dieser Art müssen dokumentiert werden. Sie können in der Schlußbesprechung für die Entscheidung des Sachgebietsleiters wichtig sein.

7. Achten Sie darauf, daß der Prüfer nur eine von Ihnen autorisierte Person, die man ihm vorher benennen muß, befragen kann. Im Sinne einer »Zwei Fronten-Strategie« wäre es falsch, wenn der Unternehmer sich selbst als Auskunftsperson zur Verfügung stellen würde.

8. Seien Sie persönlich bei der Schlußbesprechung anwesend. Gemeinsam mit Ihrem Berater sind Sie ein unschlagbares Team und der Finanzverwaltung in allen wichtigen Fragen (z.B. Abschreibungen, Rückstellungen, Abwertung von Beteiligungen etc.) auf Grund Ihrer besseren Sachkenntnis überlegen.

9. Sorgen Sie dafür, daß der Ablauf der Schlußbesprechung, aber auch der gesamten Außenprüfung genauestens dokumentiert wird. Das kann bei späteren Rechtsbehelfen von erheblichem Vorteil sein.

10. Prüfen Sie sorgfältig den Bericht des Finanzamtes, der das Ergebnis der Prüfung zusammenfaßt. Prüfen Sie ebenso sorgfältig, ob die berichtigten Steuerbescheide dem Prüfungsergebnis entsprechen.

2.
Steuerfahndung

Durch strafrechtliche Maßnahmen des Staates wird die persönliche Freiheit der Bürger am intensivsten beeinträchtigt. Das eigentliche Strafverfahren, aber auch schon das vorgelagerte Ermittlungsverfahren stellt für den Betroffenen eine Belastung dar, die häufig dazu führt, daß die gesamte Lebensführung des Betroffenen in Frage gestellt wird. Wenn Sie selbst am eigenen Leibe oder als Berater einmal erlebt haben, wie sich die Persönlichkeit eines von einem Strafermittlungsverfahren Betroffenen verändert, werden Sie Verständnis dafür haben, daß ich im folgenden diesem Bereich überproportional große Aufmerksamkeit schenke. Auch die dabei verwendete Geschichte habe ich ausführlicher als in den anderen Kapiteln gehalten, weil ich nur so die Möglichkeit habe, auf wichtige Details des strafrechtlichen Ermittlungsverfahrens in Steuersachen einzugehen. Daß Sie trotz der wenig aufmunternden Materie auch zum Schmunzeln Anlaß haben werden, versteht sich von selbst.

Den 14. Mai 1992 wird Herr Dr. S., Gesellschafter-Geschäftsführer eines alteingesessenen Familienunternehmens, das sich auf die Herstellung von badischen Fleisch- und Wurstwaren spezialisiert hatte, sein Leben lang nicht vergessen. Kaum hatte er sich hinter seinem Schreibtisch niedergelassen, um ein Listungsgespräch mit dem Einkäufer einer Handelskette zu führen, da stürmte – gegen jede Gewohnheit – seine langjährige Sekretärin Gerlinde J. mit allen Anzeichen höchster Erregung in sein Büro. Nach Worten ringend – noch in der offenen Tür stehend – wurde sie von drei korrekt gekleideten Herren rabiat zur Seite gedrängt. Einer der Herren stürmte an den Schreibtisch von Dr. S., nahm ihm den Telefonhörer aus der Hand, stellte sich als Steuerfahnder K. vor und hielt ihm ein Blatt Papier unter die Nase, das Dr. S. als Durchsuchungsbefehl, ausgestellt vom örtlichen Amtsgericht, identifizierte. Durch die offenstehende Bürotür sah Dr. S. eine Mehrzahl weiterer Herren, von denen eine Gruppe in die Telefonzentrale, eine weitere in den EDV-Raum und eine dritte in den Keller eilte, wo sich die Aktenräume der Firma befanden.

Auf seine Frage, was das alles zu bedeuten habe, antwortete ihm Fahnder K., das wisse er, Dr. S., wohl selbst am besten und er warne ihn ausdrücklich davor, sich aus seinem Büro zu entfernen, zu telefonieren oder irgendwelche Unterlagen in seinem Büro anzurühren. Die Aufforderung von Dr. S., die Aktion sofort bis zur Ankunft seines Anwalts zu stoppen, wurde abgelehnt. Lediglich ein Anruf seines Anwalts und seiner Ehefrau wurde ihm im Beisein der Herren gestattet. Da der Anwalt jedoch nicht in seinem Büro anwesend war, konnte er nicht zu Hilfe eilen und deshalb auch die körperliche Untersuchung des Dr. S. die Wegnahme und Überprüfung seiner Geldbörse und seiner Brieftasche nicht verhindern. Hierbei notierte Fahnder K. insbesondere Bankverbindungen und Kontonummern. Auch der Schlüsselbund wurde auf etwaige Tresorschlüssel überprüft. Alsdann mußte Dr. S. seinen Autoschlüssel herausgeben. Einer der anwesenden Steuerfahnder nahm den Schlüssel an sich und durchsuchte den auf dem Firmengelände geparkten Mercedes. Die Tatsache, daß Fahnder K. laufend mit seinem Handy telefonierte und angerufen wurde, vermochte Dr. S. erst später zu deuten: Der Fahnder K. unterhielt sich nämlich mit anderen Fahndern, die gleichzeitig seinen Zweigbetrieb im ostdeutschen Zittau, sein Privathaus und sein Ferienhaus auf Sylt durchsuchten. Letzteres hatten sie, da sie es verschlossen vorfanden, durch den örtlichen Schlüsseldienst zwangsweise öffnen lassen.

Nach circa sechs Stunden war der Spuk vorbei. Unter Mitnahme mehrerer Kartons voller Unterlagen aus der Firma und aus seinem Privathaus, Disketten aus der EDV, mehrerer Safeschlüssel von Schließfächern, die Dr. S. bei einer örtlichen und bei einer ausländischen Bank unterhielt, sowie unter Abtransport des im Schlafzimmer seines Ferienhauses hinter einem Bild installierten Zimmertresors zogen sich die Herren zurück. Ein ihm vorgelegtes Durchsuchungsprotokoll und Sicherstellungsverzeichnis unterschrieb Dr. S. widerwillig und – nachdem der Druck von ihm gewichen war – lud er die Herren zu einer Tasse Kaffee ein und unterhielt sich mit ihnen über den Verfahrensgegenstand, ohne zuvor von dem Fahnder K. über seine Rechte als Beschuldigter belehrt worden zu sein. Wie Dr. S. später von seiner Ehefrau erfuhr, wurden bei der Durchsuchung seines Privathauses Hinweise auf eine am gleichen Ort befindliche Wohnung seiner unverheirateten Tochter Anja gefunden. Diese Wohnung wurde daraufhin auf Anweisung von Fahnder M., der über Handy verständigt worden war, wegen Gefahr im Verzug ohne Durchsuchungsbeschluß gleichfalls durchsucht. Die Bemühungen von Dr. S., die Durchsuchung aus geschäftlichen Gründen geheimzuhalten, waren nicht von Erfolg gekrönt. Zwei Tage später erschien in der Lokalzeitung die lapidare Meldung, daß die Pressestelle der Staatsanwaltschaft auf Anfrage die Einleitung eines Ermittlungsverfahrens wegen des Verdachts auf Subventionsbetruges und Steuerhinterziehung bestätigt habe.

DIE RECHTE UND PFLICHTEN DER STEUERFAHNDUNG

Eine Hausdurchsuchung durch die Steuerfahndung stellt sicherlich eine der einschneidendsten und unmittelbarsten in die Intimsphäre des Betroffenen eingreifenden Maßnahmen des Staates dar. Die Steuerfahndung erscheint in Fällen, in denen sie Steuerstraftaten oder Steuerordnungswidrigkeiten erforscht – oder zu erforschen glaubt –, grundsätzlich unangemeldet und häufig zu früher Stunde. Der Gesetzgeber hat zwar Durchsuchungen während der Nachtzeit in aller Regel einen Riegel vorgeschoben, doch umfaßt die Nachtzeit im Sommerhalbjahr lediglich die Stunden von 9.00 Uhr abends bis 4.00 Uhr morgens. Das überfallartige Auftauchen der Steuerfahndung geschieht mit voller Absicht und bewußtem Kalkül. Bewußt soll eine Streßsituation beim Betroffenen aufgebaut werden, die Unsicherheit verbreitet. Denn in dieser Situation rutschen dem Betroffenen weit eher unbedachte Äußerungen heraus, als dies in einer streßfreieren Situation der Fall wäre. Die Fahndung arbeitet dabei – so scheint es – ganz bewußt mit Methoden der Überrumpelung und der Einschüchterung. Es werden außerdem nicht selten Versprechungen gemacht, die einen günstigen Verfahrensverlauf zusichern, wenn der Betroffene rasch aussagt und konstruktiv mitwirkt. Daß diese Versprechen überhaupt nicht eingehalten werden können, da die Fahndung nicht über die strafrechtlichen Folgen entscheidet, wird freilich verschwiegen. Zwar müssen auch die Steuerfahnder die durch das Grundgesetz und die einzelnen gesetzlichen Verfahrensvorschriften gezogenen Grenzen beachten, doch werden immer wieder Vorgehensweisen der Steuerfahndung bekannt, die rechtlich als äußerst fragwürdig einzustufen sind. So wird beispielsweise häufig der sogenannte Stubenarrest praktiziert, bei dem der Betroffene in einem Raum seiner Wohnung festgehalten wird, um eine ungestörte Durchsuchung der anderen Räume zu gewährleisten, obwohl dies nicht zulässig ist.

Hausdurchsuchungen werden in aller Regel durch den Richter, bei Gefahr im Verzug auch durch die Staatsanwaltschaft oder durch die Steuerfahndung selbst angeordnet. Eine Durchsuchung kann nur dann durchgeführt werden, wenn ein sogenannter Anfangsverdacht der Steuerhinterziehung oder einer Steuerordnungswidrigkeit besteht. Die Schwelle dieses Anfangsverdachts ist in der Praxis jedoch äußerst niedrig. Das wurde nicht zuletzt durch die spektakuläre Entscheidung des Bundesverfassungsgerichts über die Verfassungsbeschwerde der Dresdner Bank bestätigt. Bei dieser Bank und ihren Filialen wurden in der Vergangenheit großangelegte Durchsuchungen durchgeführt, die wie ein

Donnerschlag in der Welt der Banken niedergingen und dort zu großer Verunsicherung geführt haben. Danach reicht es vollkommen aus, wenn nach kriminalistischer Erfahrung lediglich die Möglichkeit besteht, daß eine verfolgbare Straftat tatsächlich vorliegt.

Der Durchsuchungsbeschluß muß durch tatsächliche Angaben den Tatvorwurf konkretisieren und die Beweismittel, denen die Untersuchung gilt, in etwa umschreiben. Auch hier klaffen die theoretisch vorgesehenen hohen rechtlichen Anforderungen und die praktische Handhabe oft weit auseinander. In vielen Fällen, insbesondere wenn die Durchsuchung von der Steuerfahndung wegen »Gefahr im Verzug« selbst angeordnet wird, wird als Tatvorwurf schlicht »Steuerhinterziehung« genannt, ohne die Art der Steuer bzw. die zeitliche Eingrenzung des Tatvorwurfs anzugeben. Statt einer genauen Beschreibung der Beweismittel, die durch die Durchsuchung aufgespürt werden sollen, enthält der Durchsuchungsbeschluß häufig nur die lapidare Feststellung: »Es besteht die Vermutung, daß die Durchsuchung zur Auffindung von Beweismitteln führen wird, die für das vorliegende Verfahren von Bedeutung sind.« Da jedoch die Durchsuchung für den Betroffenen regelmäßig einen einschneidenden (Grundrechts-)Eingriff darstellt, ist die teilweise lasche Handhabung der rechtlichen Anforderungen, die an den Erlaß eines Durchsuchungsbeschlusses zu stellen sind, vor allem unter Berücksichtigung des Grundrechts der Unverletzlichkeit der Wohnung (Artikel 13 Abs. 1 Grundgesetz) äußerst bedenklich.

Die Beamten der Steuerfahndung sind als professionelle Sucher ausgebildet, so daß die Hoffnung des Betroffenen, ein von ihm verstecktes Dokument oder ein Gegenstand könne verborgen bleiben, meistens enttäuscht wird. Wie im Eingangsfall beschrieben, geht die Steuerfahndung dabei in der Regel parallel an mehreren Wohn- oder Geschäftsorten des Betroffenen vor und legt ein besonderes Augenmerk darauf, Safeschlüssel, die den Weg zu Schwarzdepots weisen, aufzuspüren. Neben den Durchsuchungen von Räumen und Gegenständen muß der Betroffene auch mit einer Durchsuchung seiner Person und seiner Bekleidung rechnen, da die Steuerfahndung davon ausgeht, daß steuerlich sensible Unterlagen häufig in der Kleidung aufbewahrt werden. Eine solche körperliche Durchsuchung muß der Betroffene dulden.

Beweismittel, die bei der Durchsuchung aufgefunden und vom Gewahrsamsinhaber nicht freiwillig herausgegeben werden, unterliegen der Beschlagnahme. Auch die Beschlagnahme wird durch den Richter, bei Gefahr im Verzug durch die Staatsanwaltschaft oder die Steuerfahndung angeordnet. Beschlagnahmefähig ist ohne Rücksicht auf die Eigentumsverhältnisse alles, was als Beweismittel für das Steuerstrafverfahren von Bedeutung sein kann. Eine solche potentielle Beweisbedeutung liegt schon vor, wenn die Möglichkeit nicht fernliegt, daß der Gegenstand für Beweisfragen Bedeutung erlangt. Tatsächlich bleibt zum Zeitpunkt der Beschlagnahme häufig noch offen, welcher Beweis mit dem jeweiligen Gegenstand angetreten werden soll. Oft stellt sich dies erst im Laufe des Ermittlungsverfahrens heraus. Im Beschlagnahmebeschluß muß jedoch nach den gesetzlichen Vorschriften explizit hervorgehoben werden, welche Delikte mit den beschlagnahmten Unterlagen bewiesen werden sollen. Hiergegen wird häufig verstoßen. Man gewinnt vielmehr den Eindruck, schriftliche Unterlagen würden die unwiderlegbare Vermutung in sich tragen, grundsätzlich als Beweismittel für Steuerdelikte in Betracht zu kommen.

Neben diesen umfassenden Rechten obliegen der Steuerfahndung auch diverse Pflichten. So ist beispielsweise zur Identifizierung der beschlagnahmten Gegenstände ein Verzeichnis über diese zu erstellen. Darüber hinaus haben sich alle Fahndungsbeamten gegenüber den Betroffenen auszuweisen und gegebenenfalls den Fahndungsablauf und den Fahndungszweck mit diesem vorher zu besprechen. Vor allem aber obliegt es den Fahndungsbeamten, die im Steuerstrafverfahren tätig werden, den Betroffenen (Beschuldigten) vor Beginn seiner Vernehmung über seine Rechte zu belehren. Die Strafprozeßordnung sieht dabei das auf dem Grundrecht der Menschenwürde wurzelnde Schweigerecht des Beschuldigten und das Recht vor, jederzeit einen Verteidiger zu konsultieren. Gerade der Grundsatz, sich nicht selbst belasten zu müssen, genießt im Rahmen des Rechtsstaatsprinzips Verfassungsrang. Nicht selten vergessen die Beamten der Steuerfahndung, den Beschuldigten zu belehren, und verstoßen damit gegen dieses elementare Recht.

DER PRAGMATISMUS DER STEUERFAHNDUNG

Es ist nicht ganz einfach, für die vorgenannten Verhaltensweisen der Steuerfahndung, die teilweise eklatante Rechtsverstöße darstellen, eine Erklärung zu finden. Ich will es trotzdem versuchen: Fahnder sind Steuerbeamte des gehobenen Dienstes, die zumeist aus der Betriebsprüfung kommen. Sie sind zwar im Steuerrecht in der Regel exzellent ausgebildet, weisen jedoch im Strafprozeßrecht teilweise erhebliche Wissenslücken auf. Trotzdem erhalten die zur Steuerfahndung gewechselten Beamten unmittelbar die Aufgabe, Häuser zu durchsuchen und potentielle Beweismittel zu beschlagnahmen. Bestärkt durch eine Vielzahl von Fällen, in denen Steuerbürger tatsächlich Steuern hinterzogen haben, glaubt der Fahnder aus dem Erfolg die Rechtmäßigkeit seiner Mittel ableiten zu können. Obwohl der Fahnder wie jeder Ermittlungsbeamte zur Neutralität verpflichtet ist, besteht durch den einseitigen Umgang im täglichen Beruf die Gefahr, daß sich die strafprozessualen und rechtsstaatlichen Werte des Fahnders verschieben und dieser zu einem Schwarz-Weiß-Denken und zu einer Wahrheitsfindung um jeden Preis übergeht. Zwar ergeben Statistiken, daß die Fahndung häufiger erfolgreich als erfolglos arbeitet, doch kann gerade diese Tatsache nicht als Rechtfertigung für Staatseingriffe gegen den konkret Betroffenen herangezogen werden, die mit den verfahrensrechtlichen Vorschriften nicht in Einklang stehen. Die Strafprozeßordnung ist dazu geschaffen worden, dem einzelnen auch dann, wenn er einer Straftat beschuldigt oder wegen einer solchen angeklagt wird, Rechte zu gewähren und ihn vor einer willkürlichen Strafverfolgung zu schützen. Eine rein pragmatische Sichtweise der Ermittlungsbehörden, die lediglich darauf abstellt, ob das jeweilige Mittel geeignet ist, den Zweck der Strafverfolgung zu fördern, steht im krassen Widerspruch zu rechtsstaatlichen Grundsätzen unserer Verfassung. Wenn der Arbeit der Steuerfahndung von vielen Seiten ein breites Mißtrauen entgegengebracht wird, mag dies vor allem an diesem Aspekt liegen. Im Bereich der Steuerfahndung kommt – im Gegensatz zur »normalen« Strafverfolgung – hinzu, daß Finanzverwaltung und Strafverfolgungsbehörde letztlich in einer Dienststelle verbunden sind. Dadurch wird der Bürger der staatlichen Obrigkeit »in erhöhter Konzentration« ausgeliefert.

DIE RECHTSSCHUTZMÖGLICHKEITEN

Die Rechtsbehelfsmöglichkeiten des Betroffenen bei Vorliegen einer richterlichen Durchsuchungsanordnung

Dr. S. wendet sich in seiner Verzweiflung an den Rechtsanwalt E., der nach gerade bestandenem Examen seine eigene Anwaltskanzlei im Heimatort von Herrn Dr. S. aufgemacht hat und dringend auf Mandanten angewiesen ist. Auch Rechtsanwalt E. erkennt die zweifelhaften Erfolgsaussichten eines Rechtsbehelfs, entschließt sich aber auf Grund des vehementen Drängens von Herrn

Dr. S. und der Hoffnung, einen langjährigen Mandanten gefunden zu haben, Beschwerde im Namen des Herrn Dr. S. gegen die Durchsuchung und die Beschlagnahme beim zuständigen Landgericht einzureichen. Rechtsanwalt E. begründet die Beschwerde zum einen mit der fehlenden Belehrung durch die Beamten der Steuerfahndung zum anderen damit, daß die durchgeführten Maßnahmen im Verhältnis zu dem Umfang des vorliegenden Tatverdachtes unverhältnismäßig gewesen seien. Die Unverhältnismäßigkeit stützt er in erster Linie auf die Intensität, mit der die Beamten der Steuerfahndung bei der Durchsuchung und der anschließenden Beschlagnahme vorgegangen waren. Das gilt insbesondere für die Durchsuchung der Privathäuser von Herrn Dr. S. und seiner Familie. Im Wohnhaus war zur Zeit der Durchsuchung lediglich die Frau von Herrn Dr. S. anwesend, die von den Beamten der Steuerfahndung rabiat zur Seite geschoben wurde und die Durchsuchung der letzten Winkel des Hauses über sich ergehen lassen mußte. Die Ermittlungsbeamten scheuten sich nicht, auch Gegenstände zu durchsuchen, die dem unmittelbaren Intimbereich von Frau S. zuzuordnen sind. So untersuchten sie im gemeinsamen Wäscheschrank der Eheleute im Schlafzimmer jedes einzelne Wäschestück genauestens und hinterließen dort ein Bild der Verwüstung. Selbst Tagebuchaufzeichnungen, die Frau S. seit der Geburt der gemeinsamen Kinder angefertigt hatte, wurden einer Leseprobe seitens der Fahndung unterzogen, wenn auch nicht beschlagnahmt.

Knapp zwei Wochen später teilte das Landgericht Herrn Dr. S. indes mit, daß seine Beschwerde gegen den Durchsuchungsbeschluß und die Beschlagnahme teilweise als unzulässig, teilweise als unbegründet verworfen wurde. Soweit sich die Beschwerde auf die Hausdurchsuchung bezog, befaßte sich das Beschwerdegericht inhaltlich nicht mit der Frage der Rechtmäßigkeit dieser Maßnahme. Vielmehr wurde die Beschwerde als unzulässig verworfen, da sich die Maßnahme, nämlich die Durchsuchung, erledigt habe und insofern die Betroffenen auch nicht mehr in ihren Rechten verletzt würden. Die diskriminierende Wirkung, die diese Durchsuchung für die Betroffenen gehabt habe und der damit verbundene Eingriff in die Intimsphäre, seien gerichtlich nicht mehr nachprüfbar. Die Beschwerde gegen die Beschlagnahme der schriftlichen Unterlagen, der Disketten und der Safeschlüssel hielt das Beschwerdegericht zwar für zulässig, aber inhaltlich für nicht begründet. Das Beschwerdegericht begründete seine Entscheidung mit der Intensität des Anfangsverdachts, der die Beschlagnahme der potentiellen Beweisgegenstände als angemessen erscheinen ließ. Hinter dieser Begründung verbirgt sich die generelle Sichtweise der Rechtsprechung, an die Durchsuchung und Beschlagnahme als Mittel der Strafverfolgung nur relativ geringe Angemessenheitserfordernisse zu stellen. Dieser Beschluß des Beschwerdegerichts ist nicht mehr aus der Welt zu schaffen, da die Strafprozeßordnung keine weiteren Rechtsmittel gegenüber der ablehnenden Entscheidung des Beschwerdegerichts vorsieht. Der einzige außerordentliche Rechtsbehelf, der Herrn Dr. S. noch bleibt, ist die Verfassungsbeschwerde beim Bundesverfassungsgericht. Das Bundesverfassungsgericht zeigte sich dann auch einsichtiger. Daß diese unhaltbare Situation nicht durch den Gesetzgeber, sondern durch eine Entscheidung des Bundesverfassungsgerichts vom 30.04.1997 verbessert wurde, verwundert in Anbetracht der heutigen politischen Situation nicht. Das höchste deutsche Gericht hat nämlich entschieden, daß eine Beschwerde gegen eine richterliche Durchsuchungsanordnung nicht allein deswegen als unzulässig verworfen werden darf, weil sie vollzogen worden ist und die Maßnahme sich deshalb erledigt hat. Vielmehr hat – so das Bundesverfassungsgericht – das angerufene Gericht zu prüfen, ob ein Rechtsschutzinteresse insbesondere wegen Vorliegen tiefgreifender Grundrechtseingriffe gegeben ist. Effektiver Grundrechtsschutz gebiete in diesen Fällen, daß der Betroffene Gelegenheit erhalte, die Berechtigung des schwerwiegenden – auch tatsächlich nicht mehr fortwirkenden – Grundrechtseingriffs gerichtlich klären zu lassen.

Rechtsschutzmöglichkeiten bei Fehlen einer richterlichen Anordnung

Nunmehr entschloß sich Herr Dr. S., seine Tochter Anja zu besuchen, die ebenfalls die unliebsame Bekanntschaft mit der Steuerfahndung gemacht hatte. Das Gespräch mit der Tochter über ihre Erfahrungen mit der Fahndung konnte Herrn Dr. S. in keinster Weise aufheitern. Im Gegenteil: Die Tochter sah sich als eigentliches Opfer der gesamten Aktion. Ahnungslos und in keinster Weise mit den finanziellen Angelegenheiten ihres Vaters vertraut, sah sie sich der vollkommen unerwarteten Durchsuchung ihrer Wohnung und ihrer persönlichen Gegenstände ausgesetzt. Die Fahnder gingen dabei mit besonderer Gründlichkeit und Intensität vor. Dieses Verhalten verursachte im Laufe der Durchsuchung einen unliebsamen Zwischenfall. Als sich einer der Fahndungsbeamten anschickte, die persönliche Post und das Tagebuch der Tochter von Herrn Dr. S. zu überprüfen, riß dem anwesenden Freund von Anja der

Geduldsfaden. Er sprang auf, schob den Fahnder beiseite und versuchte dadurch das Lesen der persönlichen Aufzeichnungen seiner Freundin zu verhindern. Diese Bemühungen blieben jedoch im Versuch stecken, da zwei andere Fahndungsbeamte den »Störer der Ermittlungstätigkeiten« sofort packten und sodann seine Festnahme erklärten. Die Festnahme dauerte bis zur Beendigung der Durchsuchung an.

Unmittelbar nach Beendigung der Durchsuchung suchte die Tochter von Herrn Dr. S. mit ihrem Freund einen Wirtschaftsstrafrechts-Spezialisten auf, in der festen Absicht, mit Rechtsbehelfen gegen die Durchsuchung und die zeitweilige Festnahme vorzugehen. Das Beratungsgespräch mit dem Wirtschaftsstrafrechtler brachte die beiden jedoch davon ab, ein förmliches Rechtsmittel gegen die Durchsuchung einzulegen. Da auch hier die erfolgte Maßnahme der Steuerfahndung eigentlich bereits erledigt war, so daß eine rechtliche Beschwerde, d.h. eine fortdauernde Verletzung der Rechte der Betroffenen, nicht mehr vorlag, konnte der Spezialist auf Basis der langjährigen ständigen Rechtsprechung keine andere Auskunft erteilen. Erst das genannte Urteil des Bundesverfassungsgerichts könnte hier eine andere Beurteilung rechtfertigen.

Die Durchsuchung der Wohnung der Tochter wurde jedoch im Gegensatz zu der Durchsuchung der Räumlichkeiten von Herrn Dr. S. nicht durch einen Richter, sondern durch die Steuerfahndung selbst angeordnet. Für diesen Fall gewährt auch die bisherige Rechtsprechung in Ausnahmefällen gegen bereits durchgeführte Durchsuchungen einen Rechtsbehelf, sofern eine konkrete Wiederholungsgefahr besteht oder der Eingriff gegen den Dritten derart schwerwiegend ist, daß ein Rehabilitationsinteresse bejaht werden muß. Das kommt jedoch nur in Einzelfällen in Betracht, weswegen der Rechtsschutz auch bei Anordnung der Durchsuchung durch die Steuerfahndung weitgehend eingeschränkt ist, sofern – wie regelmäßig der Fall – die Durchsuchung nicht mehr andauert, sondern bereits abgeschlossen ist.

An die Rechtmäßigkeit einer Durchsuchung bei anderen Personen als die des Verdächtigen stellt die Strafprozeßordnung höhere Anforderungen. Die Durchsuchung muß den Zweck haben, bestimmte Gegenstände zu beschlagnahmen. Dabei muß über den Grad einer bloßen Vermutung hinaus eine Tatsache vorliegen, aus der zu schließen ist, daß sich eine bestimmte gesuchte Sache in dem Raum, der durchsucht werden soll, befindet. Es muß die Annahme gerechtfertigt sein, daß die Durchsuchung zur Auffindung eines konkret beschriebenen Beweismittels führen wird. Allein die familiäre Bindung, die zwischen Vater und Tochter besteht, kann als eine Tatsache, aus der zu schließen ist, daß sich in den zu durchsuchenden Räumlichkeiten Beweismittel befinden, nicht herangezogen werden. Die Durchsuchung der Wohnung der Tochter verstößt demnach nur dann nicht gegen gesetzliche Vorschriften, wenn der Steuerfahndung weitere Anhaltspunkte dafür vorgelegen haben, daß in der Wohnung der Tochter bestimmte Beweismittel gefunden werden. Die Durchsuchung kann von der Steuerfahndung aber selbst angeordnet werden, sofern »Gefahr im Verzug« vorliegt. Davon ist auszugehen, wenn der Zweck der Durchsuchung gefährdet ist, falls der eigentlich für die Anordnung der Durchsuchung zuständige Richter eingeschaltet wird. Die Entscheidung darüber, ob Gefahr im Verzug gegeben ist, trifft der Beamte nach pflichtgemäßem Ermessen. Ein Irrtum über diese Tatsache hat nur dann Folgen, wenn der Beamte seine Zuständigkeit willkürlich angenommen hat. In diesem Fall können die Beweismittel, die infolge der Durchsuchung erlangt worden sind, in einem Steuerstrafverfahren nicht gegenüber dem Beschuldigten verwendet werden.

Der Fall des Dr. S. und seiner Tochter gibt Anlaß, zu der Möglichkeit seiner Festnahme etwas zu sagen: Die Fahndungsbeamten können Personen, die die Durchsuchung stören, vorübergehend festnehmen. Die Festnahme muß zwar wiederum den Verhältnismäßigkeitsgrundsatz beachten, also das äußerste Mittel darstellen. Doch müssen die Belange des Störers in aller Regel hinter die Belange der Strafrechtspflege zurücktreten. Ob der Freund der Tochter von Herrn Dr. S. die Durchsuchung tatsächlich ernstlich behindert hat, erscheint zumindest fraglich. Letztlich scheitert ein Rechtsmittel gegen die vorläufige Festnahme faktisch jedoch daran, daß diese Maßnahme erledigt, und insoweit der Betroffene nicht mehr in irgendwelchen Rechten beeinträchtigt ist.

Die Dienstaufsichtsbeschwerde

Der Wirtschaftsstrafrechtler sieht jedoch trotzdem eine Möglichkeit, den »Opfern« der Durchsuchungsaktion Genugtuung zu verschaffen. Er schlägt vor, eine Dienstaufsichtsbeschwerde bei der Dienstaufsichtsbehörde – der Oberfinanzdirektion – einzureichen. Die Dienstaufsichtsbeschwerde ist kein Rechtsmittel im klassischen Sinne. Vielmehr richtet sie sich unmittelbar an den Vorgesetzten desjenigen Beamten, dessen persönliches Verhalten vom Bürger beanstandet wird. In Juristenkreisen kursiert zwar eine Redewendung, die besagt, daß Dienstaufsichtsbeschwerden formlos, fristlos und folgenlos sind, doch darf die praktische Bedeutung und die Wirkung dieses Rechtsbehelfs nicht von vornherein negiert werden. Zwar werden Dienstaufsichtsbeschwerden von seiten der Aufsichtsbehörde dann nicht ernst genommen, wenn sich ein Steuerberater oder ein Rechtsanwalt dafür hergibt, die Vorgesetzten der Fahndungsbeamten mit Aufsichtsbeschwerden zu bombardieren, obwohl diese offensichtlich inhaltlich nicht gerechtfertigt sind. Doch stellt die Dienstaufsichtsbeschwerde einen für den Bürger geschaffenen »Rechtsbehelf« dar, der in tatsächlicher Hinsicht seine Wirkung häufig nicht verfehlt, wenn die Beamten durch ihre Verhaltensweisen den Betroffenen diskriminiert haben. Der Bürger kann mit diesem Rechtsbehelf nämlich seinen Zorn und seine Verärgerung über das Handeln der Fahnder unmittelbar gegenüber dessen Vorgesetzten zum Ausdruck bringen. Auf diese Weise kann sich der Betroffene zumindest teilweise rehabilitieren, mindestens aber eine gewisse Genugtuung für die ihn diskriminierenden Maßnahmen erlangen. Eine durch fehlerhafte Verhaltensweise der Beamten veranlaßte Beschwerde wird von der Dienstaufsichtsbehörde grundsätzlich auch ernst genommen, da gerade die Dienstaufsichtsbehörde ein Interesse daran hat, das angekratzte Image, das die Steuerfahndung in weiten Teilen der Bevölkerung hat, zu verbessern. Eine Imageverbesserung kann durch innerdienstliche Weisungen der Aufsichtsbehörde an die einzelnen Fahnder mit dem Ziel, diese zu einem freundlicheren Auftreten und Verhalten am Fahndungsort zu animieren, erreicht werden.

Übernahme des Steuerstrafverfahrens durch die Staatsanwaltschaft und die weiteren Ermittlungen

Herr Dr. S. leidet – wie jeder Betroffene – unter der Ungewißheit über den Ausgang des Steuerstrafverfahrens und konsultiert deswegen zum wiederholten Mal seinen Steuerberater, um mit diesem eine erfolgversprechende Strategie zu entwickeln. Wenn es darum geht, die richtige Taktik für das Vorgehen in einem Steuerstrafverfahren zu finden, muß die Parallelität des Besteuerungs- und des Strafverfahrens berücksichtigt werden. Der Berater muß deswegen klären, wie sich eine etwaige Erledigung der steuerrechtlichen Ermittlungen auf die strafrechtlichen auswirkt und ob eine sich dort abzeichnende Entwicklung auf die steuerrechtliche durchschlägt und umgekehrt. So besteht beispielsweise die Gefahr, daß eine steuerrechtlich vielleicht gewünschte Erledigung strafrechtlich als Geständnis aufgefaßt wird. Daher ist abzuwägen, ob mit Rücksicht auf die Erledigung des Strafverfahrens steuerrechtlich doch der Rechtsstreit gesucht werden muß. Ein solcher Rechtsstreit verlängert das Verfahren jedoch erheblich; zwei bis über zehn Jahre sind ein möglicher Rahmen. Für den Betroffenen hat dies zur Folge, daß die psychische Belastung nicht weicht, sondern vielmehr zur Alltagsbelastung über einen langen Zeitraum wird.

Auch wenn Steuerpflichtige meinen, sie hätten sich nichts vorzuwerfen, drängen diese ihre Steuerberater oft dazu, eine Einigung mit der Steuerfahndung herbeizuführen, um möglichst schnell einen Schlußstrich unter die ganze Angelegenheit zu ziehen. So war es auch im Fall des Dr. S. Der Steuerberater versuchte deshalb in den darauffolgenden Tagen sowohl mit dem Finanzamt als auch mit der Steuerfahndung Gespräche über die Angelegenheit zu führen. Dieser Versuch wird durch ein Phänomen erheblich erschwert, welches in der Behördenstruktur wurzelt, in die die Steuerfahndung eingegliedert ist. Dem Steuerberater gelingt es nämlich häufig nicht, einen Beamten zu ermitteln, der sich für umfassend entscheidungsbefugt hält. Wendet sich der Steuerberater an einen angeblich entscheidungsbefugten Beamten des Finanzamts, so verweist dieser mangels Sachkompetenz an die Steuerfahndung. Ein Gespräch bei der Steuerfahndung dagegen ergibt, daß eigentlich das Finanzamt zuständig ist. Dadurch entsteht ein Hase und Igel-Spiel, allerdings mit umgekehrten Regeln. Der »richtige« Beamte ist nie dort, wo man erscheint, sondern immer dort, wo man herkommt. Klarheit erhält man häufig erst, wenn die Angelegenheit an die Staatsanwaltschaft abgegeben wird. Spätestens jetzt stellt sich die Frage nach der optimalen personellen Zusammensetzung der Verteidigung des Unternehmers.

Die Kombination von Strafrechtler und Steuerberater bzw. Wirtschaftsprüfer wird herkömmlich als die beste Möglichkeit der Verteidigung in Steuerstrafsachen angesehen. Dem ist unter der Prämisse, daß die beiden Berater gut zusammenarbeiten, insbesondere sämtliche Informationen weitergeben, uneingeschränkt zuzustimmen. Der Steuerberater bzw. Wirtschaftsprüfer ist in der Regel mit den strafprozessualen Problemen nicht so vertraut. Auf der anderen Seite ist es für den Strafrechtler häufig schwierig, die steuerrechtlichen Probleme bis in die letzten Verästelungen zu analysieren. Es empfiehlt sich deshalb bereits frühzeitig, d.h. nicht erst dann, wenn es zu einer Hauptverhandlung vor dem Strafrichter kommt, das Gespann Strafverteidiger/Steuerberater bzw. Wirtschaftsprüfer einzuschalten, um auf diese Weise bereits im Ermittlungsstadium eine bestmögliche Verteidigung für den Beschuldigten zu ermöglichen. Erfahrungsgemäß bestehen nämlich gerade im Ermittlungsverfahren, d.h. bevor die Staatsanwaltschaft Anklage zum Strafrichter erhebt oder bei diesem einen Strafbefehl beantragt, die besten Möglichkeiten mit einer effektiven Verteidigung die Rechte des Beschuldigten zu wahren und mit einer gütlichen Einigung die Sache »aus der Welt zu schaffen«.

Der Steuerberater und der Strafrechtler, Prof. D., kommen deswegen überein, daß letzterer sich umgehend mit dem zuständigen Staatsanwalt in Verbindung setzen muß, um zunächst zu erfahren, welche konkreten Verdachtsmomente gegenüber Herrn Dr. S. vorliegen. In einem Gespräch mit dem Staatsanwalt erfährt dieser dann, daß die Staatsanwaltschaft wegen des Verdachts des Subventionsbetrugs und der Steuerhinterziehung gegenüber Herrn Dr. S. ermittelt. Die Vorwürfe des Subventionsbetrugs beruhen dabei auf folgendem Sachverhalt:

Herr Dr. S. hatte unmittelbar nach der politischen Wende in Ostdeutschland die Zeichen der Zeit erkannt und in der Kleinstadt Zittau einen Betrieb eröffnet, in dem ebenfalls Fleisch- und Wurstwaren hergestellt werden. Dieser Betrieb übernahm die Versorgung des ostdeutschen Marktes mit den Produkten des Unternehmens von Herrn Dr. S. Die Errichtung dieses Betriebes im Osten erfolgte, da nach den Vorschriften des Investitionszulagengesetzes die Anschaffung von Wirtschaftsgütern zur Herstellung von Fleisch- und Wurstwaren subventioniert wird, falls diese Anschaffung auf dem Gebiet der neuen Bundesländer getätigt wird. Beim für Zittau zuständigen Finanzamt war nunmehr eine anonyme Anzeige eingegangen, in der Herr Dr. S. beschuldigt wurde, er habe die subventionierten Maschinen gar nicht für seinen Betrieb in Zittau erworben, sondern diese vielmehr für den Ausbau seines Stammbetriebes im Badischen verwendet, um sich auf diese Weise die Subventionen zu erschleichen. Die in dieser Anzeige erhobenen Vorwürfe waren derart konkret dargelegt, daß sich die Staatsanwaltschaft veranlaßt sah, den gegen Herrn Dr. S. erhobenen Vorwürfen nachzugehen. Herr Prof. D. ist nun besser in der Lage, die Maßnahmen der Steuerfahnder zu verstehen, da er weiß, daß die Vorschriften des Investitionszulagengesetzes für die Verfolgung eines sogenannten Subventionsbetruges u.a. auch die Steuerfahndung dazu ermächtigen, Ermittlungstätigkeiten durchzuführen.

Die Ermittlungen wegen Steuerhinterziehung beruhen auf dem Verdacht der Hinterziehung von Lohnsteuer. Der Staatsanwaltschaft lagen Angaben vor, aus denen hervorgeht, daß Herr Dr. S. Schwarzarbeiter beschäftigt und auf diese

Weise die eigentlich erforderliche Lohnsteueranmeldung und Abrechnung der Lohnsteuer umgangen hat. Der Staatsanwalt will jedoch nicht sagen, welche Anhaltspunkte die Staatsanwaltschaft von dieser Vermutung ausgehen lassen. Nachdem Prof. D. weiter bohrt, gibt der Staatsanwalt zu, daß weitere Verdachtsmomente gegenüber Herrn Dr. S. bestehen. Diese Verdachtsmomente beziehen sich auf Schwarzdepots, die der Beschuldigte in der Schweiz unterhalten soll. Die Staatsanwaltschaft schöpft ihren Tatverdacht aus den bei der Durchsuchung beschlagnahmten Safeschlüsseln und aus den Einlassungen, die der Beschuldigte nach der Durchsuchung gegenüber den Beamten der Steuerfahndung machte. Anläßlich des »gemütlichen Beisammenseins« mit den Beamten der Steuerfahndung im unmittelbaren Anschluß an die Durchsuchung erwähnte Herr Dr. S., daß die Beträge, die in der Schweiz lägen, nicht besonders hoch seien. Diese Einlassung nimmt die Staatsanwaltschaft zum Anlaß, Schwarzgelder bei Herrn Dr. S. zu vermuten. Vollkommen zu Recht wehrt sich Herr Prof. D. gegen die Verwertung dieser Einlassung zu Ungunsten des Beschuldigten.

Es ist ein in der Rechtsprechung allgemein anerkannter Grundsatz, daß Geständnisse eines Beschuldigten dann nicht gegen ihn verwertet werden können, wenn vor der Vernehmung keine Belehrung über die Rechte des Beschuldigten durch die Vernehmungsperson erfolgt. Damit soll sichergestellt werden, daß das Recht des Beschuldigten, seine Aussage zu verweigern und einen Verteidiger zu konsultieren auch genutzt werden kann. Herr Prof. D. widerspricht der Verwertung der Einlassungen von Herrn Dr. S. zu seinen Ungunsten vehement. Der Staatsanwalt akzeptiert dies, beruft sich aber seinerseits auf die Rechtsprechung. Danach ist es zwar nicht erlaubt, eine Einlassung des Beschuldigten zu verwerten, die ohne vorherige Belehrung erfolgt, doch sind die Ermittlungsbehörden nicht gehindert, auf Grund dieses Geständnisses bzw. dieser Einlassung weitere Ermittlungen anzustellen. Es besteht demnach kein sogenanntes Fernwirkungsverbot. Herr Prof. D. und der Staatsanwalt kommen demnach überein, zunächst die weiteren Ermittlungen wegen des Verdachts der Steuerhinterziehung durch Anlegen von »schwarzen Geldern« in der Schweiz abzuwarten. Die Staatsanwaltschaft sichert weiter zu, auch hinsichtlich der anderen Verdachtsmomente (Subventionsbetrug und Lohnsteuerhinterziehung) nach Durchführung weiterer Ermittlungen ein umfassendes Gespräch mit Herrn Prof. D. zu führen. In den folgenden Tagen bemüht sich die Staatsanwaltschaft mit Hilfe der beschlagnahmten Safeschlüssel weitere Verdachtsmomente gegenüber Herrn Dr. S. zu finden, die den bereits bestehenden Tatverdacht bestärken. Zu diesem Zweck erwirkt die Staatsanwaltschaft zunächst einen Durchsuchungsbeschluß beim zuständigen Amtsgericht zur Durchsuchung der L.-Bank, der Hausbank von Herrn Dr. S. Im Rahmen dieser Durchsuchung findet die Staatsanwaltschaft in dem Schließfach, das Herr Dr. S. bei seiner Hausbank unterhält, den Familienschmuck. In den Unterlagen des für Herrn Dr. S. zuständigen Sachbearbeiters der L.-Bank spürt die Staatsanwaltschaft einen kleinen Zettel mit einer Telefon-Nummer einer Schweizer Bank auf. Motiviert durch diesen Durchsuchungserfolg ordnet der Staatsanwalt weitere Ermittlungstätigkeiten an, um den Schwarzgeldern auf die Spur zu kommen. Gleichzeitig läßt er den Familienschmuck von einem Sachverständigen schätzen, damit die Höhe der zu entrichtenden Vermögenssteuer berechnet werden kann.

Als Herr Dr. S. von dem betroffenen Sachbearbeiter der Bank über die Durchsuchung unterrichtet wird, erleidet er einen neuen Stimmungstiefpunkt. Eine Durchsuchung bei seiner Bank hatte er für ausgeschlossen gehalten, da doch – wie jeder weiß – in Deutschland ein sogenanntes Bankgeheimnis besteht. In einem Gespräch mit dem befreundeten Bankdirektor der L-Bank muß er zu seinem Schrecken jedoch erfahren, daß faktisch ein solches nicht existiert.

Diese Einschätzung ist richtig: Der Beschuldigte muß davon ausgehen, daß ihn bei den Ermittlungen kein Bankgeheimnis schützt und die Bankkunden in Deutschland den Fahndungsmaßnahmen beinahe willkürlich ausgeliefert sind. Daran ändert auch die 1988 in die Abgabenordnung eingeführte Vorschrift, die die aus der Sicht der Bankkunden optimistisch stimmende Überschrift »Schutz von Bankkunden« trägt (§ 30 a AO), nichts. Diese Vorschrift, die der Finanzverwaltung bei ihrer Ermittlungstätigkeit Grenzen aufzuerlegen scheint, beinhaltet in der Praxis für das Ermittlungsverfahren jedoch eine Leerformel. Die gesetzliche Fixierung des Bankgeheimnisses ist demnach praktisch für die Steuerfahndung ohne Relevanz. Sie ist vielmehr als eine Maßnahme zu verstehen, die darauf angelegt ist, die infolge der Einführung der Quellensteuer auf Zinserträge aufgeschreckte Anleger zu beruhigen. Diese Einschätzung hat der Bundesfinanzhof, das höchste deutsche Steuergericht, in einem Urteil vom 18. Februar 1997 mittlerweile bestätigt. Danach hindert § 30 a AO nicht die Fertigung und Auswertung von Kontrollmitteilungen anläßlich der Außenprüfung bei Kreditinstituten, wenn hierfür ein »hinreichend begründeter Anlaß« besteht. Geht die Finanzverwaltung also davon aus, daß aufgrund »konkreter Momente oder aufgrund allgemeiner Erfahrung« Auskünfte zur Aufdeckung steuererheblicher Tatsachen führen können, dann dürfen sie nach Auffassung des Bundesfinanzhofes auch Kontrollmitteilungen schreiben. Damit ist der

Schutz von Bankkunden und die Regelung des § 30 a AO endgültig als nutzlos enttarnt.

Im Laufe der letzten Jahre hat die Steuerfahndung die Banken und ihre Kunden in Deutschland systematisch mit teilweise spektakulären Durchsuchungsaktionen verunsichert. Sogar Auslandskonten von Anlegern bei Töchtern deutscher Großbanken – beispielsweise in Luxemburg – sind von den Fängen der Steuerfahndung nicht verschont geblieben. Von seiten der Steuerfahndung wird es schon als per se verdächtig empfunden, wenn Geld in bestimmten Ländern (Luxemburg, Schweiz, usw.) angelegt wird. Mißtrauen erregt beinahe jeder, der Geld im Ausland anlegt. Allein aus der Tatsache einer Geldanlage im Ausland und der Einführung der Zinsabschlagsteuer wird ein sogenannter »Systemverdacht« konstruiert. Der Verdacht trifft dabei nicht nur den Kunden, sondern auch die Bankangestellten bis in die Vorstandsetagen hinein. Diese leidvolle Erfahrung hat in erster Linie die Dresdner Bank machen müssen, die als erste von der Fahndungswut der Ermittler getroffen wurde und sich vergeblich mit einer Verfassungsbeschwerde vor dem Bundesverfassungsgericht zu verteidigen versuchte. Seit dieser aufsehenerregenden Durchsuchung gibt es für die Ermittler kein Halten mehr. Provokativ formuliert muß für den Anleger die entscheidende Frage nicht die nach der höchsten Rendite, sondern die nach der größten Unwahrscheinlichkeit einer Durchsuchung sein. Mit Durchsuchungen rechnen muß jedoch jedes Kreditinstitut. So werden dann auch in allen Bankinstituten die Angestellten intern geschult, wie sie sich den Fahndern gegenüber zu verhalten haben, insbesondere was sie besser freiwillig sagen und herausgeben, um weiteres Durchsuchen mit gefürchteten »Zufallsfunden« zu verhindern.

Mit einem weiteren Vorurteil möchte ich aufräumen, nämlich der angeblichen Sicherheit des Schweizer Bankgeheimnisses. Zwar wird allgemein angenommen, das Bankgeheimnis sei gerade in der Schweiz besonders stark ausgeprägt. Doch hat diese Ansicht zumindest für ausländische Kapitalanleger in der Schweiz mittlerweile keine Gültigkeit mehr. Wie die meisten Industriestaaten leistet auch die Schweiz inzwischen Rechts- und Amtshilfe für deutsche Behörden. Bis in das Jahr 1982 weigerte sich die Schweiz jedoch ausländische Ermittlungsbehörden zu unterstützen, wenn nicht zu Gunsten des Betroffenen ermittelt werden sollte. Inzwischen hat sich die Schweiz dem Druck der Staatengemeinschaft gebeugt und leistet ausländischen Ermittlungsbehörden Rechtshilfe, sofern wegen eines Deliktes ermittelt wird, das nach Schweizer Recht einen »Abgabenbetrug« darstellt. Das hat die aufsehenerregende

Durchsuchung im Zusammenhang mit dem Filmhändler Leo Kirch jüngst nur zu nachdrücklich bestätigt. Ein solcher Abgabenbetrug liegt vor, wenn die Steuerhinterziehung im Zusammenhang mit gefälschten, verfälschten oder auch nur inhaltlich unwahren Urkunden, wie beispielsweise manipulierten Geschäftsbüchern, Inventaren, Bilanzen, Erfolgsrechnungen, Lohnausweisungen, Quittungen oder anderen Bescheinigungen begangen worden ist. Eine Rechtshilfe und damit letztlich auch die Möglichkeit der Steuerfahndung, in der Schweiz zumindest indirekt zu ermitteln, kann bei Personen, die wie Kaufleute der Buchführungspflicht unterliegen, somit grundsätzlich immer in Betracht kommen.

Diese neuerliche Hiobsbotschaft versetzt Herrn Dr. S. in großen Schrecken. Seine verzweifelten Gedanken kreisen um die nicht unerheblichen Beträge, die auf einem »Schwarzdepot« bei einer Bank in der Schweiz liegen. Ungefähr zur gleichen Zeit bemüht sich die Staatsanwaltschaft denn auch vehement darum, die Schweizer Ermittlungsbehörden zu einer Durchsuchung bei der besagten Bank zu veranlassen. Dazu stellt die Staatsanwaltschaft den Schweizer Ermittlungsbehörden den von ihr bei Herrn Dr. S. beschlagnahmten Safeschlüssel zur Verfügung. Trotz des eindringlichen Einwirkens auf die Schweizer Ermittlungskollegen wird der Staatsanwaltschaft die Rechtshilfe versagt. Dies wird damit begründet, daß im vorliegenden Fall lediglich der Verdacht einer einfachen Steuerhinterziehung, nicht aber der eines Abgabenbetrugs besteht, da – sofern man die Richtigkeit des Tatverdachts unterstellt – lediglich Kapitaleinkünfte in der Steuererklärung verschwiegen, nicht aber die Steuerbehörden mit betrügerischen Mitteln getäuscht werden. In diesem Fall ist somit aus der Sicht der Schweizer Ermittlungsbehörden das Bankgeheimnis deutlich höher einzustufen als das ausländische Strafverfolgungsinteresse.

Wie endete die Geschichte?

Herr Dr. S. ahnt noch nichts von seinem unverhofften »Glück«. Die folgenden Tage werden für ihn zu einer nervenzerreißenden Belastungsprobe. Der psychische Druck, der von dem schwebenden Steuerstrafverfahren ausgeht, erfaßt dabei die gesamte Familie. Die Nachricht von der angeblichen Steuerhinterziehung macht in einer kleinen Stadt schnell die Runde und bleibt so gut wie niemandem verborgen. Zur Verbreitung der Probleme, die Herr Dr. S. mit dem Fiskus hat, trägt ganz wesentlich die in der lokalen Zeitung auf Bestätigung der

Pressestelle der Staatsanwaltschaft verlautete Meldung bei, in der die Eröffnung des Ermittlungsverfahren wegen des Verdachtes des Subventionsbetruges und der Steuerhinterziehung gegen Herrn Dr. S. bekanntgegeben wird. Zur Erteilung dieser Auskunft war die Staatsanwaltschaft trotz des Steuergeheimnisses nach dem Landespressegesetz verpflichtet. Herr Dr. S., der mittlerweile resignierend zur Kenntnis genommen hat, daß den Maßnahmen der Steuerfahndung und der Staatsanwaltschaft nur schwer beizukommen ist, verzichtet deswegen auf ein rechtliches Vorgehen gegen die Auskunftserteilung der Staatsanwaltschaft.

In den folgenden Tagen spitzt sich die Lage dramatisch zu. Zum einen läßt die Staatsanwaltschaft Herrn Dr. S. bewußt im Unklaren über den Stand der Ermittlungen. Der als Verteidiger fungierende Prof. D. versucht daraufhin, über die Einsicht in die Akten bei der Staatsanwaltschaft Kenntnis über den Ermittlungsstand zu erlangen. Dieses Ansinnen wird jedoch zurückgewiesen, da die Staatsanwaltschaft darin eine Gefährdung der Ermittlungen sieht. Zum anderen werden die Kinder und die Ehefrau von Herrn Dr. S. zur Zielscheibe verbaler Attacken. Diese betreffen zunächst den Sohn, der von seinen Schulkameraden ständig aufgezogen und lächerlich gemacht wird. Selbst einige Lehrer schrecken nicht vor Anspielungen, die einer Vorverurteilung gleichkommen, über die infolge der Zeitungsmitteilung publik gewordenen Vorfälle zurück. Die ständigen verbalen Attacken erwecken bei dem Sohn von Herrn Dr. S. Angstzustände, so daß es nur schwer möglich ist, den Sohn weiterhin zu einem geregelten Schulbesuch zu animieren. Auch die Ehefrau von Herrn Dr. S. stößt bei ihren täglichen Besorgungen auf ähnliche Reaktionen. In vielen Geschäften wird ihr mit großem Mißtrauen begegnet. Geschäftsinhaber, die Wochen zuvor noch äußerst freundlich gewesen sind, geben sich plötzlich betont reserviert. Selbst angebliche Freunde distanzieren sich von Familie S. und schieben phantasievolle Ausreden vor, um die sonst üblichen gemeinsamen Freizeitgestaltungen zu vermeiden.

Die Steueraffäre entfaltet ihre Wirkungen jedoch nicht ausschließlich im Privatbereich. Herr Dr. S. muß vielmehr feststellen, daß die Probleme mit dem Finanzamt auch Auswirkungen auf seine Geschäftsbelange haben. So platzen zwei schon sicher geglaubte Vertragsabschlüsse, weil die Vertragspartner von Herrn Dr. S. offensichtlich mißtrauisch geworden sind und allem Anschein nach keine Geschäfte mit einem – scheinbar – Kriminellen machen wollen. Dadurch entstehen bei Herrn Dr. S. erhebliche wirtschaftliche Einbußen, da er diese Verträge fest eingeplant hatte und so schnell kein Ersatz durch anderweitige Vertragsabschlüsse schaffen kann.

Endgültig frustriert von den Begleiterscheinungen, die das gegen ihn geführte Ermittlungsverfahren nach sich zieht, verabredet sich Herr Dr. S. mit seinen beiden besten Freunden in einem Restaurant. Bei einem gemütlichen Abendessen redet er sich seine Ängste und Sorgen vom Herzen und kann sich so ein bißchen Erleichterung verschaffen. Die drei Freunde reden über die Steuermoral und kommen zu dem Ergebnis, daß es keiner besonders hohen kriminellen Energie bedarf, um zum Steuerhinterzieher zu werden.

Hier noch eine Zwischenbemerkung: Die Steuerhinterziehung ist in der Tat ein Delikt mit geringem Unrechtsbewußtsein. Das gilt insbesondere für die Steuerhinterziehung, die dadurch bewirkt wird, daß Schwarzgelder im Ausland angelegt werden, um dadurch der Zinsabschlagsteuer zu entgehen. Sicher, Steuerhinterziehung ist auch in dieser Begehungsform kein Kavaliersdelikt. Vielmehr führt die große Anzahl der jährlich auf diese Weise begangenen Steuerhinterziehungen zu einem beträchtlichen Schaden für die Volkswirtschaft. Trotzdem, gerade die Zinsabschlagsteuer wird von vielen als ungerecht empfunden. Letztlich wird der Sparer vom Staat für seine Disziplin bestraft. Die Zinserträge, die aus dem mühsam angesparten Kapital entstehen, werden durch die Zinsabschlagsteuer empfindlich beschnitten. Das ist sehr schwer zu verstehen, zumal das eingesetzte Eigenkapital meist bereits schon einmal als Einkommen hohen Steuerbelastungen ausgesetzt war. Diese von vielen empfundene Ungerechtigkeit läßt die Hemmschwelle für eine Steuerhinterziehung erheblich sinken und führt dazu, daß es keiner besonderen kriminellen Energie bedarf, Zinseinkünfte nicht in der vorgeschriebenen Weise der Besteuerung zuzuführen. Ein Abfließen von großen Kapitalmengen ins Ausland kann letztlich nur verhindert werden, wenn diese Ungerechtigkeit beseitigt und die Steuerlast für den Bürger auf ein erträgliches Maß zurückgeschraubt wird. Diesen Bewußtseinszustand mag man kritisieren, da der kriminelle Charakter einer Steuerhinterziehung in der Schädigung des Gemeinwohls liegt. An der Tatsache des geringen Unrechtsbewußtseins ändert dies freilich nichts. Der Staat und seine Organe leisten keinen Beitrag dazu, die Steuermoral auf ein höheres Niveau anzuheben. In erster Linie trägt die Verschwendung öffentlicher Gelder dazu bei, daß die Bürger die Pflicht, Steuern zu zahlen, nicht als sittliches Gebot ansehen. Aus der Sicht vieler Bürger kann der Staat nur dann von den Bürgern Steuermoral fordern, wenn er selbst Ausgabenmoral beweist. Nun aber zurück zum Ende der Geschichte:

Nur wenige Tage später kommt es zu einer überraschenden Wendung in dem Verfahren. Die Staatsanwaltschaft teilt Herrn Prof. D. mit, daß die Ermittlungen den Verdacht einer Straftat nur teilweise bestätigt haben. Der auf der anonymen Anzeige beruhende Tatverdacht des Subventionsbetrugs hat sich nicht bestätigt, da Herr Dr. S. die subventionierten Maschinen tatsächlich in seinem Betrieb im ostdeutschen Zittau eingesetzt hat. Die Staatsanwaltschaft geht davon aus, daß die Anzeige von einem mißmutigen Konkurrenten stammt, der sich auf diese Weise Wettbewerbsvorteile verschaffen wollte. Auch der Tatverdacht bezüglich der Nichtanmeldung und Nichtabgabe von Lohnsteuerbeträgen wird von der Staatsanwaltschaft fallengelassen. Dieser Tatverdacht beruhte auf einer Zeugenaussage eines ehemaligen Angestellten von Herrn Dr. S., der den Vorwurf erhoben hatte, er habe einen erheblichen Teil seiner Arbeitsleistung im Wege der Schwarzarbeit erbracht. Bei der Vernehmung anderer Angestellter von Herrn Dr. S. stellte die Staatsanwaltschaft fest, daß der besagte Arbeitnehmer auf Grund seiner häufigen unentschuldigten Abwesenheit vom Arbeitsplatz von Herrn Dr. S. wirksam gekündigt worden war. Die Staatsanwaltschaft geht deswegen nunmehr davon aus, daß es sich bei der Anzeige um einen Racheakt handelte, zumal die anderen Angestellten von Herrn Dr. S. den Vorwurf der Schwarzarbeit entkräftet haben.

Eine Steuerhinterziehung kann Herrn Dr. S. somit lediglich hinsichtlich des Familienschmucks angelastet werden, den die Steuerfahndung im Schließfach seiner Hausbank gefunden hat. Der Staatsanwalt erwägt deswegen, gegen Herrn Dr. S. einen Strafbefehl wegen Steuerhinterziehung zu erlassen. Der Beharrlichkeit und dem Verhandlungsgeschick von Herrn Prof. D. hat es Herr Dr. S. schließlich zu verdanken, daß die Staatsanwaltschaft bereit ist, das Verfahren gegen Zahlung einer Geldbuße in Höhe von 20.000 DM einzustellen. Die Geldbuße hat Herr Dr. S. an die Staatskasse zu entrichten. Er hat selbstverständlich auch die für den Familienschmuck angefallene Vermögensteuer nachzuzahlen. Herr Dr. S. stimmt der Einstellung gegen Zahlung einer Geldbuße begeistert zu, da er darin die einzige Möglichkeit sieht, schnell und ohne größeres weiteres Aufsehen aus der ganzen Angelegenheit herauszukommen. Zu seinem großen Glück stimmt auch das für die Eröffnung des Hauptverfahrens zuständige Gericht der Einstellung mit der Begründung zu, daß das öffentliche Interesse an der Strafverfolgung durch die Zahlung der Geldbuße beseitigt werden kann.

Einige Tage nach der Einstellung des Ermittlungsverfahrens wird die zunächst bei Herrn Dr. S. vorhandene Freude und Erleichterung über das Ende der Ermittlungen von dem Ärger über die unverhältnismäßige Aktion der Steuerfahndung verdrängt. Die Steuerfahndung ist ganz offensichtlich davon ausgegangen, einen dicken Fisch an der Angel zu haben. Anders ist die Intensität und die Schärfe, mit der die Fahndungsbeamten von Beginn der Ermittlungstätigkeiten an vorgegangen sind, nicht zu erklären. Die spärlichen Hinweise, die den Ermittlern zur Verfügung standen, hatten sie an einen Anfangsverdacht glauben lassen. Tatsächlich entpuppte sich der Verdacht des Subventionsbetrugs als ein Strohfeuer. Auch die Steuerhinterziehung lag nicht in der von den Fahndern angenommenen sozialschädlichen Art und Weise vor, da Herr Dr. S. keineswegs Schwarzarbeiter beschäftigt hatte. Vielmehr ergaben sich im Rahmen der Ermittlungen eher zufällig hinreichende Verdachtsmomente für eine Steuerhinterziehung, deren Begehung im Gegensatz zu dem ursprünglich angenommenen Tatverdacht von einer vergleichsweise geringen kriminellen Energie begleitet wird.

Herr Dr. S. ist insofern ein Opfer eines von der Steuerfahndung fälschlich angenommenen Anfangsverdachts geworden. Ihn hat damit ein Schicksal ereilt, das kein Einzelschicksal darstellt und seine Wurzeln in den geringen Anforderungen hat, die an das Vorliegen eines Anfangsverdachts zu stellen sind. Zwar rechtfertigen es bloße Vermutungen nicht, jemandem eine Tat zur Last zu legen. Es genügen für die Aufnahme der Ermittlungen aber schon entfernte Verdachtsgründe, die es nach kriminalistischer Erfahrung als lediglich möglich erscheinen lassen, daß eine verfolgbare Straftat tatsächlich vorliegt. Diese niedrigen Anforderungen, die hinlänglich an den Anfangsverdacht gestellt werden, können sich für den Betroffenen ganz verheerend auswirken. Auf Herrn Dr. S. und seine Familie trifft diese Aussage ganz besonders zu. Die wirtschaftlichen Einbußen, die Herr Dr. S. infolge der Ermittlungstätigkeiten der Steuerfahndung erlitten hat, stellen die am deutlichsten sichtbare Konsequenz der Fehleinschätzung der Beamten der Steuerfahndung dar. Potentielle Vertragspartner hatten sich durch die Veröffentlichung des gegen Herrn Dr. S. eingeleiteten Ermittlungsverfahrens davon abhalten lassen, Geschäfte mit dem scheinbar überführten Steuerstraftäter abzuschließen.

Das Bemühen von Herrn Dr. S., gestützt auf die Tatbestände des Staatshaftungsrechts Schadensersatz für diese wirtschaftlichen Schäden vom Land zu erlangen, wird von Herrn Dr. S. alsbald aufgegeben. Zwar kann die grund- und anlaßlose Einleitung eines Steuerfahndungsverfahrens zu einem Schadensersatzanspruch des Betroffenen führen, doch wird in den seltensten Fällen davon auszugehen sein, daß tatsächlich weder ein Grund noch ein Anlaß für die Ermittlungstätigkeiten bestand. Auch im Beispiel von Herrn Dr. S. waren auf Grund der anonymen Anzeige und der Zeugenaussage des ehemaligen Angestellten von Herrn Dr. S. gewisse Ansatzpunkte vorhanden, die angesichts der von der Rechtsprechung sehr niedrig angesiedelten Anforderungen die Annahme eines Anfangsverdachts und damit die Einleitung der Ermittlungstätigkeiten rechtfertigten. Herr Dr. S. verzichtet deshalb auf eine Schadensersatzklage, um nicht durch einen erfolglosen Prozeß noch weitere finanzielle Einbußen zu erleiden.

Diese wirtschaftlichen Folgen sind jedoch weit weniger gravierend als die Einflüsse, die das Ermittlungsverfahren auf den persönlichen Bereich ausübt. Die von der Steuerfahndung ausgelösten Ermittlungstätigkeiten haben Herrn Dr. S. und seine Familie starkem psychischen Druck ausgesetzt. Die Ungewißheit über den Ausgang des aus der Sicht der Betroffenen zum Großteil vollkommen unberechtigten Verfahrens hat die Lebensfreude erheblich getrübt. Schlimmer wiegt jedoch die Reaktion, die Herr Dr. S. von seiner Umgebung auf die in der Zeitung bekanntgegebene Einleitung des Ermittlungsverfahrens zu spüren bekommen hat. Diese Berichterstattung hat nämlich zu einer Vorverurteilung durch viele Mitmenschen geführt, und hat dadurch das Ansehen von Herrn Dr. S. unberechtigterweise beschädigt.

DIE PROBLEMATIK DER VORVERURTEILUNG

In der Tat wird die Eröffnung eines Ermittlungsverfahrens in der Öffentlichkeit regelmäßig als Vorverurteilung mißverstanden. Der von der Staatsanwaltschaft bekanntgegebene Verdacht wird zwar als ein Verdacht im Stadium des Anfangsverdachts dargestellt, doch gewinnt der rechtsunkundige Bürger erfahrungsgemäß bereits den Eindruck, die betreffende Person habe die Tat begangen. Der Beschuldigte wird von der Allgemeinheit sogleich als Steuerstraftäter abgestempelt und dadurch generell als Straftäter eingeordnet, der sogar manchmal in einem Atemzug mit Sexualstraftätern und Gewaltverbrechern genannt wird. Für die betroffene Person bedeutet die öffentliche Bekanntgabe des Ermittlungsverfahrens deswegen häufig eine ernste Gefahr für die Persönlichkeit. Dabei zeichnet sich in den letzten Jahren eine beängstigende Entwicklung ab. Von Seiten der Justiz scheint jegliches Augenmaß dahingeschwunden zu sein. Immer häufiger sind ganz unzweifelhaft integere Persönlichkeiten aus der Führungsriege der deutschen Wirtschaft, wie beispielsweise Kopper, Schrempp und Vogel von Ermittlungsverfahren betroffen. Im vergangenen Jahr schreckten die Fahndungsbeamten nicht davor zurück, gegen den Präsiden-

ten des Bundesverbandes der deutschen Industrie Hans-Olaf Henkel zu ermitteln. Diese Ermittlungen gegen einen der bekanntesten Repräsentanten der
deutschen Wirtschaft und der Haftbefehl gegen den Thyssen-Chef Vogel stellen einen vorläufigen, wenngleich traurigen Höhepunkt dieser Entwicklung
dar. Gerade die Veröffentlichung eines schnell erreichten Anfangsverdachts,
der sich auf eine Führungsperson der Wirtschaft bezieht, kann beim Normal-
bürger den fatalen Eindruck erwecken, die Schlüsselpositionen der deutschen
Wirtschaft seien vorwiegend von selbstsüchtigen Kriminellen besetzt. Der Schaden, der dadurch für die Wirtschaft entsteht, kann nicht beziffert werden, ist
aber ohne Zweifel sehr hoch.

Eine mögliche Ursache dieser Entwicklung kann in der Struktur unserer
Staatsanwaltschaften liegen. Der angehende Jurist wird im Laufe seiner strafrechtlichen Ausbildung vor allem dazu angehalten, jeden ihm vorgelegten Sachverhalt auf alle nur erdenklichen Straftatbestände zu prüfen. Diese Ausbildung
vermittelt dem lernbegierigen Studenten den Eindruck, erfolgreich könne nur
derjenige sein, der fündig wird. Hinzu kommt, daß im Steuerstrafrecht eine
große Rechtsunsicherheit herrscht. Besonders bei der Frage, welche Handlung
noch als konform mit den Steuergesetzen bezeichnet werden kann und wann
bereits die Gefahr einer Steuerhinterziehung besteht, ergibt sich eine Grauzone, die eine klare Einordnung von rechtmäßigem und rechtswidrigem Verhalten häufig unmöglich macht. Auch die spektakuläre Parteispendenaffäre, für
die sich der ehemalige Aufsichtsratsvorsitzende der Bosch-Gruppe Hans-Lutz
Merkle in den achtziger Jahren vor dem Landgericht Stuttgart verantworten
mußte, lieferte ein Beispiel für eine solche Grauzone. Merkle wurde zur Last
gelegt, er habe Spenden an Parteien über die »Gesellschaft zur Förderung der
Wirtschaft Baden-Württembergs« laufen lassen. Diese Organisation sei aber
nicht als steuerbegünstigter Berufsverband zu betrachten gewesen, sondern
als politischer Verein, weil sie nämlich mehr als 25 Prozent ihrer Einnahmen
an Parteien vergeben hätte. Merkle akzeptierte den gegen ihn erlassenen Strafbefehl nicht, sondern erzwang mit seinem Einspruch eine öffentliche Hauptverhandlung. In dieser konnte Merkle glaubhaft machen, daß über die sogenannte 25-Prozent-Klausel große Unsicherheit geherrscht hat. Ausgerechnet
der ehemalige Stuttgarter Oberbürgermeister Rommel, der früher als Staats-
sekretär im baden-württembergischen Finanzministerium agierte, hatte als Zeuge vor Gericht eingestanden, daß sich die Finanzbehörden über die Handhabung dieser Klausel nie deutlich äußern wollten, um die Spendenfreudigkeit
der Wirtschaft nicht zu beeinträchtigen. Andere Finanzbeamte hatten als Zeu-

gen in diesem Verfahren ausgesagt, sie hätten sich mit den Steuerfragen nicht beschäftigt, weil sie sich um wichtigeres hätten kümmern müssen. Selbst für führende Beamte im Finanzministerium seien die Steuergesetze zu kompliziert gewesen.

Trotz dieser Aussagen bestand die Staatsanwaltschaft auf ihrem Standpunkt. Merkle hätte demnach das Dickicht des Steuerrechts durchschauen müssen. Das Verfahren endete mit einem Schuldspruch, der zumindest moralisch einen Freispruch darstellte. Die Wirtschaftsstrafkammer verhängte gegen Merkle eine »Geldstrafe auf Bewährung«, und setzte damit ein Instrumentarium ein, von dem nur äußerst selten Gebrauch gemacht wird. Die Richter ließen dann auch keinen Zweifel daran aufkommen, daß erdrückende Beweise für die Mitschuld und die Mitwisserschaft der Regierung an den umstrittenen Spendenpraktiken zu Tage gekommen waren. Auch die Mitverantwortung der Finanzverwaltung, die über das Spendengebaren Bescheid wußte, jedoch vorsätzlich untätig geblieben war, wurde im Urteilsspruch herausgestellt. Interessant ist in diesem Zusammenhang, daß der Vorsitzende Richter der Wirtschaftsstrafkammer bereits vorzeitig den Vorschlag gemacht hatte, das Verfahren gegen Merkle einzustellen, da das eventuell vorliegende Verschulden gering sei. Dieser Vorschlag konnte jedoch nicht in die Tat umgesetzt werden, weil der Staatsanwalt und der weisungsberechtigte Justizminister es nicht über sich brachten, dem Verfolgungseifer Einhalt zu gebieten.

Dieser aufsehenerregende Fall verdeutlicht, daß die Staatsanwaltschaft nicht immer den gleichen Maßstab anlegt: Während im Fall Merkle scheinbar der Versuch unternommen wurde, ein Exempel zu statuieren, obwohl die kriminelle Energie und das Unrechtsbewußtsein des Täters gering war, zeigt sich die Staatsanwaltschaft in anderen Ermittlungsverfahren zu nachsichtig. Als Beispiel hierfür läßt sich der Fall Balsam anführen: Die Unternehmensleitung der ostwestfälischen Balsam AG, einem Hersteller von Bodenbelag für Sportstätten, hatte – so der Vorwurf der Staatsanwaltschaft – Betrügereien mit einem enormen Schadenspotential begangen. Die Staatsanwaltschaft ermittelte wegen des Verdachtes des Kreditbetrugs, der Urkundenfälschung und der Steuerhinterziehung. Als Hauptgeschädigter gilt die Procedo-Gesellschaft für Exportfinanzierung D. Klingworth mbH. Als das Unternehmen 1994 crashte, bilanzierte die Staatsanwaltschaft einen durch betrügerische Luftgeschäfte entstandenen Schaden von 1,7 Milliarden D-Mark. Dennoch hob das Gericht – gegen Auflagen – die Haftbefehle gegen alle sieben Angeklagten auf. Und die Presse vermeldet: Der Angeklagte Schlienkamp, der ehemalige Finanzvorstand der

Balsam AG, darf wieder weltweit als Unternehmens- und Finanzberater agieren. Außer dienstags und mittwochs: Da besteht Anwesenheitspflicht bei der Hauptverhandlung, die am Landgericht Bielefeld stattfindet. Schlienkamps ehemalige Vorstandskollegen, die ebenfalls auf der Anklagebank sitzen, sollen mittlerweile alle wieder »in Lohn und Brot« stehen. Die Mitangeklagten Horst-Peter Schultes und Dietmar Ortlieb beispielsweise sollen seit Monaten für Balsams ehemaligen Konkurrenten Polytan in der gleichen Branche arbeiten. Und Friedel Balsam, den ehemalige Firmenchef des Unternehmens, soll es wieder wie in besseren Tagen zu den Pferden ziehen.

Erstaunlicher als die Aufhebung der Haftbefehle ist jedoch das Verhalten der Staatsanwaltschaft. Schon 1992 ging bei der Staatsanwaltschaft für Wirtschaftsstrafsachen eine anonyme Anzeige mit genauer Beschreibung der Finanzkonstruktion des Unternehmens ein. Der damals zuständige Oberstaatsanwalt fand jedoch keine hinreichenden Anhaltspunkte für strafbares Verhalten. Auch als sich der anonyme Zeuge selbst stellte und weitere Einzelheiten mitteilte, blieb die Staatsanwaltschaft »friedlich«. Bewegung kam erst in den Fall, nachdem erste öffentliche Verdächtigungen geäußert wurden und Schlienkamp freiwillig ein Geständnis ablegte. Im Mai 1994 schließlich kam es dann zu den Verhaftungen. Es ist unerklärlich, warum die Staatsanwaltschaft zwei Jahre lang eine anonyme Anzeige und Beweismaterial in Hülle und Fülle sowie mehrere Hinweise der Steuerfahndung ignoriert hat. Ein früheres Einschreiten der Staatsanwaltschaft hätte höchstwahrscheinlich den Fall Balsam mit niedrigeren Verlusten beenden können. Nunmehr ist es an der Wirtschaftsstrafkammer des Landgerichts Bielefeld, für Gerechtigkeit zu sorgen. Das Verfahren wird angesichts von 360 000 Blatt Beweismaterial sicherlich mehrere Jahre in Anspruch nehmen. Allein die Anklageschrift umfaßt 875 Seiten, den Angeklagten stehen jeweils mehrere Verteidiger zur Seite. Insider gehen davon aus, daß das Strafverfahren nicht zur Aufklärung aller relevanten Punkte führen wird.

Die Erfahrungen aus den letzten Jahren machen deutlich, daß sich im Bereich der Justiz insbesondere auf dem Gebiet des Wirtschafts- und Steuerstrafrechts einiges ändern muß, wenn die Glaubwürdigkeit nicht vollkommen verlorengehen soll. Dies kann dadurch geschehen, daß den aufgezeigten Mißständen bei der Ausbildung junger Juristen und anderer künftiger Verantwortungsträger mehr Aufmerksamkeit geschenkt wird. Insbesondere auf dem Gebiet der Steuerfahndung würde es sich anbieten, das Know-how erfahrener Wirtschaftsprüfungsgesellschaften jedenfalls in Spezialfragen zu nutzen. Auf diese Weise könnte eine effektivere Ermittlungstätigkeit gewährleistet werden und den Steuerfahndungsbeamten, angesichts der großen Komplexität, die das Steuerrecht kennzeichnet, eine wirksame Hilfestellung an die Hand gegeben werden.

Nebenbei sei bemerkt, daß auch der letzte Versuch von Herrn Dr. S., Genugtuung für die erlittenen Qualen zu erlangen, fehlgeschlagen ist. Eine von Herrn Dr. S. veranlaßte Anzeige wegen falscher Verdächtigung gegen den Angestellten, der ihn wider besseren Wissens der Beschäftigung von Schwarzarbeitern beschuldigt hatte, blieb ergebnislos, da der besagte Angestellte an einen unbekannten Ort verzogen war und von den Ermittlungsbehörden nicht mehr ausfindig gemacht werden konnte. Diese neuerliche negative Erfahrung veranlaßte Herrn Dr. S. gegen den Rat seines Verteidigers und seines Steuerberaters auch von einer Dienstaufsichtsbeschwerde Abstand zu nehmen.

GOLDENE REGELN
zur Steuerfahndung

1. Wenn Beamte der Steuerfahndung unter Umständen in Begleitung eines Staatsanwalts zur Durchsuchung erscheinen, gilt es als oberstes Gebot, Ruhe zu bewahren und Souveränität zu zeigen. Kopflosigkeit und Unsicherheit machen keinen guten Eindruck. Konfrontation oder gar den »starken Mann spielen« schaffen eine von Beginn an gereizte Atmosphäre, die sich auf das gesamte weitere Verfahren auswirken kann. Es kann nicht nachdrücklich genug betont werden, daß die Beschimpfung von Beamten sich im weiteren Verfahren rächen wird.

2. Lassen Sie sich zunächst eine Ausfertigung des Durchsuchungsbeschlusses aushändigen und lesen Sie diesen sorgfältig und in aller Ruhe durch. Man gewinnt dadurch Zeit, um seine innere Ruhe wiederzufinden. Außerdem erfährt man hierdurch zumindest in groben Zügen den Tatvorwurf und kann sich im weiteren Verlauf der Durchsuchung darauf einrichten.

3. Es ist ratsam, sich die Dienstausweise zeigen zu lassen und die Namen der Beamten zu notieren. Man weiß dann hinterher sofort, an wen man sich als Ansprechpartner wenden kann.

4. Fragen Sie die Beamten, ob Angehörige, beispielsweise die Ehefrau, fernmündlich verständigt und beruhigt werden können, da die Durchsuchung des Wohnhauses in der Regel zeitgleich stattfindet. Nach circa 10-15 Minuten wird ein derartiger Anruf gestattet werden. Durch die Wartezeit wird seitens der Beamten sichergestellt, daß die zeitgleich angesetzte Durchsuchung auch tatsächlich begonnen hat und die Ehefrau »unter Kontrolle« steht. Versuchen Sie unbedingt, Ihre Ehefrau zu beruhigen.

5. Konsultieren Sie fernmündlich einen Rechtsanwalt; Sie haben einen Anspruch darauf. Es genügt die Konsultierung des Hausanwalts, da in diesem Verfahrensstadium steuerrechtliche Fragen keine Rolle spielen, sondern allenfalls strafprozessuale Maßnahmen zu beurteilen sind. Außerdem ist der Hausanwalt schneller zu erreichen.

6. Lassen Sie sich nicht auf irgendwelche sachlichen Diskussionen ein; diese können später zu erheblichen Mißverständnissen führen. Häufig versuchen die Fahndungsbeamten den Betroffenen zu überrumpeln und ihn unter Ausnutzung der Streßsituation zu einer unbedachten Aussage zu bewegen. Deshalb ist wichtig: keine Einlassungen abgeben, bevor nicht eine Abstimmung mit dem Rechtsanwalt erfolgt ist. Dringend zu warnen ist vor sogenannten Kurzschlußreaktionen, wie beispielsweise eine Flucht ins Ausland oder eine Auflösung von Konten, da solche Maßnahmen Haftgründe darstellen können und Sie deshalb Gefahr laufen, in Untersuchungshaft genommen zu werden.

7. Zeigen Sie sich bei der Durchsuchung ansonsten kooperativ; unternehmen Sie keine Störversuche und vermeiden Sie konspirative Verhaltensweisen (z.B. den Versuch der Kontaktaufnahme mit Mitarbeitern oder der Beseitigung von Aufzeichnungen). Solche Verhaltensweisen können unverzüglich zur Entfernung oder gar vorläufigen Festnahme führen. Da Steuerfahndungsbeamte und die Staatsanwaltschaft keinen unmittelbaren Zwang ausüben, werden zur Durchführung der vorläufigen Festnahme uniformierte Polizeibeamte angefordert, die in einem als Polizeifahrzeug gekennzeichneten Wagen anrücken. Hierdurch kann die

Durchsuchung bei Mitarbeitern, Nachbarn usw. bekannt werden. Geschäftsschädigung ist dadurch nicht ausgeschlossen.

8. Der Steuerberater sollte erst nach Rücksprache mit dem Verteidiger von der Schweigepflicht entbunden werden. Hierauf sind die Beamten hinzuweisen, die dafür in der Regel Verständnis aufbringen werden.

9. Die Steuerfahndung hat grundsätzlich auch ohne richterlichen Beschlagnahmebeschluß die Möglichkeit, Unterlagen zu beschlagnahmen. Wichtig: Der Betroffene sollte auf eine Beschlagnahme bestehen und die Unterlagen nicht freiwillig herausgeben, um die Chancen eines erfolgreichen Rechtsbehelfs zu erhalten. Allerdings sind die Aussichten (vgl. goldene Regel Nr. 10) mit einem solchen Rechtsbehelf erfolgreich zu sein, alles andere als gut. Das nach der Durchsuchung erstellte Durchsuchungsprotokoll und Sicherstellungsverzeichnis sollten Sie genau durchlesen und erst dann unterschreiben. Durchschriften werden ausgehändigt. Die Verweigerung der Unterschrift macht keinen guten Eindruck und ist im übrigen rechtlich bedeutungslos.

10. Es ist zweckmäßig, gegen die Sicherstellung keinen Widerspruch einzulegen. Andernfalls werden die Akten und Beweismittel dem Ermittlungsrichter vorgelegt, der nach Durchsicht der Beweismittel, die je nach Umfang der Angelegenheit sehr zeitaufwendig sein kann, aufgrund seines derzeitigen Erkenntnisstandes in der Regel ohnehin die Beschlagnahme anordnet. Für die Geschäftsentwicklung dringend benötigte Unterlagen stehen damit für längere Zeit nicht zur Verfügung.

11. Liegt bereits ein Haftbefehl vor oder wird aufgrund des Durchsuchungsergebnisses die vorläufige Festnahme angeordnet, muß noch am selben Tag, spätestens aber am nächsten Tag, die Vorführung beim zuständigen Ermittlungsrichter erfolgen. Bleibt der Haftbefehl aufrechterhalten oder wird ein solcher erlassen, ist mit dem Verteidiger ernsthaft zu überlegen, ob sofort Rechtsmittel (Beschwerde, weitere Beschwerde) eingelegt werden sollen. Es ist in der Regel zweckmäßiger, zunächst die Bürde der Untersuchungshaft auf sich zu nehmen und durch nachfolgende Gesprä-

che des Verteidigers mit der Staatsanwaltschaft eine Haftverschonung zu erreichen. Die Durchführung des Beschwerdeverfahrens bis zum Oberlandesgericht »zementiert« die Untersuchungshaft und erschwert eine kurzfristige Haftverschonung.

12. Es ist ein erfahrener und in Steuerstrafsachen versierter Verteidiger zu mandatieren. Ein derartiger Rechtsanwalt weiß die Situation einzuschätzen, kennt in der Regel die mit der Sachbearbeitung betrauten Staatsanwälte, wird von diesen als kompetenter Gesprächspartner akzeptiert und sucht gemeinsam mit der Staatsanwaltschaft nach für beide Seiten akzeptablen Lösungen (Verständigung). Das verkürzt sowohl das Ermittlungs- als auch das Strafverfahren und führt dazu, daß diese Verfahren in der Öffentlichkeit meistens unbeachtet bleiben.

13. Etwaige Steuerschulden (hierzu rät der versierte Verteidiger ohnehin), auch wenn die genaue Höhe noch nicht feststeht, sind schnellstens zu begleichen. Dies ist einmal für die Verständigung von Vorteil und wirkt sich insbesondere positiv auf das spätere Strafmaß aus (Strafmilderungsgrund).

14. Häufig wird die Steuerfahndung auch bei Kunden und Lieferanten des Betroffenen aktiv. Der Betroffene sollte in diesen Fällen unbedingt vorher Kontakt mit diesen aufnehmen, da ein unvorbereitetes Erscheinen der Steuerfahndung bei einem Kunden oder Lieferanten für den Unternehmer zu wirtschaftlich verheerenden Konsequenzen führen kann.

15. In den meisten Fällen ermittelt die Steuerfahndung auch bei den mit den Betroffenen in Geschäftsverbindung stehenden Banken. Ein Bankgeheimnis gegenüber der Fahndung besteht insofern nicht. Dem Betroffenen ist zu empfehlen, seine Hausbank rechtzeitig zu informieren, falls mit Fahndungsmaßnahmen zu rechnen ist, um auf diese Weise die Rufschädigung zu begrenzen.

16. Häufig stellen die Fahndungsbeamten eine mildere Strafe in Aussicht, falls der Betroffene sofort an Ort und Stelle eine Aussage tätigt. Aber Vorsicht: Die Fahndungsbeamten entscheiden nicht über die strafrechtlichen Folgen und können diese Versprechungen nicht einhalten.

VII.
WACHSTUM FÜR DAS
FAMILIENUNTERNEHMEN

Der Deckelsack ist heute das innovativste und am einfachsten zu handhabende Abfalltrennsystem für Haushalt und Gewerbe. Das System erleichtert die Arbeit im Haushalt und derjenigen, die sich um die Müllentsorgung kümmern, ungemein. Es ist so flexibel, daß man sich selbst artfremde Anwendungsweisen unschwer vorstellen kann. Betroffene der Oderkatastrophe beispielsweise retteten mit den absolut dichten Deckelsäcken ihr letztes Hab und Gut vor der Flut. Die Idee für den Deckelsack war so genial wie einfach. Doch es sind ja oft die einfachsten Ideen, auf die man am schwersten kommt. Langes Grübeln hilft meist nichts. Die besten Ideen kommen plötzlich, über Nacht. Johannes Löbbert, tatkräftiger Deckelsack-Erfinder und Patentinhaber, erinnert sich:

»Die Idee entwickelte sich aus dem Abfallmanagement der Krankenhäuser heraus. Dort beklagten sich Ärzte und das Pflegepersonal über den viel zu hohen Anteil des in den Müllöfen verbrannten Kunststoffs, der aus den DIN-genormten starren Kunststoffbehältern resultierte, die in medizinischen Einrichtungen Verwendung fanden. Außerdem waren diese Behältnisse allein schon wegen der hohen Herstellkosten sehr teuer.

Meine Gedanken kreisten fortan nur noch um das Problem, wie ich die Müllentsorgung hygienischer und umweltfreundlicher gestalten könnte. Stundenlanges Sitzen am Schreibtisch, Aufscribbeln meiner Gedanken, Spaziergänge, all das half nichts. Der Gedankenblitz blieb aus.

Doch eines Abends schlief ich mit meinen Gedanken an Möglichkeiten einer bequemen und sauberen Art der Mülltrennung ein. Und als würde der Mensch sein kreativstes Potential im Traum entfalten, kam mir die geniale Idee in den frühen Morgenstunden, irgendwo in der Zone zwischen Schlafen und Wachen: Der Verschlußring war perfekt. Den mußte man beibehalten, um ein geruchfreies und auslaufsicheres Verschließen des Mülls zu gewährleisten. Das Problem bestand in dem festen, starren Kunststoffbehälter. Den galt es zu ersetzen. Dann würde auch weniger Kunststoff verbrannt.

Der Einfall war, die Kunststoffbehälter durch flexible, hygienisch dichte Plastikbeutel zu ersetzen. So lief ich sofort in die Werkstatt und fertigte zusammen mit meinen Mitarbeitern, aus Dutzenden von Büroklammern und Pattex den ersten Deckelsack. Selbstverständlich bedurfte es noch einiger Wochen technischer Anstrengung, um aus diesem Provisorium den echten Prototyp zu entwickeln.

Ich erinnere mich noch genau an die abfällige Bemerkung des Patentanwalts, als ich mich mit meiner Idee an ihn wandte: Den Sack gebe es schon seit Christus und überhaupt käme meine Erfindung der Neuentdeckung von Messer und Gabel gleich. Heute bin ich es, der lacht: Nach einer eingehenden Patentrecherche wurde in allen wirtschaftlich relevanten Ländern ein Patent für den Deckelsack erwirkt. An eine Kombination von Deckel und Sack für eine umweltfreundliche und kinderleichte Abfalltrennung hatte vor mir nämlich noch niemand gedacht.

Der Erfolg gibt mir recht: Der Prototyp von damals wird heute stark nachgefragt und in Serie gefertigt.«

Produkt- und Organisationsinnovationen sind das Fundament jedes wirtschaftlichen Erfolges. Technische Erfindungen, die Kombination von längst vorhandenen Techniken, organisatorische Veränderungen (z.B. die Einführung flacher Hierarchien oder der Gruppenarbeit), die Etablierung neuer Vermarktungsformen (z.B. des Direktvertriebes) zeichnen einen innovativen Betrieb aus. Obwohl weitgehend Einigkeit besteht, daß das Überleben einer Unternehmung auf Dauer nur durch innovative Produkte gesichert werden kann, hat eine Umfrage ergeben, daß nur 42 Prozent der Unternehmen Innovationen systematisch verfolgen und nur 51 Prozent der befragten Unternehmen Innovationsförderung mit Hilfe von Projektgruppen, Forschungsabteilungen oder mit Hilfe des betrieblichen Vorschlagswesens betreiben. Wenngleich Familienunternehmen immer noch als ungewöhnlich innovativ und flexibel gelten können, kommt in diesen Zahlen doch eine bedenkliche Tendenz zum Ausdruck. Denn eine der vielleicht größten Gefahren für die Familienunternehmen besteht in dem Mangel an Visionen und Kreativität, in der mangelnden Veränderungsbereitschaft und in einem fehlenden Innovationsklima. Ich habe deshalb aus der Vielzahl von Themen, die unter der Überschrift »Wachstum für Familienunternehmen« behandelt werden könnten, das Thema »Die Entwicklung von Wachstumsprojekten« und die Verwirklichung dieser Wachstumsprojekte im Rahmen einer strategischen Allianz ausgewählt.

1.
DIE ENTWICKLUNG VON WACHSTUMSPROJEKTEN[1]

Die europäische Wirtschaft und vor allem ihr Motor – die deutsche Wirtschaft – hat trotz beachtlicher Bemühungen noch keinen Weg aus der derzeitigen Wachstumskrise gefunden. Als Grund für die verlorene Wettbewerbsfähigkeit werden von den Industrieverbänden, den Politikern, den Wirtschaftsjournalisten und den Wirtschaftsführern die hohe Besteuerung, die hohen Sozialabgaben und die übertriebene Bürokratie genannt. Als Musterbeispiel für die Überwindung einer Wachstumskrise wird vor allem die US-amerikanische Wirtschaft genannt, die tatsächlich unentwegt wächst, neue Arbeitsplätze schafft und neue Technologien erfolgreich entwickelt. Dieser Erfolg ist aber nicht von selbst eingetreten: Die amerikanische Wirtschaftskrise Anfang der neunziger Jahre zwang die Unternehmen vielmehr zu massiven Umstrukturierungen. Diese radikale und oft schmerzhafte »Totaloperation«, die durch die Existenzgefährdung vieler Unternehmen ausgelöst wurde, hat dazu geführt, daß die US-Wirtschaft sich seit langer Zeit in einer Aufschwungphase befindet und damit die Früchte der damaligen schmerzhaften Einschnitte ernten kann. Die 500 Top-Unternehmen in den USA waren noch nie so profitabel wie heute. Ihre Aktienwerte erklimmen immer neue Höhen, auch wenn sie hin und wieder Korrekturphasen durchmachen.

Wenn man aber die 100 Top-Unternehmen der Vereinigten Staaten auf ihr durchschnittliches Realwachstum der letzten 10 Jahre untersucht, sind diese Unternehmen interessanterweise lediglich um 2 Prozent gewachsen. Diese Zahl relativiert sich weiter, wenn man bedenkt, daß es sich um eine Durchschnittszahl handelt, die auch die recht beachtlichen Übernahmetätigkeiten dieser Gruppe von Unternehmen in den letzten zehn Jahren enthält. Diese

---

[1] Die nachfolgenden Ausführungen beruhen auf mehreren intensiven Gesprächen mit R. Barry Leach, der als Unternehmensberater über langjährige Expertise verfügt.

Zahlen belegen, daß das Wachstum in Amerika maßgeblich nicht durch die 100 Top-Unternehmen, sondern durch die mittelständischen Unternehmen, vor allem durch Neugründungen, geprägt worden ist. Hinzu kamen eine Handvoll größere Unternehmen, die innovative Lösungen fanden oder Wachstumsstrategien verfolgten. Zu der innovativen Gruppe gehören Firmen wie Microsoft, Intel, Viacom, Wal-Mart. Zu der Gruppe, die bessere strategische Lösungen gefunden hat, kann man Firmen wie Nike, Federal Express und Mattel zählen. Die große Lehre, die man aus diesen für uns sehr wesentlichen Erfahrungen ziehen kann, ist, daß die mit dem Abbau von zahlreichen Arbeitsplätzen verbundene Restrukturierung kurzfristig recht attraktive finanzielle Ergebnisse produziert, aber gleichzeitig zu einer »eingeschränkten Wachstumsfähigkeit« führt. Wie sollte das auch anders sein, wenn die Leistungsträger die Unternehmen verlassen mußten?

In der jetzt angebrochenen Ernüchterungsphase kommen viele amerikanische Wirtschaftsführer zu der Einsicht, daß man aus heutiger Sicht sehr gut beraten gewesen wäre, erst die richtige Strategie festzulegen und dann die richtige Organisations- und Personalstruktur für Wachstumsmöglichkeiten zu schaffen. Diese Reihenfolge wird auch von vielen Familienunternehmen bedauerlicherweise häufig nicht eingehalten, obwohl die Annalen erfolgreicher Familienunternehmen voll von Fällen sind, in denen neue Visionen, die auf neue Marktverhältnisse zugeschnitten waren, zu neuen Strategien und dann erst zu neuen verwandelten Organisationen führten. Etablierte Unternehmen wie Henkel, die Oetker-Gruppe oder das Textilunternehmen Peek und Cloppenburg haben es uns vorgemacht. Dagegen hat sich der im Zuge der Lean-Management-Diskussion durchgeführte übereilte und übertriebene Personalabbau vieler Familienunternehmen häufig als Fehler erwiesen. Die Unternehmen sollten vielmehr die insbesondere in den Vereinigten Staaten von Amerika gewonnene Erkenntnis berücksichtigen, erst eine Wachstumsstrategie zu entwickeln und dann die erforderliche Restrukturierung vorzunehmen.

WACHSTUMSPROJEKTE UND UNTERNEHMENSBERATER

Ein Unternehmen, das eine Wachstumsstrategie entwickeln will, steht vor der Frage, ob ein Unternehmensberater hinzugezogen werden soll. In sehr vielen Fällen ist das sinnvoll, wenngleich es nicht einfach ist, einen Berater zu finden, der es versteht, wirksame Wachstumsstrategien und Pläne mitzuentwickeln. Warum ist das so?

Viele Unternehmensberatungen haben sich auf die Kostensenkung konzentriert und auf diesem Gebiet in der Tat hochwirksame Techniken entwickelt. Für die erfolgreiche Durchführung solcher Kostensenkungstechniken – man denke beispielsweise an die Gemeinkostenwertanalyse – braucht man hoch intelligente durchsetzungsstarke Fachkräfte, die man bei guten Unternehmensberatungen in großer Zahl vorfindet. Dabei ist es nicht unbedingt erforderlich, über längere Berufserfahrung zu verfügen, so daß viele dieser Kräfte nur in Unternehmensberatungen gearbeitet haben, ohne jemals eine nennenswerte operative Verantwortung getragen zu haben.

Die Entwicklung von Wachstumsstrategien bedeutet hingegen eine Abkehr von mechanischen Vorgehensweisen. Sie erfordert ein ausgeprägtes kreatives Gespür sowie die Fähigkeit, eine Organisation zu begeistern und zu motivieren. Solche Eigenschaften sind bei Beratungsunternehmen jedenfalls bisher schwer zu finden, weil diese sich jahrelang auf Kostensenkung spezialisiert haben und nur über Mitarbeiter verfügen, die – wenn es um die Entwicklung von Wachstumsstrategien und Plänen geht – Akzeptanzschwierigkeiten innerhalb der Unternehmensorganisation haben. Zudem fehlt diesen Personen meist das notwendige Gespür, das zur Betreuung von Wachstumsprojekten notwendig ist.

Bei der Wahl eines Beraters oder einer Beratung ist es daher wichtig, auf das Vorhandensein der Eigenschaften »kreatives Gespür«, »soziale Kompetenz«, »Vision« und »praktische Erfahrung«, aber auch »analytische Fähigkeiten« und »Restrukturierungskompetenz« zu achten.

Hinzu muß die Fähigkeit kommen, die Wachstumsstrategie bei der Umsetzung erfolgreich zu begleiten. Insofern stellen diese Anforderungen neue, besondere Ansprüche an die Beratungsbranche. Das soll aber nicht heißen, daß es keine – auch größere – Beratungsunternehmen gibt, die dieser neuen Herausforderung gerecht werden können. Es gibt sie wohl. Man findet sie vor allem bei den Beratern, die sich auf die Implementierung von Wachstumsstrategien spezialisiert haben.

DIE ORGANISATORISCHEN VORAUSSETZUNGEN EINES WACHSTUMSPROJEKTES

Der erste Schritt des Unternehmens zur Entwicklung einer Wachstumsstrategie ist die Schaffung der notwendigen Rahmenbedingungen, insbesondere des richtigen »Klimas« und der organisatorischen Voraussetzungen. Wachstumsstrategien können nur in einem Klima reifen, das von Interesse und besonderem Engagement seitens aller aufgeschlossenen Mitarbeiter geprägt ist. In der Regel gibt es eine gewisse Anzahl an Mitarbeitern, die mit dem Unternehmen sehr verbunden sind und die ein hohes kreatives Potential aufweisen. Es muß nur aus ihnen herausgeholt werden. Um dieses Potential zu erschließen, bedarf es eines »coach« oder Moderators. Vielleicht hat das Unternehmen einen besonders aufgeweckten Mitarbeiter, der einen solchen Prozeß in Gang bringen kann. Häufig ist man aber gut beraten, einen professionellen externen Moderator für diesen Zweck zu verpflichten, der sowohl die einzelnen Techniken der Ideengenerierung beherrscht als auch fundierte Kenntnisse in der Strategieentwicklung besitzt. Denn Strategieentwicklung ist etwas, was häufig auch der gut ausgebildete Betriebswirt nicht beherrscht. In solchen Dingen kann man sich zwar durch die Lektüre der neuesten Fachbücher weiterbilden, aber – dem Golfspiel oder dem Tanzen ähnlich – muß man Erfahrung haben, um gut zu sein. Die Verpflichtung eines externen Beraters kann diesen Zeitverlust und auch die Risiken des autodidaktischen Lernprozesses vermeiden helfen. Vor allem sind die Mitarbeiter eher bereit, freimütig mit einem Externen zu sprechen, vorausgesetzt, er gewinnt ihre Achtung und genießt die volle Unterstützung des Unternehmens.

Ist ein geeigneter Moderator gefunden, müssen im nächsten Schritt alle Mitarbeiter darüber informiert werden, daß im Unternehmen eine Wachstumskampagne gestartet wird. Es gibt nichts Schlimmeres als das Lancieren von Projekten, die hinter verschlossenen Türen stattfinden und nur von einer Handvoll eigener oder externer Mitarbeiter getragen werden. Eine solche Vorgehensweise erzeugt nur Mißtrauen oder gar Spott. Natürlich können und wollen nicht alle Mitarbeiter an diesem Prozeß teilhaben. Einige sind nicht geeignet oder interessiert. Aber sie sollten die Chance haben, sich daran zu beteiligen – sei es durch das betriebliche Vorschlagswesen oder durch die Teilnahme an Innovationszirkeln – und über den Start einer Wachstumskampagne in einer Veranstaltung informiert werden.

Idealerweise wird der Moderator das Projekt so organisieren, daß er ein Kernteam aus dem Unternehmen auswählt. Dieses Kernteam wiederum etabliert Innovations- oder Wachstumszirkel, die die vorgeschlagenen Themen bearbeiten. Eine solche Projektstruktur, die wesentliche Teile des Unternehmens einbindet, ist ein sehr potentes Mittel, um die Motivation zu steigern, das Betriebsklima positiv zu beleben und vor allem die eigene Expertise des Hauses voll zu nutzen: Der Vertrieb trägt einiges aus der Sicht der Kunden bei und der Techniker aus der Sicht bestehender oder neuer Technologien. Die Serviceabteilungen – Kundenservice, Lager und Logistik – haben häufig ganz besondere Ideen zur Ankurbelung des Geschäfts, wie auch die Mitarbeiter im Finanzwesen, in der EDV oder in der allgemeinen Verwaltung.

DIE STRATEGISCHE GRUNDLAGE

Da oftmals ein bestimmter Wachstumsweg von allen Beteiligten klar in den Vordergrund gestellt wird, besteht die Gefahr einer übereilten Fokussierung auf eine Wachstumsrichtung. Es mag sein, daß man letztendlich bei dieser von allen favorisierten Richtung landet. Dennoch ist es sehr wichtig, zunächst eine Vielfalt von Möglichkeiten zu prüfen, um zu vermeiden, daß in der Bewertungsphase zum Beispiel festgestellt wird, daß das allein verfolgte Vorhaben finanziell undurchführbar ist. Es kann zudem zu einem späteren Zeitpunkt passieren, daß ein unvorhergesehener Umstand – sei es eine gesetzliche Einschränkung oder das Zuvorkommen eines Mitbewerbers – den zunächst favorisierten Ansatz durchkreuzt. Eine detaillierte Beschreibung eines strategischen Entwicklungsprozesses würde den Rahmen dieser Abhandlung sprengen. Wir beschränken uns daher auf eine Skizzierung der fünf wesentlichen Schritte, nämlich auf die Standortbestimmung, die Optionenentwicklungen und das Grobraster, die ersten Strategieansätze, die Alternativbewertung sowie die Strategieentwicklung und den Geschäftsplan.

Die Standortbestimmung

Im Rahmen der Standortbestimmung ist festzustellen, wo das Unternehmen im Vergleich zu seinem Konkurrenten zur Zeit steht: Notwendig ist der kontinuierliche Vergleich von Produkten, Dienstleistungen, Prozessen und Methoden mit denen anderer Unternehmen. Wie ist die derzeitige Marktstellung? Wie sind die Produkt- oder Serviceleistungen im Vergleich zu den Mitbewerbern zu bewerten? Was kann das Unternehmen besonders gut? Was gehört zu den Kernkompetenzen? Was kann das Unternehmen nicht so gut? Wie ist die Ertragskraft des Unternehmens? Wie ist die kurz-, mittel- und langfristige Liquidität des Unternehmens zu bewerten? Welchen finanziellen Spielraum hat das Unternehmen, wenn es darum geht, Mittel für die Geschäftsexpansion zu beschaffen? Wie ist die Qualität des Personals? Kann es eine anspruchsvolle Wachstumsstrategie auch durchführen? Welche Stärken, Schwächen und Entwicklungsmöglichkeiten hat das Unternehmen und mit welchen Risiken wird es konfrontiert? Diese und viele weitere Fragen ergeben ein sehr klares Bild von dem aktuellen Zustand des Unternehmens, wenn die Antworten mit Fakten und Daten untermauert werden.

Optionsentwicklung und Grobraster

Im nächsten Schritt sind dann eine Anzahl von Optionen für die Zukunft zu entwickeln. Der Projektmoderator kann zwei Hauptwege gehen, um dieses zu erreichen: Er kann interne und externe Ideenquellen nutzen. Unter »internen Ideenquellen« sind firmeneigene Workshops zu verstehen, in denen versucht wird, neue Ideen zu entwickeln und zu sammeln. Dabei werden bewährte Diskussionstechniken wie Brainstorming, Innovationssessions und Delphi-Sitzungen verwendet. Parallel dazu werden externe Ideenquellen angezapft. Zum Beispiel werden Gespräche mit Industriekennern, Hochschulprofessoren, Kunden und Lieferanten geführt. Aus Gründen der Vertraulichkeit ist es allerdings oft angezeigt, solche Gespräche durch Externe führen zu lassen. Auch Auslandsreisen einzelner Mitarbeiter können wertvolle Quellen für die Entwicklung von Wachstumskonzepten sein.

Erste Strategieansätze

Der Moderator wird im Regelfall schon vor Beginn der Optionenentwicklung eine Anzahl bewährter Denkrichtungen vorgeben. Es gibt eine Vielzahl von unterschiedlichen strategischen Richtungen. Im Rahmen dieser Abhandlung beschränken wir uns auf fünf Richtungen:

1. Stärkung des derzeitigen Geschäfts

Da mittelständische Familienunternehmen meistens »sehr nah am Kunden« arbeiten und ein Optimum an Service bieten, ist die Stärkung des derzeitigen Geschäfts nicht immer die erfolgreichste strategische Denkrichtung. Dennoch kann es im Einzelfall vorkommen, daß eine nennenswerte Anzahl von Kunden mit der Leistung, mit dem Verkaufspersonal oder gar mit der Führung des Unternehmens überraschend unzufrieden sind. Die Einstellung der Kunden zum Unternehmen kennenzulernen, vor allem im Vergleich zu den Mitbewerbern, muß deshalb am Anfang jedes Wachstumsplans stehen. Um ein ungeschöntes Bild zu erhalten, wird die Befragung am sinnvollsten durch externe Kräfte durchgeführt. Kleinigkeiten wie Anlieferzeiten, die Reaktionszeiten des Innendienstes, die telefonische Verfügbarkeit der Ansprechpersonen oder grundsätzliche Fragen wie Qualität des Personals, Produktmängel, Lieferfristen, Kundendienst oder Fragen des Produktdesigns können bereits die Basis eines zukünftigen Wachstums bedeuten.

Oft bietet auch die unzulängliche geographische Verteilung der Unternehmensaktivitäten Wachstumschancen. Schwächen in der Infrastruktur des Unternehmens, zu wenig Außendienst- oder Servicemitarbeiter sowie eine ungleichmäßige Verteilung der Geldmittel für Werbung und Verkaufsförderung sind häufige Ursachen, die mit geringen Investitionen behoben werden und das derzeitige Geschäft bereits entscheidend stärken können.

2. Stärkung des Verbrauchs beim Kunden

Eine weitere Wachstumsmöglichkeit kann sich aus der Steigerung des Verbrauchs bei den derzeitigen Kunden ergeben. Beispiele dieser strategischen Richtung findet man häufig in der Konsumgüterbranche. Man versucht die Anzahl der Verwendungen eines Produkts beim Kunden zu erhöhen, indem man den Kunden auf neue Verwendungsmöglichkeiten hinweist: Ein Unternehmen kann beispielsweise seinen Absatz steigern, indem es seine Kunden darauf hinweist, daß ein Geschirrspülmittel auch zur Reinigung des Badezimmers oder zum Bodenwischen genutzt werden kann, daß ein Beutel für das Frühstücksbrot auch zur Aufbewahrung von Medikamenten verwendet werden kann, daß ein Weichspülmittel, das in die Waschmaschine gegeben wird, nicht nur spürbare Weichheit beim Tragen von Wollsachen vermittelt, sondern auch das Bügeln von Baumwollstoffen erleichtert. Auch Kreditkartenunternehmen stimulieren eine Nutzung der Kreditkarten durch ihre jetzigen Kunden, indem sie es ermöglichen, Bahn- und Flugtickets, die Bestellung von Büchern per Post oder übers Telefon und vieles mehr mit Hilfe der Kreditkarte abzuwickeln.

Die Stärkung des Verbrauchs bei bestehenden Kunden verlangt zum einen sehr genaue Kenntnisse der Bedürfnisse des Kunden. Man muß sein Geschäft durch Gespräche mit verschiedenen Funktionsträgern des Hauses und durch häufige Besichtigungen der unternehmens- und kundeneigenen Fertigungsstätten akribisch studieren. Zum anderen gilt es, die Leistungsfähigkeit der eigenen Produkte oder Dienstleistungen im Vergleich zu den Mitbewerbern genau zu kennen. Dem dient insbesondere der Einsatz von Innovationszirkeln, in denen weitere Verwendungsmöglichkeiten aufgespürt werden.

3. Die Suche nach neuen Kundengruppen

Diese Richtung ist der Klassiker unter den strategischen Möglichkeiten und wird im Verdrängungswettbewerb täglich praktiziert. Der Mitbewerber hat erkennbare Schwächen in seiner Produkt- oder Serviceleistung, die das eigene Produkt nicht hat. Also werden seine Kunden identifiziert und ihnen wird der Kauf der eigenen Produkte unter Herausstellung deren Vorteile schmackhaft gemacht. Allerdings gibt es auch wesentlich subtilere Varianten dieser Strategie. In den siebziger Jahren erkannten beispielsweise die Manager der Waschmittelmarke Ariel, daß immer mehr Verbraucher mit dem Endergebnis ihrer 60°–Wäsche unzufrieden waren. Diese Verbraucher verwendeten hauptsächlich die Marke Persil. Also priesen die Ariel-Manager ihr Produkt für dieses 60°–Wäschesegment an und konnten auf diese Weise viele Verwender von Persil weglocken, mit dem Erfolg, daß Ariel die Marke Persil überholte.

4. Nutzung des derzeitigen Kundenstammes bei Einführung neuer Produkte

Bei dieser Variante geht es um die Einführung neuer Produkte bei bestehenden Kunden. Diese Variante setzt die oben bereits beschriebenen genauen Kenntnisse des Geschäfts des bisherigen Kunden voraus. Ein einfaches Beispiel hierfür ist der Taxiunternehmer, der eine Anzahl von Firmenkunden hat und diesen anbietet, auch Pakete auszuliefern. Das brillanteste Beispiel hierfür ist wohl die Firma 3M, die mit ihrem Scotch-Klebeband bei Papiergeschäften, Büromittelgroßhändlern usw. bestens eingeführt war. Mit dem Produkt »Post-it«, den kleinen gelben Informationszetteln, die für 3M ein absolut neues Produktfeld darstellten, konnte das Unternehmen die damaligen Kunden überzeugen und auf diesem Weg das neue Produkt schnell am Markt etablieren.

5. Nutzung besonderer Fähigkeiten und Kenntnisse

Diese Variante wird oft mit dem hochtrabenden Ausdruck »Nutzung der Kernkompetenzen« umschrieben. Damit ist die Verwendung von bestehenden Fertigkeiten, wie Wissen und Technologien, zum Zwecke des Markteintritts in anderen Bereichen gemeint. Als Beispiel ist die Firma Timex zu nennen, die in der alten mechanischen Uhrenfertigung über immenses Können in der Handhabung von Kleinstteilen verfügte. Als Überbrückungsstrategie entwickelte sich das Unternehmen zum Serviceunternehmen für ältere IBM-Computermodelle. Ein weiteres Beispiel ist der Metro-Konzern, der sich als Groß- und Einzelhändler verstanden hat und in den Bau- und Computerhandel expandierte, oder die Konfitürenfirma Hero, die die Verarbeitung von Fruchtmasse beherrscht und darauf aufbauend das Fruchtsaftgeschäft entwickelte.

Alternativbewertung

Hat das Unternehmen eine Anzahl vielversprechender Ansätze entwickelt, muß sehr gründlich darüber nachgedacht werden, welche Richtung gewählt werden soll. Dies hängt naturgemäß davon ab, welche Option dem Unternehmen den meisten Erfolg verspricht. Hauptfaktoren sind unter anderem: Die Größe des Geschäftspotentials, das Ausmaß des Wettbewerbsvorteils, die Aussichten für Erfolg und Verwirklichung, die Entwicklungszeit, die Investitionshöhe, das Risiko für das Unternehmen bei Nichterfolg und die Personalvoraussetzungen. Dem Wachstumsteam obliegt es dabei, ein Bewertungssystem zu entwickeln. Bei der Entscheidungsfindung spielt aber auch häufig unternehmerisches Gespür eine sehr große Rolle.

An diesem Beurteilungsprozeß nehmen meistens nicht nur die Mitglieder des Wachstumsteams, sondern auch andere Kompetenzträger des Unternehmens oder auch externe Berater und Experten teil. Es kann sich empfehlen, hier die Delphi-Technik einzusetzen. Die Delphi-Methode ist ein Verfahren, mit dem man in einer Serie von Arbeitsschritten Expertenmeinungen einholt, zusammenfaßt und analysiert. Die eingereichten Expertenmeinungen werden mit weiteren Fragen an die Experten zurückgesandt. Es werden dann weitere Kommentare und Beurteilungen eingeholt, bis man ein ausgereiftes Ergebnis vorliegen hat. Die Genauigkeit der Ergebnisse, vor allem bei Prognosen, die bei Anwendung der Delphi-Technik produziert werden, sind manchmal verblüffend.

Strategieentwicklung und Geschäftsplan

Ist eine Einigung auf eine Richtung erzielt worden, kann das Kernteam mit der Unterstützung der entsprechenden Funktionsträger im Unternehmen die Strategie in ihren Details ausarbeiten und den Projekt- und Geschäftsplan entwikkeln. Vor allem gilt es nun, die Organisation dem Wachstumsplan anzupassen. Das kann bedeuten, daß neues Personal benötigt, das vorhandene Personal umgeschult oder reduziert werden muß.

Die Verwirklichung eines neuen Wachstumsprojektes fordert in der Regel nicht, die alte Organisation gänzlich umzustellen. Häufig müssen aber neue Strukturen geschaffen und dabei gleichzeitig die Prozesse des Unternehmens modernisiert und unter Beachtung der besonderen Stärken des Unternehmens stromlinienförmiger gestaltet werden.

Das Wachstumsteam ist für die Steuerung der Umorganisation prädestiniert, da es durch die Zusammenarbeit einen starken Zusammenhalt entwickelt und zudem tiefe Einsichten in die Stärken und Schwächen des Unternehmens gewonnen hat. Das Team erhält somit die (neue) Aufgabe, der Unternehmensspitze die notwendigen kurz-, mittel- und langfristigen Strukturänderungen zu empfehlen.

Für das mittelständische Unternehmen bedeutet ein solches Vorhaben eine sehr intensive Veränderung. Es ist jedoch eine Veränderung, die das Unternehmen ungleich weiter bringen kann als das Festhalten am Status quo. Viel ist in den letzten Jahren über Veränderung (»Change Management«) geschrieben, gesprochen und vor allem von der Beraterzunft gepredigt worden. Die Durchführung einer Wachstumsstrategie gibt der Veränderung – dem »Change Management« – erstmalig einen wirklichen Sinn, nämlich das vorhandene Geschäft zu sichern und das neue Geschäft erfolgreich zu etablieren.

2.
STRATEGISCHE ALLIANZEN

Es war einmal ...

... das Familienunternehmen F., das medizinische Geräte zur Ausstattung chirurgischer Operationssäle herstellte. Nach langen Jahren wirtschaftlichen Erfolgs geriet das Unternehmen in einen bedrohlichen Liquiditätsengpaß. Verantwortlich hierfür war – neben den politisch bedingten Kürzungen im Gesundheitswesen die Tatsache, daß wegen hoher Entnahmen der Gesellschafter in der Vergangenheit der Aufbau eines eigenen Vertriebsnetzes im Ausland nicht möglich war. Dieser Aufbau wäre notwendig gewesen, weil die Handelsagenturen, mit denen man seit Jahrzehnten zusammengearbeitet hatte, nach und nach auf preisgünstigere japanische Produkte umgestiegen waren, um über höhere Umsätze ihre Vertriebsprovision zu erhöhen.

Man dachte bei F. bereits intensiv über einen Verkauf des Unternehmens nach, als dem Inhaber Dr. F. der rettende Einfall kam. Von dem Geschäftsführer seines Verbands hatte er gehört, daß eine Mehrzahl von Mitgliedsfirmen sich in der selben Situation wie F. befanden. Er beauftragte daraufhin einen erfahrenen Unternehmensberater damit, ein Konzept für eine Vertriebskooperation zu erarbeiten, die für alle beitrittswilligen Mitgliedsfirmen seines Verbandes offen sein sollte. Dieses Konzept ging von strikter Gleichberechtigung aller Partner aus. Bei Streitfragen, insbesondere bezüglich der Angebotspreise, der definierten Schlüssel der Kostenverteilung und bezüglich der Ansprüche von Partnern, welche aus dem Verband ausscheiden wollten, wurde ein Schiedsgutachter eingesetzt.

Das Konzept hatte Erfolg. In kürzester Zeit fanden sich sieben Partner in der Vertriebskooperation zusammen. Nach einer zweijährigen Anlaufzeit befand sich die hierzu gesondert gegründete GmbH bereits in den schwarzen Zahlen.

Den einzigen Preis, den die Partner für die Verbesserung ihrer wirtschaftlichen Situation zahlen mußten, stellte die mit dem Eingehen einer strategischen Allianz zwangsläufig verbundene Einschränkung des Unternehmereinflusses dar. Für die Unternehmerfamilie bedeutete dies jedoch keineswegs, daß sie nicht mehr für die Geschicke ihres Unternehmens verantwortlich war. Vielmehr hatte sie auch weiterhin das Sagen, war jedoch darüber hinaus gezwungen, auch auf die Belange und Interessen der Allianzpartner Rücksicht zu nehmen.

STRATEGISCHE ALLIANZEN ALS REAKTION AUF
DIE VERSCHÄRFUNG DER WIRTSCHAFTLICHEN SITUATION

Die Rahmenbedingungen für wirtschaftlichen Erfolg sind im Moment – gerade für Familienunternehmen – nicht einfach. Die Globalisierung der Absatz- und Beschaffungsmärkte, die geplante europäische Währungsunion, die politischen Veränderungen im ehemaligen Ostblock und die damit einhergehenden wirtschaftlichen Schwierigkeiten dieser Staaten, die Schaffung der drei konkurrierenden Wirtschaftsräume Europa, Amerika und Asien sowie die rasante technologische Entwicklung tragen zur Verschärfung der wirtschaftlichen Probleme bei. Das Zusammenwachsen der Märkte und damit die Nachfrage nach integrierten Systemlösungen, ein hoher Investitionsdruck, steigende Eintrittsbarrieren in attraktive ausländische Märkte, Komplexität der einzelnen Abläufe und Entscheidungen stellen eine Gefahr für die Wettbewerbsfähigkeit und eine ernstzunehmende Herausforderung für die Familienunternehmen dar.

Was ist zu tun? Natürlich haben die bekannten (Defensiv-)Strategien der Kostensenkung und Qualitätssicherung, der weiteren Erhöhung der Reaktionsschnelligkeit und Flexibilität des Unternehmens ihre Berechtigung. Die Sicherung und Erhaltung des Unternehmens wird aber nur gelingen, wenn die Einführung neuer innovativer Produkte, die Erschließung neuer Märkte und damit die soeben angesprochene Implementierung von Wachstumsprojekten gelingt. Häufig ist jedoch das einzelne Unternehmen nicht in der Lage, diese Strategien allein umzusetzen und den Kampf um Märkte im Alleingang erfolgreich zu führen. Zur Sicherung der Marktchancen und der Technologieführerschaft kann es in einem solchen Fall angezeigt sein, verstärkt nach Partnern Ausschau zu halten, um mit diesen Strategische Allianzen einzugehen.

FORMEN DER STRATEGISCHEN ALLIANZ

Eine Strategische Allianz ist eine Koalition von zwei oder mehreren selbständigen Unternehmen, die mit dem Ziel eingegangen wird, die individuellen Stärken in einzelnen Geschäftsfeldern oder Wertschöpfungsbereichen zu vereinen. Charakteristisch für diese Form der Zusammenarbeit ist eine langfristige Bindung der Partner, die Schaffung einer Risiko- und Erfolgsgemeinschaft und der gegenseitige Zugang zu wettbewerbsrelevanten Potentialen. Der Begriff der Strategischen Allianz muß dabei als Oberbegriff verstanden werden, hinter dem sich eine Vielzahl von Gestaltungsalternativen verbergen, die sich nach dem Grad der Verflechtung und dem finanziellen Engagement unterscheiden (z.B. Kooperationsverträge im Sinne einer projektorientierten Verbindung, Franchise-, Lizenz- und Konzessionsverträge, Kapitalbeteiligungen und Joint-Ventures). Die vertraglich vereinbarte Strategische Allianz ist in erster Linie von der Akquisition abzugrenzen. Bei einer Strategischen Allianz wird – im Gegensatz zur Akquisition – die Autonomie lediglich hinsichtlich ausgewählter Aktivitäten der Zusammenarbeit, und damit partiell, aufgegeben, während die Partner im übrigen selbständig bleiben.

Beispiele für Strategische Allianzen gibt es zahlreiche: Hoechst mit Bayer, Rosenthal und Waterford Wedgwood, West-LB und Bank Austria sowie Lufthansa mit United Airlines, SAS, Thai International und Canadian. Aber auch im Bereich der Familienunternehmen bestehen bereits zahlreiche Kooperationsmodelle. Zu nennen ist hier beispielsweise der Landmaschinenproduzent Claas in Harsewinkel. Das westfälische Familienunternehmen beabsichtigt eine Kooperation bei Bau und Vermarktung von schweren Mähdreschern und Traktoren mit dem US-amerikanischen Spezialisten für Erdbewegungsmaschinen Caterpillar einzugehen. Nach Angaben des Unternehmens wird eine solche Kooperation angestrebt, weil der Trend in der Landwirtschaft unverändert in Richtung Großbetriebe gehe und dementsprechend der Bedarf an Großgeräten wachse. Vorgesehen sei dazu die Gründung von zwei Joint-Venture-Gesellschaften. Eine davon solle den Absatzbereich in Nordamerika abdecken und sei zunächst für den Verkauf der neuen Claas-Mähdrescher-Baureihe zuständig. Zu einem späteren Zeitpunkt solle diese Maschine dort auch vor Ort direkt hergestellt und auf die amerikanischen Verhältnisse abgestimmt werden. Umgekehrt solle die andere gemeinsam gegründete europäische Gesellschaft die schweren Caterpillar-Traktoren mit einer Leistung über 200 PS unter der Marke Claas in Europa verkaufen.

Als äußerst erfolgreiches Beispiel läßt sich weiter die Unternehmensgruppe Martin-Medizin-Technik anführen, auf deren Erfolgsgeschichte die Schilderung zu Beginn dieses Beitrags beruht. Bereits im Jahre 1923 haben sich sieben Hersteller von chirurgischen Instrumenten – allesamt Familienunternehmen – unter dem Namen »Gebrüder Martin« mit der Idee einer Vertriebskooperation zusammengefunden. Das damalige Konzept hatte rasch Erfolg und stellt bis heute die Basis der Unternehmensgruppe dar, die derzeit 200 Mitarbeiter im

Vertrieb und 750 Mitarbeiter in der Produktion beschäftigt. Das mit über 12 000 Produkten sehr umfangreiche Produktionsprogramm besteht neben den Erzeugnissen für die allgemeine Chirurgie aus vielen Spezialprogrammen. Alle diese Produkte werden über das weltweite Händlernetz der Unternehmensgruppe vertrieben. Auf diese Weise ist es möglich, ausländische Märkte zu erschließen oder bereits erschlossene Märkte weiter auszubauen. Der Exportanteil, der bei ungefähr 70 Prozent liegt, spricht insofern eine deutliche Sprache. Die große Innovationskraft der Unternehmensgruppe, die durch die Kooperation der verschiedenen Hersteller entsteht, wird durch die Tatsache belegt, daß 60 Prozent der heutigen Produktpalette jünger als fünf Jahre ist.

Die Unternehmensgruppe Martin befindet sich weiter auf Expansionskurs. Die rasante Entwicklung neuer Operationstechniken macht die Entwicklung neuer Operationsinstrumente und medizinischer Geräte notwendig. Auf Grund der engen Kooperation der einzelnen Hersteller ist die Unternehmensgruppe Martin in der Lage, bei der Entwicklung neuer Operationstechniken Schritt zu halten und die dafür erforderlichen Instrumente und medizinischen Geräte herzustellen. Darüber hinaus gelingt es der Unternehmensgruppe Martin durch die Kooperation, die ohnehin bereits hohe Qualität ihrer Produkte ständig weiter zu verbessern.

POTENTIELLE VORTEILE UND ZWECKE STRATEGISCHER ALLIANZEN

Die Strategische Allianz weist gegenüber der gerade in den achtziger Jahren besonders populären Unternehmensakquisition eine Reihe von entscheidenden Vorteilen auf. Die Strategische Allianz kann im Gegensatz zur Akquisition auf Teilbereiche eines Unternehmens oder einzelne Wertschöpfungsaktivitäten beschränkt werden, die für die synergetischen Vorteile von Interesse sind. Eine Akquisition stellt außerdem oftmals eine schwerfällige und das Unternehmen wirtschaftlich stark belastende Lösung dar. Desweiteren hat eine Kooperation den Vorteil, daß diese zu einer steigenden Marktbedeutung der beteiligten Unternehmen führt, ohne daß diese ihre Eigenständigkeit verlieren und die Unternehmerfamilie ihren Einfluß auf die Geschicke des Unternehmens aufgeben muß. Schließlich stellt die Strategische Allianz gegenüber der Akquisition die risikoärmere Gestaltungsmöglichkeit dar, da eine Kooperation im

Falle ihres Scheiterns noch abgewickelt werden kann, dies bei einem Unternehmenskauf in der Regel aber nicht möglich ist. Welche konkreten Vorteile sind es aber, die eine Strategische Allianz für die daran beteiligten Unternehmen entfalten kann? Die konkreten Vorteile werden in folgenden Punkten beschrieben:

Größenvorteile: Häufig bringt erst die Zusammenarbeit von Unternehmen genug »Masse« an finanziellen Mitteln oder Fachkräften, um bestimmte Projekte, wie die Entwicklung neuer Verfahren und Produkte, überhaupt durchführen zu können. Außerdem zwingt der zunehmende Wettbewerbsdruck viele Unternehmen, ihre Produkte preisgünstiger am Markt anzubieten, was häufig nur durch die Eingehung einer Kooperation und einer darauf beruhenden Erhöhung der Stückzahlen erreicht werden kann.

Zeitvorteile: Infolge des schnellen technologischen Wandels und der immer kürzer werdenden Produktlebenszyklen ist die Zeit zum maßgeblichen Erfolgsfaktor im Wettbewerb geworden. Der mit einer Strategischen Allianz verbundene technologische Know-how-Austausch und der Austausch von Marktinformationen ist geeignet, die Entwicklungszeiten für neue Produkte und Verfahren erheblich zu verkürzen. Außerdem treten Beschleunigungseffekte nicht nur innerhalb der eigenen Wertschöpfungskette ein. Vielmehr besteht die Möglichkeit, die Reaktionsgeschwindigkeit des Unternehmens auf verändertes Wettbewerbsverhalten durch den gezielten Einsatz Strategischer Allianzen erheblich zu erhöhen.

Geringere Marktzutrittsbarrieren: Strategische Allianzen stellen darüber hinaus oft die einzige Möglichkeit dar, um in bestimmte ausländische Märkte eintreten zu können. Insofern kommen Strategische Allianzen als schneller und kostengünstiger Weg zur Expansion der Geschäftätigkeit in Betracht.

Technologische Vorteile: Angesichts der rasanten technischen Entwicklung ist es notwendig, daß sich ein Unternehmen auf seinen Kernkompetenzbereich konzentriert, um seine Innovationskraft und Technologie-Führerschaft zu erhalten. Durch die Bildung von Strategischen Allianzen ist es möglich, diese Konzentration auf bestimmte Kompetenzen weiterhin aufrechtzuerhalten und gleichzeitig die Vorteile technologischer Spezialisierung auf seiten einzelner Partner auszunutzen, ohne diese Technologie selbst entwickeln zu müssen.

Risikominimierung: Schließlich führen Strategische Allianzen zur Risikominimierung. Die Teilung von Kosten und Risiken bei sehr großen Entwicklungs-
projekten, verbunden mit globalen Marktstrategien zum Zweck schneller
Amortisation, ist für die meisten Unternehmen ohne Partnerschaft gar nicht
möglich. Nur die Verteilung der Lasten und Gefahren auf mehrere Partner
versetzt diese in die Lage, die zur Erhaltung der Wettbewerbsstellung notwendigen Entwicklungsprojekte zu verwirklichen.

GRÜNDE FÜR DAS SCHEITERN
VON STRATEGISCHEN ALLIANZEN

Langjährige Beobachtungen und wissenschaftliche Studien beweisen, daß das
Eingehen von Allianzen sich vor allem zwischen Partnern mit entsprechender
Erfahrung bezahlt macht. Denn die Rendite steigt proportional mit der »Allianz-
erfahrung«: Unternehmen, die bereits mehr als neun Allianzen eingegangen
sind, weisen eine durchschnittliche Rendite von 20 Prozent aus. Unternehmen mit bisher weniger als drei Allianzen hingegen müssen sich mit Renditen
von 10 Prozent zufrieden geben.

Trotz dieser Zahlen stellt die Strategische Allianz keineswegs ein Allheilmittel dar. Die genannten Studien haben vielmehr ergeben, daß mehr als die
Hälfte solcher Kooperationen bereits nach kurzer Zeit in existentielle Schwierigkeiten geraten sind.

Die Gründe für das Scheitern auch sorgfältig geplanter und strategisch bestens vorbereiteter Allianzen sind vielfältiger Natur. Um Allianzen zum Erfolg
zu führen, ist zunächst die Fähigkeit zur Beherrschung komplexer Projekte
notwendig, über die die meisten Unternehmen indes nicht verfügen. Gesün-
digt wird dabei weniger bei der Konzeption und der Auswahl eines geeigneten
Partners, sondern bei der praktischen Umsetzung. Den Verantwortlichen fehlt
oft das Problemverständnis und die persönliche Erfahrung für die operative
Umsetzung. Sie legen deshalb das Schwergewicht der Aktivitäten auf die strategischen Elemente des Zusammenschlusses, während die operative Umsetzung
geradezu sträflich vernachlässigt wird.

In aller Regel sind es Widerstände aus dem mittleren Management und aus
den Belegschaften der beteiligten Partnerunternehmen, die dafür sorgen, daß
eine Allianz nicht die erwarteten Resultate erzielt. Mitunter ist es aber auch

292 Familienunternehmen sichern und optimieren

das oberste Management selbst, das die eigentliche Ursache für das Scheitern setzt. Damit sind nicht nur die unzureichenden Management-Qualitäten der einzelnen Akteure gemeint. Vielmehr passen in vielen Fällen die vorhandenen Management-Strukturen nicht, da in der Anlaufphase der Allianz versäumt worden ist, der Allianz eine optimale Management-Struktur auf den Leib zu schneidern.

Ursache für das Scheitern oder die unbefriedigenden Erfolge von Allianz-Projekten ist auch die fehlende Kommunikation zu den Kunden einerseits und den Mitarbeitern andererseits. Wenn diese Gruppen nicht richtig über Ziele und den Projektverlauf informiert sind, ist Gerüchten und Indiskretionen Tür und Tor geöffnet.

Als Konsequenz macht sich in den Belegschaften Unsicherheit und Angst vor Arbeitsplatzverlust breit. Dies macht deutlich, daß neben den harten Faktoren, wie Vertragsregelungen oder finanzielle, technische und marktbezogene Aspekte, vor allem auch die weichen Faktoren, wie mentale und emotionale Qualitäten der involvierten Mitarbeiter, die eigentliche Basis für den Erfolg oder den Mißerfolg der Kooperation bilden.

Nicht zuletzt aus diesem Grund muß der Konstituierung eines geeigneten Managements zu Beginn eines unternehmerischen Zusammengehens und dessen gezielte Optimierung in späteren Phasen der Allianz höchste Priorität eingeräumt werden.

Ausgangsproblem der meisten Partnerschaften sind auch oft unterschiedliche Unternehmenskulturen, die die Entscheidungen und Handlungen der Mitarbeiter prägen. Unternehmen, die mehr forschungs- und technologieorientiert sind, treffen auf andere, die wiederum stärker markt- und kundenorientiert agieren. Es müssen unterschiedliche Wertvorstellungen, Normen und auch »Sprachen« der Partner – kurz: unterschiedliche Kulturen – überwunden werden. Gemeinsame Ziele sollten formuliert und verfolgt werden, auch wenn die Partner außerhalb der Allianz häufig aktuelle oder potentielle Konkurrenten sind. Um so wichtiger ist es, Strategische Allianzen zwingend unter dem Blickwinkel des Neuen zu sehen.

Wer den radikalen Schnitt gegenüber der Vergangenheit scheut, wer Angst vor Veränderungen hat, der trägt letztendlich zur Schwächung der Allianz bei und verhindert ihren Erfolg.

AUFBAU EINER FUNKTIONIERENDEN STRATEGISCHEN ALLIANZ

Die Vorbereitung der Strategischen Allianz

Die Phase der Vorbereitung beinhaltet zunächst die Analyse der strategischen Ausgangssituation, die Identifizierung der strategischen Lücke und des Kooperationspotentials sowie die Bewertung der möglichen Strategien zur Erschließung dieses Kooperationspotentials.

Die strategische Ausgangssituation wird durch die Erhebung und Analyse aller für das Unternehmen relevanter Daten und Informationen bestimmt. Im Rahmen der Unternehmensumfeld-Analyse werden beispielsweise Marktanforderungen, Branchenstruktur und Wettbewerbssituation des Unternehmens genauestens untersucht. Die Unternehmenssituation wird über eine Analyse der Erfolgspotentiale und der Soft-Facts (wie Innovationskraft, Kreativität, Unternehmenskultur, etc.) einerseits und über die derzeitigen Erfolgsgrößen und Hard-Facts (Rentabilität, Risiko, Gewinn, Cash-Flow, etc.) andererseits erfaßt. Aus diesen Analyse-Ergebnissen läßt sich die aktuelle Leistung des Unternehmens ableiten.

Im weiteren Verlauf muß die strategische Lücke identifiziert werden, die zwischen dem Basisgeschäft und der Entwicklungsgrenze des Unternehmens besteht. Hierbei ist über die Art des Vorgehens zu entscheiden.

Neben einem Alleingang des Unternehmens und einer Übernahme eines geeigneten Unternehmens kommt vor allem die Kooperation mit anderen Unternehmen in Betracht. Diese verschiedenen Alternativen müssen bewertet werden.

Ausschlaggebend ist die Beurteilung des sich im Unternehmenswert niederschlagenden Wertsteigerungspotentials: Die Wertsteigerung, die sich aus dem Synergiewert (Effekt aus der Komplementarität der Aktivitäten der beiden Allianz-Partner) und dem Restrukturierungswert (effizienzsteigernde Lerneffekte und Wissenstransfer vom Allianz-Partner auf die eigene Organisation) ergibt, muß demnach höher sein als die Transaktionskosten und die mit einer Strategischen Allianz einhergehenden und oben schon genannten Risiken.

Die Planung einer Strategischen Allianz

Entscheidender Faktor im Rahmen der Planung ist die Wahl des richtigen Partners. Dabei ist zu beachten, daß die Zusammenarbeit beiden Seiten Vorteile bringen muß und die Unternehmenskulturen vereinbar sein müssen. Die Unternehmensphilosophie und die grundsätzlichen Denkstrukturen der potentiellen Partner müssen zueinander passen, wenn die Allianz langfristig erfolgreich sein soll. Schon zu diesem Zeitpunkt kann es ratsam sein, die wettbewerbsrechtliche Zulässigkeit des gesamten Vorhabens durch Juristen, die sich auf das Wettbewerbs- und Kartellrecht spezialisiert haben, prüfen zu lassen. Wer eine Allianz eingehen möchte, muß sich außerdem darüber im klaren sein, daß mit der Größe und der Komplexität des geplanten Firmenbündnisses die Anforderungen an das strategische Konzept, an die Projektorganisation und vor allem an das Prozeßmanagement steigen. Unabhängig von der Größe und der Komplexität der geplanten Allianz sollte im Rahmen der Planung aber ein gründlicher »Check« erfolgen, bevor man in die Vertragsverhandlungen einsteigt. Als Instrumente eignen sich hierzu insbesondere das »Project-Briefing« sowie die »Project-Due-Diligence«-Prüfung, die im angloamerikanischen Raum bereits seit Jahren zu den Standardbewertungsmethoden zählen. Beim Project-Briefing handelt es sich um eine Art »Check up« zeitkritischer, zentraler Problemstellungen, für die eine individuelle, fallspezifische Check-Liste aufgebaut und nach bestimmten Grundsätzen durchgearbeitet wird. Beispiele für die Themen der Check-Liste sind das Unternehmensumfeld (Markt, Marktpotential, Wettbewerb und allgemeine Rahmenbedingungen), die Strategie, der Ressourceneinsatz, die Qualität und Qualifizierung des Personals und die Steuerungsmechanismen für das Projekt. Die Ergebnisse eines solchen Project-Briefing sind in einem »Memorandum of Understanding« bzw. einem »Letter of Intent« festzuhalten.

Project-Due-Diligence-Prüfungen werden demgegenüber erst durchgeführt, nachdem die strategische und finanzielle Machbarkeit des Vorhabens festgestellt wurde, meistens sogar erst nach Fertigstellung des »Memorandum of Understanding« bzw. des »Letter of Intent«. Hauptziele einer Due-Diligence-Prüfung sind

- die Analyse und gegebenenfalls Bestätigung der Machbarkeit des geplanten Zusammenschlusses (Feasibility-Study),

- die Identifizierung von Stärken und Schwächen des neuen Geschäftspartners (z.B. im Hinblick auf Produkte, Technologien, Kundenstrukturen, Personalressourcen etc.),
- das Aufzeigen aller wesentlichen finanzrelevanten Faktoren (z.B. notwendige Investitionen in die Anpassung der Informationssysteme oder in Schulung und Qualifizierung von Mitarbeitern und mittlerem Management),
- das Erkennen kritischer Vertragspunkte (z.B. Dauer der Harmonisierung der informationstechnischen Strukturen und Systeme).

In die dritte Phase des Aufbaus fallen die Vertragsverhandlungen, alle Umsetzungsaktivitäten sowie die Ausarbeitung des organisatorischen Gesamtrahmens der Strategischen Allianz. Nachdem der geeignete Partner für die Strategische Allianz gefunden ist, müssen die wichtigsten Verhandlungsziele definiert werden. Naturgemäß hängt die Festlegung der jeweiligen Verhandlungsziele vom Einzelfall ab. Die folgenden Gesichtspunkte sollten jedoch unbedingt zur Sprache kommen:

- Mitsprache und Vetorecht für den Fall, daß der Partner eine weitere Strategische Allianz eingehen möchte.
- Möglichkeit der Beteiligung an zukünftigen Entwicklungen und Produkten des Partners der Allianz.
- Beteiligung am Wachstumspotential des Partners.
- Klare Definition von Management-Autoritäten, Entscheidungsmechanismen, Kommunikations- und Verfahrensregeln sowie Kontroll- und Aufsichtsgremien.
- Risikobegrenzung im Fall eines Scheiterns der Strategischen Allianz.
- Verfahren zur Auflösung der Allianz.

Die Durchführung der Strategischen Allianz

Die Phase der Durchführung muß mit der einheitlichen und zeitgleichen Information aller Kunden der beteiligten Unternehmen beginnen, die insbesondere Daten über Produkte, Serviceleistungen und Marktsegmente, die nunmehr nur noch von einem Kooperationspartner bedient werden, enthalten sollten. Entscheidend für die Phase der Durchführung ist jedoch der Einsatz eines professionellen Projektmanagements. Dieses Management hat die Funktion der Koordination zu übernehmen und sich ausschließlich auf diese Aufgabe zu konzentrieren. Das Projektmanagement hat darüber hinaus das gesamte Vorhaben zu steuern und die Aufgaben und Kompetenzen entsprechend zu verteilen. Es sollte die Zielsetzungen der Allianz einer ständigen Überprüfung unterziehen und gegebenenfalls entsprechende Anpassungen veranlassen. Darüber hinaus hat das Projektmanagement generell für einen Interessenausgleich der an der Kooperation beteiligten Partner zu sorgen. Gegebenenfalls muß es auch aktiv als Krisenmanagement fungieren.

GOLDENE REGELN
für erfolgreiche Strategische Allianzen

1. Das Genehmigen jeder Strategischen Allianz setzt das Vorhandensein homogener Partner voraus. Deshalb bedarf eine Partnerschaft zwischen Familienunternehmen und anonymen Konzernen einer besonders sorgfältigen Vorbereitung. Die jeweilige Unternehmensphilosophie erfordert eine genaue Abklärung der »soft facts« d.h. der menschlichen Voraussetzungen der Zusammenarbeit.

2. Strategische Allianzen führen in aller Regel zu einer Beschränkung des unternehmerischen Einflusses bei den einzelnen Partnern. Dies innerlich zu akzeptieren ist die wichtigste Voraussetzung für ihr Gelingen. Wer dieser Beschränkung dadurch entgehen will, daß er Abstriche an der Führungsfähigkeit der Kooperation macht, der pflanzt bereits den Keim des Unterganges.

3. Die neuralgischen Punkte einer Kooperation liegen vor allem in einer schnellen und gleichberechtigten Information der Partner, in der Abstimmung der organisatorischen Verwaltungsabläufe z.B. beim Einkauf, Versand und Verkauf, in einem verursachungsgerechten Schlüssel zur Verteilung des Aufwands sowie in der Gewinnermittlung.

4. Im Hinblick auf ein etwaiges Scheitern der Kooperation bzw. im Hinblick auf den Austritt einzelner Partner muß bei der Bewerbung der Produkte sowie bei produktorientierten Incentives in die Vertriebsmannschaft strikt auf die Gleichbehandlung aller Partner geachtet werden.

5. Für alle Streitigkeiten der Kooperation muß von Beginn an einvernehmlich ein Schiedsgutachter bestellt sein. Dieser muß laufend informiert sein, damit er im Streitfall sofort entscheiden kann.

6. Wollen die Partner eine Kooperation ins Werk setzen, so steigt die Erfolgschance, wenn alle sich auf ein gemeinsames Beratungsteam (Unternehmensberater, Steuerberater, Anwalt) einigen. Lassen Sie sich Ihren Einigungswillen nicht frühzeitig durch Bedenken der »Haus- und Hofberater« zerstören.

7. Gemeinschaftsunternehmen benötigen in der Regel eigenes Führungspersonal. Dieses muß eigenständig und autark sein. Es ist gegenüber den Geschäftsführungen der einzelnen Partner weder weisungsbefugt noch weisungsabhängig.

8. Eine Strategische Allianz lebt von gegenseitigem Vertrauen. Wenn das Vertrauen unter den Partnern fehlt, sollte die Allianz erst gar nicht begonnen werden. Wichtig für die Vertrauensbildung ist die detaillierte Festlegung des Ausstiegsszenarios für jeden einzelnen Partner.

9. Eine Kooperation kann nur gelingen, wenn sie von den Führungskräften jedes einzelnen Partners mitgetragen wird. Diese sind daher vom Sinn und Zweck der Allianz zu überzeugen. Gemeinsame Gespräche mit dem Management der Kooperation sind der beste Weg, um etwaige Vorbehalte zu beseitigen.

10. Die Strategische Allianz als solche aber auch die Realisierung des erwarteten Synergiepotentials seitens des jeweiligen Partnerunternehmens bedürfen einer permanenten Überwachung und des operativen Controllings.

VIII.
FAMILIENUNTERNEHMEN
UND FAMILIENKAPITAL

1.
FAMILIENUNTERNEHMEN UND BANKEN

Es war einmal...

... ein Geschwisterpaar mit Namen Egon und Max Müller. Als Egon und Max Müller 1947 aus französischer Kriegsgefangenschaft in ihr Heimatdorf im Erzgebirge zurückkehrten, da fanden sie das ehemals stolze, elterliche Textilunternehmen in bedauernswertem Zustand vor. Die Gebäude waren verfallen, die Maschinen demontiert, Rohstoff- und Fertigwarenlager waren geplündert. Geblieben war ihnen außer den ansässigen Facharbeitern nur der auf eine starke Marke gegründete tadellose Ruf ihrer Produkte. Geblieben war ihnen aber auch noch etwas anderes, nämlich der unbezwingbare Wille, das, was die Väter geschaffen hatten, wieder zum Leben zu erwecken. Tatkräftig gingen sie ans Werk. Als aber Ende der 50er Jahre der inzwischen wieder erstarkte Betrieb enteignet werden sollte, verließen sie mit ihren Familien bei Nacht und Nebel die Heimat und begannen in der Bundesrepublik ein zweites Mal mit dem Neuaufbau.

Der Neuaufbau gestaltete sich jedoch wesentlich schwieriger als erwartet. Keine Bank war bereit, das neuartige Unternehmenskonzept der beiden Brüder in der Startphase zu finanzieren. Lediglich zur Mitwirkung bei der Veräußerung der äußerst attraktiven Marke erklärte man sich bereit. Aber am Verkauf ihres wichtigsten Aktivum waren die Brüder naturgemäß nicht interessiert. Auch ein Antrag auf öffentliche Fördermittel wurde nach langem Warten vom Ministerium unter Hinweis auf die schwierige Wettbewerbssituation abgelehnt.

Aber die Geschwister ließen sich nicht entmutigen. Während Egon als Unternehmensberater arbeitete, kaufte Max mit dem von Egon verdienten Geld gebrauchte Maschinen und baute mit der Großfamilie in Tag- und Nachtarbeit eine Miniproduktion auf. Das Unternehmen wuchs langsam, aber stetig. Anfang der 70er Jahre hatte man bereits einen Umsatz von 250 Millionen D-Mark erreicht und man begann mit der Vermarktung im europäischen Ausland. Außerdem wurden in der Schweiz und in Österreich eigene Produktionsbetriebe errichtet.

Dann, nach einer langen Phase stetiger Aufwärtsentwicklung begann der Abstieg; langsam, aber unaufhaltsam. Er hatte sich bereits angekündigt, als Max und Egon sich aufs Altenteil zurückzogen. Für alle Insider war es ein offenes Geheimnis, daß die beiden Söhne weder fachlich noch persönlich hinreichend qualifiziert waren, um das Unternehmen erfolgreich fortzuführen. Beiden unterliefen sehr bald schwerwiegende Fehler. Der eine, der die Produktion führte, errichtete eine Fertigungsstätte in den USA. Diese mußte bereits nach zwei Jahren wieder geschlossen werden. Schlecht beraten war die Finanzierung von Deutschland aus über eine Patronatserklärung der Muttergesellschaft erfolgt: Diese mußte in zweistelliger Millionenhöhe für den Schließungsverlust aufkommen.

Der andere Nachfolger, der für den Vertrieb zuständig war, kreierte eine Zweitmarke. Diese konnte sich am Markt jedoch nicht durchsetzen, beeinträchtigte aber den Preis der Stammprodukte nachhaltig.

Das Ende kam dann schnell und plötzlich. Bei den Abschlußarbeiten im Zuge der Erstellung der Jahresbilanz per 31.12.1995 stellte der Wirtschaftsprüfer Ende Oktober 1996 eine erhebliche negative Abweichung vom budgetierten Planergebnis fest. Als die Banken ordnungsgemäß hiervon unterrichtet wurden, zog die Auslandsbank X, die an der kurzfristigen Finanzierung maßgeblich beteiligt war, ohne Ankündigung die »Reißleine«. Eine Hausbank im klassischen Sinne besaß das Unternehmen nicht. Man hatte vielmehr stets die Bank mit den jeweils günstigsten Konditionen eingeschaltet. Folgerichtig fühlte sich auch keine Bank dem Unternehmen in besonderer Weise verpflichtet, so daß alle Finanzinstitute im Anschluß an die Kreditkündigung durch die Bank X ihre Kredite fällig stellten. Nachdem der Versuch, Beteiligungskapital über eine Bankbeteiligungsgesellschaft zu erhalten, mangels Transparenz des betrieblichen Rechnungswesens gescheitert waren, kollabierte das Unternehmen endgültig.

Den einzigen noch lebenden Seniorgesellschafter Max Müller erreichte die Nachricht von der Zerstörung seines Lebenswerkes im Urlaub. Zugleich erhielt *er die Mitteilung, daß sein Privatdepot, das er bei einer der kreditierenden Banken unterhielt, auf Grund der allgemeinen Geschäftsbedingungen zur Kreditrückzahlung verwendet worden sei. Max Müller schlug die Hände vors Gesicht. Was hatten er und sein Bruder, was hatten die Banken falsch gemacht?*

Banken und Familienunternehmen brauchen einander. Die deutschen Familienunternehmen sind derzeit, wie bereits ausgeführt, an der Grenze ihrer Belastbarkeit angelangt. Die jahrzehntelange Vernachlässigung durch den Gesetzgeber hat deutliche Spuren hinterlassen. Sie beginnt bei der Subventionsgewährung und geht über die Regelung des Kapitalmarktes (Stichwort: ad-hoc-Publizität) und des Kartellrechts bis hin zur eklatanten Schlechterstellung in unserem Steuersystem: Von den Steuerquoten der Konzerne, die aufgrund ihrer Globalisierung vielfach unter 30 Prozent liegen, können Familienunternehmen nur träumen. Hinzu kommen Belastungen, die bei den Konzernen schon begrifflich entfallen, wie zum Beispiel Abfindungen für ausscheidende Gesellschafter, Substanzsteuern auf Anteile und die – auch nach der soeben durchgeführten Erbschaftsteuerreform – auch weiterhin inakzeptable steuerliche Belastung der Unternehmensnachfolge. All diese Konstellationen erfordern vor allem Liquidität. Insoweit sind die Familienunternehmen auf die Banken angewiesen.

Familienunternehmen bedürfen darüber hinaus der Mithilfe der Banken bei der Eigen- und Fremdkapitalbeschaffung, bei der strategischen Neuordnung durch Kauf oder Verkauf von Unternehmen oder Unternehmensteilen sowie bei der Begründung der immer wichtiger werdenden Strategischen Allianzen. Die Banken werden gebraucht für unterstützende Dienstleistungen bei der anstehenden Globalisierung (z.B. Währungsabsicherung, Auslandsfinanzierung) sowie für die Vermögensverwaltung der Eigner und ihrer Familienangehörigen. Für letzteres gilt ein neuer Aspekt, den manche noch gar nicht zur Kenntnis genommen haben: Die Familienunternehmer wenden sich immer stärker von der isolierten Betrachtung ihres Firmenportefeuilles ab. Sie verfolgen statt dessen zunehmend eine Optimierung ihres Gesamtvermögens ohne Priorität für das Betriebsvermögen. Dieser neuen Philosophie gilt es, seitens der Bank Rechnung zu tragen. Sie führt zu wesentlich verstärkten Aktivitäten, insbesondere in den Bereichen Going Public (Umplatzierung), M&A und Vermögensverwaltung. Bei der Vermögensverwaltung sind die Banken dazu aufgerufen, dem Unternehmer bei der Freisetzung von Cash Flow im Unternehmen durch Bilanzstrukturierung, Outsourcing etc. zu unterstützen, damit diese Mittel unter Beachtung der Aspekte der Risikodiversifikation dem Privatvermögen zugeführt werden können.

Auf der anderen Seite sind auch die Banken auf die Familienunternehmen angewiesen. Denn mit Ausnahme des Eigenhandels stellt diese Zielgruppe die wesentliche Ertragssäule des Bankgeschäftes (unter Einschluß weiter Bereiche des Investmentbankings) dar. Das berühmte Wort von Ulrich Cartellieri, der Vostandsmitglied der Deutschen Bank ist und der die Banken als Stahlindustrie der neunziger Jahre bezeichnet hat, ist jedoch gründlich mißverstanden worden. Der Ausspruch Cartellieris sollte nicht als düstere Prognose einer unabwendbaren Entwicklung, sondern vielmehr als Aufforderung zur Anpassung bankinterner Strukturen an künftige Marktpotentiale verstanden werden.

GRUNDLAGEN DER ZUSAMMENARBEIT

Trotz der gegenseitigen Abhängigkeit ist das für eine intensive Zusammenarbeit erforderliche Verständnis beider Partner füreinander nicht immer vorhanden, und dies kann in Anbetracht der Unterschiedlichkeit der Firmenkulturen beider Partner auch nicht verwundern. Die Banken sind Konzerne mit angestellten Managern. Die Familienunternehmen werden hingegen von persönlichen Eigentümern getragen, denen es in aller Regel schwerfällt, Bankmanager als Unternehmer zu akzeptieren. Denn diese tragen weder persönliches unternehmerisches Risiko, noch besitzen sie spezifisches Produktions- und Vermarktungs-Know-How.

Die Banker haben freilich ein anderes Rollenverständnis. Sie verstehen sich selbst als Unternehmer, allerdings im Bereich Dienstleistung, und spätestens dann, wenn das von ihnen zur Verfügung gestellte Fremdkapital gefährdet ist, verlangen sie verständlicherweise detaillierte Informationen und unternehmerischen Einfluß.

Es liegt im Interesse beider Partner und unserer gesamten Volkswirtschaft, die bestehenden Emotionen, Vorurteile und Mißverständnisse abzubauen und das historisch gute Vertrauensverhältnis erneut zu manifestieren. Erfolgversprechend ist vor allem eine Rückbesinnung auf die vier elementaren Bedingungen der Zusammenarbeit.

Gesellschaftliche Akzeptanz

Erfolgreiche Zusammenarbeit setzt gesellschaftliche Akzeptanz der beteiligten Partner voraus. Und eben hieran fehlt es derzeit bei den Banken und in zunehmendem Maße auch bei den teilweise immer noch als Kapitalisten verteufelten Familienunternehmern. An der Berichtigung dieses Zerrbildes müssen beide Partner dringend arbeiten. Das gilt insbesondere für die Banken, die aufgrund ihres hohen Öffentlichkeitsetats und ihrer großen Erfahrung in der Lobbyarbeit am ehesten dazu berufen sind, ihr Bild in der Öffentlichkeit zurechtzurücken. Mit Fassungslosigkeit wird in den Familienunternehmen registriert, wie sich die Banken derzeit in ein gesellschaftspolitisches Abseits drängen lassen. Die permanente Bankenschelte läßt zwar nach Meinung der meisten Familienunternehmer zunehmend das erforderliche Augenmaß vermissen, auch wenn sie – wie die Fälle Röller und Adenauer zeigen – nicht immer gänzlich unverschuldet ist. Die Banken müssen jedoch dringend wieder eine ihrem tatsächlichen wirtschaftlichen Stellenwert und ihrer großen Aufbauleistung für dieses Land gerecht werdende Position in der Öffentlichkeit einnehmen. Ohne breite gesellschaftliche Akzeptanz kann niemand auf Dauer erfolgreich sein. Eine vielerorts bis hinauf in die Vorstandsetagen zu beobachtende Resignation wird dem ebenso wenig gerecht wie ein Rückzug aus der politischen Einflußnahme. Für die Familienunternehmen besteht dem Grunde nach dieselbe Problematik. Bereits in den Schulen wird den Schülern das Image eines »raffgierigen Unternehmers« vermittelt. Dem muß durch Aufklärungsarbeit in der Öffentlichkeit vorgebeugt werden.

Neue Produkte

Eine erfolgreiche Zusammenarbeit setzt die Übereinstimmung von Angebots- und Nachfrageprofil voraus. Das Nachfrageprofil der Familienunternehmen unterliegt derzeit einem schnellen strukturellen Wandel. Die Zeit der klassischen Kredite und des Verkaufs vorgefertigter Finanzprodukte ist vorbei. An ihre Stelle treten maßgeschneiderte Individuallösungen, die eine störungsfreie Liquiditätsversorgung zur Optimierung aller unternehmerischen Ressourcen sicherstellt. Die Beratungsfunktion der Bank in allgemeinen unternehmerischen Fragen tritt immer stärker in den Vordergrund. Mithilfe bei der Aufdeckung und Beseitigung der betrieblichen Schwachstellen ist ebenso gefragt wie die

Unterstützung bei der frühzeitigen Erkennung und Nutzung künftiger Marktchancen. Der Bedarf an solcher Unterstützung ist groß. Nach einer von der Deutschen Bank in Auftrag gegebenen Umfrage besitzen mehr als die Hälfte unserer Familienunternehmen kein in sich geschlossenes ganzheitliches Strategiekonzept (vgl. dazu schon oben S. 69ff.). Nur diejenige Bank, die an einer Beseitigung dieses Mangels rechtzeitig und nicht erst nach Eintritt des Sanierungsfalles mitwirkt, wird künftig Marktanteile gewinnen und ihr eigenes Risiko angemessen reduzieren können.

Kundenservice

Erfolgreiche Zusammenarbeit verlangt Verständnis für die Mentalität des Partners. Die Banken haben zwar – und allen voran Deutschlands größtes Kreditinstitut – die gewandelte Bedürfnissituation erkannt; sie verfügen auch in ihren Datenbanken über alle relevanten Branchen-, Markt- und Produktinformationen aus Praxis und Forschung. Doch die Umsetzung ihres Know-Hows bei den Familienunternehmen muß noch effektiver werden. Fatal wäre ein Konzept, das sich eher an den internen Organisationszwängen als am Kundennutzen orientiert. Die internen Sparzwänge diktieren zwar den Rückzug aus der Fläche, die Konzentration von Know-How in der Zentrale und die dortige Entwicklung neuer Beratungsprodukte durch Spezialisten. Die Mitarbeiter der Zentralen sollten diese Produkte jedoch nicht gleich selbst an der Kundenfront »verkaufen« wollen. Gesprächspartner kann in den Augen des Familienunternehmers nur sein, wer die Verhältnisse vor Ort und damit auch den Unternehmer selbst aus langjähriger Erfahrung kennt. Gerade weil traditionell die Informationsbereitschaft bei Familienunternehmen nicht besonders stark ausgeprägt ist, benötigt die Bank um so mehr solide Mitarbeiter mit persönlich-regionalem Bezug, um jene hochsensiblen Informationen zu erhalten, die sie braucht, um maßgeschneiderte Lösungen bieten zu können. Nicht die unter Kostenaspekten optimale Wissensanhäufung in der Zentrale, sondern die Versorgung der Kunden mit Know-How, Kompetenz und Verantwortung am »point of sale« ist die richtige Devise. Mit Genugtuung habe ich bemerkt, daß jedenfalls die größte deutsche Bank dies offensichtlich genauso sieht und lokal verankerte sogenannte Kompetenzzentren errichtet hat. Das ist der richtige Weg.

Angesagt ist die Rückkehr zu starken, unternehmerisch geprägten Filialleitern. Diese und nicht Spezialisten aus der Zentrale müssen Herr des Gesamtgeschehens vor Ort bleiben. Das Verhältnis zwischen Banken und Familienunternehmen wird wesentlich durch die Intensität der persönlichen Beratung durch ein und denselben Firmenkundenbetreuer über längere Zeiträume hinweg geprägt. Von den Familienunternehmern wird gerade das häufige Wechseln der für sie zuständigen Firmenkundenbetreuer beklagt. Die größte deutsche Bank hat auch hier die Problematik erkannt und versucht, durch Veränderung ihrer Anreizsysteme diesem Problem entgegenzuwirken. Diese Veränderung besteht in einer neuen Definition des Karrierebegriffes. Die Karriere soll in Zukunft nicht mehr durch den hierarchischen Rang innerhalb der Bank definiert werden, sondern durch die Qualität und Wichtigkeit der betreuten Projekte. Hierdurch wird eine auch über längere Zeiträume während Betreuung von Familienunternehmen durch »ihren« Firmenkundenbetreuer ermöglicht, was auf die Sympathie der Familienunternehmer stößt.

DER DEUTSCHE VENTURE-CAPITAL-MARKT IST UNTERENTWICKELT

Auch etwas anderes prägt das Verhältnis zwischen Banken und Familienunternehmen maßgeblich: Wie wir in unserer Geschichte gesehen haben, war niemand bereit, das Unternehmen der Brüder Egon und Max Müller in der Startphase zu finanzieren, und dies, obwohl sie ein neuartiges Unternehmenskonzept präsentierten. Dieses Konzept bestand übrigens in einer besonderen Vertriebsidee, die sich später als sehr erfolgreich erwies; nämlich im Discounthandel mit Bekleidung beispielsweise auf Ausflugsschiffen am Bodensee oder in einem Shop im Frankfurter Flughafen. Letzterer konnte mit Ausnahme des 24. Dezember rund um die Uhr geöffnet bleiben, da er nicht unter das Ladenschlußgesetz fiel.

Eine Finanzierung für bloße unternehmerische Ideen, hinter denen kein Sachanlagevermögen steht, ist bei uns in Deutschland sehr schwierig. Das Segment »Venture Capital« wies Ende 1995 lediglich ein Investitionsvolumen von 6,3 Milliarden D-Mark aus. In den USA war es etwa das Zehnfache und auch in England war es ebenfalls ein Vielfaches des deutschen Volumens. Eine gewisse Breitenwirkung haben bisher lediglich die Kapitalbeteiligungsgesellschaften erzielt, die derzeit etwa dreitausend Unternehmensbeteiligungen halten. Gleichwohl macht das Volumen dieses Marktes bei uns derzeit nur etwa ein

Drittel des britischen Marktes aus. Die fünf wichtigsten Gründe für diese Situation sind die folgenden:

1. Der Gesetzgeber hat bisher das Eigenkapital steuerlich benachteiligt und den grauen Markt bevorzugt. Investitionen und steuerliche Verlustzuweisungen rentierten sich mehr als die Übernahme des unternehmerischen Risikos.
2. Die für die Finanzierung dieses Marktes entscheidende Möglichkeit eines Exit über die Börse ist bei uns erst in jüngster Zeit möglich geworden. Insoweit hat die Deutsche Börse-AG allerdings mit dem Neuen Markt ab März 1997 einen hoffnungsvollen Weg beschritten (vgl. hierzu S. 330f.).
3. Die Konditionen der Venture-Capital-Finanziers werden von vielen Unternehmen als zu üppig angesehen. Die verlangten 15 Prozent Rendite p.a. und mehr können viele Unternehmen nicht aufbringen, schon gar nicht in der Gründungsphase.
4. Die Kapitalgeber streben nur selten eine langfristige Bindung an das Unternehmen an und schielen zu häufig auf einen schnellen Exit nach drei bis fünf Jahren.
5. Viele Unternehmer sind nicht bereit, detaillierte Informationen an bisher unbekannte Beteiligungsgesellschaften zu geben. Sie nehmen statt dessen lieber Kredite von der Hausbank, die ihrerseits häufig die Weiterführung des Kredits einer Eigenkapitalstärkung vorzieht.

In diesem Zusammenhang noch ein Wort zu der in der Öffentlichkeit oftmals beklagten Rolle der Banken im Bereich Risikokapital: Unternehmerisches Risikokapital bereitzustellen ist grundsätzlich nicht Aufgabe der Geschäftsbanken und wird es auch zukünftig nicht werden. Die vielfach erhobene Forderung, wonach ein Teil der Eigenkapitalfinanzierung von Venture-Capital-Firmen von den Banken auf eigenes Risiko übernommen werden soll, ist systemwidrig. Es ist offenbar auch zu wenig bekannt, daß selbst in den USA, wo dieser Markt blüht, die Banken eine Eigenkapitalquote von mindestens 25 Prozent verlangen, bevor sie Kredite im Bereich Venture Capital vergeben. Die Banken sollten allerdings zukünftig stärker die Funktion von Kapitalvermittlern, sei es über Fonds oder über die individuelle Vermittlung, wahrnehmen. Das entspricht ihrer Aufgabe als Dienstleister in Sachen Liquiditätsversorgung der Wirtschaft, und dafür haben sie sowohl die organisatorischen Voraussetzungen wie auch das erforderliche Know-How.

FREMDKAPITAL

Traditionelle Aufgabe der Banken ist die Bereitstellung von Fremdkapital durch Vergabe von Krediten. Probleme entstehen, wenn diese Kredite fällig gestellt werden, obwohl im Unternehmen keine ausreichende Liquidität vorhanden ist (vgl. zur Liquidität oben S. 63ff.) Auch im Unternehmen Müller hat die Kreditkündigung einer Auslandsbank den Stein ins Rollen gebracht. Der Finanzchef der Firma hätte aber eigentlich folgendes wissen müssen: Die Einschaltung eines ausländischen Kreditinstituts und die Aufnahme kurzfristig fälliger Verbindlichkeiten ist stets problematisch. So werden z.b. Kredite amerikanischer Banken, die an deutsche Unternehmen vergeben wurden, bei sich verschlechternder Bonität auf Weisung der US-Zentrale gekündigt, sobald das Kreditranking nicht mehr die am Heimatmarkt geltenden Anforderungen erfüllt. Das hat z.b. die Familie Bauknecht schmerzhaft erfahren müssen. Die Gesellschaft hatte immer nach den günstigsten Konditionen gesucht und es unterlassen, sich eine stabile Hausbankverbindung aufzubauen. Als dann die Bank of America über Nacht einen Kredit in Höhe von 40 Millionen D-Mark kündigte, löste sie damit eine Kettenreaktion bei den übrigen Banken aus, die für Firma und Familie zur Katastrophe wurde.

Jedenfalls wird die Versuchung, nur aus »Preisgründen« eine bestimmte Bank zu wählen, in Zukunft weniger stark sein: Der »Preis« für Kredite wird seitens der Banken künftig nicht mehr wie bisher weitgehend pauschal, sondern »risikogerecht« für jeden einzelnen Kunden individuell festgesetzt. Das erfordert ein flexibles und kundennahes Risikomanagement der Bank. Entscheidender Preisfaktor ist künftig das konkrete Ausfallrisiko. Dieses wird nicht mehr anhand der herkömmlichen Sicherheiten, sondern anhand einer Unternehmensbewertung nach Maßgabe abgezinster Zukunftserträge definiert. Zwangsläufig werden hierbei auch die sogenannten »soft facts« wie z.B. Führungsqualität, Sicherung der Unternehmensnachfolge, Entnahmedisziplin der Gesellschafter sowie Transparenzbereitschaft des Managements in die Preisbildung einbezogen. Die Bank wandelt sich unter dem Zwang der Senkung des eigenen Risikos sozusagen vom Discounthändler finanzieller Stapelware zum beratungsintensiven Facheinzelhändler mit vorgeschalteter Ratingagentur. Für manchen Kreditnehmer bedeutet dieser Wandel vielleicht eine Preiserhöhung; er bietet aber zugleich die nicht zu unterschätzende Chance, strategische und personelle Schwachstellen schneller identifizieren und damit ausmerzen zu können. Das bedeutet für die Bank zugleich die Verpflichtung, die getroffene Ratingentscheidung mit dem Management offen zu diskutieren, damit dieses das eigene Kreditstanding kennt und vor Überraschungen im Finanzierungsbereich gesichert ist. Eine solche Diskussion ist für die Bank eine heikle Aufgabe, die nur im partnerschaftlichen Geist zu lösen ist. Meines Erachtens kann eine Rückbesinnung auf das fälschlicherweise totgesagte Hausbankprinzip am ehesten die notwendige Vertrauensbasis für solche Gespräche schaffen.

»EINE« BANK FÜR ALLES

Häufig ist die Hausbank nicht nur Bank des Unternehmens, sondern auch »die« Bank der Unternehmerfamilie. Das ist im Grunde sinnvoll und oftmals das Ergebnis einer über lange Jahre gewachsenen Geschäftsbeziehung, die ihren Ursprung in Zeiten nahm, als die gedankliche Trennung zwischen Unternehmens- und Privatvermögen noch nicht vollzogen war. Die Gefahren, die in der Krise bestehen, wenn private Vermögensverwaltung und geschäftliche Bankbeziehung verquickt werden, müssen jedoch vorbeugend geregelt werden. Der Wunsch der Bank, zur Sicherung der an das Unternehmen ausgereichten Kredite auf Vermögen der Unternehmerfamilie zurückzugreifen, ist einerseits verständlich, denn häufig stellt das private Vermögen, wenn auch unausgesprochen, eine Garantie für die Finanzkraft nicht nur der Familie, sondern auch des Unternehmers dar. Andererseits muß die Bank wissen, daß angesichts der wachsenden Risiken im unternehmerischen Bereich der Aufbau eines Privatvermögens den elementaren Interessen des Unternehmers zur Absicherung seiner Familie dient. Hat der Unternehmer also durch die Wahl einer haftungsbeschränkenden Rechtsform (GmbH, AG oder GmbH & Co.) nach außen dokumentiert, daß er zu Nachschüssen aus dem Privatvermögen nicht bereit ist, so muß die Bank dies auch im Krisenfall akzeptieren. Das von der Bank häufig vorgetragene, zunächst plausibel klingende Argument: »Wenn schon die Bank fresh money zuschießt, dann muß die Unternehmerfamilie das doch erst recht tun«, ist bei näherem Hinsehen keinesfalls überzeugend. Wenn nämlich die Bank zur Rettung ihres Engagements neues Kapital einsetzt, dann trägt sie zwar zusätzliches, aber eben ein diversifiziertes Risiko. Der Unternehmer dagegen gefährdet beim Einsatz des Privatvermögens seine Existenz. Der einzig richtige Weg ist daher der folgende: Der Unternehmer muß entweder zwischen privaten und geschäftlichen Belangen auf eine strikte Trennung achten, indem sein Privatdepot von einer Bank verwaltet wird, mit der im übrigen keine Geschäftsbeziehungen bestehen oder: Mit der auch im Unternehmen engagierten Bank muß bei Begründung des Privatdepots rechtzeitig und gegebenenfalls unter Abänderung oder partiellen Aufhebung der allgemeinen Geschäftsbedingungen eine klare Absprache über die Zugriffsmöglichkeiten der Bank auf private Mittel der Gesellschafter getroffen werden.

DAS EXTERNE UND INTERNE BANKGEHEIMNIS

Das externe Bankgeheimnis ist ein Recht des Kunden auf Geheimhaltung seiner Daten gegenüber Dritten, allerdings nicht gegenüber der Finanzverwaltung. Anders als in der Schweiz hat bei uns der Fiskus – vor allem nach der neuesten Entscheidung des Bundesfinanzhofs zu § 30 a Abgabenordnung (vgl. dazu S. 259) – den vollen Zugriff. Aber auch in der Schweiz ist das Bankgeheimnis auf dem Rückmarsch. Die Nummernkonten sind abgeschafft. Die deutschen Behörden erhalten zwar in den Fällen der normalen Steuerhinterziehung keine Auskünfte, sobald aber Unterlagen gefälscht werden, wie zum Beispiel Bilanzen, Lieferantenrechnungen oder sonstige Belege, entfällt dieser Schutz.

Anders als das externe Bankgeheimnis hat das interne Bankgeheimnis, die sogenannten »Chinese Walls«, für den Unternehmer an Bedeutung gewonnen. Ursprünglich bezog sich diese Informationssicherung nur auf die klassischen börsenrelevanten Insiderinformationen, die die Gefahr in sich trugen, von Bankmitarbeitern zum verbotenen Ausnutzen eines Wissensvorsprungs an der Börse mißbraucht zu werden. Deswegen sollten möglichst wenige Mitarbeiter innerhalb der Bank Zugriff auf solche Informationen haben. Die »Chinese Walls« werden aber zunehmend dazu eingesetzt, generell alle Informationen innerhalb der Bank den Stellen vorzuenthalten, die diese nicht unbedingt für ihre Arbeit benötigen.

Wie wichtig solche Informationsschranken in der Praxis sein können und welche Folgen die unzureichende Beachtung innerhalb der Bank für Kunden und auch für die Bank selber haben kann, soll an einem Beispiel verdeutlicht werden, das vor nicht allzu langer Zeit für einige Unruhe bei deutschen Anlegern sorgte: Die Luxemburger Niederlassung einer deutschen Großbank ließ intern ihr EDV-System umstellen und überarbeiten. Dabei mußten auch die gespeicherten Daten über Kundeninformationen bearbeitet werden, um für die neue Software nutzbar zu sein. Bei dieser Gelegenheit gelang es einem der mit der Umstellung beschäftigten Mitarbeiter der Bank, eine Liste deutscher Kunden und ihrer bei der Luxemburger Niederlassung unterhaltenen Guthaben auszudrucken und aus der Bank zu entwenden. Der Mitarbeiter schrieb die auf der Liste nicht verschlüsselten Kunden an und versuchte, diese mit der Drohung zu erpressen, die Daten an die deutschen Finanzbehörden weiterzuleiten, sofern nicht ein Schweigegeld gezahlt werde. Nachdem sich einige der angeschriebenen Kunden an die Bank bzw. direkt an die Polizei gewandt hatten, konnte der Mitarbeiter bei dem Versuch, nach Deutschland einzureisen, festgenommen werden. Die Listen wurden bei der Festnahme beschlagnahmt und trotz aller Proteste der Bank an die Finanzverwaltung zur weiteren Auswertung weitergeleitet.

An diesem Beispiel zeigt sich, wie wichtig interne Informationsschranken und -kontrollen einer Bank werden können. Der Mitarbeiter, der mit der Umstellung der Daten betraut war, hätte entweder keinen ungehinderten Zugriff auf die Daten haben dürfen oder es hätte entsprechend dem Vier-Augen-Prinzip der Banken eine weitere Kontrolle bei der Verarbeitung der Daten vorgesehen werden müssen. Die Bank hat jedenfalls gegen ihre Pflicht der Wahrung des bankinternen Bankgeheimnisses verstoßen. Liegt ein solcher Verstoß vor, kann dies auch Konsequenzen für die Bank haben. Entsteht dem Kunden dadurch nämlich ein Schaden, so muß die Bank dafür Schadenersatz leisten. Denjenigen, bei denen der »Datenklau in Luxemburg« (so titelte die Frankfurter Allgemeine Zeitung) zu Steuernachzahlungen oder gar einem Steuerstrafverfahren geführt haben, hilft dies allerdings wenig: derartige Vermögenseinbußen werden von der Rechtsprechung nicht als ersatzfähiger Schaden anerkannt.

Daß das Problem der internen Geheimhaltung bei Banken nicht neu ist, zeigt ein Fall, der dem schweizerischen Appellationsgericht in Baselstadt im Jahre 1938 (!!) zur Entscheidung vorlag. Ähnlich wie der Mitarbeiter der Bank in Luxemburg hatte in diesem Fall der Lehrling einer Schweizer Großbank Kundenlisten mit den Daten deutscher Kunden der Bank entwendet und versucht, die in Deutschland lebenden Kunden mit der Weitergabe dieser Daten an die deutschen Behörden zu erpressen. Den Kunden drohte nach Einführung der Devisenbewirtschaftung im damaligen Deutschland eine Bestrafung wegen »Verrats der deutschen Volkswirtschaft«. Auch in diesem Fall fiel die

Liste den deutschen Behörden in die Hände, was zur Einleitung entsprechender Strafverfahren und Verhängung von Geld- und Freiheitsstrafen führte. In diesem Fall blieb den in Deutschland bestraften Kunden jedoch ein Trost: das Appellationsgericht Baselstadt verurteilte die Bank wenigstens dazu, einen Teil des entstandenen Schadens zu ersetzen, mit der Begründung, die Bank habe nicht für ausreichende interne Informationsweitergabekontrollen gesorgt.

GOLDENE REGELN
für den Umgang mit den Banken

1. Keine Informationsquellen schaffen, die für den Unternehmer nicht beherrschbar bleiben. Beiratsposten für Hausbankiers können zu Interessenkonflikten führen. Es muß daher vor Übernahme einer solchen Position klargestellt werden, ob und gegebenenfalls welche Informationen aus dem Beirat in die Bank einfließen dürfen.

2. Größere Unternehmen arbeiten in aller Regel mit mehreren Banken zusammen. Hier muß bei der notwendigen Informationsweitergabe beachtet werden: niemals eine Bank bevorzugen. Dies gilt in noch höherem Maße für die Bestellung von Sicherheiten.

3. Es ist wichtig, daß sich die Banken ihr Bild über das Unternehmen nicht nur aus Bilanzen verschaffen. Deswegen empfiehlt es sich, auch solche Informationen weiterzugeben, die über das Tagesgeschäft hinausgehen. Als besonders hilfreich erweist es sich gerade in schwierigen Zeiten, wenn die Banken von der Qualität des Managements überzeugt sind. Dies kann aber nur bei einer langfristig angelegten Informationspolitik, die auch Hintergründe verdeutlicht (z.B. durch regelmäßige Unternehmenspräsentationen), erfolgreich sein.

4. Die Informationen, die an die Banken weitergegeben werden, müssen stimmen. Falsche Informationen sind tödlich und zerstören jedes Vertrauensverhältnis. Das Wahrheitsgebot beinhaltet auch, daß nicht durch Weglassen einzelner Informationen ein falsches Gesamtbild der Unternehmenslage entsteht.

5. Wichtig ist, daß keine Informationen in der Bank versickern. Auch dies kann zu einer Verzerrung des Gesamtbildes führen, das die Bank von dem Unternehmen hat. Daher ist es entscheidend, den Kontakt zum zuständigen Vorstandsmitglied persönlich zu halten.

6. Besonderheiten, die im Tagesgeschäft mit der Bank oder auch in den Jahresabschlüssen erkennbar werden, sollten frühzeitig erläutert werden. Verspätete Erklärungen – gar auf Nachfrage – sind peinlich und vermitteln oft den Eindruck, es werde etwas verborgen.

7. Notwendige Erläuterungen – insbesondere wenn es sich um unangenehme Wahrheiten handelt – nicht schriftlich, sondern im persönlichen Gespräch abgeben. Das erhöht das Vertrauen und außerdem gehen schriftliche Erklärungen oft unter (allerdings kann es sich durchaus empfehlen, mündliche Erklärungen nochmals schriftlich nachzureichen).

8. Bei Prognoseinformationen realistisch bleiben. Jede negative Abweichung in der weiteren Entwicklung führt zu Argumentationsaufwand und Vertrauensverlust.

9. Geschäftliche und private Vermögensangelegenheiten sollten entweder verschiedenen Banken übertragen werden oder aber hinsichtlich eines Bankenzugriffs gegebenenfalls unter Abänderung der allgemeinen Geschäftsbedingungen klar geregelt werden.

10. Halten Sie am Hausbankenprinzip fest und verwässern Sie dies niemals durch unnötige »Gebührenfeilscherei«. Wie wenig sinnvoll die Aufgabe oder Störung langjähriger Bankbeziehungen aus Gebührengründen ist, erkennt derjenige am ehesten, der einmal durchrechnet, was ihm nach Steuern von einem Gebührenvorteil bei einer neuen Bank noch netto in der Kasse verbleibt.

2.
VERMÖGENSVERWALTUNG

DIE ORGANISATION DER VERMÖGENSVERWALTUNG

Vermögensinhaber sind nicht zu beneiden. Denn angesichts der jüngsten Entwicklungen ist es immer schwieriger, eine Strategie zu finden, die einen langfristigen und soliden Vermögensaufbau sicherstellt. Hinzu kommen die Schwierigkeiten bei der steuerlichen Konzeption, die viel zu oft in den Mittelpunkt der Anlagestrategie gestellt werden, und die der optimalen Organisation des Vermögens. Diese Schwierigkeiten sind dafür verantwortlich, daß »gutgemeinte Ratschläge« oder »kostbare Anlagetips« von vielen Anlegern beachtet werden, obwohl sie zu einer einseitigen Ausrichtung der Vermögensstruktur führen. Es kann deshalb nicht verwundern, daß häufig der langfristige Anlageerfolg auf der Strecke bleibt, eine Gesamtstrategie nicht existiert und eine kontinuierliche Überwachung der Anlageerfolge meist völlig fehlt.

Manche Vermögensinhaber meinen eine Lösung dieser Probleme dadurch finden zu können, daß sie selbst versuchen, ihr Vermögen zu strukturieren. Dies ist sicherlich keine schlechte Lösung, setzt aber Zeit, Motivation, eine hinreichende Infrastruktur und das entsprechende Know-How voraus. Bei dieser Option besteht aber beispielsweise die Gefahr, daß in Zeiten einer berufsbedingten Abwesenheit volatile Vermögensteile wie Aktien unbeaufsichtigt bleiben und das Vermögen in Zeiten sinkender Kurse Schaden nimmt, ohne daß dem ausreichend gegengesteuert werden kann. Nicht selten kommt es auch zu einer ungewollten Kumulation des unternehmerischen Risikos mit dem der Vermögensanlage: entweder ist ein zu großer Teil des Privatvermögens in der Firma gebunden oder unternehmerische Risiken werden nicht durch eine vorsichtige Anlagepolitik im Bereich des Privatvermögens ausgeglichen, so daß die Risiken nicht diversifiziert, sondern kumuliert werden.

Diese Probleme haben Banken und bankennahe Institutionen erkannt und bieten Dienstleistungen auf dem Gebiet der Vermögensberatung an. In der Regel wird versucht, dem Kunden »alles unter einem Dach« anzubieten. Mit dieser Lösung können allerdings gewisse Probleme verbunden sein, weil kaum eine Institution Spezialist in allen Angelegenheiten sein kann, weil die Beratung in erster Linie als Akquisitionsmethode für die Produkte des eigenen Hauses angesehen wird und weil eine wesentliche Funktion im Bereich eines professionellen Vermögensmanagements, nämlich »die Kontrolle der Banken« insbesondere hinsichtlich der Konditionen und Spesen, häufig fehlt.

Diese Nachteile vermeiden Konzepte, bei denen der Anleger einen Beirat ernennt und eine unabhängige Institution als externe Stabsstelle für das Vermögensmanagement beauftragt, so daß die Vermögensverwaltung wie ein gutes Unternehmen zwei- oder dreistufig organisiert ist. Dieser für die Vermögensverwaltung zuständige Beirat sollte aus Persönlichkeiten bestehen, denen der Vermögensinhaber besonderes Vertrauen entgegenbringt. Den Vorsitz des Beirates kann beispielsweise der langjährige Rechtsberater des Vermögensinhabers übernehmen. Aufgabe des Beirates in Vermögensangelegenheiten sollte zunächst die Auswahl und Kontrolle der externen Stabsstelle sein. Der Beirat sollte den Vermögensinhaber ferner bei der langfristigen Gestaltung seiner Vermögenssituation, bei der Festlegung der Anlagestrategie und bei der konkreten Organisation der Vermögensverwaltung beraten.

Die Aufgaben einer externen Stabsstelle beinhalten insbesondere

- die Erfassung und Analyse der Vermögenssituation;
- die Beratung bei der Bestimmung der Vermögensziele und der untergeordneten Zielsetzungen für die einzelnen Anlagebereiche;
- die Beratung bei der Auswahl von Spezialisten und die Erarbeitung einer Vermögensanlagestrategie in Zusammenarbeit mit den ausgewählten Spezialisten;
- die Erarbeitung eines Vermögensplanes zur Umsetzung der Strategie;
- die Kontrolle der Spezialisten und die kontinuierliche Berichterstattung an den Vermögensinhaber und den Beirat.

Für die Aufgaben einer externen Stabsstelle sollten unabhängige Spezialisten mit Erfahrung im Vermögens- und Portfoliomanagement ausgewählt werden. Der besondere Vorteil des Einsatzes einer externen Stabsstelle liegt darin, daß dem Vermögensinhaber ein Team von Spezialisten zur Verfügung steht, jeder Spezialist entsprechend seinen Stärken eingesetzt wird und der Vermögensinhaber durch die Stabsstelle jederzeit über die aktuelle Vermögenssituation informiert werden kann. Durch die Zusammenarbeit von Vermögensinhaber, Beirat und Stabsstelle können darüber hinaus erhebliche Kostenersparnisse erzielt und Renditepotentiale ausgeschöpft werden.

STRUKTUR DES MODERNEN VERMÖGENSMANAGEMENTS

Modernes Vermögensmanagement hat eine vierstufige Struktur:

Feststellung der Vermögenssituation

Das Vermögensmanagement beginnt mit einer systematischen Erfassung sowie einer qualitativen und quantitativen Bewertung des aktuellen Vermögens. Von besonderer Bedeutung ist die Risiko-Rendite-Analyse, die zeigt, ob das Vermögen optimal diversifiziert ist, ferner eine detaillierte Vermögensbilanz-Analyse, eine Einnahmen-Ausgaben-Analyse, eine Bestandsanalyse mit einer Überprüfung der Qualität der Vermögensbestandteile sowie eine Cash-Flow-Analyse. Ergänzt wird die gesamte Untersuchung durch rechtliche und steuerliche Expertisen.

Bestimmung der Anlageziele

Bei der Bestimmung der Anlageziele, die die zweite Stufe eines modernen Vermögensmanagements darstellt, werden in einem ersten Schritt die Zielsetzungen und »Wünsche« des Vermögensinhabers erfaßt. Dazu zählen beispielsweise Liquiditäts- und Ertragsziele, die zeigen, welches verfügbare Einkommen wünschenswert und notwendig erscheint.

Zudem sind die geplanten Investitionsvorhaben, die aktuellen und absehbaren Verbindlichkeiten sowie die angestrebte sachliche und geographische Diversifikation zu berücksichtigen. Weitere Zielsetzungen sind beispielsweise die finanzielle Absicherung der Kinder oder die Absicherung der eigenen beruflichen Existenz.

Die Zielsetzungen, Wünsche und Risikovorstellungen werden in einem nächsten Schritt für die einzelnen Spezialisten schriftlich formuliert. Damit ist sichergestellt, daß alle Spezialisten einen Gesamtüberblick erhalten und ihre Expertise in diesem Gesamtzusammenhang optimal zur Geltung bringen können. Weiterhin wird durch klare, in Zahlen ausgedrückte Richtlinien eine kontinuierliche Kontrolle der Vermögensstrategie erst möglich.

Bestimmung der Vermögensanlagestrategie

Im Rahmen des Soll-Ist-Vergleichs erfolgt nun ein Vergleich der aktuellen Vermögensstruktur mit den fixierten Zielsetzungen des Vermögensinhabers. Soweit in den einzelnen Bereichen Abweichungen festgestellt werden, muß eine Vermögensanlagestrategie zur Beseitigung dieser Abweichungen entwickelt werden. Ziel dieser Vermögensanlagestrategie ist es, die Vermögensziele mit dem geringstmöglichen Risiko und mit minimalen Kosten zu erreichen, und nicht, wie vielfach zu beobachten, das maximale Ergebnis in allen Vermögensbereichen anzustreben. Eine Vermögensoptimierung ist daher ein vielschichtiger und wechselseitiger Abstimmungsprozeß zwischen Anpassungen der Vermögensziele und Anpassungen der Vermögensstruktur.

Die Vermögensstrategie muß im Rahmen eines detaillierten Vermögensplanes umgesetzt werden. Der Vermögensplan ist das Steuerungs- und Kontrollinstrument der externen Stabsstelle. Er wird gemeinsam mit Vermögensinhaber und Beirat erarbeitet. In ihm wird detailliert festgelegt, welcher Spezialist welche Aufgaben mit welchen erwarteten Ergebnissen und Vorgaben übernimmt, wie häufig wer wen kontrolliert und wer wem auf welche Art und Weise Bericht erstattet.

Kontrolle

Aufgabe der Stabsstelle ist es, eine permanente Kontrolle des Vermögensplanes sicherzustellen. Dazu erhält die Stabsstelle Analysen und Daten der einzelnen Spezialisten, überprüft die Einhaltung der Vermögensrichtlinien und übermittelt einen detaillierten Bericht an den Vermögensinhaber und den Beirat. Im Rahmen von periodischen Strategiesitzungen von Beirat, Vermögensinhaber und Stabsstelle erfolgt eine Überprüfung der Vermögensziele, der Vermögensstrategie und des Vermögensplanes. Gegebenenfalls erfolgt die Hinzuziehung von Spezialisten. Ein modernes Vermögensmanagement ermöglicht auf diesem Wege eine effiziente Kontrolle, nutzt systematisch vorhandenes Renditepotential und erlaubt damit eine rasche Reaktion auf Änderungen im Anlageumfeld, bei den Zielsetzungen und bei der Vermögensstruktur. Die vorgestellte Systematik erlaubt es, gemeinsam mit dem Vermögensinhaber eine maßgeschneiderte Vermögensstrategie zu entwickeln, die einen kontinuierlichen, überdurchschnittlichen Erfolg und eine permanente Kontrolle des Risikos verspricht.

Externer Vermögensverwalter contra Bank

Externe Vermögensverwalter bedienen sich sehr häufig angesehener Banken, bei denen der Kunde davon ausgehen kann, daß durch die Bank eine ständige Überprüfung der Dispositionen des Vermögensverwalters erfolgt. Vernachlässigt die Bank ihre Kontrollaufgabe, stellt sich die Frage nach ihrer Schadensersatzpflicht.

Die Rechtsprechung bezüglich der Pflichtverletzung durch einen externen Vermögensverwalter und deren Auswirkung für die betroffene Bank ist derzeit nicht ganz eindeutig. Es gibt Stimmen, die betonen, daß der externe Vermögensverwalter Bevollmächtigter (§ 164 BGB) und zugleich Erfüllungsgehilfe des Vermögensinhabers (§ 278 BGB) sei, so daß die Bank keine Schadensersatzpflicht treffe; andere hingegen sagen, daß der Bank stets eine Überwachungs- und Sorgfaltspflicht hinsichtlich der Handlungen des Vermögensverwalters aufzuerlegen sei. Die letztgenannte Auffassung dürfte indes nicht praxisgerecht sein. Regelmäßig setzt der externe Vermögensverwalter nämlich alles daran, daß die Depotbank seine Mandanten nicht oder nur oberflächlich kennt, um damit die Möglichkeit des »Abwerbens« auszuschließen. Die Bank hat deshalb in der Regel keine Möglichkeit, die Risikofreudigkeit des Anlegers einschätzen zu können, so daß die Auferlegung von Kontrollpflichten überzogen erscheint.

Der Anleger muß sich darüber im klaren sein, daß der externe Vermögensverwalter gern spekulativ tätig ist, um seine – im Vergleich zu den Banken – hohen Renditeversprechen halten zu können. Die hohe Performance birgt aber naturgemäß eine hohes Verlustrisiko.

Externe Vermögensverwalter erliegen nicht selten der Versuchung, einzelne Werte überzugewichten; manchmal bevorzugen sie zur Steigerung des Anlagepotentials enge Börsen (z. B. Helsinki, Lissabon, Madrid, osteuropäische Reformländer). Zum Teil bildet sich der externe Vermögensverwalter seine Marktmeinung »isoliert«. Das heißt, ihm fehlt der tägliche und regelmäßige Dialog mit Kollegen, Händlern und Analysten. Im Gegensatz zu Banken unterliegen Vermögensverwalter auch (noch) nicht den Beschränkungen des Wertpapierhandelsgesetzes, so daß eine angemessene Kontrolle des externen Vermögensverwalters notwendig erscheint.

GOLDENE REGELN
eines modernen Vermögensmanagements

1. *Ein Vermögen ist wie ein gutes Unternehmen zu führen:* Der Unternehmer sollte auch für sein Vermögen die Prinzipien systematischer Unternehmensführung anwenden, also ausgehend von einer Analyse des aktuellen Vermögens zunächst die Ziele festlegen, Strategien zur Erreichung dieser Ziele erarbeiten und Kontrollmechanismen einbauen, die einen permanenten Überblick über die aktuelle Vermögenssituation geben.

2. *Umsatz-Maximierung ist ebensowenig ein Ziel wie Performance-Maximierung:* Zielsetzung eines modernen Vermögensmanagements ist es vielmehr, eine Vermögensstrategie zu entwickeln, welche die Zielsetzungen des Vermögensinhabers mit dem geringstmöglichen Risiko und zu minimalen Kosten erreicht. »Alles auf eine Karte zu setzen«, ist im Unternehmen wie im Privatvermögen die falsche Strategie.

3. *Kontinuität ist auch im Privatvermögen bedeutend:* Eine systematische Optimierung von Risiko, erwartetem Erfolg und Kosten führt zu mehr Kontinuität in der Anlagerendite. Mehr Kontinuität erleichtert die Planung und führt zu mehr Sicherheit. Auch in seinem Privatvermögen ist eine kontinuierliche, risikoarme Anlagerendite eine wesentliche Voraussetzung für einen langfristigen Anlageerfolg.

4. *Jedes Vermögen sollte professionell betreut werden:* allerdings mangelt es den meisten Unternehmern an Zeit. Im Unternehmen werden sie in finanziellen Angelegenheiten durch ihre Finanzabteilung unterstützt. Im Privatvermögen kann die Hinzuziehung eines Beirates und einer externen Stabsstelle den Unternehmer wesentlich entlasten, ohne daß er dabei die Kontrolle über sein Vermögen aufgibt.

5. *»Do it yourself« und »Alles unter einem Dach« sind risikoreiche Einstellungen:* Die Vermögensplanung selbst durchzuführen, setzt eine umfangreiche Infrastruktur, Zeit und Motivation voraus. Auch eine Lösung, bei der beispielsweise eine Bank alles unter einem

Dach anbietet, sollte mit einer gewissen Vorsicht betrachtet werden, da keine Institution in allen Bereichen über die notwendige unabhängige Expertise verfügt. Hier erweist sich die Aufgabentrennung zwischen Vermögensinhaber, Beirat und Stabsstelle als Lösung. Der Vermögensinhaber hat für jeden Bereich einen Experten, ohne jedoch tagtäglich selbst involviert sein zu müssen. Er kann Entscheidungen delegieren, ohne die Kontrolle zu verlieren. Zudem werden die Kosten einer guten Lösung in der Regel durch die erzielten Kostenersparnisse und Steigerungen der Anlagerendite mehr als aufgewogen.

3.
FAMILIENUNTERNEHMEN UND BÖRSE:
GOING PUBLIC

Das Unternehmen »Dr. U. Bauchemie« wurde 1911 gegründet und erarbeitete sich in drei Generationen eine beachtliche Position im Bereich der Bauchemie mit Konzentration auf Klebstoffe und Ausgleichsmassen. Das marketingorientierte Familienunternehmen fühlt sich dem Handwerk verpflichtet und setzt mit umweltgerechten Qualitätsprodukten auf Expansion und qualifiziertes Wachstum im europäischen Markt. Innerhalb eines Zehnjahreszeitraumes von 1986 bis 1996 steigerte sich der Umsatz von unter 50 Millionen D-Mark auf über 150 Millionen D-Mark. Der Umsatz pro Mitarbeiter wurde in dieser Zeit mehr als verdoppelt. Eine ebenso günstige Entwicklung nahm der Jahresüberschuß, der von 8,5 Millionen D-Mark in 1994 auf 11,3 Millionen D-Mark in 1996 anstieg.

Mitte der 80er Jahre hatte man aus strategischen Gründen einen Partner aus der Zementindustrie mit 30 Prozent am Unternehmen beteiligt. Als dieser Anfang 1995 erkannte, daß sein Wunsch, in naher Zukunft die Mehrheit am Unternehmen zu erhalten, nicht realisierbar war, entschied man sich freundschaftlich für eine Trennung. Herr Dr. U., der dynamische und erfolgreiche Familienchef, suchte nach einer Möglichkeit, das hohe Abfindungsguthaben des ausscheidenden Gesellschafters zu finanzieren, ohne das Unternehmen zu schwächen und ohne maßgeblichen unternehmerischen Einfluß aufzugeben. Da ohne nachhaltige Schwächung des Unternehmens nur eine externe Finanzierung in

Betracht kam, beschloß man kurzfristig, die Kapitalbeteiligungsgesellschaft einer deutschen Großbank als zwischenzeitlichen Gesellschafter aufzunehmen und die von der Beteiligungsgesellschaft gezeichneten Anteile mittelfristig an der Börse zu plazieren.

DIE ENTWICKLUNG DES NEUEMISSIONSGESCHÄFTES

In den 60er und 70er Jahren hat die Neuemission von Aktien am deutschen Kapitalmarkt eine untergeordnete Rolle gespielt. Nur wenige Unternehmen entschieden sich für einen Gang an die Börse, das sogenannte Going Public bzw. nach neuerer Terminologie IPO (= Initial Public Offering). Beginnend ab 1983 wurde aber eine zunehmende Zahl von Unternehmen erstmalig an der Börse eingeführt. Die Zahl der Neuemissionen schwankt seit 1984 zwischen 10 und maximal 24 pro Jahr, wobei das Plazierungsvolumen in 1986 mit knapp 4,4 Milliarden D-Mark lange Zeit den Höhepunkt markierte. In den Jahren 1992 bis 1994 war die Entwicklung des Neuemissionsgeschäftes mit einem Plazierungsvolumen von lediglich 3,2 Milliarden D-Mark rückläufig. 1995 wurde eine Steigerung des Emissionsvolumens auf 7,8 Milliarden D-Mark erreicht. Dieser Betrag wurde 1996 deutlich überschritten, da allein die Emission der Telekom zu einem Plazierungsvolumen von circa 20 Milliarden D-Mark geführt hat. Auch 1997 hat sich dieser Trend mit etwa 25 Börsengängen fortgesetzt, von denen bis Ende Oktober 1997 bereits 19 (allerdings ohne Freiverkehr) realisiert waren. Bis Anfang der 90er Jahre wurde das Emissionsgeschäft durch bisher in der Öffentlichkeit weitgehend unbekannte Familienunternehmen geprägt. Denn mehr als die Hälfte der Börsenneulinge wiesen ein Grundkapital von weniger als 25 Millionen D-Mark auf, was darauf schließen läßt, daß diese Unternehmen sich zuvor im Eigentum von Familien befunden hatten.

Unverändert ist aber festzustellen, daß Deutschland trotz der positiven Entwicklung des Neuemissionsgeschäftes im letzten Jahrzehnt hinsichtlich der Börseneinführung von Unternehmen nach wie vor ein »Entwicklungsland« ist. Während in Deutschland nur circa 700 inländische Unternehmen börsennotiert sind, sind es in Großbritannien circa 1 800, in Japan circa 2 900 und in den USA ca. 7 000. Hoffnungsvoll stimmt allein, daß in Deutschland etwa 1 500 Unternehmen vorhanden sind, die als börsenfähig gelten, aber von der

Möglichkeit eines Börsenganges bisher keinen Gebrauch gemacht haben. Das zunehmende Bemühen am deutschen Going-Public-Markt, den internationalen Anschluß zu schaffen, zeigt sich in den Versuchen von Banken und Börse, durch Gründung eines neuen Segmentes (Neuer Markt) zusätzliche Unternehmen für die Börse zu gewinnen. Durch die Übernahme international anerkannter Standards (US-GAAP, IAS) und Verfahrensweisen (Bookbuilding-Verfahren) erhöht sich die Attraktivität des deutschen Aktienmarktes auch für ausländische und insbesondere institutionelle Anleger.

DIE VORTEILE EINES BÖRSENGANGES FÜR MITTELSTÄNDISCHE UNTERNEHMEN

Die Erhöhung der Eigenkapitalquote und die Verbesserung der Liquidität

Die wichtigsten Ziele eines Börsenganges sind in der Regel die Erhöhung der Eigenkapitalquote, also des Verhältnisses zwischen Eigenkapital und Bilanzsumme sowie die Verbesserung der Liquiditätssituation. Die hohen Steuersätze in Verbindung mit den durch den zunehmenden Wettbewerbsdruck relativ niedrigen Margen führen nämlich dazu, daß Eigenmittel nur in beschränktem Umfang aus erwirtschafteten Gewinnen gebildet werden können. Umgekehrt sind aber die erforderlichen Investitionssummen angesichts der zunehmend kapitalintensiven Produktion sowie der kürzer werdenden Produktionszyklen überproportional stark gestiegen, so daß für eine Verbesserung der Eigenkapital- und Liquiditätssituation durch ein IPO zunehmender Bedarf besteht.

Verbesserte Finanzierungsbedingungen

Der Gang an die Börse führt neben der unmittelbaren Eigenkapitalzufuhr auch zu deutlich verbesserten Finanzierungsmöglichkeiten. Börsennotierten Unternehmen steht der Kapitalmarkt auch zur Begebung von Options- und Wandelanleihen sowie von Schuldverschreibungen und Genußscheinen offen. Diese Möglichkeiten können zwar, wie einige wenige Beispiele zeigen (Genußscheine: Bertelsmann, Anleihen: Trumpf, Haindl, Würth), auch von nicht börsen-notierten Familienunternehmen genutzt werden. In der Finanzierungspraxis von Familienunternehmen spielen derartige Finanzierungsmöglichkeiten allerdings schon wegen des fehlenden Bekanntheitsgrades und des hierdurch fehlenden »Standings« am Kapitalmarkt eine völlig untergeordnete Rolle. Daneben werden auch die Finanzierungsmöglichkeiten im Geschäft mit den Banken deutlich verbessert. Die erhöhten Eigenmittel in Verbindung mit dem deutlich verbesserten Standing führen in der Regel zu erweiterten Kreditlinien und besseren Konditionen.

Steigerung des Bekanntheitsgrades

Der Börsengang eines Unternehmens führt in der Regel zu einer deutlichen Erhöhung des Bekanntheitsgrades. Hiervon profitieren natürlich in erster Linie Markenartikelunternehmen, wie z.B. Adidas, Hugo Boss, Puma, Jil Sander oder Escada.

Aber auch für andere Unternehmen führt die Erhöhung des Bekanntheitsgrades zu Vorteilen am Markt, wie die geradezu explosive Entwicklung verschiedener Unternehmen nach dem Going Public vermuten läßt (vgl. z.B. Plettac, Sto, VBH, Weru), wobei naturgemäß der Beitrag des Going Public zu den erreichten Erfolgen nicht ermittelt werden kann. Auch im internationalen Wirtschaftsleben wird einem börsennotierten Unternehmen in der Regel ein deutlich besseres Standing zuerkannt, wodurch sich die Chancen zur Gewinnung größerer Aufträge wesentlich verbessern.

Der erhöhte Bekanntheitsgrad des Unternehmens führt schließlich zu deutlichen Vorteilen bei der Suche nach geeigneten und qualifizierten Führungskräften. So ist allgemein bekannt, daß gerade Spitzenkräfte, insbesondere auch außerhalb von Ballungsräumen, wesentlich leichter gewonnen werden können, wenn man ihnen eine Vorstandsposition statt einer Geschäftsführerposition bieten kann.

Insbesondere qualifizierte Manager schätzen die börsennotierte AG, da sie ihnen die Möglichkeit eröffnet, ihre Leistungen und Erfolge der Finanzpresse und einer breiten Öffentlichkeit präsentieren zu können. Außerdem bietet ihnen die Unternehmensverfassung der Aktiengesellschaft mit einer Personalkompetenz des Aufsichtsrates und einer Kontrolle durch die Öffentlichkeit eine erhöhte Gewähr, daß künftige Personalentscheidungen (Vertragsverlängerung) allein aus sachlichen Gründen im Unternehmensinteresse und weniger aus persönlich-familiären Gesichtspunkten getroffen werden. Bei reinen Familienunternehmen besteht dagegen für Fremdmanager häufig das Problem, die Unternehmensinteressen den Interessen aller oder einzelner Gesellschafter unterordnen zu müssen. Gerade dieser Gesichtspunkt veranlaßt häufig besonders qualifizierte Führungskräfte, eine Tätigkeit in Konzernunternehmen einer Tätigkeit in Familienunternehmen vorzuziehen.

Vermögensdiversifikation der Unternehmerfamilie

Bei Familienunternehmen ist häufig festzustellen, daß nahezu das gesamte Vermögen oder zumindest der überwiegende Teil des Vermögens der Inhaberfamilie in dem Unternehmen gebunden ist. Diese einseitige Vermögensanlage hat aus Sicht der Unternehmerfamilie vielfältige Nachteile.

Auch wenn die im eigenen Unternehmen eingesetzten Mittel relativ gut verzinst werden, so besteht eine bedenkliche Abhängigkeit von der Ertragslage des Unternehmens. Da die Börse Minderheitsbeteiligungen zu attraktiven Kursen bewertet, ist sie ein nahezu idealer Weg zur Veräußerung von Teilen des Unternehmensvermögens. Die Unternehmerfamilie erhält durch den Börsengang die beinahe einmalige Chance, sich haftungsfreies Privatvermögen zu schaffen, ohne den Einfluß auf die Steuerung ihres Familienunternehmens aufgeben zu müssen.

Erleichterte Nachfolgeregelungen

Der Gang an die Börse erleichtert in vielen Fällen die Nachfolgeregelung innerhalb der Unternehmerfamilie. Die Vererbung und Aufteilung von Gesellschaftsvermögen auf verschiedene Familienangehörige ist bei Aktiengesellschaften viel einfacher als bei Personengesellschaften.

Die Trennung von Kapital und Management sowie die Einschaltung einer unabhängigen Aufsichtsebene (Aufsichtsrat) erleichtert die Nachfolgedisposition, wenn einerseits das Vermögen innerhalb der Familie gleichmäßig aufgeteilt werden soll, andererseits aber kein oder nur einzelne Unternehmensnachfolger zur Verfügung stehen.

Vorbehalte des Familienunternehmers gegen einen Börsengang

Publizität

Die meisten Familienunternehmen sind im allgemeinen daran interessiert, daß das Zahlenwerk ihres Unternehmens Dritten nicht zugänglich gemacht wird. Entsprechend restriktiv wird bei Familienunternehmen mit der Veröffentlichung von Zahlen verfahren. Zwar besteht in aller Regel bei börsenwilligen Unternehmen aufgrund ihrer Größe ohnehin eine weitgehende Pflicht zur Veröffentlichung der Bilanzzahlen nach den Vorschriften des HGB. Bisher gibt es jedoch keine Sanktionen gegenüber Unternehmen, die sich nicht an diese Verpflichtungen halten. Das allerdings ändert sich mit dem Börsengang. Hierin ist in der Regel kein gravierender Nachteil zu sehen. Im Gegenteil verschafft die erhöhte Publizität die Möglichkeit, das Unternehmen relativ kostengünstig einer breiten Öffentlichkeit darzustellen. Allerdings darf nicht übersehen werden, daß es im Einzelfall durchaus gravierende Gründe geben kann, die Publizität zu meiden. Dies gilt z.B. dann, wenn ein Unternehmen sich in einer Marktnische befindet, deren Renditeperspektiven von Dritten nicht erkannt werden sollen oder wenn eine besondere Abhängigkeit bei einzelnen Abnehmern bzw. Lieferanten besteht, wie dies insbesondere bei vielen Kfz-Zulieferern der Fall ist. In einem solchen Fall können Publizitätsgründe durchaus einer Börseneinführung entgegenstehen.

Formaler Organisationsaufwand und Kosten der Börseneinführung

Die Rechtsform der Aktiengesellschaft ist unvermeidbar mit einem erhöhten Aufwand verbunden. Als Beispiel sei hier nur die Pflicht zur jährlichen Hauptversammlung erwähnt. Die Kosten stehen allerdings im Verhältnis zu anderen PR-Maßnahmen durchaus in einem angemessenen Umfang, so daß hierin kein entscheidender Nachteil einer Aktiengesellschaft gesehen werden kann.

Gelegentlich besteht im Familienunternehmen die Befürchtung vor Auseinandersetzungen mit mißbräuchlich handelnden Aktionären. Gerade die spektakulären Erpressungen verschiedener Unternehmen (Anfechtungsklagen bei Verschmelzungen oder Kapitalerhöhungen) sowie die Exzesse bei manchen Hauptversammlungen (Daimler Benz, Großchemie, Großbanken usw. mit einer Versammlungsdauer von über 10 Stunden) begründen eine wachsende Sorge auch bei Familienunternehmen.

Hierbei darf jedoch nicht verkannt werden, daß es sich durchweg um Hauptversammlungen größerer Aktiengesellschaften handelt, die vielfach als politisches Forum mißbraucht werden. Im Normalfall kann bei börsennotierten Unternehmen von einem Zeitaufwand zwischen zwei und drei Stunden ausgegangen werden.

Von den regelmäßigen Kosten der Hauptversammlung sind die einmaligen Kosten bei der Börseneinführung von Unternehmen zu unterscheiden. Diese Kosten sind zwar nicht unerheblich, da sie sich in der Regel auf circa 5 Prozent bis 7 Prozent des Emissionserlöses belaufen. Sie sind aber im wesentlichen erfolgsabhängig und somit nur aus dem Emissionserlös zu zahlen. Wichtigster Kostenbestandteil ist die Börseneinführungsprovision der Banken, die regelmäßig circa 4 Prozent des Emissionserlöses beträgt. Daneben fallen Kosten an für die Börsenzulassung, für PR und Finanzkommunikation sowie für die allgemeine Beratung im Vorfeld eines Börsenganges, z.B. bei der Umstrukturierung oder Umwandlung des Unternehmens.

Auch wenn die Zahl von 5-7 Prozent zunächst abschrecken mag, sollte bedacht werden, daß die Emissionskosten steuerlich abzugsfähig sind. Zudem sind die Kosten in Relation zu setzen zu einem Eigenkapitalzufluß, der in dieser Größenordnung anderweitig in der Regel auch nicht annähernd erreicht werden kann.

Furcht vor Fremdeinfluß

Eine zentrale Rolle spielt bei Familienunternehmen der mit der Öffnung für das Publikum verbundene Fremdeinfluß. Bei den Personengesellschaften und bei der GmbH läßt sich der Familieneinfluß und die Abschirmung gegenüber Dritten durch Gestaltung des Gesellschaftsvertrages entsprechend absichern. Demgegenüber sind den satzungsrechtlichen Möglichkeiten bei der Aktiengesellschaft deutlich engere Grenzen gesetzt. Gleichwohl dürfen die bestehenden Gestaltungsmöglichkeiten zur Absicherung des Familieneinflusses nicht unterschätzt werden.

Rechtsform

Die Frage der richtigen Gestaltung zur Absicherung des Familieneinflusses beginnt bereits bei der Wahl der zweckmäßigen Rechtsform. Neben der Umwandlung des Unternehmens in eine Aktiengesellschaft besteht nämlich die Möglichkeit, alternativ eine Kommanditgesellschaft auf Aktien vorzusehen. Diese Rechtsform ist zwar bisher nur von wenigen börsennotierten Gesellschaften gewählt worden (Trinkaus & Burkhardt, Henkel, eff-eff, Fritz Fuß, Lindner, Merck). Für Familienunternehmen, die einerseits ihr Kapital auf eine Vielzahl von Gesellschaftern verteilen wollen, andererseits aber die unternehmerische Führung nur einzelnen Familienmitgliedern überlassen wollen, stellt die KGaA allerdings eine interessante Gestaltungsalternative dar. Von besonderem Interesse ist die lange Zeit heftig bekämpfte, nunmehr aber höchstrichterlich zugelassene Rechtsform einer GmbH & Co. KGaA, mit welcher eine Haftungsbeschränkung auch bei der Rechtsform der KGaA erreicht werden kann (vgl. hierzu S. 379ff.).

Stamm- oder Vorzugsaktien

Entscheidet sich der Unternehmer – wie in den meisten Fällen – für die Rechtsform der Aktiengesellschaft, so stellt sich die Frage einer Emission von Stammaktien oder Vorzugsaktien. Stimmrechtslose Vorzugsaktien haben für den Unternehmer zwar den Nachteil, daß die Emission zu einem niedrigeren Emissionserlös führt (Kursabschlag circa 15 Prozent bis 20 Prozent) und die Vorzugsaktien zudem mit einem vermögensmäßigen Vorzug verbunden sein müssen (Mindestdividende und/oder höhere Vorzugsdividende). Aus Sicht des Familienunternehmens besteht dagegen der Vorteil, daß die Vorzugsaktionäre nur bei anhaltender Verlustsituation stimmberechtigt sind.

Satzungsgestaltung

Es bestehen verschiedene Möglichkeiten, die Satzung der Aktiengesellschaft individuell zu gestalten, wobei nach meinen Erfahrungen aus der Praxis das Gestaltungspotential selten ausgenutzt wird. So kann vorgesehen werden, daß die im Aktiengesetz an sich vorgesehene qualifizierte Mehrheit für bestimmte Maßnahmen (einfache Satzungsänderung, Kapitalerhöhungen unter Gewährung des Bezugsrechts der Aktionäre, Abwahl von Aufsichtsratsmitgliedern) auf eine einfache Mehrheit herabgesetzt wird. Ferner besteht die Möglichkeit, bestimmte Sonderrechte für die Familienaktionäre vorzusehen. Zum Beispiel ist in der Satzung der Berthold Hermle AG festgelegt, daß verschiedene Beschlüsse (z.b. Entlastung des Vorstandes und des Aufsichtsrates, Wahlen zum Aufsichtsrat usw.) nur mit Zustimmung des Stammes der Minderheitsaktionäre gefaßt werden können. Im übrigen ist zu berücksichtigen, daß sich die im Aktiengesetz aufgeführten Mehrheiten in der Regel auf die in der Haupversammlung tatsächlich anwesenden bzw. vertretenen Aktionäre bezieht. Diese sogenannte Hauptversammlungsmehrheit liegt selten über 70 Prozent des Gesamtkapitals. Es reicht daher meist eine Kapitalbeteiligung von 35 Prozent aus, um einfache Mehrheitsbeschlüsse durchzusetzen.

Familienholding/Poolverträge

Durch die Gründung einer Familienholding kann die einheitliche Willensbildung der Altaktionäre koordiniert und abgesichert werden. Schließlich können Stimmbindungsverträge eine einheitliche Stimmabgabe auf schuldrechtlicher Basis sicherstellen, wobei aber stets das Risiko des Auseinanderfallens des Stimmrechtspools zu bedenken ist.

Mitbestimmung

Ein weiterer Nachteil der Aktiengesellschaft wird regelmäßig in der Mitbestimmung gesehen. Das Gesetz über die sogenannte kleine Aktiengesellschaft hat insoweit allerdings Erleichterungen geschaffen, da eine Besetzung des Aufsichtsrates mit einem Drittel aus Vertretern der Arbeitnehmer nur noch dann vorzusehen ist, wenn das Unternehmen mehr als 500 Arbeitnehmer beschäftigt. Beträgt die Mitarbeiterzahl mehr als 2.000, so greift unverändert die paritätische Mitbestimmung nach dem Mitbestimmungsgesetz von 1976 ein.

Die Rechtsform der GmbH bietet gegenüber der AG mitbestimmungsrechtlich nunmehr keinerlei Vorteile. Bevorzugt ist allerdings die Rechtsform der GmbH & Co. KG, für die die Vorschriften des Betriebsverfassungsgesetzes 1952 (BetrVG 1952) über einen mitbestimmungspflichtigen Aufsichtsrat nicht gelten. Die Schwelle zur Mitbestimmung wird erst mit mehr als 2.000 Arbeitnehmern überschritten.

Die in der Mitbestimmung liegenden Nachteile dürfen allerdings nicht überbewertet werden. Die Erfahrungen in der Praxis zeigen, daß die Zusammen-

arbeit mit den Arbeitnehmervertretern in drittelparitätisch besetzten Aufsichtsräten meist keine Schwierigkeiten bereitet. Zudem sind die den Arbeitnehmern nach dem BetrVG eingeräumten betriebsverfassungsrechtlichen Mitent-
scheidungs-, Anhörungs- und Informationsrechte in der Praxis für das Unternehmen ohnehin wesentlich belastender als ein mitbestimmter Aufsichtsrat.

Steuerliche Nachteile

Die Frage, ob und inwieweit mit der Umwandlung des Unternehmens in eine
Aktiengesellschaft und dem anschließenden Gang an die Börse steuerliche
Vor- oder Nachteile verbunden sind, läßt sich nicht allgemein beantworten. Es
ist vielmehr dahingehend zu differenzieren, ob sich das Unternehmen bereits
in der Rechtsform einer Kapitalgesellschaft befindet oder ob das Familienunternehmen noch in der Rechtsform eines Einzelunternehmens oder einer
Personengesellschaft geführt wird. Dementsprechend ist zu unterscheiden:

- Hat ein Familienunternehmen bereits die Rechtsform einer GmbH, so ergeben sich durch die Umwandlung des Unternehmens in eine AG steuerlich
  zunächst keine Veränderungen. GmbH und Aktiengesellschaft werden steuerrechtlich gleich behandelt.
- Unterschiedliche Steuerfolgen ergeben sich erst dann, wenn das Familienunternehmen an der Börse eingeführt wird. In diesem Fall ist nämlich zu
  beachten, daß Aktien börsennotierter Gesellschaften bei der Erbschaftsteuer grundsätzlich mit dem Börsenkurs zu bewerten sind.

Die hohe Bewertung von Aktien nach dem Kurswert führt dazu, daß die Erb-
schaft- bzw. Schenkungsteuerbelastung geradezu explodieren kann. In mehreren von dem Verfasser untersuchten Fällen hätte sich die Belastung mehr als
verzehnfacht. Die Vererbung von börsennotierten Aktien ist damit wesentlich
erschwert. Die erheblich höheren Belastungen bei der Erbschaftsteuer sind
nach meiner Erfahrung ein wesentlicher Gesichtspunkt dafür, daß viele Familienunternehmen den Gang an die Börse zurückstellen. Abhilfe kann zwar dadurch geschaffen werden, daß das Unternehmensvermögen im Vorfeld einer
Börseneinführung im Wege der vorweggenommenen Erbfolge auf die Nachfolgegeneration übertragen wird. Gleichwohl darf nicht übersehen werden,
daß nicht jeder Unternehmer eine vorweggenommene Erbfolge wünscht. Letztlich ist der Gesetzgeber aufgefordert, in diesem Punkt Abhilfe zu schaffen, und

die meines Erachtens nicht gerechtfertigte Benachteiligung der Aktionäre börsennotierter Aktiengesellschaften zu beseitigen. Schließlich darf nicht verkannt werden, daß die schwankenden Kurse Gestaltungsmöglichkeiten eröffnen. So können relativ niedrige Börsenkurse zur vorweggenommenen Erbfolge ausgenutzt werden. Zudem stehen den steuerlichen Nachteilen wichtige Vorteile gegenüber. Anteilsabgaben zur Finanzierung der Erbschaftsteuer sind infolge der Fungibilität der Aktien grundsätzlich jederzeit möglich. Sie führen in der Regel nicht zum Verlust unternehmerischen Einflusses.

VORAUSSETZUNGEN DER BÖRSENFÄHIGKEIT

Die gesetzlichen Mindestvoraussetzungen für die Zulassung zum Amtlichen Handel und zum Geregelten Markt

Das Börsengesetz sieht im Fall einer Börseneinführung zwei Börsensegmente vor, nämlich entweder den Amtlichen Handel oder den Geregelten Markt. Der amtliche Handel ist der Markt für die bekannteren und größeren inländischen Unternehmen, die sich vergleichsweise strengen Vorschriften unterwerfen wollen. Demgegenüber kann der Geregelte Markt als das Börsensegment angesehen werden, welches vor allem mittleren Unternehmen den Zutritt zum organisierten Kapitalmarkt ermöglichen soll. Für Familienunternehmen ist von besonderer Bedeutung, daß im Geregelten Markt die Notwendigkeit der Erstellung und Veröffentlichung von Zwischenberichten während des laufenden Geschäftsjahres nicht besteht.

Der Geregelte Markt hat sich in den letzten Jahren zum bevorzugten Börsensegment für mittelständische Emittenten entwickelt. Vielfach wird der Geregelte Markt auch als Eingangsstufe für einen späteren Wechsel in den Amtlichen Handel angesehen. Die erste oder zweite Kapitalerhöhung wird dann zu einem Wechsel in den Amtlichen Handel genutzt (vgl. z.B. den Wechsel der VBH Vereinigter Baubeschlag-Handel AG in den Amtlichen Handel bei der Kapitalerhöhung im September 1993). Die Zulassung zum Amtlichen Handel setzt voraus, daß der voraussichtliche Kurswert der zuzulassenden Aktien oder, falls seine Schätzung nicht möglich ist, das Eigenkapital der Gesellschaft, deren Aktien zugelassen werden sollen, mindestens 2,5 Millionen D-Mark beträgt. Das emittierende Unternehmen muß mindestens seit drei Jahren bestehen und seine Jahresabschlüsse für die drei dem Antrag vorangegangenen Geschäftsjahre entsprechend den hierfür geltenden Vorschriften offengelegt haben. Schließlich wird verlangt, daß mindestens 25 Prozent der Aktien beim Publikum gestreut werden. Antragsteller bei der Börseneinführung kann nur eine Bank sein. Die Veröffentlichungspflicht besteht im Bundesanzeiger sowie in einem Börsenpflichtblatt. Die Börsenzulassung erfolgt aufgrund eines Börsenzulassungsprospektes, der wesentlich detailliertere Angaben verlangt als der sogenannte Unternehmensbericht für eine Börsenzulassung im Geregelten Markt.

Die Mindestvoraussetzungen im Geregelten Markt sind deutlich reduziert. Anforderungen an das Alter des Unternehmens bestehen nicht. Das Mindestemissionsvolumen beträgt lediglich nominal 0,5 Millionen D-Mark. Die Veröffentlichung in einem Börsenpflichtblatt genügt. Antragsteller kann eine Bank oder ein anderes geeignetes Institut sein, wobei die Praxis gezeigt hat, daß Anträge ausschließlich durch Banken gestellt werden.

Wirtschaftliche Voraussetzungen der Börsenreife

Von den gesetzlichen Voraussetzungen zu unterscheiden sind die aus der Sicht des Marktes und der Emissionsbanken erforderlichen Mindestvoraussetzungen für eine erfolgreiche Emission. Zu nennen sind insbesondere folgende Voraussetzungen, die in der Regel erfüllt sein sollten:

1. Ein Unternehmen, das an die Börse gehen will, sollte in der Regel auf eine mindestens dreijährige erfolgreiche Tätigkeit zurückblicken können, d.h. in diesem Zeitraum Gewinne, und zwar möglichst mit steigender Tendenz, erzielt haben. Nicht erforderlich ist, daß das Unternehmen bereits während dieser Zeit als AG firmiert hat.
2. Ein börsenfähiges Unternehmen sollte einen Mindestumsatz von circa 50 Millionen D-Mark aufweisen. Ein Börsengang für Unternehmen mit niedrigeren Umsätzen ist zwar möglich, wird sich wegen des mit der Börseneinführung verbundenen Aufwandes allerdings in der Regel nur für besonders ertragsstarke Unternehmen lohnen (vgl. z.B. Börseneinführung der Bijou Brigitte Modische Accessoires AG im Jahr 1988 mit einem Umsatz von circa 40 Millionen D-Mark).
3. Ein börsenfähiges Unternehmen sollte über mehrere Jahre ausschüttungs-

bzw. entnahmefähige Erträge erzielt haben und über eine Umsatzrendite von mindestens 2 Prozent bis 3 Prozent nach Ertragssteuern verfügen.

4. Sinnvoll ist es, ein Emissionsvolumen von mindestens 5 Millionen DM nominal anzustreben, damit ein zu enger Markt und damit zufallsbedingte hohe Kursausschläge vermieden werden.

5. Die Struktur und Organisation des Unternehmens muß transparent sein. Alle unternehmensnotwendigen Grundstücke bzw. Beteiligungsgesellschaften sollten spätestens bis zur Börseneinführung in die AG eingebracht werden.

6. Das Management eines börsenfähigen Unternehmens sollte mindestens in der ersten und zweiten Ebene in personeller Hinsicht gut besetzt sein. Die Abhängigkeit von einer einzelnen Person muß vermieden werden.

7. Schließlich muß sichergestellt sein, daß die Aktionäre umfassend und regelmäßig über das Unternehmen, insbesondere aber über die Umsatz- und Ertragsentwicklung, besondere Risiken, geplante Investitionen usw. informiert werden. Die gesetzlichen Informationspflichten, insbesondere nach dem neu geschaffenen Wertpapierhandelsgesetz, verstehen sich lediglich als das absolut unerläßliche Minimum, welches für eine vertrauensvolle Partnerschaft mit den Mitaktionären nicht ausreicht.

Der »Neue Markt« für junge Unternehmen

Junge, innovative Unternehmen haben oft Schwierigkeiten, die erforderlichen Investitionen für die Herstellung und Vermarktung ihrer Produkte zu finanzieren. Ihnen gelingt es in der Regel nicht, bereits über mehrere Jahre entsprechende Gewinne aufzuweisen und damit die oben dargestellten wirtschaftlichen Voraussetzungen der Börsenreife zu erfüllen. Um auch diesen Unternehmen den Zugang zum organisierten Kapitalmarkt zu ermöglichen, hat die Deutsche Börse AG den sogenannten »Neuen Markt« entwickelt. In den Neuen Markt sollen insbesondere innovative Unternehmen mit signifikantem und nachhaltig erwartetem Umsatz- und Ergebniswachstum, die zur Finanzierung neuer Wachstumsphasen einen anhaltend hohen Kapitalbedarf haben, eingeführt werden. Für diese Zielgruppe sollen im Neuen Markt Anleger gewonnen werden. Wesentliches Novum dieses Marktsegmentes ist es, daß die Unternehmen bei einem Börsengang bisher noch keine Gewinne ausweisen müssen. Als Ausgleich für das erhöhte Anlagerisiko sind aber substantiell höhere

Informationspflichten zu erfüllen. Insbesondere sind Quartalsberichte mit wichtigen Kennzahlen erforderlich sowie mindestens eine öffentliche Analystenveranstaltung pro Jahr. Ferner muß ein Betreuer im Handel aktiv sein, der das Unternehmen begleitet und unterstützt. Es bleibt zu hoffen, daß sich dieses Börsensegment erfolgreich entwickelt, damit auch für deutsche Technologieunternehmen ähnliche Entwicklungsmöglichkeiten wie für junge Unternehmen an der amerikanischen Computerbörse NASDAQ bestehen.

DAS EMISSIONSKONZEPT

Ein Unternehmen, das seine Aktien einem breiten Anlegerpublikum verkaufen will, muß die einzelnen Schritte des Börsengangs sorgfältig planen. Nachfolgend sollen die wichtigsten Gestaltungsüberlegungen aufgezeigt werden.

Die Abgrenzung des Unternehmensvermögens und die Umwandlung in die Rechtsform der AG

Generell muß das Leitbild lauten, klare und transparente Strukturen zu schaffen, die den betriebswirtschaftlich gegebenen Anforderungen an eine optimale Unternehmensführung gerecht werden. Gesellschaftsrechtlich verworrene Konstruktionen mit vielfältigen Verschachtelungen und Überkreuzbeteiligungen sind für den Anleger wegen der besonderen Risiken nicht akzeptabel (vgl. die Negativbeispiele COOP oder ASKO). Auch die Struktur des Börsenneulings Fielmann mit mehreren 100 Tochtergesellschaften allein im Inland vermag aus Anlegersicht wegen fehlender Transparenz nicht zu überzeugen.

Soweit sich betriebsnotwendige Wirtschaftsgüter (z.B. Betriebsgrundstücke) im Privatvermögen der Gesellschafter befinden, müssen Vor- und Nachteile einer Einbringung in die AG abgewogen werden. Aus Anlegersicht ist eine Einbringung vorzuziehen, um potentielle Interessenkonflikte mit den Altgesellschaftern auszuschalten. Mindestvoraussetzung ist jedenfalls bei betriebsnotwendigen Grundstücken der Abschluß langfristiger Verträge, damit die Aktiengesellschaft nicht in unakzeptable Abhängigkeiten gerät.

Mittelzufluß beim Unternehmen und/oder den Altgesellschaftern

Die erste Möglichkeit eines Börsengangs besteht darin, daß lediglich Aktien aus dem Bestand der Altgesellschafter veräußert werden. Bei einem solchen Vorgang handelt es sich um eine reine Umplazierung von Aktien aus dem Vermögen der bisherigen Altgesellschafter. Dem Unternehmen selbst fließen keine Mittel zu. Ein solcher Vorgang wird demgemäß als reines »Kassemachen« angesehen und ist bei Banken und Anlegern verständlicherweise unbeliebt. Die zweite Möglichkeit der Durchführung einer Emission betrifft eine reine Kapitalerhöhung. In einem solchen Fall zeichnen die Konsortialbanken die Aktien aus einer Kapitalerhöhung des Unternehmens und plazieren diese am Kapitalmarkt. Der Emissionserlös abzüglich Emissionskosten fließt allein dem Unternehmen zu.

Eine dritte Variante besteht darin, die Kapitalerhöhung mit einer Umplazierung zu verbinden. Dieses Modell wird beim Going Public von Familienunternehmen vielfach praktiziert (vgl. z.B. die Emissionen GEA AG, Heilit und Wörner, Hymer usw.) und stellt nach meiner Erfahrung die beste Alternative dar. Um den negativen Eindruck eines Kassemachens bzw. Verabschiedens der Inhaberfamilie vom Unternehmen zu vermeiden, sollte außerdem darauf geachtet werden, daß zumindest der überwiegende Teil des Emissionserlöses dem Unternehmen selbst zufließt. Betrachtet man z.B. die Neuemissionen des Jahres 1993, so ist festzustellen, daß der Emissionserlös des gesamten Jahrgangs zu etwa einem Drittel an die Altaktionäre und zu zwei Drittel an die Unternehmen geflossen ist. Eine derartige Aufteilung mit einem Schwergewicht des Zuflusses bei den Unternehmen kann durchaus als Empfehlung für den Einzelfall ausgesprochen werden.

Plazierungsvolumen und Höhe des Grundkapitals

Zwischen Börsenkurs, Plazierungsvolumen und Höhe des Grundkapitals bestehen wechselseitige Abhängigkeiten. Um diesen Abhängigkeiten Rechnung zu tragen, muß zunächst ein vorläufiger Unternehmenswert ermittelt werden. Diese Thematik wird nachfolgend in einem gesonderten Abschnitt behandelt. Ist der intern ermittelte Unternehmenswert bekannt, so sollte geklärt werden, in welchem Umfang neue Mittel in das Unternehmen hereingeholt werden sollen bzw. ob und in welchem Umfang Altgesellschafter Aktien veräußern wollen. Maßstab für die Höhe der Eigenkapitalzufuhr in das Unternehmen werden regelmäßig die vorhandenen Investitionspläne für die nächsten Jahre und der hieraus resultierende Finanzbedarf sein.

Ferner muß bei der Umwandlung des Unternehmens in eine AG die Höhe des Grundkapitals und der Mindestnennbetrag der Aktien festgelegt werden. Hierbei ist es im Anschluß an die Neuregelung im Gesetz zur sogenannten »Kleinen AG« bei Neuemissionen üblich geworden, den Aktiennennbetrag nur noch mit fünf D-Mark je Aktie festzusetzen. Von dieser Stückelung der Aktien sollte im Hinblick auf die Erwartungen des Marktes nur bei Vorliegen besonderer Gründe abgewichen werden. Die Höhe des Grundkapitals und damit die Zahl der Aktien kann letztlich frei festgesetzt werden und sollte daher eher an marktpsychologischen Gesichtspunkten ausgerichtet werden.

Teilt man den ermittelten Unternehmenswert durch die Anzahl der Aktien, so ergibt sich der Börsenkurs pro Aktie. Verteilt sich ein Unternehmenswert von 100 Millionen D-Mark auf 500 000 Aktien, so müßte der Börsenkurs pro Aktie 200 D-Mark betragen.

Umgekehrt würde bei gleichem Unternehmenswert und einem Grundkapital von nominal 50 Millionen DM auf 10 Millionen Aktien à 5 D-Mark der Aktienkurs lediglich 10 D-Mark betragen.

Beide Unternehmen hätten also den gleichen Wert, obwohl die Aktienkurse der Beispielsunternehmen erheblich differieren. Erkennt man diese Zusammenhänge, so erscheint es sinnvoll, die Höhe des Grundkapitals so festzusetzen, daß sie den Marktvorstellungen im Hinblick auf eine optimale Akzeptanz des Kurses an der Börse entspricht.

So ist sicherlich ohne weiteres nachvollziehbar, daß eine 5 D-Mark-Aktie zu einem Preis von 200 D-Mark aus psychologischen Gründen nur schwer am Markt zu plazieren ist, während eine 5 D-Mark-Aktie zu einem Emissionskurs von unter 10 D-Mark an Ausverkaufspreise und Sanierungskandidaten erinnert.

Nach meiner Erfahrung ist es daher sinnvoll, das vorhandene Grundkapital im Rahmen der Umwandlung des Unternehmens so festzulegen, daß sich unter Berücksichtigung der später behandelten Verwässerungseffekte durch eine geplante Kapitalerhöhung ein Börsenkurs für die 5 D-Mark-Aktie in einer Größenordnung zwischen 20 D-Mark und 50 D-Mark ergibt.

Die Aktiengattung

Bei einer geplanten Börseneinführung stellt sich für den Familienunternehmer die Frage, ob bei der Emission Stammaktien oder stimmrechtslose Aktien ausgegeben werden sollen (vgl. dazu schon S. 325). Die Mehrzahl der Börsenneulinge hat sich in der Vergangenheit für die Ausgabe von Stammaktien entschieden. Hier weise ich aber darauf hin, daß sich bei Aktien, bei denen sowohl Stammaktien als auch Vorzugsaktien an der Börse notiert sind, der Kursabstand zeitweilig ständig vergrößert hat. Parallel hierzu haben die Emissionsbanken Ende der 80er Jahre noch Kursabschläge für Vorzugsaktien in einer Größenordnung von circa 10 Prozent akzeptiert, während heute weitgehend Abschläge in einer Größenordnung bis zu 20 Prozent üblich sind. In jüngerer Zeit ist allerdings festzustellen, daß die Abstände wieder deutlich geringer werden (vgl. Ahlers, Boss, Gea, Heilit & Wörner, Walter Bau usw.), so daß sich die Abschläge auch im Neuemissionsgeschäft wieder verringern dürften.

Finanz-PR-Konzeption

Die meisten Familienunternehmen sind dem Anlegerpublikum nicht hinreichend bekannt. Es ist daher erforderlich, daß sich solche Unternehmen mit einer gezielten Pressearbeit auf den Börsengang vorbereiten. Da im Regelfall bei den Börsenkandidaten keine ausreichenden Erfahrungen im Umgang mit der Wirtschaftspresse vorhanden sind, ist es empfehlenswert, rechtzeitig eine spezialisierte Finanz-PR-Agentur einzuschalten.

Das Börsenkonsortium

Es gibt in Deutschland eine Vielzahl von Banken, welche das Emissionsgeschäft anbieten. Diese Banken stehen untereinander in einem starken Wettbewerb. In ihrem Leistungspotential liegen zumindest die führenden Institute nahe beisammen, so daß Qualitätsunterschiede nur Insidern erkennbar sind. Hinsichtlich der Honorierung der Banken, also der Festsetzung der Konsortialgebühren, findet praktisch kein Wettbewerb statt. Vor diesem Hintergrund hat sich der Wettbewerb zwischen den Konsortialbanken insbesondere Anfang der 90er Jahre in der Regel über die Höhe des Emissionskurses vollzogen.

Hierbei haben die persönlichen Berater der Familienunternehmer zum Teil eine wenig verantwortungsvolle Rolle gespielt. Diese haben versucht, ihren Beratungserfolg mit der Höhe des Emissionspreises zu dokumentieren, um dabei die Banken gegeneinander auszuspielen. Eine solche Strategie ging aber oft zu Lasten des Familienunternehmens, denn überhöhte Emissionspreise führten dazu, daß börsenwillige Familienunternehmen für lange Zeit auf dem Kapitalmarkt nicht mehr salonfähig waren. Der Kapitalmarkt hat ein gutes Gedächtnis. Seit dem Jahr 1993 sind die Banken jedoch zu Recht sehr viel seltener bereit, überzogene Kursvorstellungen der börsenwilligen Unternehmer oder ihrer Berater zu akzeptieren. Zudem setzt sich bei Erstemissionen zunehmend das sogenannte Bookbuilding-Verfahren durch. Hierbei handelt es sich um ein Verfahren zur Emissionspreisbildung, in welches die interessierten Anleger einbezogen werden.

Aus Sicht des Familienunternehmens sind folgende Aspekte bedeutsam: Zunächst sollte die Konsortialführung einem Institut übertragen werden, welches über hinreichende Erfahrungen als Konsortialführer verfügt. Zu nennen sind in diesem Zusammenhang nachfolgend ohne Anspruch auf Vollständigkeit und in alphabetischer Reihenfolge Bayerische Vereinsbank AG, BHF Bank AG, Commerzbank AG, Deutsche Bank AG, Deutsche Genossenschaftsbank, Dresdner Bank AG, Westdeutsche Landesbank. Jede dieser Banken wäre an sich in der Lage, angesichts ihrer Plazierungskraft und des bei Familienunternehmen häufig relativ niedrigen Plazierungsvolumens die vollständige Plazierung allein durchzuführen. Gleichwohl hat es sich jedoch als vorteilhaft erwiesen, ein Emissionskonsortium bestehend aus mindestens drei Banken zu wählen. Umgekehrt sollte jedoch vermieden werden, eine im Verhältnis zum Emissionsvolumen zu hohe Anzahl von Emissionsbanken vorzusehen. Ferner sollte die Kundenstruktur der jeweiligen Bankengruppen im Hinblick auf den bevorzugten Aktionärskreis bedacht werden. Schließlich ist auch bei Familienunternehmen die Miteinschaltung einer ausländischen Bank, wie z.B. Vontobel aus der Schweiz, zu erwägen, um eine Plazierung von Aktien im Ausland zu erreichen.

Das Plazierungsverfahren
(Festpreisverfahren/ Bookbuilding-Verfahren)

Bis Mitte 1995 war es beim Going Public deutscher Unternehmen ausschließlich üblich, das Festpreisverfahren zu wählen. Die eigentliche Plazierung erfolgt dann auf volles Risiko der Bank, so daß diese zum Beispiel die Folgen eines Börsencrashs zu tragen hat (vgl. z.B. Emission Moksel beim Börsencrash 1987). Im Gegensatz zum Festpreisverfahren werden beim sogenannten Bookbuilding-Verfahren die Zeichnungsinteressenten bereits in die Preisfindung einbezogen. Das Bookbuilding-Verfahren läßt sich in fünf Phasen untergliedern.

- In der ersten Phase erfolgt die Auswahl des sogenannten Bookrunners, der später meistens auch Konsortialführer wird.
- Die eigentliche Emission wird durch die sogenannte Pre-Marketing-Phase eingeleitet. Diese Phase ist gekennzeichnet durch verschiedene Maßnahmen, mit welchen in der Öffentlichkeit der Bekanntheitsgrad des Unternehmens erhöht werden soll.
- Mit der Festlegung des Preisrahmens beginnt die Marketing-Phase. Die Aktie wird auf den nationalen und internationalen Finanzmärkten in sogenannten Road-Shows präsentiert. Die beteiligten Konsortialbanken sprechen insbesondere institutionelle Investoren an.
- Bereits während des Ablaufs der Marketing-Phase beginnt das sogenannte Ordertaking. Der Bookrunner erhält die Aufträge von Banken und institutionellen Anlegern. Banken und Anleger erklären verbindlich, zu welchen Preisen sie bereit sind, die neue Aktie zu zeichnen.
- Die endgültige Festlegung des Emissionspreises erfolgt am letzten Tag der Bookbuilding-Periode, die insgesamt etwa 7 bis 10 Tage dauert. Im EDV-Orderbuch des Bookrunners werden alle Zeichnungswünsche und Investorentypen erfaßt. Der Bookrunner analysiert mit EDV-gestützten Verfahren, wie sich die Nachfrage bei unterschiedlichen Preisen darstellt. Aufgrund der vorliegenden Daten kann er feststellen, welche Investorengruppe wieviel Aktien bei einem bestimmten Preis kaufen würde. Diese Daten wiederum sind Grundlage der endgültigen Preisbestimmung und der darauf folgenden Zuteilung. Bei der Zuteilung kann der Emittent maßgeblichen Einfluß nehmen, welchen gewünschten Investorentyp bzw. welche Mischung von ihm bevorzugt wird.

Das Bookbuilding-Verfahren, welches erstmals in Deutschland bei der Hucke-Emission angewandt wurde, hat sich überraschend schnell durchgesetzt. Aus Sicht des Börsenkandidaten ergibt sich allerdings der Nachteil, daß der Plazierungserlös erst nach Abschluß der Plazierung feststeht. Zudem wird zunehmend erwartet, daß das emittierende Unternehmen den Konsortialbanken einen sogenannten »Green Shoe« zur Verfügung stellt. Bei dem »Green Shoe« handelt es sich um ein Aktienpaket, welches vom Emittenten bereitgestellt wird und über welches die Konsortialbanken im Rahmen der Emission zur Herbeiführung eines Marktausgleichs verfügen können. Im Ergebnis gewähren die Altgesellschafter des Unternehmens den Banken damit für einen begrenzten Zeitraum eine Option auf Aktien zu einem erst im Rahmen des Plazierungsverfahrens endgültig festgelegten Preis.

Wahl des Börsensegmentes

Das Familienunternehmen steht im Vorfeld des Börsengangs vor der Frage einer Entscheidung für den Amtlichen Handel, den Geregelten Markt oder für einen Gang an den Neuen Markt. Die Einführung einer Aktie am neuen Markt kommt insbesondere für junge, innovative und besonders wachstumsfreudige Unternehmen in Betracht. Sofern der Neue Markt ausscheidet, sollte nach meinen Erfahrungen ein Unternehmen, das über eine Eigenkapitalausstattung von über 50 Millionen D-Mark verfügt oder ein Umsatzvolumen von circa 300 bis 400 Millionen D-Mark überschreitet, den direkten Weg in den Amtlichen Handel bevorzugen, während bei Nichterfüllung dieser Kriterien durchaus der Geregelte Markt in Erwägung zu ziehen ist. Sollen verstärkt ausländische Anleger angesprochen werden, so ist die amtliche Notierung wichtig.

DIE ERMITTLUNG DES BÖRSENKURSES

Die Ermittlung des Börsenkurses vollzieht sich grundsätzlich in vier Schritten, die nachfolgend dargestellt werden. Beim Bookbuilding-Verfahren ist allerdings zu beachten, daß zwischen Emittent und Bookrunner lediglich die Preisspanne festgesetzt wird und eine Bildung des Preises letztlich durch den Markt erfolgt.

Die Ermittlung des DVFA/SG-Ergebnisses

Für jeden Börsenkandidaten wird zunächst das sogenannte DVFA/SG-Ergebnis ermittelt. Grundlage der Ermittlung des DVFA/SG-Ergebnisses ist der ausgewiesene Jahresüberschuß. Dieser ist allerdings um außerordentliche, ungewöhnliche sowie dispositionsbedingte Aufwendungen und Erträge zu bereinigen. Aus Sicht eines börsenwilligen Unternehmens sind allerdings folgende Aspekte wichtig: Grundlage für die Börsenbewertung ist in der Regel nicht der vorhandene letzte Jahresabschluß, sondern das Planergebnis des laufenden Jahres. Die einmaligen, mit der Börseneinführung verbundenen Kosten sind bei der Ermittlung des DVFA-Ergebnisses zu eliminieren. Schließlich ist zu beachten, daß die geplante Ausschüttungspolitik maßgeblichen Einfluß auf die Börsenbewertung hat, da die Höhe der geplanten Ausschüttung das DVFA-Ergebnis erheblich beeinflußt. Bei thesaurierten Erträgen beträgt nämlich der maßgebliche Körperschaftsteuersatz 45 Prozent, während ausgeschüttete Gewinne lediglich einer Körperschaftsteuerbelastung von 30 Prozent unterliegen. Dies führt zu dem paradoxen Ergebnis, daß ein Unternehmen nach DVFA ein höheres Ergebnis erzielt und damit um so höher bewertet wird, je höher die Ausschüttungsquote ist.

Die Ermittlung des Kurs-Gewinn-Verhältnisses

Zur Bestimmung des Börsenwertes eines noch nicht börsennotierten Unternehmens ist sodann das ermittelte DVFA/SG-Ergebnis mit einem Gewinnmultiplikator (Kurs-Gewinn-Verhältnis bzw. KGV) zu multiplizieren. Dieser Gewinnmultiplikator wird in der Weise festgelegt, daß zunächst der Durchschnitt der Kurs-Gewinn-Verhältnisse der zur gleichen Branche gehörenden börsennotierten Unternehmen ermittelt wird. Ausgehend vom Durchschnitts-KGV der Vergleichsunternehmen sind gegebenenfalls unter Berücksichtigung der unternehmensspezifischen Besonderheiten Zu- oder Abschläge vorzunehmen. Besonders positive Umsatz- und Ertragszuwächse, ein überdurchschnittlich qualifiziertes Management oder ein hoher Bekanntheitsgrad können gegebenenfalls eine höhere Bewertung rechtfertigen.

Ermittlung des Börsenkurses

Der Börsenwert des Unternehmens ergibt sich durch Multiplikation des DVFA-Ergebnisses mit dem gemäß Schritt 2 ermittelten Faktor (Kurs-Gewinn-Verhältnis). Teilt man den Börsenwert des Unternehmens durch die vorhandene Aktienstückzahl, so erhält man den Kurswert einer Aktie. Bei einem DVFA/SG-Ergebnis von 10 Millionen und einem Multiplikator von 16 würde sich demnach ein Börsenwert von 160 Millionen D-Mark ergeben. Beträgt des Grundkapital im vorliegenden Fall 20 Millionen D-Mark, so wäre dieses Grundkapital in 4 Millionen Aktien zu je 5 D-Mark aufgeteilt. Pro Aktie würde sich somit ein Aktienkurs von 40 D-Mark ergeben. Im Fall einer Veräußerung von Aktien aus dem Bestand der Altaktionäre würde somit ein Emissionspreis von 40 D-Mark je Aktie festgesetzt. Im Bookbuilding-Verfahren würde dagegen eine Emissionsspanne, z.B. mit einem KGV zwischen 15 und 17 festgesetzt, so daß sich Angebotskurse zwischen 37,50 D-Mark und 42,50 D-Mark ergeben würde.

DIE WESENTLICHEN SCHRITTE DES GOING PUBLIC EINES FAMILIENUNTERNEHMENS

Der Börsengang eines Familienunternehmens kann in technischer Hinsicht innerhalb weniger Monate abgewickelt werden. Erfahrungsgemäß ist die Entscheidung für ein Going Public eines Familienunternehmens jedoch ein Prozeß, der sich in den meisten Fällen über mehrere Jahre hinzieht. Im folgenden soll ein Überblick über das Procedere bei einer Börseneinführung gegeben werden.

1. Erste Gespräche im Kreis der Geschäftsführung/ Gesellschafter über Umwandlung des Unternehmens und Börseneinführung
2. Einschaltung emissionserfahrener Wirtschaftsjuristen/ Wirtschaftsprüfer
3. Prüfung der Vorteilhaftigkeit einer Börseneinführung, Überprüfung alternativer Finanzierungsmöglichkeiten, Abwägung der Vor- und Nachteile einer Börseneinführung
4. Überprüfung der objektiven Voraussetzungen der Börsenreife
5. Prüfung der subjektiven Voraussetzungen der Börsenreife

6. Ausarbeitung eines vorläufigen Emissionskonzeptes
7. Ermittlung der DVFA-Ergebnisse der Vergangenheit und des Planergebnisses des laufenden Jahres
8. Vorstellung des Unternehmens bei verschiedenen Emissionsbanken
9. Konkretisierung des Emissionskonzeptes und Billigung durch die Gesellschafter
10. Technische Vorbereitung der Umwandlung in eine AG, Ausarbeitung der Verträge
11. Notariell beurkundeter Umwandlungsbeschluß der Gesellschafter
12. Präsentation des Unternehmens bei verschiedenen Emissionsbanken
13. Auswahl des Konsortialführers/Bookrunners und vorläufige Festsetzung einer Emissionsspanne, Abschluß des Konsortialvertrages
14. Durchführung der Kapitalerhöhung
15. Vorbereitung und Durchführung des Börsenzulassungsverfahrens
16. Pre-Marketing-Phase
17. Marketing-Phase
18. Zeichnungsphase (Ordertaking)
19. Festlegung des Emissionskurses, Zuteilung der Aktien, Abwicklung und Abführung des Erlöses an die Gesellschafter

4.
MITARBEITERBETEILIGUNG – EINE MÖGLICHKEIT ZUR KAPITALBILDUNG IM FAMILIENUNTERNEHMEN?

ZIELE DER KAPITALBETEILIGUNG VON MITARBEITERN

Ebenso zahlreich wie die Stimmen, die um die internationale Wettbewerbsfähigkeit deutscher Unternehmen fürchten, sind die Ansätze zu ihrer Erhaltung und Verbesserung. Einer von ihnen ist der Vorschlag, möglichst viele Mitarbeiter am Kapital des arbeitgebenden Unternehmens zu beteiligen. Hierdurch sollen im wesentlichen zwei Ziele erreicht werden: Zum einen verspricht man sich hiervon einen erheblichen Motivationseffekt aufgrund höherer Identifikation des Mitarbeiters mit dem Unternehmen, zum anderen soll die Mitarbeiterbeteiligung zu einer besseren Eigenkapitalausstattung führen. Soll die Kapitalbeteiligung aber wirklich den gewünschten Motivationseffekt herbeiführen, so darf sie nicht lediglich eine von vielen Formen der Geldanlage sein, sondern muß sich von einem Sparguthaben, einer Bundesanleihe oder ähnlichem deutlich unterscheiden. Denn sie ist in aller Regel mit einem weitaus größeren Risiko behaftet. Dies wiegt um so schwerer, als es sich bei den betreffenden Beträgen für den einzelnen Mitarbeiter nicht selten um wesentliche Teile seines Vermögens oder zumindest um den »disponiblen«, also denjenigen Teil seines Einkommens handelt, den er nicht zur Deckung der Grundbedürfnisse braucht, sondern für Luxusgüter und Annehmlichkeiten verwenden könnte. Schon deswegen wäre es dem Mitarbeiter nicht zumutbar, dieses Risiko zu tragen, ohne hierauf zugleich steuernd einwirken zu können. Denn nur wenn er nicht tatenlos zusehen muß, wie ausschließlich andere über seine Ersparnisse bestimmen, sondern er das Gefühl hat, ihre Mehrung oder Minderung durch aktive Mitgestaltung zu einem gewissen Grad auch selbst in der Hand zu haben, kann die Kapitalbeteiligung ein ausreichender Ansporn dafür sein, sich in erhöhtem Maße für den Unternehmenserfolg einzusetzen.

Der Unternehmenserfolg hängt – abgesehen von konjunkturellen Eckdaten und sonstigen externen Rahmenbedingungen – ganz wesentlich von der Güte der Entscheidungen im Rahmen der Unternehmensführung und -politik ab. Konsequenterweise müßten die Mitarbeiter daher auch auf die Unternehmensführung entscheidenden Einfluß ausüben können. Hierfür stehen ihnen zunächst die mit der Kapitalbeteiligung verbundenen gesellschaftsrechtlichen Einwirkungsmöglichkeiten zur Verfügung. Aber diese gesellschaftsrechtlichen Mitwirkungsrechte vermögen dem Mitarbeiter keinen seinem Risiko angemessenen Einfluß zu verschaffen. Denn ihr Gewicht entspricht seiner in der Regel minimalen Beteiligungsquote; diese steht aber in krassem Mißverhältnis zum individuellen Wert und damit auch zum subjektiven finanziellen Risiko seiner Kapitalbeteiligung. Es bedürfte daher weitergehender Entscheidungsbefugnisse der Mitarbeiter.

Die einzige Möglichkeit, eine annähernd risikoadäquate Einflußnahme des einzelnen Mitarbeiters sicherzustellen besteht daher darin, ihm über seine Rechte als Gesellschafter hinaus Mitspracherechte und Mitentscheidungskompetenzen bei der Unternehmensführung einzuräumen, die nicht an seine Gesellschaftereigenschaft, sondern an seine Mitarbeitereigenschaft anknüpfen. Eine solche »Kollektivierung« der Unternehmensführung, die sich zwangsläufig nach dem Mehrheitsprinzip zu vollziehen hätte, begegnet jedoch praktischen Bedenken, auf die bei einer vertraglichen Gestaltung Rücksicht zu nehmen ist.

Zu vermeiden ist nämlich unbedingt eine Schwerfälligkeit unternehmerischer Entscheidungsprozesse, wodurch Reaktionsfähigkeit und Flexibilität und damit gerade der wichtigste Vorteil des Familienunternehmens zerstört werden. Dieser Gefahr der Schwerfälligkeit könnte allenfalls durch Delegation der Entscheidungskompetenz auf kleinere Vertretungsgremien oder -organe begegnet werden.

Abgesehen hiervon erscheint es aber durchaus zweifelhaft, ob mit der Mitarbeiterbeteiligung der angestrebte Motivationseffekt und eine Atmosphäre vertrauensvoller und partnerschaftlicher Zusammenarbeit der Mitarbeiter überhaupt erreicht werden kann. Bei näherer Beleuchtung läßt eine solche Konzeption auch manche kontraproduktive Wirkung befürchten: So wird durch die erforderlichen Abstimmungen neues Konfliktpotential in die Belegschaft hineingetragen, die sich bei den anstehenden Fragen möglicherweise jeweils in verschiedene »Lager« spaltet.

Außerdem ist kaum zu erwarten, daß von derartigen Abstimmungen besondere Motivationsanreize für die überstimmte Minderheit ausgehen, wenn man bedenkt, daß die betreffenden Mitarbeiter hierdurch zur Mitarbeit an der Umsetzung von Entscheidungen, durch die sie in erheblichem Maße in ihren privaten finanziellen Interessen betroffen werden, verpflichtet werden, obwohl sie von ihrer Unrichtigkeit überzeugt sind.

Ein Motivationsgefälle innerhalb der Belegschaft ist aber einem partnerschaftlichen Klima um so abträglicher, als der Unternehmenserfolg – soweit er auf der Arbeitsleistung der Mitarbeiter beruht – und somit auch das Schicksal der Kapitaleinlagen von einer hohen Leistungsbereitschaft aller Mitarbeiter abhängt.

Zu Problemen führt auch die Frage, ob jeder Mitarbeiter – unabhängig von der Höhe seiner Einlage, seiner Qualifikation, seiner Stellung im Betrieb – dasselbe Stimmgewicht haben und etwa auch nicht beteiligten Mitarbeitern ein Stimmrecht zuerkannt werden soll. Gegebenenfalls führt dies wiederum zu einer unerwünschten Verzerrung von Risiko und Einfluß. Andernfalls werden verschiedene Kategorien von Mitarbeitern geschaffen, zumindest entsteht eine Schichtung in am Kapital beteiligte und nicht am Kapital beteiligte Mitarbeiter. Dies ist besonders kritisch in bezug auf solche Mitarbeiter, die den unteren Einkommensgruppen angehören und sich eine Kapitalbeteiligung möglicherweise gar nicht leisten können.

VERBESSERUNG DER EIGENKAPITALSTRUKTUR?

Eine breit angelegte Kapitalbeteiligung der Mitarbeiter führt in Zeiten guter wirtschaftlicher Entwicklung und bei gesundem Zustand des Unternehmens bei jedem Ausscheiden eines Mitarbeiters zu einem entsprechenden Liquiditätsabfluß und somit zur permanenten Notwendigkeit der Eigenkapitalerneuerung. Dies erscheint tolerabel, wenn nachfolgende Mitarbeiter dazu bereit sind, in gleichem Umfang Kapitalbeteiligungen zu übernehmen. Erheblich gravierender sind die Konsequenzen in Zeiten allgemeiner Rezession oder im Fall einer Krise des einzelnen Unternehmens. Hier kommt es gleich zu einer Kumulation liquiditätsmindernder Faktoren, die gerade Familienunternehmen ohne ausreichende Kapitalreserven schnell in den Konkurs führen können. Denn in Zeiten rückläufiger Konjunktur wird nicht nur der Eigenkapitalnachschub unterbrochen. Statt des eigentlich erforderlichen Kapitalzuflusses setzt sogar ein zusätzlicher Kapitalabfluß ein: Zum einen läßt es sich nicht verhindern, daß Mitarbeiter ihre Beteiligung aufgrund eines nachvollziehbaren »Egoismus« kündigen, zumal ihnen eine Kündigung gesetzlich nicht verwehrt ist, zum anderen führt der in Krisenzeiten oft unumgängliche Personalabbau zur unfreiwilligen Beendigung des Beteiligungsverhältnisses und damit zum Abfluß von Eigenkapital.

KONSEQUENZEN FÜR DIE BESTIMMUNG DES ZU BETEILIGENDEN PERSONENKREISES

Eine Kapitalbeteiligung kann allerdings bei Führungskräften durchaus sinnvoll sein (vgl. schon S. 192). Denn was den Motivationseffekt anbelangt, so können sie aufgrund ihrer Position im Unternehmen in hinreichendem Maße Einfluß auf seinen Erfolg und Mißerfolg nehmen. Die notwendige Verknüpfung von Risiko und Initiative ist bei ihnen also gewährleistet. Wegen des naturgemäß höheren Einkommens dieser Personen beeinträchtigt die Kapitalbeteiligung auch nicht wesentlich ihr disponibles Einkommen. Auch unter Kapitalgesichtspunkten stellt die Beteiligung der Führungskräfte kein relevantes Risiko dar. Denn da es sich dabei nur um einen relativ kleinen Personenkreis handelt, fällt der durch Auszahlung der Beteiligung im Falle der Kündigung oder Entlassung entstehende Liquiditätsabfluß nicht ins Gewicht. Dieser kann außerdem durch Orientierung am Betriebsergebnis oder durch Ratenzahlung in für beide Seiten zumutbarer Weise begrenzt werden.

Durch eine materielle Beteiligung der Führungskräfte ergibt sich wegen der geringen Zahl der in Betracht kommenden Personen zwar umgekehrt auch keine nennenswerte Eigenkapitalverbesserung, hierdurch können aber immerhin wertvolle Motivationsanreize geschaffen werden. Dies ist gerade für Familienunternehmen um so wichtiger, als ihnen gerade hochqualifizierte Führungskräfte oftmals mit einiger Skepsis gegenüberstehen.

Konsequenzen für die Ausgestaltung der Beteiligungen

Dem Grundsatz der Untrennbarkeit von Risiko und Initiative ist schließlich auch bei der Ausgestaltung der Kapitalbeteiligung, die durch Abzug eines Teils der regulären Gehalts- oder Tantiemezahlungen finanziert werden kann, Rechnung zu tragen. Für die Bemessungsgrundlage bedeutet dies, den Mitarbeiter mit seiner Beteiligung nur an dem während seiner Tätigkeit für das Unternehmen entstandenen Mehrwert teilhaben zu lassen. Dabei sind die hierfür erforderlichen Vergleichswerte bei Beginn und bei Beendigung der Beteiligung jeweils nach derselben Methode zu ermitteln. In diesem Rahmen sind Faktoren zu wählen, auf die der Mitarbeiter in höchstmöglichem Grade Einfluß nehmen kann und denen ein so hoher Objektivitätsgehalt zukommt, daß Bewertungsspielräume und das damit verbundene Konfliktpotential möglichst gering sind. In zeitlicher Hinsicht ist mit Beendigung der Tätigkeit des Mitarbeiters für das Unternehmen zugleich auch die Beendigung der Beteiligung vorzusehen, zumal eine dauernde Abgabe von Gesellschaftsanteilen an Dritte bei Familienunternehmen in der Regel ohnehin nicht erwünscht ist. Umgekehrt ist sicherzustellen, daß die Kapitalbeteiligung die vertraglich vorgesehene und rechtlich mögliche Beendigung des Dienstverhältnisses mit dem Mitarbeiter unberührt läßt, da sie nicht zu einer Beeinträchtigung der Handlungsfreiheit des Unternehmens führen darf.

FAZIT

Eine breit angelegte Beteiligung der Mitarbeiter am Kapital des arbeitgebenden Unternehmens erweist sich im Bereich der Familienunternehmen häufig nicht als sinnvolle Maßnahme. Zum einen kann hierdurch der erstrebte Motivationseffekt oft nicht in vertretbarer Weise erzielt werden: Entweder ist sie mit einer einseitigen, nicht zu rechtfertigenden Überwälzung erheblicher finanzieller Risiken auf die Mitarbeiter verbunden, oder aber sie führt – unter Mißachtung der bei Familienunternehmen anzutreffenden spezifischen Situation – zu nicht mehr hinnehmbaren Beeinträchtigungen der Unternehmensführung. Zum anderen erfüllt sie bei diesen Unternehmen häufig auch nicht die mit ihr verbundene Erwartung einer dauerhaften Verbesserung der Eigenkapitalstruktur. Vielmehr kann sich dieser erhoffte Effekt gerade in der entscheidenden Situation der Unternehmenskrise ins Gegenteil verkehren.

Eine Mitarbeiterbeteiligung erscheint jedoch stets bei Führungskräften sinnvoll, da bei diesem Personenkreis Risiko und Initiative in ausgewogener Weise miteinander korrespondieren und somit eine ausreichende Beherrschbarkeit des Risikos gewährleistet ist. Zwar tritt bei einer Beschränkung der zu beteiligenden Personen auf den kleinen Kreis der Führungskräfte eine spürbare Verbesserung der Eigenkapitalsituation nicht ein; andererseits birgt eine Personalfluktuation in diesem Bereich nicht das Risiko starker Liquiditätsschwankungen in sich. Dem Prinzip der Verknüpfung von Risiko und Einflußnahme entsprechend ist die Kapitalbeteiligung auf den Zeitraum der Tätigkeit für das Unternehmen und den Anteil an dem während dieser Periode erwirtschafteten Mehrwert zu beschränken.

5.
PENSIONSZUSAGEN FÜR DIE MITARBEITER – QUASI EIGENKAPITAL ODER FREMDKAPITAL?

Es war einmal …

… der Unternehmer H. aus dem Ruhrgebiet, der sich zunehmend über die hohe Steuerbelastung seines Betriebs ärgerte und auf Abhilfe sann. Ein adäquates Mittel schien gefunden, als H. Mitte der siebziger Jahre Besuch von einem

Berater erhielt, der sich auf die betriebliche Altersversorgung spezialisiert hatte. Dieser berichtete ihm begeistert von der Möglichkeit, mit diesem Instrument zu Lasten des Fiskus problemlos und schnell ein beachtliches Rückstellungspotential aufzubauen. Dieses habe – so führte der Berater aus – nicht nur den Charakter von Eigenkapital, sondern es fördere zugleich die Motivationskraft der Mitarbeiter, halte sie gegen Abwerbungsversuche gefeit und erhöhe die Chancen bei der Personalsuche. Ein etwaiges Risiko könne über Rückdeckungsversicherungen adäquat abgedeckt werden, wobei allerdings verschwiegen wurde, daß dies in der Tasche des Beraters zu hohen, zusätzlichen Provisionseinnahmen führte. H. ging in die Vollen. Das Rentenwerk wurde äußerst großzügig ausgestattet, und sogar der Hausanwalt und der Wirtschaftsprüfer wurden in die Rentenzusage einbezogen.

Das böse Erwachen kam später. Zunächst veränderte der Gesetzgeber die Belastungsquotienten ständig, ohne allerdings die Möglichkeit der steuerlichen Refinanzierbarkeit auszudehnen. Er führte die Unverfallbarkeit ein, die Sterbetafeln wurden geändert, die Pflicht zur Rentenanpassung wurde eingeführt und der Rückstellungszinsfuß geändert. Zusätzlich wurden Beiträge für den Pensionssicherungsverein fällig, die insbesondere im Jahre der AEG-Pleite zu einer beachtlichen Zusatzbelastung führten. Außerdem verschlechterte sich die Bilanz von H. maßgeblich, als das Handelsrecht geändert wurde und auch in schlechten Jahren eine Rückstellungszuführung zwingend erforderlich wurde. Hinzu kam folgendes: Die Banken begannen auf Grund der geänderten Situation, die Rückstellungen nicht mehr als »quasi« Eigenkapital, sondern als ganz normales Fremdkapital anzusehen. Die Enttäuschung von H. erreichte seinen Höhepunkt, als ein ausländischer Kaufinteressent, der für sein Unternehmen einen stattlichen Kaufpreis geboten hatte, von seiner Erwerbsabsicht abrückte, weil ihm die Pensionsrückstellungen schlicht und einfach – wie er sich ausdrückte – »unheimlich« waren.

EINFÜHRUNG IN DIE PROBLEMATIK

Die Einführung der betrieblichen Altersversorgung in zahlreichen Familienunternehmen während der sechziger Jahre erfolgte in erster Linie aus Gründen der Steuerersparnis und erst in zweiter Linie aus personalpolitischen Erwägungen. Bei Betrachtung der letzten zwei Jahrzehnte läßt sich aber beobachten, daß Gesetzgebung und Rechtsprechung die rechtlichen Rahmenbedingungen der betrieblichen Altersversorgung durch Auferlegung weitgehender arbeitsrechtlicher Verpflichtungen unter gleichzeitiger Beschneidung der ursprünglich gewährten finanziellen Vorteile stetig zu Lasten der Unternehmen verändert und so den Inhalt dieser als freiwillig gedachten sozialen Leistung zunehmend »fremdbestimmt« haben. Ganz wesentliche Bedeutung kommt in diesem Zusammenhang der Unkalkulierbarkeit leistungsbezogener Rentenversprechen aufgrund dynamischer Bemessungsfaktoren zu. Die Fraglichkeit leistungsbezogener Betriebsrentensysteme wird auch an den großen Insolvenzfällen deutlich. Die wesentlichen negativen Veränderungen der Rahmenbedingungen sind stichwortartig die folgenden:

- Der Gesetzgeber führte die sogenannten Unverfallbarkeit ein, wodurch Versorgungsleistungen unter Umständen auch an vorzeitig ausgeschiedene Arbeitnehmer zu erbringen sind.
- Die Gründung des Pensionssicherungsvereins führte zu weiteren finanziellen Belastungen, die sich insbesonders bei der AEG-Krise mit deutlichen Beitragserhöhungen bemerkbar machte.
- Die Lebenserwartung und damit die Dauer der Zahlung der Altersrente verlängerte sich.
- Die bisher freiwillige Bildung einer Pensionsrückstellung wurde zwingend vorgeschrieben, mußte also auch in Verlustjahren vorgenommen werden.
- Die betrieblichen Renten wurden einer Dynamisierungspflicht unterworfen.
- Der der Pensionsrückstellung zugrunde liegende Rechnungszinsfuß wurde negativ verändert.

Hinzu kam, daß die Banken von ihrer anfangs praktizierten Einstufung der Pensionsrückstellungen als Quasi-Eigenkapital völlig zu Recht abrückten und in ihnen eine Vorsorge für echte Fremdverbindlichkeiten sahen. Es zeigte sich auch, daß Firmenverkäufe, insbesondere gegenüber Ausländern, durch Versorgungszusagen erheblich erschwert wurden. Letztlich ergaben sich in Zeiten des Personalabbaus Liquiditätsprobleme, da den zu zahlenden Renten keine Rückstellungszuführungen mehr gegenüberstanden. Ein weiteres Kernproblem liegt im fehlenden Gegenwartsbezug und der oftmals hinzukommenden mangelnden Transparenz für die Begünstigten. Dies führt aber in aller Regel dazu, daß die betriebliche Altersversorgung bei der Arbeitnehmerschaft allenfalls kurzfristig zum Zeitpunkt ihrer Einführung, nicht aber dauerhaft eine Wertschätzung erfährt. Auf diese Weise verfehlt die betriebliche Altersversorgung also auch die ihr zugedachten unternehmenspolitischen Zwecke, die Arbeitnehmerschaft zu motivieren und langfristig an das Unternehmen zu binden. Hieran wird deutlich, daß es nicht ausreichen wird, den Gesetzgeber zu einer graduellen Veränderung der rechtlichen Rahmenbedingungen des bisherigen Systems der betrieblichen Altersversorgung zu veranlassen. Diese hat vielmehr nur dann eine Überlebenschance, wenn an den Hauptursachen für die geschilderten Fehlentwicklungen – hohes Kostenrisiko, Leistungsbezogenheit, fehlende Wertschätzung durch die Arbeitnehmerschaft – angesetzt wird. Hierzu bedarf es einer konzeptionellen Neuorientierung.

BEITRAGSMODELL STATT LEISTUNGSMODELL

Eine Lösung bietet das Modell einer beitragsbezogenen Altersversorgung, das sich in Deutschland zunehmend durchsetzt und in den Vereinigten Staaten bereits überwiegend praktiziert wird. Dort sind die sogenannten »Defined benefit plans« schon vor längerer Zeit durch die verschiedenen Spielarten der sogenannten »Defined contribution plans« abgelöst worden, etwa durch sogenannten »Thrift plans« oder durch sogenannten »Cash or deferred arrangements«. Grundgedanke ist, daß anstelle eines endleistungsbezogenen Rentenniveaus im Sinne einer zusätzlich zum Arbeitsentgelt gewährten Fürsorgeleistung jährliche Beiträge zum Aufbau eines Versorgungskapitals zugesagt und einbehalten werden, die neben einem Baranteil und gegebenenfalls anderen geldwerten Vorteilen als unbarer Vergütungsbestandteil »betriebliche Altersversorgung« definiert werden. Es handelt sich dabei insofern um ein »intelligentes Vergütungssystem«, als die Gewährung eines Teils der Vergütung in dieser Form sowohl für den Arbeitgeber als auch für den Arbeitnehmer vorteilhafter ist als die Auszahlung eines entsprechenden Barbetrags zum Aufbau einer privaten Alterssicherung durch den Arbeitnehmer selbst. Auf Arbeitnehmerseite wird dieser Effekt zum einen durch Ausnutzung von Gruppentarifen erzielt, die er als einzelner nicht durchsetzen könnte. Zum zweiten kann dieser Vergütungsbestandteil vollständig und nicht nur in Höhe seines Nettoanteils Altersversorgungszwecken zugeführt werden. Zum dritten führt das Prinzip der aufgeschobenen Vergütung (»Deferred compensation«) zur Aktivierung von Abgaben- und Steuervorteilen (Versteuerung der gesetzlichen Rente nur mit dem Ertragsanteil, Freibeträge), die andernfalls verloren gingen.

PRAKTISCHE UMSETZUNG

Die Erzielung all dieser Effekte und damit eine erfolgreiche »Renaissance« der betrieblichen Altersversorgung hängt jedoch ganz entscheidend von der konsequenten Durchführung und der positiven Vermittlung eines solchermaßen beitragsbezogenen Altersversorgungsmodells in der Praxis ab. Dies erfordert einen Bewußtseinswandel sowohl auf Unternehmens- als auch auf Arbeitnehmerseite. Grundvoraussetzung für die Funktionsfähigkeit eines solchen Systems der betrieblichen Altersversorgung ist zunächst eine Rückbesinnung der Arbeitgeber auf die eigentliche Intention der betrieblichen Altersversorgung – die Alterssicherung des Arbeitnehmers. Hierzu bedarf es einer Abkehr von ihrer Zweckentfremdung als bloßes Steuersparmodell hin zur Neudefinition ihres Nutzens für das Unternehmen als probates Mittel der Personalpolitik. Dies ist gerade für Familienunternehmen um so wichtiger, als sie bei anderen Wettbewerbsfaktoren die Vorteile ihrer großen Konkurrenten in der Regel nicht ausgleichen können. Wesentlich ist auch, daß das Unternehmen die Versorgungsmittel konsequent als angesammelte Vergütungsbestandteile betrachtet, d. h. als Geld des Arbeitnehmers, das es lediglich treuhänderisch verwaltet. Dies bedeutet, daß entsprechend sichere interne oder externe Anlageformen gewählt und die Gelder nicht etwa als spekulatives Investitionskapital angesehen werden. Bei Beachtung dieser Bedingungen werden nicht nur der volkswirtschaftlich gewünschte Zweck, sondern auch die bislang verfehlten betriebswirtschaftlichen Ziele der Motivation und Bindung der Arbeitnehmer sowie der Erlangung von Wettbewerbsvorteilen auf dem Personalmarkt erreicht.

Hinsichtlich der praktischen Durchführung empfiehlt es sich, an bereits bekannte Figuren wie z. B. eine individuelle Kontenführung anzuknüpfen. Auf diese Weise kann dem Arbeitnehmer der Gegenleistungscharakter und damit der aktuelle Bezug der Vorsorgeleistung anhand ihm vertrauter Muster nachvollziehbar verdeutlicht und regelmäßig ins Bewußtsein gerufen werden. So kann er den stetigen Wertzuwachs seiner betrieblichen Altersversorgung während der gesamten Dauer des Beschäftigungsverhältnisses mitverfolgen, wodurch sein permanentes Interesse hieran aufrechterhalten wird. Wesentlich ist auch eine klare Bedürfnisorientierung, und zwar nicht nur hinsichtlich des »Wie«, sondern auch in bezug auf das »Ob« einer betrieblichen Altersversorgung. Nur dort, wo beim Arbeitnehmer eine Wertschätzung der betrieblichen Altersversorgung in dem Sinne vorhanden ist, daß er sie vom Arbeitgeber anstelle eines entsprechenden Barvergütungsanteils selbst fordert, stellt sie ein offensives Mittel zur Effizienzsteigerung und somit eine betriebswirtschaftlich sinnvolle Maßnahme dar. Dies bedeutet umgekehrt, daß es bei Teilen der Arbeitnehmerschaft – etwa nur kurzfristig Beschäftigten – sinnvoll sein kann, von einer betrieblichen Altersversorgung ganz abzusehen.

Nicht beantwortet ist damit freilich die Frage bereits bestehender Versorgungszusagen nach altem Modell. Ein Eingriff ist angesichts der strengen Besitzstands-Rechtsprechung des Bundesarbeitsgerichts nur schwer oder überhaupt nicht möglich, allerdings auch nicht erforderlich. Denn die bisherigen leistungsbezogenen Systeme lassen sich im Wege einer intelligenten Umstrukturierung der bestehenden Versorgungsregelungen – etwa durch Kapitalisierung der zugesagten Leistungen – in ein beitragsorientiertes Modell integrieren. Eine solche integrative Umstrukturierung ist nach den Erfahrungen der Praxis in Anbetracht der Irritationen, die durch ein Nebeneinander unterschiedlicher Versorgungssysteme entstehen können, unbedingt zu empfehlen. In der radikalen und konsequenten Durchführung ihrer inhaltlichen Umgestaltung in der geschilderten Weise liegt die wohl größte Chance, die betriebliche Altersversorgung als die »zweite Säule« der Alterssicherung in Deutschland wieder in die Lage zu versetzen, die Lasten zu tragen, die angesichts der demographischen Entwicklung in zunehmendem Maße auf ihr ruhen werden.

DIE ALTERSVERSORGUNG DES UNTERNEHMERS

Es bleibt schließlich die Frage nach der Alterssicherung des Unternehmers selbst (zur Altersversorgung des Fremdgeschäftsführers vgl. S. 195ff.). In diesem Bereich kommt der betrieblichen Altersversorgung klar die Hauptrolle und nicht nur ergänzende Funktion zu. Um so kurioser erscheint es, daß der Unternehmer insoweit in der Regel weder an den anfangs dargestellten Schutzmaßnahmen des Gesetzgebers und der Rechtsprechung partizipiert noch in den Genuß der steuerlichen Vergünstigungen kommt, obwohl er im Gegensatz zum Arbeitnehmer nicht nur Arbeits-, sondern auch Kapitalleistungen erbringt. Die Absicherung dieses Personenkreises ist daher weitgehend vertraglicher Regelung überlassen. Indessen lassen sich keine allgemeingültigen Aussagen über deren günstigste Ausgestaltung treffen. Vielmehr bedarf es in jedem Einzelfall einer betriebswirtschaftlichen Investitions- und Ergebnisrechnung. Allerdings lassen sich doch immerhin zumindest einige grundsätzliche Empfehlungen aussprechen:

Wesentlich ist dabei zunächst, daß die Altersversorgung des Unternehmers nicht anders als bei jedem beliebigen Dritten konzipiert wird. Dies bedeutet vor allem, daß die betriebliche Altersversorgung nicht um ihrer selbst willen eingerichtet wird, d.h. in einem ersten Schritt die Definition der mit ihr verbundenen Erwartungen und erst in einem zweiten Schritt deren rechtliche Umsetzung erfolgt. Insbesondere sollten steuerliche Aspekte nicht Ausgangspunkt der Überlegungen sein. Von entscheidender Bedeutung ist auch, daß die Versorgungsmittel einer strikten Zweckbindung unterliegen und insbesondere nicht als spekulatives Unternehmenskapital verwendet werden. Ratsam ist daher ihre Aussonderung aus dem Betrieb, wobei auf bewährte Modelle wie Versicherungen oder Spezialfonds zurückgegriffen werden sollte; vor Anlageexperimenten ist im Hinblick auf die Bedeutung der Alterssicherung zu warnen. In jedem Fall sollte ein eigenständiger, vom weiteren Schicksal des Unternehmens unabhängiger Anspruch begründet – und möglichst auch schriftlich fixiert – werden. Denn nur so ist im Ernstfall eine angemessene Absicherung des Unternehmers gewährleistet.

6.
DIE EINHEITLICHE EUROPÄISCHE WÄHRUNG –
DER EURO

Wie alle Unternehmen in Europa …

… ist auch die Georg K-Metall GmbH & Co. KG, ein Familienunternehmen des Sondermaschinenbaus in Südwestdeutschland, mit der geplanten Einführung des Euro als Gemeinschaftswährung in den Mitgliedstaaten der Europäischen Union konfrontiert. Das Unternehmen mit einem Umsatz von circa 500 Millionen DM beschäftigt an seinen zwei Produktionsstandorten in Deutschland um die 400 Mitarbeiter. Die Exportquote beträgt über 60 Prozent. Von den Exporten gehen 70 Prozent in Mitgliedstaaten der Europäischen Union, 20 Prozent in die USA und 10 Prozent in das übrige Ausland.

Die Einführung des Euro wird von der Geschäftsführung des Unternehmens grundsätzlich begrüßt. Die beiden Geschäftsführer Achim und Bernhard K., die das Unternehmen seit 1988 führen, haben die Währungsturbulenzen der 90er

Jahre noch gut im Gedächtnis. Damals wäre das Unternehmen beinahe um die Früchte der Ende der 80er Jahre erfolgreich eingeleiteten Umstrukturierungsmaßnahmen gebracht worden. Die plötzliche Aufwertung der D-Mark gegenüber einer Vielzahl von europäischen Währungen sowie dem US-Dollar hatte verheerende Folgen für die Wettbewerbssituation und damit die Ertragslage des Unternehmens. Sowohl auf dem Inlandsmarkt als auch auf den europäischen Märkten und in Übersee hatten die Mitbewerber aus den Abwertungsländern quasi über Nacht währungsbedingte Wettbewerbsvorteile von bis zu 30 Prozent. Um unter diesen Bedingungen konkurrieren zu können, mußte das Unternehmen seine Preise erheblich senken. Für die in Dollar abgerechneten Verkäufe nach Nordamerika hatte man aus Kostengründen auf Kurssicherungsgeschäfte verzichtet. In den Jahren 1993 und 1995 kam es infolge der Aufwertung der D-Mark zu erheblichen Verlusten, die die Existenz des Unternehmens bedrohten.

Ein bißchen skeptisch sind die beiden Brüder jedoch hinsichtlich der Stabilität der neuen Währung. Ein weicher Euro ist in ihren Augen keine akzeptable Alternative für die stabile D-Mark. Den Vorteilen der Wechselkursstabilität stünden die negativen wirtschaftlichen Folgen einer höheren Geldentwertung entgegen.

Im Hinblick auf den Euro sieht die Geschäftsführung zwei große Herausforderungen: Zum einen soll die Umstellung des Unternehmens von D-Mark auf Euro möglichst reibungslos und kostengünstig gestaltet werden. Die wichtigere, strategische Aufgabe besteht in den Augen der Geschäftsführer aber darin, das Unternehmen im Hinblick auf die veränderten Rahmenbedingungen in der Währungsunion richtig zu positionieren.

Für die Frage der Umstellung hat die Geschäftsführung einen bereichsübergreifenden Arbeitsstab »Europäische Währungsunion« gebildet und den Leiter des Rechnungswesens zum Euro-Beauftragten ernannt. Aufgabe des Arbeitsstabes ist es, jeden einzelnen Unternehmensbereich vor dem Hintergrund des derzeit gültigen Umstellungsszenarios zu analysieren und der Geschäftsleitung ein Konzept für die Umstellung zu unterbreiten.

Mit den Beratern des Unternehmens werden die veränderten Rahmenbedingungen in der Währungsunion besprochen. Der Wegfall von Wechselkursrisiken zwischen den Teilnehmerstaaten wird die Wettbewerbssituation in Europa nicht unerheblich verändern. Als innovationsfreudiges Unternehmen mit technologisch führenden Produkten sieht man in dem sich verschärfenden Wettbewerb mehr Chancen als Risiken. Zur Vorbereitung der weiteren Expansion in Europa soll das Unternehmen zu Beginn der Währungsunion in eine Aktienge-

sellschaft umgewandelt werden. Zur Stärkung der Eigenkapitalbasis wird auch ein Börsengang in die weitere Planung mit einbezogen.
Die frühere Seniorchefin Karin K. macht sich noch ganz andere Gedanken. Sie ist vor wenigen Jahren aus der Geschäftsführung des Unternehmens ausgeschieden und widmet sich heute nur noch der Verwaltung ihres nicht in dem Unternehmen gebundenen Privatvermögens. Bisher hatte sie ihr Geld zu gleichen Teilen in deutschen Aktien, Immobilien und D-Mark Rententiteln angelegt. Ihre Sorge vor einem weichen Euro überwiegt. Deshalb hat sie schon vor einiger Zeit beschlossen, ihr Geld künftig nur noch in amerikanischen Aktien anzulegen.

DAS JAHRHUNDERTPROJEKT
EUROPÄISCHE WÄHRUNGSUNION

Der Euro – ein Vorhaben mit Chancen und Risiken

Der für den 1. Januar 1999 vorgesehene Beginn der Stufe 3 der Europäischen Wirtschafts- und Währungsunion (EWWU) ist ein Jahrhundertprojekt mit weitreichenden wirtschaftlichen und politischen Implikationen. Die Währungsunion stellt nicht nur eine wichtige Ergänzung des europäischen Binnenmarktes dar und fügt sich somit in den bisherigen Rahmen der europäischen Integration, mit ihr verbinden sich die Teilnehmerstaaten vielmehr darüber hinaus zu einer unkündbaren Schicksalsgemeinschaft, die die Handlungsspielräume der einzelnen Staaten künftig erheblich einschränken und wohl schon sehr bald starke Kräfte in Richtung einer gemeinsamen europäischen Wirtschaftspolitik freisetzen wird. Die Übertragung der Zuständigkeit für die Währungspolitik von den Mitgliedstaaten auf die Europäische Union gibt der europäischen Integration somit eine ganz neue Dimension.

Wegen dieser weitreichenden Konsequenzen war und ist die Währungsunion ein heftig umstrittenes Projekt – unter den Experten ebenso wie unter den einfachen Bürgern. In Deutschland fürchten viele Menschen einen »weichen« Euro. Auch steht nach verschiedenen Umfragen ein Großteil der mittelständischen Unternehmen in ganz Europa der Einführung des Euro sehr skeptisch gegenüber. Sie befürchten wegen der Verschärfung des Wettbewerbs sowohl Verschlechterungen im eigenen Geschäftsfeld als auch negative gesamtwirtschaftliche Auswirkungen.

Dieses Buch ist nicht der Ort, sich mit dem Für und Wider der Währungs-union auseinanderzusetzen. Die politischen und ökonomischen Argumente pro und kontra Währungsunion sind mittlerweile ausgetauscht. Wer aufmerk-sam das Handelsblatt oder den Wirtschaftsteil der Frankfurter Allgemeinen Zeitung liest, wird schnell mit dem argumentativen Einmaleins ihrer Befürwor-ter und Gegner vertraut. Für welches Lager man sich am Ende selbst entschei-det, ist auch ein bißchen eine Glaubensfrage. Nach meiner persönlichen Ein-schätzung ist die Europäische Währungsunion – so wie sie im Vertrag von Maastricht konzipiert wurde – ein Projekt mit Chancen und Risiken. Es gibt zu viele Unbekannte, als daß man heute schon mit Sicherheit voraussagen könn-te, ob das Projekt erfolgreich sein oder scheitern wird. Die Währungsunion kann aber in meinen Augen die erhofften positiven Effekte für die Wirtschafts-entwicklung und die weitere politische Integration in Europa haben. Dies setzt allerdings voraus, daß sich Politik und Wirtschaft in allen Teilnehmerstaaten den mit der Währungsunion verbundenen großen Herausforderungen stellen und sich an die Spielregeln halten, die für das Funktionieren der Währungs-union erforderlich sind. Das einzelne Unternehmen, das auf die politischen und makroökonomischen Rahmenbedingungen nur reagieren kann, muß im Hinblick auf die Währungsunion die Weichen richtig stellen. Neben der recht-zeitigen Vorbereitung der Währungsumstellung gehört dazu eine gründliche Analyse der sich verändernden wirtschaftlichen Rahmenbedingungen.

Die erheblichen Ungewißheiten
im Zusammenhang mit der Währungsunion

Die Vorbereitung auf die Währungsunion ist für die Unternehmen heute noch mit einer Vielzahl von Unsicherheiten überschattet. Der vom EG-Vertrag vor-gesehene Starttermin (1. Januar 1999) ist durch die erheblichen Schwierig-keiten der meisten Mitgliedstaaten bei der Konsolidierung ihrer Staatsfinanzen in Frage gestellt. Noch kann nicht ausgeschlossen werden, daß es quasi in letzter Minute zu einer Verschiebung der Währungsunion kommen wird. Mit dem Starttermin eng verbunden ist die Frage nach den Teilnehmerstaaten, mit denen die Währungsunion beginnen soll. Wenn es zu einer »kleinen« Wäh-rungsunion ohne Griechenland, Portugal, Italien, Spanien und Großbritannien käme, dann würden gerade diejenigen Staaten nicht an der Währungsunion teilnehmen, deren Währungen im Verhältnis zur D-Mark in der Vergangenheit den größten Schwankungen ausgesetzt waren. Diese Ungewißheit zwingt die Unternehmen, bei den strategischen Planungen unterschiedliche Szenarien bezüglich des Teilnehmerkreises zu berücksichtigen.

Nach dem heute gültigen Übergangsszenarium wird erst im Frühjahr 1998 die Entscheidung über den Teilnehmerkreis und damit auch das Ob der Währungsunion fallen. Für die Unternehmen ist diese Situation sehr unbefriedigend: Einerseits müssen sie für einen pünktlichen Beginn der Währungsunion am 1. Januar 1999 vorbereitet sein, andererseits wollen sie aber keine aufwendigen Investitionen für ein Projekt tätigen, das wegen der aktuellen Probleme um einige Jahre verschoben oder am Ende sogar ganz aufgegeben wird.

Trotz dieser Ungewißheiten müssen die Unternehmen auf einen pünktlichen Start der Währungsunion vorbereitet sein. Es ist nach meiner Einschätzung sehr unwahrscheinlich, daß das Projekt Europäische Währungsunion insgesamt aufgegeben werden wird. Zum einen gibt es eine Festlegung im europäischen Gemeinschaftsrecht, zum anderen ist zu befürchten, daß die Nichtverwirklichung der Währungsunion erhebliche negative Folgen für die wirtschaftliche und politische Integration in Europa haben würde. Sieht man einmal von den aktuellen wirtschaftlichen Problemen ab, dann überwiegt in Europa die Meinung, daß es für den europäischen Binnenmarkt und das wirtschaftliche Gewicht Europas in der Welt langfristig betrachtet richtig ist, den Euro einzuführen. Umstritten ist nur, ob die wirtschaftlichen Voraussetzungen für eine Währungsunion unter Beteiligung möglichst vieler Mitgliedstaaten heute schon gegeben sind. Es spricht deshalb sehr viel dafür, daß die Mitgliedstaaten trotz der derzeitigen Probleme an der pünktlichen Einführung des Euro festhalten werden. Eine kleine Währungsunion ist wahrscheinlicher als eine Verschiebung – wenn man eine solche allerdings auch nicht gänzlich ausschließen kann. Unterstellt man also, daß der Euro in den nächsten Jahren auf jeden Fall kommen wird, dann ist jedes Unternehmen heute gefordert, die Umstellung auf den Euro vorzubereiten und die möglichen Auswirkungen der Währungsunion auf seine Geschäftstätigkeit zu analysieren, um die erforderlichen unternehmenspolitischen Entscheidungen treffen zu können.

Viele Unternehmen haben dies erkannt und mit den Vorbereitungen begonnen. Mitverantwortlich für die zögerliche Haltung kleinerer und mittlerer Unternehmen in der Vergangenheit waren neben den schon angesprochenen Ungewißheiten über den Starttermin und die Zusammensetzung der Währungsunion auch die vielen ungelösten Fragen im Zusammenhang mit den gesetzlichen Rahmenbedingungen für den Übergang auf den Euro. Wie soll ein Unternehmen die Umstellung des Rechnungswesen vorbereiten, wenn noch unklar ist, welche Anforderungen im Bereich der Handels- und Steuerbilanz in der dreijährigen Übergangsphase zu Beginn der Währungsunion (der sogenannte Stufe 3a) gelten werden, in der es zu einem Nebeneinander von Euro und nationalen Währungen kommen wird? Antworten auf die mit der Einführung des Euro vorhandenen Fragen soll das Euro-Umstellungsgesetz geben. Dieses Gesetz, das seit Herbst 1997 im Entwurf vorliegt, soll alle umstellungsrelevanten Gesetzesänderungen enthalten, vom Bilanzrecht über das Gesellschaftsrecht bis hin zur Ersetzung des Diskont in einer Vielzahl von Gesetzen, um nur einige Beispiele zu nennen. Das Umstellungsgesetz gewährleistet den Unternehmen verbindliche gesetzliche Rahmenbedingungen für die Umstellung.

Die Vorbereitung auf die Währungsunion wird in den Unternehmen durch zwei Aufgaben bestimmt:

1. Die Währungsumstellung ist eine große technische Herausforderung. Sie erfordert rechtzeitige Planung. Trotz ihrer Komplexität ist die Umstellung allerdings ein beherrschbarer Vorgang. Das mehrstufige Übergangsszenario zu Beginn der Währungsunion eröffnet den Unternehmen Spielräume für individuelle Vorgehensweisen.
2. Die Währungsunion verändert die Wettbewerbsbedingungen in Europa nachhaltig. Mit einem Schlagwort kann man sagen: Der Wettbewerb wird härter. Während dies gesamtwirtschaftlich zu mehr Wachstum und Beschäftigung in Europa führen kann, werden die Konsequenzen für das einzelne Unternehmen sehr unterschiedlich ausfallen. Jedes Unternehmen ist deshalb gefordert, sich intensiv mit den möglichen Auswirkungen der Währungsunion auf seine Wettbewerbssituation auseinanderzusetzen.

Die Umstellung der Unternehmen auf den Euro

Am Ausgangspunkt jeder Umstellungsplanung im Unternehmen muß eine Analyse in zweierlei Hinsicht stehen: In einem ersten Schritt muß man sich Klarheit über das von den Mitgliedstaaten der Europäischen Union vereinbarte Übergangsszenarium und die rechtlichen Rahmenbedingungen der Umstellung verschaffen. Diese werden wesentlich bestimmt von den zwei EU-Verordnungen zur Einführung des Euro (»Euro-Verordnungen«) und der nationalen Gesetze, die zur Ausgestaltung und Konkretisierung des europarecht-

lichen Rahmens erlassen werden. Vor dem Hintergrund des Umstellungssze-
nariums muß dann ermittelt werden, welche Bereiche des Unternehmens von
der technischen Umstellung betroffen sind.

Die Rahmenbedingungen für die Umstellung

Der Vertrag von Maastricht enthält praktisch keine Vorgaben darüber, wie der
Übergang von den nationalen Währungen auf den Euro technisch zu erfolgen
hat. Nach Festlegung eines Übergangsszenariums durch die europäischen Staats-
und Regierungschefs auf ihrem Gipfel in Madrid im Dezember 1995 (daher
auch der Name »Madridszenarium«) hat der Ministerrat der Europäischen Union
im Dezember 1996 zwei Verordnungen gebilligt, die den rechtlichen Rahmen
für den Übergang bilden. Das Madridszenarium und die beiden Euro-Verordnungen machen folgende Vorgaben für die Umstellung:

Der Zeitplan

Im Frühjahr 1998, wenn die volkswirtschaftlichen Ist-Daten der Mitgliedstaaten für das Jahr 1997 vorliegen, beschließen die europäischen Staats- und
Regierungschefs darüber, welche Mitgliedstaaten die im Vertrag von Maastricht enthaltenen Konvergenzkriterien als Voraussetzung für die Teilnahme an
der Stufe 3 der EWWU erfüllen. Die Stufe 3 bildet den Abschluß eines mehr-
stufigen Prozesses zur Errichtung einer Europäischen Währungsunion, der am
1. Juli 1990 mit der Liberalisierung des Kapitalverkehrs in Europa seinen Ausgangspunkt genommen hat. Am 1. Januar 1999 werden die Wechselkurse der
teilnehmenden Mitgliedstaaten unwiderruflich fixiert, der Euro entsteht als
eigenständige Währung und das Europäische System der Zentralbanken (ESZB)
bestehend aus der Europäischen Zentralbank und den nationalen Zentralbanken der teilnehmenden Mitgliedstaaten nimmt seine einheitliche Geldpolitik
in Euro auf. Am 1. Januar 1999 beginnt gleichzeitig eine dreijährige Übergangsphase, die als Stufe 3a bezeichnet wird. In dieser Übergangsphase ist der
Euro im wirtschaftlichen Sinne bereits die maßgebliche Währung der teilnehmenden Mitgliedstaaten, es wird in dieser Zeit aber noch keine Euro-Banknoten und -Münzen geben. Die nationalen Währungen werden in Stufe 3a – als
Untereinheiten des Euro – ihre Funktion als Recheneinheiten und gesetzliche
Zahlungsmittel behalten.

Am 1. Januar 2002 beginnt die Stufe 3b, die die Währungsumstellung abschließt. In der Stufe 3b, die höchstens sechs Monate dauern kann, werden die nationalen Banknoten und Münzen aus dem Verkehr gezogen. Es kann dazu kommen, daß in der Stufe 3b nationale Banknoten und Münzen und Euro-Bargeld für eine kurze Zeit parallel im Umlauf sind.

Das Nebeneinander von Euro und nationalen Währungen in der Stufe 3a

Das Nebeneinander von Euro und nationalen Währungen zu Beginn der Stufe 3 stellt die Unternehmen vor besondere Herausforderungen. Die Einführung des Euro an einem Tag und auf einen Schlag in der Art eines »big bang« hätten die meisten Unternehmen dem jetzt gewählten Szenarium sicher vorgezogen. Nach dem heute gültigen Szenarium müssen sich die Unternehmen darauf einstellen, für drei Jahre parallel in Euro und D-Mark operieren zu können. Das Nebeneinander von Euro und nationalen Währungen in der Stufe 3a ist vom Grundsatz der »freien Verwendung, kein Zwang« geprägt. Dies bedeutet, daß es in der Übergangzeit jedermann freisteht, den Euro zu verwenden, daß aber niemand zur Verwendung des Euro gezwungen werden kann. Die Unternehmen können also schon gleich zu Beginn der Stufe 3 dazu übergehen, Prospekte und Preislisten auf Euro umzustellen und Verträge unter Verwendung des Euro abzuschließen. Sie können aber auch weiterhin D-Mark verwenden. Im Bereich des unbaren Zahlungsverkehrs wird durch den Einsatz sogenannter Konvertoren sichergestellt, daß unbare Zahlungen in D-Mark auf Euro-Konten und umgekehrt unbare Zahlungen in Euro auf D-Mark-Konten gutgeschrieben werden. Als gesetzliche Zahlungsmittel stehen in der Übergangszeit nur die nationalen Banknoten und Münzen in ihren jeweiligen Hoheitsgebieten zur Verfügung. Die Umstellung der Währung erfolgt am Ende der Stufe 3a zum 31. Dezember 2001. Zu diesem Zeitpunkt tritt der Euro in allen Rechtsinstrumenten automatisch – unter Anwendung der am 1. Januar 1999 festgelegten Umrechnungskurse – an die Stelle der D-Mark. Mit Einführung der Euro-Banknoten und Münzen haben diese allein im gesamten Euroraum die Funktion des gesetzlichen Zahlungsmittels. In den sechs Monaten der Stufe 3b (vom 1. Januar 2002 bis längstens 30. Juni 2002) können die Mitgliedstaaten die Verwendung der nationalen Banknoten und Münzen als gesetzliche Zahlungsmittel in ihrem jeweiligen Hoheitsgebiet neben dem Euro zulassen.

Man kann heute nicht voraussagen, ob es schon zu Beginn der Stufe 3a einen Umstellungssog dahingehend geben wird, daß die meisten Unternehmen ungeachtet der rechtlichen Zulässigkeit der Verwendung von D-Mark bereits auf den Euro übergehen, d.h. im Geschäftsverkehr mit Dritten und unternehmensintern den Euro anstelle der D-Mark verwenden. Es bleibt abzuwarten, ob international tätige Unternehmen, die tendenziell an einer weiten Verbreitung des Euro interessiert sein werden, ihre nationalen Gesprächspartner, die von sich aus erst am Ende der Stufe 3a auf den Euro umstellen würden, zur Verwendung des Euro »zwingen« werden.

Das europarechtlich verankerte Verbot der zwangsweisen Verwendung des Euro hat zur Folge, daß der nationale Gesetzgeber und ihm nachgeordnet die nationale Verwaltung vor dem 31. Dezember 2001 nicht in Teilen der deutschen Rechtsordnung die zwangsweise Verwendung des Euro anordnen können. Ausnahmen gelten nur für Zahlungsverkehrssysteme, organisierte Märkte – wie etwa die Wertpapierbörsen – und gewisse Verbindlichkeiten (insbesondere die Staatsverschuldung, aber auch Anleihen privater Schuldner), die ohne Zustimmung der Betroffenen auf Euro umgestellt werden können. Nach der derzeitigen europarechtlichen Rechtslage könnte also nicht im Wege einer Gesetzesänderung angeordnet werden, daß etwa Eintragungen in Grundbücher ab dem 1. Januar 1999 nur noch in Euro erfolgen oder Gesellschaftsgründungen nur noch in Euro durchgeführt werden. Der nationale Gesetzgeber kann außerdem von gemeinschaftsweit abgestimmten Vorgehensweisen immer nur die Verwendung des Euro neben der D-Mark in der Übergangszeit anordnen.

Wenn er sich – wie es für das Bilanzrecht und die Kapitalgesellschaften vorgesehen ist – im Grundsatz für die Verwendung des Euro entscheidet, dann muß er in Übergangsvorschriften die Verwendung der D-Mark bis zum Ablauf der Stufe 3a zulassen. Dies wird nun dazu führen, daß Teile der Rechtsordnung für den Euro geöffnet werden, während in anderen Bereichen, insbesondere im Bereich der Verwaltung, zunächst weiterhin nur die Verwendung der D-Mark zulässig sein wird. Für die Unternehmen bedeutet dies, daß sie in die mißliche Lage versetzt werden können, einerseits von Geschäftspartnern zur Verwendung des Euro gedrängt zu werden, während andererseits die Verwaltung überwiegend – etwa bei den Meldungen im Zusammenhang mit der gesetzlichen Sozialversicherung – auf der Verwendung der D-Mark bestehen wird, weil der Staat nicht in der Lage oder willens ist, sich für eine Währungsparallelität zu öffnen.

Für die Unternehmen bedeutet diese Sachlage, daß sie sich intern auf jeden Fall darauf vorbereiten müssen, daß Geschäftspartner sie mit dem Euro konfrontieren. Gestaltungsspielraum verbleibt den Unternehmen hinsichtlich des Zeitpunkts und des Ausmaßes, in dem sie selber freiwillig zur Verwendung des Euro übergehen wollen, ohne daß sie dazu durch äußere Faktoren gezwungen werden.

Hauptbereiche der Umstellung

Im Zentrum der Währungsumstellung steht das Rechnungswesen des Unternehmens. Externes und internes Berichtswesen sind von der Währungsumstellung besonders betroffen. Daneben müssen Preislisten, Kataloge und Formulare angepaßt werden.

Im Mittelpunkt der technischen Vorbereitungsmaßnahmen wird außerdem die Anpassung der elektronischen Datenverarbeitung stehen. Während es in der Stufe 3a darum gehen wird, neben der Hauswährung D-Mark auch in Euro arbeiten zu können, muß zum 1. Januar 2002 der Euro die D-Mark als Hauswährung ablösen.

Planung und Durchführung der Umstellung

Die Planung der Umstellung nimmt einige Zeit in Anspruch. Viele Unternehmen haben erste Vorbereitungsmaßnahmen eingeleitet. Die meisten befinden sich noch in der Planungsphase.

Konkrete Umstellungsmaßnahmen werden insbesondere in kleinen und mittleren Unternehmen in vielen Fällen hinausgezögert, um Fehlinvestitionen im Falle einer Verschiebung zu vermeiden. Meines Erachtens sollten die Unternehmen die Planungsphase möglichst bald abschließen. Denn noch im Jahr 1998 will der Bundestag die rechtlichen Rahmenbedingungen für die Umstellung verbindlich festlegen. Für die technische Umstellung haben die Unternehmen damit durchaus die erforderliche Planungsgrundlage, um vor dem Hintergrund ihrer individuellen Betroffenheit die eigene Umstellungsstrategie festzulegen.

Es empfiehlt sich, zur Vorbereitung der Umstellung ein Euro-Projektteam mit einem Euro-Beauftragten an der Spitze zu bilden. Das Projektteam muß mit einem klaren Auftrag und einer klaren Zeitvorgabe versehen werden. In dem Projektteam sollten Vertreter aller von der Umstellung betroffenen Unternehmensbereiche vertreten sein. Jeder Bereich muß zunächst für sich eine Betroffenheitsanalyse vorlegen. Dann gilt es, auch unter Beteiligung aller Tochtergesellschaften ein verbindliches Umstellungsszenarium zu entwerfen. Die Geschäftsleitung muß in jedem Stadium der Vorbereitungen eingebunden sein. Mindestens ein Geschäftsführer sollte mit den Umstellungsvorbereitungen gut vertraut sein.

Bei der Planung der Umstellung können die Unternehmen auf eine Vielzahl von Material der Banken, Berufsverbände, Industrie- und Handelskammern und der wirtschaftsberatenden Berufe zurückgreifen. Gerade die Banken sehen in der Währungsumstellung eine gute Marketing-Möglichkeit, und die Unternehmen sollten sich diese Situation zunutze machen. Schon sehr früh muß der externe Beratungsbedarf im Zusammenhang mit der Währungsumstellung ermittelt werden, um rechtzeitig bei den jeweiligen Dienstleistern Kapazitäten zu sichern.

Die Währungsumstellung und die Anpassung der Computerprogramme an die Erfordernisse der Jahrtausendwende bieten eine gute Gelegenheit, die elektronische Datenverarbeitung des Unternehmens auf den Prüfstand zu stellen. Unternehmen verwenden heute immer häufiger betriebliche Standardsoftware von Softwareentwicklern wie SAP oder Baan. Diese werden gegebenenfalls ergänzt durch eigene Programmierungen. Die Anbieter von betrieblicher Standardsoftware befassen sich zur Zeit intensiv mit Anpassungen ihrer Programme im Hinblick auf die Währungsunion. Noch im Jahre 1997 wollen sie in der Lage sein, ihren Kunden Softwarelösungen für die Währungsumstellung anzubieten. Sowohl die Währungsparallelität in Stufe 3a als auch die endgültige Umstellung auf Euro am Ende der Stufe 3a können mit diesen Programmen bewältigt werden.

Manche Unternehmen arbeiten aber auch in erheblichem Umfang mit Eigenprodukten ihrer EDV-Abteilungen. Unternehmen, die keine betriebliche Standardsoftware verwenden, sondern sich im wesentlichen auf ihre unternehmensinterne EDV-Abteilung verlassen oder mit kleineren Softwareentwicklern zusammenarbeiten, müssen sicherstellen, daß die Währungsumstellung und die Anpassung der Datenverarbeitungssysteme im Zusammenhang mit dem Übergang auf das Jahr 2000 erfolgreich bewältigt werden.

Mehr Wettbewerb nach Verwirklichung der Währungsunion

Wegfall des Wechselkursrisikos zwischen den Teilnehmerstaaten

Unmittelbare Folge der Währungsunion ist, daß es unter den Teilnehmerstaaten künftig keine Wechselkursschwankungen mehr geben wird. Wechselkursveränderungen, die ihre Ursache nicht in der unterschiedlichen realwirtschaftlichen Entwicklung der betroffenen Volkswirtschaften haben, sondern das Resultat von Währungsspekulationen oder anderen gezielten Wechselkursbeeinflussungen sind, können zu erheblichen Wettbewerbsverzerrungen führen. Die Unternehmen der Nationen, deren Währung aufgewertet wurden, sehen sich mit ausländischen Konkurrenten konfrontiert, die abwertungsbedingt ihre Produkte und Dienstleistungen zu günstigeren Preisen anbieten können.

So kam es im europäischen Binnenmarkt im Gefolge der Währungsturbulenzen der 90er Jahre zu erheblichen Spannungen, und die Kalkulation so manchen deutschen Unternehmens wurde – manchmal über Nacht – empfindlich durcheinandergebracht.

Die aus den Wechselkursschwankungen resultierenden Wettbewerbsverzerrungen werden durch die unwiderrufliche Fixierung der Wechselkurse zu Beginn der Währungsunion beseitigt. Dies ist der Hauptgrund für die nachhaltige Unterstützung des Euro durch viele international tätige Unternehmen, die von den Währungsturbulenzen der vergangenen Jahre besonders betroffen waren.

Während der Euro unter dem Gesichtspunkt der Wechselkursstabilität den Unternehmen größere Planungssicherheit und mehr Chancengleichheit im Wettbewerb verschafft und sie gleichzeitig von Transaktions- und Kurssicherungskosten entlastet, führt die neue Währungsordnung gleichzeitig aber auch zu einer Vielzahl neuer Herausforderungen für die Unternehmen und vor allem auch für die staatliche Wirtschaftspolitik, die die Standortbedingungen der Unternehmen weitgehend bestimmt.

Die Verschärfung des Wettbewerbs in Europa

Die Einführung des Euro beseitigt ein weiteres Hindernis auf dem Weg zu einem einheitlichen europäischen Binnenmarkt. Dieser ist trotz der vielfältigen Bemühungen in den zurückliegenden Jahren in vielen Bereichen nämlich immer noch nicht Wirklichkeit geworden. Wenn das Wechselkursrisiko wegfällt und die Preise einheitlich in Euro ausgezeichnet werden, dann konkurrieren die Unternehmen in erster Linie nur noch über den Preis und die Qualität ihrer Produkte. Unter den Bedingungen freien Warenverkehrs, schneller und kostengünstiger Transportmittel sowie revolutionärer Fortschritte in der Informations- und Kommunikationstechnologie treten Güter und auch Dienstleistungen in ganz Europa in ein unmittelbares Konkurrenzverhältnis. Die Absatz- und Beschaffungsmärkte vergrößern sich, es entstehen integrierte Finanzmärkte. Die Währungsunion gibt dem Strukturwandel in Europa, der auch unter dem Stichwort Globalisierung diskutiert wird und der mit erheblichen Umbrüchen verbunden ist (vgl. dazu oben S. 93ff.), einen weiteren Schub, indem sie die Verflechtung der ehemals nationalen Volkswirtschaften weiter vorantreibt. Die Unternehmen müssen auf den sich verschärfenden Wettbewerb vorbereitet sein. Innovative und produktivitätsstarke Unternehmen bekommen zusätzliche Chancen, andere stehen vor der Gefahr, angestammte Märkte zu verlieren. Es ist nachvollziehbar, daß viele Unternehmen den schärferen Wettbewerb und den damit verbundenen Druck auf ihre Gewinnmargen fürchten.

Nach Wegfall des Wechselkursrisikos werden künftig die staatlichen Standortbedingungen zu entscheidenden Wettbewerbsfaktoren für die Unternehmen. Dazu gehören neben den schon erwähnten Lohnnebenkosten die Steuerbelastung der Unternehmen, die staatliche Regulierungsdichte und das Arbeits- und Tarifrecht (vgl. dazu oben S. 83ff.). In der Währungsunion werden relativ kostengünstige Regionen bei vergleichbarem Produktivitätsniveau gewinnen, relativ teure Regionen verlieren. Der europäische Standortwettbewerb wird zunehmen. Die unterschiedlichen Steuer- und Sozialversicherungssysteme werden wegen ihrer Bedeutung für die Kostenbelastung der Unternehmen in den Mittelpunkt der wirtschaftspolitischen Diskussion geraten. Neben der staatlichen Wirtschaftspolitik steht auch die Tarifpolitik vor neuen Herausforderungen. Die Entwicklung der Löhne muß sich in der Währungsunion an der Entwicklung der Produktivität orientieren. Dies verlangt von den Tarifparteien erhebliche lohnpolitische Flexibilität, weil überhöhte Lohnsteigerungen, die nicht über die Preise an den Markt weitergegeben werden können, die Wettbewerbsfähigkeit der Unternehmen und damit Arbeitsplätze gefährden.

Für den sich verschärfenden Wettbewerb in Europa müssen sich die Mitgliedstaaten und auch die einzelnen Unternehmen gleichermaßen rüsten. Die Wirtschaftspolitik in Deutschland muß die Voraussetzungen dafür schaffen, daß die deutschen Unternehmen unter den Bedingungen des sich verschärfenden Wettbewerbs bestehen können und nicht gegenüber den Rahmenbedingungen in anderen Staaten benachteiligt werden. Für Deutschland macht die Währungsunion wie mit einem Brennglas deutlich, daß verzögerte Strukturreformen endlich angegangen werden müssen. Bei den Lohnnebenkosten, bei der Flexibilisierung der Arbeitsmärkte, den gesetzlichen Rahmenbedingungen für die Tarifpolitik und der Anpassung des Steuersystems (vgl. dazu oben S. 83ff.). müssen Wettbewerbsnachteile für die deutschen Unternehmen beseitigt werden.

DIE HERAUSFORDERUNG FÜR JEDES EINZELNE UNTERNEHMEN

Auf die makroökonomischen Rahmenbedingungen hat das einzelne Unternehmen keinen, bestenfalls einen geringen Einfluß. Es ist Sache der Arbeitgeber- und Industrieverbände darauf hinzuwirken, daß in der öffentlichen Diskussion die Herausforderungen, die mit der Währungsunion für Politik und Wirtschaft verbunden sind, beim Namen genannt und daß insbesondere die notwendigen gesetzlichen Maßnahmen zur Verbesserung der Wettbewerbsfähigkeit der deutschen Unternehmen ergriffen werden.

Das einzelne Unternehmen muß die Auswirkungen der Währungsunion als einen bedeutenden Faktor in die strategische Planung einbeziehen. Die Betroffenheit von der Währungsunion hängt von einer Vielzahl von Faktoren ab. Je stärker ein Unternehmen auf den Märkten des europäischen Auslands präsent ist bzw. auf dem Inlandsmarkt in einem Wettbewerbsverhältnis zu Konkurrenten aus anderen EU-Ländern steht, desto größer sind die potentiellen Auswirkungen der Währungsunion.

Eine Vielzahl von Funktionsbereichen der Unternehmen sind von der Währungsunion betroffen: Mit dem einheitlichen Währungsraum wird die Preisgestaltung transparenter und der Preiswettbewerb wird zunehmen. Die Preispolitik der Unternehmen muß auf den Prüfstand gestellt werden. Die Preise für die gleichen Produkte variieren in Europa zum Teil erheblich. Dies liegt zum einen an den unterschiedlichen Steuersystemen, insbesondere den Mehrwertsteuersätzen, daneben aber auch einfach daran, daß die Unternehmen mit unterschiedlichen Gewinnmargen auf den verschiedenen Märkten operieren. Zwar wird es auch in der Währungsunion nach Regionen differenzierte Preise geben können und müssen, der Druck auf eine einheitliche Preispolitik der Unternehmen wird aber zunehmen. Bei zu großen Preisdifferenzen gleicher Produkte ist mit Reimporten – wie heute schon im Arzneimittelsektor (vgl. Beispiel oben S. 221ff.). – zu rechnen. Um bestehende höhere Gewinnmargen auf bestimmten Märkten zu halten, kann gegebenenfalls bei Produkten, die Ausstattungsvarianten zulassen, mit der Produktgestaltung den Besonderheiten regionaler Märkte Rechnung getragen und so Preisunterschiede aufrechterhalten werden.

Auf der Beschaffungsseite müssen die Lieferbeziehungen überprüft werden. Mit der Währungsunion entsteht ein europaweiter Beschaffungsmarkt ohne Währungsrisiken. Den erhöhten Preiswettbewerb der Anbieter müssen sich die Unternehmen auf der Beschaffungsseite zunutze machen.

Die Vertriebspolitik muß einer kritischen Analyse unterzogen werden. Bisher nach nationalen Märkte getrennte Vertriebsorganisationen können nach Wegfall der Währungsgrenzen unter Umständen effizienter gestaltet werden.

Bei der Standortplanung eröffnen sich neue Chancen. Standortvorteile anderer europäischer Regionen, wie insbesondere niedrigere Lohn- und Lohnnebenkosten, können nach Wegfall des Wechselkursrisikos stärker genutzt werden.

Die Kooperation mit anderen Unternehmen im Binnenmarkt (vgl. zu strategische Allianzen S. 286ff.) bzw. der Erwerb von Unternehmensbeteiligungen müssen bei der Unternehmensplanung bedacht werden. Es wird sicher zu einer Zunahme von Übernahmen und Zusammenschlüssen kommen.

Die Finanzplanung der Unternehmen wird vor neue Herausforderungen gestellt. Mit der Währungsunion verschärfen sich auch die Wettbewerbsbedingungen an den Finanzmärkten. Dies eröffnet grundsätzlich bessere Anlage- und Finanzierungsmöglichkeiten für Geldgeber und Kapitalsuchende. Die Unternehmen profitieren von dem schärferen Wettbewerb der Banken. Mit der Aufgabe der D-Mark fällt allerdings auch ein wichtiger Standortvorteil des deutschen Finanzmarktes, nämlich die Stabilität der deutschen Währung weg. Wenn der Euro eine stabile Währung wird, profitieren alle Unternehmen von der Liquidität und dem damit verbundenen niedrigeren Zinsniveau im Euro-Währungsraum. Wettbewerber aus Abwertungsländern, die in der Vergangenheit in der Regel mit höheren Finanzierungskosten konfrontiert waren, verlieren einen Wettbewerbsnachteil.

Zusammenfassend läßt sich sagen, daß nur solche Unternehmen, die sich rechtzeitig mit den neuen Wettbewerbsbedingungen auseinandersetzen und die richtigen Entscheidungen treffen, vorbereitet sein werden, wenn die Währungsunion im europäischen Binnenmarkt ihre wettbewerbsverschärfenden Kräfte entfaltet.

DIE AUSWIRKUNGEN DER WÄHRUNGSUNION AUF PRIVATE ANLAGEENTSCHEIDUNGEN

Auch bei der privaten Vermögensanlage müssen die möglichen Folgen der Währungsunion bedacht werden. Anlageentscheidungen werden bekanntlich von einer Vielzahl von Faktoren beeinflußt. Im Zentrum vieler Überlegungen wird die Frage nach der Stabilität des Euro stehen. Die Sorge vor einem weichen Euro treibt viele Anleger um. Nach meinem Dafürhalten gilt es in dieser Frage einen kühlen Kopf zu bewahren. Das Risiko eines »weichen« Euro muß den Risiken der Anlagealternativen gegenübergestellt werden. Die Chancen für einen stabilen Euro sind grundsätzlich nicht schlecht: Der Vertrag von Maastricht hat in institutioneller Hinsicht die Voraussetzungen für eine stabilitätsorientierte Geldpolitik geschaffen. Die Europäische Zentralbank (EZB) ist mit der erforderlichen Unabhängigkeit ausgestattet und ist nach dem EU-Vertrag nur dem Ziel der Preisstabilität verpflichtet. Ich bin auch davon überzeugt, daß die EZB ihre Befugnisse nutzen wird, um die ihr übertragene Aufgabe zu erfüllen. Ich zweifle nicht an der Stabilitätsorientierung ihrer zukünftigen Organmitglieder. Eine unabhängige Notenbank wird an ihrem Produkt, der Preisstabilität, gemessen. Die Verantwortlichen der Europäischen Zentralbank werden sicherstellen wollen, daß ihre Institution einen guten Ruf aufbaut.

Die Gefahren für die wirtschaftliche Zukunft liegen eher im Bereich der Politik und bei den Tarifparteien. Wenn es der Politik nicht gelingt, die Herausforderungen des sich verschärfenden internationalen Wettbewerbs zu meistern, und das heißt insbesondere die überfälligen Strukturreformen anzugehen, und wenn die Tarifpolitik nicht flexibler wird, dann wird eine stabilitätsorientierte Geldpolitik der Europäischen Zentralbank nicht ausreichen, für

Wachstum und Beschäftigung in Europa zu sorgen. Man braucht sich nur die gegenwärtige Situation Deutschlands ins Bewußtsein zu rufen: Die unabhängige Bundesbank ist willens und in der Lage, die Preisstabilität zu bewahren. Stabiles Geld ist aber nur eine notwendige, nicht aber eine hinreichende Bedingung für Wirtschaftswachstum und Beschäftigung. Meine persönliche Sorge im Hinblick auf die Währungsunion gilt daher nicht so sehr der Geldwertstabilität als vielmehr der allgemeinen Wirtschaftspolitik. Wer der Stabilität des Euro mißtraut, der muß bedenken, daß auch die alternativen Anlagemöglichkeiten erhebliche Risiken mit sich bringen. Egal ob Aktien, Devisen oder Immobilien, keine dieser Alternativen ist bekanntlich für den Anleger frei von Risiken.

Im Zusammenhang mit der Einführung des Euro kann der Außenwert – zunächst noch der D-Mark und nach dem 1. Januar 1999 des Euro – erheblichen Schwankungen unterliegen. Die Entwicklung des Dollar an den internationalen Devisenmärkten in den vergangenen Monaten wird von vielen Analysten mit der Überzeugung der Märkte von einem pünktlichen Beginn der Währungsunion begründet. Die Unsicherheiten über die Stabilität der neuen Währung läßt viele Anleger in den Dollar gehen. Für den US-Dollar sprechen zur Zeit aber nicht nur die Sorgen um einen schwachen Euro. Die amerikanische Wirtschaft präsentiert sich in einer guten Verfassung, viele der Strukturprobleme, die Europa plagen, sind in den USA schon gelöst. Kräftige Kursgewinne an den Börsen und das im Vergleich zu Deutschland und insbesondere Japan höhere Zinsniveau sind weitere Faktoren für die augenblickliche Stärke der amerikanischen Währung. Der Dollar-Kurs und die Hausse an den amerikanischen Aktienmärkten sollten den vorsichtigen Anleger aber nicht vergessen lassen, daß der Dollar im Frühjahr 1995 bei circa 1,36 D-Mark stand. Kurzfristig hat der Dollar ein klares Potential nach oben, langfristig ist der Dollar aber vom anhaltend hohen amerikanischen Leistungsbilanzdefizit überschattet.

Auch die Kapitalanlage in Immobilien und Aktien ist bekanntlich mit Ungewißheiten und Risiken behaftet. Eine Änderung der steuerlichen Rahmenbedingungen kann schnell so manche Renditekalkulation in Frage stellen. Daß es auch in Zukunft zu den in der Vergangenheit phasenweise sehr hohen Wertsteigerungen bei Immobilien kommen wird, ist keinesfalls sicher. Auch wenn Aktien bei einer langfristigen Betrachtung in der Vergangenheit eine gute Kapitalanlage waren, so muß der Anleger angesichts der hohen Kurssteigerungen in den zurückliegenden Monaten wissen, daß ein Rückschlag an der Börse nicht auszuschließen ist. Dies gilt neben der deutschen Börse auch für die meisten ausländischen Aktienmärkte. Ein eindeutiger Rat ist also nicht möglich. Eine gesunde Mischung der Risiken dürfte auch in Zukunft das richtige Erfolgsrezept für den vorsichtigen Anleger sein. Wer zu einseitig auf einen inflationären Euro setzt, könnte so manche Überraschung erleben.

GOLDENE REGELN
im Zusammenhang mit der Einführung des Euro

1. Währungsunion ist »Chefsache«, sie gehört in die Hände der Unternehmensleitung. Dies gilt insbesondere für die strategische Positionierung des Unternehmens im Hinblick auf die sich verändernden Wettbewerbsverhältnisse, aber auch für die technische Umstellung. Die Währungsunion beschränkt sich nicht auf das Neudrucken von Prospekten und Preislisten bzw. kleinere Korrekturen an der betrieblichen Software.

2. Als Unternehmer sollte man nicht auf eine Verschiebung oder gar ein Scheitern der Währungsunion spekulieren, sondern vom Starttermin 1. Januar 1999 ausgehen.

3. Zur Vorbereitung der Währungsumstellung empfiehlt es sich, ein Euro-Projektteam zu bilden. An seiner Spitze sollte der Euro-Beauftragte des Unternehmens stehen, der die Verantwortung für die technische Vorarbeit trägt und die Geschäftsführung laufend unterrichtet.

4. Die Banken, Industrie- und Handelskammern sowie die wirtschaftsberatenden Berufe verfügen über ein erhebliches »Umstellungs-Know-How«. Auf dieses sollte jedes Unternehmen, das noch keine Vorbereitungen eingeleitet hat, zunächst zurückgreifen.

5. Der Bedarf an externen Beratern im Zusammenhang mit der Umstellung muß rechtzeitig ermittelt werden, damit die erforderlichen Kapazitäten, insbesondere bei den Datenverarbeitungsfirmen, gesichert werden können.

6. Die Umstellung der Computer auf das Jahr 2000 wirft heute noch viele ungelöste Probleme auf. Neben der Währungsumstellung

muß man sich im Unternehmen auch mit diesem Problem auseinandersetzen. Währungsumstellung und der Übergang auf das Jahr 2000 bieten eine gute Gelegenheit, die Datenverarbeitung des Unternehmens einmal gründlich auf den Prüfstand zu stellen.

7. Die Unternehmen müssen sich darauf einstellen, in der Stufe 3a mit zwei Währungen zu arbeiten, d.h. sie müssen Aufträge, Kalkulationen, Rechnungen und Zahlungen sowohl in Euro als auch in D-Mark (oder gar weiteren Währungen) abwickeln können. Dies legt es nahe, die Software auf mehrwährungsfähige Systeme umzustellen.

8. Mit der Transparenz der Preise und dem Wegfall des Wechselkursrisikos erhöht sich auf den Absatz- und Beschaffungsmärkten für Güter und Finanzdienstleistungen der Preiswettbewerb. Die sich verändernden Wettbewerbsbedingungen in der Währungsunion müssen analysiert und die daraus folgenden Konsequenzen angegangen werden.

9. Um auf den sich vergrößernden Märkten bestehen zu können, müssen die Unternehmen sämtliche Funktionen vom Einkauf über die Produktion bis zum Vertrieb überprüfen.

10. Bei Anlageentscheidungen sollten Kurzschlußreaktionen auf jeden Fall vermieden werden. Die Risiken eines schwachen Euro müssen gegenüber den Risiken anderer Anlageformen abgewogen werden. Die Rahmenbedingungen für einen starken Euro sind entgegen mancherlei Befürchtungen nicht schlecht.

IX.
DAS NACHFOLGEPROBLEM

Es war einmal ...

... Bruno K., der zu 100 Prozent an einem Automobilzulieferer in der Rechtsform einer GmbH & Co. KG beteiligt war. Dieser erzielte mit der Fertigung von Auspuffsystemen einen Umsatz von 270 Millionen D-Mark und eine ordentliche Rendite. Neben der Gesellschaftsbeteiligung hatte Bruno K. einiges Privatvermögen, das größtenteils in Form von Grundbesitz (Mietshäuser) und in der Beteiligung an Immobilienfonds fest angelegt war. Auf einem weiteren Grundstück von ihm stand der Betrieb der KG. Bruno K. war glücklich, zumal auch familiär alles zu stimmen schien: Die Ehefrau arbeitete im Unternehmen mit, ohne beteiligt zu sein, die beiden Söhne im Alter von 25 und 27 Jahren standen vor dem Abschluß ihrer betriebswirtschaftlichen Studien. Aufgrund der Regelungen des Gesellschaftsvertrages, wonach die männlichen Abkömmlinge eines Gesellschafters im Erbfall in dessen Stellung einrücken und zugleich eine Geschäftsführerposition in der Komplementär-GmbH eingeräumt erhalten sollten, stand die berufliche Zukunft der Söhne für den Vater außer Zweifel. Zwar hatten diese bislang keine praktischen Erfahrungen sammeln können – sieht man von einigen Praktika ab, die in befreundeten Unternehmen absolviert worden waren, aber dies beunruhigte den Vater ebensowenig wie die gelegentlichen Spannungen im Umgang mit dem jüngsten Sohn, der sich von Vater und älterem Bruder »untergebuttert« fühlte: »Das wird sich schon richten«, so der Senior.

Ans Aufhören dachte er ohnehin noch lange nicht, schließlich waren seine Söhne ja auch noch nicht soweit. Die im Kreise befreundeter Unternehmerfamilien häufig diskutierte Nachfolgeproblematik hielt Bruno K. für ein »Modethema«. Im übrigen hatte ihm sein rotarischer Freund, der Rechtsanwalt S., be-

reits vor einigen Jahren ein maßgeschneidertes Testament gefertigt, welches sowohl die unternehmerischen Belange berücksichtigen als auch die Absicherung der Ehefrau sicherstellen sollte: Zu Erben wurden seine Söhne und die Ehefrau zu je gleichen Teilen eingesetzt und – da man die Entwicklung der Söhne ja zum Zeitpunkt der Testamentserrichtung noch nicht überblicken konnte – wurde S. als Dauertestamentsvollstrecker eingesetzt, um die Gesellschaftsanteile bis zur Vollendung des 35. Lebensjahres der Söhne zu verwalten. Danach sollte dann auch die Geschäftsführung von den Söhnen übernommen werden.

Die testamentarische Regelung kam schneller als erwartet zur Geltung. Plötzlich und unerwartet starb Bruno K. an den Folgen eines Verkehrsunfalles, in den er auf der Heimfahrt von einem Kundenbesuch geraten war. Kaum daß sich die Trauer gelegt hatte, offenbarten sich die Folgen der getroffenen Nachfolgeregelung: Voller Enttäuschung darüber, daß der Vater ihn durch die Anordnung einer Testamentsvollstreckung auch nach seinem Tode noch bevormunden wollte, schlug der jüngste Sohn den ihm zugefallenen Erbteil aus und machte Pflichtteilsansprüche geltend, um sich hiermit in eine Werbeagentur einzukaufen. Der ältere Sohn, der glaubte, sich mit S. arrangieren zu können, geriet durch die Pflichtteilsforderung in keine geringe Zwickmühle: Neben der Erbschaftsteuer, für die in der Gesellschaft keine Rücklage gebildet worden war, sah er sich plötzlich den Forderungen seines Bruders ausgesetzt, der sofort und in bar die Zahlung von einem Achtel des Nachlaßwertes forderte. Auf eine Diskussion über eine Auszahlung in Raten wollte sich der jüngere Bruder ebensowenig einlassen wie auf die Argumente, wonach das Unternehmen bei der Bemessung der Pflichtteile nach Buchwerten berücksichtigt werden müsse, da auch ein ausscheidender Gesellschafter nur mit Buchwerten abgefunden würde. Anwaltlich beraten bestand der Jüngere der Brüder vielmehr auf einer Auszahlung auf der Grundlage des Verkehrswertes des Unternehmens. Dieser war in Anbetracht der guten Gewinnsituation der vergangenen Jahre durchaus als stattlich anzusehen. Weil die liquiden Mittel im Nachlaß bei weitem nicht zur Abdeckung von Erbschaftsteuer und Pflichtteil ausreichten, mußte das im Privateigentum gehaltene Betriebsgrundstück zur Absicherung von entsprechenden Krediten herhalten.

Aber es gab noch mehr zu finanzieren, galt es doch schließlich auch die Auseinandersetzung mit der Mutter abzuwickeln, die aufgrund des Testaments und nach der Ausschlagung durch den Bruder je zur Hälfte Erbin geworden war. Da sie wegen des entgegenstehenden Gesellschaftsvertrages nicht in die Gesellschaft nachrücken konnte, sollte die Mutter mit dem verbleibenden Privatvermögen abgefunden werden. Für eine gerechte Erbteilung reichte dieses jedoch *bei weitem nicht aus, so daß auch hier eine entsprechende Ausgleichszahlung zu leisten war. Die eigentlich geplanten Neuinvestitionen in eine dringend benötigte Fabrikationsanlage mußten notgedrungen hintenanstehen, weil man der finanzierenden Bank keine adäquaten Sicherheiten anbieten konnte. Der mit alledem verbundene Verdruß des Sohnes steigerte sich, als ihm zu einem späteren Zeitpunkt eröffnet wurde, daß die Zinszahlungen für die zur Abfindung von Mutter und Bruder aufgenommenen Kredite nicht steuermindernd geltend gemacht werden können. Obendrein bereitete das Finanzamt auch auf anderer Ebene Schwierigkeiten: Wegen der fehlenden Gesellschafterstellung der Mutter war man dort nämlich der Auffassung, daß das Betriebsgrundstück des Erblassers infolge des Erbfalles teilweise aus dem Betriebsvermögen »entnommen« worden sei, was wegen der in dem Grundstück enthaltenen stillen Reserven zu einer deftigen Steuerschuld führte, die von Mutter und Sohn zu begleichen war.*

Die erhoffte Amortisation der unternehmerischen Beteiligung blieb ebenfalls aus. Der Testamentsvollstrecker bestimmte zunächst als Geschäftsführer den Onkel des älteren Bruders. Um die durch den Erbfall finanziell geschwächte Gesellschaft wieder zu stärken und wettbewerbsfähiger zu machen, kamen der Onkel und Testamentsvollstrecker S. dahingehend überein, daß in den nächsten drei Jahren die Gewinne zunächst zu thesaurieren seien. Die Gesellschafter sollten nur zur Entnahme der auf die Beteiligung entfallenden Steuern berechtigt sein. Der Onkel, der über die Geschäftsführer-Vergütung gut abgesichert war, konnte dies verkraften, weniger der ältere Filius, der auf die Ausschüttungen aus der Gesellschaft angewiesen war. Ohnehin wurde das wirtschaftliche Umfeld rauher, der wachsende Wettbewerbsdruck und der »Lopez-Effekt« machten der Gesellschaft zu schaffen. Dies verschärfte die latenten Spannungen zwischen S. und dem Erben. Dieser entschloß sich schließlich zur Anwendung einer »Nadelstichpolitik«, um den lästigen Testamentsvollstrecker abzuschütteln: Garniert mit verschiedenen Entlassungsanträgen beim Nachlaßgericht, unter anderem wegen angeblich überhöhter Abrechnungen, erfuhr die Amtsführung von S. eine sehr viel intensivere Kontrolle, als diesem lieb war. Hierdurch wurde S. der mühsam angeeignete unternehmerische Schneid abgekauft; die von dem älteren Bruder für dringend erforderlich gehaltenenen Entscheidungen zur Erschließung neuer Auslandsmärkte sowie zum Abschluß langfristiger Kooperationsvereinbarungen unterblieben, da sie S. aus Haftungsgründen »zu heiß« waren. Von den Zwistigkeiten blieb die Gesellschaft naturgemäß nicht unberührt, zumal die Wirtschaftspresse den »Krach im Hause K.« genüßlich aufgriff, und die Konkurrenz Gerüchte um die Zukunft des Unternehmens geschickt zu lancieren

*wußte. Nach einem desaströsen Geschäftsjahr drohten die Banken der Gesell-
schaft dann auch unverhohlen mit der Kündigung der bestehenden Kreditlinien
und forderten kategorisch die Übernahme der »industriellen Führerschaft« durch
einen starken Partner. Das Vertrauen in die Durchschlagskraft der jetzigen Führung sei verloren gegangen und der Filius habe sich obendrein durch seine ständigen Attacken gegen den Testamentsvollstrecker disqualifiziert. Schließlich sei
die Nachfolgefrage auch bei dem kinderlosen Erben völlig offen, so daß weitere
üble Überraschungen zu befürchten seien. Mit einem wichtigen, konzernzuge-
hörigen Konkurrenten stand ein Übernehmer schon hinter den Kulissen bereit.
Nach monatelangem Ringen aller Beteiligten, begleitet vom beständigen Druck
der Banken, kam das Geschäft zustande, bei dem der Sohn für die Beteiligung
letztlich weit weniger erlöste, als bei Pflichtteilsberechnung und Erbauseinan-
dersetzung in der Familie zugrundegelegt worden war. Was hatte Bruno K. falsch
gemacht?*

1.
EINIGE GRUNDSÄTZLICHE GEDANKEN ZUR NACH-
FOLGEPROBLEMATIK: VERERBEN ODER VERKAUFEN?

Fälle wie dieser sind in Deutschland an der Tagesordnung. Sie verdeutlichen,
daß Unternehmensnachfolge Chance und Risiko zugleich bedeutet. Es ist wie
beim Sport – ein verpatzter Stabwechsel bedeutet einen Rückfall auf die hin-
teren Plätze, der kaum wieder wettzumachen ist. Nach der Statistik überleben
rund 35 Prozent der Unternehmen den Sprung in die zweite Generation nicht.
Beim Wechsel in die dritte Generation bleiben 65 Prozent und beim Übergang auf die vierte sogar 85 Prozent der Unternehmen auf der Strecke. Führt
man sich die Katastrophen vor Augen, die ein ungeregelter Erbfall verursachen
kann, so überrascht, daß die Planung der Nachfolge von vielen Familienbe-
trieben noch immer sträflich vernachlässigt wird. Die Liste der Familienunternehmen, die aus den unterschiedlichsten Gründen nicht in der Lage waren,
den Generationenwechsel im Unternehmen rechtzeitig vorzubereiten und
erfolgreich zu realisieren, weist bekannte Namen wie Adidas, Otto Wolf, Pott-
Racke, Kienzle-Computer, Nixdorf, Bleyle und andere auf. Diese Einzelfälle
ragen aus der breiten Masse mißglückter Nachfolgekonstruktionen hervor, bei

denen an die Stelle einer langfristigen Existenzsicherung des unternehmerischen Lebenswerkes ein juristischer Scherbenhaufen aus zerstrittenen Familien, führerlosen Unternehmen und überhöhten Steuerlasten getreten ist. Es ist auch sicherlich nicht übertrieben, wenn ein erfahrener Unternehmer wie Reinhard Mohn vom Bertelsmann-Konzern die Sicherung der Unternehmensnachfolge als die größte unternehmerische Herausforderung schlechthin bezeichnet. Die Erkenntnis, daß die Planung der Unternehmensnachfolge gleichberechtigt neben den klassischen unternehmerischen Planungssäulen der Investitions-, Absatz- und Finanzplanung anzusiedeln ist, beginnt sich jedoch bei den Familienunternehmen allenfalls allmählich durchzusetzen. Nach Schätzungen, die durch branchenbezogene Untersuchungen für den Automobilsektor gestützt werden, haben rund 40 Prozent aller Familienunternehmen die Nachfolgefrage überhaupt nicht geregelt; bei einer Untersuchung der Handwerkskammer Stuttgart aus dem Jahre 1992 mußten sogar 52 Prozent der befragten Unternehmer eingestehen, die Nachfolgefrage noch nie bedacht zu haben. Angesichts dieser Zahlen ist es wenig verwunderlich, daß nach Einschätzung der Kommission der Europäischen Union europaweit nahezu 10 Prozent aller Konkursanträge im Segment der kleinen und mittleren Unternehmen auf eine schlecht vorbereitete Erbfolge zurückgehen.

Letztlich bietet aber auch ein vorhandenes Nachfolgekonzept keine Erfolgsgewähr für das Gelingen der Unternehmensübergabe. Aus meiner Erfahrung ist dies regelmäßig darauf zurückzuführen, daß die rechtlichen und steuerlichen Fragestellungen bei der Suche nach einer optimalen Nachfolgegestaltung zu Unrecht in den Mittelpunkt gerückt werden: Diskutiert werden steuerlich optimale Anteilsübertragungen, ausgefeilte Stiftungskonzepte und Wohnsitzwechsel zur Senkung der Erbschaftsteuerbelastung, neuerdings gar die Einschaltung ausländischer Rechtsinstitute wie des anglo-amerikanischen »trust«, um nur einige Beispiele zu nennen. Dabei dürfte es offensichtlich sein, daß der komplexe Vorgang der Nachfolgeplanung keinesfalls auf isolierte rechtliche und steuerliche Fragen zu reduzieren ist. Vielmehr muß man sich permanent die vielschichtige Dimension des Problems vor Augen führen. Völlig unterschätzt werden insbesondere die menschlichen, psychologischen, aber auch die betriebswirtschaftlichen Dimensionen der Unternehmensnachfolge.

Nach meiner Überzeugung kann jedes unternehmerische Nachfolgekonzept nur dann erfolgreich umgesetzt werden, wenn die Nachfolgeplanung wirklich als elementarer Bestandteil der strategischen Unternehmensplanung begriffen wird, unabhängig vom Alter des Firmeninhabers jederzeit verfügbar ist und als dynamischer Prozeß ständig der sich wandelnden konkreten Familien- und Unternehmenssituation angepaßt wird. Rechtliche und steuerliche Regelungen haben bei der Nachfolgeplanung lediglich Hilfsfunktion. Sie sind an den Bedürfnissen des Unternehmens auszurichten und nicht umgekehrt. Dementsprechend darf die Nachfolgeplanung weder vom Unternehmer noch von seinen rechtlichen und steuerlichen Beratern allein geprägt werden. Sie muß vielmehr in Kooperation mit allen Leistungsträgern des Unternehmens und notfalls unter Heranziehung externer Fachleute erarbeitet werden, um sicherzustellen, daß das vorgesehene Nachfolgekonzept allen menschlichen und betrieblichen Belangen ganzheitlich gerecht wird. Wenn ein Senior-Unternehmer über 40 Jahre hinweg das Unternehmen auf seine Person zugeschnitten hat, die wichtigsten Entscheidungsträger in der Firma nur auf ihn eingeschworen sind und seine finanzielle Führung darin besteht, daß er sich jeden Tag den letzten Kontostand mitteilen läßt, so ist auch der geeignetste Unternehmensnachfolger, sofern er die Ideen der dezentralen Führung, der modernen Planung und des effektiven Controlling verfolgt, von vornherein zum Scheitern verurteilt. Unternehmensübergabe auf der Seite der Unternehmensführung bedeutet viel mehr als nur die Übergabe der Leitung: In vielen Fällen muß sie mit einer zwar vorsichtig, aber zielstrebig durchzusetzenden organisatorischen Veränderung des Unternehmens einhergehen.

Eine erfolgreiche Nachfolgeplanung beinhaltet auch die Überprüfung von Alternativen wie etwa die Einstellung eines Fremdmanagements, den Verkauf an strategische Investoren oder an leitende Mitarbeiter, die Fusion mit anderen Unternehmen und anderes mehr. Eine Mentalität, die das Unternehmen als Erbhof begreift, sollte in Familienunternehmen keinen Platz haben. Kind und Betrieb werden nur miteinander glücklich, wenn das Kind auch ein Unternehmertyp ist. Solche Unternehmertypen sind aber selten – sogar in Unternehmerfamilien. Bevor es zu der Ausformung verbindlicher Nachfolgekonzepte kommt, sind daher zunächst die grundlegenden Weichen zu stellen: Die alleinige Fokussierung auf eine lebzeitige oder letztwillige Übertragung des Unternehmens auf einen aus der Familie stammenden Nachfolger, die nach Untersuchungen von immerhin 70 Prozent der deutschen Familienunternehmer angestrebt wird, minimiert die Chancen einer erfolgreichen Gestaltung der Unternehmensnachfolge bereits beim Start. Dies gilt um so mehr, als die Bereitschaft der nachfolgenden Generation, operative Verantwortung im Unternehmen zu übernehmen, nach empirischen Untersuchungen deutlich sinkt. In etwa der Hälfte aller Fälle ist kein Familienmitglied der nachfolgenden

Generation bereit, die Nachfolge des jetzigen Unternehmensleiters anzutreten. Jeder zweite Generationswechsel wird dementsprechend durch einen Verkauf des Unternehmens an Dritte gelöst. Dieser Weg ist keinesfalls als ultima ratio abzuqualifizieren: In einem gut organisierten, über mehrere Jahre hinweg vorbereiteten Verkauf kann ebenso wie in einer gelungenen Unternehmensübergabe innerhalb der Familie der geeignete Abschluß des unternehmerischen Lebensabschnitts liegen.

2.
GRUNDZÜGE DER NACHFOLGEPLANUNG

DIE IM NACHFOLGEVORGANG ZU BEACHTENDEN PROBLEMFELDER

Grundlage einer jeden Nachfolgeplanung ist die objektive Analyse des Ist-Zustandes. Auch wenn es keine identischen, sondern allenfalls vergleichbare Nachfolgekonstellationen gibt, so sind es doch spezifische Schwachstellen, die bei der Nachfolge in Familienunternehmen immer wieder auftauchen und die an dieser Stelle schlagwortartig mit den Begriffen der Führungsproblematik, Liquiditätsproblematik und Strukturproblematik umschrieben werden sollen.

Führungs- und Strukturproblematik

Führungs- und Strukturproblematik gehen Hand in Hand: Die stark personale Orientierung der Unternehmensführung auf einen oder mehrere Patriarchen hat nämlich die Tendenz, sich negativ auf die Ausbildung leistungsfähiger betrieblicher Organisationsstrukturen auszuwirken. Das Fehlen stabiler Personal- und Führungsstrukturen ist im übrigen einer der Hauptgründe dafür, daß sich die Rekrutierung hochkarätiger Führungskräfte in Familiengesellschaften sehr viel schwieriger gestaltet als in Publikumsunternehmen. Die Vorstellung, zwischen divergierende Interessen verschiedener Familienstämme zu geraten oder dem fortwährenden operativen Einfluß von Familienmitgliedern ausgesetzt zu sein, die sich nur pro forma in Aufsichtsgremien zurückgezogen haben, schreckt potentielle und fähige Kandidaten für Führungspositionen sicherlich ebenso ab wie die dominante Stellung einzelner Familienmanager. Die praktischen Beispiele hierfür sind zahllos: Als ich kürzlich den in den Beiratsvorsitz übergewechselten Senior eines unserer Mandanten sprechen wollte, erhielt ich die Auskunft: Er muß gerade Schecks in der Buchhaltung unterschreiben und ruft dann zurück.

Der Schweizer Professor Cuno Pümpin, seines Zeichens Professor an der Hochschule St. Gallen und als Verwaltungsrat in vielen internationalen Unternehmen vertreten, hat die Symptome der Nachfolgekrise anhand einer Beispielfigur mit typischen Verhaltensweisen anschaulich beschrieben: Der Unternehmer hat es mit seinem patriarchalischen Führungsstil jahrelang versäumt, eine starke Führungspersönlichkeit aufzubauen oder auch nur neben bzw. unter sich zu dulden. Und weil er nun keinen Nachfolger erblickt, dem er seinen Nachlaß mit gutem Gefühl übergeben könnte, bleibt er notgedrungen noch ein paar Jahre an der Unternehmensspitze, nicht zuletzt auch aus einer im Unterbewußtsein verankerten Furcht vor der Stille des Pensionärsdaseins. Je länger aber der Unternehmer seinen Rückzug verzögert, desto stärker sinkt die Moral im Managerkreis, bis die letzten talentierten Führungskräfte – von dessen despotischen Verhaltensweisen verunsichert und ohne Aussicht auf weitere Aufstiegsmöglichkeiten – das Unternehmen verlassen haben. Die Nachfolgekrise verschärft sich, wenn mit dem Gründer eine ganze Reihe gleichaltriger Kollegen, die mit ihm von Anbeginn an zusammengearbeitet haben, abtreten.

Zur Vermeidung dieser Situation ist eine systematische Personalplanung unverzichtbar. Sofern die Unternehmensnachfolge nicht familienintern durch den gezielten Aufbau eines Nachfolgers aus der eigenen Familie geregelt wird, empfehlen renommierte Betriebswirtschaftler wie Professor Pümpin hier dringend, den Führungskräften auf der zweiten und dritten Ebene rechtzeitig Projektaufgaben zu übertragen, die sie für die spätere Übernahme der Gesamtverantwortung qualifizieren. Der Unternehmer sollte sich demgegenüber schon im Zuge der Wachstumsphase des Unternehmens in eine stärker überwachende und beratende Funktion zurückziehen und seine Kräfte auf strategische Aspekte des Geschäftes konzentrieren. Hat es das Unternehmen versäumt, eine leistungsfähige und verantwortungsbewußte zweite Ebene aufzubauen, so verbleibt als Resultat der Nachfolgekrise meist nur noch der Verkauf an ein anderes, finanzstarkes Unternehmen – angesichts des Verkaufsdruckes zumeist nur zu einem schlechten Preis.

Die Klärung der Frage, ob die Eigentümerfamilie auch künftig dem Management angehören soll, gehört aus meiner Sicht zu den elementaren Weichenstellungen jeder Nachfolgeregelung. Patentrezepte sind hier sicherlich fehl am Platz. In der Praxis erweist es sich jedenfalls immer wieder als problematisch, wenn der Gesellschaftsvertrag die Geschäftsführernachfolge von vornherein dergestalt festschreibt, daß sich gewisse Familienmitglieder in die Position hineingeboren fühlen. Auch die häufig anzutreffende Unsitte, Geschäftsführerpositionen nach Paritätsgesichtspunkten zwischen mehreren Gesellschafterstämmen aufzuteilen (»Stammesdenken«), ist gefährlich, führt sie doch regelmäßig zu überdimensionierten und fehlbesetzten Führungsgremien: Die Schaffung eines Geschäftsführer-Postens mit dem Geschäftsbereich Logistik und Controlling, den Fachgebieten des frisch graduierten Stammesvertreters, macht keinen Sinn, wenn die Gesellschaft dringend einen neuen Vertriebsmann braucht. Falls das Familienunternehmen aus mehreren Stämmen besteht, die Anzahl der Gesellschafter sich vielleicht auf 100 bis 200 erhöht hat, ist es ohnehin meist das beste, wenn die Eigentümerfamilie auf die Mitarbeit im Management ganz verzichtet. Auf die entscheidenden Aspekte hat der frühere Haniel-Vorstand Hans-Georg Willers in seinem hervorragenden Vortrag auf dem 15. St. Galler Management-Symposium hingewiesen: Alle Söhne und Töchter mit entsprechender Ausbildung können im Unternehmen selbst ohnehin nicht untergebracht werden. Warum sollen einige im Unternehmen tätig sein? Wer entscheidet darüber? Schließlich gibt doch kein Vater gerne zu, daß der eigene Sohn weniger qualifiziert ist als dessen Vetter. In jedem Fall muß daher dafür gesorgt werden, daß die Entscheidung über den Nachfolger ein Höchstmaß an Objektivität aufweist, indem ein Anforderungsprofil erstellt wird, in dem die spezifischen Erfordernisse des Unternehmens und die Interessen der Familie in ausgewogener Weise Berücksichtigung finden. Die verbindliche Entscheidung über die Erfüllung der Kriterien dieses Profils sollte außerdem einem neutralen Gremium überantwortet werden.

Dies führt zu einem weiteren, aus meiner Sicht ganz wesentlichen Aspekt der Unternehmensnachfolgeplanung, nämlich der Etablierung einer klaren Unternehmensverfassung, die eine saubere Abgrenzung der Zuständigkeiten von Geschäftsleitung, Eigentümern und einem zu installierenden Kontroll- und Auswahlgremium gewährleistet. Eine zweistufige Unternehmensverfassung – d.h. die Aufteilung der Macht zwischen Geschäftsführung und Kontrollgremium – erweist sich bei Unternehmen mit einer großen Gesellschafterzahl als fast unverzichtbar; dies gilt insbesondere in den Fällen, in denen die Mehrzahl der Gesellschaft nicht im Unternehmen tätig ist. Ich verweise nur auf die Dramen bei Bahlsen, 4711 und Pott Racke, wo diese Aussage ihre Bestätigung gefunden hat. Ein Kontrollgremium, mag man es nun Beirat, Aufsichtsrat oder Verwaltungsrat nennen, kann gerade in der Umbruchphase der Unternehmensnachfolge als institutionelle Form der Streitvermeidung einen wichtigen Beitrag zur Bewältigung auftretender Generationskonflikte leisten, sofern es richtig – mit unabhängigen Persönlichkeiten von unternehmerischem Format – besetzt ist (vgl. dazu S. 162ff.). Auch ansonsten ist ein neutrales Kontrollgremium dazu prädestiniert, temporäre Problemfelder aus dem Gesellschafterbereich aufzulösen, z.B. bei Pattsituationen, Testamentsvollstreckungen, minderjährigen oder kranken Gesellschaftern oder auch bei Erben, die in die Hände von subtil arbeitenden Sekten fallen.

Die gesellschaftsrechtlichen Gestaltungsmöglichkeiten im Rahmen der ganzheitlichen Nachfolgeplanung sind nach einer neueren Entscheidung des Bundesgerichtshofes noch um eine interessante Möglichkeit erweitert worden, auf die hier nur am Rande hingewiesen werden kann. Der Bundesgerichtshof in Karlsruhe hat nämlich in einer in Fachkreisen mit Spannung erwarteten Entscheidung entschieden, daß eine GmbH persönlich haftende Gesellschafterin (Komplementärin) einer Kommanditgesellschaft auf Aktien (KGaA) sein kann (Aktz. II ZP 11/96). Die Entscheidung des Bundesgerichtshofes über diese Frage war notwendig geworden, nachdem sich das Oberlandesgericht Karlsruhe mit seiner ablehnenden Haltung zu dieser Rechtsfigur in Widerspruch zu der grundlegenden »Eurokai-Entscheidung« des Oberlandesgerichtes Hamburg aus dem Jahr 1968 gesetzt hatte. Die Unternehmensform der KGaA ist für Familienunternehmen insbesondere als Alternative zur Aktiengesellschaft interessant, weil sie den Einfluß der Altgesellschafter (Familie, Gründer) auch bei einem Börsengang in hohem Umfang zu wahren vermag. Beispielsweise kann sich die Familie, auch wenn sie sich in der Minderheit befindet, die Geschäftsführerbestellung vorbehalten. Hinzu kommen erbschaftsteuerliche Vorteile, da die Anteile der Komplementäre nach dem (anteiligen) Einheitswert und nicht nach dem bis zu zehnmal so hohen Börsenkurs bewertet werden. Auch bei Vermeidung der Mitbestimmung hat die Rechtsform der KGaA Vorteile. Die Vorteile, die insbesondere in der Absicherung der Familienherrschaft und in der Mitbestimmung gesehen werden, müssen aber bei der »normalen« KGaA durch die persönliche Haftung des Komplementärs erkauft werden. Übernimmt jedoch eine GmbH (oder eine GmbH & Co. KG) die Komplementärstellung, so entfällt das Haftungsrisiko für die natürlichen Personen, und zwar nicht nur für die natürliche Person, die Komplementär einer KGaA ist, sondern vor allem für dessen Erben bei Tod des Komplementärs. Gegen die Attraktivität der GmbH & Co. KgaA ist eingewandt worden, diese Rechtsform sei in erschaftsteuerlicher Hinsicht gegenüber der Aktiengesellschaft nicht vorteilhaft. Diese Auffassung übersieht aber, daß die Anteile an der Komplementär-GmbH mit dem in der Regel unter dem Börsenwert liegenden gemeinen Wert bewertet werden. Außerdem können erbschaftsteuerliche Nachteile, die mit einer GmbH & Co. KGaA verbunden sein können, vermieden werden, indem als Komplementär eine GmbH & Co. KG eingesetzt wird, deren Vermögen ebenfalls mit dem (anteiligen) Einheitswert bewertet wird. Nicht zuletzt vor diesem Hintergrund erfreut sich – wie die Beispiele Lindner, Bogner und andere zeigen – die GmbH & Co. KGaA in jüngster Zeit wachsender Beliebtheit und wird in Zukunft als weitere in Betracht zu ziehende Gestaltungsmöglichkeit eine größere Rolle spielen.

Die Liquiditätsfalle

Eine weitere strukturelle Schwäche des Familienunternehmens, die bei der Nachfolgefrage zu Tage tritt, ist die Liquiditätsfalle. Der Zugriff des Erbschaftsteuerfiskus, die Pflichtteils- und Abfindungsansprüche weichender Kinder sowie die güterrechtlichen Ausgleichsforderungen der Ehefrau können auch finanziell gut fundierte Unternehmen im Erbfall ins Wanken bringen. Der ungeplante Eintritt des Erbfalls ist regelmäßig mit einem Absturz der Liquidität verbunden, der alle Planungen, insbesondere die Investitionsplanung, obsolet werden läßt. Die typische mittelständische Unternehmenspolitik, alles in die Firma zu investieren und den Aufbau eines entsprechenden Privatvermögens zu vernachlässigen, zeigt spätestens jetzt ihre negativen Folgen. Da das Privatvermögen in der Regel nicht einmal ausreicht, um weichende Erben auszuzahlen, müssen in vielen Fällen liquide Mittel zur Zahlung der Erbschaftsteuer aus dem Firmenvermögen entnommen werden. Dies ist um so schmerzhafter, als das Unternehmen durch den Erbfall nicht an Leistungskraft gewinnt, sondern sich durch den Führungswechsel ohnehin in einer besonders kritischen Phase befindet. Für Familienunternehmen besteht daher die Gefahr, wegen der fehlenden Kraft zur Finanzierung von Investitionen mittelfristig vom Markt verdrängt zu werden. Daß diese »Negativauslese« nicht auf mangelnder Wettbewerbsfähigkeit der betroffenen Unternehmen beruht, sondern auf die investitionshemmende Finanzbelastung im Erbfall zurückzuführen ist, mag für die betroffenen Unternehmer hier nur als kleiner Trost dienen. Der Nachfolgeplanung sind die mit dem Erbfall verbundenen Folgen für die Liquidität des Unternehmens jedenfalls als gewichtiges Datum zugrunde zu legen.

Das für den Erbfall erforderliche Liquiditätskonzept sollte daher zunächst Strategien zur Minimierung erb- oder güterrechtlicher Ausgleichsansprüche enthalten. Von größter Bedeutung ist hierbei die Ausschaltung des Pflichtteils, der Abkömmlingen und dem Ehegatten des Erblassers zusteht, sofern sie enterbt oder etwa durch die Einsetzung eines Testamentsvollstreckers oder die Anordnung einer Vor- und Nacherbschaft belastet sind. Setzt der im Güterstand der Gütertrennung lebende Unternehmer beispielsweise seine unternehmerisch begabte Ehefrau unter Ausschluß seiner zwei Kinder zur Alleinerbin ein, wie im Rahmen eines sogenannten »Berliner Testaments« häufig praktiziert, so kann jedes Kind 1/6 des Nachlaßwertes – die Hälfte seines gesetzlichen Erbteils – als Pflichtteil geltend machen. Bei einem Nachlaß von 60 Millionen D-Mark, der beim Vorhandensein eines Unternehmens leicht erreicht wird, bedeutet dies pro Kind einen potentiellen Mittelabfluß von 10 Millionen D-Mark, sofort und »in cash«, unabhängig davon, ob das Vermögen in einem Unternehmen gebunden ist oder nicht. Schwierig wird die gesamte Angelegenheit dadurch, daß das Gesetz den Pflichtteil als unentziehbares Recht der Erben ausgestaltet hat und Strategien zu seiner Vermeidung daher das Einverständnis des betroffenen Pflichtteilsberechtigten voraussetzen. Die Vereinbarung eines notariell zu beurkundenden Pflichtteilsverzichtes wird daher meist nur unter der Aussetzung erbvertraglicher Vermächtnisse oder mit lebzeitigen Zuwendungen zu erreichen sein. Dies macht zugleich deutlich, daß der Pflichtteilsverzicht nicht etwa als Mittel zur Disziplinierung mißliebiger Abkömmlinge zu verstehen ist. Vielmehr sollte er dem professionellen Bedürfnis des Unternehmers entspringen, planbare und unverrückbare Sachverhalte als Grundlage des Nachfolgekonzepts und einer gerechten Erbteilung zu schaffen. In diesem Sinne ist der Pflichtteilsverzicht, der im übrigen je nach Bedarf modifiziert werden kann, auch den Abkömmlingen zu kommunizieren.

Auch der von vielen Unternehmern bevorzugte Güterstand der Gütertrennung ist aus Liquiditätsgesichtspunkten als falsch anzusehen. Die Gütertrennung erhöht die Pflichtteile der Abkömmlinge und läßt die Erbschaftsteuerbelastung in die Höhe schnellen. Sofern nicht spezifische Gründe in der Person der Ehegatten entgegenstehen, ist ein Verbleiben im Güterstand der Zugewinngemeinschaft die bessere Lösung. Dieser ist allerdings dergestalt zu modifizieren, daß der Ausgleichsanspruch im Scheidungsfall ausgeschlossen oder vermindert wird, um die hiermit verbundene Gefahr eines Liquiditätsabflusses zu vermeiden.

Neben den erb- und güterrechtlichen Ausgleichsansprüchen ist es vor allem die Erbschaftsteuer, die die Liquidität des Unternehmens im Nachfolgevorgang strapaziert. Die durch die Entscheidung des Bundesverfassungsgerichtes zur Verfassungswidrigkeit der extrem niedrigen Einheitswerte für Grundstücke notwendig gewordene Neuordnung der Erbschaftsteuer macht hier eine Überprüfung der bislang verfolgten individuellen Strategien zur Vermögensübertragung erforderlich. Die Vorgaben des Bundesverfassungsgerichtes, wonach die auf den Erwerb mittelständischer Unternehmen entfallene Erbschaftsteuer die Fortführung der Unternehmen im Interesse der Produktivität und des Erhalts von Arbeitsplätzen nicht gefährden darf, hat der Gesetzgeber weitgehend aufgegriffen. Die rückwirkend zum 01.01.1996 eingetretene Änderung des Erbschaftsteuergesetzes hat zu einer deutlichen Bevorzugung des Betriebsvermögens gegenüber sonstigen Vermögensgegenständen bei der Erbschaft- und Schenkungsteuer geführt. Die Anhebung des Betriebsvermögensabschlages in Höhe von 40 Prozent dürfte mit dem bereits seit 01.01.1994 geltenden Freibetrag für Betriebsvermögen von 500 000 D-Mark zu einer Steuerreduzierung führen, die in vielen Fällen 50 Prozent deutlich übersteigen wird. Hierdurch ist der Unternehmer in der Lage, den enormen Anstieg der Steuersätze in der Steuerklasse I wenigstens für das betriebliche Vermögen zu vermeiden. Eine für Familienunternehmen bedeutsame Neuregelung liegt auch darin, daß jeder Unternehmensnachfolger bezüglich des Betriebsvermögens unabhängig von seinem Verwandtschaftsgrad in Steuerklasse I fällt, also auch Neffen und Nichten, nicht verwandte Mitarbeiter etc. In der Vergangenheit waren gerade diese Fälle bei kinderlosen Gesellschaftern besonders problematisch. Eine Vererbung in der Geschwisterlinie oder an außenstehende Dritte war aufgrund der hohen Steuersätze praktisch nicht zu finanzieren. Allerdings ist zu beachten, daß die Vergünstigungen bei Kapitalgesellschaften nur bei einer über 25 Prozent liegenden Beteiligung gewährt werden. Insofern besteht ein deutlicher Rechtsformunterschied zwischen der Kapitalgesellschaft und der Personengesellschaft (OHG, KG). Verstärkt wird dieser Rechtsformunterschied durch die gravierenden Unterschiede bei der Bewertung des Unternehmens für die Zwecke der Erbschaftsteuer. Während Personengesellschaften mit dem Einheitswert des Betriebsvermögens und somit auf der Grundlage einer reinen

Substanzbewertung angesetzt werden, werden nicht börsennotierte Kapitalgesellschaften anhand des von der Finanzverwaltung entwickelten Stuttgarter
Verfahrens bewertet, welches neben der Substanzkomponente auch die Er-
tragsaussichten der Gesellschaft berücksichtigt. Dies führt normalerweise zu
einem deutlich höheren Erbschaftsteuerwert. Die höchste Erbschaftsteuerbelastung ist mit der börsennotierten Aktiengesellschaft verbunden, bei der der
aktuelle Börsenkurs im Erbfall der Besteuerung zugrunde gelegt wird. Ich habe
Fälle erlebt, in denen die Erbschaftsteuerbelastung einer Aktiengesellschaft mit
der Börsennotierung um mehr als das Zehnfache in die Höhe geschnellt ist.
Die hiermit verbundene Benachteiligung von börsennotierten Kapitalgesellschaften konterkariert im übrigen alle Bemühungen des Gesetzgebers, Familienunternehmen den Zugang zum Kapitalmarkt zu eröffnen. In Anbetracht der
Belastungsunterschiede zwischen Personen- und Kapitalgesellschaft gilt seit
langem der Grundsatz: »Erst schenken, dann umwandeln. Erst schenken, dann
an die Börse«.

Im übrigen obliegt die Entwicklung von Strategien zur Erbschaftsteuerminimierung der unternehmerischen Selbsthilfe. Denkbare Ansätze gibt es hier en
masse. Die Erbschaftsteuer ist eine in hohem Maße gestaltungsabhängige Steuer,
auf deren Entstehung durch Maßnahmen von Erblassern und Erben eingewirkt
werden kann. Die wirkungsvollste Maßnahme zur Erbschaftsteuerminimierung
dürfte auch weiterhin die vorweggenommene Erbfolge bleiben. Diese vereint
verschiedene Vorteile: Neben dem Effekt, daß sich Wertsteigerungen unmittelbar beim künftigen Erben als Vermögensinhaber vollziehen, läßt sich durch
eine lebzeitige Übertragung von Vermögen die Bandbreite der Progression
ebenso steuersparend ausnutzen wie die alle zehn Jahre anfallenden persönlichen Freibeträge. Auch der angesprochene Freibetrag von 500 000 D-Mark
bei der Übertragung von Betriebsvermögen kann durch schrittweise Schenkungen mehrfach steuersparend instrumentalisiert werden. Bei Bedarf kann
die Bemessungsgrundlage durch die Vereinbarung von Gegenleistungen und
Leistungsauflagen (z. B. Leibrenten, dauernde Lasten) vermindert werden. Aus
unternehmerischer Sicht – und das halte ich für wichtiger als die steuerlichen
Vorteile – bietet die vorweggenommene Erbfolge den nicht zu unterschätzen-
den Vorteil, daß die beschenkten Kinder frühzeitig und schrittweise an das
Unternehmen herangeführt werden. Etwaige Fehlentwicklungen – beispielsweise im Verhältnis der Nachkommen zueinander oder in der Geschäftsführung – lassen sich unter den Augen des Seniors leichter korrigieren. Allerdings
sollte der Schenker auch bei Schenkungen im Familienkreis keineswegs darauf

verzichten, die gesetzlichen Widerrufsgründe zu präzisieren und Sicherungs-
mechanismen gegen den Zugriff Dritter einzubauen. Generell gilt es auch hier
davor zu warnen, den steuerlichen Belangen einen falschen Stellenwert einzuräumen. Die gesellschaftsrechtliche Absicherung und die betriebswirtschaftliche Konzeption müssen immer die Priorität genießen. Wer diese Rangfolge
nicht akzeptiert, wird ein Vielfaches der erzielten steuerlichen Vorteile an anderer Stelle wieder einbüßen, wie der tragische Fall des Paderborner Stahlkon-
zerns Benteler nachhaltig belegt.

DIE PLANUNGSHORIZONTE

Denkt man im Bereich der Unternehmensnachfolge in den Kategorien der
strategischen Planung, so muß auch bei der Nachfolgeplanung ein kurzfristi-
ger und ein langfristiger Planungshorizont ins Auge gefaßt werden. Bei der
kurzfristigen Planung ist sozusagen mit dem erzwungenen, unvorhergesehe-
nen Übergang des Unternehmens am nächsten Tag, z.B. infolge eines Un-
glücksfalles, zu rechnen. Die langfristige Planung ist auf den Tag des geplanten
Ausscheidens des Seniors aus der Geschäftsführung auszurichten. Die kurzfristige Nachfolgeplanung in Gestalt eines Krisenplanes umfaßt die Personal- und
Organisationsplanung und die Finanzplanung. Bei der langfristigen Nachfolgeplanung kann man insoweit getrennt vorgehen, also die operative Übergabe der Geschäftsführung auf den Nachfolger als ersten Schritt und die finanzielle Beteiligung mitsamt der verbundenen liquiditätsmäßigen Belastungen
erst zu einem späteren Zeitpunkt vorsehen.

Ebenso wie im Rahmen der herkömmlichen Unternehmensplanung müssen auch im Rahmen der Nachfolgeplanung Planungsziele festgelegt werden.
Diese Planungsziele können vielfältiger Natur sein und sind von der Unternehmerfamilie auf der Grundlage einer anzustellenden Ist-Analyse vorzugeben. Solche Planungsziele können etwa sein:

- der Erhalt des Unternehmens im Familienbesitz,
- die Schaffung von Erbteilungsgerechtigkeit,
- die Etablierung klarer Entscheidungsstrukturen im Unternehmen,
- die Absicherung des Seniors und gegebenenfalls die Etablierung von Schutz-
  mechanismen zugunsten wirtschaftlich unerfahrener Beteiligter,

- das Training des Unternehmensnachfolgers,
- die Etablierung von Streitvermeidungsmechanismen,
- die Vermeidung eines Führungsvakuums.

Häufig sind mit den jeweiligen Planungszielen verschiedene Paradoxe verbunden, die nur mit hinreichender gestalterischer Phantasie und unter Wahrung eines strikt interdisziplinären Ansatzes bewältigt werden können. Ein Beispiel zur Dokumentation: Die Einsetzung nur eines Unternehmenserben sichert zwar die einheitliche Entscheidungsgewalt im Unternehmen, beugt also der gefürchteten Anteilszersplitterung vor, sie bewirkt aber gleichzeitig eine schärfere Erbschaftsteuerprogression und beschwört die Geltendmachung von Pflichtteilsansprüchen herauf, kann also einen bestandsgefährdenden Liquiditätsabfluß im Erbfall zur Folge haben. Abhilfe könnte hier etwa dadurch geschaffen werden, daß dem prädestinierten Unternehmensnachfolger höhere Kapital- und Stimmrechtsanteile oder eine Geschäftsführerposition als Sonderrecht zugewiesen werden.

Sind die Planungsziele definiert und die Planungsunterlagen gesichtet, so ist zunächst die Krisenplanung für den Fall der unerwarteten Nachfolge vorzunehmen. Am besten geht man hierbei anhand einer Checkliste vor, die aus unserer Sicht wesentliche Fragestellungen enthält. Diese Checkliste beinhaltet folgende Punkte:

1. Ist ein formal korrektes Testament vorhanden?
2. Ist das Testament auf den Gesellschaftsvertrag abgestimmt?
3. Auf welche Personen sollen die Gesellschaftsanteile im plötzlichen Todesfall dinglich übergehen?
4. Wie wird eine »Krisengeschäftsführung« im Fall des plötzlichen Todes des Unternehmers zusammengesetzt?
5. Ist eine Testamentsvollstreckung angezeigt?
6. Welche Rolle kann und soll die Ehefrau im operativen Unternehmensgeschäft, auf Gesellschafterebene, im Zusammenhang mit der privaten Regelung der Vermögensverhältnisse nach dem Tod übernehmen?
7. Welche Rolle können und sollen die Kinder nach dem plötzlichen Tod des Unternehmens übernehmen?
8. Ist ein aktiver oder zumindest »schlafender« Beirat im Unternehmen installiert, dem im Fall des plötzlichen Todes Aufgaben überantwortet werden können?
9. Wie verträgt sich die aktuelle Rechtsform mit einem unerwarteten Tod?

10. Muß das Unternehmen oder ein Gesellschaftsanteil im Falle eines plötzlichen Todes eventuell verkauft werden? Wenn ja, eignet sich die bisherige Struktur und Rechtsform hierfür?
11. Gibt es zumindest eine grob überschlägige Planung der finanziellen Seite bei unerwartetem Tod? Zu beachten sind hier:
    - die private Liquiditätssituation,
    - die Liquiditätssituation der Gesellschaft,
    - etwaige Pflichtteilsansprüche,
    - Ausgleichsansprüche weichender Erben,
    - güterrechtliche Ausgleichsansprüche der Ehefrau,
    - die Erbschaftsteuerbelastung.
12. Gibt es offene oder schwelende Konflikte in der Unternehmerfamilie?
13. Wie steht das bisherige Management zum vorhergesehenen Nachfolger?

PSYCHOLOGISCHE ASPEKTE DER UNTERNEHMENSNACHFOLGE

Übernahmebereitschaft der Kinder

Keineswegs in allen Familienunternehmen ist es feststehende Tradition, daß die nachfolgenden Generationen eine Rolle im Unternehmen spielen müssen. So ist beispielsweise in der Familie Haniel ein berufliches Tätigwerden von Familienmitgliedern nicht erwünscht. Eine Trennung zwischen Management und Familie ist hier gesellschaftsvertraglich festgeschrieben. In anderen Familienunternehmen wiederum bekleidet die nachfolgende Generation nur Positionen in den Aufsichtsgremien und der Gesellschafterversammlung, ist aber nicht in der Geschäftsführung tätig. In den meisten Familienunternehmen erwarten Eltern jedoch ein unternehmerisches Engagement der Kinder. In allen Familien, in denen Kinder für die Unternehmensnachfolge vorgesehen sind, muß aber der Grundsatz gelten: maßgebend sind allein die Qualifikation und die Motivation der Kinder. Engagement der Kinder im eigenen Unternehmen darf nicht erzwungen werden, alles andere wäre für das Unternehmen und die Familie im höchsten Maße schädlich. Es muß hier auch mit aller Klarheit gesagt werden, daß Unternehmerkinder, die andere berufliche Ziele verfolgen, deshalb nicht »mißraten« sind. Kinder, die zum tätigen Nachfolger nicht geeignet sind oder das notwendige Interesse vermissen lassen, können durchaus in der Lage sein, das Unternehmen unter einem Fremdmanagement aus einem kontrollierenden Gremium heraus zu begleiten. Leider könnte ich aus meiner persönlichen Kenntnis viele Beispiele nennen, bei denen Kinder an dem Druck der Eltern innerlich zerbrochen sind.

Daß die Entscheidung von Unternehmerkindern über den beruflichen Weg immer öfter gegen das elterliche Unternehmen ausfällt, ist auch die Folge eines sukzessiven gesellschaftlichen Wertewandels. Deutlich weniger Unternehmerkinder als früher empfinden eine moralische Verpflichtung, das unternehmerische Erbe der Familie über eigene berufliche Ziele und Neigungen zu stellen. In der heutigen Generation wird der freien Persönlichkeitsentfaltung zumeist ein höherer Stellenwert eingeräumt als dem Traditionsbewußtsein. Folge hiervon ist, daß jüngsten Umfragen zufolge nur noch 40 Prozent der Unternehmerkinder grundsätzliches Interesse an einer Unternehmensübernahme haben. Beachtlich ist dabei, daß die Übernahmebereitschaft nicht entscheidend von den Verdienstmöglichkeiten im elterlichen Unternehmen abhängt. So ist das Übernahmeinteresse bei Kleinstunternehmen mit weniger als 250 000 D-Mark Umsatz zwar ausgesprochen gering, aber auch ab einem Jahresumsatz von mehr als 5 Millionen D-Mark geht das Interesse deutlich zurück. Dies deutet darauf hin, daß in erster Linie die drohende Arbeitslast viele Kinder von einer Unternehmensnachfolge abhält. Auf der anderen Seite zeigen Umfragen auch, womit Kindern heute am ehesten die Unternehmensnachfolge schmackhaft gemacht werden kann, nämlich mit der Chance der Selbstverwirklichung in einem abwechslungsreichen Betätigungsfeld. Für über 80 Prozent der Jungunternehmer ist dies die entscheidende unternehmerische Motivation.

Geschwisterkonflikte

Besteht die Bereitschaft zur Übernahme, ist eine konfliktfreie Übergabe des Familienunternehmens an die nächste Generation noch lange nicht garantiert. Ich mußte in der Vergangenheit immer wieder miterleben, wie Unternehmensübergaben an Zwistigkeiten zwischen Geschwistern gescheitert sind. Die Gründe hierfür sind vielfältig, sie reichen von Neid, Angst vor eigener Benachteiligung bis zu persönlichen Machtansprüchen. Es gibt aber auch Beispiele, wo Geschwister einen ausgesprochenen Familiensinn beweisen und eigene Interessen zurückstellen. So hat etwa der neun Jahre ältere Bruder von Michael Rignier seine Beteiligung am größten Schweizer Medienkonzern aufgegeben und sogar auf eine dem Verkehrswert entsprechende Abfindung verzichtet. Eine volle Abfindungszahlung hätte vermutlich die Weiterentwicklung dieser bedeutenden Verlagsgruppe nachhaltig behindert. Man kann bei Unternehmensübergaben aber nicht allein auf den Familiensinn der Kinder vertrauen. Um Konflikte von vornherein zu vermeiden, ist es notwendig, die Nachfolgeproblematik früh anzugehen und die jeweiligen Wünsche und Vorstellungen regelmäßig mit den Kindern zu besprechen. Aufkommenden Konflikten kann nur mit Offenheit und Fairneß begegnet werden.

Der Konflikt Senior – Junior

Ein weiterer Faktor, der eine Unternehmensübergabe häufig belastet, ist das angespannte Verhältnis zwischen dem Unternehmer und seinen Nachfolgern. Viele Kinder lehnen eine Unternehmensnachfolge schon deshalb ab, weil sie es sich nicht vorstellen können, mit dem Vater erfolgreich zusammenarbeiten zu können. Sie müssen befürchten, daß die Väter nicht wirklich bereit sind, Verantwortung zu teilen und zu übergeben. Haben sie sich schließlich dennoch zu einem Eintritt ins Unternehmen entschlossen, so leidet ihr Selbstbewußtsein und ihre Risikobereitschaft unter der Dominanz des Vaters. Während einer Unternehmensübergabe befinden sich beide – Junior und Senior – in einer psychologisch äußerst angespannten Situation. Während die Väter einerseits über den Eintritt des Juniors erfreut sind, leiden sie andererseits unter der Angst, loslassen zu müssen, und unter der Sorge um die Zukunft der Firma. Ihnen ist klar, daß Nachfolgeregelungen fast immer unumkehrbare Entscheidungen sind. Die Junioren schwanken demgegenüber zwischen lähmendem Erwartungsdruck und Gestaltungsdrang. In dieser emotionalen Situation sind Senior und Junior häufig nicht in der Lage, auftretende Konflikte rational durch Gespräche zu lösen. Im Kampf der Generationen spielt dabei jeder seine Stärke aus: die Senioren ihre Erfahrung, die Junioren ihre Kenntnisse in modernen Managementtheorien, neuen Technologien und EDV. Hier empfiehlt es sich dringend, außenstehende Berater oder von beiden respektierte Freunde als Moderatoren einzuschalten. Unternehmensbeiräte, die mit echten Persönlichkeiten besetzt sind, können hier unverzichtbare Hilfe leisten und den Konflikt versachlichen.

Für den Ablauf der Unternehmensübergabe gibt es kein Modell, das auf alle Familienunternehmen gleichermaßen angewendet werden kann. Es ist in erster Linie zwischen zwei alternativen Modellansätzen zu wählen. Das erste Modell sieht eine punktgenaue Unternehmensübergabe am Tage X vor, an dem der Junior die Geschäftsführung vom Senior übernimmt, der zugleich komplett aus der Unternehmensleitung ausscheidet. Das alternative Phasenmodell sieht eine mehrjährige schrittweise Unternehmensübergabe vor. Welches Modell letztlich im Einzelfall das richtige ist, kann nur bei genauer Kenntnis der unternehmerischen und familiären Situation entschieden werden.

DIE FEHLER DES BRUNO K.

Ein Vorgehen nach der Checkliste auf Seite 385f. hätte auch in dem geschilderten Beispielsfall die Sensibilität des Unternehmers für die denkbaren Konfliktpotentiale schärfen können. Ohne Anspruch auf Vollständigkeit und mit dem unabdingbaren Hinweis auf die Notwendigkeit zur Berücksichtigung der Umstände des jeweiligen Einzelfalles soll im folgenden auf einzelne signifikante Punkte des »Beratungspaketes« eingegangen werden. Hierbei ist schnell zu erkennen, daß Bruno K. in unserem Beispielsfall eine Vielzahl schwerer Fehler und Irrtümer unterlaufen ist. Wenn Sie jedoch ehrlich gegen sich selbst sind, werden Sie zugeben, daß Bruno K. kein Einzelfall ist. Wir alle neigen dazu, unsere Verhältnisse als ewig anzusehen, und stellen uns weder auf persönliche noch auf geschäftliche Schicksalsschläge ein. Die Folge hiervon ist, daß wir beim Eintritt solcher Unglücksfälle wie gelähmt sind und keinerlei Gegenrezepte bereithalten.

Der erste Fehler: Mangelnde Kommunikation

Bruno K. hat es unterlassen, die von ihm vorgesehene testamentarischen Regelungen den Erben sachgerecht zu kommunizieren und Verständnis für die vorgesehene Gestaltung zu wecken. Vergessen wurde auch die Möglichkeit des Erben, das Joch der Testamentsvollstreckung durch eine Ausschlagung der Erbschaft abzuschütteln und sich auf den bequemeren, weil mit weniger Risiken verbundenen, sofort in bar fälligen Pflichtteil zurückzuziehen. Vermeiden lassen sich derartige Konstellationen und Reaktionen nach meiner Erfahrung nur durch eine offene Diskussion der Nachfolgeplanung im Familienkreis. Testamente, die im stillen Kämmerlein gestrickt und den Erben erstmals nach Eintritt des Erbfalls präsentiert werden, sollten ohnehin der Vergangenheit angehören. Um das Verständnis der Erben für die getroffenen Nachfolgeregelung zu erreichen, empfiehlt sich immer deren frühzeitige Einbindung in alle anzustellenden Überlegungen.

Der zweite Fehler: Unzureichende Synchronisation von letztwilliger Verfügung und Gesellschaftsvertrag

Bei den rechtlichen Fragestellungen ist die notwendige Synchronisation von letztwilliger Verfügung und Gesellschaftsvertrag von elementarer Bedeutung. Divergenzen zwischen der Nachfolgeregelung im Gesellschaftsvertrag und der vom Erblasser zur Fortführung des Unternehmens getroffenen Festlegung haben oft katastrophale Folgen. Sieht der Gesellschaftsvertrag beispielsweise vor, daß nur Ehefrauen der Partner nachfolgeberechtigt sind (sogenannte qualifizierte Nachfolgeklausel) und setzt der Erblasser dennoch seine Abkömmlinge zu Erben ein, so haben diese keinen Anspruch darauf, Gesellschafter zu werden. Die gesellschaftsvertraglich prädestinierte Ehefrau wiederum könnte wegen ihres fehlenden Erbrechts nicht nachrücken – ein fatales Ergebnis, das schlimmstenfalls von den Mitgesellschaftern genutzt werden kann, um die eigene Beteiligung gegen die Zahlung des meist an der untersten Grenze festgelegten gesellschaftsvertraglichen Abfindungsentgelts aufzustocken. In einer solchen verfahrenen Situation verbleibt als letzte Rettungsmöglichkeit nur die Ausschlagung der Erbschaft durch die testamentarisch bedachten Erben, um dem gesellschaftsvertraglich Begünstigten die zu einem Einrücken in die Gesellschaft benötigte Erbenstellung zu verschaffen. Doch es gilt schnell zu handeln. Denn die Ausschlagung muß innerhalb von sechs Wochen nach Kenntnis von Erbfall und Testament erklärt werden. Der Gesellschaftsvertrag liefert somit die Determinanten für die Nachfolgegestaltung: Ist nur der älteste Abkömmling des Erblassers nachfolgeberechtigt, so sind der jüngere Sprößling und die Ehefrau anderweitig abzufinden.

Der Priorität des Gesellschaftsvertrages wurde im vorstehenden Beispiel insoweit Rechnung getragen, als die nachfolgeberechtigten Söhne zumindest zu einem Bruchteil als Erben eingesetzt waren. Die Entscheidung, die Ehegattin neben den Kindern als Erben einzusetzen, machte jedoch nur wenig Sinn, da kein ausreichend dimensioniertes Privatvermögen vorhanden war, um eine Aufteilung des Nachlasses ohne Entstehung von Ausgleichsansprüchen sicherzustellen. Der Erbe ist in diesen Fällen darauf angewiesen, die Ausgleichszahlungen durch Entnahmen aus dem Gesellschaftsvermögen oder durch mit Betriebsvermögen abzusichernde private Kredite zu finanzieren, was jeweils mit einer spürbaren Verengung des Finanzierungsspielraumes der Gesellschaft verbunden ist. Als Alternativstrategie hätte man die Ehefrau beispielsweise mit dem Vermächtnis einer Unterbeteiligung an der Gesellschaftsbeteiligung bedenken können. Ohnehin gilt es in diesem Zusammenhang zu berücksichtigen, daß die Abfindungszahlungen, die der gesellschaftsvertraglich qualifizierte Erbe an seine weichenden Miterben erbringt, nach Auffassung von Finanzverwaltung und Bundesfinanzhof nicht zu Anschaffungskosten führen. Dies hat zur Folge, daß der qualifizierte Erbe zur Fortführung der anteiligen Buchwerte des Erblassers verpflichtet ist, obwohl er die auf die weichenden Erben entfallenden stillen Reserven ausbezahlt hat. Zudem muß er bei einer späteren Anteilsveräußerung die abgegoltenen stillen Reserven versteuern. Aufwendungen für die Finanzierung bzw. Stundung der Ausgleichszahlung kann der qualifizierte Erbe nicht als Betriebsausgaben geltend machen, da die Schuld im Privatbereich wurzelt. Um so mehr obliegt es dem Erblasser, bei der Nachfolgegestaltung die latente Einkommensteuerschuld zu berücksichtigen, die den Betriebserben aufgrund der stillen Reserven im Betriebsvermögen trifft.

Der dritte Fehler: Die »Entnahmefalle« beim Vorhandensein von Sonderbetriebsvermögen

Absolute Sorgfalt bedarf die Abstimmung von Testament und Gesellschaftsvertrag auch dann, wenn Grundstücke und andere Vermögensgegenstände zwar zivilrechtlich im Privateigentum eines Gesellschafters stehen, jedoch steuerlich zum Betriebsvermögen zählen (Sonderbetriebsvermögen). Verhindert eine qualifizierte Nachfolgeklausel wie im vorliegenden Fall, daß einzelne Erben (wie die Mutter) Gesellschafter werden, so führt der Erbfall zu einer anteiligen Entnahme des Sonderbetriebsvermögens, soweit es auf den nichtqualifizierten Miterben entfällt. Die Realisierung stiller Reserven bei vorhandenem Sonderbetriebsvermögen und qualifizierter Nachfolgeklausel kann nur durch Gestaltungen vermieden werden, bei denen das Sonderbetriebsvermögen nicht in das Gesamthandseigentum einer Erbengemeinschaft fällt, an der auch nicht qualifizierte Erben beteiligt sind. Abhilfe kann z.b. die Einsetzung des Nachfolgeberechtigten zum Alleinerben schaffen, wobei der restliche, außerhalb von Gesellschaftsanteil und Sonderbetriebsvermögen bestehende Nachlaß über Vermächtnisse verteilt werden kann.

Der vierte Fehler: Die vergessene Omnipotenz des Testamentsvollstreckers

Bei der Anordnung einer Testamentsvollstreckung ist grundsätzlich Vorsicht geboten. Fast uneingeschränkte Befugnisse des Amtsinhabers sorgen ebenso für Streitpotential wie hohe Gebühren. Die praktische Erfahrung lehrt, daß der Wunsch des Erben, den Testamentsvollstrecker abzuschütteln, um so stärker wird, je weniger der Wille des Erblassers präsent ist. Dementsprechend obliegt es dem Erblasser, für das richtige Machtgleichgewicht zwischen dem Amtsinhaber und den übrigen Nachlaßbeteiligten zu sorgen. Ohnehin bekommt die geballte Macht der Testamentsvollstrecker vielen Unternehmen nicht, weil Berater und Anwälte selten geeignet sind, Firmen zu führen oder über die Zukunft ganzer Vermögensbereiche zu entscheiden. In jedem Fall empfehlen sich bei einer Verwaltungstestamentsvollstreckung klare Richtlinien für die Verwaltung. Beispiele: Voraussetzung und Rahmen für die Aufnahme von Krediten, Angabe von Kriterien für die Geldanlage, Grundsätze für Rücklagenbildung, Aufteilung von Investitionen zwischen In- und Ausland. Um Auseinandersetzungen zu vermeiden, sollte das Testament auch regeln, wieviel an die Erben ausgeschüttet werden soll. Als Testamentsvollstrecker eignet sich nur derjenige, der genügend Rückgrat hat, um den Willen des Erblassers notfalls auch gegen Widerstände der Erben durchzusetzen. Letztendlich sollte das Testament auch bestimmen, welche Vergütung der Testamentsvollstrecker für die Konstituierung des Nachlasses und anschließend für die Nachlaßverwaltung erhält.

Beispiele für bekannte Testamentsvollstreckungen sind:

- Martine Dornier Tiefenthaler (verdiente 9 Millionen D-Mark an Anwaltshonoraren für die Verhandlung des Daimler-Deals),
- Berthold Beitz, der im Krupp-Konzern die Familie auf Distanz hält,

- Deutschbankier Herbert Zapp, der über 20 Jahre den letzten Willen des 1971 gestorbenen Eigners der Reinz-Dichtungs-GmbH vollstreckte,
- Springer-Testamentsvollstrecker Bernhard Servatius, der für 30 Jahre zum Herr über das Milliardenerbe eingesetzt worden ist, nunmehr aber im Einvernehmen mit Springer-Witwe Friede Springer sein Amt beendet hat.

3.
ABSICHERUNG DER SENIOREN
DURCH RUHEGELD UND IM RAHMEN DER
VORWEGGENOMMENEN ERBFOLGE

ABSICHERUNG DER SENIOREN
DURCH RUHEGELDZUSAGEN

Ich habe schon ausgeführt, daß ich die Gewährung von Pensionszusagen an Fremdgeschäftsführer grundsätzlich für angemessen halte. Dies gilt aber nicht nur im Fall des Fremdgeschäftsführers, auch die in der Geschäftsführung tätigen Eigner sollten an den Vorteilen der betrieblichen Altersversorgung teilnehmen dürfen.

Aber Vorsicht: Umfang und Ausgestaltung der Pensionszusage des beherrschenden Gesellschafter-Geschäftsführers einer Kapitalgesellschaft unterliegen einer strengen Prüfung durch die Finanzbehörden. Für die steuerliche Anerkennung der Pensionszusage zugunsten eines beherrschenden Gesellschafter-Geschäftsführers ist daher stets zu prüfen, ob einem Fremdgeschäftsführer eine vergleichbare Versorgung, z. B. hinsichtlich Leistungshöhe und Leistungsvoraussetzungen, gewährt worden wäre (Fremdvergleich) oder ob die Zusage nicht möglicherweise ihren Grund im Gesellschaftsverhältnis hat und damit als verdeckte Gewinnausschüttung zu qualifizieren ist.

Seitens der Verwaltung und der Rechtsprechung besteht eine Vielzahl von Voraussetzungen für die steuerliche Anerkennung von Pensionszusagen an diesen Personenkreis. Die wichtigsten sind:

Das Rückwirkungs- und Nachzahlungsverbot. Es muß sich deshalb bei der Ruhegeldvereinbarung um eine im voraus getroffene Vereinbarung handeln. Eine rückwirkende Verbesserung der Zusage wird steuerlich nicht berücksichtigt.

Das Gebot der Ernsthaftigkeit und Finanzierbarkeit. Bei der Finanzierbarkeit ist zu beachten, daß die eingegangenen Verpflichtungen nicht zu einer Überschuldung der Kapitalgesellschaft in Ihrer Bilanz führen dürfen. Als ein Indiz für die Ernsthaftigkeit und Finanzierbarkeit einer Pensionszusage zugunsten eines Gesellschafter-Geschäftsführers wird der Abschluß einer Rückdeckungsversicherung angesehen.

Der Grundsatz der Erdienbarkeit. Die Pension muß von der Zusageerteilung bis zum Pensionsalter erdient werden. Der Bundesfinanzhof hat hier gewisse Mindestanforderungen aufgestellt, nach denen z. B. zwischen der Zusageerteilung und dem vorgesehenen Zeitpunkt des Eintritts in den Ruhestand ein Zeitraum von mindestens zehn Jahren liegen muß.

Die Angemessenheit der Gesamtvergütung. Die Abzugsfähigkeit für die Kapitalgesellschaft ist nur gegeben, wenn die Gesamtvergütung auch ein fremder, nicht beteiligter Geschäftsführer für seine Dienste erhalten würde. Der Wert der Altersversorgung wird dabei mit der sogenannten fiktiven Jahresnettoprämie ermittelt. Dies ist der Betrag, den die Gesellschaft an ein Lebensversicherungs-unternehmen entrichten müßte, um eine wertgleiche Versicherung zu finanzieren.

Die Üblichkeit der Zusage. Die Pensionszusage muß danach üblich sein, d. h., daß sie einem Fremdvergleich im Hinblick auf die Wartezeiten, die Unverfallbarkeitsvoraussetzungen, etc. standhalten muß.

Außerdem möchte ich nicht unerwähnt lassen, daß Pensionsrückstellungen für einen in der Geschäftsführung einer Personengesellschaft tätigen Gesellschafter sowie die damit in Zusammenhang stehenden Versicherungsbeiträge keinen steuerlichen abzugsfähigen Aufwand darstellen, sondern von der Finanzverwaltung wie Entnahmen aus dem Gesellschaftsvermögen behandelt werden. Zusammengefaßt läßt sich sagen, daß die Absicherung der Senioren durch Ruhegeldzusagen vielfältige steuerrechtliche Fragen aufwirft. Bei entsprechender Beratung sollten diese aber kein Hindernis darstellen, auch den jahrelang mit hohem Einsatz für das Unternehmen tätigen Eignern eine entsprechende Versorgung zu gewähren.

ABSICHERUNG DER SENIOREN
BEI VORWEGGENOMMENER ERBFOLGE

Vorteile einer vorweggenommenen Erbfolge

Der verantwortungsvoll planende Familienunternehmer sollte sich frühzeitig mit dem Thema einer vorweggenommenen Erbfolge befassen. Hierfür sprechen zunächst die zahlreichen steuerlichen Vorteile einer vorweggenommenen Erbfolge, die in der Beratungspraxis häufig den Auslöser für Übertragungen von Vermögen im Wege der vorweggenommenen Erbfolge darstellen. In steuerrechtlicher Hinsicht bietet nämlich die vorweggenommene Erbfolge Vorteile sowohl bei der Erbschaft- und Schenkungsteuer als auch bei der Einkommensteuer. Im Erbschafts- und Schenkungsteuerrecht werden Schenkungen und Zuwendungen von Todes wegen an die gleiche Person innerhalb von Zehn-Jahres-Zeiträumen zusammengerechnet. Dieser Aspekt ist sowohl für die Nutzung der erb- und schenkungsteuerlichen Freibeträge als auch für die progressiv ausgestalteten Steuersätze von Bedeutung. Die Verteilung der Vermögensübertragungen auf mehrere Zehn-Jahres-Perioden eröffnet die Möglichkeit, die steuerlichen Freibeträge (600 000 D-Mark für Ehepartner, 400 000 D-Mark für Kinder, zusätzlich 500 000 D-Mark für Betriebsvermögen) mehrfach zu nutzen. Durch die Verteilung auf verschiedene Perioden mindert sich der anzuwendende Steuersatz, der selbst bei den nächsten Angehörigen, wenn der Wert des steuerpflichtigen Erwerbs über einer Million D-Mark liegt, bereits 19 Prozent erreicht, weiter wirkt sich vorteilhaft aus, daß sich der Wertzuwachs bei dem frühzeitig übertragenen Vermögen in der Person des Nachfolgers erbschaftsteuerfrei vollzieht. In einkommensteuerrechtlicher Hinsicht verteilt sich die Einkunftsquelle zukünftig auf mehrere Personen, so daß bei den Unternehmensnachfolgern nicht nur die einkommensteuerrechtlichen Grundfreibeträge, sondern auch der niedrige Eingangsteuersatz genutzt werden kann. Unternehmer, die das Studium ihrer Kinder aus eigenem hochversteuertem Einkommen finanzieren statt ihren Kindern rechtzeitig eine Einkunftsquelle zu übertragen, zahlen zu hohe Steuern und verschenken damit Geld.

Für eine vorweggenommene Erbfolge sprechen aber nicht nur die steuerlichen Aspekte, sondern auch zahlreiche außersteuerliche Gesichtspunkte, die häufig nicht hinreichend bedacht werden. In außersteuerrechtlicher Hinsicht ist insbesondere von Bedeutung, daß die vorweggenommene Übertragung von Vermögen an die Nachfolgegeneration sinnvollerweise mit einem Pflichtteilsverzicht der Begünstigten verbunden werden kann. Durch den Pflichtteilsverzicht pflichtteilsberechtigter Angehöriger erlangt der Unternehmer Gestaltungsfreiheit hinsichtlich seiner Nachfolgeplanung, ohne bei dieser durch Pflichtteilsansprüche behindert zu sein. Ein solcher Pflichtteilsverzichtsvertrag könnte zwar mit volljährigen Kindern auch ohne Gegenleistung abgeschlossen werden. Im Hinblick auf die Aufgabe weitgehender Vermögensrechte durch die Pflichtteilsberechtigten entspricht es aber einem fairen und ausgewogenen Verhalten des Unternehmers, für den Pflichtteilsverzicht eine adäquate Gegenleistung vorzusehen.

Umgekehrt ist es für die Nachfolgegeneration von Vorteil, eine solche Vereinbarung abzuschließen, auch wenn nicht der volle Wert etwaiger Pflichtteilsansprüche erreicht wird, da die Nachfolger hierdurch frühzeitig die Verfügungsmöglichkeit über Einkunftsquellen erhalten.

Weitere Vorteile der vorweggenommenen Erbfolge sind darin zu sehen, daß Pflichtteilsergänzungsansprüche von Personen, die der Unternehmer aus bestimmten Gründen nicht berücksichtigen möchte (z. B. Kinder, die zu einer Sekte »übergelaufen« sind), nach Ablauf einer Zehn-Jahres-Periode für das vorwegübertragene Vermögen im Erbfall nicht mehr berücksichtigt werden.

Schließlich ist es ein Gebot der Fairneß, einen Unternehmensnachfolger, der seine berufliche Karriereplanung auf das elterliche Familienunternehmen ausrichtet, nicht bis zum Alter von fünfzig oder sechzig Jahren warten zu lassen, bis der Unternehmensnachfolger endlich im Erbfall eine gesellschaftsrechtliche Beteiligung erlangt.

Umgekehrt ist naturgemäß auch die Versorgungssituation des Familienunternehmers selbst, der Teile seines Vermögens frühzeitig weggibt, zu beachten. Hierzu bietet es sich an, die Vorwegübertragung mit einer Verpflichtung des Juniors zu verbinden, den übertragenden Senior in gewissem Umfang zu versorgen. Diese Versorgungsleistung wird üblicherweise nicht an dem Wert des übertragenen Vermögens ausgerichtet, sondern an den Versorgungsbedürfnissen des übertragenden Seniorgesellschafters. Auch wenn dieser anderweitig bereits ausreichend versorgt ist, werden solche Versorgungsleistungen nicht nur aus steuerlichen Gesichtspunkten, sondern auch aus erzieherischen Gründen vorgesehen.

Grundsätzliche Fragestellungen

Bei der Beratung von Familienunternehmern über die konkrete Ausgestaltung einer vorweggenommenen Erbfolge stellen sich typischerweise folgende Fragen, die zwischen den Beteiligten zwecks Vermeidung von Meinungsverschiedenheiten klar geregelt werden sollten:

1. Welche Teile des Vermögens werden übertragen?
2. Welche Versorgungsleistungen sind an den Senior zu erbringen?
3. Welche Absicherungsmechanismen sind vorgesehen?
4. Welche einkommensteuerrechtlichen Folgen werden durch die Übertragung ausgelöst?
5. Welche schenkungsteuerrechtlichen Belastungen entstehen?

Die Frage, welche Teile des Vermögens übertragen werden, kann naturgemäß nur im Einzelfall beantwortet werden. Da gerade bei Familienunternehmen der größte Teil des Vermögens im Unternehmen gebunden ist und die Versorgung des Seniorgesellschafters oft nicht unabhängig vom Unternehmen gesichert ist, empfiehlt es sich in der Regel, nur Teile der gesellschaftsrechtlichen Beteiligungen zu übertragen. Dies hat insbesondere den Vorteil, daß der Senior bei richtiger Ausgestaltung des Gesellschaftsvertrages seine Einflußmöglichkeiten wahren kann. In dem Schenkungsvertrag selbst sollten Widerrufsrechte aufgenommen werden. Diese dürfen allerdings nicht in einer Weise überzogen werden, daß die Mitunternehmerstellung der Nachfolger im Unternehmen steuerlich nicht anerkannt wird. Hier ist es Aufgabe des Beraters, für eine sorgfältige Austarierung der Absicherungsinteressen des Seniors und der steuerlichen Restriktionen zu sorgen.

Die Ausgestaltung der Versorgungszusagen

Bei der Ausgestaltung der konkreten Versorgungsleistungen ist zunächst eine sorgfältige Analyse der Versorgungssituation des Seniors erforderlich. Zu entscheiden ist insbesondere, ob feste Versorgungsleistungen (z. B. festgelegter Rentenbetrag mit Indexanpassung) oder schwankende Beträge (Versorgungsleistungen in Abhängigkeit von den Unternehmenserträgen) vorgesehen werden. Auch ein Nießbrauchsvorbehalt ist möglich. In diesem Zusammenhang müssen selbstverständlich die Interessenlagen des Seniors und des Juniors sorgfältig gegeneinander abgewogen werden. Versorgungsinteresse des Seniors und Belastungsfähigkeit des Unternehmens bzw. Unternehmensnachfolgers müssen sorgfältig analysiert und austariert werden.

In einkommensteuerrechtlicher Hinsicht stellt sich zunächst die Frage, ob die Vorwegübertragung selbst Einkommensteuerbelastungen auslöst. Hierzu kann es z. B. kommen, wenn unvorsichtigerweise Entnahmetatbestände realisiert werden, z. B. wenn ein Betriebsgrundstück an eine nicht am Unternehmen beteiligte Person übertragen wird. Grundsätzlich ist allerdings anerkannt, daß ein Unternehmensnachfolger eine existenzsichernde Wirtschaftseinheit (Unternehmen) oder Teile hiervon gegen die Zusage von Versorgungsleistungen unter Buchwertfortführung und damit ertragsteuerneutral an den Unternehmensnachfolger übertragen kann. Lediglich dann, wenn die Versorgungsleistung des Nachfolgers nach kaufmännischen Gesichtspunkten wie bei einem fremden Dritten festgelegt wird, ist ein Veräußerungsvorgang anzunehmen, der sich nach allgemeinen Vorschriften richtet und damit zur Steuerpflicht führt, soweit der Wert der Rentenzusage den Buchwert des übertragenen Vermögens übersteigt.

Einkommensteuerliche Behandlung

Von der zuvor behandelten Fragestellung zu unterscheiden ist die weitere Problematik, wie die zukünftigen Versorgungsleistungen beim Senior zu versteuern sind bzw. beim Nachfolger steuerlich abzugsfähig sind. Dieser Bereich ist äußerst kompliziert und kann hier nur kurz skizziert werden. Gleichwohl ist er für die Beteiligten von großer Bedeutung, da ich nicht selten Konflikte erlebt habe, wenn die steuerlichen Auswirkungen von Versorgungszusagen nicht hinreichend bedacht wurden. Folgende Fälle sind zu unterscheiden:

1. Wurden Leistung und Gegenleistung unter kaufmännischen Gesichtspunkten festgelegt, so liegt eine Veräußerungsrente vor. Der Senior hat in diesem Fall die Möglichkeit, seinen Veräußerungsgewinn zum halben Steuersatz zu versteuern. In Zukunft unterliegt dann nur noch der Ertragsanteil seiner Rente der Steuerpflicht. Der Junior hat in diesem Fall Anschaffungskosten und kann den über den Buchwert hinaus gezahlten Betrag der Anschaffungskosten entsprechend den vorhandenen stillen Reserven auf die einzelnen Wirtschaftsgüter verteilen und in den Folgejahren steuermindernd

abschreiben. Der in den Raten enthaltene Ertragsanteil ist als Betriebsausgabe abzugsfähig.

2. Übersteigt der Wert der vom Nachfolger erteilten Versorgungszusage den Wert des vom Senior übertragenen Vermögens um mehr als das Doppelte (Ausnahmefall, in der Regel nur relevant bei Versorgungsbedürftigkeit des Vaters), so sind die Rentenzahlungen des Nachfolgers steuerrechtlich irrelevant. Es liegt eine private Unterhaltsrente vor, die beim Sohn nicht steuerlich abzugsfähig ist. Einkünfte sind beim Vater nicht steuerpflichtig.

3. Liegen die nach meinen Erfahrungen als Ausnahmen anzusehenden vorstehend behandelten Fälle nicht vor, so stellt sich die Frage, ob die Leistungen des Unternehmensnachfolgers auf der Basis schwankender Bezugsgrößen (z. B. Umsatz oder Gewinn) festgelegt sind und/oder ob sie vom Bedürfnis des Empfängers oder der Leistungsfähigkeit des Verpflichteten abhängig sind. In allen Fällen sind derartige Leistungen als sogenannte dauernde Lasten zu qualifizieren und beim Empfänger voll zu versteuern, beim Leistenden dagegen steuerlich voll abzugsfähig. Ist der Betrag der Versorgungsleistungen dagegen fest fixiert und nicht abänderbar (feste Rente, wobei die Wertsicherungsklausel allerdings unproblematisch ist), so hat der Empfänger der Leistung lediglich den Ertragsanteil, der vom Alter bei Rentenbeginn abhängig ist, zu versteuern. Umgekehrt darf der Unternehmensnachfolger auch nur den Ertragsanteil der Rente steuerlich abziehen. Da der Ertragsanteil je nach Alter bei Rentenbeginn häufig nur in einer Größenordnung von 25 bis 40 Prozent liegt, müssen die steuerlichen Unterschiede zwischen Renten und dauernden Lasten im Interesse aller Beteiligten sorgfältig bedacht werden.

Schenkungsteuerliche Behandlung

Auch in schenkungsteuerrechtlicher Hinsicht ist die Behandlung von Versorgungsleistungen relativ kompliziert. Die schenkungsteuerrechtliche Rechtsprechung des Bundesfinanzhofs und ihr folgend die Finanzverwaltung unterscheiden zwischen Schenkungen unter Leistungsauflage und Schenkungen unter Nutzungs- oder Duldungsauflage. Eine Schenkung unter Leistungsauflage ist dann anzunehmen, wenn der Beschenkte Leistungen zu erbringen hat, die unabhängig davon zu erbringen sind, ob er diese Leistungen aus dem übertragenen Vermögen erbringen kann. Dies gilt z. B. für den Fall einer Schenkung von Unternehmen gegen eine feste Rentenzusage. In einem solchen Fall liegt eine sogenannte gemischte Schenkung vor. Der Unternehmensnachfolger hat in diesem Fall nicht den vollen Wert der Zuwendung zu versteuern. Andererseits darf er aber auch nicht den Wert der Rentenverpflichtung einfach von der empfangenen Zuwendung abziehen. Der Steuerwert der Schenkung ist vielmehr nach folgender Formel zu ermitteln:

$$\frac{\textbf{Steuerwert der Zuwendung} \times \textbf{wirtschaftlicher Wert der Freigebigkeit}}{\textbf{Verkehrswert der Zuwendung}}$$

Die zugunsten des Seniors vorbehaltenen Leistungen führen demzufolge zu einer Reduzierung der steuerlichen Bemessungsgrundlage. Bei Beendigung der Rentenzahlungsverpflichtung, z. B. bei Tod des Berechtigten, ergeben sich keine weitergehenden Steuerfolgen.

Anders ist die Situation dagegen bei einer Schenkung unter Nutzungs- oder Duldungsauflage, d. h. wenn sich der Schenker die Nutzungen z. B. durch einen Nießbrauch vorbehält oder wenn die dauernde Last in der Weise ausgestaltet ist, daß der Schenker einen Teil der Erträge des übertragenen Vermögens erhält. In diesem Fall ist der Wert der vorbehaltenen Erträge gemäß der Vorschrift des § 25 ErbStG beim Beschenkten dann nicht abziehbar, wenn die vorbehaltenen Erträge dem Schenker oder dessen Ehepartner zustehen. Der steuerliche Wert dieser Erträge ist allerdings zu ermitteln. Die auf diesen Betrag entfallende Schenkungsteuer ist bis zum Ableben des Berechtigten zinslos zu stunden. Die Schenkungsteuer kann allerdings auch unter Abzinsung vorzeitig abgelöst werden.

Zusammenfassend ist festzustellen, daß die vorweggenommene Erbfolge vielfältige rechtliche Fragen (Schenkungsrecht, Erbrecht, Gesellschaftsrecht, Einkommensteuerrecht, Schenkungsteuerrecht) aufwirft. Trotz der Komplexität des Themas ist es für jeden Familienunternehmer empfehlenswert, sich mit diesen Fragestellungen frühzeitig und dann regelmäßig auseinanderzusetzen.

Man sollte sich bei der Nachfolgeplanung jedoch nicht zu sehr in technischen Einzelheiten verlieren. Der Unternehmer braucht sich bei der Problemlösung auch nur auf sein Gespür für simple Lösungen und seinen gesunden Menschenverstand zu verlassen, um die Nachfolge in den Griff zu bekommen. Derjenige jedenfalls, der die folgenden goldenen Regeln beachtet, wird kaum Schiffbruch erleiden.

GOLDENE REGELN
zur Unternehmensnachfolge

1. Die Nachfolgeplanung ist Bestandteil der strategischen Unternehmensplanung. Wie jede Planung muß sie auf einer festen Zeitachse beruhen, die insbesondere den Rücktrittszeitpunkt des Seniors genau definiert.

2. Steuerrecht und Gesellschaftsrecht haben lediglich eine Hilfsfunktion. Sie dürfen niemals zum Selbstzweck werden. Was nützt ein ausgeklügeltes Steuermodell, wenn an ihm die Familie und die Firma zu zerbrechen drohen?

3. Die Nachfolgeplanung muß jederzeit verfügbar sein. Schon die Römer wußten: Mors certa, hora incerta. Es ist falsch, wenn der Unternehmer erst mit 70 Jahren beginnt, sich Gedanken über die Nachfolge zu machen.

4. Nachfolgeplanung heißt: Das gesamte Unternehmen wird auf den Prüfstand gestellt. Der Junior sollte die Möglichkeit haben, mit neuen Konzepten arbeiten zu können. Dadurch kann auch die Chance entstehen, das Unternehmen neu auf seine Zukunftsmärkte auszurichten. Nicht nur der Führungsstil kann sich ändern, auch die Inhalte unterliegen einem Wandel.

5. Die Nachfolgeplanung muß gemeinsam mit allen Leistungsträgern des Unternehmens erstellt werden. Vor einsamen Entscheidungen zwischen Senior und Beratern ist dringend zu warnen.

6. Der Junior muß mindestens dieselbe fachliche und persönliche Eignung aufweisen wie qualifizierte Dritte. Schließlich geht es nicht um eine Beschäftigungstherapie für den Junior, sondern um den Vermögenserhalt für die Familie.

7. Die Ausbildung des Juniors setzt die eigenständige Erarbeitung einer verantwortungsvollen Position in einem Drittunternehmen voraus. Der Eintritt als Junior ins elterliche Unternehmen muß stets auf der obersten Ebene erfolgen. Die Ausbildung in einer Tochterfirma des elterlichen Unternehmens genügt diesen Anforderungen nicht.

8. Die Einrichtung eines Kontrollgremiums (Beirat, Aufsichtsrat) kann sehr wertvoll sein. Aber Vorsicht: Die meisten Beiräte arbeiten ineffektiv. Entscheidend sind eine optimale Aufgabenverteilung zwischen Geschäftsführung und Beirat, die Besetzung mit unabhängigen, unternehmerisch denkenden Persönlichkeiten und vor allem die Führung durch einen erfahrenen Vorsitzenden.

9. Der Übergang auf den Junior muß nahtlos und konsequent erfolgen. Ein kluger Senior wird sich von vornherein der Gefahr von »Einflüsterungen« Dritter konsequent entziehen. Er wird sich – gegebenenfalls nach einer kurzen Übergangszeit – aus dem Unternehmen vollständig zurückziehen. Unter Umständen ist der Senior der ideale Beiratsvorsitzende.

10. Nachfolgeplanung bedeutet auch das Überprüfen von Alternativen. Auch der von langer Hand geplante Verkauf des Unternehmens kann den erfolgreichen Abschluß eines Unternehmerlebens bilden – zum Wohle des Gesamtvermögens der Familie.

11. Letztlich heißt Nachfolgeplanung aber auch für den Senior, daß rechtzeitig eine private Lebensplanung für die Zeit danach betrieben wird. Sonst droht der Verlust des Lebensglückes.

X.
FAMILIENUNTERNEHMEN
UND STIFTUNGSLÖSUNGEN

Die Rechtsform der Stiftung wird von Unternehmern unterschiedlich beurteilt. Für die einen ist die Stiftung das »Allheilmittel«, durch das die gesetzlichen Publizitätspflichten, die Mitbestimmung und die Besteuerung weitgehend umgangen werden kann. Bei den anderen erweckt die Rechtsform der Stiftung Mißtrauen, da bei dieser Rechtsform – im Gegensatz zu allen anderen Rechtsformen – keine Gesellschafter vorhanden sind und die staatliche Stiftungsaufsicht häufig ein Wort mitzusprechen hat. Die Wahrheit dürfte in der Mitte liegen: In ganz bestimmten, selten vorkommenden Fällen kann die Rechtsform der Stiftung in der Tat dazu dienen, Publizitätspflichten und die Mitbestimmung zu vermeiden. Insbesondere aber bei Gestaltung der Unternehmensnachfolge kann die Stiftung eine wichtige Rolle spielen, wenn – aus welchem Grund auch immer – keine Familienangehörigen als Nachfolger des Unternehmers in Betracht kommen. In vielen Fällen können die von dem Unternehmer angestrebten wirtschaftlichen Ziele aber auch durch andere Gestaltungsmaßnahmen erreicht werden. Nach meiner Erfahrung ist eine Stiftungslösung nur in einem von ungefähr 1.000 Fällen tatsächlich angezeigt. Die Fallkonstellationen, bei denen man an den Einsatz einer Stiftung denken kann, möchte ich Ihnen im nachfolgenden aufzeigen.

1.
AUSGANGSÜBERLEGUNGEN

Wer eine Stiftung gründet und dotiert, gibt das gestiftete Vermögen auf Dauer aus der Hand. Die Auflösung der Stiftung und der Rückfall des Stiftungsvermögens auf den Stifter ist aus steuerlichen Gründen praktisch ausgeschlossen. Nicht zu unrecht spricht der Volksmund daher von »stiften gehen«, wenn jemand heimlich auf Dauer verschwindet. Da der Stifter aber gerade die dauerhafte Einbringung seines Vermögens in ein anderes Rechtssubjekt beabsichtigt, verbirgt sich hinter einer Stiftung naturgemäß nichts Negatives. Andererseits muß sich der potentielle Stifter jedoch exakt informieren, um später nicht böse zu erwachen. Weil es nicht gerade an der Tagesordnung liegt, daß jemand sein wohlverdientes Vermögen oder einen Teil davon ohne Gegenleistung weggibt, also stiftet, soll an einigen Beispielen aufgezeigt werden, wann die Gründung einer Stiftung sinnvoll ist. Nehmen wir einmal an, der ...

... kinderlose Unternehmer K. ist alleiniger Gesellschafter verschiedener Kapital- und Personengesellschaften. Die Ehefrau des K. ist bereits verstorben. K. möchte, daß seine diversen Unternehmen als unabhängige Unternehmensgruppe auch über seinen Tod hinaus erhalten bleiben. Sowohl in zivilrechtlicher, als auch in steuerrechtlicher Hinsicht sollen die Maßnahmen ergriffen werden, welche die Unternehmensgruppe des K. auf Dauer finanziell stabil erhalten und ihn, den K., zu seinen Lebzeiten wirtschaftlich entsprechend absichern.

K. wird zunächst darüber nachdenken, ob er die Anteile an seiner Unternehmensgruppe im Todesfall auf Verwandte oder Freunde übertragen soll. Bis vor kurzem hätte K. bei diesen Überlegungen berücksichtigen müssen, daß Verwandte nicht zur Erbschaftsteuerklasse I gehören, soweit es sich nicht um Abkömmlinge oder Eltern des K. handelt. Die Erbschaftsteuer hätte in der damaligen Steuerklasse II – je nach Wert des steuerpflichtigen Erwerbs – zwischen 6 Prozent und 50 Prozent und in der damaligen Steuerklasse III zwischen 11 Prozent und 65 Prozent des vererbten Vermögens betragen, und wäre von daher in vielen Fällen erdrückend gewesen.

Seit der nach einer Entscheidung des Bundesverfassungsgerichtes zustandegekommenen Erbschaftsteuerreform 1996 ist dieses Problem, jedenfalls soweit Betriebsvermögen auf natürliche Personen übergeht, entfallen. Der Übergang von Betriebsvermögen und von wesentlichen Beteiligungen an Kapitalgesellschaften (mindestens 25 Prozent) führt heute nämlich nicht nur zu dem bekannten Freibetrag in Höhe von 500 000 D-Mark und es wird das darüber hinausgehende Betriebsvermögen (nur) zu 60 Prozent angesetzt und der Erbschaftsteuer unterworfen. Hinzu kommt, daß nach der neu eingeführten Tarifbegrenzung Betriebsvermögen und wesentliche Beteiligungen an Kapitalgesellschaften bei Vererbung auf natürliche Personen immer unter die günstigste Steuerklasse I fallen, und zwar auch dann, wenn Personen der Steuerklasse II oder III das Betriebsvermögen oder die wesentliche Beteiligung erhalten. Damit ist heute der früher in vielen Fällen exorbitant hohe Kapitalentzug bei Übertragungen von Unternehmen auf Personen der früheren Erbschaftsteuerklassen II bis IV entfallen. Nachfolgend haben wir die Einordnung der Begünstigten in das Steuerklassensystem und die Steuersätze der einzelnen Steuerklassen gegenübergestellt (siehe auch Abbildung 3).

Wert bis DM	Steuerklasse I	Steuerklasse II	Steuerklasse III
100 000	7	12	17
500 000	11	17	23
1 000 000	15	22	29
10 000 000	19	27	35
25 000 000	23	32	41
50 000 000	27	37	47
Über 50 000 000	30	40	50

Abbildung 3: Übersicht Steuerklassen

§ 15
Steuerklassen

(1) Nach dem persönlichen Verhältnis des Erwerbers zum Erblasser oder Schenker werden die folgenden drei Steuerklassen unterschieden:

Steuerklasse I

1. Der Ehegatte,
2. die Kinder und Stiefkinder,
3. die Abkömmlinge der in Nummer 2 genannten Kinder und Stiefkinder,
4. die Eltern und Voreltern bei Erwerben von Todes wegen.

Steuerklasse II

1. Die Eltern und Voreltern, soweit sie nicht zur Steuerklasse I gehören,
2. die Geschwister,
3. die Abkömmlinge ersten Grades von Geschwistern,
4. Die Stiefeltern,
5. die Schwiegerkinder,
6. die Schwiegereltern,
7. der geschiedene Ehegatte.

Steuerklasse III

Alle übrigen Erwerber und die Zweckzuwendungen.

Kommt K. nun – aus welchen Gründen auch immer – zu dem Ergebnis, daß eine Übertragung des Unternehmens auf Freunde oder Verwandte ausscheidet, so wird er sich weiter überlegen, ob er seine Gesellschaftsbeteiligungen nicht verkaufen sollte. Entschließt sich K., auch dies nicht zu tun, so muß er einen »glücklichen Dritten« quasi als »Verwalter« und »Treuhänder at infinitum« finden, auf den er seine Beteiligungen im Falle seines Ablebens übertragen kann. K. wird daher darüber nachdenken, ob er seine Gesellschaftsanteile nicht auf eine Familienstiftung oder auf eine gemeinnützige Stiftung übertragen soll. Eine Familienstiftung ist eine Stiftung, deren Begünstigte vor allem Mitglieder der Familie des Stifters sind. Eine gemeinnützige Stiftung ist eine Stiftung, die gemeinnützige, wohltätige oder kirchliche Zwecke verfolgt.

Die Übertragung von Vermögen, also auch von Unternehmensanteilen, auf eine Familienstiftung führt, wenn dies zu Lebzeiten des Stifters geschieht, zum Anfall von Schenkungsteuer, wenn dies von Todes wegen geschieht, zum Anfall von Erbschaftsteuer. Beide Steuern sind jedoch der Höhe nach deckungsgleich. Bei der Übertragung von Vermögen auf eine Familienstiftung ist sodann für die Einordnung der Schenkung bzw. der Erbschaft in eine Erbschaftsteuerklasse das Verwandtschaftsverhältnis maßgeblich, das zwischen dem Stifter (= Erblasser) und dem nach der Satzung der Familienstiftung am entferntesten begünstigten Familienmitglied besteht. Da der Unternehmer K. im Beispielsfall keine Abkömmlinge hat, würde die Übertragung der Gesellschaftsanteile auf eine Familienstiftung zu einer »schlechteren« Steuerklasse als der Steuerklasse I führen. Bei Übertragungen von Vermögen auf eine Familienstiftung gilt im übrigen auch nicht die Regelung, wonach Betriebsvermögen und wesentliche Beteiligungen immer der Erbschaftsteuerklasse I unterfallen. Diese bereits oben erwähnte Regelung gilt nämlich nur dann, wenn natürliche Personen – und nicht Stiftungen – das Betriebsvermögen bzw. die wesentliche Beteiligung erhalten. Da die Familienstiftung eben keine natürliche Person ist, nimmt sie an der Privilegierung bei Vererbung von Betriebsvermögen nicht teil.

Geht man nun davon aus, daß die anfallende Erbschaftsteuer für unseren Unternehmer K. nicht tragbar ist oder er diese nicht zu übernehmen bereit ist, so würde auch die Übertragung des Vermögens des K. auf eine Familienstiftung das »Problem« nicht lösen. Ihm bleibt also nichts anderes übrig, als sich die Übertragung seiner Unternehmensanteile auf eine gemeinnützige Stiftung zu überlegen. Die Zuwendungen des K. an eine gemeinnützige Stiftung wären völlig erbschaftsteuerfrei. Da die gemeinnützige Stiftung zudem noch von praktisch allen anderen Steuerarten – einschließlich der Körperschaftsteuer – befreit ist, scheint K. hier den »Stein der Weisen« gefunden zu haben. Sieht man nun noch davon ab, daß das Vermögen des K., wenn er es in eine gemeinnützige Stiftung eingebracht hat, endgültig »verloren ist«, so mag man die gemeinnützige Stiftung mit einem ironischen Zungenschlag tatsächlich als »Steuersparmodell« begreifen.

Nun soll unser Unternehmer K. tatsächlich eine gemeinnützige Stiftung errichtet haben, in welche er auch seine Beteiligungen eingebracht hat. Sehr schnell wird er jedoch bemerken, daß er gleichwohl seine ursprünglichen Ziele, nämlich seine Unternehmensgruppe finanziell stabil zu halten, nicht erreicht hat. Aufgrund der gemeinnützigkeitsrechtlichen Vorschriften der Abgabenordnung ist die gemeinnützige Stiftung nämlich gehalten, die ihr zufließenden Ausschüttungen aus den operativen Gesellschaften, also die Gewinne der Unternehmen des K., zeitnah für gemeinnützige Zwecke zu verwenden; auf Ausnahmen soll hier nicht eingegangen werden. Den Nachfolgern des K. wird es daher schwerfallen, die Unternehmensgruppe finanziell ordentlich mit Eigenkapital auszustatten, zumal die Eigenfinanzierung qua Gewinnrückbehalt eingeschränkt ist. Die Thesaurierung von Gewinnen in den Beteiligungsgesellschaften einer gemeinnützigen Stiftung widerspricht also in vielen Fällen den Vorschriften der Abgabenordnung zur Gemeinnützigkeit. Die unmittelbare und ausschließliche Verwendung der Gewinne von Tochtergesellschaften gemeinnütziger Stiftungen für gemeinnützige Zwecke steht andererseits in vielen Fällen dem Bestreben des Stifters nach finanzieller Stabilisierung seiner Unternehmensgruppe entgegen. In solchen Fällen bietet sich dem Stifter als diskussionswürdige Lösungsalternative das Modell einer »Doppelstiftung« an.

2.
DIE DOPPELSTIFTUNG

Bei dieser Variante wird nicht nur eine Stiftung gegründet, vielmehr werden zwei Stiftungen ins Leben gerufen. Beide Stiftungen halten künftig Beteiligungen des Stifters. In Abbildung 4 ist eine der vielen möglichen Varianten der Doppelstiftung aufgezeigt.

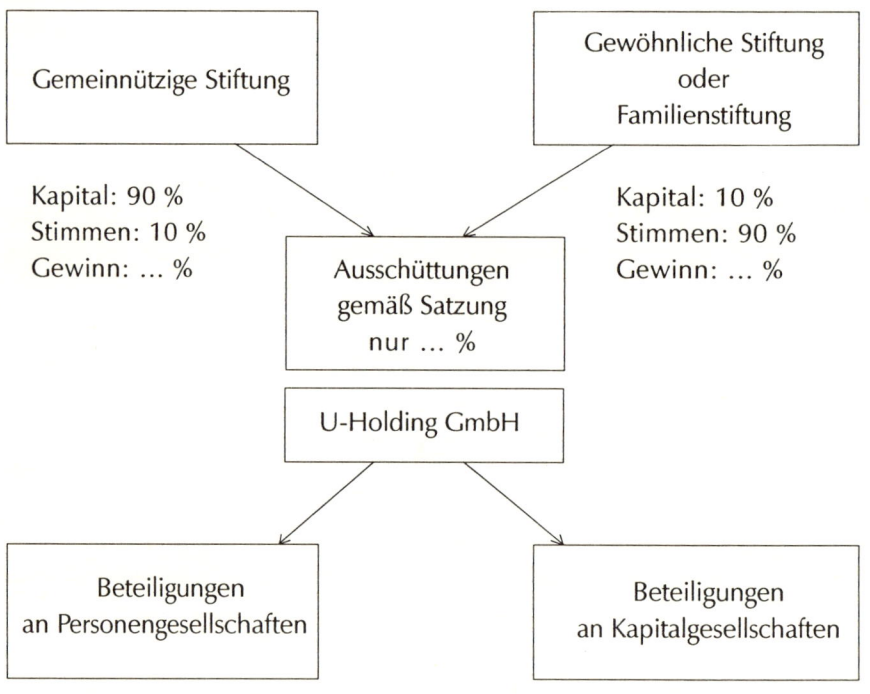

Abbildung 4: Variante einer Doppelstiftung

Zur Erreichung dieser Doppelstiftungsstruktur müßte K. zunächst seine Beteiligungen (steuerneutral) in eine neu gegründete Unternehmensholding (U-Holding GmbH) einbringen. Sodann könnte der Großteil der Substanz der U-Holding GmbH in die gemeinnützige Stiftung eingebracht werden. Da die Übertragung von Vermögen auf eine gemeinnützige Stiftung erbschaft- und schenkungsteuerfrei ist, würde der Großteil des Vermögens des K. ohne Belastung mit Erbschaftsteuer auf die gemeinnützige Stiftung übertragen werden können. Freilich ist hiermit ein endgültiger Verlust des in die gemeinnützige Stiftung eingebrachten Vermögensteils für K. bzw. für dessen Familienangehörige verbunden. Dies ist auch so gewollt und daher nicht als negativ einzustufen. Es kommt hinzu, daß es unter gemeinnützigkeitsrechtlichen Aspekten zulässig ist, wenn die gemeinnützige Stiftung einen Teil, jedoch höchstens ein Drittel ihres Einkommens zur angemessenen Versorgung des Stifters und seiner nächsten Angehörigen verwendet. Gleichwohl wäre es falsch, wollte man von einem »Steuersparmodell« sprechen, wie dies nicht selten in der Presse verlautbart wird.

Ein kleinerer Teil der Gesellschaftsanteile an der U-Holding GmbH wird sodann in eine gewöhnliche Stiftung oder in eine Familienstiftung eingebracht. Dieser Vorgang führt zwar – wie bereits geschildert – zum Anfall von Schenkung- oder Erbschaftsteuer, da sich diese jedoch nach dem Wert des geschenkten oder vererbten Vermögens richtet, läßt sich die Höhe der Erbschaftsteuer über die Größenordnung des in die Familienstiftung eingebrachten Gesellschaftsanteiles »steuern«. Wie jedoch gleichfalls aus dem Schaubild deutlich wird, läßt sich die Stimmenverteilung und die Gewinnverteilung zwischen der gemeinnützigen Stiftung und der Familienstiftung (in gewissem Rahmen) abweichend von der Größe des Vermögensanteils regeln. Man kann daher die Stimmenverteilung in der Gesellschafterversammlung der U-Holding GmbH so wählen, daß der gemeinnützigen Stiftung nur ein relativ geringer Stimmenanteil zufällt, während die Familienstiftung den überwiegenden Teil der Stimmen in der Gesellschafterversammlung erhält. Damit ist erreicht, daß nicht die gemeinnützige Stiftung in der U-Holding GmbH das Sagen hat, sondern die Familienstiftung. In aller Regel wird dies auch so gewünscht sein, denn die Organe der gemeinnützigen Stiftung sollten mit »Vertretern des gemeinnützigen Zweckes« besetzt sein und nicht mit Unternehmern. Da aber die Vertreter des gemeinnützigen Zweckes naturgemäß von der strategischen Führung unternehmerischer Beteiligungen nichts oder nur relativ wenig verstehen, sollte der maßgebende unternehmerische Einfluß bei der Familienstiftung verbleiben.

Klarstellend sei festgehalten, daß dies nicht bedeutet, der Stifter müsse Familienmitglieder in die Organe, z.B. den Vorstand, der Familienstiftung berufen. Der Stifter kann vielmehr sogar festlegen, daß überhaupt keine Familienmitglieder in den Organen der Familienstiftung vertreten sind. Letztendlich hat es sich bewährt, wenn in die Geschäftsführung der Familienstiftung (Vorstand) zumindest auch erfahrene Unternehmerpersönlichkeiten berufen werden.

Letztendlich verbindet das vorgestellte Modell einer Doppelstiftung daher die Vorteile der gemeinnützigen Stiftung mit den Vorteilen einer Familienstiftung.

Ohne auf die weiteren Einzelheiten des Stiftungsrechts und die Stiftungspraxis einzugehen, sei zusammenfassend festgehalten, daß die Gründung einer Stiftung in folgenden Fällen vom Unternehmer in seine Überlegungen zur Unternehmensnachfolge einbezogen werden:

- Es sind keine Abkömmlinge des Unternehmers vorhanden oder aber Abkömmlinge sind zwar vorhanden, der Unternehmer möchte diese aber nicht einmal mit der Stellung als Gesellschafter in seinen Unternehmen betrauen.
- Es ist ein sehr großes Vermögen vorhanden, bei welchem die Erbschaftsteuerlast nicht tragbar ist.
- Es bestehen echte gemeinnützige Zielsetzungen.
- Der Familienunternehmer wünscht eine Perpetuierung seines Willens und seiner Ziele, also praktisch die Schaffung einer »Testamentsvollstreckung ad infinitum«.

3.
DIE STIFTUNG & CO. KG

Daneben gibt es Sonderfälle, in welchen die Einbeziehung von Stiftungen in einen unternehmerischen Verbund Vorteile bietet. Zu diesen Sachverhalten gehört der Einsatz einer Stiftung im Rahmen einer Personengesellschaft als deren persönlich haftende Gesellschafterin, also die Etablierung einer »Stiftung & Co. KG«. Die Einbindung einer Stiftung als Führungsinstrument in einen unternehmerischen Verbund hat jedoch mit den oben dargestellten Gründen der Errichtung einer Stiftung schlechterdings nichts gemein. Nehmen wir einmal an ...

... Unternehmer K. ist Inhaber einer Unternehmensgruppe mit 800 Millionen D-Mark Umsatz und 3 000 Mitarbeitern. K. hält jeweils 100 Prozent an fünf Gesellschaften, die er aus verschiedenen Gründen in einer strategischen Holding zusammenfassen möchte. Ob zu Recht oder zu Unrecht, K. möchte jedenfalls keine Mitbestimmung auf unternehmerischer Ebene, und er möchte nach Möglichkeit auch keine Konzernbilanz errichten und auch keinen Publizitätsverpflichtungen unterliegen.

In Betracht kommt zunächst, eine Kapitalgesellschaft als Holding seiner Unternehmensgruppe zu errichten und die Beteiligungen auf diese zu übertragen. Annähernd 50 Prozent der Berater werden dem Unternehmer K. eine solche Lösung empfehlen.

Für K. stellt sich dann aber sofort das Mitbestimmungsproblem. Bei Kapitalgesellschaften ab 2 000 Arbeitnehmern ist nämlich ein paritätisch mit Arbeitnehmern und Anteilseigner-Vertretern besetzter Aufsichtsrat obligatorisch. Ferner ist der Unternehmer mit dem Problem der Publizitätspflichten nach dem Handelsgesetzbuch konfrontiert.

Erkennt K. dies, so wird er sich mit den Möglichkeiten zum Einsatz einer Personengesellschaft als Holding befassen. Die Chance oder auch die Gefahr, daß ihm seine Berater zu einer Kommanditgesellschaft als Holding raten, ist sehr hoch. Wählt K. nun eine klassische Kommanditgesellschaft und nimmt selbst Komplementärrolle ein, so hat er zwar das Mitbestimmungsproblem gelöst, er hat sich aber das Problem der persönlichen Haftung »eingekauft«. Wählt K. eine GmbH & Co. KG als Holding, also eine Personengesellschaft, bei welcher der persönlich haftende Gesellschafter wiederum eine Kapitalgesellschaft ist, so gelingt es ihm zwar, eine persönliche Haftung auszuschließen, es bleibt jedoch bei der gesetzlich vorgeschriebenen Mitbestimmung durch die Arbeitnehmer, und auch das Publizitätsproblem ist ungelöst.

Nun könnte sich K. überlegen, ob er nicht eine Stiftung als solche zur Holding macht. Der direkte Einsatz einer Stiftung als Holding scheidet für K. jedoch aus, denn die Einbringung der Unternehmensanteile des K., beispielsweise in eine Familienstiftung, erscheint schon aus schenkung- bzw. erbschaftsteuerlichen Gründen unmöglich. Darüber hinaus könnte K. seine unternehmerischen Beteiligungen auch nur noch unter Inkaufnahme eines »wirtschaftlichen Selbstmordes« aus der Stiftung herauslösen. Last not least ist auch die im Rahmen von Stiftungen immer mitzubedenkende öffentlich-rechtliche Stiftungsaufsicht jedenfalls dann psychologisch für den Unternehmer K. untragbar, wenn seine unternehmerischen Beteiligungen unmittelbar selbst im Vermögen der Stiftung liegen. Daneben sprechen freilich auch ertragsteuerrechtliche Gründe gegen die Stiftung als Holding.

Der Berater wird sodann mit dem Unternehmer K. gemeinsam überlegen, ob die Rechtsform einer »Stiftung & Co. KG« als Holding in Frage kommt. Bei dieser Rechtsform übernimmt die Stiftung die Rolle eines persönlich haftenden Gesellschafters im Rahmen einer Kommanditgesellschaft. Die eigentliche Holding des K. wäre demnach eine Kommanditgesellschaft und diese hätte eine Stiftung zur Komplementärin. Das Vermögen des K. läge in der Holding-Kommanditgesellschaft, die Führung der Unternehmensgruppe läge bei der Stiftung und dort speziell beim Stiftungsvorstand. Sofern es sich als notwendig erweisen würde, könnte die Stiftung später ohne weiteres durch den Unternehmer K. persönlich oder aber durch eine andere Gesellschaft, beispielsweise eine GmbH, ausgetauscht werden. Da dies ohne großen Aufwand möglich ist, stört den Unternehmer auch die bei Familienstiftungen ohnehin eingeschränkte Stiftungsaufsicht nur wenig. Der Vorteil dieser Stiftung & Co. KG liegt nun darin, daß diese relativ seltene Rechtsform die unternehmerische Mitbestimmung nach dem Mitbestimmungsgesetz verhindert. Auch Publizitätsverpflichtungen bestehen allenfalls nach dem Publizitätsgesetz, nicht aber auf der Basis des Handelsgesetzbuches oder nach der auf EU-Ebene erlassenen GmbH & Co-Richtlinie. Im übrigen scheidet auch eine persönlich unbeschränkte Haftung des Unternehmers aus, denn er ist bei dieser Rechtsform nicht Komplementär sondern lediglich Kommanditist und in der Regel Stiftungsvorstand. Damit erlaubt die Stiftung & Co. KG auch eine optimale Trennung zwischen Herrschaft und Kapital. Dem Stiftungsvorstand obliegt die »strategische Leitung« der Unternehmensgruppe, also die Herrschaft, und die Kommanditanteile des K., also das Kapital, können im Todesfalle des K. entsprechend dessen Willen verteilt werden, ohne daß die Kommanditisten später auf das operative Geschäft oder den Stiftungsvorstand Einfluß nehmen könnten. Jedenfalls kann K. – sofern er dies will – Herrschaft und Kapital völlig getrennte Wege gehen lassen; er kann andererseits die beiden »Produktionsfaktoren« aber auch jederzeit wieder zusammenführen. Last not least entfallen bei der Rechtsform der Stiftung & Co. KG die komplizierten Regelungen, die etwa bei einer GmbH & Co. KG erforderlich sind, um die Anteile an der Kommanditgesellschaft und die Geschäftsanteile der GmbH so zu verknüpfen, daß sie nicht in getrennte Hände fallen.

Leider wirft die Genehmigungsfähigkeit einer Stiftung & Co. KG, genauer die Errichtung der Komplementärstiftung, in einigen Bundesländern Probleme auf. Es bleibt dann nichts anderes übrig, als die Gründung der Komplementär-Stiftung in ein »stiftungsfreundliches Bundesland« zu legen.

Darüber hinaus können sich Probleme im Rahmen der Eintragungsfähigkeit einer solchen (Holding-)Stiftung & Co. KG im Handelsregister ergeben. Dies ist aber kein spezifisches Problem der Stiftung & Co. KG, vielmehr ergeben sich dieselben Probleme auch dann, wenn eine GmbH & Co. KG als Holding im Handelsregister eingetragen werden soll. Eintragungsfähig ist eben nach deutschem Recht nur ein Vollkaufmann und dies setzt sowohl bei der GmbH & Co. KG als auch bei der Stiftung & Co. KG voraus, daß ein vollkaufmännisches Gewerbe betrieben wird: Gerade dies ist bei einer Holding stets zweifelhaft.

4.
ZUSAMMENFASSUNG

Ordnet man die unternehmensverbundenen Stiftungen übersichtlich ein, so zeigen sich die in Abbildung 5 dargestellten Stiftungsformen.

UNTERNEHMENSVERBUNDENE STIFTUNGEN		
UNTERNEHMENS-TRÄGERSTIFTUNG	BETEILIGUNGS-TRÄGERSTIFTUNG	KOMPLEMENTÄR-STIFTUNG
Die Stiftung betreibt ein Unternehmen unmittelbar selbst	Die Stiftung hält Beteiligungen an Personen- oder Kapitalgesellschaften	Die Stiftung ist persönlich haftende Gesellschafterin einer Kommanditgesellschaft
z.B. Carl Zeiss Stiftung	z.B. Robert Bosch Stiftung	z.B. Möller Stiftung, Holding & Co. KG, Schickedanz Holding Stiftung & Co. KG, Vorwerk Elektrowerke Stiftung & Co. KG

Abbildung 5: Stiftungsformen

Die Stiftung ist ein eigenständiges Rechtssubjekt, welches Träger von Rechten und Pflichten ist, also eigenes Vermögen besitzt. An der Stiftung sind keine anderen Gesellschafter beteiligt, die Stiftung steht – im Gegensatz zu allen andern Gesellschaftsformen – also nicht im Eigentum einer anderen Person, sie verwaltet lediglich ihr eigenes Vermögen. Auch wenn die Stiftung keine Gesellschafter hat, so hat sie gleichwohl Begünstigte (sogenannte Destinatäre). Diesen Destinatären fließt »zu Lebzeiten der Stiftung« zwar nicht deren Substanz zu, die Destinatäre erhalten jedoch die Erträge der Stiftung, also deren »laufende Gewinne«. Destinatäre bei einer Familienstiftung sind vorwiegend Mitglieder der Familie des Stifters. Destinatäre der gemeinnützigen Stiftung sind die Träger des gemeinnützigen Zweckes, diese wiederum sind ebenfalls vom Stifter in der Stiftungssatzung vorgegeben. Bei der »gewöhnlichen Stiftung«, also der Stiftung, die weder gemeinnützige Zwecke verfolgt noch Familienstiftung ist, werden die Begünstigten, die beliebige Personen oder Organisationen sein können, ebenfalls in der Stiftungssatzung benannt. Der Einsatz einer Stiftung im unternehmerischen Verbund ist in nur wenigen Fallkonstellationen zweckmäßig.

GOLDENE REGELN
zu Stiftungslösungen

1. Die Stiftung eignet sich nicht als »Steuersparmodell«.

2. Die Stiftung ist nur dann näher in die Erwägungen des Unternehmers einzubeziehen, wenn
   - ein Unternehmensnachfolger aus der Familie fehlt,
   - ein Abkömmling zwar vorhanden ist, der Senior-Unternehmer diesen aber nicht einmal mit der Gesellschafterstellung betrauen möchte,
   - wenn ein Vermögen sehr groß ist, und die Erbschaftsteuerlast erdrückend wäre,
   - echte gemeinnützige Zielsetzungen vorliegen,
   - die Stiftung als reines Führungsinstrument (Stiftung & Co. KG) eingesetzt werden soll.

3. Selbst wenn sich die Stiftung zur Erreichung der Ziele des Unternehmers eignet, sind stets andere Rechtsformen in die Überle-

gung mit einzubeziehen. So kann etwa bei gemeinnützigen Zielsetzungen anstelle der Rechtsform Stiftung auch die Rechtsform einer gemeinnützigen Kapitalgesellschaft (z.B. einer GmbH) gewählt werden, wenn nur die Vorschriften der Abgabenordnung über steuerbegünstigte Zwecke eingehalten werden.

4. Wird eine Stiftungslösung gewählt, so ist bei der Formulierung der Stiftungssatzung besonders sorgfältig vorzugehen. Änderungen der Stiftungssatzung bedürfen stets der Zustimmung der Stiftungsaufsichtsbehörde und sind daher – jedenfalls nach dem Tod des Stifters – nicht mehr ohne weiteres durchführbar.

5. Bei der Ausformulierung der Stiftungssatzung ist ein besonderes Augenmerk darauf zu richten, daß die Stiftung auf »ewig« angelegt ist und zum Zeitpunkt der Errichtung der Stiftung niemand vorhersagen kann, wie sich das tatsächliche und rechtliche Umfeld in 10, 20 oder sogar 100 Jahren darstellen wird. Von daher muß die Stiftungssatzung so formuliert werden, daß sie zwar den Stifterwillen perpetuiert, jedoch eine Anpassung der Stiftungssatzung an sich verändernde tatsächliche und rechtliche Rahmenbedingungen noch zuläßt.

6. Da die Stiftung keine Gesellschafter kennt, ist auf die personelle Auswahl der Mitglieder der Stiftungsorgane (gewöhnlicherweise Vorstand und Kuratorium) viel Sorgfalt zu verwenden. Das System der »checks-and-balances« muß besonders gut geplant werden. Am besten hat sich meines Erachtens das Kooptationsmodell bewährt, bei dem ein ausgeschiedenes Kuratoriumsmitglied durch Zuwahl der verbleibenden Mitglieder ersetzt wird.

7. Bei gemeinnützigen Stiftungen, die in einem unternehmerischen Verbund eingesetzt werden sollen, sind die Vorschriften über die Steuerbegünstigung häufig nur unter besonderen Anstrengungen einzuhalten. Da die gemeinnützige Zielsetzung die unternehmerische Tätigkeit und die Selbstfinanzierung nicht behindern sollte, kann das »Modell einer Doppelstiftung« in Abstimmung mit der Finanzverwaltung aus dem Dilemma führen.

8. Stiftungsrecht ist vorwiegend Landesrecht. Je nach Sitz der Stiftung können daher völlig unterschiedliche Rechtsregeln auf die konkrete Stiftung Anwendung finden. So gibt es etwa Bundesländer, die eine Stiftungsaufsicht über Familienstiftungen praktisch ausschließen und andere Bundesländer, bei welchen die Stiftungsaufsicht auch über Familienstiftungen sehr weitreichend ist.

9. Die vielgerühmte Stiftung Liechtensteiner Rechts bringt keine steuerlichen Vorteile und ist in der Regel für in Deutschland ansässige Stifter nicht empfehlenswert.

10. Wer »stiften geht« kommt in der Regel nicht mehr zurück. In die Stiftung hineinzukommen ist leicht, herauszukommen ist fast unmöglich.

11. Die Anforderungen an die Gemeinnützigkeit werden immer strenger. Da ihre Aberkennung ein Desaster darstellt (rückwirkender Fortfall aller Steuervergünstigungen), muß hier strengste Vorsicht walten.

XI.
Die Übertragung des Unternehmens auf familienfremde Dritte

1.
»SEIN, WERDEN, VERGEHEN ...«

In der Wirtschaftspresse wird häufig darüber geklagt, daß immer mehr Familienunternehmen vom Markt verschwinden, weil die Eigentümer den Verlockungen des großen Geldes angeblich nicht widerstehen können und ihr Unternehmen an Konzerne verkaufen. Namen wie Helmut Horten, Neckermann, Dr. Roselius (Café Hag), Dornier, Herbert und Manfred Müller (Müllers Mühle/ Schneekoppe) oder auch die Familie Mühlens von 4711 werden als Beleg für die Richtigkeit dieser These herangezogen. Aus der jüngsten Vergangenheit wird auf die Familien Engelhorn und Gelpke verwiesen, die für einen Kaufpreis von elf Milliarden US Dollar ihr ererbtes Familienvermögen dem Schweizer Pharmakonzern Hoffmann-La Roche überließen. Der aus den diesbezüglichen Pressemeldungen häufig untergründig sprechende Vorwurf, die Familie habe versagt und überlasse das Unternehmen aus persönlichem Eigennutz einem ungewissen Schicksal, ist ebensowenig berechtigt wie die durch nichts belegte Behauptung, es gebe in Deutschland einen »Ausverkauf des Mittelstandes«. Das Gegenteil ist der Fall: Die Zahl der deutschen Familienunternehmen wächst ständig und dort, wo einzelne Unternehmen an Konzerne übergehen, wachsen andere nach. Das Familienimperium der Gebrüder Johannes und Dieter Löbbert, die innerhalb von zehn Jahren einen Milliardenkonzern im Bereich der Entsorgung errichtet haben, die Aufbauleistung einer Unternehmerin wie Jil Sander im extrem schwierigen Bekleidungsgeschäft, eine Persönlichkeit wie Reinhard Wolff, der innerhalb der bereits totgesagten Fleisch-

und Wurstwarenindustrie eine respektable, ertragsstarke Gruppe aufgebaut hat, oder Horst Kühne, der mit einem umweltfreundlichen Extraktionsverfahren die Gewürzmittelindustrie revolutioniert hat, beweisen das Gegenteil.

Es ist auch im höchsten Maße ungerecht, den scheidenden Eigentümern zu unterstellen, sie hätten sich bei ihrem Entschluß von eigennützigen Motiven leiten lassen. Es ist – gesamtwirtschaftlich gesehen – mindestens ebenso fatal, den richtigen Zeitpunkt der Desinvestition zu verpassen wie den Startschuß zu einer notwendigen Investition.

Außerdem resultiert die Verkaufsentscheidung in den meisten Fällen aus der Sorge um den Fortbestand der Unternehmungen und aus Fürsorge um die Mitarbeiter. So haben sich beispielsweise die Marktverhältnisse im KFZ-Zuliefergeschäft, in der Textilbranche und im Maschinenbau – um nur einige Bereiche zu nennen – so nachhaltig geändert, daß auch andere Eigentümerstrukturen angezeigt sein können.

Das Lamento um den »Ausverkauf des Mittelstandes« wird auch einem anderen Aspekt nicht gerecht: In der Masse der Fälle treten als Käufer andere Familienunternehmen und nicht Konzerne auf. Nur weil diese Fälle in der Regel nicht so spektakulär sind, werden sie in der Öffentlichkeit weniger zur Kenntnis genommen. Verwiesen sei in diesem Zusammenhang auf die beispielhafte Akquisitionsstrategie von Reinhold Würth, der in den letzten Jahren zahlreiche Familienunternehmen zugekauft hat, aber ebenso auf die Bijou Brigitte AG, ein Unternehmen im Modeschmuckbereich, die vor kurzem ihren größten Mitbewerber übernahm, oder auch auf die VBH AG – Europas Marktführer im Handel mit Baubeschlägen –, die seit Jahren andere Familienunternehmen zukauft.

Eines allerdings ist auffallend: Hat sich eine Familie erst einmal durch den Verkauf ihres Unternehmens aus der Geschäftswelt verabschiedet, so ist eine Rückkehr kaum mehr möglich. Die Anlage des Kaufpreises erfolgt in aller Regel außerhalb der unternehmerischen Sphäre, was aus Gründen der Risiko- und Ertragsoptimierung auch verständlich ist. Stellt die Familie im Anschluß an den Unternehmensverkauf fest, daß es sich objektiv und/oder subjektiv um eine Fehlentscheidung gehandelt hat, ist es meist unmöglich, diese zu korrigieren.

Doch: keine Regel ohne Ausnahme. Besondere Achtung haben mir Unternehmerpersönlichkeiten wie Klaus Michael Kühne und Hans Gerling abgenötigt, die nach dem Verlust der Macht alles daran setzten, diese wiederzuerlangen. Die Tatsache, daß ihnen das gelungen ist, kann man nur als Beweis einer außerordentlichen unternehmerischen Befähigung werten. Denn jeder, der sich in der Welt des Geldes, der Wirtschaft und ihrer Manager auskennt, weiß, daß es fast unmöglich ist, den Grundsatz »They never come back« einmal zu durchbrechen.

Es lohnt sich daher, die seltenen Ausnahmefälle festzuhalten und zu würdigen, wobei ich in diesem Zusammenhang insbesondere den Paderborner Marmeladenhersteller Stute erwähnen möchte: Dieser hat das Kunststück vollbracht, sein Unternehmen einige Jahre nach dem Verkauf an US-Amerikaner zu einem Bruchteil des damaligen Kaufpreises zurückzuerwerben, um anschließend erneut unter Beweis zu stellen, daß ein tüchtiger Unternehmer auch mit einem Commodity-Produkt Geld verdienen kann.

Als ich vor einigen Monaten im Museum in St. Moritz vor dem berühmten Triptychon des Malers Giovanni Segantini stand, wurde mir plötzlich das Phänomen »Familienunternehmen und Kontinuität« klar. Im linken Flügel des Triptychons zeigt der Maler die geistige Parallele zwischen Natur und Leben, indem er alle Linien und Akzente der Landschaft auf eine Mutter-Kind-Gruppe, also auf den Anfang des Seins, ausrichtet. Im Mittelstück herrscht eine arkadische Stimmung vor: Reife und Fülle der Natur zeigen einen Zustand der Vollendung. Das rechte Bild, vom Maler »Vergehen« genannt, stellt im Gegensatz zu den Abendlandschaften von »Werden« und »Sein« eine Morgenlandschaft dar. Es signalisiert damit zwar das Ende, aber im Ende zugleich den Neubeginn. Kann man den natürlichen Lebenszyklus unserer Familienunternehmen besser deuten als an dem Werk Segantinis?

Auch Familienunternehmen unterliegen dem ständigen Veränderungsprozeß des Lebens.

Wenn die Familie nicht mehr die Kraft hat, wenn sie nicht mehr die Persönlichkeiten hervorbringt, oder wenn sie nicht mehr zu dem Konsens in der Lage ist, der zur Führung oder Kontrolle eines Wirtschaftsbetriebes nötig ist, dann ist es auch volkswirtschaftlich sinnvoll, wenn andere fortan das Schicksal des Unternehmens in ihre Hände nehmen. So ist der vielzitierte nachfolgend etwas abgewandelte Spruch: »Die erste Generation erstellts, die zweite erhälts und die dritte studiert Kunstgeschichte«, keinesfalls als etwas Negatives zu werten. Er spiegelt – wenngleich in seiner Gesetzmäßigkeit ohnehin unzutreffend – nur die Fülle unseres Lebens wider.

2.
GRUNDZÜGE DER ÜBERTRAGUNG
DES UNTERNEHMENS AUF FAMILIENFREMDE DRITTE

Es war einmal ...

... ein Unternehmen, das Kunststoffteile für die Automobil- und Elektroindustrie produzierte. Trotz des »Lopez-Effektes« expandierte das Unternehmen unter Wahrung seiner überdurchschnittlichen Ertragskraft. An der Spitze des Unternehmens standen ein technischer und ein kaufmännischer Geschäftsführer, beide Gründer und Gesellschafter mit jeweils 50 Prozent an der Gesellschaft beteiligt. Frühzeitig stand für die Gesellschafter fest, daß eine familiäre Nachfolgeregelung nicht in Betracht kam. Vorausschauend hatten beide daher Nachwuchsführungskräfte eingestellt, die allmählich mit Leitungsaufgaben betraut wurden.

Im Jahr 1996 faßten beide Gründer den Entschluß, ihr Unternehmen zu verkaufen. Durch einen Makler erhielt eine niederländische Gesellschaft Kenntnis von den Verkaufsabsichten. Im Anschluß an eine erste Kontaktaufnahme mit nachfolgenden Gesprächen und eingehenden Recherchen wurde den Verkäufern ein Übernahmekonzept präsentiert. Beide Seiten unterzeichneten sodann eine Absichtserklärung, die der niederländischen Gesellschaft das Recht einräumte, exklusiv eine eingehende »Durchleuchtung« des Unternehmens durchzuführen (due dilligence). Parallel dazu wurden Gespräche mit dem Management als der zukünftigen Unternehmensleitung geführt und das Vertragswerk aufgesetzt. Bei der gesamten Übernahme spielte der Preis eine wichtige, aber nicht die ausschlaggebende Rolle. Wesentlich war der für alle Seiten tragbare Interessenausgleich. Dabei wurde der gleitende Übergang der Geschäftsführung ebenso berücksichtigt, wie die Einigung zwischen Verkäufern und Käufern über die Modalitäten des Aufbaus einer Fertigungsstätte in Mexiko.

Erworben wurde das Unternehmen von einer neu gegründeten Holding. Deren Stammkapital wurde von den künftigen Geschäftsführern, den Gründern (mit 25 Prozent), der niederländischen Gesellschaft und einem befreundeten Co-Investor gehalten. Die Financiers stellten weiteres Eigenkapital über Gesellschafterdarlehen zur Verfügung; die Differenz zum ausgehandelten Kaufpreis wurde durch die Hausbank dargestellt. Seit Anfang 1997 ist der Kauf rechtswirksam. Die Übergabe der Geschäftsführung erfolgte planmäßig im Laufe des

Jahres 1997. Die Gründer und bisherigen Geschäftsführer wechselten dann mit beratender Funktion in den Beirat, dem zwei weitere Mitglieder angehören – Branchenexperten, die für dieses Amt gewonnen wurden. Die Bilanz der Übergabe ist positiv: Die Verkäufer und Gründer sehen ihr Lebenswerk gewahrt. Die neuen Geschäftsleiter können uneingeschränkt unternehmerisch tätig werden. Die Geschäfte entwickeln sich gut. Und die Financiers? Die Gesellschaft sieht gute Chancen, nach dem vereinbarten Ende des Engagements ihre Anteile im Zuge eines Börsengangs profitabel am Kapitalmarkt plazieren zu können.

Der kluge Unternehmer wird den Zeitpunkt erkennen, an dem er sich von seinem Unternehmen oder von einem Teil desselben trennen muß. Dies kann ganz verschiedene Ursachen haben: Eine ungelöste Nachfolgefrage, ein Streit zwischen Gesellschaftern oder eine gezielte Desinvestitionsentscheidung kommen ebenso in Betracht wie handfeste wirtschaftliche Probleme. Meistens kommen mehrere Gründe zusammen. Letzteres war beispielsweise bei dem inzwischen vollzogenen Verkauf der Deinhard AG Sektkellerei, Koblenz, der Fall. Für den Entschluß, das 1784 zunächst als Weinhandlung gegründete Unternehmen abzugeben, nannte der Sprecher des Vorstandes ein ganzes Bündel von Gründen. Der gnadenlose Preiskampf habe die Margen gedrückt, die Konzentration des Lebensmitteleinzelhandels nehme den mittelständischen Unternehmen die Luft zum Atmen und die Größenordnung dieser Familien-AG sei für den Übergang ins nächste Jahrtausend unzureichend gewesen. Außerdem lebten die beiden Inhaber in einem Verhältnis, das nicht frei von Spannungen gewesen ist. Da auch eine Börseneinführung aufgrund der mangelnden Ertragskraft ausschied, habe man sich für einen Verkauf entschieden. Inzwischen ist das Unternehmen an einen namhaften Nahrungsmittelkonzern veräußert worden.

KAUF UND VERKAUF VON UNTERNEHMEN

Der Markt für den Kauf und Verkauf von Unternehmen, der sogenannte M&A-Markt, ist seit Anfang der 80er Jahre rapide angewachsen. Die Zahl der Transaktionen wird weltweit im Jahr 1996 auf circa 26 000 mit einem Gesamtwert von 1,3 Billionen US-Dollar geschätzt. Damit wurde der Rekord aus dem Jahr 1995 nochmals übertroffen. Auch Deutschland erlebt nach wie vor einen Boom im M&A-Bereich. Zwar erreichte der deutsche Markt für Unternehmenstransaktionen im Jahr 1996 mit 2600 Transaktionen nicht seinen Höchststand aus dem Jahr 1989, in dem 2839 Transaktionen gezählt wurden, jedoch hat sich die Zahl der Transaktionen seit dem Jahr 1985 (1350 Transaktionen) um nahezu 100 Prozent erhöht. In 2/3 aller Transaktionsfälle aus dem Jahr 1996 haben sowohl das verkaufte Unternehmen als auch die erwerbende Gesellschaft ihren Sitz in Deutschland. 1/3 der Transaktionsfälle entfällt auf sogenannte Cross-Border-Transaktionen, bei denen entweder das übernommene Unternehmen oder der Erwerber im Ausland beheimatet ist. Europaweit wurden 1995 grenzüberschreitende Transaktionen im Wert von 55 Milliarden ECU durchgeführt.

Zu diesen Zahlen haben die (mittelständischen) Familienunternehmen nicht unerheblich beigetragen. In diesem Bereich haben 1996 in erster Linie zwei Gründe zum Verkauf von Unternehmen geführt: Zum einen haben Familienunternehmer aus persönlichen Gründen oder aufgrund von Finanzierungsproblemen ihr Unternehmen an einen stärkeren Partner abgegeben. Zum anderen setzt das Konzept des Shareholder Values seinen Siegeszug durch die deutsche Unternehmenslandschaft fort. Fast jede Trennung von einer Sparte oder einer Tochter wird mit der Konzentration auf das Kerngeschäft begründet und als Voraussetzung zur Steigerung des Unternehmenswertes bezeichnet. Weitere wirtschaftliche, persönliche oder auf Gesellschafterebene liegende Gründe sind die Desinvestition in einen Betrieb wegen Neuausrichtung des Gesamtunternehmens, eine günstige Verkaufsmöglichkeit aufgrund des hohen strategischen Unternehmenswertes, die Unrentabilität trotz hoher Substanz, ein Notverkauf, insbesondere aufgrund des zunehmenden Konkurrenzdruckes, die Sicherung des Unternehmens durch Einbringung in einen größeren Verbund, die geringe Ausstattung mit Finanzmitteln, die fehlende Managementkapazität, Alters- und Gesundheitsgründe des Unternehmers, unterschiedliche Auffassungen über die Unternehmensstrategie im Gesellschafterkreis und nicht zuletzt das ungelöste Nachfolgeproblem.

Prüfung der Handlungsalternativen

Kauf oder Verkauf von Unternehmen sind im Regelfall nur eine von vielen Handlungsalternativen. Wenn ein Hersteller von Getränken beispielsweise feststellt, daß der Markt für Spirituosen rückläufig ist, die Margen dementsprechend immer geringer werden und auch keine neuen Produkte ersichtlich sind, die diesen Mißständen abhelfen könnten, stellt sich die Frage, ob das Unternehmen durch Zukauf von anderen Unternehmen seine Marktstellung ausbauen will oder ob die Eigentümer das Unternehmen nicht besser an einen strategischen Investor veräußern sollen, was maßgeblich von der Unternehmensentwicklungsstrategie abhängt.

Dieser Prüfung der Handlungsalternativen folgt die Phase der Kauf- bzw. Verkaufsentscheidung. Bei einem geplanten Verkauf sollte ein Zeithorizont von 3 bis 5 Jahren eingeplant werden, um den optimalen Zeitpunkt für den Verkauf eines Unternehmens abwarten zu können. Ein spontaner Verkauf aus Schwäche oder Zwang zum Verkauf kostet stets Geld. Es stellt sich außerdem die Frage, ob alle Geschäftsanteile oder nur ein Teil verkauft werden soll. Dabei ist zu berücksichtigen, daß für den Verkauf der Mehrheit eines Unternehmens in der Regel mehr bezahlt wird (Paket-Zuschlag).

Ist diese Entscheidung getroffen, wird es Zeit das Unternehmen auf den Verkauf vorzubereiten, um die Attraktivität des Verkaufsobjektes zu steigern. Gerade in dieser Phase werden schwerwiegende Fehler gemacht: Häufig habe ich es beispielsweise erlebt, daß versäumt worden ist, eine zweite Mangementebene aufzubauen, die nach dem Ausscheiden des Unternehmers in der Lage gewesen wäre, das Unternehmen erfolgreich weiter zu führen. Preissenkend wirkt sich auch aus, wenn Personalüberhänge nicht rechtzeitig abgebaut worden sind, das Rechnungswesen nicht den heutigen Ansprüchen gerecht wird, nicht notwendiges Betriebsvermögen, vor allem Immobilien, im Unternehmen gehalten wird, Know-How-Trägern keinerlei Entwicklungschancen eröffnet worden sind und die Anpassung der Unternehmensstruktur an veränderte Marktverhältnisse versäumt worden ist. Dies zeigt schon, daß der Zeitraum von 3 bis 5 Jahren, der zwischen der Akquisitionsentscheidung und dem eigentlichen Verkauf liegen sollte, keineswegs zu hoch gegriffen ist. Diese Zeit wird vielmehr dringend benötigt, um »die Braut schön zu machen«.

Wichtiger Bestandteil der Vorbereitung eines Unternehmensverkaufs ist auch die Analyse der Unternehmens- und Finanzierungsstruktur, die Gestaltung möglicher Transaktionskonzepte, die Erstellung eines umfassenden Informationsmemorandums, das alle relevanten Informationen enthält, sensible Wettbewerbsinformation aber weitgehend vermeidet, die Erstellung einer Partnerliste einschließlich der Prioritäten sowie die Entwicklung klarer Vorstellungen über realisierbare Konditionen der angestrebten Transaktion.

Der Wert des Unternehmens

Die vom Verkäufer stets an den Berater gestellte Frage, welchen Wert sein Unternehmen denn eigentlich habe, läßt sich eigentlich gar nicht beantworten. Zu unterschiedlich sind die zahlreichen, in der Praxis verwendeten Bewertungsverfahren. Den objektiven und allein richtigen Unternehmenswert im Sinne eines Kaufpreises gibt es nicht. Der Wert hängt vielmehr davon ab, in welcher betriebswirtschaftlichen und volkswirtschaftlichen Situation das Unternehmen veräußert wird, ob ein Käufer gefunden wird, der ein strategisches Interesse an der Akquisition hat und Synergieeffekte erzielen zu können glaubt, und ob es dem Verkäufer gelingt, innerhalb der Verhandlungen durch ein professionelles Vorgehen das Unternehmen besonders günstig und begehrenswert darzustellen. Ich persönlich halte deshalb von der Einholung von Bewertungsgutachten nur zur subjektiven Information des Verkäufers nichts. Die Bewertungsgutachten sind sehr teuer und haben – was den erzielbaren Kaufpreis betrifft – lediglich eine Indizwirkung. Hier kann man genausogut und ohne den Kostenaufwand nach der Faustformel:»Gewinn vor persönlicher Einkommensteuer bzw. vor Körperschaftsteuer x üblicher Faktor« vorgehen. Der übliche Faktor liegt je nach Branche zwischen 4 und 8. Die Einholung eines Wertgutachtens kann aber angezeigt sein, wenn der spätere Kauf oder Verkauf eines Unternehmens dem Aufsichtsrat vorgelegt werden muß.

Struktur des Verkaufsprozesses

Für die Dauer des Verkaufsprozesses müssen mindestens 4 bis 6 Monate angesetzt werden. Die Dauer hängt aber auch von der Art des Verkaufs ab: Es macht einen erheblichen Unterschied, ob nur Exklusivverhandlungen mit einem Interessenten geführt werden, ob eine Reihe ausgewählter Interessenten angesprochen werden oder ob alle in Betracht kommenden Interessenten in den Verkaufsprozeß einbezogen werden sollen. Mittlerweile gibt es in Deutschland auch Unternehmensverkäufe in der Form einer privaten, anonymen und mit Hilfe professioneller M&A-Berater straff strukturierten und kontrollierten »Auktion«. Diese Auktion ist durch einen detailliert geplanten Veräußerungsprozeß mit einheitlichen Informationen für alle Kaufinteressenten, konkreten Vorgaben in Form und Inhalt der Angebote sowie knappen Zeitplänen für die einzelnen Veräußerungsphasen und Entscheidungsfristen geprägt. Sie soll den gesamten Verkaufsprozeß beschleunigen und den Kaufpreis erhöhen. Die simulierte Konkurrenzsituation läßt die Attraktivität des Zielunternehmens häufig höher erscheinen; in dem erzeugten Zeitdruck werden Risiken häufig unter – und Chancen überschätzt, weil die gebotene Sorgfalt bei der Bewertung nicht einzuhalten ist.

Damit ist übergeleitet zu einer weiteren wichtigen Frage, nämlich der, welche Beratung der Verkäufer eines Unternehmens außerhalb der unverzichtbaren steuerlichen und rechtlichen Hilfestellung benötigt. In der letzten Zeit hat sich auch in Deutschland der Markt für M&A-Beratung immer stärker entwikkelt. Bei großen Transaktionen sind die amerikanischen und deutschen Investmentbanken führend; es gibt aber auch zahlreiche andere auf mittelständische Unternehmen spezialisierte Beratungsunternehmen. Das Engagement eines M&A-Beraters bringt sicherlich wesentliche Vorteile. Diese sehe ich in der Strukturierung der Transaktion, in der Koordination der Parteien, in der Identifikation der in Betracht kommenden Parteien und in der persönlichen Entlastung des Unternehmers während der Verhandlungen. Die Auswahl der richtigen M&A-Gesellschaft ist nicht leicht. Am besten ist es, sich durch Präsentationen mehrerer Berater ein eigenes Bild zu verschaffen. Dabei darf man sich nicht von großen Namen blenden lassen. Etwa ab einem Transaktionsvolumen von 150 Millionen D-Mark haben die großen Investmentbanken Interesse an einem Mandat. Diese Beratung ist nicht billig. Die Höhe der Vergütung beträgt zwischen 3 Prozent und 5 Prozent des Transaktionsvolumens. Die Beratung sollte folgende Aufgaben umfassen:

- Eine marktgerechte Bewertung des Unternehmens,
- Die Identifikation möglichst vieler potentieller Investoren,
- Die Informationsaufbereitung für die Ansprache der Investoren,
- Koordination der Interessenten,
- Unterstützung bei der sogenannten Due Diligence und bei den Vertragsverhandlungen.

Entscheidend für den Erfolg einer Transaktion sind nicht selten persönliche Sympathie bzw. Antipathie. Ich habe es schon oft erlebt, daß Verhandlungen, die eigentlich schon gescheitert waren, fortgesetzt und zu einem erfolgreichen Abschluß gebracht werden konnten, weil die Verhandlungsführer aufgrund ihrer persönlichen Sympathie füreinander einen für beide Seiten tragbaren Ausweg gefunden hatten. Umgekehrt habe ich es auch erfahren müssen, daß Verhandlungen aufgrund von persönlichen Spannungen gescheitert sind. Hier auch noch ein offenes Wort zu meinen Erfahrungen mit Rechtsanwälten: Leider mußte ich häufig erleben, daß der Rechtsanwalt seine Aufgabe völlig falsch verstanden hat und als »Dealbreaker« aufgetreten ist. Es wurde um Pfennige gekämpft und dabei verlor man Millionen.

Die potentiellen Interessenten lassen sich grob in zwei Gruppen unterteilen:

1. *Industrielle Partner*

    a. Direkte Wettbewerber aus dem In- und Ausland.
    b. Wettbewerber aus vorgelagerten Industrien.
    c. Wettbewerber aus nachgelagerten Industrien.
    d. Sonstige Industrieadressen, welche aus Diversifikationsgründen oder synergetischen Gründen (Nutzung der Kapazitäten für Forschung und Entwicklung, gemeinsamer Vertrieb) Interesse haben könnten.

2. *Finanzielle Partner*

    a. Kapitalbeteiligungsgesellschaften.
    b. Einzelpersonen.
    c. Das eigene Management oder Manager aus anderen Unternehmen der gleichen Branche.

Signalisieren diese angesprochenen Unternehmen Interesse, erfolgt häufig die Übergabe einer Kurzbeschreibung der Aktivitäten des zu verkaufenden Unternehmens auf anonymer Basis. Soll der Prozeß fortgesetzt werden, wird als nächstes eine Vertraulichkeitserklärung unterschrieben und dem Interessenten sodann das vorher gefertigte Informationsmemorandum übergeben. Nach Studium des Memorandums gibt der Interessent ein unverbindliches Kaufangebot ab. Auf Basis dieses unverbindlichen Kaufangebotes wählt der Verkäufer den Käufer aus, mit dem die Verhandlungen weitergeführt werden sollen.

Diesem wird die Durchführung einer Detailprüfung (Due Diligence) gestattet. Die Due Diligence hat eine zentrale Funktion innerhalb des gesamten Verkaufsprozesses. Vor Durchführung der Due Diligence gibt es zwischen den Verhandlungspartnern Kontakt nur auf Basis eines begrenzten Informationsstandes. Der potentielle Käufer kann Informationen bis zu diesem Zeitpunkt nur aus öffentlich zugänglichen Quellen sowie aus dem Verkaufsmemorandum gewinnen. Vor Abschluß des Kaufvertrages will der Käufer jedoch naturgemäß alle Informationen selbst überprüfen. Worauf erstreckt sich die Due Diligence? Sie ist nichts anderes als die detaillierte Beurteilung aller mit dem

Unternehmenserwerb verbundenen wirtschaftlichen, finanziellen und rechtlichen Risiken. Sie erstreckt sich nicht nur auf die Jahresabschlüsse und die
Plausibilität der Planung. Sie erfaßt das gesamte wirtschaftliche Umfeld, die
gesetzlichen Rahmenbedingungen, mögliche Umweltbelastungen, drohende
oder anhängige Prozesse, gegebene Garantien sowie vertragliche Verpflichtungen, beispielsweise in den Bereichen Einkauf und Absatz. Sie beschäftigt
sich mit den Personalstrukturen, dem Versicherungsschutz, den Pensionszusagen und vielen anderen Details, sofern sie sich auf die Zukunftserträge des
Unternehmens auswirken können. In der Regel wird die Due Diligence in
verschiedene Teilaspekte zerlegt, beispielsweise in die Commercial-Due Diligence (Wettbewerber, Markt, Produkte), die Financial-Due Diligence (finanzielle Analyse), die Legal-Due Diligence (Analyse der rechtlichen Fragen) und
die Environmental-Due Diligence (Umweltfragen).

Eine umfangreiche Due Diligence ist für den potentiellen Erwerber eines
Unternehmens vorteilhaft. Denn dieser weiß anschließend, auf welchem Gebiet er Zusicherungen und Garantien des Veräußerers verlangen wird; er weiß
um die Schwächen des Unternehmens und kann auf diesem Weg den Kaufpreis drücken. Als Verkäufer sollte man dem Verlangen eines potentiellen Käufers nach Durchführung einer Due Diligence allerdings nicht zu kritisch gegenüberstehen; auch wenn man natürlich durch die Due Diligence der Gefahr
ausgesetzt ist, daß potentielle Erwerber, die aus der gleichen Branche stam-
men, interne Informationen erhalten. Insbesondere wenn der Verkäufer ein
strategischer Investor ist und das Unternehmen in sein Unternehmen integrieren will, ist es nach meiner Erfahrung notwendig, daß der Käufer vor Abschluß
des Kaufvertrages über ausreichend viele Informationen verfügt. Zu häufig sind
die Fälle, daß die Integration des Unternehmens scheitert und das verkaufte
Unternehmen anschließend zugrunde geht. Offenheit und Transparenz beim
Due Diligence-Prozeß fördert auch das Verhandlungsklima und bringt Ihnen
zusätzliche Argumente innerhalb der Verhandlung mit dem potentiellen Interessenten. Manchmal muß nämlich derjenige, der dem Käufer die Durchführung einer Due Diligence gestattet, weniger Zusicherungen abgeben, was sich
im nachhinein als durchaus vorteilhaft erweisen kann.

Nach Abschluß der Due Diligence setzen die konkreten Verhandlungen
über die Strukturierung der Transaktion ein. Hierbei spielen steuerliche Fragen
oft eine herausragende Rolle. Die steuerlichen Auswirkungen sind je nach der
vorgenommenen Gestaltung sehr unterschiedlich. Sie hängen insbesondere
davon ab, ob die Transaktion als sogenannter Asset-Deal (Verkauf von Wirt-

schaftsgütern) oder Share-Deal (Verkauf der Gesellschaftsanteile) durchgeführt wird. Der Kauf von Wirtschaftsgütern kann aber auch aus anderen Gründen angezeigt sein, z. B. wenn Unsicherheiten hinsichtlich der Verbindlichkeiten der zu übernehmenden Gesellschaft bestehen.

Nach Festlegung der Struktur finden dann die Abschlußverhandlungen statt. Hierbei wird oft versucht, Garantien durchzusetzen, über die dann nach Abschluß des Vertrages ein Teil des Kaufpreises reduziert werden kann. Besonders gefährlich ist es auch, streitige Punkte aus den Verhandlungen auszuklammern und darauf zu hoffen, diese nach Abschluß des Vertrages klären zu können. Einen letzten Punkt möchte ich erwähnen: Der Käufer legt oft größten Wert darauf, nicht sofort nach Abschluß des Vertrages den Kaufpreis zahlen zu müssen. Damit verschafft er sich eine Machtstellung, die es ihm ermöglichen kann, nach Abschluß des Vertrages auftauchende strittige Punkte mit einem für ihn günstigen Ergebnis zu regeln. Als Verkäufer empfiehlt es sich deshalb, auf die sofortige Zahlung des Kaufpreises besonderen Wert zu legen.

Obwohl man es immer wieder erlebt, daß diese Verhandlungen einem enormen Zeitdruck ausgesetzt werden, sollten sich die Beteiligten auch hier Bedenkpausen gönnen. Sofern Sie als Gastgeber auftreten, gehört eine angemessene Bewirtung (Getränke und Speisen) zu einer seriösen Verhandlungsführung. Für die eigentlichen Verhandlungen sollten zwei getrennte Räume zur Verfügung stehen, damit es einer Partei möglich ist, die Verhandlungen zu unterbrechen und sich zu einer Besprechung zurückzuziehen. Die Greuelgeschichten, die häufig über die Durchführung der Abschlußverhandlungen erzählt werden, sind oft nicht wahr. Ich habe in meiner Praxis keinen Fall erlebt, in dem die Abschlußverhandlungen in einem Raum, der ausschließlich mit Neonlicht beleuchtet war oder nicht ausreichend belüftet war, stattfanden. Sofern Sie mit derartigen Methoden konfrontiert werden, sollten Sie zunächst mit dem Flugticket winken und – wenn dies ohne Erfolg bleibt – die Verhandlungen abbrechen.

GOLDENE REGELN
beim Verkauf

1. Aus starker Position kann nur derjenige verhandeln, dessen betriebliches Rechnungswesen und dessen kurz- und mittelfristige Planung eine hohe Qualität aufweisen. Die Planungsqualität kann

am besten durch Soll/Ist-Vergleiche aus der Vergangenheit belegt
werden.

2. Vor dem eigentlichen Verhandlungsbeginn sollte das gesamte
Procedere der Due Diligence und des Ablaufs der Vertragsverhandlungen einschließlich der Zeitachse konkret mit dem potentiellen Käufer schriftlich vereinbart werden. Ebenso sollte bereits
vor Verhandlungsbeginn eine Richtgröße des Kaufpreises schriftlich fixiert werden.

3. Die Vertragsverhandlungen beinhalten während ihres gesamten
Verlaufs ein psychologisch orientiertes Kräftemessen der Verhand-
lungsparteien. Der Verkäufer verliert seine starke Ausgangspositi-
on unweigerlich, sobald er beginnt, sich innerlich vom Unternehmen zu lösen. Bis zur Unterzeichnung des Kaufvertrags muß er
sich innerlich auf eine Fortführung des Unternehmens einstellen.

4. Die Höhe des Kaufpreises ist für sich allein genommen nicht
ausschlaggebend. Viele Erwerber versuchen, einen Teil des
Kaufpreises über die vom Verkäufer verlangten Garantien und
Zusicherungen zurück zu erlangen. Bei der Abgabe von Zusicherungen und Garantien ist daher höchste Vorsicht geboten. Akzeptieren Sie nie die Möglichkeit einer Kaufpreisminderung im
nachhinein, z. B. Abstellen auf den Ausgang laufender Prozesse
bzw. der nächsten Betriebsprüfung.

5. Akzeptieren Sie keinen Besserungsschein, z. B. für den Fall der
Realisierung bestimmter Ertragserwartungen. Die Voraussetzungen
eines Besserungsscheins sind schwer nachweisbar und daher
streitträchtig.

6. Bestehen Sie auf einer sofortigen und vollständigen Auszahlung
des Kaufpreises und akzeptieren Sie keinen partiellen Kaufpreis-
einbehalt.

7. Spielen Sie gegenüber Ihren Mitarbeitern während der Verhandlungen mit offenen Karten. Wenn Sie für diese etwas tun wollen,
so lassen Sie sich vom Käufer Garantien für eine bestimmte
Beschäftigungsdauer einzelner Mitarbeiter oder für den Erhalt
einzelner Betriebsstätten geben.

8. Schließen Sie keine den Käufer belastenden Verträge kurz vor oder während der Kaufverhandlungen ab, wie z. B. Erhöhung von Bezügen, Erteilung von Pensionszusagen, Erhöhung von Mieten, unkündbare Verträge mit Beratern etc. Ein solches Verhalten muß das Vertrauensverhältnis zum Käufer nachhaltig beeinträchtigen.

9. Achten Sie auf die Vereinbarung kurzer Verjährungsfristen gegenüber dem Käufer sowie auf eine Haftungsbegrenzung (höchstens 10 Prozent des gezahlten Kaufpreises).

10. Gehen Sie keinerlei steuerliche Risiken ein, wie z. B. eine Entgegennahme von Teilzahlungen in der Schweiz. Sie verstoßen damit gegen geltendes Recht und geben sich völlig in die Hand des Erwerbers.

GOLDENE REGELN
beim Kauf

1. Der Käufer ist immer derjenige, der von dem zu verkaufenden Unternehmen und allen seinen ertragsrelevanten Umständen sehr viel weniger weiß als der Verkäufer. Deshalb: niemals unübersehbare Risiken eingehen.

2. Die Frage nach der genauen Motivation des Verkäufers kann für die Risikoabschätzung des Käufers bedeutsam sein. Eine ungeregelte Nachfolge ist anders zu werten, als die Furcht vor Kapitalrisiken.

3. Halten Sie sich nicht zu lange mit der Prüfung der rein vergangenheitsorientierten Zahlen auf. Für den Käufer ist der Zukunftsertrag entscheidend. Dieser wird vom Verkäufer naturgemäß optimistisch beurteilt (Hockeyschlägereffekt). Der Käufer kann den Zukunftsertrag nur dann seriös abschätzen, wenn er neben den Finanzzahlen, die Produktpalette, ihre Märkte, ihr Entwicklungspotential und die genauen Konkurrenzverhältnisse kennt.

4. Obwohl jeder Kaufpreis letztlich immer subjektiv ist, muß die Ausgangsbasis der Preisdiskussion doch immer auf einer betriebs-

wirtschaftlich anerkannten Bewertungsmethode beruhen. Die Höhe des »Bonus« mag der Käufer dann nach seinem »Bauchgefühl« entscheiden. Aber: Bitte überschätzen Sie niemals Synergieeffekte; sie sind in der Praxis regelmäßig niedriger als erwartet.

5. Seien Sie ganz besonders vorsichtig beim Kauf eines Unternehmens im Ausland. Hier müssen Berater zugezogen werden, die mit den Verhältnissen vor Ort bestens vertraut sind. In weniger entwickelten Ländern sind zudem politische Kontakte unerläßlich.

6. Beachten Sie, daß die Berater des Verkäufers für dessen Entscheidung eine bedeutende Rolle spielen. Schon oft hat die in einer Verhandlungspause dem Berater zugesicherte Fortdauer seiner Tätigkeit nach Unternehmensübergang den Ausschlag gegeben.

7. Überlegen Sie sich sehr genau, ob und in welchem Umfang Sie dem Verkäufer ein Konkurrenzverbot auferlegen. Wie zahlreiche Beispiele zeigen, kann gerade der Ausstieg eines besonders kreativen und innovativen Verkäufers für den Erwerber gefährlich sein. Schon mancher Verkäufer hat mit frischem Geld und neuem Elan seinem ehemaligen Unternehmen in gefährlicher Weise Konkurrenz gemacht.

8. Eine Tätigkeit des ehemaligen Inhabers als angestellter Geschäftsführer im Anschluß an den Verkauf kann eine Übergangslösung darstellen; auf Dauer sollte der Erwerber ein neues Management installieren.

9. Der Erwerber muß unverzüglich nach Vertragsschluß die neuen Mitarbeiter über seine Ziele, die von ihm praktizierte Unternehmenskultur und über die künftige Besetzung der Führungsspitze informieren. Nur so kann er das Vertrauen der neuen Mitarbeiter gewinnen und hierauf ist er angewiesen.

10. Schalten Sie für die Bekanntgabe des Unternehmenserwerbs in der Öffentlichkeit eine professionelle Agentur ein. Diese Marketingmaßnahme macht sich auf jeden Fall bezahlt.

MANAGEMENT-BUY-OUT

»Das Gesuchte liegt oft sehr nahe.« Auf der Suche nach einem Nachfolger des Unternehmers können die Eigentümer manchmal im eigenen Unternehmen, gewissermaßen im Nachbarzimmer des Unternehmers, fündig werden, wenn die leitenden Mitarbeiter unternehmerisch denkende Persönlichkeiten sind mit der Bereitschaft, nicht nur Führungs-, sondern auch Eigentümer-Risiko und Verantwortung zu übernehmen. Die Übertragung des Unternehmens auf sein Management, ein sogenannter Management-Buy-Out (MBO), kann insbesondere für das Unternehmen selbst eine glückliche Lösung sein, weil das Management mit den Problemen und Mitarbeitern des Unternehmens am besten vertraut ist und in der Regel sein betriebswirtschaftliches Know-how unter den Augen des Familienunternehmers bewiesen hat. Außerdem bietet sich diese Lösung auch unter volkswirtschaftlichen Aspekten an. Denn die Übernahme eines Unternehmens durch das Management kann der einzige Weg sein, die (Konzern-)Unabhängigkeit des Betriebes und damit die Vorteile eines eignergeführten Unternehmens für die Zukunft zu sichern. Die (teilweise) Übertragung des Unternehmens an familienfremde Manager ist bei Fehlen eines geeigneten Nachfolgers, bei Streitigkeiten zwischen den Familienstämmen, die den Bestand des Unternehmens gefährden, oder bei »Vermögensumschichtungen« durch Desinvestition eine ernstzunehmende Handlungsalternative.

In Anbetracht dieser Argumente überrascht es kaum, daß der »Management-Buy-Out auch die (mittelständischen) Familienunternehmen erreicht hat. Das *Handbuch des Kapitalanlagerechts* konnte in seiner im Jahr 1997 erschienenen Auflage feststellen, daß seit 1992 die Mehrzahl der Management-Buy-Outs bei privaten Familienunternehmen angefallen ist, die dadurch ihre Nachfolgeprobleme zu lösen versuchten. Wenn man sich aber die Gesamtzahl der Unternehmensübertragungen auf die nächste Generation vergegenwärtigt, ist die Zahl der MBOs allerdings verhältnismäßig gering. Die Gründe sind in den typischen Eigenschaften der Familienunternehmen zu suchen: Viele Unternehmer werden einer solchen Lösung skeptisch gegenüberstehen, weil dadurch mit der Familientradition gebrochen wird und der Unternehmer oftmals die ihm »untergeordneten« Führungskräfte nur schwer als geeignete Nachfolger akzeptieren kann. Auch muß man sich über eines im Klaren sein: Der typische Familienunternehmer und die von ihm verkörperten Tugenden wie Durchsetzungskraft, Beharrungsvermögens und Machtstreben werden es nur in wenigen Fällen zulassen, daß sich risikobereite sowie unternehmerisch, visionär und konzeptionell denkende Führungspersönlichkeiten in einem Familienunternehmen entwickeln können. Außerdem möchte gerade der Familiengesellschafter oft nicht nach außen hin zeigen, daß kein geeigneter Nachfolger zur Verfügung steht oder daß »Kasse« gemacht wird. Ich möchte Ihnen trotzdem im folgenden einige wissenswerte Grundstrukturen der Handlungsalternative Management-Buy-Out aufzeigen. Dabei möchte ich aber bereits an dieser Stelle mit Nachdruck darauf hinweisen, daß die Durchführung einer solchen Transaktion – auch wenn die dabei verwendeten Grundstrukturen schon vor längerer Zeit entwickelt wurden – intensive rechtliche und insbesondere steuerrechtliche Beratung verlangt, ohne die in der Vergangenheit schon mancher Management-Buy-Out mißglückt ist.

Management-Buy-Out und verwandte Erscheinungsformen

Von einem Management-Buy-Out (MBO) spricht man, wenn ein Unternehmen von seinen leitenden Mitarbeitern übernommen wird. Da diese übernahmewilligen Mitarbeiter in aller Regel nicht über das zum Erwerb der Gesellschaftsanteile notwendige Eigenkapital verfügen, erfolgt die Finanzierung dieser Transaktionen unter Beteiligung von institutionellen Anlegern, z.B. unter Beteiligung von Unternehmensbeteiligungsgesellschaften; der Kaufpreis wird in der Regel zu einem großen Teil fremdfinanziert sein. Das für die rechtliche und steuerrechtliche Gestaltung des Management-Buy-Outs entscheidende Merkmal des hohen Fremdkapitaleinsatzes macht den MBO zu einer Unterart des Leverage-Buy-Outs (LBO). Der Begriff LBO nimmt nicht auf die Person des Erwerbers, sondern auf die Form der Finanzierung und die damit verbundenen rechtlichen und steuerrechtlichen Probleme Bezug. Unter einem Leverage-Buy-Out versteht man nämlich einen Unternehmenskauf, der zu einem großen Teil fremdfinanziert wird; dabei kann der Fremdkapitaleinsatz bis zu 90 Prozent der Transaktionssumme betragen. Als Sicherheit für das Fremdkapital werden soweit wie möglich die Vermögensgegenstände des erworbenen Unternehmens verwendet; die Fremdkapitalbedienung und -tilgung erfolgt durch Zugriff auf den Gewinn, den Cash-Flow und das sonstige verfügbare Vermögen der zu erwerbenden Gesellschaft (Objektgesellschaft). Der relativ schlechte Ruf der Leverage-Buy-Outs in Deutschland, der vor allem durch den Kinohit »Wall Street« geprägt wurde, ist dadurch zustande gekommen, daß LBOs nicht nur zur Sicherung der Nachfolge durchgeführt werden, sondern beispielsweise auch mit dem Ziel, das Unternehmen nach Erwerb gewinnbringend wieder zu veräußern. Da sowohl bei einem Leverage-Buy-Out als auch bei einem Management-Buy-Out die rechtlichen und steuerrechtlichen Probleme im wesentlich durch die hohe Fremdkapitalquote verursacht werden, sind die im Rahmen eines LBO anzuwendenden Unternehmenskauftechniken auch bei Durchführung eines MBO einzusetzen, allerdings mit den Besonderheiten, die sich aus der Beteiligung des Managements ergeben.

Auf drei weitere, verwandte Erscheinungsformen möchte ich Sie noch hinweisen, die ebenfalls in die Überlegungen einzubeziehen sind, nämlich die sogenannter Belegschafts-Buy-Outs, die Management-Buy-Ins und die Spinoffs. Belegschafts-Buy-Outs stellen eine Variante des MBO dar, in welcher sich neben dem eigentlichen Management ein erheblicher Teil der Arbeitnehmerschaft an dem Erwerb des Unternehmens beteiligt. Belegschafts-Buy-Outs werden allerdings häufiger zu Sanierungszwecken, weniger häufig zur Lösung von Nachfolgeproblemen eingesetzt. Management-Buy-Ins bezeichnen dagegen den Unternehmenserwerb durch Kapitalbeteiligungsgesellschaften zusammen mit unternehmensfremden Managern. Diese Variante des Beteiligungskaufs hat zur Folge, daß das Risiko der sich an der Finanzierung beteiligenden institutionellen Investoren aufgrund der noch fehlenden Vertrautheit der Manager mit dem zu erwerbenden Unternehmen höher ist als bei einem normalen MBO.

Bei einem Spin-off werden bestimmte Konzernteile oder -abteilungen herausgelöst, auf die Manager übertragen und entwickeln dann unter Führung ihrer Manager manchmal eine erstaunliche Dynamik. Gerade diese Spin-offs sind wesentlicher Motor des MBO-Marktes, da die strategische Überlegung vieler Unternehmen dahin geht, ihr Geschäft wieder stärker auf die Kernkompetenz zu konzentrieren. Grund dafür ist, daß Tochtergesellschaften, die nicht im Kerngeschäft angesiedelt sind, im Rahmen der Konzernpolitik oft eine geringere Aufmerksamkeit erhalten; es fehlen die dynamischen, zukunftsweisenden Impulse des Gesellschafters; freie Mittel des Konzerns werden im Kerngeschäft investiert, während sich die Tochter am eigenen Cash-Flow finanzieren muß. Hinzu kommen Konzernumlagen und konzernweite Richtlinien, die die nicht im Kerngeschäft tätigen Tochtergesellschaften tragen müssen und durch welche die Handlungsfähigkeit des Managements beschränkt werden. Fallen diese Beschränkungen weg, erleben solche Spin-offs teilweise eine deutliche und nachhaltige Ertragsverbesserung.

Das Kernproblem: Die Besicherung und Finanzierung des Kaufpreises

Hauptcharakeristikum eines LBO/MBO ist das wirtschaftliche Ziel, die Lasten des hohen Fremdkapitaleinsatzes mit Hilfe der zu erwerbenden Gesellschaft abzubauen; Hauptinteresse des oder der Erwerber und seiner Kapitalgeber ist es daher, den Cash-Flow der erworbenen Gesellschaft (Objektgesellschaft) und nicht nur ihren ausschüttungsfähigen Gewinn zur Bedienung und Tilgung der Fremdfinanzierung verwenden zu können. Geeignet für einen MBO/LBO als eine im wesentlichen fremdfinanzierte Transaktion sind daher nur solche Unternehmen,

- die einen deutlich positiven Cash-Flow (= Jahresüberschuß zzgl. Abschreibungen und Zuführungen zu langfristigen Rückstellungen) nach Investitionen/Instandhaltungsrückstellungen und Steuern haben, die insbesondere nicht mit »aufgestautem« Investitionsbedarf belastet sind,
- die eine vergleichsweise niedrige Effektivverschuldung aufweisen und möglichst eigenkapitalstark sind,
- die über unbelastete – möglichst hohe stille Reserven aufweisende – Aktiva verfügen, die zur Besicherung der LBO/MBO-Finanzierung eingesetzt oder veräußert werden können und
- die einen hohen Grad an liquider Verfügbarkeit der Umsatzerlöse aufweisen.

Auch wenn das Unternehmen diese Eigenschaften besitzt, können die Erwerber (ohne weitere Gestaltungsmaßnahmen) nur dann auf die Vermögenswerte des Unternehmens zugreifen, wenn sich die Transaktion als Erwerb von Wirtschaftsgütern (Asset Deal) strukturieren läßt. Dann nämlich gelangen die Vermögenswerte der zu erwerbenden Gesellschaft direkt in die Hand der Käufer und können dort zur Finanzierung des Kaufpreises über das erhöhte Abschreibungsvolumen eingesetzt werden. In diesem Fall bereitet die rechtliche Strukturierung weniger Schwierigkeiten. Häufig kommt aber – nicht zuletzt aus steuerlichen Gründen (ermäßigter Steuersatz beim Veräußerer!) – nur ein Erwerb von Gesellschaftsanteilen (Share Deal) in Betracht. Dieser hat zunächst den Nachteil, daß nicht die Wirtschaftsgüter des Unternehmens, sondern nur die erworbenen Anteile zur Besicherung des Kaufpreises eingesetzt werden können. Dies hat zur Folge, daß die Gläubiger, die den LBO/MBO finanzieren, im Range hinter den eigentlichen Gläubigern der zu erwerbenden Gesellschaft rangieren. Zwar kann die finanzielle Absicherung der Fremdkapitalfinanzierung darüber hinaus durch eine Bürgschaft sowie über die Begebung eines Gesellschafterdarlehens durch die zu erwerbende Gesellschaft erfolgen. Aber der Erwerb von Gesellschaftsanteilen an einer Kapitalgesellschaft (anders bei Erwerb einer Personengesellschaft!) verschafft dem Erwerber kein Abschreibungsvolumen, durch das er den Cash-Flow des Unternehmens erhöhen könnte.

Die Nutzung des Cash-Flows für die Bedienung und Rückführung der Darlehen verlangt in diesem Fall den Einsatz zusätzlicher Gestaltungsmaßnahmen: Im Falle eines Share Deals kommt beispielsweise die Verschmelzung der zu erwerbenden Gesellschaft mit der zum Zweck des Management-Buy-Out gegründeten Käufer-GmbH in Betracht, so daß die Vermögenswerte der Objektgesellschaft automatisch für die Verbindlichkeiten der Käufer-GmbH haften. Allerdings kann die Verschmelzung zu steuerpflichtigen Gewinnrealisierungen führen. In der Praxis werden deshalb die Wirtschaftsgüter der Objektgesellschaft nach Erwerb des Unternehmens an eine zu diesem Zweck gegründete Erwerbs-GmbH veräußert und es wird auf diesem Weg ein dem Asset Deal vergleichbares Ergebnis erzielt. Dieses Verfahren wird auch oft als »Buchwertaufstockungs-Verfahren« bezeichnet. Durch dieses Verfahren wird eine Erhöhung der bisherigen Buchwerte des erworbenen Unternehmens auf ihre wirklichen Werte (= Teilwerte) erreicht. In der Folgezeit wird dann die Abschreibung von den erhöhten Buchwerten vorgenommen, so daß das Ergebnis und die Steuerlast sinken. Die dadurch eintretende Erhöhung des Cash-Flows steht für die Bedienung und Tilgung von Fremdkapital zur Verfügung. Die Probleme dieses Verfahrens liegen aber in der steuerlichen Anerkennung, die durch einige gerichtliche Entscheidungen fraglich geworden ist.

XII.
ERFAHRUNGEN BEI DER SANIERUNG VON FAMILIENUNTERNEHMEN

Es war einmal …

*…. der Diplom-Ingenieur Bruno L., der bereits eine schwere Krise erfolgreich
überstanden hatte. Als Hersteller von Zweiradfederungen war er Anfang der
60er Jahre in den Sog des Niedergangs der deutschen Zweiradindustrie geraten.
Aber Not macht erfinderisch: In jahrelanger Arbeit entwickelte er eine Weltneu-
heit, nämlich eine in der Höhe und der Länge verstellbare Gasdruckfeder für
Bürostühle. Das Unternehmen wurde dadurch in Kürze zum Weltmarktführer.
Als jedoch die Bürostuhlindustrie Mitte der 90iger Jahre in die Krise geriet, wurde auch das Unternehmen, das kurz zuvor einen 40prozentigen Teilhaber ausgezahlt hatte, finanziell kurzatmig.*

*Die Banken, die aufgrund einer internen Branchenanalyse mit negativen
Aussagen nervös geworden waren, verlangten definitiv die Aufnahme eines industriellen Partners. Als dies nicht sofort gelang, wurde das Unternehmen zum
Sanierungsfall erklärt, zumal Bruno L. seine Nachfolge trotz mehrerer Abmah-
nungen nicht geregelt hatte. Das bisherige Vertrauensverhältnis zur Hausbank
wandelte sich radikal. Mitarbeiter der Sanierungsabteilung, die das Unternehmen durchleuchteten, machten Bruno L. schwere Vorwürfe: er habe die Banken
über die wahre Lage des Unternehmens getäuscht. Ein Versuch von L., mit dem
ihm freundschaftlich verbundenen Vorstandsmitglied Dr. N. Kontakt aufzunehmen, mißlang. Die Banken gründeten einen Pool, der mit einer Besetzung von
circa 40 Personen alle zwei Wochen tagte und dem Unternehmer jede Handlungsfähigkeit beschnitt. Die Sitzungen waren frustrierend; wenn überhaupt so
traf man sich auf dem kleinsten Nenner. Im übrigen ging es im Pool weniger um
die Frage des Unternehmers als vielmehr um Streitigkeiten unter den Banken*

bezüglich der Sicherheiten, Verteilung und der Herausgabe von fresh money. Das Unternehmen hätte die Turbulenzen wohl kaum überstanden, wenn nicht ein persönlicher Freund von L. sich mit einem zweistelligen Millionenbetrag am Unternehmen beteiligt hätte.

1.
DAS FAMILIENUNTERNEHMEN IN DER KRISE

Sicherung und Optimierung von Familienunternehmen sind Aufgaben, die sich auch in »schlechten Zeiten« stellen, nämlich dann, wenn sich das Unternehmen in der Krise befindet. Wesentliche Symptome der akuten Unternehmenskrise sind:

- Der Mangel an Zahlungsmitteln (schleppende Gläubigerbefriedigung durch das »Schieben« fälliger Zahlungen, verspätete Abführung von einbehaltener Lohnsteuer und Sozialversicherungsabgaben).
- Die Kündigung oder Aussetzung von Kreditlinien durch einzelne Kreditinstitute.
- Die verspätete Fertigstellung des Jahresabschlusses des Unternehmens, generell ein schlecht funktionierendes Rechnungswesen.
- Das Verhalten der Geschäftsleitung, die fast ausschließlich mit unproduktiven Aufgaben beschäftigt ist (Koordination der Gläubigerbefriedigung, Beruhigung des Betriebsklimas etc.).
- Die Amtsniederlegung von Funktionsträgern (Aufsichtsratsmitgliedern) unter fadenscheinigen Begründungen.

In einer solchen Phase ist der Familienunternehmer insbesondere mit der Frage konfrontiert, ob das Unternehmen sanierungsfähig und sanierungswürdig ist. Die Sanierungsfähigkeit ist zu bejahen, wenn die Krise mit zweckmäßigen Sanierungsmaßnahmen beseitigt werden kann und eine angemessene Rentabilität in Zukunft zu erwarten ist. Sanierungswürdig ist ein Unternehmen, wenn der durch die Fortführung zu erzielende Erfolgswert über dem erwarteten Ergebnis einer Liquidation liegt.

Der Vertrauensverlust im Verhältnis zwischen Familienunternehmen und Banken in der Krisensituation

In der Regel wird eine Sanierung nur mit Hilfe der Gläubiger, insbesondere der kreditgebenden Banken, gelingen. Die Unternehmenskrise führt aber meiner Erfahrung nach in fast allen Fällen zu einer Vertrauenskrise im Verhältnis zwischen dem Familienunternehmen und den Banken. Meines Erachtens sind hierfür die folgenden zehn Gründe entscheidend:

1. Der Firmenunternehmer empfindet die Abhängigkeit von den Banken traditionell als Einschränkung seines unternehmerischen Freiraums. Die Maßnahmen der Banken in der Krise (Einfrieren oder Zurückfahren der Kreditlinien, Fälligstellen der Kredite) bestärken ihn in seiner Einschätzung, in schlechten Zeiten von der Bank im Stich gelassen zu werden (Stichwort: Regenschirm).

2. Um seinen unternehmerischen Freiraum zu erweitern, stellt der Unternehmer seine wirtschaftliche und finanzwirtschaftliche Lage besser dar als sie ist. Bankseitig verliert er dadurch weiter an Vertrauen. Dies führt zu einer Verschärfung der Kontrollmaßnahmen seitens der Banken.

3. Die Banken haben in der Krise die Tendenz zur pessimistischen Einschätzung der unternehmerischen Lage. Das ist verständlich, tragen sie doch bei aufgebrauchter Liquidität neben den sonstigen Gläubigern das volle Risiko. Ein Aufstocken der Linien führt – insbesondere bei unsicherer Einschätzung der Überlebensfähigkeit des Unternehmens – zum Anstieg des Ausfallrisikos.

4. Der Familienunternehmer ist in der Krise geneigt, die überlebensbedrohenden Probleme zu unterschätzen. Er ist tendenziell risikofreudiger auch – oder gerade – in der Krise. Er kann doch die Lage des Unternehmens und seine persönliche Situation eigentlich nur verbessern.

5. Die Bank fühlt sich in der Regel bei der Erarbeitung bzw. Überprüfung der Sanierungsfähigkeit, der Sanierungskonzeption und bei deren Umsetzung überfordert. Sie verlangt deshalb den Einsatz eines Unternehmensberaters ihres Vertrauens. Der Familienunternehmer sieht hierin ein eindeutiges Mißtrauensvotum seitens der Bank. Er befürchtet, daß der eingesetzte Berater neue Schwachstellen entdeckt und diese – quasi als »Maulwurf« – der Bank weitergibt.

6. Der Handlungsspielraum des Familienunternehmers wird durch die Bündelung der Bankeninteressen im Bankenpool objektiv weiter eingeengt. Dieser Stärkung der Verhandlungsposition der Banken steht der Unternehmer ablehnend gegenüber, zumal die Poolbildung in der Regel durch Verschärfung der Informationspflichten und Kontrollmaßnahmen seitens der Bank begleitet wird.

7. Die Entscheidungsfindung im Bankenpool ist häufig durch bankeninterne Interessenquerelen belastet. Konkurrenzdenken der Banken und damit Konfrontation im Pool sind an der Tagesordnung. Dies führt zu Verzögerungen in den Sanierungsbemühungen und verletzt damit fundamentale Interessen des bedrohten Familienunternehmens.

8. Familienunternehmer und Bank kommen in der Regel zu einer stark divergierenden Einschätzung des Wertes der vorhandenen Sicherheiten. Die stereotype Forderung der Banken nach Kapitaleinschüssen bzw. der Stellung weiterer Sicherheiten aus dem persönlichen Bereich stößt beim Familienunternehmer subjektiv auf Unverständnis und objektiv auf Unvermögen.

9. Die Bank sucht ein härteres Vorgehen gegenüber dem Unternehmer »moralisch« sehr häufig mit einer Verletzung der Informationspflicht seitens des Unternehmers zu legitimieren. Der Familienunternehmer verweist demgegenüber auf die für ihn unverständliche unverhältnismäßige »Opferbereitschaft« der Banken bei Großsanierungen.

10. Im Verlauf der Sanierung wird der Familienunternehmer einem »Kulturschock« ausgesetzt. Aus der überaus freundlichen, servicebemühten Firmenkundenabteilung muß er zunächst in die wenig sensible Sanierungsabteilung »absteigen«, bevor er am Schluß den beinharten Mitarbeitern des »Work-out-Managements« überlassen wird. An diesem Prozeß ist die Persönlichkeit so manches Firmeneigners frühzeitig zerbrochen.

ÜBERWINDUNG DER VERTRAUENSKRISE

Um diese Probleme nicht noch zu verschärfen, müssen die Verhandlungen mit den Banken durch den Familienunternehmer oder das Management aktiv vorbereitet werden. Im Rahmen der Vorbereitung muß zuerst analysiert werden, welche Gründe zu der »Schieflage« des Unternehmens geführt haben, ob etwa der Konkurs eines Großkunden und die damit verbundenen Forderungsausfälle zu Liquiditätsschwierigkeiten geführt oder ob strukturelle Führungs- und Organisationsmängel innerhalb des Unternehmen die Leistungsfähigkeit des Unternehmens beeinträchtigt haben. Da es in dieser Phase der Sanierung insbesondere darum geht, das Vertrauen der Gläubiger zu gewinnen bzw. aufrechtzuerhalten, müssen die Ursachen für die Krise schonungslos offen gelegt werden. Als solche Ursachen kommen beispielsweise in Betracht:

1. Liquiditätsprobleme

   - Forderungsausfälle
   - Liquiditätsbedarf der Beteiligungsgesellschaften
   - Liquiditätsbindung durch zu starkes Wachstum
   - Änderung des Kundenverhaltens (z.B. die Notwendigkeit,
     bei Lieferanten Avale und Bürgschaften zu stellen)

2. Veränderung des Marktes

   - Preisentwicklung
   - Absatzentwicklung
   - Kauf-/Produktverhalten

3. Kostenentwicklung

4. Veränderung der Herstellungskosten

   - Materialkosten
   - Stückkosten

5. Außergewöhnliche Belastung

   - Sonderabschreibung
   - Wirtschaftliche Entwicklung der Beteiligungen
     (Teilwertabschreibungen, Verlustübernahmen)
   - Zinsentwicklungen
   - Erlösschmälerungen (z.B. durch Reklamationen)
   - Anlaufkosten neuer Produkte
   - Erhöhte Kosten für die Erschließung neuer Märkte

Aufgrund dieser Analyse muß das Management einen ungeschminkten Vermögensstatus, insbesondere eine Bilanz und eine Gewinn- und Verlustrechnung, erstellen, in dem sämtliche Risiken berücksichtigt sind. Notwendig sind weiterhin konkrete und schlüssige Lösungsvorschläge sowie die Darstellung ihrer wirtschaftlichen Auswirkungen anhand der kurz-, mittel- und langfristigen Finanz-, Eigenkapital-, Absatz- und Investitionsplanung. Die besten Perspektiven sind indes wenig wert, wenn ihre Plausibilität nicht durch eine externe Vertrauensperson, z. B. durch eine Wirtschaftsprüfungs- oder Unternehmensberatungsgesellschaft, überprüft worden sind; das gleiche gilt für den Vermögensstatus.

MASSNAHMEN ZUR AUFRECHTERHALTUNG DER LIQUIDITÄT

Für die nun folgenden Gläubiger- und Bankengespräche ist ein selbstbewußtes und überzeugendes Auftreten des Managements wichtig. Gespräche über die Aufrechterhaltung der Liquidität sollten mit allen betroffenen Gläubigern, also mit Banken, Kreditversicherungen, Lieferanten sowie mit der öffentlichen Hand, geführt werden und alle möglichen Maßnahmen einschließen, durch die die Insolvenzgefahr beseitigt werden kann.

Die Banken- und Gläubigergespräche

Wichtigster Gesprächspartner sind regelmäßig die kreditgebenden Banken. Aus Erfahrung ist es wenig hilfreich, diese gegeneinander auszuspielen. Dies geschieht häufig dadurch, daß Liquidität zu Lasten einzelner, schlechter informierter Banken »abgeschöpft« wird, nachdem besser informierte Banken bereits die Kreditlinien »eingefroren« oder gar Kreditkündigungen ausgesprochen haben. Der hieraus resultierende Vertrauensverlust ist meist irreparabel. Der Unternehmer sollte deshalb spätestens dann, wenn einzelne Banken bereits mit einer Sperrung von Kreditlinien gedroht haben oder Kreditlinien gekürzt bzw. ausgesetzt haben, alle Banken über die aufgetretenen Probleme informieren und gegebenenfalls auf die Bildung eines Bankenpools, d. h. einen Zusammenschluß aller kreditgebenden Banken, hinwirken. Durch die Etablierung eines Bankenpools kann versucht werden, ein einheitliches, längerfristiges »Stillhalten« der Banken oder – sofern zur Umsetzung der Sanierungsbemühungen erforderlich – eine Ausweitung bestehender Kreditlinien zu erreichen.
Die Kreditversicherer und Lieferanten werden bei den Bemühungen zur

Sicherstellung der Liquidität häufig mit fatalen Folgen stiefmütterlich behandelt. Lieferanten, denen der Kreditversicherungsschutz für Lieferungen an das Krisenunternehmen gestrichen wurde und die dementsprechend auf Vorkasse bestehen, haben jedoch eine verheerende Sogwirkung, die das gesamte Unternehmen in den Strudel der Insolvenz reißen kann. Vertrauensbildende Maßnahmen sind insoweit ebenso erforderlich wie die frühzeitige Einbeziehung der Kreditversicherer in die Verhandlungen mit den Banken.

Letztlich kann versucht werden, die öffentliche Hand »mit ins Boot zu ziehen«. Die Beteiligung öffentlicher Hilfen bei der Sanierung hat zunehmend an Bedeutung gewonnen. Obwohl dies unter ordnungspolitischen Gesichtspunkten höchst fragwürdig ist, kann der Unternehmer im Krisenfall manchmal mit staatlichen Hilfen von Bund, Land oder Kommune rechnen. Diese werden in Form von direkten Subventionen (Zuschüsse, Investitionszulagen, Eingliederungsbeihilfen etc.) oder als indirekte Subventionen (z.B. staatliche Kredit- und Zinsgarantien oder Bürgschaften, bis hin zu bevorzugter Vergabe öffentlicher Aufträge zur Unterstützung der Sanierungsbemühungen) vergeben.

Beiträge der Gläubiger zur Beseitigung des Insolvenzrisikos

Neben der Gewährung oder der Verlängerung von Krediten können sich die Gläubiger durch Forderungsverzichte, durch den Ankauf von Kundenforderungen oder durch Maßnahmen wie »sale and lease back« an der Sanierung zu beteiligen. Der Forderungsverzicht kann Gläubigern durch die Ausgabe von Besserungsscheinen schmackhaft gemacht werden. Besserungsscheine sind schriftlich verbriefte Schuldversprechen mit dem Inhalt, Gläubigern, die auf ihre Forderungen gegenüber dem Schuldner verzichtet haben, die erlassenen Forderungen aus dem zukünftigen Gewinn oder Liquidationserlös zurückzuzahlen, sofern in Zukunft Gewinne oder Liquidationserlöse anfallen. Der Forderungsverzicht hat den weiteren großen Vorteil, daß er unter den in § 3 Nr. 66 EStG festgelegten Voraussetzungen ertragsteuerfrei ist.

Eine weitere Möglichkeit, eine aktuelle Krisensituation zu entschärfen, ist der Verkauf von Kundenforderungen an die Gläubiger oder einen Dritten (factoring). Im Sanierungsfall kann der Abschluß eines Factoringvertrages vorteilhaft sein, um kurzfristige Liquiditätsengpässe aufgrund mangelnder Zahlungsmoral von Kunden zu überbrücken. Als letztes Beispiel möchte ich das »sale and lease back«-Verfahren nennen. Darunter versteht man den Verkauf von

Betriebsvermögen – Immobilien, Maschinen oder Rechte – und die anschließende Verpachtung oder Vermietung der Gegenstände an das verkaufende Unternehmen. Für das Unternehmen hat dies den Vorteil, daß es die in den verkauften Wirtschaftsgütern liegenden stillen Reserven mobilisieren kann, ohne auf die Wirtschaftsgüter verzichten zu müssen.

MASSNAHMEN DER GESELLSCHAFTER ZUR SANIERUNG DES UNTERNEHMENS

Eine intensive Vorbereitung der Banken- und Gläubigergespräche allein kann kein positives Ergebnis sicherstellen. Häufig werden die Gläubiger vielmehr verlangen, daß auch die Gesellschafter einen Beitrag zur Sanierung leisten. Ein derartiges Verlangen ist rechtlich unbegründet, da die meisten Unternehmen in einer Rechtsform geführt werden, die die persönliche Haftung der Gesellschafter ausschließt. Die Unternehmerfamilie sollte deshalb sehr sorgfältig überlegen, ob sie dem Unternehmen weiteres Geld oder Kreditsicherheiten zur Verfügung stellen soll. Es kann nicht nachdrücklich genug betont werden, daß Sie sich selbst und ihre Familie (z. B. die Ehefrau) nicht im privaten Bereich ruinieren dürfen. Wenn überzogene Forderungen gestellt werden, sollten Sie sich – trotz des unübersehbaren faktischen Handlungsdrucks – unter Umständen nicht scheuen, die Forderungen zurückzuweisen und notfalls das Scheitern der Sanierung in Kauf nehmen. Wer es schon einmal erleben mußte, mit welchen tragischen Folgen der persönliche finanzielle Ruin verbunden sein kann, wird Verständnis dafür haben, daß Sie Ihr Privatvermögen gegen den Zugriff der Banken und Gläubiger abschirmen.

Die am häufigsten geforderten Beiträge zur Sanierung von Unternehmen sind – neben der Übernahme einer persönlichen Bürgschaft für die Schulden der Gesellschaft – die Durchführung einer Kapitalerhöhung, einer Kapitalherabsetzung oder eines sogenannten »Kapitalschnitts«, also einer Kombination von Herabsetzung und Erhöhung des Stammkapitals. Besonders häufig werden freiwillige Nachschüsse, Darlehn, Bürgschaften und andere eigenkapitalersetzende Leistungen verlangt. Grundsätzlich besteht aber – wie gesagt – keine unmittelbare Rechtspflicht, die GmbH bei der Gründung oder im Verlauf ihrer weiteren Entwicklung mit Eigenkapital in einer ihren jeweiligen Verhältnissen angemessenen Höhe auszustatten.

2.
HANDLUNGSPFLICHTEN UND -ALTERNATIVEN BEIM FEHLSCHLAGEN VON SANIERUNGSVERSUCHEN

HANDLUNGSPFLICHTEN BEI ÜBERSCHULDUNG UND ZAHLUNGSUNFÄHIGKEIT

Mißlingt die Bewältigung der Unternehmenskrise und demzufolge die Sanierung der Unternehmung, so folgt eines Tages der Zusammenbruch, die Insolvenz. Von einer Insolvenz spricht man, wenn ein Unternehmen auf Dauer seinen Zahlungsverpflichtungen nicht mehr nachkommen kann. Diese Insolvenz zieht strafrechtlich bewährte Handlungspflichten nach sich. Ich gehe deshalb kurz auf die Voraussetzungen einer Insolvenz und danach auf die Handlungspflichten ein.

Voraussetzungen für die Annahme einer Insolvenz

Die Insolvenz ist mit den Begriffen Zahlungsunfähigkeit oder Überschuldung verbunden. Zahlungsunfähigkeit ist gegeben, wenn die Gesellschaft wegen des Mangels an Zahlungsmitteln voraussichtlich auf Dauer außerstande ist, ihre fälligen und ernstlich eingeforderten Geldschulden im wesentlichen zu erfüllen. Die stärkste und wichtigste Erscheinungsform der Zahlungsunfähigkeit ist die Zahlungseinstellung, also die nach außen kund gewordene Zahlungsunfähigkeit, beispielsweise durch die Nichtzahlung von Löhnen und Gehältern, die Häufung von Wechselprotesten sowie die Begebung ungedeckter Schecks. Indizien für die Annahme einer Zahlungseinstellung können auch sein: die Nichtzahlung von Sozialbeiträgen, Pfändungen durch den Gerichtsvollzieher, Häufungen von Zahlungsklagen.

Der Konkursgrund der Überschuldung liegt nach der vom obersten deutschen Zivilgericht aufgestellten Definition vor, »wenn das Vermögen der Gesellschaft bei Ansatz von Liquidationswerten unter Einbeziehung der stillen Reserven die bestehenden Verbindlichkeiten nicht deckt (rechnerische Überschuldung) und die Finanzkraft der Gesellschaft nach überwiegender Wahrscheinlichkeit mittelfristig nicht zur Fortführung des Unternehmens ausreicht (Überlebens- oder Fortbestehensprognose).« Die Anwendung dieses zweistufigen Überschuldungsbegriffes vollzieht sich gemeinhin wie folgt: Sofern sich Anzeichen für eine Überschuldung ergeben, sollte eine Überschuldungsbilanz erstellt und regelmäßig fortgeschrieben werden. In dieser erscheinen alle im Insolvenzfall verwertbaren Vermögensgegenstände zu ihren angenommenen Liquidationswerten. Ist diese Bilanz zumindest ausgeglichen, so liegt keine Überschuldung vor. Sind in der Bilanz die Schulden höher als die Aktiva, so ist dieses Tatbestandsmerkmal erfüllt.

Einer solchen Bilanz bedarf es nur dann nicht, wenn objektiv und belegbar eine positive Fortbestehensprognose für die Gesellschaft getroffen werden kann. Bei dieser Prognose hat die Geschäftsführung zu prüfen, ob die Gesellschaft in der überschaubaren Zukunft ihre fälligen Verpflichtungen erfüllen wird. Kann das bejaht werden, so ist die Überschuldung nicht gegeben. Bestehen hingegen ernsthafte Zweifel, so bleibt es bei der festgestellten Überschuldung. Die Beweislast für das Bestehen einer positiven Fortführungsprognose trägt die Geschäftsführung.

Die Handlungspflichten des Managements

Die sich aus der Feststellung eines Konkursgrundes ergebenden Handlungspflichten betreffen insbesondere das Management. Bei den Rechtsformen der GmbH, AG und GmbH & Co. KG, d. h. also immer dann, wenn den Gläubigern kein Gesellschafter unbeschränkt haftet, muß das Management ohne schuldhaftes Zögern, spätestens aber innerhalb der gesetzlichen Drei-Wochen-Frist Konkurs- oder Vergleichsantrag stellen. Die Beachtung der Konkursantragspflicht durch das Management ist sowohl strafrechtlich als auch zivilrechtlich sanktioniert. Um die Konkursmasse vor Schmälerungen zu bewahren, begründen die Vorschriften des Zivilrechtes insbesondere einen Ersatzanspruch gegen die Geschäftsführer, soweit die Eröffnung des Konkurs- oder Vergleichsverfahrens nicht rechtzeitig beantragt worden ist oder nach Eintritt der Konkursreife noch Zahlungen geleistet worden sind. Eine Haftung der Geschäftsführer für nach Eintritt der Konkursreife geleistete Zahlungen entfällt nur dann, wenn diese Zahlungen mit der Sorgfalt eines ordentlichen und gewissenhaften Geschäftsleiters vereinbar gewesen sind, was der Geschäftsführer im Streitfall beweisen muß.

Zu den erlaubten Zahlungen werden insbesondere Zahlungen gezählt, die erforderlich sind, um den sofortigen Zusammenbruch der Gesellschaft zu vermeiden (z.B. Miet- und Lohnzahlungen) oder um Vergleichs- oder Sanierungs-bemühungen innerhalb der Drei-Wochen-Frist nicht zu gefährden. In welchem Umfang nach Eintritt der Konkursreife vorgenommene Zahlungen zulässig sind, hängt letztlich von der Einschätzung der Konkurs- oder Sanierungserwartungen ab. Problematisch wird es für das Management regelmäßig dann, wenn bei gegebenem Konkursgrund die Entscheidung über die Ausführung fälliger Lohn-oder Gehaltszahlungen ansteht. Die Ausführung dieser Zahlungen läßt sich nur dann verantworten, wenn die Geschäftsführung die laufenden Bemühun-gen um eine Rettung des Unternehmens als hinreichend konkret ansieht. Ist die Geschäftsführung demgegenüber der Auffassung, daß keine triftigen Gründe für ein weiteres Zuwarten mit der Stellung eines Konkurs- oder Vergleichs-antrages bestehen, sollten auch die Lohn- oder Gehaltszahlungen nicht mehr ausgeführt werden. Vielmehr sollte deren Auszahlung der Entscheidung des einzusetzenden Konkurs- oder Vergleichsverwalters überlassen bleiben.

Besonders wichtig ist es, bei der Auszahlung von Löhnen oder Gehältern die meist zu einem späteren Zeitpunkt erfolgende Abführung von Lohnsteuer und Sozialabgaben zu berücksichtigen; das gleiche gilt hinsichtlich der abzu-führenden Umsatzsteuer. Wird deren Abführung versäumt und wird zwischen-zeitlich das Konkursverfahren über das Vermögen der Gesellschaft eröffnet, sieht sich das handelnde Management dem Risiko eines Bußgeld- oder Straf-verfahrens und einer persönlichen und gesamtschuldnerischen Haftung für die nicht abgeführten Beträge ausgesetzt. Die Konstellation ist hierbei regel-mäßig wie folgt: Der Nettolohn wird meist zum Ende eines Monats ausgezahlt, wohingegen Lohnsteuer und Sozialabgaben erst am 10. und 15. des folgen-den Monats abzuführen sind. Wenn nach Auszahlung der Nettolöhne das Kon-kursverfahren eingeleitet werden muß, können die ausstehenden Beträge durch die Gesellschaft am Fälligkeitstag nicht mehr bezahlt werden – mit den ge-schilderten Folgen.

DIE FORTFÜHRUNG DES UNTERNEHMENS TROTZ INSOLVENZ

Wenn die Sanierungbemühungen scheitern, bleibt meist nur der Gang zum Konkursgericht. Für den Unternehmer selbst bedeutet der Gang zum Kon-kursrichter regelmäßig das Ende seiner Unternehmerschaft, da die Gläubiger, insbesondere die Banken, eine Fortführung und Sanierung durch denjenigen, der die Krise jedenfalls mit zu verantworten hat, nur selten unterstützen werden. Dies muß aber nicht das Ende des Unternehmens bedeuten. Im Vergleich oder Konkurs kann auch ein Neuanfang gemacht werden. In welcher Form das Unternehmen aus der Krise geführt werden kann, hängt von den Umständen des Einzelfalles ab. Es werden drei Grundtypen der Fortführungsgesellschaften unterschieden und häufiger in der Presse genannt, nämlich die Sanierungsgesellschaft, die Betriebsübernahmegesellschaft und die Auffanggesellschaft.

Die Sanierungsgesellschaft

Bei der Sanierungsgesellschaft engagieren sich neue Kapitalgeber als Gesellschafter bei der notleidenden Gesellschaft. Das Krisenunternehmen behält seine Rechtsidentität; der Einstieg der neuen Gesellschafter erfolgt meistens über einen Kapitalschnitt. Charakteristisch für die Sanierungsgesellschaft ist, daß neben der rechtlichen auch die betriebliche Kontinuität erhalten bleibt. Dies kann sich vorteilhaft und/oder nachteilig auswirken: Bei der Sanierungsgesellschaft muß manchmal mehr Rücksicht auf den bisherigen – vielleicht unzulänglichen und für die Krise verantwortlichen – Gesellschafter-Geschäftsführer genommen werden, so daß es manchmal Schwierigkeiten macht, ein neues leistungsfähiges Management einzusetzen. Weiterhin kann es problematischer sein, mangelnde Leistungsbereitschaft, überhöhte Gehälter und sonstige Vorteile zu bereinigen. Zu den Vorteilen der Sanierungsgesellschaft gehört, daß sich eine Unterbrechung oder Stockung der wirtschaftlichen Prozesse eher vermeiden oder beschränken läßt und die daraus entstehenden Verluste reduziert werden können.

Die Betriebsübernahmegesellschaft

Sinn und Zweck der Gründung einer Betriebsübernahmegesellschaft liegt darin, den Betrieb des Krisenunternehmens zu retten, indem dieser aus der betroffenen Gesellschaft herausgelöst, wirtschaftlich saniert und fortgeführt wird. Die Übernahme des Betriebs geschieht durch Kauf, Übereignung und Abtretung von Rechten, in seltenen Fällen auch durch Zuschlag in der Zwangsversteigerung. Im Unterschied zu einer Sanierungsgesellschaft wollen die Initiatoren einer Betriebsübernahmegesellschaft mit der Herauslösung des Betriebs aus dem Krisenunternehmen eine Trennung der Aktiva von den Passiva erreichen. Der funktionsfähige Betrieb soll mit den zur Fortführung erforderlichen materiellen oder immateriellen Vermögenswerten auf den neuen Rechtsträger übertragen werden, während die Altverpflichtungen beim Krisenunternehmen verbleiben. Das Ziel, die Aktiva dauerhaft und endgültig von den Passiva zu trennen, läßt sich jedoch nur verwirklichen, wenn der Betriebserwerb so gestaltet und durchgeführt wird, daß keine Haftungen für Altverbindlichkeiten entstehen. Aus diesem Grunde erwirbt die Betriebsübernahmegesellschaft meistens den Betrieb erst aus der Vergleichs- oder Konkursmasse.

Die Auffanggesellschaft

Die Sanierung durch eine Auffanggesellschaft ist eine Variante der übertragenden Sanierung. Neben das Krisenunternehmen tritt ein neuer Rechtsträger, um im eigenen Namen pachtweise oder treuhänderisch den Betrieb oder bestimmte Funktionen des Krisenunternehmens fortzuführen. Bei der Auffanggesellschaft geht es darum, einerseits durch rechtzeitiges Handeln den Untergang des Unternehmens oder wenigstens seines Betriebs zu verhindern, andererseits aber die Risiken der Fortführung zu begrenzen. Dabei übernimmt sie – im Gegensatz zur Sanierungsgesellschaft – weder die gesamten Verpflichtungen des Krisenunternehmens noch – im Gegensatz zur Betriebsübernahmegesellschaft – Kaufpreisverpflichtungen aus dem Erwerb des ganzen Betriebsvermögens. Die Auffanggesellschaft ist ein Zwischentyp von Sanierungs- und Betriebsübernahmegesellschaften. Sie ist ihrem Wesen nach eine Gesellschaft »auf Zwischenzeit«. Der Kapitalbedarf der Auffanggesellschaft ist im allgemeinen geringer. Im Gegensatz zur Sanierungs- und Betriebsübernahmegesellschaft muß die Auffanggesellschaft weder einen Kaufpreis für den Betrieb aufbringen noch braucht sie für die Verbindlichkeiten des Krisenunternehmens zu haften.

GOLDENE REGELN
zur Sanierung des Unternehmens

1. Schalten Sie im Rahmen einer Sanierung frühzeitig externe Berater ein.

2. Bereiten Sie jedes Bankengespräch sorgfältigst vor. Berichten Sie Banken gegenüber wahrheitsgemäß und beschönigen Sie nichts. Der wichtigste »Plan« im Bankengespräch ist der Liquiditätsplan; dieser muß (!) stimmen.

3. Bauen Sie Ihre Untersuchung wie folgt auf: Wo steht das Unternehmen (Status), welche Gründe haben zu diesem Status geführt (Liquiditätsprobleme, Marktveränderungen, Kostenentwicklungen, außergewöhnliche Ereignisse), wie sehen die glaubwürdigen und nachvollziehbaren Problemlösungsvorschläge kurzfristig, mittelfristig und langfristig aus und wo liegen die entsprechenden wirtschaftlichen Auswirkungen, wie sieht der Finanzplan bei Umsetzung der Lösungsvorschläge kurzfristig, mittelfristig und langfristig aus?

4. Bereiten Sie sich darauf vor, daß das Verhalten der Gesellschafter gegenüber den Banken ein untrügliches Signal setzt. Sind die Gesellschafter bereit oder in der Lage, weiteres Kapital in die Gesellschaft einzuschießen? Sind die Gesellschafter zur Übernahme persönlicher Bürgschaften bereit? Sind die Gesellschafter zum weitestgehenden Verzicht auf künftige Einnahmen bereit? Wie haben sich die Gesellschafter in der Vor-Sanierungsphase verhalten?

5. Bereiten Sie sich darauf vor, daß Ihre gesamte Untersuchung und Dokumentation von den Banken oder durch eine von den Banken beauftragte Wirtschaftsprüfungsgesellschaft auf Plausibilität untersucht wird.

6. Sorgen Sie dafür, daß ein eindeutiger und starker Poolführer von den Banken gewählt wird.

C.

Die Zukunft des Familien- unternehmens

»AUF BEWÄHRTE TUGENDEN SETZEN«

Die für die Sicherung und Optimierung des Familienunternehmens und des Familienvermögens wichtigsten Problemfelder sind damit abgehandelt, obwohl noch vieles mehr hätte angesprochen werden können. Es bleibt mir nur, aus meiner subjektiven Sicht zu den Zukunftsaussichten des Familienunternehmens Stellung zu nehmen: Ich vermag den Stimmen, die dem deutschen Familienunternehmen eine düstere Zukunft voraussagen, nicht zu folgen: Die häufigen Kassandrarufe seitens der Verbände, der Interessenvertreter sowie einzelner Persönlichkeiten aus dem Unternehmerlager halte ich nur insoweit für legitim und nützlich, als sie die Öffentlichkeit für den besonderen volkswirtschaftlichen Stellenwert und die speziellen Bedürfnisse dieser Unternehmensform sensibilisieren. Es ist zwar richtig, daß derzeit bei uns in Deutschland die Rahmenbedingungen für die Familienunternehmen nicht sonderlich günstig erscheinen und der bei uns in aller Schärfe neu entflammte Verteilungskampf die Eigner dieser Betriebe – makro- wie mikroökonomisch – vor große Aufgaben stellt. Diese Aufgaben sind jedoch von ihrer Struktur her weder neu noch unlösbar. Sie beinhalten darüber hinaus – wie alle gesellschaftlichen und wirtschaftlichen Veränderungsprozesse – nicht nur Risiken, sondern zugleich und in erster Linie vielfältige Chancen. Diese aufzuspüren und zu nutzen, sind die Familienunternehmen wegen ihrer besonderen Stärken, nämlich aufgrund ihrer Kreativität, Flexibilität und nicht zuletzt wegen ihrer besonderen Nähe zu den Bedürfnissen der arbeitenden und konsumierenden Bevölkerungsschichten, besonders prädestiniert. Wenn »Unternehmer sein« auch die Fähigkeit bedeutet, wirtschaftliche Wertschöpfung der sozialen und gesellschaftlichen Umwelt anzupassen, sie auf diese Bedingungen hin auszurichten oder zu optimieren, dann werden gerade diese Eigenschaften dazu beitragen, den sich vollziehenden Werte- und Bedürfnisswandel sowie die hieraus resultierenden neuen Herausforderungen meistern zu können. Der insbesondere durch Familienunternehmen geprägte Aufbruch in die Dienstleistungs- und Informationsgesellschaft und die damit verbundene Schaffung neuer leistungsstarker Unternehmen und sicherer Arbeitsplätze ist ein Beweis hierfür, auch wenn wir uns davor hüten müssen, diesen neuen Zauberwörtern einen ihnen nicht zukommenden Stellenwert beizumessen.

Makroökonomisch kann ein besonderer Unternehmenstypus wie das Familienunternehmen auf Dauer nur dann erfolgreich sein, wenn er eine allgemeine gesellschaftliche Akzeptanz genießt. Diese Akzeptanz ist bei unseren Familienunternehmen derzeit allerdings nur in einem eingeschränkten Ausmaß vorhanden. Teile der Politik und ihr folgend viele Medienstimmen stellen den Familienunternehmer zusehens unverblümter als den alleinigen Nutznießer unseres Systems hin. Dies ist absolut unzutreffend und wird weder dem persönlichen Einsatz noch dem hohen Vermögensrisiko und schon gar nicht dem wirtschaftlichen Beitrag, den diese Unternehmensgruppe für den allgemeinen Wohlstand leistet, gerecht. Nur: Die Unternehmer müssen sich endlich wirkungsvoller zur Wehr setzen. Es geht nicht an, daß sich die Wirtschaft insbesondere von Politikern, die ganz offensichtlich von ihren eigenen Schwächen ablenken wollen, ständig als »Prügelknabe« mißbrauchen läßt. Resignation jedenfalls ist der falsche Weg, und wenn auch das aufreibende Tagesgeschäft keine eigene politische Aktivität zuläßt, so gibt es doch andere Wege, die auf Dauer Wirkung versprechen.

Für einen der wichtigsten halte ich die Bereitschaft zu mehr Transparenz. Der ausgeprägte Widerwille vieler Familienunternehmer gegen jede Art von Offenlegungen jeglicher Betriebsinterna ist nicht mehr zeitgemäß. Er nährt zudem weitverbreitete Vorurteile und dient damit nur einer negativen Legendenbildung. Nicht von ungefähr erbrachte eine kürzlich bei Jugendlichen durchgeführte Umfrage ein absurdes Ergebnis: Die große Mehrzahl von ihnen schätzte den durchschnittlichen Gewinn der deutschen Familienunternehmen bei circa 30 Prozent des Umsatzes. Ebenso wichtig erscheint mir eine stärkere Gesprächsbereitschaft gegenüber den wichtigsten Meinungsträgern, insbesondere gegenüber den Medien, den nicht unternehmerisch geprägten Verbänden sowie – last not least – den politischen Parteien.

Was die Bewältigung der (mikroökonomischen) Probleme im eigenen »Haus« angeht, ist mir um die Zukunft der deutschen Familienunternehmen noch weniger bange. Allerdings muß sich dem im Bereich der Familie und des

Unternehmens abzeichnenden Werte- und Bedürfniswandel gleichermaßen Rechnung getragen werden. Innerhalb der Familie gilt es, das modifizierte Werteverständnis der nachkommenden Generation zu akzeptieren. Fleiß, Sparsamkeit und Pflichtbewußtsein suchen sich bei ihr zwar mitunter andere Ausdrucksformen und Wege als bei den »Alten«. Diese Werte haben aber – wie ich aus vielen Gesprächen weiß – im Ergebnis bei der jungen Generation durchaus denselben hohen Stellenwert wie bei den Gründern. Auch führen betriebswirtschaftlich ausgefeilte Kenntnisse, bessere Sprachausbildung und die häufig anzutreffende international ausgerichtete Ausbildung bei den Junioren teilweise zu einer kritischen Beurteilung des Ist-Zustandes. Die Senioren sollten sich aber davor hüten, diese Einstellung als »Nörgelei« abzuqualifizieren. Es geht hierbei um nicht weniger und nicht mehr als um den ewigen Konflikt zwischen jung und alt, der seit jeher vieles zerstört, aber auch viel Gutes bewirkt hat. Das immer häufiger anzutreffende moderne Verständnis vieler Familienunternehmer, die heute von der Nachfolgegeneration keinesfalls mehr ausnahmslos die Übernahme einer Managementposition im elterlichen Unternehmen verlangen, sollte genügend Freiraum geben, um allen persönlichen Interessen aller Familienmitglieder gerecht zu werden. Denn nach wie vor ist und bleibt – bei aller Meinungsvielfalt – eine harmonische Familie eine der wichtigsten Voraussetzungen unternehmerischen Erfolgs.

Was den Betrieb selbst betrifft, sollte der Unternehmer an den altbewährten Tugenden trotz ständig neuer Schlagworte der modernen Managementliteratur unbeirrt festhalten. Auch heute noch kann kein Unternehmen ohne das berühmte sogenannte. »Bauchgefühl«, das sich bekanntlich jeder rationalen Beurteilung entzieht, erfolgreich sein. Nicht von ungefähr hat Peter von Windau, der Geschäftsführer der Deutschen Gesellschaft für Mittelstandsberatung (DGM), bei einer Analyse von 1 000 Familienunternehmen festgestellt: »Erfolgreiche Mittelstandsunternehmen verstoßen eher gegen traditionelle Management-Regeln, als daß sie diese befolgen.« Das bedeutet allerdings nicht, daß sich der Unternehmer noch in demselben Maße und in allen Bereichen wie früher auf dieses »Bauchgefühl« verlassen darf. Die wachsende Kompliziertheit betrieblicher Vorgänge, die zunehmende Vernetzung der relevanten Volkswirtschaften und vor allem die durch die EDV revolutionierten Analysemethoden verlangen von ihm eine differenziertere Form der Entscheidungsfindung und deren Umsetzung. Deshalb muß der Unternehmer in Zukunft der Teamarbeit im Unternehmen, der externen Beratung durch Spezialisten sowie den modernen Möglichkeiten der Unternehmenssicherung stärkere Aufmerksamkeit schenken als dies in der Gründerzeit der Fall gewesen ist.

Den Weg zu harmonischen Familienverhältnissen und erfolgreicher Unternehmungsführung weist der über 200 Jahre alte Wahlspruch eines der Gründer der in Flensburg beheimateten Dethleffsen-Unternehmensgruppe: »Gott gebe Geduld und vergnügte Herzen« – eine Weisheit, die wir alle in Zukunft stärker beherzigen sollten.

REGISTER

Campus Wirtschaftspraxis

Peter von Windau, Michael Schumacher
Strategien für Sieger
Erfolgsgeheimnisse mittelständischer Unternehmen
1998. 178 Seiten, gebunden
DM 58,–/sFr 55,–/öS 423
ISBN 3-593-35549-3

Mittelständische Unternehmen stellen hierzulande fast zwei Drittel aller Arbeitsplätze und entwickeln das Gros der Innovationen. Sie bilden damit die wichtigste Säule der deutschen Wirtschaft.

Peter von Windau und Michael Schumacher benennen die Besten der deutschen Industrie und analysieren beispielhaft ihre Erfolgsmuster. Diese Sieger beschränken sich alle nicht auf ihre angestammte Branche, sondern vergrößern in Sprüngen ihren Aktionsradius. Schritt für Schritt erweitern sie dabei ihr Selbstverständnis und mißachten die für ihren Bereich geltenden Managementregeln. Sie setzen ihre Stärke als flexibles und anpassungsfähiges Unternehmen strategisch ein. Siegerunternehmen übernehmen im Laufe ihrer Entwicklung drei bis fünf unterschiedliche Rollen. Der Durchbruch zu neuen Dimensionen ist immer mit einem Rollenwechsel verbunden.

Strategien für Sieger macht sichtbar, welche Rollen Unternehmen einnehmen können und veranschaulicht anhand einer Neun-Felder-Matrix die Systematik der Erfolgspfade. Die Beispiele aus der Beratungspraxis zeigen typische Rollenwechsel, wie sie gestaltet werden und welche Fehler vermieden werden können. Ein wichtiges Handbuch für alle Firmenchefs, um den neuen Herausforderungen durch die Globalisierung der Märkte und dem verstärkten Wettbewerb zu begegnen.

Campus Verlag · Frankfurt/New York

Campus Wirtschaftspraxis

Rudolf Mosnik, Heinz Nowotny,
Christof Scholze, Management Competence Group
Liquiditätsmanagement mit Methode
172 Seiten mit 31 Grafiken, gebunden
DM 58,–/sFr 55–/öS 423
ISBN 3-593-35796-8

In vielen Unternehmen schlummern unausgeschöpfte Liquiditätsreserven: Kunden verschleppen ihre Zahlungen, von Lieferanten eingeräumte Zahlungsziele werden nicht ausgenutzt, Waren-, Rohstoff- und Ersatzteillager verschlucken unverhältnismäßig hohe Geldsummen.

Mosnik, Nowotny und Scholze präsentieren in ihrem Buch einen praktischen Ansatz zur Verbesserung der Liquidität, verwendbar für Unternehmen jeder Branche und Größe. Sie zeigen, wie sich die finanzielle Leistungsfähigkeit ohne Rückgriff auf externe Finanzquellen steigern läßt. Durch eine gezielte Verringerung des Netto- Umlaufvermögens ist dies im Rahmen der bestehenden Organisationsstrukturen erreichbar. Aufbauend auf ihrer langjährigen Beratungstätigkeit, haben die Autoren ein Programm erarbeitet, das alle Schritte enthält, die Unternehmen durchführen müssen, um Liquidität freizusetzen: die Reduktionsziele festlegen, die Beteiligten motivieren, Verantwortliche benennen, konkrete Reduktionsmaßnahmen festlegen und umsetzen.

Ergänzt wird die detaillierte Beschreibung der Programmschritte durch Fallbeispiele aus der Praxis mittelständischer Unternehmen. In einem abschließenden Test kann der Leser das Verständnis des Programms überprüfen und anhand einer Checkliste ermitteln, was für die Umsetzung in seinem Unternehmen noch erforderlich ist. Liquiditätsmanagement mit Methode bietet ein direkt umsetzbares Programm für Unternehmer und Manager, die innerhalb kurzer Zeit die Finanzkraft ihres Unternehmens steigern und damit ihre Chancen auf höhere Gewinne vergrößern wollen.

Campus Verlag · Frankfurt/New York